张守连　1969年出生于韩国首尔。韩国成均馆大学中文系毕业，中国复旦大学博士，成均馆大学中文系讲师。 主要著作有《韩国所藏中国通俗小说版本目录和解题》（韩国学古房出版社2013年版，合著）、《韩国所藏中国通俗小说版本目录——所藏处别》（韩国学古房出版社2013年版，合著）、《中国通俗小说的流入和受容》（韩国学古房出版社2014年版，合著）。 发表学术论文《关于国会图书馆所藏笔写本会真演义的小考》（《中国语文学》2012年第61辑）等多篇。

作者简介

韩国所藏中国通俗小说版本目录

本书为韩国研究财团项目（课题号为NRF-2010-322-A00128）资助成果

闵宽东
陈文新
张守连
著

武汉大学出版社

图书在版编目(CIP)数据

韩国所藏中国通俗小说版本目录/闵宽东,陈文新,张守连著.—武汉:武汉大学出版社,2015.10
ISBN 978-7-307-16911-1

Ⅰ.韩…　Ⅱ.①闵…　②陈…　③张…　Ⅲ.通俗小说—版本—书名目录—中国　Ⅳ.Z88:I242

中国版本图书馆 CIP 数据核字(2015)第 227381 号

责任编辑:李　琼　　　责任校对:李孟潇　　　版式设计:马　佳

出版发行:**武汉大学出版社**　　(430072　武昌　珞珈山)
　　　　　(电子邮件:cbs22@whu.edu.cn 网址:www.wdp.com.cn)
印刷:武汉中远印务有限公司
开本:787×1092　1/16　印张:40.75　　字数:1157 千字
版次:2015 年 10 月第 1 版　　　2015 年 10 月第 1 次印刷
ISBN 978-7-307-16911-1　　　定价:128.00 元

序

陈文新

2011 年 5 月，我和闵宽东教授合作出版了《韩国所见中国古代小说史料》一书(武汉大学出版社)。在《韩国所见中国古代小说史料》的后记中，我曾写下这样两段话："近三十年来，韩国的中国古典小说研究取得了引人注目的进展，涌现出一批各有建树的学者，闵宽东教授是其中的一员。我和宽东教授相识十多年了，经常在学术会议上见面，或在韩国，或在中国。每次见面，都会或多或少地就一些共同关心的话题交流想法，我们之间的了解就是在聊天的过程中加深的。""《韩国所见中国古代小说史料》是我们在聊天中确立的第一个合作项目。我们的合作很愉快，也很有效率，有时候，为了解决一个疑问，我们一天要写好几封电子邮件。这是一段难忘的日子，而《韩国所见中国古代小说史料》则是我们友谊的永恒见证。我相信，我们之间还会有进一步的合作，我们还会为学术界奉献出新的成果。"现在，《韩国所藏中国通俗小说版本目录》就要出版了，我很高兴我们的合作又有了新的收获，很高兴就这部新书向各位读者作一些说明。

(一)

也许有读者会问：既然已经有了《韩国所见中国古代小说史料》，何必再出"版本目录"呢？而我们想要告诉读者的是，"史料"和"版本目录"虽然都以"在韩国的"中国古代小说为对象，却有着不同的体例和功能。两者不能相互取代，只能相互配合。这两类著作的配合使用，可以取得相辅相成、相得益彰的效果。

"史料"和"版本目录"之所以不能相互取代，乃是因为，已传入韩国的中国古典小说有 440 余种，这 440 余种传入韩国的作品，可以大体分为两类：第一类是"有现存版本的作品"，第二类是"只出现在文献记录中而没有或是尚未发现实际现存版本的作品"。据闵宽东教授统计，"有现存版本的作品"有 350 余种，"只出现在文献记录中而没有或是尚未发现实际现存版本的作品"有 80 余种。其具体情形如下：

第一类是"有现存版本的作品"，其中唐代以前作品约 23 种，唐代约 13 种，宋元两代约 29 种，明代约 90 种，清代约 197 种：《山海经》《穆天子传》《燕丹子》《神异经》《十洲记》《洞冥记》《东方朔传》《汉武帝内传》《吴越春秋》《新序》《说苑》《列女传》《列仙传》《西京杂记》《高士传》《神仙传》《灵鬼志》《博物志》《拾遗记》《搜神记》《搜神后记》《述异记》《世说新语》《酉阳杂俎》《宣室志》《独异志》《朝野佥载》《北梦琐言》《因话录》《北里志》《卓异记》《玉泉子》《游仙窟》《尚书故实》《资暇录》《无双传》《太平广记》《杨太真外

1

传》《绿珠传》《梅妃传》《汉成帝赵飞燕合德传》《唐高宗武后传》《归田录》《梦溪笔谈》《渑水燕谈录》《冷斋夜话》《岩下放言》《玉壶清话》《涑水记闻》《夷坚志》《续博物志》《鸡肋编》《过庭录》《桯史》《齐东野语》《鹤林玉露》《癸辛杂志》《鬼董》《闲窗括异志》《五色线》《睽车志》《江邻几杂志》《南村辍耕录》《稗史》《大宋宣和遗事》《说郛》《山中一夕话》《聘聘传》《太原志》《广博物志》《世说新语补》《皇明世说新语》《正续太平广记》《剪灯新话》《剪灯余话》《觅灯因话》《效颦集》《花影集》《玉壶冰》《稗史汇编》《红梅记》《西湖游览志》《亘史》《五杂俎》《智囊补》《野记》《何氏语林》《训世评话》《钟离葫芦》《两山墨谈》《花阵绮言》《情史》《太平清话》《林居漫录》《痴婆子传》《逸史搜奇一百四十家小说》《稗海》《国色天香》《顾氏文房小说》《广四十家小说》《五朝小说》《古今说海》《汉魏丛书》《狯园志异》《艳异编》《宋人百家小说》《三国志演义》《后三国志》《水浒传》《后水浒传》《水浒后传》《续水浒传》《结水浒传》《西游记》《后西游记》《金瓶梅》《续金瓶梅》《醒世恒言》《拍案惊奇》《今古奇观》《型世言》《续今古奇观》《石点头》(《五续今古奇观》)《贪欢报》(《今古艳情奇观》)《封神演义》《春秋列国志》《隋唐演义》《南北宋志传》《北宋演义》《南宋演义》《大唐秦王词话》《薛仁贵征东全传》《异说后唐传三集薛丁山征西樊梨花全传》《三遂平妖传》《东西汉通俗演义》《西汉演义》《楚汉演义》《东汉演义》《残唐五代史演义》《皇明英烈传》《续英烈传》《开辟演义》《武穆王贞忠录》《北方真武祖师玄天上帝出身全传》《新镌批评出相韩湘子》《东南西北四游记》《三宝太监西洋记通俗演义》《东游记》《南游记传》《醉醒石》《孙庞演义》《隋史遗文》《隋炀帝艳史》《禅真逸史》《八仙出处东游记传》《全相新镌包孝肃公神断百家公案演义》《于少保萃忠全传》《东度记》《典故列女传》《檐曝杂记》《挑灯新录》《客窗闲话》《续客窗闲话》《梦园丛说》(《梦园丛记》)《见闻随笔》《遁窟谰言》《耳食录》《妄妄录》《景船斋杂记》《无稽谰语》《鹂砭轩质言》《瓮牖余谈》《滦阳消夏录》《埋忧集》《子不语》(《新齐谐》)《夜谭随录》《夜雨秋灯录》及《续录》《燕山外史》《阅微草堂笔记》《聊斋志异》《女聊斋志异》《后聊斋志异》《两般秋雨盦随笔》《分甘余话》《我佛山人札记小说》《庸闲斋笔记》《虞初新志》《虞初续志》《广虞初新志》《右台仙馆笔记》《里乘》《删补文苑楂橘》《十一种藏书》《海陬冶游录》《谐铎》《今世说》《茶余客话》《质直谈耳》《壶天录》《寄园寄所寄》《道听途说》《淞南梦影录》《雨窗记所记》《浇愁集》《粤屑》《因树屋书影》《萤窗异草》《秋坪新语》《翼駉稗编》《说铃》《香艳丛书》《坐花志果》《池北偶谈》《归田琐记》《浪迹丛谈》《池上草堂笔记》《宋艳》《笑林广记》《此中人语》《海上群芳谱》《沧海遗珠录》《秋灯丛话》《闲谈消夏录》《吴门画舫录》《秘书二十一种》《说冷话》《三异笔谈》《梦厂杂著》《板桥杂记》《续板桥杂记》《桃溪客语》《多暇录》《蕉轩随录》《北窗呓语》《庸盦笔记》《余墨偶谈》《定香亭笔谈》《椒生随笔》《雪鸿小记》《唐人说荟》《后三国石珠演义》《今古奇闻》《东周列国志》《后列国志》《大明正德皇游江南传》《回文传》《石头记》《红楼梦》《红楼梦补》《红楼复梦》《后红楼梦》《续红楼梦》《补红楼梦》《红楼梦影》《儒林外史》《镜花缘》《女仙外史》《瑶华传》《快心编》《五美缘》《品花宝鉴》《花月痕全书》《青楼梦》《绿牡丹》(《反唐四望亭》)《玉娇梨》《万花楼传》《粉妆楼》《儿女英雄传》《七剑十三侠》《七侠五义传》《忠烈侠义传》《忠烈续小五义》《雪月梅传》《施公案》(《施案奇闻》)《大字足本绣像施公案全传》《施公案演义》《彭公案全传》《续彭公案》《于公案奇闻》《刘公案》《原本海公大红袍传》《说唐前后传》《说唐演义全传》《说唐后传》《说唐小英雄传》《二十四史通俗演义》《离合剑莲子瓶》《神州

《光复志演义》《洪秀全演义》《异仙传演义》《后七国乐田演义》《五虎平西珍珠旗演义狄青前传》《好逑传》（《二才子侠义风月传》）《平山冷燕》《平山冷燕续才子书》《评演济公传》《四续济公传》《评演前后济公传》《再续济公传全部》《第十才子书白圭志》《绿野仙踪》《希夷梦》《锦香亭记》《莲子瓶全传》（《银瓶梅》）《二度梅全传》《英云梦传》《樵史通俗演义》《吴三桂演义》《西来演义》《野叟曝言》《西湖佳话》《西湖拾遗》《争春园全传》《绘芳录》《双凤奇缘》（《双奇缘全传》）《善恶图全传》《梼杌闲评全传》《女才子传》《廿载繁华梦》《三公奇案》《万年青奇才新传》《三合明珠宝剑全传》《海上繁华梦新书》《第九才子书平鬼传》《金台全传》《伍子胥传》《玉支矶》《南溪演谈》《醒风流》《引凤箫》《画图缘》《第十才子书驻春园》《第九才子书捉鬼传》《新出情天劫小说》《永庆升平前传》《前后七国志演义》《吕祖全传》《龙图公案》《包龙图判断奇案》《闹花丛》《两晋演义》《民国新汉演义》《咴蔗》《彭公清烈传》《五虎平南狄青演义》《文明小史》《隔帘花影》《梦中缘》《飞龙全传》《续儿女英雄传》《六续济公传》《济颠大师醉菩提全传》《醒世奇闻国事悲》《英雄泪》《说岳全传》《豆棚闲话》《十二峰》。

第二类是"只出现在文献记录中而没有或是尚未发现实际现存版本的作品"，有80余种：《赵飞燕外传》《汉武故事》《齐谐记》《续齐谐记》《白猿传》《诺皋记》《河间传》《娇红记》《避暑录话》《三国志平话》《古本西游记》《春梦琐言》《虞初志》《仙媛传》《富公传》《迪吉录》《禅真后史》《盛唐演义》《东晋演义》《西晋演义》《涿鹿演义》《齐魏演义》《杨六郎传》《警世通言》《觉世名言》《西湖二集》《弁而钗》《昭阳趣史》《一枕奇》《浪史》《双剑雪》《金粉惜》《西周演义》《唐宋百家小说》《五色石》《人中画》《留人眼》《醒世姻缘传》《肉蒲团》《玉楼春》《艳情快史》《艳史》《杏花天》《恋情人》《灯月缘》《陶情百趣》《巧联珠》《金云翘传》《春柳莺》《凤箫媒》《春风眼》《巫梦缘》《定情人》《惊梦啼》《赛花铃》《五凤吟》《蝴蝶媒》《飞花艳想》《催晓梦》《吴江雪》《两交婚传》《凤凰池》《归莲梦》《情梦柝》《梦月楼》《麟儿报》《破闲谈》《八洞天》《跨天虹》《鸳鸯影》《锦疑团》《一片情》《再求凤》《快士传》《汉魏小史》《桃花影》《觉梦雷》《春苑记》《玉殿生春》《梅玉传奇》《定鼎奇闻》。

比对上述两种情况，可以发现，《韩国所见中国古代小说史料》所涵括的对象包括第二类80余种小说和第一类中约一半既有现存版本又有文献记载的小说，其总和约为230种。而第一类中的另外一半小说，其数量为170余种，限于体例，《韩国所见中国古代小说史料》无从涉及。这个数字提醒我们，对韩国所藏中国古典小说做系统的"版本目录"，正好与《韩国所见中国古代小说史料》相辅相成，可以为读者提供不同类型的学术信息。或者说，"韩国所见中国古代小说史料"与"韩国所藏中国古代小说版本目录"各有其不可替代的意义，两者在学术上各有其独立的价值。在完成了《韩国所见中国古代小说史料》之后，我们之所以花大量精力继续做"韩国所藏中国古代小说版本目录"，原因在此。由于工作量太大，我们拟分两册来做，一册是《韩国所藏中国古代文言小说版本目录》，另一册就是这本《韩国所藏中国通俗小说版本目录》。

（二）

有几部中国古典小说，如《世说新语》《太平广记》《剪灯新话》，在中韩两国的文化交流中曾扮演重要角色，考察这几部名著东传的历程及其在韩国的版本情形，不仅有助于论古，而且有助于察今，不仅有学术意义，而且有文化意义，所以我们就这几部书特别多说几句。

《世说新语》是在朝鲜时代肃宗三十四年（1708）用原文在韩国出版的，[①] 其书名为《世说新语补》，是明代王世贞的删定本。引人注目的是这个版本用的是显宗实录字（朝鲜显宗：1659—1674 年在位），证明了这是官刻出版。朝鲜时代对《世说新语》的重视由此可见。

这个版本的题署是：刘义庆（刘宋）撰，刘孝标（梁）注，刘辰翁（宋）批，何良俊（明）增，王世贞（明）删定，王世懋（明）批释，钟惺（明）批点，张文柱（明）校注，共 20 卷 7 册，版式为左右双边，31×20cm，半郭 22.8×15.6cm，10 行 18 字，有界，注双行，内向黑鱼尾。序文中有"嘉靖丙辰（1556）……王世贞撰"，"万历庚辰（1580）……王世懋撰"，"乙酉（1585）……王世懋再识"，"万历丙戌（1586）秋日……沔阳陈文烛玉叔撰"的记录。纸质是朝鲜楮纸。后代曾多次覆印。也有《世说新语姓汇韵分》这样改变《世说新语》原有的体例再出版的作品。《世说新语姓汇韵分》是按人名和姓氏排的，可大概推定是在肃宗末或英祖年间出版的。这个版本在后代也多次覆印（12 卷 3 册，12 卷 4 册，12 卷 6 册，12 卷 12 册等）。现藏于韩国中央图书馆、藏书阁、高丽大学校、延世大学校、成均馆大学校图书馆等处。

王世贞删定的《世说新语补》是经由什么途径传到韩国去的呢？是谁带到韩国去的呢？答案是：两国的文化交流是这个版本东传韩国的途径，而具体完成这一文化使命的是明朝万历年间的朱之蕃。

据钱谦益《列朝诗集小传》丁集上载，朱之蕃曾于万历年间出使朝鲜：

> 之蕃，字元价，金陵人。万历乙未状元，官终吏部右侍郎。元价为史官，出使朝鲜，尽却其赠贿，鲜人来乞书，以貂参为贽，囊装顾反厚，尽斥以买法书、名画、古器，收藏遂甲于白下。

朱彝尊《静志居诗话》卷十六也记载：

> 朱之蕃，字元价，南京锦衣卫籍，茌平人。万历乙未赐进士第一，授翰林院修撰，以右春坊，右谕德，掌院印。以右春坊，右庶子，掌坊印。升少詹事，进礼部右侍郎，改吏部右侍郎。卒，赠礼部尚书。有《使朝鲜稿》《南还》《纪胜》诸集。元价文翰兼工，张膻东国，与馆伴周旋，有倡必和，微嫌诗材慁熟，语不惊人。

《四库全书总目·别集类存目六·奉使稿》同样对朱之蕃出使朝鲜一事作了强调：

> 之蕃以万历乙巳冬被命使朝鲜，丙午春仲出都，夏杪入关，与馆伴周旋，有倡必

---

① 韩国高丽大学校中央图书馆，《晚松文库·汉籍目录》。

和，录为二大册。第一册为《奉使朝鲜稿》，前诗后杂著，之蕃作也。第二册为《东方和音》，朝鲜国议政府左赞成柳根等诗也。

《列朝诗集小传》《静志居诗话》和《四库全书总目》都提到了朱之蕃出使朝鲜的事，也提到了他与接待他的馆伴相互唱和的事，但没有提到他带了些什么礼物过去。我们一直想弄清这一点。令人欣喜的是，朝鲜时代李宣显（1669—1745）的《陶谷集》提供了关于这一问题的部分答案：

> 其谈论风标书之文字，则无不澹雅可喜，此刘义庆《世说》所以为楮人墨客所剧嗜者也。因此想当时亲见其人听其言语者，安得不倾倒也。明人删其芜，补其奇，作为一书，诚艺林珍宝也。朱天使之蕃携来，赠西坰，遂为我东词人所欣睹焉。

李宣显是朝鲜肃宗—英祖年间文人，著有《陶谷集》。所说的"西坰"是指朝鲜时代文臣柳根（1549—1627），他字晦夫，号西坰、孤山。李宣显称朱之蕃为天使，其间的敬慕之意溢于言表。朱之蕃出使朝鲜，是带了礼物的，其中一件就是王世贞删定的《世说新语补》。《世说新语》是在韩国最受欢迎的十大中国古典名著之一，另外九部是《太平广记》《剪灯新话》《三国演义》《东周列国志》《西、东汉演义》《水浒传》《西游记》《今古奇观》《红楼梦》（依作品类别、时序排列）。韩国现存的《世说新语》版本不下二十一种，现存的《世说新语补》版本不下十六种，另有《世说新语姓汇韵分》等十余种，如此众多的版本类型表明，《世说新语》在韩国的确是备受欢迎的。朱之蕃以《世说新语补》作为出使朝鲜的礼物之一，说明他对朝鲜的国情民风有深入体察。他是一个称职的文化使者。中韩两国的文化交流因他而增加了光彩夺目的一页，而在中韩文化交流史上，他也因此有了一席之地。

《太平广记》与《太平御览》《文苑英华》《册府元龟》合称为"宋朝四部大书"，是李昉等人奉宋太宗之命集体编纂的。从太平兴国二年（977）三月开始，至次年八月结束，搜集上自秦汉、下至宋初的野史小说共约七千则，成书五百卷，目录十卷，约三百万字。

《太平广记》按题材分为九十二大类：神仙、女仙、道术、方士、异人、异僧、释证、报应、征应、定数、感应、谶应、名贤、廉俭、气义、知人、精察、俊辩、器量、贡举、铨选、职官、权倖、将帅、骁勇、豪侠、博物、文章、才名、儒行、乐、书、画、算术、卜筮、医、相、伎巧、博戏、器玩、酒、食、交友、奢侈、诡诈、谄佞、谬误、治生、褊急、诙谐、嘲诮、嗤鄙、无赖、轻薄、酷暴、妇人、情感、童仆奴婢、梦、巫厌咒、幻术、妖妄、神、鬼、夜叉、神魂、妖怪、精怪、灵异、再生、悟前生、冢墓、铭记、雷、雨、山、石、水、宝、草木、龙、虎、畜兽、狐、蛇、禽鸟、水族、昆虫、蛮夷、杂传记、杂录等。这种分类法虽然拆散了所引用的原书，但为分题材研究宋以前的文言小说提供了极大方便。

《太平广记》编成后，因卷帙繁重，又因为有人说这部书并非后学者所急需，就把版收了起来，在宋代已少流传，以至于有人把读过《太平广记》当做炫耀的资本。比如，洪适有《还李举之〈太平广记〉》诗："稗官九百起虞初，过眼宁论所失诬。午睡黑甜君所赐，持还深愧一瓻无!"①吴曾《能改斋漫录》多处征引此书以为考订之资。陈振孙《直斋书录解题》卷十一记"妄人多取《广记》中旧事,改窜首尾,别为名字以投"洪迈。② 这些是宋人以读过《太平广记》而自豪的证据。至于罗烨《醉翁谈录》"小说开辟"称说话人必须"幼习《太平广记》",更把《太平广记》当做说话这个行当的门面。直到明代嘉靖、万历年间,《太平广记》才有了各种不同的节选本,开始在士大夫文人间广泛流传。

《太平广记》大概在1100—1200年(高丽时代)首度传入韩国,朝鲜太宗时代又再度传入。因为《太平广记》过于庞大,故曾在朝鲜世祖八年(1462)由成和仲(成任)将它简缩后出版,书名为《详节太平广记》。

朝鲜时代刊行的《详节太平广记》现藏于高丽大学校、成均馆大学校、忠南大学校图书馆等处。其中成均馆大学校的版式如下:李昉(宋)奉敕编;韩国木版本,成任[朝鲜世祖八年(1462)]刊,全50卷中,现存7卷2册(卷15-21),四周单边,34×20.7cm,半郭23.7×16cm,10行17字,上下黑口内向黑鱼尾,纸质:楮纸。

其后,成和仲又参考《详节太平广记》出版了《太平通载》80卷(《太平通载》后于朝鲜成宗二十三年即1492年由李克墩重刊)。③ 此外有翻译本《太平广记谚解》,大概是在朝鲜明宗二十一年至宣祖年间(1566—1608)出版的。现存的《太平广记谚解》有两种版本,一种是5卷135篇的"觅南本",另一种是8卷268篇的"乐善斋本"。

考察韩国所藏《太平广记》版本,不难发现一个事实:大量刊行《太平广记》的朝鲜时代,与明人大量刊印《太平广记》各种节选本(包括改题书名的节选本)的时间大体对应。这或许不是偶合,而是表明了两国的文化风尚在这一时期高度相近。在相近的文化风尚背后,是两国之间频繁、活跃的文化交流。中韩两国在文化上的这种密切的亲戚关系,是值得我们永远珍惜和维护的。

明初瞿佑的《剪灯新话》在中国文言小说发展史上占有重要地位,在韩国的影响更加引人注目。

朝鲜时代的韩国不仅接受和引进了《剪灯新话》,而且还自行刊印,以便广为传播。据林芑跋文,当时出版的《剪灯新话句解》本(《剪灯新话句解》是就原本《剪灯新话》里难解的语句或词语加上校注后发行的作品)有两种,一种是林芑受宋粲的请托而作的版本(朝鲜明宗四年即1549年发行),另一种是在修订旧本的基础上,林芑集释、尹春年(沧洲)校正而发行的版本(明宗十四年即1559年发行)。这本《剪灯新话句解》(上、下二卷,共20篇,附录1篇,总21篇)是校书馆刊行本,其后又多次出版。署"山阳瞿佑宗吉著,沧洲订正,垂胡子集解"。沧洲与垂胡子都是朝鲜学者。现在广泛流传的版本就是沧洲订正的木版本,藏书阁、国立中央图书馆、奎章阁、高丽大学校、成均馆大学校图书馆等处均见收藏。可惜宋粲的木活字本久已失传,无法见到。

《剪灯新话句解》是《剪灯新话》有史以来的第一部注解本,也是目前所见《剪灯新话》

① (宋)洪适:《盘洲文集》卷四,文渊阁四库全书本。
② (宋)陈振孙:《直斋书录解题》,上海古籍出版社1987年版,第336页。
③ 韩·丁奎福:《古小说和中国小说》,《韩国古小说论》,韩国亚细亚文化社1991年版,第318页。

足本中最早的版本。后传至日本，对长庆年间（1596—1614）、元和年间（1615—1623）的活字翻排本《剪灯新话句解》与庆安元年（1648）林正五郎翻排本《剪灯新话》有很大的影响。在目前没有《剪灯新话》原本的情况之下，甚难确定此版本的改作实况，但朝鲜的《剪灯新话句解》应是较近于原本《剪灯新话》的。

朝鲜明宗以后，《剪灯新话句解》又多次出版。根据鱼叔权的《考事撮要》和综合册板目录的《韩国册板目录总览》①来看，北汉山城、保宁、密阳、永川、陕川、居昌、全州、顺天、龙安、济州、原州等地均有出版记录。② 现存的《剪灯新话句解》版本，仍有不下九种。

《剪灯新话》在韩国、日本、越南等国盛传，受到广泛欢迎与推崇，在这些国家尤其是韩国的小说史上产生了深远影响。韩国小说的始祖是金时习的《金鳌新话》，或者说，《金鳌新话》是韩国小说史上最初的小说，它在韩国小说史上的地位极为崇高。而说到《金鳌新话》，就不能不提《剪灯新话》。朝鲜初期，首先传入韩国的中国小说就是瞿佑的《剪灯新话》，《金鳌新话》就是《剪灯新话》影响下的产物：《金鳌新话》的《万福寺樗蒲记》反映了《剪灯新话》中的《滕穆醉游聚景园记》和《富贵发迹司志》等的影响；《金鳌新话》的《李生窥墙传》是《剪灯新话》中的《渭塘奇遇记》《翠翠传》《金凤钗传》《联芳楼记》和《秋香亭记》等的投影；《金鳌新话》的《醉游浮碧楼记》是模仿《剪灯新话》中的《鉴湖夜泛记》；《金鳌新话》的《南炎浮州志》是模仿《剪灯新话》中的《令狐生冥梦录》《太虚司法传》和《永州野庙记》；《金鳌新话》的《龙宫赴宴录》是模仿《剪灯新话》中的《水宫庆会录》和《龙堂灵会录》。可以说，没有《剪灯新话》，就没有《金鳌新话》，虽然《金鳌新话》已是一部具有鲜明的韩国民族特色的作品。值得一提的是，壬辰倭乱时，《剪灯新话》与《金鳌新话》流传到日本，又对日本文学产生了巨大影响，日本小说《伽婢子》《雨月物语》就是在这两部小说的带动下产生的。这些事实表明，《剪灯新话》在韩国、日本、越南等国的小说发展史上占有重要的地位。关注《剪灯新话》在海外的印刷、阅读情形和影响，其学术意义是显而易见的：不仅有助于我们把握韩国、日本、越南等国的小说发展史，也有助于我们叙述中国小说的发展历史，这是因为，小说史并非单纯的作家和作品的历史，它还包括作品被接受的历史——在国内被接受的历史和在国外被接受的历史。正是基于这个想法，我们很高兴能为研究中国小说史和韩国小说史的学者奉上这部新书，也期待读者们喜欢它，并享受到"开卷有益"的乐趣。

2014 年 8 月 12 日于武汉大学

---

① ［韩］郑亨愚，尹炳泰编：《韩国册板目录总览》，韩国精神文化研究院（现韩国学中央研究院）1979 年刊行。

② ［韩］柳铎一：《韩国文献学研究》，韩国亚细亚文化社 1990 年版，第 296~299 页。

目　录

上编　韩国所藏中国通俗小说版本目录
（按作品分类）

下编　韩国所藏中国通俗小说版本目录
(按收藏处分类)

上编

韩国所藏中国通俗小说版本目录

（按作品分类）

第一章 明代作品版本目录

1. 三国演义 [后三国演义 (两晋演义) ，后三国石珠演义]

《三国演义》是中国古代第一部章回小说，也是中国古代成就最高的历史演义即长篇历史小说。它标志着历史演义作为一种小说类型确立了其审美规范。

《三国演义》的成书过程，可大体划分为三个阶段：（1）历史资料积累阶段。这方面的历史资料积累，主要是陈寿的《三国志》和裴松之注《三国志》时所引用的大量野史别传。这些历史资料具有下述几个特点：资料完整、详备，凡属三国时期的重要历史人物和历史事件，都有较为充分的记载，并对历史的发展变化提供了某种原则性的解释和说明；若干野史片断颇具小说意味，如《曹瞒传》之叙少年曹操；品评人物忽视道德而注重才干。（2）民间流传阶段。民间流传主要是指民间的说话（讲故事）和民间的演戏。现存的资料有两部元代刻印的讲史话本：《三国志平话》、《三分事略》，还有若干种以三国故事为题材的元代杂剧。民间流传的三国故事，其特点是"俗"，具体表现为热闹有趣的故事、诙谐幽默的风格和异常简明的道德观念。（3）文人改编阶段。《三国演义》的第一个改编者是罗贯中，这有确凿的文献作为依据。但与之相关的其他三个问题却众说纷纭，即《三国演义》的成书年代、罗贯中的籍贯和《三国演义》的版本变迁轨迹。

《三国演义》的成书时间问题在学术界存在较大争议。20世纪20年代，鲁迅在《中国小说史略》第十四篇和《中国小说的历史的变迁》中推断其作者罗贯中大约生活在元末明初（约1330—1400），据此，《三国演义》也应该成书于元末明初。1931年，郑振铎、马廉、赵万里在宁波发现了明代天一阁蓝格抄本《录鬼簿续编》，其中有这样的记载："罗贯中，太原人，号湖海散人。与人寡合，乐府隐语，极为清新。与余为忘年交，遭时多故，天各一方。至正甲辰复会，别来又六十余年，竟不知其所终。""至正甲辰"即1364年，距元亡仅四年。这一记载与鲁迅的论断吻合。从此，"成书于元末明初"说得到学界公认。但"元末明初"是一个宽泛的时间概念，假定元末包括二三十年，明初包括三四十年，加起来约为七十年，未免缺少准确性。一些学者不满足于笼统地说"元末明初"，试图获得更精确的结论，经过研究，提出了五种成书年代说：其一，"成书于元代中后期"。章培恒、马美信为上海古籍出版社1984年版《三国志通俗演义》所写的前言，袁世硕的论文《明嘉靖刊本〈三国志通俗演义〉即元人罗贯中原作》（《东岳论丛》1980年第3期），据书中小字注提到的"今地名"除偶有误用，几乎全与元代行政区名称相符等情形，断言其成书在元代中后期；杜贵晨的《〈三国志通俗演义〉成书及今本改定年代小考》（《中华文化论坛》1999年第2期）征引明初瞿佑《归田诗话》卷下《吊白门》一则，为成书于元代中后期说提供了新的证据。其二，"成书于元末"说。陈铁民的《〈三国演义〉成书年代考》(《文学遗产增刊》第15辑，中华书局1983年版)，周兆新的《〈三国演义〉成书于何时》(收入《三国演义丛考》，北京大学出版社1995年版)，以不同的证据证明了这一观点。程毅中的《宋元小说研究》(江苏古籍出版社1998年版)也认为《三国演义》"大致定稿于元代"。其三，"成书于明初"说。周楞伽、王利器、欧阳健等均持此说。其四，"成书于明中叶"说。张国光的《〈三国志通俗演义〉成书于明中叶辨》(《社会科学研究》1983年第4期)、张志合的《从〈花关索传〉和〈义勇辞金〉杂剧看〈三国志通俗演义〉的成书年代》(《河南大学学报》1990年第5期)、李伟实的《〈三国志通俗演义〉成书于明中叶弘治初年》(《吉林社会科学》1995年第4期)均持此说。其五，"成书于宋代乃至以前"说。周邨的《〈三国演义〉非明清小说》(《群众论坛》1980年第3期)提出此说，至今无人响应。关于《三国演义》成书年代的这五种说法，各有其理由。我们认为，较稳妥的表述依然是：《三国演义》成书于元末明初，而成于明初的可能性更大一些。

关于罗贯中的籍贯，较有影响的说法有三种。一是"东原"说。刘知渐的《重新评价〈三国演义〉》(《社会科学研究》1982年第4期)、王利器的《罗贯中与〈三国志通俗演义〉》上篇(《社会科学研究》1983年第1期)、沈伯俊的《关于罗贯中的籍贯问题》(《海南大学学报》1987年第2期)等均持此说，其依据是，明嘉靖本《三国志通俗演义》卷首庸愚子(蒋大器)序称罗贯中为东原人，另一些明代《三国演义》刻本也认定罗贯中是元东原人。二是"太原"说。自《录鬼簿续编》关于"罗贯中，太原人"的记载1931年被发现以来，这一直是占主流地位的观点，几部影响较大的中国文学史，如中国科学院文学研究所编写的《中国文学史》、游国恩等主编的《中国文学史》均主"太原"说。三是"太原即东原"说。刘颖的《罗贯中的籍贯——太原即东原解》(《齐鲁学刊》1994年增刊)认为《录鬼簿续编》所说的"太原"，很可能指东晋、刘宋时期设置的"东太原"，即山东太原，与"东原"实为一地。杨海中认为，罗贯中的籍贯应为山东太原(见《罗贯中的籍贯应为山东太原》，《东岳论丛》1995年第4期)、杜贵晨的《罗贯中籍贯"东原"说辩论》(《齐鲁学刊》1995年第5期)对此有进一步论述。

关于《三国演义》的版本，其复杂性已经引起学界重视。以往人们对这种复杂性缺乏了解，一般认为，嘉靖元年(1522)本《三国志通俗演义》最接近于罗贯中原本，或者就是罗贯中原作；毛宗岗评本《三国演义》是由嘉靖元年本派生的一个版本系统；在《三国演义》众多的版本中，嘉靖元年本和毛宗岗评本是真正值得重视的版本。事实上，在相当长一段时间内，各种小说史、文学史所论述的《三国演义》基本上是就毛评本而言，只在需要时附带提及嘉靖本。近年来，学术界对《三国演义》的版本情况作了相当深入细致的研究，日本的小川环树、金文京、中川谕、上田望，澳大利亚的柳存仁、马兰安，英国的魏安，国内的张颖、陈速、陈翔华、周兆新、沈伯俊，都在这一领域投入了大量心力。经过他们的研究，有四个事实已得到足够关注：其一，《三国演义》的各种明刊本并非"都是以嘉靖本为底本"，诸本《三国志传》是自成体系的(见沈伯俊《校理本三国演义》的《前言》，江苏古籍出版社1992年版)。其二，"嘉靖本尽管刊印的时代较早，但它仍然是一个明人修订本，不能代表罗贯中原作的面貌"。那种把嘉靖本说成"罗氏原作"的观点难以成立，倒是《三国志传》可能更接近罗贯中的原作(周兆新《三国演义考评》，北京大学出版社

1990 年版）。其三，从版本形态的角度来看，《三国演义》的版本可以分为三个系统，即《三国志传》系统、《三国志通俗演义》系统和毛本《三国演义》系统。其四，《三国志传》的一些版本中有叙写关索和花关索的情节，这是《三国志通俗演义》系统所没有的。

《三国演义》是韩国古典小说发展史上影响最大的作品，也是最受欢迎的作品。在现存的版本、翻译、改作及再创作、出版状况、古典文献的记录等方面，《三国演义》都是其他作品所比不上的。罗贯中的《三国志通俗演义》传入韩国的时期大略至少在 1552—1560 年。在朝鲜时代曾几次出版过中文版和韩文版的《三国演义》（《三国志平话》已在高丽末期传入）。①

《后三国演义》，又名《三国后传》、《后三国石珠演义》。清耕书屋刊本题"梅溪遇安氏著"，首"庚申孟夏澹园主人题于绿竹亭"序，无年号，庚申或为乾隆五年（1740）。凡三十回。另有清三与堂刊本等。梅溪遇安氏，生平不详。梅溪即今福建闽清，作者或为闽清人。写晋武帝年间，上界织女谪于凡尘，名为石珠，从吴真人处受天书，得神霄子刘弘祖为子。趁天下大乱，攻取晋阳。石珠登王位，定号为赵。后逊位于神霄子刘弘祖，刘弘祖定号为汉。三年后，石珠修行功成，重返上界。《后三国演义》显示了讲史与神魔合流的倾向。

1-1. 三国演义

书名	出版事项	版式状况	一般事项	所藏处/所藏番号
贯华堂第一才子书	毛宗岗(清)评	合 20 册(卷首, 19 卷), 中国木版本, 有图, 30.4×20.4cm, 四周单边, 半郭：20×13.8cm, 有界, 8 行 15 字, 上花纹鱼尾	表纸书名：三国志, 卷头书名：四大奇书第一种, 序：顺治岁次甲申(1644)……金圣叹	奎章阁［奎중］2087～2089
		3 册(零本, 卷 6, 11, 12) 中国木版本, 有图, 30.4×20.4cm, 四周单边, 半郭：20×13.8cm, 有界, 8 行 15 字, 上花纹鱼尾	表纸书名：三国志, 卷头书名：四大奇书第一种, 序：顺治岁次甲申(1644)……金圣叹	奎章阁［奎중]2090
	刊年未详	1 册(零本), 中国木版本, 有图, 29.5×19cm, 四周单边, 半郭：21.3×14.2cm, 无界, 12 行 26 字, 上黑鱼尾	表纸书名：鼎峙志, 序：顺治岁次甲申（1644）……金圣叹	奎章阁（想白）［古］895.13-G425g

---

① 最近在韩国学中央研究院发现了新资料：《老乞大》（高丽末编纂）。"更买些文书，一部四书，都是晦庵集注，又买一部《毛诗》、《尚书》、《周易》、《礼记》、《五子书》、《韩文》、《柳文》、《东坡诗》、《诗学》、《大成押韵》、《君臣故事》、《资治通鉴》、《翰院新书》、《标题小学》、《贞观政要》、《三国志平话》。这些货物都买了也。"［《老乞大》，韩国学中央研究院（C-138），47a-7b］这可以证明《三国志平话》在高丽末期已传入高丽的事实。

书名	出版事项	版式状况	一般事项	所藏处/所藏番号
贯华堂第一才子书	毛宗岗（清）评，刊年未详	20 册（19 卷，目录），朝鲜木版本，有图，27.7×18.2cm，四周单边，半郭：20.5×14.4cm，无界，12 行 26 字，注双行，上二叶花纹鱼尾	序：顺治岁次甲申（1644）……金人瑞，卷首书名：四大奇书第一种，表纸书名：三国志	启明大学校［고］812.35-无求斋사
	毛声山（清）批点，刊年未详	1 卷 1 册（卷首），朝鲜木版本，有图，25.6×18.4cm，四周单边，半郭：20.8×14.2cm，无界，12 行 26 字，上下向黑鱼尾，纸质：楮纸	表题：三国志，版心题：第一才子书，序：顺治岁次甲申（1644）嘉平朔日金人瑞圣叹氏题	忠清南道 大田市 尹炳泰
	毛声山（清）批点，刊年未详，朝鲜后期	1 册，朝鲜木版本，21.3×14.2cm，四周单边，12 行 26 字，注双行，上下向黑鱼尾，纸质：楮纸	版心题：第一才子书卷之六	韩国寺刹文化财김해 银河寺，守藏库 531
	毛声山（清）批点，刊年未详	20 卷 20 册，朝鲜木版本，纸质：楮纸		大邱天主教大学
鼎峙志	朝鲜翻刻本	19 卷 19 册，朝鲜木版本	又名：贯华堂第一才子书	鲜文大学校 朴在渊
第一才子书三国志	毛宗岗（清）评，光绪庚寅（1890）季冬，上海书局石印	共 12 册（首卷 1 册，60 卷 11 册），中国石印本，有图，20cm，四周双边，15.1×10cm，25 行 40 字，注小字双行，上黑鱼尾	内题：绣像三国演义，外题：增像三国全图演义，原序：时顺治岁次甲申（1644）嘉平朔日金人瑞题，重刊序：光绪十四年（1888）孟夏吴飞云书	延世大学校 812.36/19
	毛宗岗（清）评，上海，广益书局印行	16 卷 16 册，中国铅活字本，有图，20cm，四周单边，半郭：17.5×11.6cm，界线，勾吴清溪居士书，15 行 31 字，注小字双行，上黑鱼尾	内书名：足本铅印三国志演义，外书名：精校全图绣像三国志演义，原序：顺治岁次甲申（1644）嘉平朔日金人瑞，重刊序：咸丰三年（1853）孟夏勾吴清溪居士书，藏书记：锦城丁氏寓居谷城，藏印记：默容室藏外 4 种	延世大学校 812.36/20

续表

书名	出版事项	版式状况	一般事项	所藏处/所藏番号
第一才子书三国志	毛宗岗（清）评，刊写地，刊写者，刊写年未详	16 卷 8 册（卷 1-16），中国石印本，有图，20.1×13.4cm，四周双边，半郭：17.4×11.8cm，无界，26 行字数不定，注双行，上下向黑鱼尾	表题：三国志，卷首题：增像全图三国志演义，版心题：绘图三国志演义	京畿大学校 京畿-k120315-1
四大奇书第一种	毛宗岗（清）批点，清顺治元年（1644）序	8 册，中国木版本，24.6×15.6cm，四周单边，半郭：19.7×13.5cm，有界，12 行 28 字，注双行，上下向黑鱼尾，纸质：竹纸	表题：三国志，序：顺治甲申（1644）嘉平朔日金人瑞圣叹氏题	釜山大学校
	毛宗岗（清）评，顺治元年（1644）序	19 卷 20 册，朝鲜木版本，有图，29.2×18.7cm，四周单边，半郭：21.3×14.1cm，无界，12 行 26 字，上下向二叶花纹鱼尾，纸质：楮纸	表题：三国志，版心题：第一才子书，序：顺治甲申（1644）金人瑞题	庆北 英阳郡 赵观镐
	罗贯中（明）撰，毛宗岗（清）评，邹梧冈（清）参订，成文信刊，顺治元年（1644）序	51 卷 16 册，中国木版本，有图，25×15.5cm	版心书名：第一才子书，标题纸：绣像第一才子书，印：继承松湖古家遗风余庆守成，内容：序，凡例，读法，图像，目录，1-15，卷 1-51	高丽大学校（华山文库）C14-B1
	罗贯中（明）著，毛宗岗（清）批点，仁祖二十二年（1644）序	零本 1 册（卷首 1 册以外缺），中国木版本，28.9×18.8cm，四周单边，半郭：21.1×14.4cm，无界，12 行 26 字，上黑鱼尾，下白口	标题纸：贯华堂第一才子书，表纸书名：三国志，序：顺治岁次甲申（1644）嘉平朔日金人瑞圣叹氏题	高丽大学校（薪庵文库）C14-A36
	毛宗岗（清）评，仁祖二十二年（1644）序，后刷	10 卷 11 册（卷 1-4，8，15-9，目录 1 册），木版本，有图，27.5×18.7cm，四周单边，半郭：19.7×14cm，无界，12 行 26 字，注双行，上下向黑鱼尾，纸质：楮纸	表题：四大奇书，版心题：第一才子书，序：顺治岁次甲申（1644）嘉平朔日金人瑞圣叹氏题	全北大学校

续表

书名	出版事项	版式状况	一般事项	所藏处/所藏番号
四大奇书第一种	罗贯中（明）撰，毛宗岗（清）评，经国堂，仁祖二十二年（1644）序	19卷19册，目录1册，共20册2匣，中国木版本，有图，24.9×15.7cm，四周单边，半郭：20.5×13.3cm，无界，12行26字，注双行，上下向无叶花纹鱼尾	标题：绣像第一才子书，版心题：第一才子书，表题：三国志，序：顺治岁次甲申（1644）嘉平朔日金人瑞叹氏题，刊记：经国堂发兑	京畿大学校
	毛宗岗（清）评，上海，扫叶山房，1888年刊	全20卷20册中18册存（零本，卷1，3-19），中国木版本，有图，23.9×16cm，四周单边，半郭19.7×13.8cm，无界，12行26字，注双行，上下向黑鱼尾	卷头：插图，绣像，重刊三国志演义序：光绪十四年（1888）……醒悔道人，版心题：第一才子书，刊记（重刊序末）：上海扫叶山房藏板，表纸书名：三国志	岭南大学校823.5金圣叹ㄈ
	毛宗岗（清）评，1888年刊，上海，扫叶山房藏板	10册（零本，首卷，卷1-9），中国木版本，有图，23.5×15.5cm，四周单边，半郭：18.5×13.5cm，无界，12行26字，注双行，上下向黑鱼尾	表题：三国志，版心题：第一才子书，卷首序：顺治岁次甲申（1644）嘉平朔日金人瑞圣叹，凡例，读三国志法，目录，刊记：上海扫叶山房藏板校刊，重刊序：光绪十四年（1888）孟秋醒悔道人	奎章阁［奎古］151
	毛宗岗（清）评，上海，扫叶山房刊，光绪十四年（1888）序	目录1册，16卷16册，共17册（全19卷，卷1-16），24.4×15.9cm，有图，上下单边，左右双边，半郭：19.6×14.3cm，无界，12行26字，注双行，上下向黑鱼尾	包匣题：三国志，标题：第一才子书，序：顺治岁次甲申（1644）嘉平朔日金人瑞圣叹氏题，重刊序：光绪十四年（1888）孟秋醒悔道人书，上海扫叶山房藏板校刊	东亚大学校（3）：12：2-79
	毛宗岗（清）评，上海，扫叶山房，1888年刊	20册（首卷，卷1-19），23.5×15.5cm，四周单边，半郭：19.6×14.5cm，有界，10行21字，注双行，上内黑鱼尾	表纸书名：三国志，序：光绪四年（1888）……醒悔道人	国立中央图书馆［古］3636-79

续表

书名	出版事项	版式状况	一般事项	所藏处/所藏番号
四大奇书第一种	著者未详，上海，扫叶山房，光绪十四年(1888)刊	19卷2匣20册，中国木版本，24×15.8cm，上下单边，左右双边，半郭：14×19.9cm，无界，12行26字，白口黑鱼尾上	表纸书名：三国志，版心书名：第一才子书，序：金人瑞(1644)，醒悔道人(1888)，毛宗岗评	涧松文库
	毛圣山（清）原评，扫叶山房，光绪十四年(1888)刊	2函19卷20册（目录1册），24.5×15.8cm，四周单边，半郭：14×19.8cm，无界，12行26字，注小字双行，上黑鱼尾	外题：三国志，版心题：第一才子书，序：顺治岁次甲申(1644)嘉平朔日金人瑞圣叹氏题，评：毛宗岗	朝鲜大学校895.13-ㄱ781ㅅ
	毛宗岗（清）评，1888年刊	1册(卷2，零本)，中国木版本，有图，30.5×19cm，四周单边，半郭：21.5×14.5cm，无界，12行26字，注双行，上下向黑鱼尾	表题：三国演义，版心题：第一才子书	奎章阁[奎古]295
	罗贯中（明）撰，毛宗岗（清）评，上海，扫叶山房，光绪十四年(1888)刊	19卷首卷合20册，中国木版本，有图，23.5×15.3cm		高丽大学校（华山文库）C14-B1D
		卷首19卷合20册，中国木版本，有图，24.4×15.7cm	标题/版心题：第一才子书，表题：三国志，序：顺治岁次甲申(1644)金圣叹氏题，重刊三国志演义序：光绪十四年(1888)孟秋醒悔道人书	高丽大学校（晚松文库）C14-B1J
		19卷20册（首卷-17），中国木版本，有图，23.6×16.7cm，四周单边，半郭：19.6×14cm，无界，12行26字，注双行，上下向黑鱼尾，纸质：竹纸	表题：三国志，版心题：第一才子书，序文：顺治岁次甲申(1644)嘉平朔日金人瑞圣叹氏题	忠南大学校学山古书集·小说类2036
		20卷20册，中国木版本，有图，23.6×16.7cm，上下单边，左右双边，半郭：19.6×14cm，无界，12行26字，注双行，上下向黑鱼尾，纸质：竹纸	表题：三国志，版心题：第一才子书，里题：绣像三国志演义，重刊序：光绪十四年(1888)孟秋醒悔道人书，顺治岁次甲申(1644)嘉平朔日金人瑞圣叹氏题	忠南大田市赵钟业

续表

书名	出版事项	版式状况	一般事项	所藏处/所藏番号
四大奇书第一种	罗贯中（明）著，毛宗岗（清）评，上海，扫叶山房，1895年刊	19卷20册（目录，卷1-19），木版本，24.5×16cm	表题纸：圣叹外书第一才子书（三国志），蜀汉志	檀国大学校竹田退溪纪念图书馆，古823.5-나 128人
	毛宗岗（清）评，上海，江左书林，光绪二十三年（1897）刊	19卷20册，木版本，有图，23.2×15.4cm，四周双边，半郭：19×14.3cm，12行26字，注双字，上黑鱼尾		顺天大学校823.5 삼 17人
		19卷20册，中国木版本，有图，23.9×15.1cm，四周单边，半郭：18.3×13.3cm，无界，12行26字，注双行，上内向黑鱼尾，纸质：绵纸	表题：三国志，里题：第一才子书，序：顺治岁次甲申（1644）嘉平朔日金人瑞圣叹氏题，刊记：光绪丁酉（1897）春镌，江左书林藏板	东国大学校D819.34　삼17人ㄷ
		12册		朴在渊
	毛宗岗（清）评，刊年未详，清板覆刻本	16册，有图，29×19cm，四周单边，半郭：20.5×14.2cm，无界，12行26字，注双行，下内黑鱼尾	表纸书名：三国志，标题纸：毛声山先生批点贯华堂第一才子书，序：时顺治岁次甲申（1644）……金人瑞	国立中央图书馆［无求斋古］3736-21
		1册，28×17.6cm，四周单边，半郭：20.5×14.2cm，无界，12行26字，注双行，下向黑鱼尾		国立中央图书馆［无求斋古］3736-22
		17册，有图，29×19cm，四周单边，半郭：20.5×14.2cm，无界，12行26字，注双行，下向黑鱼尾	表纸书名：三国志，里题纸：毛声山先生批点贯华堂第一才子书，序：时顺治岁次甲申（1644）……金人瑞	国立中央图书馆［无求斋古］3736-23
	扫叶山房藏板，清刊本	19卷2匣20册，中国木版本，23.5×15.8cm，四周单边，半郭：14×20cm，无界，12行26字，白口黑鱼尾上	表纸书名：三国志，版心书名：第一才子书，序：金人瑞（1644），毛宗岗评，印：梅东，全钟源章	涧松文库

续表

书名	出版事项	版式状况	一般事项	所藏处/所藏番号
四大奇书第一种	罗贯中（明）撰，毛宗岗（清）评	10卷10册（卷10-19），中国木版本，23.6×15.3cm，四周单边，半郭：18.9×13.9cm，无界，12行26字，注双行，上下向黑鱼尾，纸质：竹纸	表题：三国志	庆星大学校博物馆
		19卷20册，朝鲜木版本，有图，28.6×18.8cm，四周单边，半郭：21.6×14.6cm，无界，12行26字，注双行，上下向黑鱼尾，纸质：楮纸	表题：三国志，版心题：第一才子书，序：顺治岁次甲申（1644）嘉平朔日金人瑞圣叹氏题，所藏印：玄谷精舍万卷楼图书之印	全罗北道 高敞郡 玄谷书院
	罗贯中（明）撰，毛宗岗（清）评，清代刊	9卷1册，中国木版本，有图，23.6×15.4cm，四周单边，无界，12行26字，注双行，上下向黑鱼尾，纸质：竹纸	表题：三国志，版心题：第一才子书，序：顺治岁次甲申（1644）嘉平朔日金人瑞圣叹氏题	庆星大学校乡土文化研究所
	罗贯中（明）撰，毛宗岗（清）评，清代刊	1卷1册（卷10），中国木版本，24.9×16.6cm，四周单边，半郭：22×14.1cm，无界，12行字数不定，注双行，上下向黑鱼尾，纸质：绵纸		洪川郡洪川乡校
	毛宗岗（清）批点	1册，朝鲜木版本，有图，29.4×18.8cm，四周单边，半郭：21.5×14.1cm，有界，行字数不定，纸质：楮纸	里题：贯华堂第一才子书，序：顺治岁次甲申（1644）嘉平朔日金人瑞圣叹氏题	忠南 温阳民俗博物馆
	罗贯中（明）撰，清代刊	14卷14册（卷3-5，7-12，15-19），中国木版本，25.8×15.5cm，四周单边，半郭：21.7×14cm，有界，12行20字，纸质：竹纸	表题：三国志	安东市礼川面柳宁夏
	毛宗岗（清）评，清末刊	8卷8册（卷3-7，9-10，19），中国木版本，半郭：21×14.5cm，12行26字，上黑鱼尾	表题：三国志	雅丹文库 823.5-모75ㅅ

11

续表

书名	出版事项	版式状况	一般事项	所藏处/所藏番号
四大奇书第一种	毛宗岗（清）评，清版覆刻本，发行事项不明	全19卷，卷首，合20册（卷1-2，5，8-11，13-14，16），中国木版本，有图，25×17.4cm，四周单边，半郭：21.3×14.3cm，无界，12行26字，注双行，上下向黑鱼尾	版心题：第一才子书，标题：贯华堂第一才子书，表题：三国志，序：金圣叹	安东大学校[古]823.5-김51人
		20册（卷首，19卷），有图，28.2×18.8cm，四周单边，半郭：20.5×14.2cm，无界，12行26字，注双行，上下向黑鱼尾	版心题：第一才子书，标题：贯华堂第一才子书，表纸书名：三国志序：……顺治岁次甲申（1644）……金人瑞圣叹	安东大学校823.5-김51人ㅁ
	毛宗岗（清）评，纯祖—哲宗间（1801—1863）	目录1卷，本集19卷，合20册，朝鲜木版本，30.3×19.7cm，四周单边，半郭：20.3×14.5cm，无界，12行26字，注双行，上黑，上二叶混入花纹鱼尾，纸质：楮纸	表题：三国志，里题：三国志 贯华堂第一才子书，序：顺治岁次甲申（1644）嘉平朔日金人瑞圣叹氏题，印：闵泳晚印，忠孝传家 李王家图书之章，墨印：金人瑞圣叹氏	韩国学中央研究院4-6882
	毛宗岗（清）评，朝鲜朝末期刊	1册，朝鲜木版本，有图，28.9×19.9cm，四周单边，半郭：20.9×14.3cm，无界，12行20字，注双行，上下向黑鱼尾，纸质：楮纸	表题：三国志，版心题：第一才子书，序：顺治岁次甲申（1644）嘉平朔日金人瑞圣叹氏题	釜山市 东莱女子高等学校
		10卷10册（卷10-19），朝鲜木版本，26.8×17cm，四周单边，半郭：21.5×14.6cm，无界，12行26字，注双行，上下向黑鱼尾，纸质：楮纸	表题：三国志，版心题：第一才子书	釜山大学校
	陈寿（晋）传，毛宗岗（清）评，杭永年（清）校定，朝鲜后期刊	19卷21册（含目录1册），朝鲜木版本，有图，26.5×18cm，四周单边，半郭：22.6×14.4cm，无界，12行26字，注双行，上下向黑鱼尾，纸质：楮纸	表题：三国志，版心题：第一才子书，序：顺治岁次甲申（1644）嘉平朔日金人瑞圣叹氏题	全北大学校

续表

书名	出版事项	版式状况	一般事项	所藏处/所藏番号
四大奇书第一种	罗贯中（明）撰，毛宗岗（清）评，朝鲜朝后期刊	18 册，朝鲜木版本，有图，29.3×19.2cm，四周单边，半郭：21.4×14.3cm，无界，12 行 26 字，注双行，上黑鱼尾，纸质：楮纸	版心题：第一才子书，标题：贯华堂第一才子书，表题：三国志，序：顺治岁次甲申（1644）……金人瑞圣叹氏题	全南大学校 3Q-사 222 ㄴ-v. 1-4，6-15，17-20
		2 卷 2 册（卷 9，18），朝鲜木版本，28.4×18cm，四周单边，半郭：21.9×15cm，无界，12 行 26 字，注双行，上下向黑鱼尾，纸质：楮纸	表题：奇书，版心题：第一才子书	江陵市 船桥庄
		19 卷 20 册，朝鲜木版本，26.2×16cm，四周单边，半郭：25×15.2cm，有界，12 行 26 字，注双行，上下向二叶花纹鱼尾，纸质：楮纸	表题：三国志	江陵市 船桥庄
		2 卷 2 册（卷 15，16），朝鲜木版本，26.5×17.6cm，四周单边，半郭：21.5×14.4cm，无界，12 行 26 字，注双行，上下向黑鱼尾，纸质：楮纸	表题：三国志，版心题：第一才子书	江陵市 船桥庄
	毛宗岗（清）批点，朝鲜朝末期刊	16 卷 16 册（目录，卷 1-2，7-19），朝鲜木版本，有图，29×18.8cm，四周单边，半郭：21.7×14.4cm，无界，12 行 26 字，注双行，上下向黑鱼尾，纸质：楮纸	表题：三国志，版心题：第一才子书，表题：贯华堂第一才子书，序：顺治岁次甲申（1644）……金圣叹序	庆尚南道 镇海市 海军士官学校
		7 卷 7 册（卷 3，6-7，10，12，14，16），朝鲜木版本，30.8×20.7cm，四周单边，半郭：22×14.4cm，无界，12 行 26 字，注双行，上下向黑鱼尾，纸质：楮纸	表题：三国志，版心题：第一才子书，收藏印：集玉斋	庆尚南道 镇海市 海军士官学校

书名	出版事项	版式状况	一般事项	所藏处/所藏番号
	毛宗岗（清）批点，朝鲜时代	1册（卷10），韩鲜活字本，全郭：28.5×18.5cm，纸质：楮纸		韩国寺刹文化财 全北香山寺
四大奇书第一种	毛宗岗（清）评，上海，扫叶山房藏板	7卷7册，中国木版本，半郭：20×13.8cm，12行26字，上黑鱼尾	重刊序：昔陈承祚有良史才所撰魏蜀吴三国志凡六十五篇已入正史……演义之作滥觞于元人以供村老谈说故事然悉本陈志裴注绝不架空……不与一切小说等量而齐观矣光绪十四年（1888）孟秋醒悔道人书，内容：三国志演义，刊记：扫叶山房藏板校刊	雅丹文库 823.5-모75ㅅ
	罗贯中（明）撰，毛宗岗（清）批点，贯华堂17世纪刊	1册（零本），中国木版本，28.5×18.5cm	标题：毛声山先生批点，贯华堂第一才子书，版心题：第一才子书，表题：三国志	高丽大学校（晚松文库）C14-B1L
	毛宗岗（清）评，刊地未详，致和堂，刊年未详	全21册中1册存（零本，卷1），中国木版本，25.4×15.7cm，四周单边，半郭：21.7×14.3cm，无界，11行24字，注双行，上下向黑鱼尾	版心题：三国志，版心下端记录：致和堂，表纸书名：三国志	岭南大学校 823.5 无求斋 ㅈㄱ
	毛宗岗（清）评，九思堂，刊年未详	1册（零本，卷28-30），中国木版本，25.4×16cm，四周单边，半郭：20.8×13.8cm，无界，10行23字，注双行，上下向黑鱼尾	版心题：奇书第一种，版心下端记录：九思堂，表纸书名：三国志	岭南大学校 823.5 无求斋 ㅈㄴ
	罗贯中（明）撰，毛宗岗（清）评，宏道堂，刊写年未详	3卷1册（全51卷20册），中国木版本，有图，23.3×15.6cm，四周单边，半郭：21.3×13.2cm，无界，12行28字，注双行，上内向黑鱼尾	表纸书名：三国志，版心书名：第一才子，序：顺治岁次甲申（1644）……金圣叹，刊记：金圣叹先生原本，毛声山先生评定，绣像第一才子书，宏道堂藏板	汉阳大学校 812.35-나2412ㅅ-굉1-20

书名	出版事项	版式状况	一般事项	所藏处/所藏番号
四大奇书第一种	罗贯中（明）撰，毛宗岗（清）评，贯华堂，刊写地，刊写年未详	全19卷20册（卷1-19），中国木版本，有图，26.7×18.3cm，四周单边，半郭：20.5×14.2cm，无界，12行26字，注双行，上内向二叶花纹鱼尾	表纸书名：三国志，版心书名：第一才子书，序：顺治甲申（1644）……金圣叹，内容：序文—读法—凡例—总目—图像，刊记：圣叹原评，毛声山先生批点，贯华堂第一才子书	汉阳大学校 812.35-나 2412 ㅅ-관(1-20)
	罗贯中（明）撰，毛宗岗（清）评，扫叶山房藏板，刊写年未详	全19卷20册（卷1-19），中国木版本，有图，24×15.5cm，四周单边，半郭：19.8×13.8cm，无界，12行26字，注双行，上内向黑鱼尾	表纸书名：三国志，版心书名：第一才子书，序：顺治甲申（1644）……金圣叹，刊记：圣叹外书，毛声山先生评点三国志第一才子书，扫叶山房藏板	汉阳大学校 812.35-나 2412 ㅅ-쇼
	罗贯中（明）撰，毛宗岗（清）评	8卷8册（卷1-2，4，6，16-19），朝鲜木版本，27×18cm，四周单边，半郭：20.4×14.5cm，无界，12行26字，注双行，上下向二叶花纹鱼尾，纸质：楮纸	表题：三国志，版心题：第一才子书	忠南 大田市 燕亭国乐院
		5卷5册（卷5，7，9，10，16），中国木版本，半郭：20.9×14.2cm，12行26字，上黑鱼尾		雅丹文库 823.5-나 15 ㅅ
		19卷首卷合20册，中国木版本，有图，27.6×18.4cm，四周双边20.6×14.4cm，12行26字，小字双行，上黑鱼尾	标题：贯华堂第一才子书，版心题：六才子书，表题：三国志，序：顺治岁次甲申（1644）……金人瑞圣叹氏题印：全义李凤镐章	高丽大学校 C14-A36A
	毛宗岗（清）批点	19卷20册（卷首全19卷19册），中国木版本，半郭：20.5×14.5cm，12行26字，上二叶鱼尾	表题：三国志	雅丹文库 823.5-김 54 ㅅ

书名	出版事项	版式状况	一般事项	所藏处/ 所藏番号
四大奇书 第一种	毛宗岗(清)评	6卷7册(目录1册,卷1-5,13),中国木版本,半郭:22.1×14.5cm,12行26字,上黑鱼尾	标题:三国志演义	雅丹文库 823.5-모75ㅅ
	毛宗岗(清)评	零本1册(所藏:卷1),中国木版本,24.5×15.8cm,四周单边,半郭:20×14.5cm,无界,12行26字,上黑鱼尾	重刊三国志演义序:光绪十四年(戊子,1888)……醒悔道人	龙仁大学校 D7-6
		全20册中1册存(零本,卷12),中国木版本,25.9×16cm,四周单边,半郭:20.6×13.5cm,无界,10行22字,注双行,上下向黑鱼尾	版心题:三国志	岭南大学校 823.5 无求斋 ㅈㄷ
		全20册中6册存(卷首1册,卷1,2,13-15),中国木版本,有图,28.3×18cm,四周单边,半郭:20.7×14.4cm,无界,12行26字,注双行,上下向黑鱼尾(一部分,上下向四瓣黑鱼尾)	卷首:序:顺治甲申(1644)……金圣叹,凡例,书目,读三国志法,图像(20张),标题纸:贯华堂第一才子书,圣叹原评,毛声山先生批点,版心题:第一才子书	岭南大学校 823.5 无求斋
		1册(零本,卷15),中国木版本,28.2×18.3cm,四周单边,半郭:22×14.4cm,无界,12行26字,注双行,上下向黑鱼尾(一部分上下向四瓣黑鱼尾)	版心题:第一才子书,表纸书名:四大奇书	岭南大学校 823.5 无求斋-2
		全20册(残本19册,缺卷5),中国木版本,有图,29.3×18.5cm,四周单边,半郭:22.5×15cm,无界,12行26字,上黑鱼尾	表纸书名:三国志,卷头书名:贯华堂第一才子书,序:时顺治岁次甲申(1644)……金圣叹	龙仁大学校 D7-7
		残本11册(所藏:卷1-10,卷15),中国木版本,25.8×18cm,四周单边,半郭:21×14.8cm,无界,12行26字,上黑鱼尾		龙仁大学校 D7-8

书名	出版事项	版式状况	一般事项	所藏处/所藏番号
四大奇书第一种	毛宗岗（清）评	15卷16册（卷1-6，11-19，目录1册），朝鲜木版本，有图，29.8×19.4cm，四周单边，半郭：20.3×14.5cm，无界，12行26字，注双行，上下向二叶花纹鱼尾，纸质：楮纸	表题：三国志，版心题：才子书	忠南大学校集787
	罗贯中（明）撰，毛宗岗（清）评，刊年未详	全60卷23册（第1-18，20，22，23册缺），中国木版本，17×10.6cm，四周单边，半郭：20.6×14.4cm，12行26字，上黑鱼尾	表纸书名：三国志，版心书名：第一才子书	韩国学中央研究院D7C-3
		含卷首目录，全19卷20册（第1-11，13-20册缺），中国木版本，25.5×17.2cm，四周单边，半郭：20.2×13.9cm，12行26字，上黑鱼尾	表纸书名：四大奇书，版心书名：第一才子书	韩国学中央研究院D7C-3A
		全19卷20册，中国木版本，有图，29×19cm，四周单边，半郭：20.2×13.9cm，12行26字，上黑鱼尾	表纸书名：三国志，标题纸书名：贯华堂第一才子书，版心书名：第一才子书，序：时顺治岁次甲申（1644）……金人瑞圣叹氏题	韩国学中央研究院D7C-3B
	毛宗岗（清）评，刊年未详	20卷20册，中国木版本，有图，27.3×18.4cm	表纸书名：三国志，序：时顺治岁次甲申（1644）……金人瑞	国立中央图书馆[古]3736-53
	罗贯中（明）撰，毛宗岗（清）评，19世纪末刊	零本7册，朝鲜木版本，27.3×18.3cm，四周单边，半郭：21.8×14.2cm，有界，12行26字，上下白口，上下向黑鱼尾，线装，纸质：楮纸	表题：四大奇书，卷6，8，10-15	金基大（성주）14-3331-3337

书名	出版事项	版式状况	一般事项	所藏处/所藏番号
四大奇书第一种	罗贯中（明）撰，毛宗岗（清）评	19 卷 20 册（卷 4，卷 9-10，卷 12-13，卷 17，卷 19，7 册缺），中国木版本，30.5×20.5cm，四周单边，半郭：14.5×22cm，无界，12 行 26 字，白口黑鱼尾上	表纸书名：三国志，版心书名：第一才子书，序：金人瑞（1644），毛宗岗（清）评，印：赐号善宝斋，闵丙承印	涧松文库
		19 卷 20 册（卷 14，卷 16，卷 18，3 册缺），中国木版本，20.3×30.6cm，四周单边，半郭：20.7×14.8cm，无界，12 行 26 字，白口黑鱼尾上	表纸书名：三国志，版心书名：第一才子书，序：金人瑞（1644），毛宗岗评，印：赵致夏印（圆印）	涧松文库
		19 卷 20 册，中国木版本，29×19cm，四周单边，半郭：14.3×21cm，无界，12 行 26 字，细注双行，白口黑鱼尾上	表纸书名：三国志，版心书名：第一才子书，序：金人瑞（1644），毛宗岗（清）评	涧松文库
	毛宗岗（清）评释，邹梧冈（清）参订，刊年未详	10 册（卷 1-49），中国木版本，24×15.8cm	标题纸：毛声山先生评定，绣像第一才子书，宏道堂藏板，序：顺治岁次甲申（1644），金人瑞	国立中央图书馆［의산고］3736-13
	毛宗岗（清）评释，刊年未详	1 册（13 卷），笔写本，32×19cm	三国志评定	国立中央图书馆［의산고］3736-50
		2 册（4，10 卷），笔写本，29×18.5cm		国立中央图书馆［의산고］3736-51
	罗贯中（明）撰，毛宗岗（清）评	1 卷 1 册（零本），木版本，28.3×19.3cm，四周单边，半郭：21×14.3cm，12 行 26 字，注双行，白口，上下向黑鱼尾	楷书	韩国国学振兴院受托 원주변州거촌문중

续表

书名	出版事项	版式状况	一般事项	所藏处/ 所藏番号
四大奇书 第一种	罗贯中（明）撰， 毛宗岗(清)评	16卷16册(全20册中1，2，3，15册缺)，木版本，25.5×15.7cm，四周单边，半郭：21.8×14.5cm，12行26字，注双行，白口，上下向黑鱼尾	楷书，表题：三国志	韩国国学振兴院풍산류씨충효당
		2卷2册(零本)，木版本，26.5×17.5cm，四周单边，半郭：21.2×14.2cm，有界，12行26字，注双行，白口，上下向黑鱼尾	楷书，表题：才子书	韩国国学振兴院受托원주변씨거촌문중
		4卷3册(零本)，木版本，26.8×17.3cm，四周单边，半郭：21.8×14.5cm，12行26字，注双行，白口，上下向黑鱼尾	楷书，表题：三国志	韩国国学振兴院受托영양남씨영해시암고택
		4卷4册(零本)，木版本，28.5×18.2cm，四周单边，半郭：22×14.4cm，无界，12行26字，注双行，白口，上下向黑鱼尾	楷书，表题：三国志	韩国国学振兴院受托안동김씨부사공파
		6卷6册(零本)，木版本，27.3×18.2cm，四周单边，半郭：20.8×14.2cm，12行26字，注双行，白口，上下向黑鱼尾	楷书，表题：三国志	韩国国学振兴院受托晋州강씨해은공파박사댁
	罗贯中（明）撰， 毛宗岗(清)评	19卷20册，木版本，有图，26.8×18cm，四周单边，半郭：21×14.3cm，12行26字，注双行，白口，上下向黑鱼尾	楷书，表题：三国志，序：金圣叹(1644)	韩国国学振兴院受托의성김씨귀미파문중
	罗贯中（明）撰， 毛宗岗(清)评	卷首19卷合20册，中国木版本，有图，27.6×18.4cm，四周双边，20.6×14.4cm，无界，12行26字，小字双行，上黑鱼尾	标题：贯华堂第一才子书，版心题：六才子书，表题：三国志，序：顺治岁次甲申(1644)……金人瑞圣叹氏题，印：全义李凤镐章	高丽大学校（晚松文库）C14-A36
		6册(卷2，6，15-17，零本)，中国木版本，25.8×15.9cm	版心/表题：三国志	高丽大学校（晚松文库）C14-B1K

书名	出版事项	版式状况	一般事项	所藏处/所藏番号
四大奇书第一种	毛宗岗（清）评，杭永年（清）校定	19卷20册，朝鲜木版本，有图，32.3×20.7cm，四周单边，半郭：20.4×14.5cm，无界，12行26字，注双行，上下向二叶花纹鱼尾，纸质：楮纸	表题：三国志，版心题：第一才子书，里题：贯华堂第一才子书	忠南大学校集1199
	毛宗岗（清）评，毛声山（清）批点	20册（本集19卷19册，卷首1册），中国木版本，有图（20张），28.2×18.3cm，四周单边，半郭：20.5×14.3cm，无界，12行26字，注双行，上有纹黑鱼尾	卷首：序文，读法，凡例，总目，图像20张，序：顺治甲申（1644）……金圣叹，标题纸：贯华堂第一才子书，表纸书名：三国志	岭南大学校味山文库823.5无求斋
		2册(零本)，木版本，26×19cm		岭南大学校823.5
	罗贯中（明）撰，毛宗岗（清）评，刊写事项不明	19卷目录1（合20册），木版本，有图，26.8×18.5cm，四周单边，半郭：20.4×14.4cm，无界，12行26字，上下向二瓣花纹鱼尾	表题：三国志，版心题：第一才子书，序：顺治岁次甲申（1644）嘉平朔日金人瑞圣叹氏题	庆北大学校［古］812.3 나16 ㅅ
		19卷目录1卷（合20册），木版本，有图，28.5×18.4cm，四周单边，半郭：20.4×14.4cm，无界，12行26字，上下向二瓣花纹鱼尾	表题：三国志，版心题：第一才子书，序：顺治岁次甲申（1644）嘉平朔日金人瑞圣叹氏题	庆北大学校［古］812.3 나16 ㅅ(2)
		零本17册（所藏：目录，卷1-5，8-11，13-19），木版本，有图，31×19.6cm，四周单边，半郭：21×14.1cm，无界，12行26字，上下向二瓣花纹鱼尾	版心题：第一才子书，序：顺治岁次甲申（1644）嘉平朔日金人瑞圣叹氏题	庆北大学校［古］812.3 나16 ㅅ(3)
		零本16册（所藏：卷3-8，10-19），木版本，26.7×17.5cm，四周单边，半郭：21.6×14.2cm，无界，12行26字，上下向二瓣花纹鱼尾	版心题：第一才子书	庆北大学校［古］812.3 나16 ㅅ(4)
		零本8册（所藏：卷3-4，11-15，19），木版本，26.7×17.3cm，四周单边，半郭：22×14.5cm，无界，12行26字，上下向黑鱼尾	表题：三国志，版心题：第一才子书	庆北大学校［古］812.3 나16 ㅅ(5)

书名	出版事项	版式状况	一般事项	所藏处/所藏番号
四大奇书第一种	罗贯中(明)撰，毛宗岗(清)评，刊写事项不明	零本 7 册(所藏：卷 2-5, 7-9)，木版本，26.6×17.3cm，四周单边，半郭：22.2×14.4cm，无界，12 行 26 字，上下向黑鱼尾	表题：三国志，版心题：第一才子书	庆北大学校[古]812.3 나16 人(7)
		零本 7 册(所藏：卷 3-9)，木版本，26.5×17.7cm，四周单边，半郭：21×14.3cm，无界，12 行 26 字，上下向黑鱼尾	表题：三国志，版心题：第一才子书	庆北大学校[古]812.3 나16 人(8)
		零本 7 册(所藏：卷 9-10, 13, 15-18)，木版本，28.5×18.6cm，四周单边，半郭：22×14.4cm，无界，12 行 26 字，上下向黑鱼尾	表题：三国志，版心题：第一才子书	庆北大学校[古]812.3 나16 人(9)
		零本 5 册(所藏：卷 3, 6, 14, 18-19)，木版本，25.4×17.2cm，四周单边，半郭：22×14.1cm，无界，12 行 26 字，上下向黑鱼尾	表题：三国志，版心题：第一才子书	庆北大学校[古]812.3 나16 人(10)
		零本 4 册(所藏：卷 9, 14, 16, 19)，木版本，26.9×17.7cm，四周单边，半郭：21.8×14.3cm，无界，12 行 26 字，上下向黑鱼尾	表题：三国志，版心题：第一才子书	庆北大学校[古]812.3 나16 人(11)
		零本 1 册(所藏：卷目录)，木版本，26×18.1cm，四周单边，半郭：21.1×14.1cm，无界，12 行 26 字，上下向黑鱼尾	表题：三国志，版心题：第一才子书	庆北大学校[古]812.3 나16 人(13)
		零本 1 册(所藏：卷 5)，木版本，26.3×18.4cm，四周单边，半郭：20.3×14.2cm，无界，12 行 26 字，上下向黑鱼尾	表题：三国志，版心题：第一才子书	庆北大学校[古]812.3 나16 人(14)
		零本 1 册(所藏：卷 8)，木版本，25.9×18cm，四周单边，半郭：22×14.2cm，无界，12 行 26 字，上下向黑鱼尾	表题：三国志，版心题：第一才子书	庆北大学校[古]812.3 나16 人(15)

续表

书名	出版事项	版式状况	一般事项	所藏处/所藏番号
四大奇书 第一种	罗贯中（明）撰，毛宗岗（清）评，刊写事项不明	零本 1 册（所藏：卷 12），木版本，29×17.8cm，四周单边，半郭：21.8×14.1cm，无界，12 行 26 字，上下向黑鱼尾	版心题：第一才子书	庆北大学校〔古〕812.3 나 16 ㅅ(16)
		零本 1 册（所藏：卷 10），木版本，28×18.3cm，四周单边，半郭：21.5×14.5cm，无界，12 行 26 字，上下向黑鱼尾	表题：四大奇书，版心题：第一才子书	庆北大学校〔古〕812.3 나 16 ㅅ(17)
		零本 1 册（所藏：卷 15），木版本，26.5×17.5cm，四周单边，半郭：22.1×14.3cm，12 行 26 字，上下向二瓣花纹鱼尾	版心题：第一才子书	庆北大学校〔古〕812.3 나 16 ㅅ(18)
		零本 1 册（所藏：卷 10），木版本，27.2×18cm，四周单边，半郭：21.4×14.5cm，无界，12 行 26 字，上下向黑鱼尾	表题：三国志，版心题：第一才子书	庆北大学校〔古〕812.3 나 16 ㅅ(19)
		零本 1 册（所藏：卷 13），木版本，25.9×17.7cm，四周单边，半郭：21×14.3cm，无界，12 行 26 字，上下向黑鱼尾	表题：三国志，版心题：第一才子书	庆北大学校〔古〕812.3 나 16 ㅅ(20)
		零本 1 册（所藏：卷目录），木版本，有图，28.5×18.4cm，四周单边，半郭：20.4×14.4cm，无界，12 行 26 字，上下向二瓣花纹鱼尾	表题：三国志，版心题：第一才子书，序：顺治岁次甲申（1644）嘉平朔日金人瑞圣叹氏题	庆北大学校〔古〕812.3 나 16 ㅅ(21)
		零本 1 册（所藏：卷 13），木版本，25.8×17.5cm，四周单边，半郭：21.1×14.3cm，无界，12 行 26 字，上下向黑鱼尾	表题：三国志，版心题：第一才子书	庆北大学校〔古〕812.3 나 16 ㅅ(22)
	毛宗岗（清）评，刊写地，刊写者，刊写年未详	14 卷 14 册（卷 3-16，缺帙），笔写本，34.3×22.5cm，无界，11 行 24 字，注双行，无鱼尾	表题：第一才子书	全北大学校 812.3-사 대 기 ㅅ

续表

书名	出版事项	版式状况	一般事项	所藏处/所藏番号
四大奇书第一种	罗贯中（明）著，刊写事项不明	零本1册（所藏：卷53-54），石印本，26.2×15.7cm，四周单边，半郭：21×13.7cm，有界，行字数不定，上下向黑鱼尾	版心题：奇书第一种	庆北大学校［古］812.3 나16 人(6)
	罗贯中（明）撰，刊写事项不明	零本4册（所藏：卷25-39），木版本，25.8×15.7cm，四周单边，半郭：19.4×13.3cm，无界，12行28字，上下向黑鱼尾	表题：三国志，版心题：第一才子书	庆北大学校［古］812.3 나16 人(12)
	毛宗岗（清）评，刊写地，刊写者，刊写年未详	8卷8册（卷1-2，18-23，缺帙），笔写本，25.9×17.5cm，无界，11行24字，注双行，无鱼尾	表题：第一才子书	全北大学校812.35-사 대기
	毛声山（清）批点，毛宗岗（清）评，刊写地，刊写者，刊写年未详	17卷17册（目录1册，卷1-6，8，10-19，共18册，全19卷20册），木版本，有图，26.6×18.2cm，四周单边，半郭：20×14.3cm，无界，12行26字，注双行，上下向黑鱼尾	表题：三国志，版心题：第一才子书，标题：贯华堂第一才子书，序：顺治岁次甲申（1644）嘉平朔日金人瑞圣叹氏题，上下向二叶花纹鱼尾混入	全北大学校812.3-삼국지
		目录1册，10卷10册（卷1-4，8，15-19），共11册（全19卷20册），木版本，有图，27.8×18.5cm，四周单边，半郭：20.4×14.5cm，无界，12行26字，注双行，上下向黑鱼尾	版心题：第一才子书，表题：四大奇书，标题：贯华堂第一才子书，卷8：笔写本，序：顺治岁次甲申（1644）嘉平朔日金人瑞圣叹氏题	全北大学校812.3-사대기
	罗贯中（明）撰，毛宗岗（清）评，刊写地，刊写者，刊写年未详	13册（册1-9，16-19，缺帙），朝鲜木版本，有图，28.2×18.6cm，四周单边，半郭：21.1×14.3cm，有界，12行26字，注双行，花口上下向黑鱼尾，纸质：楮纸	标题：贯华堂第一才子书，表题：三国志，版心题：第一才子书，序：顺治岁次甲申（1644）……金人瑞圣叹氏题	全南大学校3Q-사 222 ㄴ
		18册（册1-4，6-15，17-20，缺帙），朝鲜木版本，有图，29.3×19.2cm，四周单边，半郭：21.4×14.3cm，无界，12行26字，注双行，花口上下向黑鱼尾，纸质：楮纸	标题：贯华堂第一才子书，表题：三国志，版心题：第一才子书，序：顺治岁次甲申（1644）……金人瑞圣叹氏题	全南大学校3Q-사 222 ㄴ

续表

书名	出版事项	版式状况	一般事项	所藏处/所藏番号
四大奇书第一种	罗贯中（明）撰，毛宗岗（清）评，刊写地，刊写者，刊写年未详	13 册（缺帙），朝鲜木版本，有图，28.2×18.6cm，四周单边，半郭：21.1×14.3cm，无界，12 行 26 字，注双行，上黑鱼尾，纸质：楮纸	版心题：第一才子书，标题：贯华堂第一才子书，表题：三国志，序：顺治岁次甲申（1644）……金人瑞圣叹氏题	全南大学校 3Q-사 222 ㄴ-v. 1-9, 16-19
		19 册（册 1-5，7-20，缺帙），朝鲜木版本，有图，29×18.3cm，四周单边，半郭：21.3×14.2cm，无界，12 行 26 字，注双行，花口，上下向黑鱼尾，纸质：楮纸	表题：三国志，版心题：第一才子书，标题：贯华堂第一才子书，序：顺治岁次甲申（1644）嘉平朔日金人瑞圣叹氏题	全南大学校 3Q-사 22 ㄴ
	毛宗岗（清）评，刊写地，刊写者，刊写年未详	2 卷 2 册（卷 3-4，缺帙），木版本，23.7×15.6cm，四周单边，半郭：18.3×13.7cm，无界，12 行 26 字，上下向黑鱼尾	表题：三国志，版心题：第一才子书	Catholic 大学校
		2 卷 2 册（卷 3-4，缺帙），23.7×15.6cm，四周单边，半郭：18.3×13.7cm，无界，12 行 26 字，上下向黑鱼尾	表题：三国志，版心题：第一才子书	国立中央博物馆图书馆
	罗贯中（明）撰，毛宗岗（清）评，刊写地，刊写者，刊写年未详	中国木版本，26.8×17.3cm，四周单边，半郭：21.8×14.7cm，无界，12 行 26 字，上下向黑鱼尾		庆星大学校乡土文化研究所
		3 卷 1 册（卷 36-39），15.8×25cm，四周单边，半郭：13.5×20.1cm，有界，12 行 28 字，注双行，上下向黑鱼尾	题签：三国志	明知大学校 812.36 사 222
	毛宗岗（清）评，刊写地，刊写者，刊写年未详	1 卷 1 册（卷 15，缺帙），28.2×18.8cm，四周单边，半郭：22×15cm，无界，12 行 26 字，注双行，上下向二叶花纹鱼尾	题签：三国志	东亚大学校（3）：12-15
	毛宗岗（清）评，邹梧冈（清）参订，刊写年未详	1 册，25.1×15.6cm，有图，四周单边，半郭：19.1×13.7cm，有界，12 行 28 字，上下向黑鱼尾	书名：目录题，表题：三国志目录，标题：绣像第一才子书，序：顺治岁次甲申（1644）嘉平朔日金人瑞圣叹氏题，刊记：潍县成文信梓	东亚大学校（3）：12：2-81

续表

书名	出版事项	版式状况	一般事项	所藏处/所藏番号
四大奇书第一种	毛宗岗（清）评，刊写年未详	19卷20册（卷1-19），23.7×15.8cm，有图，上下单边，左右双边，半郭：19.6×14.4cm，12行26字，注双行，上下向黑鱼尾	版心题：第一才子书，表题：三国志，标题：绣像三国志演义，序：顺治岁次甲申（1644）嘉平朔日金人瑞圣叹氏题，重刊三国志演义序：光绪十四年（1888）孟秋醒悔道人书，上海扫叶山房藏板校刊	东亚大学校（3）：12：2-55
	毛宗岗（清）评，邹梧冈（清）参订，刊写地，刊写者，刊写年未详	51卷15册（卷1-51），25.1×15.6cm，四周单边，半郭：19.5×13.9cm，有界，12行28字，注双行，上下向黑鱼尾	表题：三国志	东亚大学校（3）：12：2-67
	刊写地，刊写者未详，庚戌［？］年刊	1册（71张），笔写本，25.2×17.5cm，四周单边，无界，12行字数不等	标题：三国志，内容：中国小说	檀国大学校栗谷纪念图书馆［古］873.5-김753ㅅ
		1册（34张），笔写本，24.7×22.3cm，四周单边，无界，12行字数不等		檀国大学校栗谷纪念图书馆［古］873.5-김753ㅅ
	罗贯中（明）撰，毛声山（清）批点，刊写地，刊写者，刊写年未详	20卷20册，木版本，有图，26.5×17.9cm，四周单边，半郭：21.3×15cm，无界，12行26字，注双行，上下向黑鱼尾	版心题：第一才子，标题：贯华堂第一才子书，三国志	檀国大学校栗谷纪念图书馆［古］873.5-나128ㅅ
	罗贯中（明）撰，毛宗岗（清）评，刊写地，刊写者，刊写年未详	1卷1册，木版本，28.7×18.5cm，四周单边，半郭：21.4×14.9cm，无界，12行26字，注双行，上下向黑鱼尾	版心题：第一才子书，表题：三国书，印记：臣〇民印	檀国大学校栗谷纪念图书馆［古］873.5-나1283ㅅ

25

书名	出版事项	版式状况	一般事项	所藏处/ 所藏番号
四大奇书 第一种	罗贯中（明）撰， 毛宗岗（清）评， 刊写地，刊写者， 刊写年未详	10 卷 10 册（零本），木版本， 28.9×18.5cm，四周单边，半郭： 21.7×14.4cm，无界，12 行 26 字，注双行，上下向黑鱼尾	表题：三国志	檀国大学校 栗谷纪念图书 馆［古］873.5- 나 1282 ㅅ
	毛宗岗（清）手 定，刊写地，刊 写者，刊写年未 详	19 卷（目录，合 20 册），木版本， 28.5×19cm	版心书名：第一才子书， 三国志	檀国大学校 退溪纪念图书 馆［古］823.5- 모 373 ㅅ
	罗贯中（明）原 著，毛宗岗（清） 评，刊写地，刊 写者，刊写年未 详	1 册（卷 10，11，15），中国石印 本，24×15.5cm，左右双边，半 郭：19.8×13.8cm，无界，12 行 26 字，注双行，上内向黑鱼尾	版心书名：第一才子书	汉阳大学校 812.35-나 2412tr-（v.10, v.11，v.15)
	毛宗岗（清）评， 刊写地，刊写者， 刊写年未详	10 卷 10 册，29cm，四周单边， 半郭：21×14cm，无界，12 行 26 字，注双行，上下向黑鱼尾		庆熙大学校 812.3-모 75 ㅅ
		目录 1 册，本册 50 卷 15 册，木 版本，25cm，四周单边，半郭： 20×13.5cm，无界，12 行 28 字， 注双行，上下向黑鱼尾	版心题：第一才子书， 表题纸：绣像第一才子 书	庆熙大学校 812.3-모 75 ㅅ ㄱ
		10 册（全 19 卷 19 册），23.5cm， 上下单边，左右双边，半郭：20× 14cm，无界，12 行 26 字，注双 行，上下向黑鱼尾	版心题：第一才子书	庆熙大学校 812.3-모 75 ㅅ ㄷ
		2 册（缺帙，册 1-2），28cm，上下 单边，左右双边，半郭：20× 14cm，无界，12 行 26 字，注双 行，上下向黑鱼尾	版心题：第一才子书	庆熙大学校 812.3-모 75 ㅅ ㄹ

续表

书名	出版事项	版式状况	一般事项	所藏处/ 所藏番号
四大奇书 第一种	罗贯中（明）撰，毛宗岗（清）评，刊写地，刊写者，刊写年未详	1卷1册（卷13），中国木版本，29.3×18.8cm，四周单边，半郭：21.1×14.3cm，无界，12行26字，注双行，上下向黑鱼尾	表题：三国志，版心题：第一才子书	京畿大学校 京畿-k121998-13
		1卷1册（卷13，缺帙），木版本，29×18.8cm，四周单边，半郭：21.1×14.3cm，无界，12行26字，注双行，上下向黑鱼尾	表题：三国志，版心题：第一才子书	京畿大学校 京畿-k121998-13
		1卷1册（卷11，13），笔写本，25.1×17.4cm，无界，12行26字，注双行，无鱼尾		京畿大学校 京畿-k107160-6
		1卷1册（卷11，13），笔写本，25.1×17.4cm，无界，12行26字，注双行，无鱼尾		京畿大学校 京畿-k107887-13
		1卷1册（卷8），中国木版本，29.4×18.6cm，四周单边，半郭：21.5×13.9cm，无界，12行26字，注双行，上下向黑鱼尾	表题：三国志，版心题：第一才子书	京畿大学校 京畿-k122060
		1卷1册（卷5），中国木版本，26.3×18.2cm，四周单边，半郭：20.4×13.9cm，无界，12行26字，注双行，上下向黑鱼尾	表题：三国志，版心题：第一才子书	京畿大学校 京畿-k117945-5
		8卷8册（卷1-3，5-6，8-10），中国石印本，23.3×15.5cm，四周单边，半郭：19.6×13.6cm，无界，12行26字，注双行，上下向二叶花纹鱼尾	版心题：第一才子书	京畿大学校 京畿-k101674-1
		2卷2册（卷14，16），中国木版本，22.9×15.2cm，四周单边，半郭：19.4×13.4cm，无界，12行26字，注双行，上下向黑鱼尾	表题：四大奇书，版心题：第一才子书	京畿大学校 京畿-k121903-14
		1册（零本，卷9），木版本，有图，26.8×17cm，四周单边，半郭：20.8×14.2cm，无界，12行26字，注双行，上黑鱼尾	表题：三国志，版心题：第一才子书	庆尚大学校 D7C 나 16 ㅅ （아천）

27

书名	出版事项	版式状况	一般事项	所藏处/所藏番号
四大奇书第一种	罗贯中（明）撰，毛宗岗（清）评，刊写地，刊写者，刊写年未详	19册（册1-5，7-20缺帙），朝鲜木版本，有图，29×18.3cm，四周单边，半郭：21.3×14.2cm，无界，12行26字，注双行，花口，上下向黑鱼尾，纸质：楮纸	表题：三国志，版心题：第一才子书，标题：贯华堂第一才子书，序：顺治岁次甲申（1644）嘉平朔日金人瑞圣叹氏题	京畿大学校京畿-K103235-1=2
	毛声山（清）批点，毛宗岗（清）评，刊写地，刊写者，刊写年未详	目录1册，17卷17册，共18册，（全19卷20册中所藏：目录，卷1-6，8，10-19），木版本，有图，26.6×18.2cm，四周单边，半郭：20×14.3cm，无界，12行26字，注双行，上下向黑鱼尾	表题：三国志，版心题：第一才子书，标题：贯华堂第一才子书，序：顺治岁次甲申（1644）嘉平朔日金人瑞圣叹氏题，上下向二叶花纹鱼尾混入	京畿大学校京畿-K103235-1=2
	罗贯中（明）著，毛宗岗（清）评，刊写地，刊写者，刊写年未详	20册（所藏：0-19），中国木版本，28.6×19cm，四周单边，半郭：21.1×14.3cm，无界，12行26字，上下向黑鱼尾	表题：三国志，序：时顺治岁次甲申（1644）……金人瑞圣叹氏题	国民大学校[고]823.5 나01-1
	毛宗岗（清）评	汉文木版本，59页（卷3，5，7），26.8×17.4cm，四周单边，半郭：22.2×15.1cm，12行24字，上下向黑鱼尾	表题：三国志卷之三，版心题：第一才子书	崇实大学校4996
	罗贯中（明）撰，刊行地，刊行者，刊行年不明	18册（零本，缺9，18合2册），木版本，有图，28.7×19.2cm，四周单边，半郭：20.5×14.3cm，无界，12行26字，注双行，上黑鱼尾	表题：贯华堂第一才子书，版心题：第一才子书，表题：三国志，序：顺治岁次甲申（1644）……金人瑞圣叹	庆尚大学校D7C 나 16 ㅅ（아천）
		6册（零本，卷1，4，9，15-16，评），木版本，有图，29×19cm，无界，四周单边，半郭：20.5×14.3cm，无界，12行26字，注双行，上黑鱼尾	表题：贯华堂第一才子书，版心题：第一才子书，表题：三国志，序：顺治岁次甲申（1644）……金人瑞圣叹氏题	庆尚大学校D7C 나 16 ㅅ a(아천)
		1册（零本，所藏：卷18），木版本，26.3×17.4cm，四周单边，半郭：21.3×14.5cm，无界，12行26字，注双行，上黑鱼尾	表题：三国志，版心题：第一才子书	庆尚大学校D7C 나 16 ㅅ b(아천)

书名	出版事项	版式状况	一般事项	所藏处/所藏番号
四大奇书第一种	罗贯中（明）撰，刊行地，刊行者，刊行年不明	1册（零本，卷8），木版本，有图，28.8×18.5cm，无界，四周单边，半郭：22.2×14.3cm，无界，12行26字，注双行，上黑鱼尾	表题：三国志	庆尚大学校 D7C 나 16 ㅅ c（아천）
	毛宗岗（清）评释，刊行地，刊行者，刊行年不明	9册（卷2-4，6，9，10，12，17，19），木版本，28.9×18.7cm，四周单边，半郭：22.4×14.4cm，无界，12行26字，注双行，上内向黑鱼尾	表题：三国志	庆尚大学校 D7C 김 53 ㅅ
	毛宗岗（清）评，上海，扫叶山房，刊写年未详	10卷10册，中国木版本，23.2×15.5cm，上下单边，左右双边，半郭：19.8×13.9cm，无界，12行26字，注双行，花口，上下向黑鱼尾，纸质：中国纸	表题：圣叹外书，标题：绣像三国志演义，序：顺治岁次甲申（1644）……金人瑞圣叹题	釜山大学校（直斋文库）OCC 3-12 29D
	罗贯中（明）著，毛宗岗（清）评，邹梧冈（清）参订，刘凤藻（清）校对	28卷8册，中国木版本，有图，24.6×15.7cm，四周单边，半郭：19.4×13.4cm，有界，12行28字，注双行，花口，上下向黑鱼尾，纸质：中国纸	表题：三国志，标题：绣像第一才子书，版心题：第一才子，序：时顺治岁次甲申（1644）嘉平朔日……金人瑞圣叹氏题，刊记：绣像第一才子书 成文信梓	釜山大学校（芝田文库）OEC 3-12 29
	罗贯中（明）撰	10卷10册，朝鲜木版本，有图，26.8×17.6cm，四周单边，半郭：21.5×14.5cm，无界，12行26字，注双行，花口，上下向黑鱼尾，纸质：楮纸	表题：三国志，版心题：第一才子书	釜山大学校（芝田文库）OEC 3-12 29A
		5卷5册，朝鲜木版本，28.5×19.3cm，四周单边，半郭：20.5×14.4cm，无界，12行26字，注双行，上下向二叶花纹鱼尾，纸质：楮纸	表题：三国志，版心题：第一才子书，序：顺治甲申（1644）嘉平朔日金人瑞圣叹氏题	庆尚南道 晋州市 崔载浩

书名	出版事项	版式状况	一般事项	所藏处/ 所藏番号
四大奇书 第一种	罗贯中（明）撰， 毛宗岗（清）评	6卷3册（卷14-19），朝鲜木版本，29×19cm，四周单边，半郭：20.8×15cm，无界，12行26字，注双行，上下向黑鱼尾，纸质：楮纸	表题：三国志，版心题：第一才子书，内容：圣叹外书（陆逊火烧七百里，再受禅依样画葫芦）	清州大学校
	罗贯中（明）撰， 哲宗—高宗间 （1850—1906）刊	零本7册（全19卷目录1卷合20册中卷3、6、7、10、12、14、16之7册存），朝鲜木版本，30.8×20.7cm，四周单边，半郭：22×14.4cm，无界，12行26字，白口上黑鱼尾	表纸题：三国志，版心题：第一才子书，印：集玉斋	海军士官学校 ［한］217
	毛声山（清）批点，朝鲜哲宗—高宗间（1850—1906）刊，后刷	零本16册（所藏本中卷之目录，1、2、7、8、9、10、11、12、13、14、15、16、17、18、19以外缺），朝鲜木版本，有图，29×18.8cm，四周单边，半郭：21.7×14.4cm，无界，12行26字，白口上黑鱼尾	表纸题：三国志，版心题：第一才子书，序：顺治岁次甲申（1644）……金人瑞圣叹	海军士官学校 ［한］218
	毛宗岗（清）评，朝鲜朝末期刊	2册，朝鲜木版本，26.6×16.8cm，四周单边，半郭：21.2×14.4cm，无界，12行26字，注双行，上下向黑鱼尾，纸质：楮纸	版心题：第一才子书	庆尚南道 晋州市 金相朝
	罗贯中（明）撰，毛宗岗（清）评，朝鲜朝末期刊	卷首（卷1-10，14-19，合16册），朝鲜木版本，27.5×18cm，四周单边，半郭：21.3×14cm，无界，12行26字，注双行，上下向黑鱼尾，纸质：楮纸	表题：三国志，版心题：第一才子书	庆尚南道 密阳郡 李佑成
四大奇书 第一才子书	刊写地，刊写者刊写年未详	18卷5册（缺帙，册10-14），木活字本，25.2×16.2cm，四周单边，半郭：22×14cm，无界，12行26字，上下向黑鱼尾		庆熙大学校 821.9-사23

续表

书名	出版事项	版式状况	一般事项	所藏处/所藏番号
四大奇书第一种三国志	毛宗岗（清）评	共20册（卷首目录1册，正文19卷19册），中国木版本，有图，30cm，四周单边，20.6×14.6cm，12行26字，注小字双行，上黑鱼尾（一部上花纹鱼尾）	内题：贯华堂第一才子书 圣叹原评，毛声山批点，外题：四大奇书，版心题：第一才子书，序：顺治岁次甲申（1644）嘉平朔日金人瑞圣叹氏题	延世大学校812.36/15
	毛宗岗（清）评	全19卷20册中 残存12卷（卷之3-10，13，14，16，19），中国木版本，28cm，四周单边，22.1×14.5cm，12行26字，注小字双行，上黑鱼尾（一部上花纹鱼尾）	外题：三国志，第一才子书	延世大学校812.36/16
	毛宗岗（清）评	卷首目录1册，正文19卷19册，共20册中零本，33页，中国木版本，有图，30cm，四周单边，20.6×14.6cm，12行26字，注小字双行，上黑鱼尾（一部上花纹鱼尾）	内题面：贯华堂第一才子书 金圣叹原评，毛声山批点，外题：第一才子书，序：顺治岁次甲申（1644）嘉平朔日金人瑞氏题	延世大学校812.36/17
	毛宗岗（清）评，刊写地，刊写者，刊写年未详	19卷20册，26cm，四周单边，半郭：21×14.5cm，无界，12行26字，注双行，上下向黑鱼尾		812.3-모75ㅅㄱ
四大奇书第一种	毛宗岗（清）编，同德堂刊，清顺治元年（1644）序	19卷20册（本集19卷19册，目录1册），中国木版本，有图，24.5×16.2cm，四周单边，半郭21.3×14.2cm，无界，12行26字，上下向黑鱼尾，纸质：北黄纸	表题：三国志，版心题：三国志，序：顺治岁次甲申（1644）嘉平朔日金人瑞圣叹氏题	忠清南道 青阳郡 慕德祠
	毛宗岗（清）评，宪宗—哲宗年间（1835—1863）刊	1卷1册（卷2-？缺），朝鲜木版本，26.7×18.5cm，四周单边，半郭：20.2×14.5cm，12行26字，注双行，上黑鱼尾，纸质：楮纸	表题：三国志，版心题：第一才子书，备考：圣叹外书，茂苑毛宗岗序始氏评	韩国综合典籍目录（山气文库）李谦鲁4-680

书名	出版事项	版式状况	一般事项	所藏处/所藏番号
四大奇书第一种	毛宗岗（清）评，纯祖—哲宗年间（1801—1863）刊	18 卷 18 册（首卷 1，卷 1-8，10-15，17-19），朝鲜木版本，28×18.5cm，四周单边，半郭：20.4×14.4cm，12 行 26 字，注双行，上二叶花纹鱼尾，纸质：楮纸	表题：三国志，卷 5，11-12；同书二部	韩国综合典籍目录（尚熊文库）4-155
	罗贯中（明）撰	零本 5 册，中国木版本，26.6×17.5cm，四周单边，半郭：21.1×14.2cm，无界，12 行 26 字，上下向黑鱼尾	表题：三国志，卷 7-10，18（19 卷 20 册中）	南应时（영덕）22-0752-0756
	毛声山（清）批点，19 世纪末刊	零本 4 册，朝鲜木版本，27.5×18.4cm，四周单边，半郭：21×14.3cm，有界，12 行 26 字，上下向黑鱼尾，线装，纸质：楮纸	表题：贯华堂第一才子书，序：顺治岁次甲申（1644）嘉平朔日金人瑞圣叹氏题，木记：贯华堂第一才子书，卷 7，16，17	金基大（성주）14-4277-4280
		零本 1 册，朝鲜木版本，29.2×18.6cm，四周单边，半匡：21.1×14.3cm，无界，12 行 26 字，上下白口，上下向黑鱼尾，线装，纸质：楮纸	表题：三国志，版心题：十才子书，第 1 种 三国志，卷之 2	金基大（성주）14-4393
	罗贯中（明）撰，毛宗岗（清）评，18 世纪刊	5 册（零本，全 20 册中卷 2，3，12，13，16 所藏），朝鲜木版本，28.1×18.5cm，四周单边，半郭：21.3×14.4cm，无界，12 行 26 字，上下白口，上下向黑鱼尾，纸质：楮纸	表题：三国志，版心题：第一才子书	충재宗宅（奉化）09-0339
	毛宗岗（清）评，朝鲜朝后期刊	18 卷 18 册（卷 9 缺），朝鲜木版本，27.4×18.6cm，四周单边，半郭：21.1×14.2cm，12 行 26 字，注双行，上黑鱼尾，纸质：楮纸	表题：三国志，版心题：第一才子书，卷首：圣叹外书，茂苑毛宗岗序始氏评	（山气文库）李谦鲁 4-681
		18 卷 18 册（卷 10，20，2 册缺），朝鲜木版本，四周单边，12 行 26 字，注双行，上黑混 1-2 叶花纹鱼尾，纸质：楮纸	表题：三国志，版心题：第一才子书，卷首：圣叹外书，茂苑毛宗岗序始氏评，刊记：林士钦信	（山气文库）李谦鲁 4-682

续表

书名	出版事项	版式状况	一般事项	所藏处/所藏番号
四大奇书 第一种	毛声山（清）批点，朝鲜朝后期刊	1册(首卷)，朝鲜木版本，有图，28×18.2cm，四周单边，半郭：21.3×14cm，有界，12行26字，上黑鱼尾，纸质：楮纸	里题：贯华堂第一才子书，版心题：第十才子书，序：顺治岁次甲申（1644）嘉平朔日金人瑞圣叹氏题，刊记：金云堂藏	（诚庵文库）赵炳舜 4-1416
	毛声山（清）批点，清版覆刻本，朝鲜朝后期刊	1册(首卷)，朝鲜木版本，有图，28×18.2cm，四周单边，半郭：21.3×14cm，有界，12行26字，上黑鱼尾，纸质：楮纸	里题：贯华堂第一才子书，版心题：十才子书，第1种 序：顺治岁次甲申（1644）嘉平朔日金人瑞圣叹氏题，刊记：金云堂藏	诚庵文库4-1416
	毛宗岗（清）评，刊写地，刊写者未详，朝鲜朝末期刊	1册，朝鲜木活字本，四周单边，半郭：20.5×14cm，无界，12行26字，上黑鱼尾	版心题：第一才子书	全州大学校OM823.5-모756 ㅅ
	刊写地，刊写者，刊写年未详，清版	1册		京畿大学校京畿-k122709
	毛宗岗（清）评，清代刊	5卷5册(卷2，3，12，13，16)，朝鲜木版本，28.2×18.6cm，四周单边，半郭：21.6×14.2cm，无界，12行26字，上下向二叶花纹鱼尾，纸质：楮纸	表题：三国志，序：顺治岁次甲申（1644）嘉平朔日金人瑞圣叹氏题	（庆北大邱）奉化郡权廷羽
	罗贯中（明）著，毛宗岗（清）评，槐荫堂，刊年未详	卷14，1卷1册，中国木版本，25×15cm，四周单边，半郭：22×15cm，无界，11行24字，注双行，花口，上下向黑鱼尾	表题：三国志，版心题：三国志	淑明女子大学校CL812.3罗贯中-사-가v 14
	罗贯中（明）著，毛宗岗（清）评，刊写地，刊写者，刊写年未详	19卷20册(卷1-19)，中国木版本，29×19cm，四周单边，半郭：21×15cm，无界，12行26字，注双行，花口，上下向黑鱼尾	表题：三国志，版心题：第一才子书，序：顺治岁次甲申（1644）嘉平朔日金人瑞圣叹氏题	淑明女子大学校CL812.3罗贯中-사-가v 1-19

续表

书名	出版事项	版式状况	一般事项	所藏处/所藏番号
四大奇书第一种	毛宗岗（清）评，刊写地，刊写者，刊写年未详	19卷20册，中国木版本，四周单边，匡郭：20.5×15cm，无界，12行26字，上花纹鱼尾	序：顺治甲申（1644）金人瑞，表题：三国志	延世大学校古书中812.38
		12册(第一种2，3，5，6，7，8，11，12，15，16，17，19卷)，中国木版本，26×17.5cm，四周单边，半郭：21.5×14.3cm，12行26字，注双行，上黑鱼尾	版心书名：第一才子书	国立中央图书馆[义山古]3736-15
		目录1卷正文19卷合20册，中国木版本，四周单边，匡郭：20.5×15cm，无界，12行26字，上花纹鱼尾	序：顺治甲申（1644）金人瑞，表题：三国志	延世大学校默素堂文库
			表题：三国志	延世大学校（绥堂文库）812.38
		3册(零本，卷5-10)，朝鲜木版本，29.5×18cm，四周单边，半郭：22×14.5cm，无界，12行26字，注双行，上黑鱼尾，纸质：楮纸	版心题：第一才子书	圆光大学校AN823.5-□566
	著者未详	残本1册(所藏：卷1)，中国铅活字本，24.1×15.4cm，四周单边，半郭：20×14.4cm，无界，12行26字，上黑鱼尾		龙仁大学校D7-5
	法圣誊书，己丑(?)写	38卷38册，笔写本(韩文本)，34.5×22.8cm	题签：三国志，笔写记：己丑(?)法圣誊书긔즁법셩셔둉서，印：李在○印	高丽大学校C15-A35
四大奇书（圣叹外书）	毛宗岗（清）评，朝鲜朝后期刊	1卷1册(卷16)，朝鲜木版本，29.5×19cm，四周单边，半郭：21.5×14.4cm，12行26字，注双行，上黑鱼尾，纸质：楮纸	版心题：第一才子书	韩国综合典籍目录(仁寿文库)文朴4-433

书名	出版事项	版式状况	一般事项	所藏处/所藏番号
四大奇书第一种		19 卷 19 册，朝鲜木版本，18.5×28.5cm		忠北 槐山郡 김문기
	毛宗岗（清）评，刊写地，刊写者，刊写年未详	2 卷 2 册，朝鲜木版本，28.5×18.2cm，四周双边，半郭：22.5×15cm，无界，12 行 26 字，注双行，白口，上下向黑鱼尾，线装，纸质：楮纸	版心题：才子书	西原大学校博物馆
	刊写地，刊写者，刊写年未详	1 册，朝鲜木版本，26×17.5cm，四周单边，半郭：21.6×14.8cm，无界，12 行 26 字，注双行，白口，上下向黑鱼尾，线装，纸质：楮纸		清州古印刷博物馆
三国演义	罗贯中（明）著，刊写地，刊写者，刊写年未详	9 册（零本，卷 2-10，其他缺），中国木版本，33×21.5cm，四周双边，半郭：21.3×17cm，有界，13 行 24 字，上下内向花纹鱼尾		奎章阁［古]3478-3
		4 册（零本），中国石印本，20cm		岭南大学校823.5
		1 卷 1 册（零本），活字本，30×20cm，四周双边，半郭：21.5×18cm，有界，13 行 24 字，注双行，白口，上下内向一叶花纹鱼尾	楷书	韩国国学振兴院 풍산류씨忠孝堂古典籍
		1 册（零本），木版本，31×22cm，四周双边，半郭：21.7×17cm，有界，13 行 24 字，内向一叶花纹鱼尾		启明大学校［고]812.35-罗贯中사
	刊写地，刊写者，刊写年未详	1 卷 1 册（卷 3，缺帙），笔写本，25.7×17.3cm，无界，行字数不定，注双行，无鱼尾		京畿大学校京 畿-k120388-3

书名	出版事项	版式状况	一般事项	所藏处/所藏番号
三国演义	毛声山（清）批点，17世纪刊	零本2册（卷1，2），朝鲜木版本，30.2×21.7cm，四周单边，半匡：20.2×17.6cm，有界，13行24字，注双行，上下白口，上下内向二瓣花纹黑鱼尾，纸质：楮纸	版心题：三国演义	东学教堂（상주）29-0084-0085
		零本1册（卷4），朝鲜木版本，30.9×21.9cm，四周单边，半匡：21.3×17cm，有界，13行24字，上下内向鱼尾不定，线装，纸质：楮纸		忠孝堂（安东）20-1557
三国志演义	毛宗岗（清）评，翠筠山房，清顺治元年（1644）序后刷	19卷20册，中国木版本，24.3×16.1cm，四周单边，半郭：20.8×14cm，无界，12行26字，注双行，上黑鱼尾，纸质：竹纸	序：顺治岁次甲申（1644）嘉平朔日金人瑞圣叹氏题，刊记：翠筠山房	成均馆大学校D7C-36
	罗贯中（明）撰，毛宗岗（清）评，扫叶山房	合20册（19卷），中国木版本，有图，23.7×15.3cm	卷首题：四大奇书第一种，标题，版心题：第一才子书，序：时顺治岁次甲申（1644）金人瑞圣叹氏题	高丽大学校C14-B1
	毛宗岗（清）评，扫叶山房，清朝后期刊	19卷20册，中国木版本，24.2×15.5cm，左右双边，半郭：20×14.5cm，12行26字，注双行，上黑鱼尾，纸质：竹纸	序：时顺治岁次甲申（1644）嘉平朔日金人瑞圣叹氏题，刊记：扫叶山房藏板	成均馆大学校青冈D7C-36c
		19卷20册，中国木版本，23.6×15.3cm，四周单边，半郭：18.4×12.3cm，无界，12行26字，注双行，上黑鱼尾，纸质：竹纸	序：顺治岁次甲申（1644）嘉平朔日金人瑞圣叹氏题，刊记：扫叶山房藏板	成均馆大学校D7C-36a
	罗贯中（明）撰，毛宗岗（清）评，同文书局	零本9册（卷首，全60卷15册，藏本：卷1-8，17-20，40-60）中国铅印本，有图，20.2×13.5cm	卷首题：第一才子书，标题：绘图三国演义，题签：增像全图三国志演义，序：时顺治岁次甲申（1644）……金人瑞圣叹氏题	高丽大学校C14-B1B

续表

书名	出版事项	版式状况	一般事项	所藏处/所藏番号
三国志演义	鸿文书局，中新书局	8卷8册，铅印本		鲜文大学校朴在渊
	罗贯中（明）撰，锦章图书局印	4卷1册（卷21-24），中国石印本，有图 半郭：17×11.5cm，16行32字，上黑鱼尾	卷首题：第一才子书，表题：增像全图三国演义，刊记：锦章图书局印	雅丹文库823.5-나15ㅅ
		60卷20册，中国石印本，有图，20×13.5cm	卷首题：第一才子书，标题：绣像全图三国演义，表题：增像全图三国演义，序：时顺治岁次甲申（1644）……金人瑞圣叹氏题，刊记：上海锦章图书局石印	高丽大学校C14-B1C
	罗贯中（明）撰，上海，善成堂，清朝年间刊	12册（缺帙），中国木版本，有图，23.6×15.6cm，四周单边，半郭：20.6×13.5cm，有界，12行28字，上黑鱼尾，纸质：竹纸	序：顺治岁次甲申（1644）嘉平朔日金人瑞圣叹氏题	全南大学校3Q-삼17ㄴ-v.1-10, 15-16
		12册（册1-10，15-16，缺帙），中国木版本，有图，23.6×15.6cm，四周单边，半郭：20.6×13.5cm，无界，12行28字，注双行，花口，上下向黑鱼尾，纸质：竹纸	表题：三国志，标题：绣像第一才子书，版心题：第一才子书，卷头题：四大奇书第一种，序：顺治岁次甲申（1644）嘉平朔日金人端圣叹氏题，刊记：善成堂发兑	全南大学校3Q-삼17ㄴ
	毛宗岗（清）评，京都，文兴堂，清朝后期刊	19卷20册，木版本，24.7×15.6cm，四周单边，半郭：18.8×13.6cm，无界，12行26字，注双行，上黑鱼尾，纸质：竹纸	里题：绣像第一才子书，序：顺治岁次甲申（1644）嘉平朔日金圣叹氏题，刊记：京都，文兴堂藏板	成均馆大学校D7C-36b
	罗贯中（明）撰，毛宗岗（清）评	正文19卷目录1卷合20卷，中国木版本，有图，30.7×20cm，四周单边，20.4×14.4cm，12行26字，小字双行上二叶花纹鱼尾	卷首题：四大奇书第一种，标题：贯华堂第一才子书，版心题：第一才子书，序：时顺治岁次甲申（1644）……金人瑞圣叹氏题	高丽大学校C14-A36

书名	出版事项	版式状况	一般事项	所藏处/所藏番号
三国志演义	罗贯中（明）撰，毛宗岗（清）评	60卷20册，中国木版本，有图，16.4×11cm	卷首题：四大奇书第一种，版心题：第一才子书，序：时顺治岁次甲申（1644）……金人瑞圣叹氏题	高丽大学校 C14-B1A
	毛宗岗（清）评	20册（19卷，目录1卷），木版本，28×18.3cm，四周单边，半郭：21×15cm，无界，12行26字，注双行，上黑鱼尾	表题：三国志，版心：第一才子书，序：顺治岁次甲申（1644）嘉平朔日金人瑞圣叹氏题，韩国刊行本	서울钟路图书馆 823.5
	罗贯中（明）撰	1册（第8-10回），中国木版本，半郭：19.9×13.5cm，10行22字，上白鱼尾	印记：汾厓，申晸（1628—1687）	雅丹文库 823.5-나15ㅅ
	罗贯中（明）撰	1册（零本），笔写本，31×20cm		岭南大学校 823.5
		1册，笔写本，23×24cm		雅丹文库 813.5-삼16
三国志通俗演义	罗贯中（明）撰	1卷1册（55页），笔写本，30.7×19.7cm，左右双边，半郭：23.6×16.3cm，有界，11行20字，黑口，上下内向二叶花纹鱼尾	楷书，背面记录：南程记等，晋平阳侯陈寿史传，后学罗本贯中编次	韩国国学振兴院 受托개성고씨월봉중택
		1册（卷8存），朝鲜活字本，30.5×19.5cm，四周双边，半郭：23.2×16.5cm，有界，11行20字，大黑口，上下内向二叶花纹鱼尾	版心题：三国志 16世纪60年代初中期刊	李亮载
		零本3册（卷1，6，11），朝鲜木版本，32.5×21.2cm，四周单边，半匡：21.6×17.3cm，有界，10行17字，线装，纸质：楮纸		南应时（영덕） 22-0836-0838
	晋平阳侯陈寿史传，罗贯中（明）编次，19世纪写	1册（零本，所藏卷6），笔写本，30.6×19.8cm，上下单边，半郭：23.1×15.8cm，11行20字，上下白口，上下内向四瓣花纹鱼尾，纸质：楮纸	表题：三国志演义，藏书记：泰洞家藏	一般动产文化财고원동（闻庆）21-0353

续表

书名	出版事项	版式状况	一般事项	所藏处/所藏番号
绘图三国志演义	毛宗岗（清）评，刊写地未详，铸记书局，20世纪初刊	16卷15册（卷1-16），中国新铅活字本，有图，20×13.1cm，四周单边，半郭：17.5×11.6cm，有界，15行31字，注双行，花口，上下向黑鱼尾，纸质：洋纸	版心题：第一才子书	全南大学校 3Q-삼 17 ㄱ
		16卷15册（卷1-16），中国新铅活字本，20×13.1cm，四周单边，半郭：17.5×11.6cm，有界，15行31字，注双行，上黑鱼尾，纸质：洋纸	版心题：第一才子书	全南大学校 3Q-삼 17 ㄱ-v. 1-15
	罗贯中(明)撰	5册(零本)，中国石印本，21cm		岭南大学校 823.5
绘图三国志演义第一才子书	毛宗岗（清）评，光绪甲午（1894）仲春，扫叶山房石印	60卷12册，中国石印本，有图，20cm	内书名：绘图三国演义，布匣书名：三国志，原序：时顺治岁次甲申(1644)嘉平朔日金圣叹氏题	延世大学校 812.36/21
绣像第一才子书	毛宗岗（清）批点，潍县，成文信，清顺治元年（1644）刻 后刷	卷首1册，31卷9册（卷1-31），中国木版本，26×15.7cm，四周单边，半郭：19.9×13.5cm，有界，12行28字，注双行，上黑鱼尾，纸质：竹纸	书名：里题，序：顺治岁次甲申(1644)嘉平朔日金人瑞圣叹氏题，刊记：潍县成文信梓	成均馆大学校 D7C-147
第一才子书	罗贯中（明）撰，毛宗岗（清）评，小石山房，咸丰三年（1853）刊	全60卷24册（含卷首1册），中国木版本，有图，17.5×11.7cm，四周单边，半郭：13.8×9.5cm，10行25字，上黑鱼尾	表纸书名：三国志，标题纸书名：绣像三国志演义，原序：时顺治岁次甲申(1644)……金人瑞圣叹氏题，重刊序：咸丰三年(1853)……清溪居士书，刊记：癸丑(1853)仲夏常熟顾氏小石山房刊	韩国学中央研究院 D7C-4A

续表

书名	出版事项	版式状况	一般事项	所藏处/所藏番号
第一才子书	罗贯中（明）著，毛宗岗（清）评，上海，同文晋记书局，光绪丙午（1906）刊	48卷13册（卷1-48），中国木活字本，有图，20.2×13.4cm，四周单边，半郭：17.3×12.4cm，有界，15行30字，上下向黑鱼尾	版本：同文晋记书局藏板，原序：顺治甲申（1644）……金圣叹，重刊序：咸丰三年（1853）……清溪居士，增像全图三国志演义	檀国大学校 천안栗谷纪念图书馆 고873.5-나 128 자
	毛宗岗（清）评，上海，时中书局，清光绪三十三年（1907）刊	16册，中国新铅活字本，有图，20×13.6cm，四周单边，半郭：16.9×11.6cm，有界，15行30字，注双行，上下向黑鱼尾，纸质：竹纸	表题：三国志，版心题：第一才子书，序：顺治岁次甲申（1644）嘉平朔日金人瑞圣叹氏题，咸丰三年（1853）孟夏勾吴清溪居士书，刊记：光绪丁未（1907）上海时中书局铸版	全罗北道 全州市 金大经
	清代扫叶山房刊	20卷20册，木版本		大邱 天主教大
	毛宗岗（清）评，上海，时中书局，宣统三年（1911）刊	60卷16册，中国新铅活字本，有图，20×13.5cm，四周单边，半郭：17.3×11.8cm，有界，15行30字，上内向黑鱼尾，纸质：竹纸	表题：校正全图三国志演义，序：顺治岁次甲申（1644）嘉平朔日金人瑞圣叹氏题，刊记：宣统三年（1911）上海时中书局印，跋：咸丰三年（1853）孟夏勾吴清溪居士书	东国大学校 D819.34 삼 17 ㅈㅁ
	上海，锦章图书局，1900年左右刊	20卷5册（卷1-20），20.5×13.5cm，四周双边，半郭：17.4×11.5cm，有界，16行32字，注双行，上下向黑鱼尾	表题：增像全图三国演义	东亚大学校（3）：12：2-87
	罗贯中（明）著，上海，锦章图书局，1900年左右刊	4卷1册（卷25-28，缺帙），20.4×13.5cm，有图，四周双边，半郭：17.9×11.4cm，有界，16行32字，上下向黑鱼尾	版心题：增像全图三国演义	东亚大学校（3）：12：2-85

续表

书名	出版事项	版式状况	一般事项	所藏处/所藏番号
第一才子书	毛宗岗（清）评，上海，锦章图书局，清末民初刊	60 卷 15 册，中国石印本，有图，20.2×13.5cm，四周双边，半郭：17.7×12.2cm，有界，16 行 32 字，注双行，上下向黑鱼尾，纸质：绵纸	表题：增像全图三国演义，刊记：上海锦章图书局石印，内容：第一才子书	清州大学校
	毛宗岗（清）评，上海，锦章图书局，清代刊	60 卷 16 册（卷 1-60，目录），中国石印本，有图，20×13.3cm，四周双边，半郭：17.4×12cm，有界，16 行 32 字，注双行，上下向二叶花纹鱼尾，纸质：洋纸	题签：增像全图三国演义，序：咸丰三年（1853）孟夏勾吴清溪居士书	江陵市 崔钟瑚
	毛宗岗（清）评，上海，锦章图书局，刊年未详	8 册（零本，卷首，卷 1-20，25-32），中国石印本，有图（13 页），25.4×15.7cm	卷头：原序：顺治甲申（1644）……金圣叹，重刊三国志演义序：咸丰三年（1853）孟夏勾吴清溪居士书，读三国志法，凡例，目录，标题纸：绣像全图三国演义，刊记（标题纸里面）：上海锦章图书局石印，表纸书名：增像全图三国演义	岭南大学校 823.5 无求斋
	罗贯中（明）撰，毛宗岗（清）评，上海，锦章图书局	60 卷 16 册，中国石印本，20×13.5cm，四周双边，半郭：17.2×11.5cm，有界，16 行 32 字，注双行，上下向黑鱼尾，纸质：洋纸	表题：增像全图三国演义，序：顺治岁次甲申（1644）嘉平朔日金人瑞圣叹氏题，重刊序：咸丰三年（1853）孟夏勾吴清溪居士书，刊记：上海锦章图书局石印	忠南大学校 集 1238
	毛宗岗（清）评，上海，锦章图书局，刊写年未详	4 卷 1 册（卷 9-12，缺帙），20.2×13.4cm，有图，四周双边，半郭：17.1×12cm，有界，16 行 32 字，上下向黑鱼尾	表题：增像全图三国演义	东亚大学校（3）：12-10

续表

书名	出版事项	版式状况	一般事项	所藏处/所藏番号
第一才子书	罗贯中（明）撰，上海，锦章图书局，刊写年不明	零本9册（所藏：卷5-12，19-20，29-32，37-48，57-60），中国石印本，有图，20.2×13.4cm，四周双边，半郭：17.4×11.4cm，有界，16行32字，上下向黑鱼尾	表题：增像全图三国演义，版心题：第一才子书	庆北大学校[古]812.3 나16 ㄷ(4)
		零本1册（所藏：卷49-52），中国石印本，有图，20.2×13.4cm，四周双边，半郭：17.4×11.4cm，有界，16行32字，上下向黑鱼尾	表题：增像全图三国演义，版心题：第一才子书	庆北大学校[古]812.3 나16 ㄷ(5)
	罗贯中（明）著，毛宗岗（清）评，上海，锦章图书局，刊写年未详	9册（零本，卷17-52），中国木版本，20.1×13.1cm，四周双边，半郭：17×11.3cm，有界，16行32字，注双行，上黑鱼尾，纸质：竹纸	表题：增像全图三国志演义	圆光大学校AN823.5-ㄴ23ㄴ
		60卷15册，中国木版本，20.3×13.5cm，四周双边，半郭：17.1×11.5cm，有界，16行32字，注双行，上黑鱼尾，纸质：竹纸	表题：增像全图三国志演义	圆光大学校AN823.5-ㄴ23ㄷ
		4卷1册（43张），中国石印本，有图，20.3×13.5cm，四周双边，半郭：17×11.4cm，有界，16行32字，注双行，花口，上下向黑鱼尾，纸质：竹纸		釜山大学校（小讷文库）OFC 3-12 13
		24卷6册，中国石印本，有图，20.6×13.4cm，四周双边，半郭：17.7×12cm，有界，16行32字，注双行，花口，上下向黑鱼尾，纸质：竹纸	表题：增像全图三国演义	釜山大学校（小讷文库）OFC 3-12 13B

书名	出版事项	版式状况	一般事项	所藏处/所藏番号
第一才子书	毛宗岗（清）评，上海，锦章图书局，刊写年未详	29卷9册（卷16-18、29-34、38-44、48-60，缺帙），中国石印本有图，20.2×13.3cm，四周双边，半郭：17.2×11.4cm，有界，16行32字，注双行，上下向黑鱼尾	表题：增像全图三国演义，卷末题：三国志，刊记：锦章图书局印行	仁荷大学校H812.35-김54 제-v.1-9
		60卷20册（卷1-60），中国石印本，有图，19.8×13.9cm，四周双边，半郭：17×11.5cm，有界，16行32字，注双行，上下向黑鱼尾	表题：增像全图三国演义，标题：绣像全图三国演义，卷末题：三国志，序：顺治岁次甲申（1644）……金圣叹氏题，刊记：上海锦章图书局石印	仁荷大学校H812.35-김54 제 일-v.1-20
	罗贯中（明）撰，毛宗岗（清）评，上海，锦章图书局，刊写年未详	44卷11册（卷1-12、卷17-40、卷45-48、卷57-60），中国石印本，20.2×13.4cm，四周双边，半郭：17.1×11.8cm，有界，16行32字，注双行，上下向黑鱼尾	表题：增像全图三国演义	檀国大学校栗谷纪念图书馆（罗孙文库）[古]873.5-나128ㅈ
	毛宗岗（清）评，上海，锦章图书局，刊写年未详	60卷20册（卷1-60），中国石版本，有图，20.5cm，四周双边，半郭：17×11.4cm，无界，26行32字，注小字双行，上下向黑鱼尾	增像全图三国演义	庆熙大学校812.3-모75ㅈ
	扫叶山房藏板	19卷20册，中国刊本，25cm		岭南大学校823.5
	罗贯中（明）著，毛声山（清）批点，宏道堂藏板，刊年未详	51卷20册，中国木版本，24×15.2cm，四周单边，半郭：20.9×13.8cm，无界，12行28字，注双行，上黑鱼尾，纸质：竹纸	序：顺治岁次甲申（1644）金圣叹，表题：三国志	圆光大学校AN823.5-ㄴ23
	罗贯中（明）撰，毛宗岗（清）评，上海，图书集成局，1902年刊	全60卷（卷1-60），中国石印本，有图，20.2×13.4cm	版心题：第一才子书，绘图三国志演义，原序：时在顺治岁次甲申（1644）……金人瑞圣叹氏题，刊记：光绪庚寅（1902）仲冬上海图书集成局印	蔚山大学校812.3-罗贯中

43

书名	出版事项	版式状况	一般事项	所藏处/所藏番号
第一才子书	毛宗岗（清）评，中新书局，刊年未详	2册（零本，卷6，卷10），中国新式活字本，有图，20.1×13.3cm	版心下端记录：中新书局藏板，表纸书名：精校全图绣像三国演义	岭南大学校823.5 无求斋ㅈ日
	罗贯中（明）原著，毛宗岗（清）评，中新书局，刊写年未详	1册（8卷：49-56回），中国石印本，19.9×13.5cm，左右单边，半郭：17.4×11.5cm，有界，15行31字，注双行，上内向黑鱼尾		汉阳大学校812.35-나2412ㅈ-v.8（중）
	毛宗岗（清）评，上海，鸿文书局，刊年未详	1册（零本，6册（卷首，卷1-5，17-22，28-44），中国石印本，有图（72张），6.5×11.4cm	卷头：重刊三国志演义序：光绪十四年（1888）孟夏勾吴飞云馆主书，顺治甲申（1644）……金圣叹原序，读三国志法目录，标题纸：增像全图三国演义，刊记（标题纸里面）：广陵味潜斋藏本，上海鸿文书局石印	岭南大学校823.5 无求斋ㅈ人
	毛宗岗（清）评，同文晋记书局藏板	24卷6册（卷1-12，17-20，25-28，37-40），中国新活字本，半郭：17.2×11.6cm，15行30字，上黑鱼尾	刊记：同文晋记书局藏板，本名：三国志演义	雅丹文库823.5-모75ㅈ
	罗贯中（明）著，同文晋记书局，刊写年未详	60卷16册，中国新铅活字本，有图，20.3×13.5cm，四周单边，半郭：17.6×12.3cm，有界，15行30字，注双行，花口，上下向黑鱼尾，纸质：中国纸	表题：增像全图三国志演义，标题：绘图三国演义，序：顺治岁次甲申（1644）嘉平朔日……金人瑞题，刊记：同文晋记书局藏板	釜山大学校（梦汉文库）ODC 3-12 29C
	罗贯中（明）原著，成文信，刊年未详	51卷16册2匣，中国木版本，有图，24.7×15.5cm，四周单边，半郭：19.5×13.5cm，有界，12行28字，注双行，上下向黑鱼尾	卷头：序：顺治岁次甲申（1644）……金圣叹，凡例，读三国志法（15张），插图：图像（20张），四大奇书第一种目录，标题纸：绣像第一才子书 金圣叹先生原本，毛声山批评三国志，潍县成文信梓	岭南大学校陶南文库［古도］823.5 罗贯中

书名	出版事项	版式状况	一般事项	所藏处/所藏番号
第一才子书	罗贯中 (明) 撰,毛宗岗 (清) 评,刊写地,刊写者,刊写年未详	36 卷 9 册 (全 60 卷 16 册, 卷 13-28, 33-40, 45-56), 20.3 × 13.5cm, 有图, 四周双边, 半郭: 17×11.9cm, 有界, 16 行 32 字, 注双行, 上下向黑鱼尾	表题: 增像全图三国演义	东亚大学校 (3): 12: 2-78
	罗贯中 (明) 撰,刊写事项不明	零本 12 册 (所藏: 卷 30-60), 木版本, 17.6×11.7cm, 左右双边, 半郭: 13.6×9.4cm, 无界, 10 行 25 字, 上下向黑鱼尾	表题: 三国志, 版心题: 第一才子书	庆北大学校 [古]812.3 나 16 ㅈ
	罗贯中 (明) 著,毛宗岗 (清) 评,刊写地,刊写者,刊写年未详	零本 15 册 (所藏: 卷 2-4, 8-28, 32-41, 45-53, 58-60), 中国石印本, 有图, 20.2×13.5cm, 四周双边, 半郭: 17.5×11.7cm, 有界, 17 行 34 字, 上下向黑鱼尾	表题: 足本绘图三国演义, 版心题: 绘图三国志演义	庆北大学校 [古]812.3 나 16 ㅈ(7)
		全 62 卷 23 册中 11-23 册存 (卷 27-58: 53-120 回), 中国木版本, 17.8×11.9cm, 四周单边, 半郭: 14×9.6cm, 无界, 10 行 25 字, 注双行, 上内向黑鱼尾	表纸书名: 三国志, 版心书名: 第一才子书, 包甲题: 绣像三国志演义	汉阳大学校 812.35-나 2412 ㅅ- v.12- v.24
	罗贯中 (明) 著,刊写事项不明	零本 4 册 (所藏: 卷 11-18), 新铅活字本, 有图, 20.1×13.3cm, 四周单边, 半郭: 17.4×11.7cm, 有界, 17 行 31 字, 上下向黑鱼尾	版心题: 第一才子书	庆北大学校 [古]812.3 나 16 ㅈ(6)
		零本 1 册 (所藏: 卷 4), 木版本, 28.4×18cm, 四周单边, 半郭: 21.4×14.1cm, 无界, 12 行 26 字, 上下向黑鱼尾	版心题: 第一才子书	庆北大学校 [古]812.3 나 16 ㅈ(3)
		零本 1 册 (所藏: 卷 5-7), 石印本, 有图, 20.2×13.3cm, 四周双边, 半郭: 17.3×11.8cm, 有界, 17 行 24 字, 上下向黑鱼尾	版心题: 绘图三国志演义	庆北大学校 [古]812.3 나 16 ㅈ(8)
		零本 2 册 (所藏: 卷 11, 15), 木版本, 25.8×17cm, 四周单边, 半郭: 21.9×14.8cm, 无界, 12 行 26 字, 上下向黑鱼尾	版心题: 第一才子书	庆北大学校 [古]812.3 나 16 ㅈ(9)

续表

书名	出版事项	版式状况	一般事项	所藏处/所藏番号
第一才子书	毛宗岗（清）评，刊写地，刊写者，刊写年未详	20卷20册，朝鲜木版本，25.7×16.5cm，四周单边，半郭：22.5×14.2cm，无界，12行26字，注双行，上黑鱼尾，纸质：楮纸	版心题：第一才子书，表题：三国志，序：顺治岁次甲申（1644）金人瑞圣叹氏题	圆光大学校 AN823.5-□566 사
		8卷2册（卷33-36，45-48，缺帙），20.2×13.3cm，有图，四周双边，半郭：17.6×12.3cm，有界，17行34字，注双行，上下向黑鱼尾	表题：足本绘图三国志演义	东亚大学校（3）：12：2-72
	刊写地，刊写者，刊写年未详	3卷1册（45页），中国石印本，20×13.3cm，四周双边，半郭：17.3×11.6cm，有界，16行32字，注双行，花口，上下向黑鱼尾，纸质：中国纸	表题：增像全图三国演义	釜山大学校（小讷文库）OFC 3-12 13C
	罗贯中（明）撰，毛宗岗（清）评，1853年刊	全60卷24册（卷首，卷1-60），有图，中国木版本，17.9×12cm，左右双边，半郭：14×9.2cm，无界，10行24字，上内向黑鱼尾	里表纸书名：增像三国志演义，表纸书名：三国志，序：顺治岁次甲申（1644）嘉平朔日金人瑞圣叹氏题，重刊序：咸丰三年（1853）孟夏勾吴清溪居士书，刊记：癸丑（1853）仲夏常熟顾氏小石山房刊，江左书林校印	汉阳大学校 812.35-나2412　ㅈ-v.1（강）-v.11（강）
	罗贯中（明）著，毛宗岗（清）评，刊写者，刊写年未详	5册（缺帙）（所藏：2，4，6，8，19），中国新铅活字本，20.5×13.5cm，四周双边，半郭：17.4×11.1cm，有界，14行28字，上下向黑鱼尾	杂题：圣叹外书，表题：增像全图三国演义	国民大学校 [고]823.5 나01-5
	毛声山（清）原本，金圣叹序，顺治甲申（1644）	20卷20册，中国石印本，24.1×15.6cm	序：金圣叹，顺治甲申（1644）	庆州汶坡文库

书名	出版事项	版式状况	一般事项	所藏处/所藏番号
第一才子书	罗贯中（明）著，毛宗岗（清）评，刊年未详	全20卷20册（卷首，第2-20册缺），中国木版本，有图，25.5×16cm，四周单边，半郭：21×14cm，无界，11行24字，上黑鱼尾	表纸书名：三国志，序：时顺治岁次甲申（1644）嘉平朔日金人瑞圣叹氏题，藏板记：怀德堂藏板，印：俞骏柱印，怀德堂图书，杞溪，俞骏柱者杞溪人也字圣在	韩国学中央研究院 D7C-4
	毛宗岗（清）评，刊写地，刊写者，刊写年未详	9册（零本），中国木版本，24.2×15.6cm，四周单边，半郭：21.8×14.3cm，12行26字，上黑鱼尾，纸质：竹纸	版心题：第一才子书，卷头书名：四大奇书第一种，表题：三国志	韩国银行
	罗贯中（明）著，毛宗岗（清）评，刊写地，刊写者，刊写年未详	6册（缺帙）（所藏：9-13，15），中国新铅活字本，有图，19.7×13.5cm，四周单边，半郭：17.2×11.9cm，有界，15行30字，上下向黑鱼尾	表题：圣叹外书，题签：校正全图三国志演义	国民大学校 [고]823.5 나01-5 ㄱ
	邹梧冈（清）参订，刘凤藻（清）校对	51卷15册，中国石印本，25.1×15.7cm		庆州汶坡文库
	罗贯中（明）著，毛宗岗（清）评，刊写地，刊写者，刊写年未详	1卷1册（卷9，缺帙），木版本，29.1×19cm，四周单边，半郭：21.5×14.2cm，无界，12行26字，注双行，上下向黑鱼尾	书名：版心题	京畿大学校 京畿-k121812-9
		4卷1册（卷13-16，缺帙），新铅活字本，有图，19.8×13.7cm，四周单边，半郭：17.2×11.8cm，有界，15行30字，注双行，上下向黑鱼尾		京畿大学校 京畿-k118338-5
		16册，中国本，26×16cm		岭南大学校 汶823.5

续表

书名	出版事项	版式状况	一般事项	所藏处/所藏番号
第一才子书绣像三国志演义	毛宗岗（清）评，上海，商务印书馆，光绪三十年（1904）刊	全60卷8册，中国铅印本，有图，19.7×13.3cm	表题纸书名：绣像三国志演义	韩国学中央研究院［霞］D7C-39
增像全图三国志	罗贯中（明）撰，清末民初刊	1册(51页)，中国石印本，有图，20.1×13.3cm，四周单边，半郭：17.1×11.8cm，有界，16行32字，注双行，上下向黑鱼尾，纸质：竹纸	版心题：第一才子书	釜山大学校
绣像全图三国演义	毛宗岗（清）评，上海，锦章图书局，咸丰三年(1853)刊	20册（120回），中国石印本，20.5×14cm	版心书名：第一才子书	檀国大学校退溪纪念图书馆 IOS，고823.5-삼338
	刊行地，刊行者不明，1901年刊	9册(卷1-4，卷9-12，29-32，37-48缺)，石印本，有图，20.3×13.8cm，四周双边，半郭：16.9×11.5cm，有界，16行32字，注双行，上内向黑鱼尾	表题：三国志	庆尚大学校 D7C 김53 ㅈ（기리）
	罗贯中（明）撰，毛宗岗（清）评，上海，蒋春记书庄，20世纪初刊	零本7册（全60卷20册，藏本29-32，37-39，41-60卷），中国铅版本，有图，19.8×13.3cm	版心题：绘图三国演义，表题：增像全图三国志演义	高丽大学校（晚松文库）C14-B1G
	罗贯中（明）著，毛宗岗（清）评，锦章图书局，清末民初刊	60卷20册（卷1-60），中国石印本，有图，20×13.3cm，四周双边，半郭：17.1×11.8cm，有界，16行32字，上下向黑鱼尾	书名：卷首题、版心题：第一才子书，表题：增像全图三国演义，评：金圣叹	庆州东国大学校 D823.5-나16 금，v.8-v.15
	上海，锦章图书局，刊年未详	60卷3册，中国石印本，20×13.3cm，四周双边，半郭：17.4×11.5cm，有界，16行32字，注双行，上黑鱼尾	序：顺治甲申（1644）……金人瑞	启明大学校 들812.35-无求斋ㅅ

续表

书名	出版事项	版式状况	一般事项	所藏处/所藏番号
增像绘图三国演义	罗贯中（明）著，上海，锦章图书局，刊写年未详	28 卷 7 册（卷 11-28），有图，20.1×13.4cm，四周双边，半郭：17.2×11.8cm，无界，行字数不定，上下向黑鱼尾		庆熙大学校 812.31-나 15 人
	毛宗岗（清）评，上海，同文书局，刊写年未详	60 卷 16 册（卷 1-60），有图，20.5cm，四周单边，半郭：17×11.8cm，无界，15 行 30 字，注双行，上下向黑鱼尾	版心题：第一才子书	庆熙大学校 812.3-모 75 人 ㅈ
增像全图三国演义	罗贯中（明）著，蔡勋（清）评点	1 册（卷 6），中国木版本，20×13.7cm，四周单边，半郭：17×11.7cm，无界，24 行 50 字，注双行，上黑鱼尾，纸质：竹纸		庆北大学校 AN823.5-ㄴ23 증
增像全图三国演义	罗贯中（明）撰，毛宗岗（清）增订，咸丰三年（1853）序，锦章图书局石印	20 卷 20 册，中国石印本，有图，20.3×13.5cm，四周单边，半郭：17×11.4cm，有界，16 行 32 字，注双行，上下向黑鱼尾，纸质：洋纸	序：顺治岁次甲申（1644）嘉平朔日金人瑞圣叹氏题，咸丰三年（1853）孟夏勾吴清溪居士书，刊记：上海锦章图书局石印	庆尚南道 南海郡 金字烘
	上海，锦章图书局，清光绪二十九年（1903）刊	16 卷 8 册，中国石印本，20.2×13.4cm，四周双边，半郭：17.3×11.9cm，25 行 54 字，注双行，上黑鱼尾，纸质：竹纸	刊记：光绪癸卯（1903）仲冬上海锦章图书局石印	成均馆大学校（曹元锡）D7C-171
	毛宗岗（清）评，天宝书局，1910 年刊	4 册［卷 1-2，3-4（复），13-14］，中国石印本，半郭：17.3×11.7cm，26 行 51 字，上黑鱼尾		雅丹文库 823.5-모 75 ㅈ
	罗贯中（明）著，清刊本	16 卷 8 册，有图，中国石印本，20.2×13.4cm	表纸书名：绘图三国志演义，序：顺治元年（1644）……金人瑞，印：任讷，乔治李纳	奎章阁［古］895.135-N11s-v.1-8
		14 卷 7 册（共 8 册中第 1 卷缺），中国版本，有图，19.8×13.3cm，四周双边，半郭：16.4×11.8cm，25 行 54 字，注双行，白口，上下向黑鱼尾	楷书	韩国国学振兴院 受托 청송심씨칠회당 고택

书名	出版事项	版式状况	一般事项	所藏处/所藏番号
增像全图三国演义	罗贯中（明）著，上海，天宝书局，刊年未详	16卷8册，中国石印本，20.5×13.5cm，四周双边，半郭：18×12.3cm，无界，行字数不定，上黑鱼尾	序：顺治岁次甲申（1644）……金人瑞	启明大学校[고]812.35-无求斋삼
	毛宗岗（清）评释，上海，锦章图书局，刊记未详	4册（零本，卷29-41），卷首：圣叹外书 茂苑毛宗岗序始氏评，中国石印本，有图，20.5×13.5cm，四周双边，半郭：17.7×11.7cm，有界，16行32字，注双行，上下向黑鱼尾	表纸：锦章图书局印，阳湖汪洵题	奎章阁[奎古]404
	毛宗岗（清）评，上海，锦章图书局，刊年未详	1册（零本，卷9-10），中国石印本，有图，20×13.4cm		岭南大学校823.5 无求斋 삼口
	罗贯中（明）撰，毛宗岗（清）评，上海，锦章图书局，清末民初刊	10册（册2-8，10，12-13，缺帙），中国石印本，20.2×13.4cm，四周双边，半郭：17.1×11.2cm，有界，15行32字，注双行，花口，上下向黑鱼尾，纸质：竹纸	卷首题：第一才子书，版心题：绣像全图三国演义，序：顺治甲申（1644）……金人瑞圣叹氏题，刊记：上海锦章图书局石印	全南大学校3Q-삼17ㄴ
	罗贯中（明）撰，上海，锦章图书局，清末民初刊	60卷8册（卷1-60），中国石印本，有图，20.4×13.6cm，四周双边，半郭：17×11.5cm，有界，16行32字，注双行，上黑鱼尾，纸质：竹纸	序：顺治岁次甲申（1644）嘉平朔日金人瑞圣叹氏，刊记：上海锦章图书局石印	全南大学校3Q-삼17ㄴ-v.1-8
		60卷8册（卷1-60），中国石印本，有图，20.4×13.6cm，四周双边，半郭：17×11.5cm，有界，16行32字，注双行，花口，上下向黑鱼尾，纸质：竹纸		全南大学校3Q-삼17ㄴ
	罗贯中（明）撰，毛宗岗（清）评，上海，锦章图书局，刊写年未详	10册，中国石印本，20.2×13.4cm，四周双边，半郭：17.1×11.2cm，有界，15行32字，注双行，上黑鱼尾，纸质：竹纸	卷首题：第一才子书，版心题：绣像全图三国演义，序：顺治甲申（1644）……金人瑞圣叹氏题，刊记：上海锦章图书局石印	全南大学校3Q-삼17ㄴ-v.2-8，10，12-13

续表

书名	出版事项	版式状况	一般事项	所藏处/所藏番号
增像全图三国演义	罗贯中（明）撰，毛宗岗（清）评，上海，锦章图书局，刊写年未详	卷 5-16（25-120 回），中国石印本，有图，25×13.8cm，四周单边，半郭：17.4×11.2cm，无界，21 行 47 字，注双行，头注，上内向黑鱼尾	版心书名：增像全图三国志演义	汉阳大学校 812.35-나 2412 ㅈㄱ-v.5（글）-v.14（글）
	罗贯中（明）著，上海，锦章图书局，刊年未详	7 册，中国石印本，20.2×13.5cm，四周双边，半郭：17.5×11.5cm，有界，16 行 32 字，上内向黑鱼尾		建国大学校 [고]923.5
	毛宗岗（清）评，锦章图书局，清代刊	27 卷 4 册（卷 19-31，38-44，54-60），中国石印本，有图，20.8×14.6cm，四周双边，半郭：17.1×12cm，有界，16 行 32 字，注双行，上下向黑鱼尾，纸质：竹纸	版心题：第一才子书	春成郡 洪在昭
	毛宗岗（清）评，锦章图书局，清末民初刊	32 卷 8 册，中国石印本，有图，20.2×13.5cm，四周双边，半郭：17.5×12.2cm，有界，16 行 32 字，白口，上黑鱼尾，纸质：竹纸	书名：表题，版心题：第一才子书，备考：卷 9-12，17-20，33-56，合 32 卷 8 册，卷 45-48，4 卷 1 册，同书 2 部	韩国综合典籍目录（玩树文库）李炳麒 4-199
	罗贯中（明）撰，毛宗岗（清）评，上海，广益书局，文华书局，刊写年未详	全 16 卷 8 册（卷 3-4，5-6，7-8，9-10，11-12，13-14，15-16），中国木版本，23×13.2cm，四周双边，半郭：17.7×11.9cm，无界，28 行 68 字，注双行，头注，上内向黑鱼尾	表纸书名：增像全图三国志演义，版心书名：绣图三国志演义，上海广益书局印行（表纸），上海文华书局印行（版心）	汉阳大学校 812.35-나 2412 ㅅ-문 2-문 8
	毛宗岗（清）评，刊写事项不明	零本 1 册（所藏：卷 12-13），中国石印本，20.6×13.4cm，四周单边，半郭：17.8×11.6cm，无界，21 行 47 字，上下向黑鱼尾	表题：三国志演义，版心题：增像全图三国志演义	庆北大学校 [古]812.3 모 75 ㅈ
	罗贯中（明）撰，金圣叹（清）评，清末民初刊	4 册（册 4-6，9，缺帙），中国新铅活字本，有图，19.8×12.6cm，四周单边，半郭：14.8×9.9cm，无界，15 行 40 字，注双行，花口，上下向黑鱼尾，纸质：绵纸	卷首题：第一才子书	全南大学校 3Q-삼 17 ㄴ

书名	出版事项	版式状况	一般事项	所藏处/所藏番号
增像全图三国演义	罗贯中（明）撰，毛宗岗（清）评	28 卷 10 册，中国石印本，有图，20.2×12.6cm		全南大学校
	罗贯中（明）撰，刊写地，刊写者未详，20 世纪初刊	4 册（缺帙），中国新铅活字本，有图，19.8×12.6cm，四周单边，半郭：14.8×9.9cm，无界，15 行 40 字，注双行，上黑鱼尾，纸质：绵纸	卷首名：第一才子书	全南大学校 3Q-삼 17 ㄴ- v.4-6, 9
	清末民初刊	2 册，中国石印本，彩色，20.6×13.8cm，四周双边，半郭：17.2×12cm，无界，25 行 34 字，注双行，上下向黑鱼尾，纸质：竹纸	表题：三国志	全罗北道 高敞郡 黄秉宽
	罗贯中（明）撰，毛宗岗（清）评	3 册，中国石印本（锦装）		庆州地方 古书调查目录 蒋大铉
增像全图三国志演义	罗贯中（明）著，毛宗岗（清）评，光绪三十二年（1906）刊	60 卷 16 册（卷 3, 8-11, 14-15 缺），中国新铅活字本，有图，20.2×13.5cm，四周单边，半郭 17.1×12.3cm，有界，15 行 29 字注双行，上下向黑鱼尾，纸质：竹纸	序：顺治岁次甲申（1644）嘉平朔日金人瑞圣叹氏题，刊记：光绪三十二年（1906）刊	釜山大学校
	罗贯中（明）撰，毛宗岗（清）评	4 卷 2 册（零本），中国版本，有图，20.2×13.5cm，四周单边，半郭：17.1×11.9cm，有界，15 行 30 字，注双行，白口，上下向黑鱼尾	楷书	韩国国学振兴院 受托원 주변州 거촌文 중
	罗贯中（明）著，同文晋记书局，刊写年未详	4 卷 1 册（50 页），中国新铅活字本，有图，20.3×13.5cm，四周单边，半郭：17.6×12.3cm，有界，15 行 30 字，注双行，花口，上下向黑鱼尾，纸质：中国纸	刊记：同文晋记书局藏板	釜山大学校（芝田文库）OEC 3-12 29C
	罗贯中（明）撰，毛宗岗（清）评，刊年未详	7 册（缺本，所藏：卷 29-48, 53-60），中国铅印本，20×13.3cm		国会图书馆 [古]812.3 ㄴ 141 ㅈ

续表

书名	出版事项	版式状况	一般事项	所藏处/所藏番号
增像全图第一才子三国志演义	罗贯中（明）著，毛宗岗（清）评，天宝书局，刊年未详	10 卷 8 册，中国木版本，20.4×13.2cm，四周双边，半郭：17.5×11.9cm，无界，25 行 52 字，注双行，上下黑鱼尾，纸质：竹纸	表题：增像全图三国志演义	圆光大学校 AN823.5-ㄴ23ㄱ
增像全图三国志演义第一才子书	罗贯中（明）著	零本 1 册(所藏：卷 6)，中国石印本，有图，20.5×13.5cm，四周双边，半郭：17.5×12.2cm，无界，行字数不同，上黑鱼尾		龙仁大学校 D7-26
	罗贯中（明）撰，毛宗岗（清）评，上海，天宝书局，刊年未详	1 册(卷 2-8)，中国石印本，有图，20.3×13.5cm，四周双边，半郭：17.4×11.2cm，无界，25 行 54 字，注双行，头注，上内向黑鱼尾	刊记：天宝书局校印(版心)	汉阳大学校 812.35-나2412ㅈ（v.2（천）, -v.8（천））
精校全图足本铅印三国志演义	中国铅印本，上海，中新书局发行，刊年未详	残本(4 册)，有图，15 行 31 字		闵宽东
精校全图绣像三国志演义	毛宗岗（清）评，上海，中新书局，刊年未详	8 册，中国新活字本，有图，19.9×13.3cm	序：顺治岁次甲申(1644)……金人瑞，重刊序：咸丰三年(1853)……清溪居士	国立中央图书馆 [东谷古]3736-59
	罗贯中（明）撰，毛宗岗（清）评，上海，中新书局，刊年未详	1 册(缺本)，中国铅印本，20×13.2cm	书名：表题，版心题：第一才子书	国会图书馆 [古]812.3ㄴ141ㅈ
	毛宗岗（清）评，刊年未详	7 册，中国新活字本，有图，19.9×13.2cm	藏板记：中新书局藏板	国立中央图书馆 [东谷古]3736-56

书名	出版事项	版式状况	一般事项	所藏处/所藏番号
三国志	罗贯中（明）撰，19世纪写	不分卷 1 册，笔写本，23×15.7cm，无界，行字数不定，无鱼尾，纸质：楮纸		一般动产文化财영모재（闻庆）20-0360
	罗贯中（明）撰，朝鲜后期翻译本	1 册，朝鲜木版本，四周单边，半郭：21×15.5cm，有界，13 行 22 字，上下内向黑鱼尾，纸质：楮纸	版心题：三国志三，三国志四	韩国寺刹文化财直指寺，직지성보박물관 754
	毛声山（清）评，三多斋藏板	20 卷 20 册（乾坤函），木版本	第一才子书	鲜文大学校 朴在渊
	毛宗岗（清）评，刊年未详	19 卷 20 册，中国木版本，（册18：笔写本），31.7×20.1cm，四周单边，半郭：20.2-22.6×14.6-15.1cm，无界，12 行 26 字，注双行，上下向黑鱼尾	版心书名：第一才子书，序：顺治甲申（1644）……金人瑞，刊记：龙仁李敦相公厚之印	国立中央图书馆［古］3736-69
	罗贯中（明）撰	33 卷 33 册，笔写本，28.9×22.5cm	表题：三国志，印：桑村闻长，万事如意，万堂弄鹤闲事	高丽大学校 C15-A103
	罗贯中（明）著，刊年未详	20 卷 20 册，中国木版本（覆刻），有图，25.8×17.3cm，四周单边，半郭：22.3×14.4cm，无界，12 行 26 字，注双行，上二叶花纹鱼尾	内题：毛声山先生批点贯华堂第一才子书	国立中央图书馆［한］-48-28
	罗贯中（明）撰，毛宗岗（清）评，刊写地，刊写者，刊写年未详	1 卷 1 册（卷19，缺帙），木版本，27.2×19.2cm，四周单边，半郭：21.7×14.5cm，无界，12 行 26 字，注双行，上下向黑鱼尾	书名：表题，卷首题：四大奇书，版心题：第一才子书	京畿大学校 京畿-k119045-9
	刊写地，刊写者，刊写年未详	15 册，木版本，26×16.5cm		韩国国学振兴院
	甲子年	8 卷 8 册，笔写本，22×16.5cm		忠北 端阳郡 이봉우

续表

书名	出版事项	版式状况	一般事项	所藏处/所藏番号
三国志		12 册（1 匣），23.3×15.7cm，中国版本		韩国国学振兴院丰山柳씨，하회마을화경당（북촌）
		下函，8 册（卷 8-卷 15 存），木版本	又名：第一才子书	鲜文大学校 朴在渊
		3 册（卷 13，14，15 存），木版本	又名：四大奇书第一种	鲜文大学校 朴在渊
		上函，13 册，木版本		鲜文大学校 朴在渊
		16 册，朝鲜木版本，25.2×15.5cm，四周单边，半匡：21.9×14.2cm，有界，12 行 26 字，上下向鱼尾，线装，纸质：楮纸	卷 3-13，卷 15-19	忠孝堂(安东) 20-1535-1550
		20 卷 20 册，木版本，有图，18.9×28cm		忠北 报恩郡 김동기
三国谚志 삼국디	罗贯中（明）撰	2 册（卷 7，8，落帙），笔写本	初译：英正朝(推定)，后译：1859 年	鲜文大学校 朴在渊
绘图三国志演义第一才子书	毛宗岗（清）评，上海，扫叶山房，刊年未详	1 册（零本，卷 44-48），中国石印本，有图，19.8×13.1cm	版心下端记录：扫叶山房石印	岭南大学校 823.5 无求斋 ㅈㅇ
图像三国志演义第一才子书	罗贯中（明）著，毛宗岗（清）评，刊写地，刊写者，刊写年未详	4 册（缺帙，所藏：1-2，9-10），中国新铅活字本，有图，20×12.7cm，四周双边，半郭：16.3×10.2cm，无界，行字数不定，上下向黑鱼尾		国民大学校 [고]823.5 나 01
	罗贯中（明）撰，毛宗岗（清）评，上海，文盛书局，刊写年不明	60 卷 10 册，中国石印本，有图，19.7×13cm，四周单边，半郭：16.7×11.2cm，有界，22 行 50 字，上下向黑鱼尾	序：光绪十四年孟夏勾吴飞云馆主书，刊记：广陵味潜斋藏本，上海文盛书局石印，表题：增像全图三国演义，版心题：图像三国演义	庆北大学校 [古]812.3 나 16 ㄷ

续表

书名	出版事项	版式状况	一般事项	所藏处/所藏番号
三国志精选	朝鲜朝末期写	1册(121页)，朝鲜笔写本，20.7×16.5cm，无界，9行字数不定，注双行，纸质：楮纸		庆尚南道 固城郡 诸凤模
삼국지(三国志)	译者未详，朝鲜朝后期至末期写	13册，朝鲜笔写本，25.5×20.9cm，12行26字，纸质：楮纸		成均馆大学校 D7B-78
三国志	朝鲜翻刻本	3册(卷11，14，16存)，朝鲜木版本	四大奇书第一种	鲜文大学校 朴在渊
	朝鲜翻刻复刷本	卷首(19卷20册)，朝鲜木版本		鲜文大学校 朴在渊
	江左书林	29卷12册，木版本	又名第一才子书	鲜文大学校 朴在渊
	上海，刊写者未详，1644年序	19卷10册(卷1-19，册1-10)，24×15.4cm		大邱 天主教大学校 동823.5-김53ㅅ
	罗贯中(明)著，刊写地，刊写者未详，隆熙二年(1908)写	13卷13册(卷2，卷4，卷6，卷8-14，卷17-19)，笔写本，35.4×21.6cm，无界，12行30字	写记：卷8，戊申三月—卷19，융희2(1908)……홍호정사의필셔무신십이월……필셔노라	檀国大学校 栗谷图书馆(罗孙文库)[古]873.5-나1281 샤
	罗贯中(明)著，刊写地，刊写者未详，隆熙二年戊申(1908)刊	2卷2册(上、下)，笔写本，31.7×19.8cm，无界，11行27字	写记：무신육월십칠일필셔，印记：张镇道，二钱	檀国大学校 栗谷图书馆(罗孙文库)[古]873.5-나1281 슈
	罗贯中(明)著，仁祖二十二年(1644)刊	13册，木版本		晋门精舍云隐亭
	著者未详，1900年左右刊	卷3，1册，朝鲜木版本(坊刻本)，26.5×18.8cm，四周单边，半郭：19.4×15.7cm，15行字数不定，上二叶花纹鱼尾，纸质：楮纸		韩国综合典籍目录(山气文库)李谦鲁4-686

续表

书名	出版事项	版式状况	一般事项	所藏处/所藏番号
三国志	戊申	1 册（42 页），朝鲜笔写本，32×21cm，10 行字数不同	行书，刊记：戊申正月初十日	韩国国学振兴院受托，용궁울진장씨연파문고
		13 册（4-19 卷），韩文笔写本	35mmR［Posi］，174f	（金东旭）R35P-000013
	罗贯中（明）著，刊年未详	2 卷，中国木版本，29.5×19cm，四周单边，半郭：21.5×14cm，12 行，注双行，上黑鱼尾	卷头书名：四大奇书第一种	国立中央图书馆［의산고］3736-12
	译者，刊写地，刊写者，刊写年未详	1 册，笔写本		全州大学校 OM813.5-삼171
	刊写地，刊写者，刊写年未详	1 册，笔写本，37.7×19.7cm，四周无边，无界，11 行字数不定，无鱼尾	书名：表题	启明大学校 812.35-삼 국 지ㄱ
	罗贯中（明）著，刊年未详	8 册，23.3×15.9cm，中国版本		韩国国学振兴院풍산류씨하회마을和敬堂(북촌)
		6 册（6-12 卷），韩文笔写本	35mmR［Posi］，308f	（金东旭）R35P-000011-3
		5 册（9-13 卷），韩文笔写本	35mmR［Posi］，248f	（金东旭）R35P-000011-2
		2 册（6-7 卷），韩文笔写本	35mmR［Posi］，75f	（金东旭）R35P-000011-1
		15 册（2-19 卷），韩文笔写本	35mmR［Posi］，865f	（金东旭）R35P-000012-13-5

书名	出版事项	版式状况	一般事项	所藏处/所藏番号
三国志	罗贯中（明）著，刊年未详	1册(5卷)，韩文笔写本	35mmR[Posi]，38f	（金东旭）R35P-000010-9
		1册(1卷)，韩文笔写本	35mmR[Posi]，22f	（金东旭）R35P-000010-7
		8册(朝鲜人)，笔写本		鲜文大学校朴在渊
		1册，中国版本，28.7×19cm		韩国国学振兴院受托 달성서씨낙동정사
		5册，中国版本，27×17.7cm		韩国国学振兴院受托 영양남씨영해난고중택
		20册，木版本，28.7×19cm		韩国国学振兴院受托 영천이씨오천중 중춘공파
		不分卷1册，木版本，25×17.5cm，四周单边，半郭：20.8×15.1cm，13行22字，白口，上下内向黑鱼尾	中韩文，楷书	韩国国学振兴院受托 원주변씨거촌문중
	刊年未详	1册(缺本)，中国木版本，25.5×18cm，四周单边，半郭：21.4×15.6cm，13行22字，上下黑鱼尾		韩国学中央研究院 D7B-15
	毛宗岗（清）批点，刊年未详	1册(缺本)，中国木版本，有图，29.1×19.4cm，四周单边，半郭20.1×13.9cm，12行26字，上黑鱼尾	书名：表纸，版心书名：第一才子书，序：时顺治岁次甲申（1644）……金人瑞圣叹氏题	韩国学中央研究院 D7C-11

续表

书名	出版事项	版式状况	一般事项	所藏处/所藏番号
三国志	罗贯中（明）著，刊写地，刊写者未详，丁未（?）年笔写	1 册（101 张），笔写本，28×24.5cm，无界，12 行字数不定		檀国大学校栗谷纪念图书馆［古］873.5-나1282 쇼
	罗贯中（明）著，刊写地，刊写者未详，壬寅（?）年笔写	10 卷 10 册（卷4-7，9-13，零本），笔写本，33.5×22.2cm，无界，12 行 27 字	写记: 님인구월망간북의셔필셔	檀国大学校栗谷图书馆（罗孙文库）［古］873.5-나1281 슈
	罗贯中（明）著，刊写地，刊写者未详，壬辰（?）年笔写	1 卷 1 册（零本），笔写本，31.4×21.4cm，无界，13 行 29 字		檀国大学校栗谷图书馆（罗孙文库）［古］873.5-나1281 스
	罗贯中（明）撰，刊写地，刊写者，刊写年未详	2 卷 1 册（卷3-4），木版本，26.1×18.9cm，四周单边，半郭: 21.5×16cm，无界，13 行 29 字，注双行，上下内向黑鱼尾	版心题: 삼국지	檀国大学校栗谷纪念图书馆고 873.5-나128
	罗贯中（明）著，刊写地，刊写者，刊写年未详	1 册（33 页），笔写本，25×17.5cm，无界，11 行字数不定	合缀: 历代歌	檀国大学校栗谷纪念图书馆［古］873.5-나1282 슈
	罗贯中（明）著，刊写地，刊写者，刊写年未详	1 册（53 页），笔写本，34.2×21.5cm，无界，12 行 26 字		檀国大学校栗谷图书馆（罗孙文库）［古］873.5-나1281 쇼
	罗贯中（明）著，刊写地，刊写者，刊写年未详	1 册（落页），笔写本，29.4×19.2cm，无界，11 行字数不定		檀国大学校栗谷图书馆（罗孙文库）［古］873.5-나1281 셔

续表

书名	出版事项	版式状况	一般事项	所藏处/ 所藏番号
三国志	罗贯中（明）著，刊年未详	零本 1 册，中国木版本，23.5×15.5cm，四周单边，半郭：19.8×14cm，无界，12 行 26 字，上内向黑鱼尾		建国大学校［고］923.5
	罗贯中（明）著，译者，写者，写年未详	笔写本，30.5×21.3cm，四周无边，半郭：无郭，无界，12 行 21 字，无鱼尾	·	建国大学校［고］923.5
	罗贯中（明）著，毛声山（清）批点	20卷40册，中国木版本，29×19cm，四周单边，匡郭：19×15cm，12 行 15 字，上花纹鱼尾	序：顺治岁次甲申（1644）金圣叹	建国大学校［고］923.5
	罗贯中（明）著，刊年未详	20 卷 20 册，中国木版本，27×18.5cm，四周单边，半郭：21.5×14.5cm，12 行 26 字，下向黑鱼尾	序：顺治岁次甲申（1644）金圣叹	建国大学校［고］923.5
	罗贯中（明）著，刊年未详	零本 18 册，中国木版本，26×18cm，四周单边，半郭：22×14.3cm，12 行 26 字，上黑鱼尾		建国大学校［고］923.5
	罗贯中（明）著，毛宗岗（清）评	零本 10 册，中国木版本，23×15cm，左右双边，半郭：19.6×13.7cm，12 行 26 字，上黑鱼尾		建国大学校［고］923.5
	毛宗岗（清）评	19 卷 20 册，29.3×19cm，四周单边，半郭：21×14.5cm，无界，12 行 20 字，上黑鱼尾	序：顺治岁次甲申嘉平朔日（1644）金人瑞	梨花女子大学校，고 □812.3 삼 17
	罗贯中（明）著，毛宗岗（清）评，译者，刊年未详	20 册，笔写本，24×21cm，无界，14 行 22 字，版心无		梨花女子大学校［고］812.3 삼 17J
		卷 12-16，铅活字本，75 张，有图，19.5×13cm，四周单边，半郭：15.5×11.2cm，有界，11 行 40 字，注双行，内向黑鱼尾	版心题：第一才子书，茂苑毛宗岗序始评	崇实大学校3200

续表

书名	出版事项	版式状况	一般事项	所藏处/所藏番号
三国志	刊写地，刊写者，刊写年未详	1卷1册(卷17，缺帙)，木版本		京畿大学校京畿-k122600
	罗贯中（明）著，朝鲜朝后期—末期写	1册，韩文笔写本，30×21.5cm		国史编纂委员会 D7B-3
三国志（第一才子书）	首尔，刊写者未详	20卷20册(目录，卷1-19)，木版本，27×18cm	序：顺治岁次甲申(1644)金圣叹	大邱Catholic大学校，동 823.5-김 53 ㅅ
绣像全圣叹批评三国志	苏州，绿启堂和记藏板	2匣20册，24×16cm		岭南大学校汶 823.5
三国志	罗贯中（明）撰，毛宗岗（清）评，刊年未详	17册［第6，17-18，20册缺，所藏：册1-5，7-16，19(全20卷，包含目录共21册)］，中国木版本，24.9×18.1cm，四周单边，半郭：27×15cm，无界，12行26字，注双行，上黑鱼尾	书名：根据表题标题：贯华堂第一才子书，版心题：第一才子书，序：时顺治岁次甲申(1644)……金人瑞圣叹氏题	国会图书馆［古］812.3 ㄴ 141 ㅅ
		15册，木版本		韩国国学振兴院受托，固城李氏팔회당중택
	罗贯中（明）著，毛声山（清）批点，同文堂藏版，刊年未详	23卷23册(卷1-23)中国木版本，24.7×15.7cm，四周单边，半郭：21.5×19cm，无界，11行24字，注双行，上黑鱼尾，纸质：竹纸	序：顺治岁次甲申(1644)金圣叹	圆光大学校 AN823.5-ㄴ 23 ㅅ
	罗贯中（明）著，贯华堂，刊写年未详	20卷20册，有图，29.2×19.3cm，四周单边，半郭：22.3×14.5cm，无界，12行字数不定，上下向黑鱼尾		庆熙大学校 812.31-나 15 ㅅㄱ

书名	出版事项	版式状况	一般事项	所藏处/所藏番号
三国志	罗贯中（明）撰，朝鲜后期写	1册(64页)，朝鲜笔写本，29.8×16.1cm，无界，25行字数不定，纸质：楮纸		釜山直辖市金戊祚
		1册(58页)，朝鲜笔写本，31.7×20cm，无界，10行字数不定，纸质：楮纸		釜山直辖市金戊祚
	罗贯中（明）著，刊写地，刊写者，刊写年未详	2卷1册(零本)，木版本，26.7×18.7cm，四周单边，半郭：21×16cm，无界，13行24字，上下内向黑鱼尾	版心题：삼국지	檀国大学校栗谷纪念图书馆고873.5-나128 셔
		1册（47页；零本），笔写本，34.4×21.5cm，无界，9-10行字数不定		檀国大学校栗谷纪念图书馆고873.5-나128 ㅅ-卷2
三国志抄	罗贯中（明）著，刊写地，刊写者，刊写年未详	1册，笔写本，33×21cm，无界，12行字数不同，注双行	行书	韩国国学振兴院受托，풍천임씨청암가
三国志抄		1册，笔写本，15×21.5cm，乌丝栏，16行字数不同	行书	韩国国学振兴院受托，安东权氏청암문고
三国志传通俗演义	罗贯中（明），明中期刊	1册，坊刻本，26cm		岭南大学校[古]823.5
绘本通俗三国志	池田东篱校正，葛饰戴斗画图，大阪，冈田茂兵卫，天保七至十二年（1836—1841）刊	75册(初编-7编 各卷之1-10，8编 卷之1-5)，日本石印本，有图，22×15.5cm，四周单边，内边：18.4×12.8cm，上下向黑鱼尾，11行字数不定	序：天保六年（1835）……东篱亭主人，原叙：元禄已巳（1689）……湖南文山	釜山市民图书馆古823.5-2

62

续表

书名	出版事项	版式状况	一般事项	所藏处/所藏番号
新刊校正古本大字音释三国志传通俗演义	陈寿（晋）传，罗贯中（明）编次，壬乱以后刊	卷12，1册，朝鲜木版本，29.9×21.8cm，四周双边，半郭：21.1×17cm，有界，13行24字，注双行，内向一叶花纹鱼尾，纸质：楮纸	版心题：三国演义，刊记：岁在丁卯（?）耽罗开刊	韩国综合典籍目录（山气文库）李谦鲁 4-702
	罗贯中（明）著，周曰校（明）订，济州，刊写者未详，丁卯年刊	全12卷12册10卷10册（零本），朝鲜木版本，30×21.7cm，四周双边，半郭：21.4×17cm，有界，13行24字，上下内向一叶花纹鱼尾	版心题：三国演义，卷末题：三国志传通俗演义，栏上笔写，刊记：岁在丁卯耽罗开刊，卷3第1-5页，笔写本，所藏本：卷2、3、4、6、7、8、9、10、11、12	国立清州博物馆
	罗贯中（明）编次，刊年未详	1册（零本），朝鲜木版本（后刷），31.1×21.3cm，四周双边，半郭：21.4×17.2cm，有界，13行24字，下花内向花纹鱼尾	版心书名：三国演义，印：震旦学会	奎章阁（想白）[古]895.135-N11s-v.2
		2卷1册（131页），朝鲜木版本，29×21.2cm，四周双边，半郭：21.4×16.9cm，有界，13行24字，注双行，花口，上下内向二叶花纹鱼尾，纸质：楮纸	版心题：三国演义	釜山大学校（于溪文库）OIC 3-12 71
		2卷2册（零本），朝鲜木版本，32.5×21.8cm，四周双边，半郭：21.4×17.4cm，有界，13行24字，注双行，白口，上下向混入鱼尾	楷书	韩国国学振兴院受托，영양남씨영해시암고택
		1卷1册（零本），朝鲜木版本，31.3×20.5cm，四周双边，半郭：21.2×16.7cm，有界，13行24字，注双行，白口，上下向混入鱼尾	楷书	韩国国学振兴院受托，의성김씨문충공파일파문중
	罗贯中（明）编，刊写地，刊写者，刊写年未详	2册（零本，卷6、11），朝鲜木版本，28.8×21.3cm，四周双边，半郭：21.6×17.1cm，有界，13行24字，上下内向二瓣黑鱼尾（一部分上下内向黑鱼尾）	版心题：三国演义	岭南大学校[古南]823.5삼국지

续表

书名	出版事项	版式状况	一般事项	所藏处/所藏番号
三国志	刊写地，刊写者，刊写年未详	1册（卷之1，卷册未详的零本），笔写本，31cm，11行20字	陈寿史传；罗本编次；叶才音释，外题：三国志，序：弘治甲寅（1494）仲春几望，庸愚子拜书	延世大学校812.36/18
		4册，木版本，32.8×22.2cm		韩国国学振兴院受托，영양남씨영해난고중택
新刊校正古本大字音译三国志通俗演义	陈寿（晋）传，罗贯中（明）编次，周日校（明）订，刊写者未详，朝鲜朝刊	1卷1册（零本，所藏本：卷5），25×19.9cm，四周双边，半郭：21.5×17cm，有界，13行24字，上内一叶（间混二叶）花纹鱼尾，纸质：楮纸	表题：三国志传通俗演义	东国大学校D819.34 17 ㅅ
新锓全像大字通俗演义三国志传	刊地未详，乔山堂，刊年未详	1册（零本，卷1-2），中国木版本，有图，23.8×13.9cm，四周单边，半郭：20.4×12.5cm，无界，15行33字，上下向黑鱼尾	卷头：序三国志传：李祥，目录，君臣姓氏附录，标题纸：镌图像三国志，乔山堂，刘龙田梓，版心题：出像三国志传，每叶上段均有插图，刊记（标题纸）：乔山堂，刘龙田梓，表纸书名：三国志	岭南大学校[古南]823.5삼국지ㅈ
读三国志法	扫叶山房，清代刊	10册，中国木版本，有图，23.1×15.3cm，上下单边，左右双边，半郭：19.9×14.5cm，无界，12行16字，注双行，上下向黑鱼尾，纸质：竹纸	表题：圣叹外书，版心题：第一才子书，里题：绣像三国志演义，序：顺治甲申（1644）……金人瑞圣叹氏题，刊记：扫叶山房藏板	釜山大学校
삼국지（三国志）	刊写地，刊写者，刊写年未详	2卷1册（零本），木版本，27.5×19cm，四周单边，半郭：20.7×15.6cm，无界，13行字数不定，注双行，上下内向黑鱼尾		檀国大学校栗谷纪念图书馆[古]873.5-나1282 사
		19卷19册（完帙），笔写本	在朝鲜末期翻译传写，大字本，毛宗岗本	鲜文大学校朴在渊

续表

书名	出版事项	版式状况	一般事项	所藏处/所藏番号
삼국지（三国志）	罗贯中（明）著，译者，刊年未详	30 卷 30 册，宫体笔写本，37.8×22.4cm		奎章阁［古］3350-95
		不分卷，2 册（卷 1-2），木版本，23.5×19.2cm，四周单边，半郭：20.7×17.4cm，无界，14 行 24 字，上二叶花纹鱼尾		国立中央图书馆［한］48-33-2
		不分卷 1 册（缺本：卷 3），木版本，24×18cm，四周单边，半郭：20.3×16cm，无界，16 行 29 字，内向黑鱼尾	表纸书名：谚三国志	国立中央图书馆［한］48-33-3
	罗贯中（明）著，刊年未详	1 册，笔写本，30.5×19.8cm		国立中央图书馆［의산古］3736-10
	刊行地，刊行者，刊行年不明	1 册，朝鲜木版本，27×18.5cm，四周单边，半郭：21×15cm，无界，13 行 21 字，下向黑鱼尾，纸质：楮纸	备考：前后毁损（缺张）	忠南大学校鹤山古书集，小说类 1964
삼국지（三国志）	著者未详，朝鲜朝末（1852）刊	2 卷 1 册（卷 3-4），朝鲜木版本，26×18.5cm，四周单边，半郭：21×16cm，13 行不定字，内向黑鱼尾，纸质：楮纸	版心题：삼국지，表纸墨书识记：壬子（1852）十一月日	韩国综合典籍目录（山气文库）李谦鲁 4-685
	著者未详，1908 年刊	不分卷 1 册（85 页），朝鲜木版本，27×18.9cm，四周单边，半郭：21.7×16.7cm，13 行 22 字，内向黑鱼尾，纸质：楮纸	表题：三国志，版心题：삼국지，刊记：戊申（1908）冬完山梁册房新刊，内容：中国小说	韩国综合典籍目录（尚熊文库）4-156
	罗贯中（明）著，卓钟佶编，全州，西溪书铺，1911 年刊	1 册（86 页），韩文木版本，26.6×18.7cm，四周单边，半郭：21.3×15.5cm，无界，13 行 22-23 字内外，内向黑鱼尾，纸质：楮纸	表题：三国志，刊记：明治四十四年（1911）八月二十二日发行，全州西溪书铺	全南大学校 3Q-삼 17 ㄴㄷ
		2 卷 1 册，朝鲜木版本，25.5×16cm，四周单边，半郭：20.4×15.9cm，有界，13 行 22 字，注双行，上下内向黑鱼尾		檀国大学校栗谷图书馆（罗孙文库）古 873.5-나 128 ㅅ

续表

书名	出版事项	版式状况	一般事项	所藏处/所藏番号
삼국지 (三国志)	罗贯中(明)著，卓钟佶编，全州，西溪书铺，1911年刊	1册(29页)零本，笔写本，25.5×18.2cm，四周单边，半郭：20.5×6.9cm，有界，15行字数不定，上下内向黑鱼尾		檀国大学校栗谷纪念图书馆고873.5-나428ㅅ
	译者未详，1859年刊	3册(京本，红树洞 坊刻本)		未详/东洋语学校(Paris)
	罗贯中(明)著，刊写地，刊写者未详，辛亥(1911?)刊	1册(卷3)，笔写本，28.4×19.2cm，四周单边，半郭：24.8×16.8cm，无界，10行字数不定	写记：庚戌十二月十七日始至辛亥正月十六日终册主李	檀国大学校栗谷图书馆(罗孙文库)873.5-나1281ㅅ
	罗贯中(明)著，刊写事项不明	零本2册(所藏：卷3-4)，木版本，28.2×19.8cm，四周单边，半郭：21.2×15.3cm，无界，行字数不定，上下向黑鱼尾	版心题：삼국지	庆北大学校[古]812.3 6ㅅ(25)
	罗贯中(明)著，安城，刊写者，刊写年未详	1卷1册(零本)，木版本，23×19cm，四周单边，半郭：20.3×16.2cm.无界，15行28字，上下向二叶花纹鱼尾	表题：谚三国志，刊记：안셩동문이신판	檀国大学校栗谷纪念图书馆[古]873.5-나1282ㅜ
		1卷1册(零本)，笔写本，28×16.5cm，无界，12行字数不定		檀国大学校栗谷纪念图书馆[古]873.5-나1282�
	刊写地，刊写者，刊写年未详	1卷1册(零本)，木版本，25.5×18.5cm，四周单边，半郭：19.9×16.5cm，无界，15行字数不定，注双行，上下内向黑鱼尾		檀国大学校栗谷纪念图书馆[古]873.5-나1282ㅅ
	님진완산신판	三卷(全3卷3册中 零本)，木版本，24页，27cm，四周单边，18.3×15.5cm，15行25字，上下内向黑鱼尾		延世大学校811.93/28

续表

书名	出版事项	版式状况	一般事项	所藏处/ 所藏番号
삼국지 （三国志）	朝鲜朝后期刊	2卷1册（卷3-4），朝鲜木版本，25.6×17.5cm，四周单边，半郭：20.6×15.4cm，无界，13行22字，注单行，内向黑鱼尾，纸质：楮纸	表题：三国传，版心题：三国志	忠南大学校集50
	罗贯中（明）撰，朝鲜朝后期刊	2卷1册（卷3-4），朝鲜木版本，26.8×18.3cm，四周单边，半郭：20.5×15.2cm，无界，13行22字，内向黑鱼尾，纸质：楮纸		温阳市温阳民俗博物馆
	罗贯中（明）	1册，韩文笔写本	35mmR［Posi］，36f	（金东旭）R35P-000010-4
	朝鲜朝后期（辛亥）刊	3册（天、地、人卷），韩文笔写本	35mmR［Posi］，129f	（金东旭）R35P-000010-5
	朝鲜朝后期刊	1册（4卷），韩文笔写本	35mmR［Posi］，41f	（金东旭）R35P-000010-8
	朝鲜朝后期（壬辰）刊	1册（3卷），韩文笔写本	35mmR［Posi］，33f	（金东旭）R35P-000012-3
	朝鲜朝后期刊	1册（缺本），韩文笔写本	35mmR［Posi］，53f	（金东旭）R35P-000012-4
	罗贯中（明）著，刊写地，刊写者，刊写年未详	2卷2册（卷1-2），笔写本，26.7×19.4cm，无界，12行24字		檀国大学校栗谷图书馆（罗孙文库）［古］873.5-나1281 시
		零本1册（所藏：卷3），笔写本，31×21cm，无界，行字数不定，无鱼尾		庆北大学校［古］812.3 나16 人（23）
		零本1册（所藏：卷3），笔写本，28.4×19.7cm，无界，行字数不定，无鱼尾		庆北大学校［古］812.3 16 人（24）
		零本2册（所藏：卷3-4），木版本，28.2×19.8cm，四周单边，半郭：21.2×15.3cm，无界，行字数不定，上下向黑鱼尾	版心题：삼국지	庆北大学校［古］812.3 16 人（25）

续表

书名	出版事项	版式状况	一般事项	所藏处/所藏番号
삼국지 (三国志)	罗贯中(明)著，刊写地，刊写者，刊写年未详	2 卷 1 册，木活字本，25×17cm，四周单边，半郭：20.8×16.2cm，无界，13 行 22 字，上下内向黑鱼尾		檀国大学校栗谷纪念图书馆［古］873.5-나 1282 서
		6 卷 6 册（卷 1-5，12），笔写本，24.8×24cm，无界，14 行 18 字		檀国大学校栗谷图书馆(罗孙文库)［古］873.5-나 1281 사
		6 卷 6 册（卷 6-11），笔写本，25.2×29cm，无界，20 行 20 字		檀国大学校栗谷图书馆(罗孙文库)［古］873.5-나 1281 ㅅ
		1 册，韩文笔写本，24.5×22cm	韩文本	淑明女子大学校 CL812.3-니 관중-삼 v1-16
		1 册，木版本，26.5×19cm，四周单边，半郭：21.5×17cm，有界，白口，上下内向黑鱼尾	韩文本	淑明女子大学校
		零本 2 册，韩文笔写本，31.8×21.2cm，四周单边，半郭：27.6×16.9cm，有界，12 行字数不定，上下白口，无鱼尾	表纸书名：三国志，韩国翻案版	高丽大学校(薪庵文库) C15-A103A
	刊行地，刊行者，刊行年不明	3 册(零本，卷 8，10，11)，笔写本，24.6×21.5cm，四周无边，无界，12 行 22 字		启明大学校［고］812.35-삼국지
		1 册，笔写本，29×20.2cm，无界，13 行字数不等，纸质：楮纸		忠南大学校鹤山古书集、小说类 1965

续表

书名	出版事项	版式状况	一般事项	所藏处/所藏番号
삼국지 （三国志）	刊行地，刊行者，刊行年不明	2 册，木版本，31×21cm		岭南大学校 823.5
		14 册（完帙），笔写本	朝鲜末期翻译传写，大字本 毛宗岗本	鲜文大学校 朴在渊
		2 卷 1 册（卷 3-4 同书 2 册），木版本，半郭：20.8×15.4cm，13 行 22 字，内向黑鱼尾		雅丹文库 813.5-삼 16
		1 卷 1 册（卷 3），木版本，半郭：19×16.2cm，15 行字数不定，内向黑鱼尾	卷尾：님신완산신판이라	雅丹文库 813.5-삼 16
		2 卷 1 册（卷 3-4），木版本，半郭：20.5×15.8cm，13 行 22 字，内向黑鱼尾		雅丹文库 813.5-삼 16
		1 册（缺本），韩文木版本，26.2×18.7cm，四周单边，上下黑鱼尾	16mmR［Nega］，88f	韩国学中央研究院 R16N-001133-17
슈졍 삼국지	朝鲜朝后期刊	2 卷 2 册（卷 3，5），新活字本，半郭：20.5×13.5cm，17 行 35 字	修正三国志	雅丹文库 813.5-슈 74
	博文书馆，1904 年刊	5 卷，未详	修正三国志	未详
슈령 삼국지	刊写地，刊写者，刊写年未详	1 卷 1 册，新铅活字本	修正三国志	京畿大学校 京畿-k122934
삼국디쵸요	罗贯中（明）著，刊年未详	18 卷 18 册，宫体笔写本：汉字并书，27.7×16.4cm	表纸书名：正本三国志	奎章阁 ［古］3350-76
삼국지요션	罗贯中（明）原著，隆熙元年（1907）写	1 册（65 页），韩文笔写本，29.8×22.9cm	表纸书名：三国传，笔写记：丁未（1907）七月廿三日终，16mmR［Nega］，66f	韩国学中央研究院 D7B-197/R16N-001133-21
삼국지쵸션（三国志抄选）		1 册（62 页），笔写本，31×20.5cm		延世大学校 812.36

续表

书名	出版事项	版式状况	一般事项	所藏处/所藏番号
삼국지 3，4		1册，木版本，26cm，四周单边，20.8×15.2cm，13行23字，上下内向黑鱼尾	三国志	延世大学校 811.932/9
삼국디	罗贯中（明）著，李氏书（朝鲜），1871年	17卷17册，笔写本，33.5×20cm	后识：신미（1871）……광쥬니씨（广州李氏），三国志	国立中央图书馆 [한]48-148
삼국지（三国志）	罗贯中（明）著，己酉（?）年笔写	1卷1册（零本），笔写本，29.5×20cm，无界，行字数不定	写记：긔유월일……등서	檀国大学校 [古]873.5-나 1282 서
	朝鲜朝后期写	5册（卷1-5），韩文笔写本	35mmR[Posi]，375f	（金东旭）R35P-000012-1
	朝鲜朝后期写	1册（卷12），朝鲜笔写本	35mmR[Posi]，53f	（金东旭）R35P-000012-2
삼국지통속연의	罗贯中（明）著，刊年未详	27卷27册，宫体笔写本，有图，28×19.5cm	别名：三国志通俗演义	奎章阁 [古]3478-5
삼국지연의	近代写	1册，笔写本，26.6×16cm，纸质：楮纸	三国志演义	韩国寺刹文化财金海银河寺收藏库
삼국지통속연의（三国志通俗演义）	译者（朝鲜）未详，写年未详	39卷39册，笔写本，25.4×17.4cm，无郭，无丝栏，9行20字，注双行，无鱼尾，纸质：楮纸	表题：三国志，印：藏书阁印	韩国学中央研究院 4-6815
	罗贯中（明）原著，刊写地，刊写者，刊写年未详	24卷24册，笔写本，30×22.6cm，无界，12行22字内外，无鱼尾	韩文本，表题：三国志，异书名：三国志演义，写记：셩품이셔? 山鸳……	西江大学校 古书삼 175
		39册，朝鲜笔写本，25.4×17.4cm	别名：三国志，35mmR[Nega]，2633f	韩国学中央研究院 R35N-000029-32，4-6815 旧藏书阁本
별삼국지	罗贯中（明）著，礼山郡，刊写者未详，隆熙四年（1910）写	1册（37页），笔写本，28.7×17cm，无界，行字数不定	写记：庚戌年십니월初九닐시필니라，충청남도예산군봉산면사셩니이범익기필젹니라，印记：德山郡内面海宗里章	檀国大学校栗谷图书馆（罗孙文库）[古]873.5-나 1285 人

续表

书名	出版事项	版式状况	一般事项	所藏处/所藏番号
삼국풍진산양대전	刊写地，刊写者，刊写年未详	1册(30页，落页)，笔写本，27×18cm，无界，14行字数不定	一名：山阳大战	檀国大学校栗谷纪念图书馆古873.5-삼338
华容道	龟洞，刊写者未详，丁未(1907)刊	2卷1册，朝鲜木版本，25.7×18cm，四周单边，半郭：21×15.5cm，有界，11行20字，注双行，上下向黑鱼尾	华容道传	檀国大学校栗谷纪念图书馆［古］853.5-화768구
	乙卯年笔写	1册，朝鲜笔写本	35mmR[Posi]，97f	(金东旭)R35P-000045-2
	隆熙二年(1908)写	1册(上，下)，朝鲜笔写本	35mmR[Posi]，71f	(金东旭)R35P-000045-1
	译写者未详，完山，梁册房，戊申年笔写	2卷1册，木版本，28×19cm，四周单边，半郭：21.5×16cm，无界，13行23字，上下内向黑鱼尾	异题：당양잠판교적벽대전，版心题：화룡도，奇게妙法可见○放赤壁战，刊记：戊申八月完山梁册房开刊	檀国大学校栗谷图书馆古853.5-화768匚
	龟洞	1册，韩文木版本，23.4×18.4cm，四周单边，上下黑鱼尾	16mmR[Nega]，85f	韩国学中央研究院R16N-001151-6
	刊写地，刊写者，刊写年未详	1册，木版本，28×19cm，四周单边，半郭：20.7×15.5cm，无界，13行22字，上下内向黑鱼尾		京畿大学校京畿-k103664
		2卷1册(卷1-2)，笔写本，27.9×19.5cm，无界，12行字数不定，无鱼尾		京畿大学校京畿-k112109
		1册(84页)，木版本，四周单边，半郭：21×16.5cm，有界，12行23字，上下黑鱼尾		延世大学校811.36
		不分卷1册，汉文笔写本，28×17.7cm		国立中央图书馆［한］48-209
三国志华容道	陈寿(晋)传，朝鲜朝后期写	2卷1册，笔写本，30×20.6cm，12行字数不定	内容：韩文笔写本	雅丹文库813.5-삼16

书名	出版事项	版式状况	一般事项	所藏处/所藏番号
华容道传	庚子年笔写	1册，朝鲜笔写本	35mmR[Posi]，34f	（金东旭）R35P-000044-11
华龙道传	译写者，刊写地，刊写者，刊写年未详	1册（32页），笔写本，31×19.5cm，无界，10行字数不定		檀国大学校栗谷图书馆（罗孙文库）[古]853.5-화7687
华龙道	1909年（推定）笔写	1册，笔写本，25.5×21.8cm，墨书，纸质：楮纸	刊记：大韩隆熙三年乙酉(1909)阴二月初四日卒篇下三正晕	韩国寺刹文化财金海银河寺，451
화용도（华容道）	译写者未详，光武五年（1901）书	1卷1册，笔写本，29.5×21cm，10行，字数不定，纸质：楮纸	写记：신축(1901)양월망일필셔……풍졍，丙戌年七月二十四日俞奇浚书	成均馆大学校D7B-69a
	译写者未详，龟洞，隆熙元年（1907）刊	2卷2册，朝鲜木版本，28×20.5cm，四周单边，半郭：21.5×16cm，有界，11行20字，内向黑鱼尾，纸质：楮纸	刊记：丁未(1907)孟夏龟洞新刊	成均馆大学校D7B-69
	刊行地，刊行者不明，戊申（1908?）刊	2卷1册，朝鲜木版本，27×18.5cm，四周单边，半郭：21.5×15cm，无界，12行23字，纸质：楮纸	刊记：戊申(1908?)春完西溪新刊	忠南大学校鹤山古书集、小说类2018
		1册，坊刻本	旧活字本小说	鲜文大 朴在渊
화룡도（华容道）	译写者未详，光武八年（1904）写	1册（29页），朝鲜笔写本，22×20.5cm，13行字数不定，纸质：楮纸	写记：光武八年甲辰(1904)三月初八日	诚庵文库赵炳舜4-1402
	译写者未详，1907年刊	2卷1册，朝鲜木版本，26×18.7cm，四周单边，半郭：21.2×15.6cm，行字数不定，内向1，2叶花纹鱼尾，纸质：楮纸	表题：三国志演义，版心题：화룡도，刊记：丁未(1907)孟秋 龟洞新刊	韩国综合典籍目录（山气文库）李谦鲁4-736

续表

书名	出版事项	版式状况	一般事项	所藏处/所藏番号
화룡도 (华容道)	译写者，刊写地，刊写者未详，隆熙二年(1908)刊	2 卷 1 册，朝鲜笔写本，31.7×17.2cm，无界，10 行 32 字	刊记：隆熙二年戊申(1908)仲冬，访仙新刊	檀国大学校栗谷图书馆(罗孙文库)[古]853.5-화7681
		1 册(46 页)，朝鲜笔写本，25.7×26cm，无界，17 行 24 字	表题：华容道	檀国大学校栗谷图书馆(罗孙文库)[古]853.5-화7683
		1 册，朝鲜笔写本	35mmR[Posi]，47f	(金东旭)R35P-000044-9
	译写者未详，龟洞，隆熙二年(1908)刊	2 卷 1 册，木版本，26.5×17.6cm，四周单边，半郭：21.6×15.6cm，无界，11 行 20 字，上下内向黑鱼尾	标题：华容道，刊记：丁未(1907)孟秋龟洞新刊	檀国大学校栗谷图书馆(罗孙文库)[古]853.5-화7686
	全州，完山：梁册房，隆熙二年(1908)刊	2 卷 1 册，木版本，27×18.5cm，四周单边，半郭：21.5×15.1cm，无界，12 行 22 字内外，上下内向黑鱼尾	朝鲜本，表题：华容道，刊记：戊申(1908)八月完山梁册房开刊	西江大学校古书화 236
	卓钟佶，1911 年刊	2 卷 1 册，木版本，27×19cm，四周单边，半郭：21.4×15.5cm，11 行不定字，内向黑鱼尾，纸质：楮纸	版心题：화룡도，刊记：春完西溪新刊，明治四十四年(1911)八月二十二日发行	韩国综合典籍目录(山气文库)李谦鲁4-738
	卓钟佶，全州，1911 年刊	不分卷 1 册，木版本，26.9×19cm，四周单边，半郭：21.2×15.8cm，无界，12 行 22 字，内向黑鱼尾	表纸书名：华容道	国立中央图书馆[한]48-30-2
	刊写事项不明	1 册，木版本，26.3×18cm，四周单边，半郭：21.6×15.5cm，无界，12 行 23 字，上下内向黑鱼尾	版心题：화룡도	庆北大学校[古]811.31화 236

书名	出版事项	版式状况	一般事项	所藏处/所藏番号
화룡도（华容道）	译写者未详，西溪，20 世纪初刊	上下，2 卷 1 册，石印本，26.7×18.7cm，四周单边，半郭：21.8×15.5cm，12 行 20-24 字，内向黑或 1，2 叶花纹鱼尾，纸质：楮纸	表题：华容道，刊记仲春完西溪新刊	诚庵文库赵炳舜 4-1401
	译写者未详，朝鲜朝末（1900 左右）刊	2 卷 1 册，朝鲜木版本，26.4×18.6cm，四周单边，半郭：26×16.2cm，12 行 22 字，内向黑鱼尾，纸质：楮纸	内容：中国小说，备考：后部若干页落	（山气文库）李谦鲁 4-737
		2 卷 1 册，朝鲜木版本，26.7×19.2cm，四周单边，半郭：21.5×16.4cm，11 行 20 字，内向黑一叶花纹鱼尾，纸质：楮纸	内容：中国小说，备考：初页，尾 2 页落，合缀华容道卷上下合本，韩文小说别本	（山气文库）李谦鲁 4-739
	译写者未详，全州龟洞，丁未年刊	2 卷 1 册，朝鲜木版本，25.8×18.5cm，四周单边，半郭：21.3×15.8cm，无界，11 行 21 字，内向黑鱼尾		启明大学校 이 811.35
	译写者未详，朝鲜朝后期刊	上下，2 卷 1 册（83 页），朝鲜木版本，27×18.6cm，四周单边，半郭：21.7×16.3cm，上黑鱼尾，纸质：楮纸	表题：华容道，版心题：화룡도	韩国综合典籍目录（尚熊文库）4-188
		2 卷 1 册（卷 1-2），朝鲜木版本，25.7×18.7cm，四周单边，半郭：20.3×15.7cm，有界，12 行字数不定，内向黑鱼尾，纸质：楮纸	表题：华容道	韩国综合典籍目录（诚庵文库）赵炳舜 4-1400
		2 卷 1 册（卷 1-2），木版本，25.7×18.7cm，四周单边，半郭：20.3×15.7cm，有界，12 行字数不定，内向黑鱼尾，纸质：楮纸	表题：华容道	诚庵文库 4-1400
		2 卷 1 册，朝鲜木版本，25.9×18.1cm，四周单边，半郭：21.5×15.6cm，11 行字数不定，纸质：楮纸	备考：下卷末缺页	忠清南道 唐津郡 宋基华

续表

书名	出版事项	版式状况	一般事项	所藏处/所藏番号
화룡도 (华容道)	译写者，刊写地，刊写者未详，丁未(？)写	1册(22页)，朝鲜笔写本，25.8×17.4cm，无界，12行字数不定	表题：华容道，表纸：丁未(？)正月……印记：崔燉浩	檀国大学校栗谷纪念图书馆[古]853.5-화768 고
	完山，梁册房，戊申刊	1册，韩文木版本，27.2×18.7cm，四周单边，上下黑鱼尾	16mmR[Nega]，88f	韩国学中央研究院 R16N-001151-10
	完西溪，戊申刊	1册，韩文木版本，27.5×18.4cm，四周单边，上下黑鱼尾	16mmR[Nega]，87f	韩国学中央研究院 R16N-001151-5
	乙卯刊	1册，朝鲜笔写本，34×20.8cm	16mmR[Nega]，40f	韩国学中央研究院 R16N-001151-4
	丁未孟秋龟洞新刊	1册(同书2部)，朝鲜木版本，半郭：21.8×15.6cm，12行字数不定，内向黑鱼尾	刊记：丁未孟秋龟洞新刊，印记：白淳在藏书	雅丹文库813.5-화295
	○○春完西溪新刊	2卷1册，朝鲜木版本，半郭：21.4×15.8cm，12行字数不定，内向黑鱼尾	刊记：○○春完西溪新刊	雅丹文库813.5-화295
	译写者，刊写地，刊写年未详	2卷1册，朝鲜木版本，25.8×18cm，四周单边，半郭：21.3×15.2cm，无界，12行22字，上下内向黑鱼尾		檀国大学校栗谷纪念图书馆(罗孙文库)[古]853.5-화768
		2卷1册，木版本，25.8×18.5cm，四周单边，半郭：22×16.2cm，无界，12行22字，上下内向黑鱼尾		檀国大学校栗谷纪念图书馆[古]853.5-화768 ㄱ
		2卷1册，木版本，26.5×18.5cm，四周单边，半郭：21.3×16.2cm，无界，11行20字，上下内向黑鱼尾	表题：华容道，刊记：春完西溪新刊	檀国大学校栗谷纪念图书馆[古]853.5-화768 거

续表

书名	出版事项	版式状况	一般事项	所藏处/所藏番号
화룡도 (华容道)	译写者，刊写地，刊写年未详	2 卷 1 册，笔写本，25.9×18.6cm，四周单边，半郭：20.8×15.8cm，无界，13 行 22 字，上下内向黑鱼尾		檀国大学校栗谷纪念图书馆［古］853.5-화 768 가
		1 册（79 页），笔写本，31×18.2cm，无界，12 行 31 字		檀国大学校栗谷纪念图书馆［古］853.5-화 768 갸
		1 册(39 页)，笔写本，32×21cm，无界，12 行字数不定		檀国大学校栗谷纪念图书馆［古］853.5-화 768
		2 卷 1 册(49 页)，笔写本，29×19.5cm，无界，12 行字数不定		檀国大学校栗谷纪念图书馆［古］853.5-화 768 갼
		2 卷 1 册(落页)，木版本，27.2×18.5cm，四周单边，半郭：21.2×15.9cm，无界，12 行字数不定，上下内向黑鱼尾	表题：华容道	檀国大学校栗谷图书馆（罗孙文库）［古］853.5-화 7682
		2 卷 1 册(卷 1-2)，笔写本，22.9×16.8cm，无界，10 行字数不定，注双行，无鱼尾		京畿大学校京畿-k119876
		朝鲜笔写本，62 页，32.6×21.1cm，半叶行字数不定	笔写记：게츅남월일슈의	崇实大学校0702
		2 卷 1 册，木版本，半郭：21×15.5cm，13 行字数不定，内向黑鱼尾		雅丹文库813.5-화 295
		2 卷 1 册，木版本，半郭：21.5×15.2cm，11 行 20 字，内向黑鱼尾		雅丹文库813.5-화 295

续表

书名	出版事项	版式状况	一般事项	所藏处/所藏番号
화룡도（华容道）	译写者，刊写地，刊写年未详	2卷1册，木版本，半郭：21.9×15.9cm，10行20字，内向混叶鱼尾		雅丹文库813.5-화295
		2卷1册（同书4部），木版本，半郭：20.7×15.8cm，12行22字，内向黑鱼尾		雅丹文库813.5-화295
		1册，木版本，26×18cm，四周单边，半郭：21×16cm，无界，13行22字，上下向黑鱼尾	书名：表纸题名	淑明女子大学校
		全1册（90页），笔写本，31.8×21cm		韩国学中央研究院 D7B-41D
		全上下卷1册，木版本，26×18.2cm，四周单边，半郭：20.7×15.7cm，13行，字数不定，上下黑鱼尾		韩国学中央研究院 D7B-41E
		1册，朝鲜笔写本，31.8×21cm	16mmR［Nega］，91f	韩国学中央研究院 R16N-001151-9
		1册，韩文木版本，26.3×18.5cm，四周单边，上下黑鱼尾	16mmR［Nega］，83f	韩国学中央研究院 R16N-001151-7
		1册，韩文木版本，25.8×18.2cm，四周单边，上下黑鱼尾	16mmR［Nega］，83f	韩国学中央研究院 R16N-001151-8
		2卷1册，木版本，四周单边，匡郭：22×16.5cm，无界，12行20字，上下黑鱼尾		延世大学校811.36
		1册，朝鲜笔写本，29.1×21.8cm	16mmR［Posi］，66f	赵东一 R16N-000504-5
		21卷1册，木版本，24.9×18.2cm，四周单边，21.5×16cm，11行字数不定，内向1-2叶花纹或黑鱼尾		高丽大学校C15-A119

续表

书名	出版事项	版式状况	一般事项	所藏处/所藏番号
화룡도 (华容道)	译著者，刊写地，刊写年未详	2 卷 1 册，韩文木版本，27×18.5cm，四周单边，半郭：20.6×15.5cm，12 行 22 字，上下内向黑鱼尾（一部纹鱼尾混入）	순韩文本	国立清州博物馆
		1 卷 1 册，笔写本，18×30cm		忠北 阴城郡 신영훼
	编著者未详，西溪，隆熙二年（1908）刊	上下，2 卷 1 册，木版本，27×18.3cm，四周单边，半郭：21.2×15.5cm，11 行字数不定，内向黑鱼尾，纸质：楮纸	表纸下墨书识记：明治四十三年，刊记：戊申（1908）春完西溪新刊，同书 2 部	韩国综合典籍目录（诚庵文库）赵炳舜4-1399
화룡도젼 (华容道)	刊写地，刊写者，刊写年未详	2 卷 1 册，笔写本，半郭：33.5×21.2cm，12 行字数不定		雅丹文库813.5-화 295
화룡도 华容道	译著者未详，完西溪，隆熙二年（1908）刊	全上下卷 1 册，木版本，27.5×18.4cm，四周单边，半郭：21.7×16.1cm，11 行字数不定，上下黑鱼尾	刊记：戊申（1908）春完西溪新刊	韩国学中央研究院 D7B-41B
	译著者未详，完山，梁册房，隆熙二年戊申（1908）八月完山梁册房开刊	全上下卷 1 册，木版本，27.2×18.7cm，四周单边，半郭：21×16.1cm，11 行，字数不定，上下黑鱼尾	刊记：戊申（1908）八月完山梁册房开刊	韩国学中央研究院 D7B-41
	译著者未详，刊年未详	全上下卷 1 册，木版本，25.8×18.2cm，四周单边，半郭：21×16.2cm，11 行，字数不定，上下黑鱼尾		韩国学中央研究院 D7B-41A
		1 册		天安美都博物馆
화용도실긔	朴健会编辑	1 册 16 回，旧活字本	别名：华容道实记	鲜文大学校 朴在渊
三国风尘华容道实记	朴健会编辑，1910以后刊	1 册，新铅活字本，21.8×15cm，无界，13 行 35 字，纸质：洋纸		釜山广域市 金戊祚

续表

书名	出版事项	版式状况	一般事项	所藏处/所藏番号
五虎大将记	译著者，刊写地，刊写年未详	2 卷 1 册(48 页)，笔写本，29.8×24cm，无界，12 行 23 字		檀国大学校栗谷纪念图书馆(罗孙文库) ［古］853.5-이 894
죠자룡젼赵子龙传	刊写地，刊写者，刊写年未详	1 册，笔写本，23.2×15.6cm	韩文本，书名系据表纸书名确定	岭南大学校［古南］813.5 죠자룡

1-2. 后三国演义

书名	出版事项	版式状况	一般事项	所藏处/所藏番号
绣像后三国志演义	上海，锦章图书局，乙亥(1875)刊	10 卷 8 册(卷 1-10)，中国石印本，有图，20.5cm，四周双边，半郭：17.5×12cm，无界，28 行 58 字，上下向黑鱼尾	内容：册 1-6(6 卷 6 册)东晋，册 7-8(4 卷 2 册)西晋	庆熙大学校812.33-亭 52

1-3. 后三国石珠演义

书名	出版事项	版式状况	一般事项	所藏处/所藏番号
后三国石珠演义	梅溪遇安氏(清)著，武林大成斋发兑，清刊本	不分卷 1 匣 4 册，中国木版本，14.4×23cm，上下单边，左右双边，半郭：14.4×22.9cm，无界，10 行 22 字，白口黑鱼尾上	表纸书名：三国后传，版心书名：后三国演义	涧松文库
	梅溪遇安氏(清)著，刊年未详	6 册，中国木版本，22.9×14.2cm	表题纸书名：三国后传，序：庚申(?)……澹园主人，版心书名：后三国演义	国立中央图书馆［古]5-80-43
后三国石珠演义	刊年未详	34 卷 4 册，中国石印本，24.2×15.1cm	版心题：后三国演义，表题：三国后传	岭南大学校 古凡 823-삼국

2. 水浒传（结水浒传，后水浒志，续水浒志，水浒后传）

《水浒传》的作者问题和版本问题较为复杂，需要适当加以说明。

其一，《水浒传》的作者问题。一般认为，施耐庵是《水浒传》的作者，元末明初钱塘（今浙江杭州）人。其主要依据是明嘉靖（1522—1566）间人高儒的《百川书志》："《忠义水浒传》一百卷，钱塘施耐庵的本，罗贯中编次。"罗贯中是施耐庵的合作者，他是元末明初人，这间接证明了施耐庵的生活年代。此外，胡应麟也有《水浒传》的作者是"武林施某"的说法。武林即钱塘。在通行的说法之外，还有两种非主流的观点：一是断言"施耐庵实无其人"，"极可能就是郭勋门下御用文人的托名"（戴不凡《疑施耐庵即郭勋》，收入《小说见闻录》，浙江人民出版社1980年版），或认为"施耐庵只是《水浒》繁本作者的托名"（张国光《鲁迅的"施耐庵"为繁本〈水浒〉作者之托名说无可置疑——兼析关于施耐庵的墓志、家谱、诗文、传说之俱难征信》，见《水浒争鸣》第一辑，长江文艺出版社1982年版）。二是断言施耐庵是江苏兴化或大丰人施彦端，如刘冬、黄清江的《施耐庵与水浒传》（《文艺报》1952年第21号）和丁正华、苏从麟的《施耐庵生平调查报告》（《文艺报》1952年第21号），他们所依据的"新材料"的真伪尚存争议。

其二，《水浒传》的版本问题。通行的繁本《水浒传》，以其回目的多少划分，主要有百回本、百二十回本和七十回本。其主要区别是，七十回本（即金圣叹评改本）的故事至"梁山泊英雄大聚义"结束，无招安以后的情节；百回本除了包含七十回本的所有故事外，还有受招安、征辽、征方腊的情节；百二十回本除了包含百回本的所有故事外，还有征田虎、征王庆的情节。这三种版本中，百回本较为接近《水浒传》原著的面貌；至于征辽情节是否为原本所有，学术界存在较大争议。相当一部分学者认为是后人所加，理由是：在征辽这样一场大战中，梁山好汉无一阵亡，顶多只是受了一点伤。这样，加入的这个情节才不会和后面的内容相矛盾。这表明，征辽是后人所加。除回目的多少之别外，《水浒传》因其描写的详略之异又分为繁本和简本。主要繁本有：

（1）《水浒传》一百卷，明万历己丑刊印，有天都外臣序。

（2）《李卓吾先生批评忠义水浒传》一百卷，明万历三十八（1610）年容与堂刊，有李贽序。

（3）《钟伯敬先生批评忠义水浒传》一百卷，明末四知馆刊，有钟惺序。

（4）《忠义水浒传》一百回，明末刻本，大涤余人识。

（5）《出像评点忠义水浒全传》一百二十回，明万历间袁无涯刊，有李贽序、杨定见小引。

（6）《第五才子书施耐庵水浒传》七十回，明崇祯旧刊贯华堂本，金圣叹删定。

主要简本有：

（1）《水浒传》二十卷，一百一十回，明末雄飞馆刊（与《三国演义》合刻，题《英雄谱》），有"熊飞弁言"。

（2）《忠义水浒传》十卷，一百一十五回，清初金陵德聚堂刊（与《三国演义》合刻，题《英雄谱》、《汉宋奇书》）。

（3）《第五才子书》一百二十四回，清大道堂刊，陈枚简侯序（后附雁宕山樵《水浒后传》）。

简本和繁本的区别，不在于回目的多少，而在于描写的详略、文词的繁简。繁本和简本孰先孰后，学术界存在两种看法，或以为简本在前，繁本在后，如鲁迅《中国小说史略》第十五篇《元明传来之讲史·下》；但一般认为繁本在前，简本在后，删繁就简，乃是书商为了减少成本而采取的偷工减料的方式。

其三，《水浒传》的成书年代问题。《水浒传》的成书时间也是一个众说纷纭的话题。在通行的"产生于元末明初"这一说法之外，主要还有两种意见：第一种，产生于元代。如程毅中认为："元代的水浒故事，大致相当于删除了征辽部分的一百回本。"(程毅中：《宋元小说研究》，江苏古籍出版社 1998 年版)第二种，《水浒传》成书于明嘉靖初年。如佘大平说："关于《水浒传》成书问世的时间问题，长期以来意见分歧较大。我倾向于这样一种意见：《水浒传》可能成书于明嘉靖(1522—1566)初。"(佘大平：《忠义水浒论》，陕西旅游出版社1992 年版)对这一问题的讨论，还有继续深入的必要。近年来石昌渝就此发表了多篇论文。

《水浒传》传入朝鲜后亦受读者的喜爱，因此除中文原文以外，还出现了朝鲜坊刻本、抄本及翻译本。但《水浒传》的版本中没有官刻本，都是私刻本，而且都是翻译出版本。

《水浒传》原是用白话文写成的小说，当时大多数的韩国学者或文人，对文言文比较熟悉，对白话文不太精通，因此朝鲜显宗十年(1669)，为读《水浒传》与《西游记》而出版了《水浒传语录》与《西游记语录》。现存的版本有坊刻本两种，均为翻译本，不是汉字原文本。

京版本：二册，庚申(1860 或 1920)。

安城本：三册(卷 1-20 页，卷 2-20 页，卷 3-21 页本)，现为金东旭所藏。①

上记两个版本的出版年月都不太清楚，可大概推定为是朝鲜末期的版本。但翻译笔写本早就广泛流传，且为数不少。

《水浒后传》，康熙甲辰(1664)刊本题"古宋遗民著"、"雁荡山樵评"。凡八卷四十回。作者陈忱(？1613—？)，字遐心，号古宋遗民、雁荡山樵(或作雁宕山樵)，又号樵余，乌程(今浙江吴兴南浔)人。入清后以遗民自居，曾参与顾炎武等组织的惊隐诗社。陈田《明诗纪事》收有其诗。《水浒后传》叙梁山英雄失败、宋江等既死之后，三十二位流落江湖的好汉不堪压迫重举义旗，先后建立登云山、饮马川和金鳌岛三个根据地，最后在金鳌岛汇合，以李俊为首领，远走海外，建国称王，众兄弟成婚，以团圆作结。全书内容以宋亡为界，宋亡之前主要表现国内矛盾，宋亡之后主要表现民族矛盾。小说对金兵南侵及其南侵暴行深表愤慨，突出描写李俊等人对宋室安危的关心，其中隐含着作者对明王朝的眷念。李俊对宋室之忠与宋江对朝廷之忠是一脉相承的，《水浒后传》所表达的民族感情显然继承了《水浒传》征辽故事的余绪。京剧《打渔杀家》取材于此书。

《后水浒传》，清乾隆间素政堂刊本题"青莲室主人辑"，首有序，尾署"彩虹桥上客题于天花藏"。凡十卷四十五回。青莲室主人，生平不详。《后水浒传》以梁山英雄的悲剧结局为起点，写含冤而死的诸梁山英雄于南宋初年托生为杨幺(前身宋江)、王摩(前身卢俊义)、何能(前生吴用)等三十六人，在湖南洞庭湖君山起义，与奸官黄潜善等斗争，所向无敌，后被岳飞平定。以杨幺等人从地道隐去，重归伏魔殿石窟，三十六天罡、七十二地煞"相逢于穴中，化成黑气，凝结成团"作结。《后水浒传》对反对招安这一意图作了浓墨重彩的渲染。

---

① 金东旭：《对坊刻本研究》，《古小说的著作与传播》，韩国亚细亚文化社 1995 年版，第 265 页。

《荡寇志》，又名《结水浒全传》。共七十回，结子一回。始撰于道光六年(1826)，至道光二十七年(1847)，三易其稿，终告完成。咸丰三年(1853)镌刻行世。另有咸丰七年(1857)重刊本、民国三年(1914)上海天宝书局石印本等。俞万春撰。俞万春(1794—1849)，字仲华，号忽来道人，山阴(今浙江绍兴)人。布衣终身，曾随父至广东任所，协助镇压傜民之变，返浙后，在浙江一带行医。有《医学辨症》、《火器考》等。《荡寇志》继七十回本《水浒传》之后，写退职管营提辖陈希真之女陈丽卿，被高衙内威逼求婚，父女潜逃出京，投奔亲戚刘广，暂时在猿臂寨"落草"；陈丽卿联络官军和地方武装，企图战胜梁山，以此向朝廷赎罪，后经刘的姻亲官军将领云天彪荐引，被朝廷录用，随同张叔夜"荡平"梁山，将水泊人物一一擒杀。其立场与《后水浒传》迥异。俞万春这一写作立场，既非前无古人，又非后无来者，而是可以引起诸多古代文化人的共鸣。在俞万春之前，明末金圣叹曾对《水浒传》作过一次大的删改，即将"梁山泊英雄大聚义"之后的所有情节一股脑删去，而以卢俊义梦一百零八条好汉全数被捕获处斩作结。金圣叹对他所增加的卢俊义一梦颇为得意，在回前总评中评道："聚一百八人于水泊，而其书以终，不可以训矣。忽然幻出卢俊义一梦，意盖引张叔夜收讨之一案，以为卒篇也。呜呼！古之君子，未有不小心恭慎而其书得传者也。吾观水浒洋洋数十万言，而必以天下太平四字终之，其意可以见矣。后世乃复削去此节，盛夸招安，务令罪归朝廷而功归强盗，甚且至于哀然以忠义二字而冠其端，抑何其好犯上作乱，至于如是之甚也哉！"平定梁山而天下太平，金圣叹所确立的这一写作立场也正是俞万春的写作立场。在俞万春之后，半月老人《续刻荡寇志序》曰："《荡寇志》一书，由七十一回起，直接《水浒》，名之曰《结水浒传》，以著《水浒》中之一百单八英雄，到结束处，无一能逃斧钺。俾世人之敢于跳梁，藉《水浒》为词者，知忠义之不可伪托，而盗贼之终不可为，其有功于世道人心为不小也。"对俞万春的写作立场倍加赞许。俞万春的写作立场既与所处时代民变的刺激有关，也是金圣叹等代表的社会理念的发展延续。

2-1. 水浒传

书名	出版事项	版式状况	一般事项	所藏处/所藏番号
贯华堂第五才子书	施耐庵(明)撰，金圣叹(清)评释	20卷20册，中国木版本，有图(图像40页)，24×15.9cm，四周单边，半郭：20.7×13.7cm，无界，11行23字，注双行，上下向黑鱼尾	卷首：五才子水浒序：顺治丁酉(1657)冬月桐庵老人书，王望如先生评论出像水浒传总论，评论出像水浒传姓氏序：崇祯十四年(1641)，宋史纲，宋史目，楔子，目录，标题纸：贯华堂第五才子书　施耐庵先生原本　圣叹外书，版心题：五才子奇书，表纸书名：水浒传	岭南大学校(陶南文库)[古丘]823.5시내암□

书名	出版事项	版式状况	一般事项	所藏处/所藏番号
评论出像水浒传	金圣叹（清）评，清顺治二年（1645）序	19卷19册（卷18，1册缺），中国木版本，有图，24.3×16.1cm，四周单边，半郭：21.6×14cm，有界，11行24字，注双行，上黑鱼尾，纸质：绵纸	表题：水浒传，里题：绣像第五才子书，版心题：五才子奇书，序：顺治丁酉（1645）冬月桐庵老人书于醉耕堂墨室	韩国综合典籍目录（诚庵文库）赵炳舜4-1438
		19卷19册（卷18，1册缺），中国木版本，有图，24.3×16.1cm，四周单边，半郭：21.6×14cm，有界，11行24字，注双行，上黑鱼尾，纸质：绵纸	表题：水浒传，里题：绣像第五才子书，版心题：五才子奇书，序：顺治丁酉（1657）冬月桐庵老人书于醉耕堂墨室	诚庵文库4-1438
	施耐庵（明）著，清刊本，顺治十四年1657）序	20卷20册（卷1-20），中国木版本，26.1×16.4cm，四周双边，半郭：22.2×14cm，无界，11行24字，上黑鱼尾	序：顺治丁酉（1657）……桐庵老人	启明大学校 이 812.35-수호지
		20卷20册，中国木版本，有图，24.2×16.5cm，上下单边，左右双边，半郭：21×15cm，无界，11行24字，注双行，上下向黑鱼尾，纸质：竹纸	表题：水浒志，板首题：五才子奇书，标题：绣像第五才子书，序：顺治丁酉（1657）冬月桐庵老人书于醉耕堂墨室	清州大学校
	施耐庵（明）著，刊写者未详，顺治十四年（1657）序	20卷20册，中国木版本，25×15.9cm，四周单边，半郭：21.5×14.6cm，无界，11行23字，上黑鱼尾，纸质：绵纸	表题：水浒传，版心题：五才子奇书，里题：绣像第五才子书，序：顺治丁酉（1657）冬月桐庵老人书于醉耕堂墨室，印：小山田，李王家图书之章	韩国学中央研究院4-245
		20册，中国木版本，有图，24×17cm，四周单边，半郭：21×15cm，有界，11行24字，注双行，花口上下向黑鱼尾	表题：水浒志，版心题：五才子奇书，序：顺治丁酉（1657）冬月桐庵老人书于醉耕堂墨室	淑明女子大学校

书名	出版事项	版式状况	一般事项	所藏处/所藏番号
评论出像水浒传	施耐庵（明）撰，金圣叹（清）评，顺治十四年（1657）序	20卷20册，中国木版本，有图，24.2×16.3cm		高丽大学校（华山文库）C14-B4
		20卷20册，中国木版本，有图，24.2×16cm		高丽大学校（华山文库）C14-B4C
	施耐庵（明）著，王望如（清）评，顺治十四年（1657）序，后刷	20卷20册，中国木版本，有图，24.6×16cm，四周单边，半郭：22×14.1cm，无界，11行24字，注双行，上黑鱼尾，纸质：绵纸	表题：水浒传，版心题：五才子奇书，序：顺治丁酉（1657）冬月桐庵老人书于醉耕堂墨室，印：小山田，李王家图书之章	韩国学中央研究院 4-246
	施耐庵（明）著，金圣叹（清）评释，清顺治十四年（1657）序，后刷	20卷20册（卷8，13缺），中国木版本，有图，24.6×16.6cm，四周单边，半郭：22.1×14.2cm，无界，11行24字，注双行，上下向黑鱼尾，纸质：竹纸	版心题：五才子奇书，序：顺治丁酉（1657）冬月桐庵老人书于醉耕堂墨室	釜山女子大学校 伽倻文化研究所
	王望如（清）评，1657年桐庵老人序	20卷20册，中国木版本，有图（40），24×16cm，四周单边，半郭：20.5×14cm，无界，11行24字，上下向黑鱼尾	版心题：五才子奇书，表纸里面：圣叹外书施耐庵先生原本贯华堂第五才子书，卷首序：顺治丁酉（1657）冬月桐庵老人，王望如先生评论出像水浒传总论，评论出像水浒传姓氏	奎章阁[奎古]156
	施耐庵（明）撰，金圣叹（清）评释，刊写地，刊写者未详，清朝末刊	18册，中国木版本，有图，21.4×14.2cm，四周单边，半郭：24.6×15.8cm，无界，11行24字，上黑鱼尾，纸质：竹纸	表题：水浒志，版心题：五才子奇书	全南大学校 3Q-罟 235 人-v.1-4,6-8,10-20
	施耐庵（明）撰，金圣叹（清）订正，清朝末期刊	20卷20册，中国木版本，有图，24.3×16.8cm，四周单边，半郭：21.2×14.2cm，无界，11行24字，上下向黑鱼尾，纸质：竹纸	表题：水浒传，同书二部	忠南大学校 集1253

书名	出版事项	版式状况	一般事项	所藏处/所藏番号
评论出像水浒传	施耐庵（明）撰，金圣叹（清）订正，清朝末期刊	20卷20册，中国木版本，有图，23.8×15.7cm，四周单边，半郭20.5×14cm，无界，11行24字，上黑鱼尾，纸质：竹纸	里题：贯华堂第五才子书，序：时顺治丁酉(1657)冬月桐庵老人书于醉耕堂墨室	成均馆大学校D7C-61
		20卷20册，中国木版本，有图，24×16.4cm，四周单边，半郭21.5×14.3cm，无界，11行24字，注双行，上黑鱼尾，纸质：竹纸	里题：绣像第五才子书，版心题：五才子奇书，序：时顺治丁酉(1657)冬月桐庵老人书于醉耕堂墨室	成均馆大学校D7C-61a
	施耐庵（明）著，金圣叹（清）订正，刊写地，刊写年未详	20卷20册(卷1-20)，中国木版本，有图，24.3×16.8cm，四周单边，半郭：21.2×14.2cm，无界，11行24字，上下向黑鱼尾，纸质：竹纸	表题：水浒传，版心题：五才子奇书	庆熙大学校812.33-시193ㅅ，812.3-시193ㅍ
		19卷19册(卷2-20)，中国木版本，18.9×15.8cm，四周单边，半郭：20.7×14.1cm，无界，11行24字，注双行，上下向黑鱼尾，纸质：竹纸	表题：水浒传，版心题：五才子奇书	忠南大学校集1255
		20卷20册(卷1-20)，中国木版本，24.5×16cm，四周单边，半郭：22×14.5cm，无界，11行24字，注双行，上黑鱼尾，纸质：竹纸	版心题：五才子书，表题：水浒志，序：顺治丁酉(1657)桐庵老人	圆光大学校AN823.5-ㅅ748평
	施耐庵（明）著，金圣叹（清）评释，王望如（清）评论，贯华堂，清代刊	20卷20册，中国木版本，有图，24.8×16.4cm，四周单边，半郭20×14.5cm，无界，11行24字，上下向黑鱼尾，纸质：竹纸	表题：水浒志，序：顺治丁酉(1717)冬月桐庵老人书于醉耕堂墨室，所藏印：桐庵施耐	江陵市 船桥庄

书名	出版事项	版式状况	一般事项	所藏处/所藏番号
评论出像水浒传	施耐庵（明）撰，金圣叹（清）评释，刊写者未详，清代刊	18 册（册 1-4，6-8，10-20，缺帙），中国木版本，有图，24.6×15.8cm，四周单边，半郭：21.4×14.2cm，无界，11 行 24 字，花口，上下向黑鱼尾，纸质：竹纸	表题：水浒志 版心题：五才子奇书	全南大学校 3Q-평 235 ㅅ
		20 卷 18 册，中国木版本，有图，24.4×16.4cm，四周单、双边，半郭：20.1×14.1cm，无界，11 行 24 字，上下向黑鱼尾，纸质：竹纸	版心题：五才子奇书	釜山女子大学校 伽倻文化研究所
	施耐庵（明）原本，清刊本	现存 10 卷 1 匣 10 册（零本），中国木版本，15.9×23.9cm，四周单边，半郭：14×21.1cm，无界，11 行 24 字，细注双行，白口黑鱼尾上	表纸书名：水浒志，版心书名：五才子奇书，序：桐庵老人(1657)	涧松文库
	施耐庵（明）著，刊写地，刊写者，刊写年未详	19 卷 19 册（共 20 册中第 9 册缺），中国木板本，有图，26×16.1cm，四周单边，半郭：21.4×14.2cm，有界，11 行 24 字，注双行，白口，上下向黑鱼尾	楷书，版心题：五才子奇书	韩国国学振兴院（풍산류씨충효당）
		1 卷 1 册（卷 1，缺帙），24.5×16cm，有图，四周单边，半郭：20.8×14.8cm，无界，11 行 24 字，注双行，上下向黑鱼尾	标题：贯华堂第五才子书，表题：水浒志，序：顺治丁酉(1657)冬月桐庵老人书于醉耕堂墨室	东亚大学校（3）：12：2-82
		20 卷 20 册，木版本，有图，26.2×15.5cm，四周单边，半郭：21.5×14cm，无界，11 行 24 字，上下向黑鱼尾	表题：水浒传，版心题：五才子水浒序	庆北大学校 ［古］812.3 시 212 ㅍ
		19 册（卷 1-13，卷 15-20），中国木版本，24.4×16.2cm，四周单边，半郭：21.3×14.2cm，无界，11 行 22 字，注双行，上黑鱼尾，纸质：竹纸		圆光大学校 AN823.5-ㅅ 748 평 ㄱ

书名	出版事项	版式状况	一般事项	所藏处/ 所藏番号
评论出像 水浒传	施耐庵（明）著， 刊写地，刊写者， 刊写年未详	20 卷 20 册（卷 1-20），24.1×15.9cm，有图，四周单边，半郭21.1×14.7cm，无界，11 行 24字，注双行，上下向黑鱼尾	包匣题：水浒志，标题：绣像第五才子书，序：顺治丁酉（1657）冬月桐庵老人书于醉耕堂墨室	东亚大学校（3）：12：2-34
		20 卷 20 册（卷 1-20），木版本，23.8×15.3cm，四周单边，半郭21×14cm，无界，11 行 24 字，上下向黑，无鱼尾	水浒传	庆熙大学校812.33-193ㅅ，812.3-ㅅ193ㅍ
		20 卷 20 册，有图（21 页），24.4×15.8cm，四周单边，半郭：21.7×14.7cm，无界，11 行 22 字，上黑鱼尾	序：顺治丁酉冬月（1657）桐庵老人书	梨花女子大学校［고］812.3ㅅ22ㅍ
		7 卷 7 册（卷 13-19，缺帙），木版本，25.5×15.9cm，四周单边，半郭：21×14.3cm，无界，11 行 24字，注双行，上下向黑鱼尾	表题：水浒志，版心题：五才子奇书	京畿大学校京 畿-k116447-17
		1 卷 1 册（46 页），中国木版本，26.2×17cm，四周单边，半郭：21.5×13.7cm，无界，11 行 24字，花口，上下向黑鱼尾，纸质：中国纸	版心题：五才子奇书	釜山大学校（小讷文库）OFC 3-12 30C
		19 卷 4 册（4 部），中国木版本，有图，25.8×16.3cm，四周单边，半郭：21.7×14.5cm，无界，11行 24 字，花口，上下向黑鱼尾，纸质：中国纸	标题：绣像第五才子书，表题：水浒传，版心题：五才子奇书，序：顺治丁酉（1657）冬月桐庵老人书	釜山大学校（芝田文库）OEC 3-12 30
		10 卷 10 册，中国木版本，有图，24.5×16.5cm，四周单边，半郭：21×15cm，无界，11 行 24 字，白口，上下向黑鱼尾，纸质：中国纸	表题：水浒传，版心题：五才子奇书	釜山大学校（芝田文库）OEC 3-12 30A

书名	出版事项	版式状况	一般事项	所藏处/所藏番号
评论出像水浒传	施耐庵(明)著,刊写地,刊写者,刊写年未详	10卷10册,中国木版本,有图,25.2×15.6cm	序:时顺治丁酉(1657)……桐庵老人,标题纸:施耐庵先生原本	国立中央图书馆[无求斋古]3736-18
		20卷20册,中国木版本,有图,24.3×16cm,四周单边,半郭:21.9×14.3cm,无界,11行24字,上下向黑鱼尾	表题:圣叹外书,版心题:五才子奇书,序:顺治丁酉(1657)……桐庵老人书……	国民大学校[고]823.5시01-2
		20卷20册70回,中国木版本,四周单边,匡郭:21.5×15cm无界,11行24字,上黑鱼尾	版心题:五才子奇书	延世大学校고서중812.38/(绥堂文库)/李源喆文库/韩相億文库
		20卷20册70回,中国木版本(本衙藏板),四周单边,匡郭:21×15cm,无界,11行24字,上黑鱼尾		延世大学校고서중812.38
	施耐庵(明)著,金圣叹(清)评释	20卷20册,中国木版本,有图,25cm,21×14.2cm,四周单边,界线,11行24字,上黑鱼尾	内书名:水浒传,绣像第五才子书,外书名:水浒志,版心题:五才子书,序:时顺治丁酉(1657)冬月,桐庵老人书于醉耕堂墨室,印记:默容室藏	延世大学校812.36/38
	金圣叹(清)评释,刊年未详	1册(第38回,零本),笔写本,28×20.2cm		奎章阁[奎중]2303
	施耐庵(明)撰,金圣叹外书,刊写地,刊写者,刊写年未详	20卷20册(卷1-20),全70卷20册(卷20),70回20册(卷19),中国木版本,24.4×16.5cm,四周单边,半郭:25.7×14cm,无界,11行24字,注双行,上内向黑鱼尾	表纸书名:水浒传,版心书名:五才子奇书,序:时顺治丁酉(1657)冬月桐庵老人书	汉阳大学校812.35-시218ㅍ-v.1-v.18-v.20

书名	出版事项	版式状况	一般事项	所藏处/所藏番号
评论出像水浒传	施耐庵（明）撰，金圣叹（清）评释，刊写地，刊写者，刊写年未详	19 册（第 1 册缺，所藏：册 2-19），中国木版本，24.2×15.5cm，四周单边，半郭：21.2×14cm，无界，11 行 24 字，注双行，上黑鱼尾	表题：水浒传，标题：绣像第五才子书，版心题：五才子奇书	国会图书馆 [古]812.3 ㅅ 479 ㅍ
		20 卷 20 册，中国木版本，25×16cm	标题：绣像第五才书，异名名：水浒志，序：时顺治丁酉（1657）冬月桐庵老人书……	高丽大学校 C14-B4
		20 卷 20 册，中国木版本，有图，23.7×15.8cm	标题：绣像五才子书，异书名：水浒志，序：时顺治丁酉（1657）冬月桐庵老人书于醉耕堂墨室	高丽大学校 C14-B4G
	施耐庵（明）撰，金圣叹（清）评，刊写地，刊写者，刊写年未详	19 卷 19 册（全 20 卷 20 册，卷 2-20），24.4×16.1cm，四周单边，半郭：21.2×14.7cm，无界，11 行 24 字，注双行，上下向黑鱼尾	表题：水浒志	东亚大学校 (3)：12：2-73
	施耐庵（明）著，金圣叹（清）评释，王望如（清）评论	20 卷 20 册，中国木版本，有图，24.2×15.7cm	标题：贯华堂第五才子书，异书名：水浒志，序：顺治丁酉（1657）冬月桐庵老人书于醉耕堂墨室	高丽大学校 C14-B4B
水浒传	顺治十四年（1657）桐庵老人序	20 卷 20 册，中国木版本，有图，24.2×16.3cm	标题纸：圣叹外书，施耐庵先生原本，贯华堂第五才子书，卷首书名：评论出像水浒传，版心书名：五才子奇书，卷首：顺治丁酉（1657）……桐庵老人，五才子水浒，序：王望如先生评论出像水浒传总论	奎章阁 [가람古] 895.13 Su36-v. 1-20

续表

书名	出版事项	版式状况	一般事项	所藏处/所藏番号
水浒传	顺治丁酉（1657）序，醉耕堂刊	20 卷 20 册，木版本		鲜文大学校朴在渊
		1 册，活字本		大邱 Catholic 大学
	施耐庵（明）著，光绪十年（1884）刊	20 册，中国石印本		庆州市立图书馆
		10 册，中国石印本		庆州市立图书馆
	施耐庵（明）撰，金人瑞（清）评释，上海书局光绪二十四年（1898）刊	35 卷，4 册，中国石印本，20×13.5cm	版心书名：五才子奇书，序：施耐庵，刊记：光绪二十四年（1898）春上海书局石印	国立中央图书馆［合계古］373-1
		20 册，中国木版本		李佑成
	罗贯中（明）著 刊写地，刊写者未详，大韩光武六年（1902）刊	3 卷 3 册，木版本，26.5×18.9cm，四周单边，半郭：25×17cm，无界，15 行 22 字，注双行，上下向二叶花纹鱼尾	表题：水浒志，刊记：大韩光武六年（1902）岁在壬寅，印记：兀上，○城世家	檀国大学校栗谷图书馆（罗孙文库）［古］873.5-나 1282 사
	芥子园山房藏板	上函（下函缺），27 卷 10 册，袖珍本		鲜文大学校朴在渊
	芥子园山房梓	上函（下函缺），37 卷 10 册，袖珍本		鲜文大学校朴在渊
	金圣叹（清）评释，清版本	10 册（零本，卷 38-75），中国木版本，18×11.4cm	卷头书名：第五才子书……冠称：第五才子书……	奎章阁［古］895.13-u36jYg-v.11-20
	刊写地，刊写者，刊写年未详，清版本	1 卷 1 册（卷 12，缺帙）		京畿大学校京畿-k122880

书名	出版事项	版式状况	一般事项	所藏处/所藏番号
水浒传	施耐庵（明）著，刊写地，刊写者，刊写年未详	不分卷 15 册，笔写本，24.5×15.4cm	表题：水泊聚义	国立中央图书馆［한］48-166
		下函，9 册（卷 42-75 存），袖珍本	又名第五才子书	鲜文大学校朴在渊
		下函，10 卷 10 册（卷 11-20 存），木版本		鲜文大学校朴在渊
忠义水浒传	施耐庵（明）著，清代刊	19 卷 19 册（卷 2-20），中国木版本，25×15.7cm，四周单边，半郭：21.1×14.3cm，无界，10 行 22 字，头注，上下向黑鱼尾，纸质：竹纸	表题：水浒传，所藏印：赵锡命章	清州大学校
	施耐庵（明）著，刊行地，刊行者不明	1 册，中国木版本，25.5×16.5cm，四周单边，半郭：21×14cm，无界，10 行 22 字，下向黑鱼尾，纸质：竹纸	表题：撍神谱，版心题：水浒传，备考：里纸撍神谱	忠南大学校学山古书集·小说类 2029
水浒志	施耐庵（明）著，顺治丁酉（1657）序	20 册，中国木版本，23×16cm，四周单边，半郭：20.2×14.1cm，11 行 24 字，上黑鱼尾	序：顺治十四年（1657）	建国大学校［고］923.5
		20 卷 20 册，中国木版本，24×15.6cm，四周单边，半郭：20.6×14.6cm，11 行 22 字，上黑鱼尾		建国大学校［고］923.5
	施耐庵（明）著，刊年未详	中国木版本，25×16cm，四周单边，半郭：20.8×14.2cm，无界，11 行 24 字，上内向黑鱼尾		建国大学校［고］923.5
		20 册，金圣叹批评初刻本，25cm		岭南大学校［古］823.5
		20 卷 20 册（内 1 册缺），中国木版本，四周双边，半郭：14.4×21.4cm，有界，11 行 24 字，白口，上下向黑鱼尾		庆北安东屏山书院

续表

书名	出版事项	版式状况	一般事项	所藏处/所藏番号
水浒志	施耐庵(明)撰,朝鲜朝后期刊	30卷12册,活字本,16.3×24.5cm	卷首五才子水浒序:顺治丁酉(1657)冬月桐庵老人书于醉耕堂墨室	忠北 报恩郡 김동기
	译著者未详,刊年未详	68册(缺本,藏本:第8,17,19,29,32,39,40,41,51,55,56,57,58,68册),笔写本,25.6×20cm,无界,行字数不等		梨花女子大学校[고]812.3 ㅅ95
		58册(零本,藏本:第8册,29册,57册,58册),笔写本,无界,匡郭无,11行字数不同,版心无		梨花女子大学校[고]812.3 ㅅ68
水浒志	罗贯中(明)著,刊写地,刊写者未详,丙午(?)刊	1册(落页),笔写本,27×21.3cm,无界,16行字数不定		檀国大学校栗谷图书馆(罗孙文库)[古]873.5-나128 사
	丙午刊	1册,朝鲜笔写本	35mmR[Posi],75f	(金东旭)R35P-000046-6李熙昇
	罗贯中(明)著,刊写地,刊写者,刊写年未详	2卷2册(卷2-3),木版本,23.2×18.2cm,四周单边,半郭:21.6×16.2cm,无界,15行字数不定,注双行,上下向二叶花纹鱼尾		檀国大学校栗谷图书馆(罗孙文库)[古]873.5-나128 샤
水浒志抄	编著者,刊年未详	1册,笔写本,31.6×21cm		韩国学中央研究院

书名	出版事项	版式状况	一般事项	所藏处/所藏番号
评注图像水浒传	施耐庵（明）撰，金圣叹（清）评释，上海，同文书局，光绪十二年(1886)刊	75卷8册，中国石印本，20×13.1cm		高丽大学校（华山文库）C14-B4G
	施耐庵（明）撰，金圣叹（清）评，隆熙元年（1907）刊	全84卷12册，中国石印本，有图，20.5×13.3cm	表纸书名：评注图像五才子书	韩国学中央研究院. D7C-92
	施耐庵（明）著，上海，广益书局，刊年未详	35卷8册，中国石印本，21×13.2cm	表纸书名：足本绘图第五才子书，标题纸书名：足本绘图水浒传	国立中央图书馆［古］3730-17
	施耐庵（明）著，上海，中新书局	35卷12册，中国新活字本，半郭：17.4×11.7cm，15行31字，上黑鱼尾		雅丹文库 823.5-시 193 ㅍ
	施耐庵（明）著，金圣叹（清）评释	5卷1册(卷9-13)，中国石印本，有图，半郭：17.3×11.5cm，15行40字，上黑鱼尾	内容：第3-8回	雅丹文库 823.5-시 193 ㅍ
	施耐庵（明）撰，金圣叹（清）评释，上海，元昌书局，清末刊	12卷6册(卷1-12)，中国石印本，有图，20×13.6cm，四周单边，半郭：16.9×12.2cm，无界，20行42字，注双行，上黑鱼尾，纸质：竹纸	跋：上海元昌书局	全南大学校 3Q-수 95 人-v. 1-6
			上栏小字注，跋：上海元昌书局	全南大学校 3Q-수 95 人
	施耐庵（明）撰，金圣叹（清）评释，锦章图书局印行	35卷12册，中国石印本，有图，20.3×13.4cm，四周双边，半郭：16.9×11.8cm，无界，20行42字，注双行，头注，上下向黑鱼尾，纸质：洋纸	题签：第五才子水浒全传，里题：绘图第五才子书水浒全传，刊记：锦章图书局印行	忠南大学校 藏庵集 1257
	施耐庵（明）撰，金圣叹（清）评释，上海，共和书局	12卷12册，中国石印本，有图，20×13.3cm	标题：评注图像五才子书，异名：水浒志	高丽大学校 C14-B4D

书名	出版事项	版式状况	一般事项	所藏处/所藏番号
评注图像水浒传	施耐庵（明）撰，王望如（清）评注金圣叹（清）评释，上海，共和书局	12 卷 12 册，中国石印本，有图，24×13.3cm		高丽大学校（华山文库）C14-B4B
	施耐庵（明）撰，金圣叹（清）评释，锦章图书局	35 卷及卷首合 12 册，中国石印本，有图，20.4×13.4cm		高丽大学校（华山文库）C14-B4D
	施耐庵（明）撰，王望如（清）评注，金圣叹（清）评释，上海，广益书局	70 回 16 册，中国铅印本，20×13.3cm		高丽大学校（华山文库）C14-B4J
评注绘图五才子书	施耐庵（明）撰，金圣叹（清）评释，清代刊	1 卷 1 册（卷 12），中国石印本，有图，20×13.4cm，四周双边，半郭：17.5×11.5cm，20 行 45 字，注双行，上下向黑鱼尾，纸质：洋纸	题签：绘图增像五才子书	洪川郡 洪川乡校
绘图第五才子书水浒志全传	上海，锦章图书局，刊年未详	36 卷 12 册，中国石印本，有图（13 张），20×13.5cm，四周双边，半郭：16.6×11.8cm，无界，18 行 41 字，上黑鱼尾		梨花女子大学校［고］812.3 회 315
绘图增像第五才子书水浒传	施耐庵（明）著，金圣叹（清）评释	1 册（第 30-37 回），中国新活字本，半郭：15.6×10.7cm，17 行 32 字，上黑鱼尾		雅丹文库 823.5-시 193ㅎ
绘像全图五才子奇书		8 册（1 匣），20.2×13.4cm，中国版本		韩国国学振兴院 礼山柳氏 河回마을 和敬堂（北村）

书名	出版事项	版式状况	一般事项	所藏处/所藏番号
绣像绘图第五才子奇书	施耐庵（清）撰，金圣叹（清）评释，上海，进步书局，刊年未详	4册（零本，卷3，5，7，8），中国石印本，有图，20.3×13.4cm	标题纸：绣像绘图五才子奇书，兵事小说，上海进步书局印行	岭南大学校[古南]823.5시내암ㅈㄱ
绘图增像五才子书	施耐庵（明）著，刊写地，刊写者未详，1887年刊	70卷12册（所藏本：册1-12），有图，19.8×13.3cm，四周双边，有界，17行30字，小字注双行，上内向黑鱼尾	表题：绣像全图五才子奇书，内容：册1，1-2-册2，3-8-册3，9-16-册4，17-22-册5，23-28-册6，29-34-册7，35-40-册8，41-46-册9，47-52-册10，53-58-册11，59-64-册12，65-70	中央大学校812.36-시내암회
第五才子书水浒全传	施耐庵（明）撰，金圣叹（清）评，刊写地，刊写者未详，光绪十四年（1888）序	8册（册1-8），14.5×10.2cm，有图，四周单边，半郭：10.5×7.9cm，无界，16行36字，注双行，无鱼尾	版心题：图绘五才子奇书，标题：图绘五才子奇书，序：光绪十有四年岁在戊子（1888）……叙：雍正甲寅（1734）上伏日勾曲外史	东亚大学校（3）：12：2-101
绘图增像水浒传	施耐庵（明）撰，上海，同文书局，光绪十三年（1887）刊	46卷8册（卷1-46），中国木版本，有图，20×13.4cm，四周双边，半郭：15.6×10.6cm，有界，17行32字，注双行，花口，上下向黑鱼尾，纸质：北黄纸	里题：绘图增像五才子书，表题：水浒传，序：雍正甲寅（1734）上伏日勾曲外史，刊记：光绪丁亥（1887）上海同文书局校印	全南大学校3Q-수95ㅅ 全南大学校3Q-수95ㅅ-v.1-8
绘图增像第五才子书水浒全传	施耐庵（明）著，金圣叹（清）评释，刊行者，刊行地，刊行年不明	1册（零本，卷3），石印本，20.3×13.2cm	表题：改良绘图第五才子书，版心题：绘图第五才子书	庆尚大学校D7C시212ㅎ（아천）
绘图增像第五才子书水浒全传	施耐庵（明）著，金圣叹（清）评释，上海书局，清宣统三年（1911）刊	不分卷8册，中国石印本，20.2×13cm，四周单边，24行50字，半郭：17.5×11.7cm，注双行，头注，上黑鱼尾，纸质：竹纸	表题：绘图增像五才子书，版心题：绘图第五才子书，序：雍正甲寅（1734）上伏日勾曲外史，刊记：宣统三年（1911）仲春上海书局石印	成均馆大学校（曹元锡）D7C-64a

书名	出版事项	版式状况	一般事项	所藏处/所藏番号
绘图增像第五才子书水浒全传	施耐庵（明）著，金圣叹（清）评释，清末上海锦章图书局刊	1 册，中国石印本，有图，20.3×13.3cm，半郭：17.5×12.1cm，无界，27 行 43 字，上黑鱼尾	表题：改良绘图第五才子书，版心题：绘图第五才子奇书	全州市 金大经
	施耐庵（明）著，金圣叹（清）评释，清末民初刊	不分卷 11 册（第 1 册缺），中国新铅活字本，有图，19.7×13cm，四周双边，半郭：15.6×10.8cm，有界，17 行 33 字，注双行，上黑鱼尾，纸质：竹纸		成均馆大学校D7C-64
		不分卷 2 册，中国石印本，19.7×12.7cm，四周双边，半郭：15.9×10.9cm，有界，17 行 32 字，注双行，上黑鱼尾，纸质：绵纸	备考：初回，第 1-7 回	成均馆大学校D7C-64b
绘图增像第五才子书水浒全传	施耐庵（明）撰，金圣叹（清）评释，上海，同文书局，光绪十三年(1887)刊	12 册（册 1-12），20×13.2cm，有图，四周双边，半郭：15.4×11.8cm，有界，17 行 32 字，注双行 55 字，上下向黑鱼尾	题签：绣像全图五才子奇书，标题：绘图增像五才子书，叙：雍正甲寅(1734)上伏日勾曲外史，施耐庵自叙：东都施耐庵叙，印记：光绪丁亥(1887)孟夏上海同文书局校印	东亚大学校(3)：12：2-32
		12 册，中国新铅活字本，有图，20×13.2cm，四周双边，半郭：15.7×10.7cm，有界，17 行字数不定，上下向黑鱼尾	版心题：绘图增像第五才子书，叙：雍正甲寅(1734)上伏日勾曲外史	国民大学校[고]823.5 시01-3
		12 卷 12 册，中国新活字本，20×13.3cm，四周双边，半郭：15.1×10.8cm，有界，17 行 32 字，注双行，上黑鱼尾，纸质：楮纸		圆光大学校AN823.5-ㅅ748 ᅥ
	施耐庵（明）著，上海，广百宋斋，光绪十七年(1891)刊	9 册，中国新铅活字本，有图，19.4×12.3cm，四周双边，半郭：16×11.3cm，有界，17 行 32 字，注双行，花口，上下向黑鱼尾，纸质：中国纸	表题：绘图增像五才子书，标题：绘图增像五才子书，版心题：绘图增像五才子书，叙：雍正甲寅(1734)上伏日勾曲外史，刊记：光绪辛卯(1891)上海广百宋斋校印	釜山大学校（梦汉文库）ODC 3-12 34

续表

书名	出版事项	版式状况	一般事项	所藏处/所藏番号
绘图增像第五才子书水浒全传	金圣叹(清)评释，上海，广百宋斋，光绪十七年(1891)刊	74卷9册(51页)，中国新铅活字本，19.4×12.5cm，四周双边，半郭：15.8×11.9cm，有界，17行30字，注双行，上下向黑鱼尾，纸质：竹纸	题签：绘图增像第五才子书，序：雍正甲寅(1734)上伏日勾曲外史，刊记：光绪辛卯(1891)上海广百宋斋校印	釜山大学校
	金圣叹(清)评释，上海，广百宋斋，光绪十八年(1892)刊	10卷10册，中国新铅活字本，19.2×13cm，四周单边，半郭：16.5×11.1cm，有界，18行43字，注双行，内向黑鱼尾，纸质：绵纸	标题：绘图增像五才子书，表题：图绘五才子奇书，序：雍正甲寅(1734)上伏日勾曲外史，刊记：光绪壬辰(1892)春月上海广百宋斋校印	东国大学校 D819.34 수 95 ㅎ
		10卷10册，新铅活字本，有图，19.7×13.1cm，四周单边，半郭：16.5×13.5cm，有界，18行43字，上下内向黑鱼尾	表题：绘图第五才子书，版心题：绘图增像第五才子书，序：雍正甲寅(1734)上伏日勾曲外史书，刊记：光绪壬辰(1892)春月上海广百宋斋校印	庆北大学校 [古]812.3 시 212 ㅎ(2)
	施耐庵(明)著，金圣叹(清)评释，光绪二十二年(1896)刊	10卷10册(卷1-10)，中国石印本，有图，19.5×12.8cm，四周单边，半郭：16.3×11.5cm，有界，18行43字，内向黑鱼尾，纸质：绵纸	题签：绘图第五才子奇书，刊记：光绪丙申(1896)秋上海图书集成局石印	江陵市 崔钟瑚
	施耐庵(明)撰，金圣叹(清)评释，海滨敦好斋，上章困敦(庚子1900)刊，刊写地未详	全70回8册(1-23回)，中国石印本，有图，20.2×13.2cm，四周花纹，半郭：16.8×11cm，无界，23行48字，注双行	里表纸书名：绘图第五才子书，表纸书名：绘图增像第五才子书水浒传，版心书名：五才子书，序：雍正甲寅(1734)上伏日勾曲外史，施耐庵自叙：圣叹外书，刊记：岁在上章困敦(庚子，1900)清寒之月 新绘全图增订评释用泰西法重石印于海滨敦好斋	汉阳大学校 812.35-시 218 ㅎ-v.1(해)

续表

书名	出版事项	版式状况	一般事项	所藏处/所藏番号
绘图增像第五才子书水浒全传	施耐庵（明）撰，金圣叹（清）评释，上海，锦章图书局刊	8 册，中国石印本，有图，20×13.6cm，四周双边，半郭：17.5×12cm，无界，31 行 74 字，头注，上下向黑鱼尾，纸质：洋纸	里题：改良第五才子水浒全传	忠南大学校崔书勉集 1267
	施耐庵（明）撰，金人瑞（清）评释，上海，锦章图书局刊	8 卷 1 匣 8 册，中国石印本，13.6×20cm，四周双边，半郭：12.3×16.7cm，无界，24 行 52 字，细注双行，白口黑鱼尾上	表纸书名：改良绘图第五才子书，版心书名：绘图第五才子奇书	涧松文库
		8 卷 1 匣 8 册，中国石印本，13.5×19.9cm，四周双边，半郭：12.3×16.7cm，无界，24 行 52 字，白口上黑鱼尾		涧松文库
	施耐庵（明）著，金圣叹（清）评释，上海，广百宋斋刊	70 回 10 册，中国石印本，有图，半郭：15.5×10.7cm，17 行 32 字，上黑鱼尾		雅丹文库 823.5-시 193 ㅎ
	施耐庵（明）著，金圣叹（清）评释，清末刊	1 册（54 页），中国新铅活字本，有图，19.4×12.4cm，四周双边，半郭：15.5×11.8cm，有界，17 行 32 字，注双行，上下向黑鱼尾，纸质：竹纸		釜山大学校
	施耐庵（明）撰，金圣叹（清）评释，刊写地，刊写者，刊写年未详	10 册（1-70 回），中国新铅活字本，有图，19.6×12.8cm，四周双边，半郭：15.5×10.7cm，有界，17 行 32 字，注双行，上内向黑鱼尾	表纸书名：绘图增像五才子书，版心书名：绘图增像五才子书，序：雍正甲寅（1734）上伏日勾曲外史，施耐庵自叙：圣叹外书	汉阳大学校 812.35-시 218 ㅎ-v.2-v10
		1 册（54 页），中国新铅活字本，有图，19.5×12.2cm，四周双边，半郭：15.6×10.8cm，有界，17 行 32 字，注双行，花口，上下向黑鱼尾，纸质：中国纸	版心题：绘图增像五才子书	釜山大学校（梦汉文库）ODC 3-12 30B

书名	出版事项	版式状况	一般事项	所藏处/所藏番号
绘图增像第五才子书水浒全传	施耐庵（明）撰，金圣叹（清）评释，刊写地，刊写者，刊写年未详	3卷(卷4：24-31回，卷5：32-40回，卷7：51-60回)，中国新活字本，有图，20.3×13.2cm，四周单边，半郭：16.3×11.1cm，无界，23行48字，注双行，无鱼尾	版心书名：五才子书，卷4，5，7共3册的合本	汉阳大学校 812.35-시 218ㅎ
	金圣叹（清）评释，刊写地，刊写年未详	6册(缺帙，35-70回)，中国石印本，有图，20cm，无界，行字数不定，无鱼尾	绣像全图五才子奇书	庆熙大学校 812.33-김 54ㅈㄱ
	施耐庵（明）撰，刊写地，刊写者，刊写年未详	6卷1册(卷35-40，缺帙)，新铅活字本，有图，19.7×12.9cm，四周双边，半郭：15.4×10.7cm，有界，17行32字，注双行，上下向黑鱼尾	版心题：绘图增像五才子书	京畿大学校 京畿-k122039-8
		3卷3册(卷3，6-7，缺帙)，中国石印本，20.2×13.3cm，四周双边，半郭：16.3×11.4cm，无界，18行字数不定，注双行，上下向黑鱼尾	版心题：第五才子书	京畿大学校 京畿-k119360-3=2
绘图增像第五才子书水浒传	施耐庵（明）撰，金圣叹（清）评释，上海，同文书局，1887年刊	4册（零本，卷1-8，17-22，29-34），中国新式活字本，有图，19.8×13cm	卷头：叙：雍正甲寅(1734)勾曲外史，自叙：施耐庵，读法，圣叹外书，目录，图像，引首，标题纸：绘图增像五才子书，刊记：光绪丁亥(1887)孟夏上海同文书局校印	岭南大学校 [古南]823.5 시내암ㅈ
	施耐庵（明）撰，金圣叹（清）评释，刊写地，刊写年未详	6册[第35回(册7)-第74回(册12)]，中国木版本，20.2×13.2cm，四周双边，半郭：15.6×10.7cm，有界，17行32字，注双行，上黑鱼尾，纸质：竹纸	表题：绣像全图五才子奇书	圆光大学校 AN823.5-ㅅ 748회

续表

书名	出版事项	版式状况	一般事项	所藏处/所藏番号
第五才子书水浒传	施耐庵（明）著，金圣叹（清）评释，纬文堂，1734年刊	39卷10册，中国木版本，有图，半郭：13.3×9cm，11行24字，上黑鱼尾	序：时雍正甲寅（1734）上伏日勾曲外史书	雅丹文库 823.5-시 193
		卷5，9(落帙)，中国石印本		大邱 Catholic 大学校
	施耐庵（明）撰，清末刊	66卷18册（卷6-37，42-75），中国木版本，16.2×11.1cm，四周单边，半郭：13.2×9.2cm，无界，11行26字，注双行，内向黑鱼尾，纸质：竹纸	表题：水浒传，版心题：第五才子书	全北大学校
	施耐庵（明）著，金圣叹（清）评释，清末刊	26卷7册（卷8-11，38-50，55-63），中国木版本，16.7×11.1cm，四周单边，半郭：13.3×9.4cm，无界，11行26字，注双行，上下向黑鱼尾，纸质：竹纸	表题：水浒志，版心题：第五才子书	釜山大学校
	施耐庵（明）撰，金圣叹（清）订正，清末刊	75卷20册，中国木版本，16.3×11cm，四周单边，半郭：13.5×9cm，11行26字，注双行，上黑鱼尾，纸质：竹纸	序：时雍正甲寅（1734）上伏日勾曲外史书	成均馆大学校 D7C-62b
		75卷24册，中国木版本，有图，16.2×10.8cm，左右双边，半郭：12×8.8cm，无界，10行23字，注双行，上黑鱼尾，纸质：绵纸	里题：绣像第五才子书，版心题：第五才子书，序：雍正甲寅（1734）上伏日勾曲外史书	成均馆大学校 D7C-62
	施耐庵（明）撰，金圣叹（清）评释，清代刊	75卷20册（卷1-75），中国木版本，有图，15.8×10.8cm，四周单边，半郭：13.4×9.5cm，无界，11行26字，注双行，上下向黑鱼尾，纸质：竹纸	表题：水浒志，版心题：第五才子书，里题：绣像第五才子传，序：时雍正甲寅（1734）上伏日勾曲外史书，刊记：双门底纬文堂藏板	江陵市 船桥庄
		7卷2册（卷13-15，72-75），中国石印本，16.7×11.5cm，四周单边，半郭：13.4×9.9cm，无界，11行26字，注双行，上下向黑鱼尾，纸质：竹纸	表题：水浒志(传)	洪川郡 洪川乡校

续表

书名	出版事项	版式状况	一般事项	所藏处/所藏番号
第五才子书水浒传	施耐庵（明）著，金圣叹（清）评释，刊写地，刊写者，刊写年未详	75卷20册，中国木版本，有图，16.8×11.1cm	标题：绣像第五才子书，异书名：水浒志，序：时雍正甲寅(1734)上伏日勾曲外史书	高丽大学校 C14-B4C
	施耐庵（明）撰，金圣叹（清）订正，刊写地，刊写者，刊写年未详	75卷20册(卷1-75)，中国木版本，17.7×10.6cm，左右双边，半郭：12.3×9cm，无界，10行23字，注双行，上黑鱼尾，纸质：竹纸	表题：水浒传，版心题：第五才子书，序：雍正甲寅(1734)上伏日勾曲外史书	圆光大学校 AN823.5-ㅅ748
		全75卷24册(残本22册，缺本：卷54-56，卷60-62)，中国木版本，有图，25.5×15.5cm，四周单边，半郭：19.7×14.4cm，无界，10行22字，上黑鱼尾	序：雍正甲寅(1734)勾曲外史书	龙仁大学校 D7-23
	施耐庵（明）著，刊写地，刊写者，刊写年未详	75卷19册(卷1-75)，木版本，16.5×10.8cm，四周单边，半郭：13.5×9.3cm，无界，11行27字，上下向黑鱼尾	水浒志	庆熙大学校 812.08-ㅅ193 ㅅ
		75卷20册，木版本，有图，17.5×10.3cm，四周单边，半郭：13.2×9cm，无界，11行26字，上下向黑鱼尾	序：雍正甲寅(1734)上伏日勾曲外史书，表题：水浒传，版心题：第五才子书	庆北大学校 [古]812.3 ㅅ212 ㅈ
	金圣叹（清）评，刊写地，刊写者，刊写年未详	20册，中国木版本，16.1×11cm	序：雍正甲寅(1734)勾曲外史	国立中央图书馆 [东谷古]3749-60
	施耐庵（明）撰，福文堂，刊写年不明	75卷12册，木版本，有图，16.8×11.2cm，四周单边，半郭：13.3×9cm，无界，11行26字，上下向黑鱼尾	序：雍正甲寅(1734)上伏日勾曲外史书，刊记：福文堂藏，表题：水浒传，版心题：第五才子书	庆北大学校 [古]812.3 ㅅ212 ㅈ(2)

续表

书名	出版事项	版式状况	一般事项	所藏处/所藏番号
第五才子书水浒传	施耐庵（明）撰，金圣叹（清）订正，纬文堂，清末刊	75卷20册，中国木版本，16×11cm，四周单边，半郭：13.3×9cm，无界，11行26字，上黑鱼尾，纸质：竹纸	序：雍正甲寅（1734）上伏日勾曲外史书，刊记：双门底纬文堂藏板	成均馆大学校 D7C-62a
	施耐庵（明）著，金圣叹（清）评注，纬文堂藏板	全75卷20册中一部缺（落卷6-8，26-35，52-59，共6册），中国木版本，有图，17cm，四周单边，13.4×9.1cm，11行26字，上黑鱼尾	内书名：绣像第五才子书，手书刻序：时雍正甲寅（1734）上伏日勾曲外史书	延世大学校 812.36/37
	施耐庵（明）著，金圣叹（清）评注，纬文堂，刊写年未详	75卷20册（卷1-75），中国木版本，有图，16.2×11.2cm，四周单边，半郭：13.4×9.1cm，无界，11行26字，注双行，上下向黑鱼尾	版心题：第五才子，表题：水浒传，标题：绣像第五才子书，纬文堂藏板，手书刻序：时雍正甲寅（1734）上伏日勾曲外史书	全北大学校 812.3-수호전
	施耐庵（明）著，金圣叹（清）评注，芥子园山房梓	75卷20册，中国木版本，有图，18cm，四周单边，13.7×9cm，11行26字，上下大黑口，上黑鱼尾	内题：绣像第五才子书，外书名：水浒志，序：时雍正甲寅（1734）上伏日勾曲外史书	延世大学校 812.36/35
	施耐庵（明）著，金圣叹（清）评注，上海申报馆仿聚珍版印	8册，中国铅活字本，18cm，四周单边，13.6×9.5cm，22行35字，上下内向黑鱼尾	内题：第五才子书，外题：水浒志，叙：时雍正甲寅（1734）上伏日勾曲外史书	延世大学校 812.36/36
评注图像第五才子书	编者未详，金圣叹（清）评，上海，章福记，宣统二年（1910）刊	12卷12册，中国石印本，有图，20.2×13.3cm，四周双边，半郭：17.6×11.7cm，无界，20行45字，注双行，上内向黑鱼尾，纸质：竹纸	表题：绣像绘图第五才子书，标题：绘图评注五才子书，刊记：宣统庚戌（1910）仲冬上海章福记石印	东国大学校 D819.34 수95ㅈ
	施耐庵（明）撰，金圣叹（清）评释，上海，元昌书局，刊年未详	11册2匣（零本，全12册12卷），本馆所藏：11册（卷1-6，8-12），中国石印本，有图（图像16面），20.1×13.6cm	卷头：评注图像水浒传，卷首：序，宋史纲，宋史目，读第五才子书法，总论，评注图像水浒姓氏，读法，贯华堂所藏古本水浒传前自序，楔子，目录，图像（2面），表纸书名：绣像绘图第五才子书	岭南大学校陶南文库［古도］823.5 시내암

书名	出版事项	版式状况	一般事项	所藏处/所藏番号
评注图像第五才子书	施耐庵(明)撰,金圣叹(清)评释,刊写地,刊写者,刊写年未详	1册(零本,卷5),中国石印本,有图,20.1×13.6cm	卷头:图像(2面),表纸书名:绣像绘图第五才子书	岭南大学校[古南]823.5시내암ㅈㄴ
第五才子书	施耐庵(明)编,上海,申报馆,光绪年间(1875—1908)刊	8册,中国活字本,17×11.4cm	卷头书名:第五才子书水浒传,序:雍正甲寅(1734)勾曲外史,印:集玉斋,帝室图书之章	奎章阁[奎중]6161
	施耐庵(明)著,芥子园藏板	2匣20册,活字本,18cm		岭南大学校823.5
	施耐庵(明)著,芥子园藏板	75卷20册,18cm		岭南大学校823.5
	施耐庵(明)著	2匣20册,中国刊本,24×16cm		岭南大学校823.5
		20册,中国刊本,25×18cm		岭南大学校823.5
俊杰神稻水浒传	施耐庵(明)撰,宝文堂,刊年未详	1册(零本,卷51),日本木版本,有图,21.4×15cm,四周单边,半郭:17.9×13.1cm,无界,10行字数不定,上黑鱼尾	版心题:神稻水浒传,版心下端记录(木板):宝文堂藏	岭南大学校[古南]823.5시내암○
标注训译水浒传	平冈龙城译,东京,近世汉文学会,大正五年(1916)刊	14册,15×22cm,四周单边,半郭:11.4×18.5cm,无界,10行21字,注双行	刊记:朝比奈知泉识	明知大学校812.3 -1
	平冈龙城译,刊写地,刊写者,刊写年未详	2卷2册(卷8,10),日本新铅活字本,22×15.3cm,四周单边,半郭:18.1×11.3cm,无界,10行21字,无鱼尾		京畿大学校京畿-k121766-10

续表

书名	出版事项	版式状况	一般事项	所藏处/所藏番号
슈호지 (水浒传)	刊写地，刊写者，刊写年未详	1 册，木版本，26.8×18.8cm，四周单边，半郭：21.8×16.5cm，无界，15 行 23 字左右，上下向二叶花纹鱼尾	韩文本，汉文书名：水浒志	西江大学校 고서슈 95
	1 册（落帙），翻译笔写本	全 81 页，每面 16 回，25-28 字左右，9 回(36-44 回)	병오듕츈회억야의추필즁셔(1846，推定)	檀国大学校天安栗谷图书馆（金东旭）
	安城刻本	全 3 册（卷 1：20 页，卷 2：20 页，卷 3：21 页本）		金东旭
수호지 (水浒传)	3 册（残本）安城坊刻本	未详		未详
	2 册（京本），朝鲜末期（推定）刊	未详		未详/东洋语学校(Paris)
츙의슈호젼	施耐庵(明)撰	1 册（零本，卷 21），笔写本，28.9×20cm	朝鲜本（水浒传）	岭南大学校陶南文库[古도] 823.5 시내암ㅍ
튱의슈호뎐	译著者，写者，写年未详，笔写本	1 册(37 页)，28.7× 19.9cm	朝鲜本（水浒传）	首尔大学校일석고 895.13 C4725 v. 8
튱의슈호지	3 册（零本），笔写本	全 23 册，中 3 册（卷 2.3.10）现存	19 世纪末笔写（推定）	朴在渊
슈허지·슈호지	译著者，写者，写年未详，笔写本	8 册（落帙）	朝鲜本（水浒传）	朴顺镐
슈허지	译著者，写者，写年未详，笔写本	15 卷 15 册（落帙）	朝鲜本（水浒传）	梨花女子大学校

书名	出版事项	版式状况	一般事项	所藏处/所藏番号
후슈호젼(后水浒志)	12卷12册，笔写本，译著者，写年未详	28.1×20cm，无郭，无丝栏，10行23字，无版心，纸质：楮纸	表题：后水浒志，表纸彩色画，印：藏书阁印	韩国学中央研究院 R35N-0011 37-8，4-6876
宣和遗事	宣和年间，著者未详	2册(前后集)，中国木版本，19.3×14.3cm	版心文字：宣和，跋：学山海尹主人	国立中央图书馆［古］5-80-15
水浒图赞	刘晚荣(清)著，光绪八年(1882)序	1册(54页)，中国石印本，20.0×12.5cm 1册(7页)，笔写本，21.7×18.7cm，无界，行字数不定，注双行，纸质：楮纸	序：光绪壬午(1882)刘晚荣，印：集玉斋，帝室图书之章，表题：梁山泊奇语	奎章阁［奎중］5671의1，5671의2
水浒传总论	著者，写年未详	不分卷1册，笔写本，25.6×16.8cm		国立中央图书馆［한］48-181

2-2. 结水浒传(荡寇志)

书名	出版事项	版式状况	一般事项	所藏处/所藏番号
结水浒全书	俞万春(清)著，清咸丰二年(1852)刊	50卷13册(卷1-27，32-55)，中国新铅活字本，17.1×11.5cm，四周双边，半郭：13.3×9cm，12行27字，注双行，内向黑鱼尾，纸质：唐纸	表题：荡寇志，版心题：荡寇志，序：水浒一书……其书无人不读而误解者甚伙……恐或尤而效之其害有不胜言……余友仲华深嫉邪说之足以惑人忠义盗贼之不容不辨故继耐庵之传结成七十卷……名之曰荡寇志……咸丰二年(1852)徐佩珂	韩国综合典籍目录(玩树文库)李炳麒4-195

书名	出版事项	版式状况	一般事项	所藏处/所藏番号
结水浒全传	俞仲华（清）著，邵祖恩（清）评，上海，天宝书局，同治十年（1871）序	8卷8册（卷1-8），中国石印本，有图，20.2×13.6cm，四周双边半郭：17.7×11.7cm，有界，29行65字，注双行，花口，上下向黑鱼尾，纸质：竹纸	表题：绘图荡寇志演义，里题：结水浒全传，序：同治辛未（1871）仲夏弟晴湖俞蟲，续序：时上章敦牂（庚午，1870）腊月桂林半月老人，识：咸丰元年辛亥（1851）夏五月辛丑望男龙光，刊记：天宝书局印行	全南大学校3Q-令95〇
		8卷8册（卷1-8），中国石印本，有图，20.2×13.6cm，四周双边半郭：17.7×11.7cm，无界，29行65字，注双行，上黑鱼尾，纸质：竹纸	里题：结水浒全传，表题：绘图荡寇志演义，序：同治辛未（1871）仲夏弟晴湖俞蟲，续序：时上章敦牂（庚午，1870）腊月桂林半月老人，识：咸丰元年辛亥（1851）夏五月辛丑望男龙光	全南大学校3Q-令95〇-v.1-8
	俞万春（清）著，范辛来（清），邵祖恩（清）等参评，上海，申报馆，光绪九年（1883）刊	70卷18册（卷1-70），17.2×11.6cm，四周双边，半郭：13.3×9.7cm，无界，12行27字，注双行，内向黑鱼尾	包匣题：荡寇志，序：咸丰元年岁次辛亥（1851）春王正月古月老人题，序：咸丰二年岁次壬子（1852）孟秋朔旦武林徐佩珂书，序：咸丰二年（1852）秋七月长洲陈奂拜序，刊记：光绪癸未（1883）夏上海申报馆仿聚珍版印	东亚大学校（3）：12：2-42
	俞万春（清）著，范辛来（清），邵祖恩（清），徐佩珂（清）等参评，上海，申报馆，光绪九年（1883）刊	70卷18册，中国铅印本，17.1×11.3cm		高丽大学校（华山文库）C14-B4F

续表

书名	出版事项	版式状况	一般事项	所藏处/所藏番号
结水浒全传	俞万春(清)著，清代刊	6 册，中国木版本，17.2 × 11.1cm，四周双边，半郭：13.6× 10.1cm，无界，12 行 27 字，注双行，上下向黑鱼尾，纸质：绵纸	表题：荡寇志，版心题：荡寇志	釜山大学校
		31 卷 8 册(卷 40-70)，中国新铅活字本，17.8×11.9cm，四周双边，半郭：13.8×9.9cm，有界，12 行 27 字，注双行，内向黑鱼尾，纸质：竹纸	表题：续水浒志，版心题：荡寇志	江陵市船桥庄
	俞万春(清)著，刊写者，刊写年未详	24 卷 6 册，中国新铅活字本，17.2×11.1cm，四周双边，半郭：13.6×10.1cm，无界，12 行 27 字，注双行，花口，上下向黑鱼尾，纸质：中国纸	表题：荡寇志	釜山大学校(芝田文库) OEC 3-12 44
		13 册(册 12-24，缺帙)，中国木版本，17.3×12.1cm，上下单边，左右双边，半郭：14.2 × 10cm，有界，8 行 22 字，花口，上下向黑鱼尾，纸质：绵纸	表题：结水浒传，版心题：荡寇志	全南大学校 3Q-결 57 ○
		13 册(册 12-24，缺帙)，中国木版本，17.3×12.1cm，上下单边，左右双边，半郭：14.2×10cm，8 行 22 字，上黑鱼尾，纸质：绵纸	版心题：荡寇志，表题：结水浒传	全南大学校 3Q-결 57 ○-v. 12-24
结水浒传：绣像荡寇志	俞万春(清)著，重刻文聚堂藏板，咸丰七年(1857)刊	70 卷，卷末，合 22 册(卷 3-7缺)，中国木版本，有图，12.2×18.2cm，左右双边，半郭：10.5×12.8cm，有界，8 行 21 字，上黑鱼尾	版心书名：荡寇志，序：重刻俞仲华先生荡寇志叙，咸丰七年(1857)刊，刊记：帝室图书之章，集玉斋	奎章阁 [奎중]6103
绘图荡寇志演义	俞万春(清)著，上海，天宝书局，刊年未详	8 卷 8 册，中国石印本，有图，20×15cm，四周双边，半郭：17.8×11.8cm，无界，29 行 65 字，注双行，上黑鱼尾	序：同治辛未(1871)俞蟲，卷首书名：绘像结水浒全传	启明大学校 [고] 812.35-수호지

续表

书名	出版事项	版式状况	一般事项	所藏处/所藏番号
绘像结水浒全传	罗贯中（明）撰，范辛来（清）、邵祖恩（清）等参评，上海书局，光绪三十四年（1908）刊	8卷8册，中国石印本，有图，20.4×13.7cm	标题纸：绘图荡寇志全传	高丽大学校（薪庵文库）C14-B70
绘像结水浒全传	俞万春（清）著，隆熙二年戊申（1908，光绪三十四年）仲夏上海书局石印	8卷1匣8册，中国石印本，13.6×20.3cm，四周双边，半郭：12.4×17.4cm，无界，24行50字，白口黑鱼尾上	表纸书名：绘图荡寇志全传，刊记：光绪戊申（1908）仲夏上海书局石印，序：俞蟲（续序，1871），跋：壬申夏日镜水湖边老渔	涧松文库
绘像结水浒全传	俞万春（清）著，上海，锦章图书局，刊写年不明	8卷8册，中国石印本，有图，20.3×13.6cm，四周双边，半郭17.5×12cm，无界，上下向黑鱼尾	序：同治辛未（1871）仲夏弟晴湖俞蟲谨志，刊记：上海锦章书局石印表题：绘图荡寇志全传，版心题：绣像荡寇志	庆北大学校［古］812.3 异31ㅎ
绘图荡寇志演义	俞万春（清）著，上海，天宝书局，同治辛未（1871）刊	8卷8册（卷1-8），有图，20.2×13.2cm，四周双边，半郭：17.8×11.8cm，无界，行字数不定，上下向黑鱼尾		庆熙大学校812.3-异32ㅌ
绘图荡寇志演义	俞万春（清）著，上海，天宝书局，清末民初刊	不分卷8册，中国石印本，20×13.2cm，四周双边，半郭：18.3×11.8cm，29行65字，注双行，上黑鱼尾，纸质：竹纸	刊记：上海天宝书局印行	成均馆大学校（曹元锡）D7C-186
荡寇志	俞万春（清）著，范辛来（清）等参评，徐佩珂（清）等参阅，上海，申报馆，光绪九年（1883）刊	合18册（70卷，卷末），中国活字本（仿聚珍版），17×11.4cm	卷头书名：结水浒全传，序：咸丰元年（1851）岁次辛亥夏五月古月老人，跋；咸丰元年俞龙光	奎章阁［奎중］5851

2-3. 后水浒志

书名	出版事项	版式状况	一般事项	所藏处/所藏番号
后水浒荡平四大寇传	上海，广益书局	6 卷 6 册，中国石印本，14.7×8.7cm，四周单边，半郭：12.6×7.8cm，无界，18 行 42 字		龙仁大学校 D7-32
	上海，广益书局，民国初年刊	6 卷 6 册(卷 1-6)，中国石印本，有图，14.9×8.9cm，四周单边，半郭：12.4×8cm，无界，18 字 44 行，纸质：洋纸	题签：后五才子征四寇，版心题：绘图荡平四寇传，里题：绘图荡平四大寇传	江陵市 船桥庄
후슈호젼(后水浒志)	译著者，写年未详	12 卷 12 册，朝鲜笔写本，28.1×20cm，无郭，无丝栏，10 行 23 字，无版心，纸质：楮纸	表题：后水浒志，印：藏书阁印	韩国学中央研究院 4-6876/R35N-001137-8
후슈호젼		12 册，朝鲜笔写本，有图，28.1×20cm	别名：后水浒志，35mmR[Nega]，585f	韩国学中央研究院 R35N-001137-8，4-6876 旧藏书阁本

2-4. 续水浒志(征四寇传)

书名	出版事项	版式状况	一般事项	所藏处/所藏番号
续水浒	乾隆五十七年(1792)，上海申报馆刊	2 册，中国木版本，17×11.4cm	序：乾隆壬子(1792)腊月赏心居士，印：集玉斋，帝室图书之章	奎章阁[奎중]6102
续水浒征四寇全传	上海申报馆仿聚珍版	2 册，中国石印本，18cm，四周单边，13.7×9.4cm，22 行 35 字，上下内向花纹鱼尾	内书名：续水浒 外书名：续水浒志叙：乾隆壬子(1792)腊月赏心居士叙	延世大学校 812.36/32
쇽수호지(续水浒志)	朴健会编辑	3 卷 1 册(卷 1-3)，新活字本，20.7×13.7cm，17 行 35 字		雅丹文库 813.5-박 14 ㅅ

109

2-5. 水浒后传

书名	出版事项	版式状况	一般事项	所藏处/所藏番号
水浒后传	古宋遗民（明）著，雁宕山樵（明）评，乾隆三十五年（1770）序	10卷6册，中国木版本，有图，22.9×14.7cm	标题：绣像水浒后传，评刻水浒后传，序：大清乾隆三十五年岁次庚寅（1770）金陵憨客蔡奡元放甫题于野云堂之支瞬居中	高丽大学校C14-B4K

3. 西游记（后西游记，四游记，南游记，北方真武祖师玄天上帝出身全传）

《西游记》的作者，一般认为是吴承恩。[①] 吴承恩（1500—1582），字汝忠，号射阳山人，明代山阳（今江苏淮安）人。自幼喜爱神奇故事传说，性敏多慧，博览群书，为诗文下笔立成。但科场不利，43岁才补岁贡生。54岁就任浙江长兴县丞，不久，耻于折腰，拂袖回到故乡，长期过着闭门著述的生活。《西游记》是其主要著作。其诗文集有后人所辑的《射阳先生存稿》。另撰有志怪小说集《禹鼎志》，已佚。

《西游记》的成书过程具有与《三国演义》、《水浒传》相近的特点：（1）它所表现的唐僧取经的题材有一定的历史事实作为依据。与唐僧有关的主要历史资料，一为玄奘弟子辩机所著《大唐西域记》，记叙了取经途中的艰难困苦和异域风情；一为玄奘的另外两个弟子慧立、彦琮所著《大唐大慈恩寺三藏法师传》，夸张地描述取经事迹，一部分故事已近于神话。（2）西游故事曾在民间长期流传。南宋时刊印的《大唐三藏取经诗话》、元代的《西游记平话》（已佚）及杨讷的《西游记杂剧》等，改变了取经故事的面貌，不仅孙悟空取代唐僧成了西游故事的主角，沙和尚、猪八戒也先后加入取经队伍，取经故事已经形成相当规模。（3）《西游记》最后由文人改编而成。

《西游记》全书一百回，可大体上分为三个部分：前七回是第一部分，写美猴王出世、求道、闯龙宫、搅冥府、闹天宫，集中描绘孙悟空追求无拘无束生活的经历。他破石而生，"不伏麒麟辖，不服凤凰管，又不伏人间王位所拘束"，在社会关系上本来就是自由的。但他仍不满足，希望"不生不灭，与天地山川齐寿"，彻底摆脱自然规律的束缚，获得"绝对自由"。他因此而与冥王发生冲突，并发展到大闹天宫。孙悟空这种不甘拘束的

① 否定吴承恩著作权的国内学者主要有章培恒（《百回本〈西游记〉是否吴承恩所作》，《社会科学战线》1983年第4期）、张锦池（《论〈西游记〉的著作权问题》，《北方论丛》1991年第1、2期），他们提出的可能的著作权人有许白云和华阳洞天主人，张锦池认为华阳洞天主人也许就是陈元之。

个性和豪放气概，表达了人类对于一种理想的生命形态的向往；而他最终被制服并皈依佛教，则证明了人类现实处境的尴尬。人类对于自由和尊严的追求受到现实力量的强有力的制约。

《西游记》第八回至第十三回写如来说法、观音访僧、魏徵斩龙、太宗入冥、刘全进瓜和玄奘奉诏取经，交代取经缘起，主要起组织情节的作用。这是第二部分。第十四回至第一百回是第三部分，作为取经正文，集中表现了孙悟空顽强的抗争精神和乐观性格。他一路降妖伏魔，克服了种种困难，堪称为历险故事中的英雄，但他仍然以"我是天下驰名第一妖"自负，大体上还保持着大闹天宫时期的性格特征。

《西游记》充分体现了幻想小说的特点：无一事不幻，无一事不真，亦幻亦真，具有假想的事实性。小说为读者创造了一个幻想的世界，带有极大的神奇性。写环境奇特，这里有流沙河，"鹅毛飘不起，芦花定底沉"，还有火焰山，"八百里火焰，四周寸草不生。若过得山，就是铜脑盖、铁身躯，也要化成汁哩"。写武器神奇，这里有芭蕉扇，扇着人，人要飘八万四千里远，而且此扇可以缩小到像一个杏叶儿，含在嘴里。孙悟空的如意金箍棒是最有名的，大起来可以顶天立地，小起来又可以像一根绣花针，有时还能变成数千条。这样形形色色的描写是够奇幻的了，但又极富真实感。一方面，无论这个幻想世界怎样神奇，它毕竟有着一定的现实生活的依据；另一方面，神话人物、神话环境和各种神奇的法宝和谐统一，幻想世界的这种逻辑统一性也给人真实感。

《西游记》这个亦幻亦真的特点在塑造孙悟空和猪八戒的形象时体现得尤为鲜明。作品善于将社会化的个性、超自然的神性和某些动物特性融为一体，合情合理地展现出神话人物的独特风采。比如孙悟空，他的原型是猴，因而会攀援，喜欢吃果子，生就一副"雷公嘴，孤拐脸，火眼金睛"。作为神魔，他具有超凡的本领，擅长七十二般变化。值得注意的是，他的这种超自然的神性是与其动物性融合在一起的。猴子生性灵巧，所以孙悟空什么都会变，变什么像什么，变大、变小、变男、变女都可以。比较起来，原型是猪的八戒，变化起来就笨拙得多。他能变石块、变土墩、变大象、变骆驼，所有笨东西他差不多都能变，但却变不成轻巧漂亮会飞的东西。一次他想变个女孩，头是勉强变了，无奈肚子胖大，还是个大汉身架。这说明，即使在写神性时，作者也考虑到了其动物特性。而孙悟空的心高气傲、猪八戒的好色，这种社会性品格，也令人想到猴的神态和猪的某种习性。

《西游记》的情节是游记性的，行动和奇遇构成其主体部分。由于各个故事具有相对的独立性，这部作品可以说是许多短篇或中篇的串联组合。但这一百回同时又是一个有机的整体。其一，唐僧师徒四人的活动贯穿全书始终，他们一直处于故事的中心。其二，各个不同故事的主角之间，存在某种联系。比如"智擒红孩儿"中的红孩儿与"路阻火焰山"中的铁扇公主、牛魔王，就是亲属关系。红孩儿是牛魔王和铁扇公主的儿子。孙悟空来到火焰山前，铁扇公主之所以不肯借扇，就因为要报孙悟空的"害子深仇"。其三，小说很注意情节的前后照应。孙悟空每次和新的对手交锋，差不多都要介绍自己大闹天宫的辉煌经历。至于小说第九十九回完整地罗列九九八十一难，则是用特殊数字维护这种整体感。

《西游记》的语言运用也有特色。它往往在描写人物交锋前用韵语表明双方身份，交手后用韵语渲染紧张气氛，而在一般情况下则用散文，这便有张有弛。其叙述描写语言，明快诙谐，带有浓郁的作家个人的色彩。其人物语言，虽然因大多数神魔被漫画化而难以做到个性分明，但主要人物孙悟空、猪八戒、唐僧、沙和尚的口吻却颇见性情。孙悟空的心高气傲、猪八戒的"老实"、唐僧的书生腔、沙和尚的老成持重，这些都可以从他们的语言中感受到。

《西游记》的文本有杨（阳）本（杨致和《西游记传》四十一回）、朱本（朱鼎臣《唐三藏西游释厄传》十卷）与吴本（即通行的百回本）之异。三者之间的演化关系，鲁迅、胡适、郑振铎、孙楷第、柳存仁、张锦池等均有讨论，读者可以参考。我们所评介的《西游记》，指通行的百回本。

《西游记》（一名《古本西游记》）最初传入韩国至少是在《朴通事》出版年代的高丽末期至正七年（1347）之前。《西游记》传入朝鲜后，很受读者的欢迎，而且对它的评论也相当肯定，因此广泛流传。在韩国所见的版本大部分是陈士斌诠解的《西游真诠》（20册，卷首有尤侗序）。此外有杨致和、赵毓真校订《绣像西游记全传》（绣谷锦盛堂刊），张书绅注《新说西游记图像》（光绪十四年刊）。

《西游记》是用白话文写成的，因此早在朝鲜时代就出现了白话文辞典的《西游记语录》［朝鲜显宗十年（1669）］，而且有关《西游记》的翻译本、改作本、坊刻本等也颇多。

韩国现存《西游记》版本，只有翻译的坊刻本。

京版本：二册（上31页，下28页），丙辰（1856）孟冬华山（现在紫霞门附近）新刊（法国巴黎东洋语学校收藏）。

其外有坊刻本《唐太宗传》。《唐太宗传》是据《西游记》的第10～12回的内容而改作的，虽然有些部分属于再创作，但其题材和内容都很相似。《唐太宗传》（26页本）是京版本，而翻译本于戊午年（1858）出版于红树洞（现由金东旭收藏）。

《后西游记》，清刊本不题撰人，署"天花才子评点"。天花才子或即天花藏主人。凡四十回。写小行者孙小圣随师父唐半偈西天取解的故事，盖因唐僧只取得真经，尚未取得真解。小说讽喻意味明显，所写地名或妖怪名称，如缺陷大王、解脱大王、阴阳大王、造化小儿、温柔村、十恶山、弦歌村、上善国、挂庵关等，都明显带有寓意。其具体描写亦致力于寓意的揭示和发挥，比如写造化小儿。这造化小儿不过十三四岁，但本领高强，有个专用来套人的圈。这圈子分开来可有名圈、利圈、富圈、贵圈、贪圈、嗔圈、痴圈、爱圈、酒圈、色圈、财圈、气圈、妄想圈、骄傲圈、好胜圈、昧心圈种种。造化小儿先后取出名、利、酒、色、财、气、贪、嗔、痴、爱等圈，欲套住小行者，均告失败。最后造化小儿取出好胜圈来，终将小行者牢牢套住。好胜圈在小行者身上大显威风，这段描写揭示了一条哲理：人生中的许多圈套，其实是自己钻进去的。全书以嬉笑怒骂为特点，缺少浑厚之气。

《四游记》，又名《四游全传》、《四游合传》。有清嘉庆十六年（1811）刊本、清道光间刊本等，是明代四种神魔小说的合集，书中大多是与佛道二教有关的神怪故事：（1）《东游记》，又名《东游记上洞八仙传》、《八仙出处东游记》。兰江吴元泰编注。凡二卷五十六回。写八仙得道故事。（2）《北游记》，又名《北游记玄帝出身传》、《北方真武玄天上帝出身志传》。明末余象斗编著。凡四卷二十四回。记真武大帝降妖故事，缺少剪裁，是道教修行故事的堆砌。（3）《南游记》，又名《华光天王南游志传》、《五显灵官大帝华光天王传》。明末余象斗编著。凡四卷十八回。写华光报父仇、寻母迹、上闹天宫、下闹阴司，最后皈依佛门，与《西游记》中孙悟空闹三界的故事有类似之处。(4)《西游记》，又名《西游记传》、《西游唐三藏出身传》、《唐三藏西游全传》、《唐三藏出身全传》、《西游记全传》。系世德堂本即百回本《西游记》的删节本。杨志和编。凡四卷四十一回。以上四种，成书时代不同，体例风格各异。

3-1. 西游记

书名	出版事项	版式状况	一般事项	所藏处/所藏番号
绘图增像西游记	陈士斌（清）诠解，上海，广百宋斋，清光绪十七年(1891)刊	10册，中国新铅活字本，有图，19.8×12.4cm，四周双边，半郭：15.6×10.7cm，有界，17行32字，注双行，上下向黑鱼尾，纸质：竹纸	题签：绘图加批西游记，序：康熙丙子(1696)中秋西堂老人尤侗撰，刊记：光绪辛卯(1891)上海广百宋斋校印	釜山大学校
		10册，中国新铅活字本，有图，19.7×12.3cm，四周双边，半郭：15.6×10.7cm，有界，17行32字，花口，上下向黑鱼尾	标题：绘图加批西游记，序：康熙丙子(1891)中秋尤侗，刊记：光绪辛卯(1891)上海广百宋斋校印	釜山大学校（梦汉文库）ODC 3-12 38
		12册，中国石印本，20×13.4cm	序：康熙丙子(1696)……西堂老人尤侗撰，刊记：光绪辛卯(1891)上海广百宋斋校印	国会图书馆［古］812.3 ○ 296 ㅎ
	吴承恩（明）著，陈士斌（清）诠解，上海，焕文书局，光绪十九年(1893)刊	8册，中国石印本，有图，20.1×13cm	标题：绘图增批西游记，序：康熙丙子(1696)……西堂老人尤侗撰	高丽大学校 C14-B8A
		全100回8册(册1-8)，中国石印本，有图，19.6×12.4cm，四周草木纹，半郭：15.3×10.3cm，18行41字，头注，上内向黑鱼尾	表纸书名：绘图加批西游记，版心书名：绘图西游记，序：康熙丙子(1696)西堂老人尤侗撰，刊记：光绪癸巳(1893)上海焕文书局印	全北大学校 812.35-서유기 / 汉阳大学校 812.35-오 576 ㅅ-v.1(한)
		全100回8册(1册，11-26回，37-50回，73-86回)，中国石印本，有图，19.6×12.4cm，四周草木纹，半郭：15.3×10.3cm，18行41字，头注，上内向黑鱼尾		汉阳大学校 812.35-오 576 ㅅ-v.2（한），v.4（한），v.7(한)

书名	出版事项	版式状况	一般事项	所藏处/所藏番号
绘图增像西游记	吴承恩（明）著，陈士斌（清）诠解，焕文书局，刊写年未详	2卷2册（缺帙），中国石印本，有图，19.6×12.9cm，四周单边，半郭：15.3×10.3cm，无界，18行32字，花口，上下向黑鱼尾	上花口题：绘图西游记，下花口：焕文书局石印	庆尚大学校（端砚文库）［古］（단계）D7A 오 58 ㅎ
	吴承恩（明）著，刊年未详	8册（6，7，8，9，10，13，19，20），中国木版本，23.5×16cm	版心书名：西游真诠	国立中央图书馆［의산］3736-16
	吴承恩（明）著，陈士斌（清）诠解，刊写年未详	68卷12册（第6-73），中国木版本，24.2×15.3cm，四周单边，半郭：20.9×13.5cm，无界，10行22字，纸质：竹纸		忠南 扶余郡 黄寅直
		1册，草稿笔写本，29.2×19.1cm，无界，12行字数不定，纸质：楮纸	表题：西游日记，内容：自怀乡至松禾记	大田市 文忠祠
西游记	吴承恩（明）著，光绪十年（1884）刊	20册，中国石印本		庆州市立图书馆
	壬子年刊	1卷1册，笔写本，20.2×22.3cm		忠北 报恩郡 최의웅
	吴承恩（明）著，刊写地，刊写者，刊写年未详	10册（51-100回，零本），中国木版本，24.6×16cm，四周单边，半郭：20.2×14.1cm，无界，11行24字，上下向黑鱼尾		大邱 市立中央图书馆 中古823.5
		4册（零本，4册（第65-69回，75-84回，90-94回），中国木版本，23.5×15.7cm，四周单边，半郭：20.3×14.1cm，无界，11行24字，上下向黑鱼尾	版心题：西游真诠	岭南大学校［古南］823.5 오승은 ㅊ
	吴承恩（明）著，刊写地，刊写者，刊写年未详，明代版本（推定）	15册（所藏：1-5，6-13，14-20，21-27，28-33，34-39，40-46，47-53，54-60，61-66，67-72，73-80，81-85，86-92，93-100），中国木版本，四周单边，半郭：21×14.5cm，无界，10行22字，无鱼尾，纸质：竹纸	版心题：西游记	韩国寺刹文化财直指寺 직지성보박물관，인법당907

书名	出版事项	版式状况	一般事项	所藏处/所藏番号
西游记	吴承恩(明)著，陈士斌(清)诠解，刊写地，刊写者，刊写年未详	100卷21册，中国木版本，有图，24.5×15.7cm		全南大学校 3Q-서 670-V. 1-21
	刊写地，刊写者，刊写年未详	5卷1册(卷61-65，缺帙)木活字本，25.3×15.8cm，四周单边，半郭：21×14.1cm，无界，11行24字，上下向黑鱼尾	书名：表题，版心题：西游真诠	京畿大学校 京畿-k105058-13/京畿-k106705-10
		8册(卷11-20存)，木版本		鲜文大学校 朴在渊
		7册(卷2，7，9，10，11，12，13存)，木版本		鲜文大学校 朴在渊
绘图加批西游记	吴承恩(明)著，上海，章福记，宣统二年(1910)刊	10卷10册(卷1-10)，中国石印本，有图，20.3×13.7cm，四周双边，半郭：17.2×11.9cm，无界，20行40字，注头行，上黑鱼尾，纸质：竹纸	刊记：宣统庚戌(1910)仲冬上海章福记	全南大学校 3Q-서 67 ○-v. 1-10
	吴承恩(明)著，上海，锦章图书局，宣统二年(1910)刊	10卷10册(卷1-10)，中国石印本，有图，20.3×13.7cm，四周双边，半郭：17.2×11.9cm，有界，20行40字，花口，上下向黑鱼尾，纸质：竹纸	头注，刊记：宣统庚戌(1910)仲冬上海锦章图书局印行	全南大学校 3Q-서 67 ○
	吴承恩(明)著，上海，刊写者，刊写年未详	7卷7册(缺帙，册2-8)，有图，20.3×13.5cm，四周单边，半郭：17.5×11.3cm，无界，行字数不定，上下向黑鱼尾	中韩文混用	庆熙大学校 812.31-오 57ㅅ
	刊写地，刊写者，刊写年未详	8册(1匣)，20.3×13.3cm，中国版本		礼山柳氏河回마을和敬堂

书名	出版事项	版式状况	一般事项	所藏处/所藏番号
绘图增像加批西游记	吴承恩(明)著	5册，木版本		庆州地方古书调查目录 李宗焕
绘图增批西游记	上海，锦章图书局，康熙三十五年(1696)序	8卷8册，有图(21页)，中国石印本，21×13.5cm，四周双边半郭：15.8×11.6cm，无界，18行41字，上黑鱼尾	序：康熙丙子(1696)中秋西堂老人尤侗撰	梨花女子大学校〔고〕812.3 서 77 ㅎ
增像全图加批西游记	著者未详，上海，锦章图书局，1909年刊	8卷8册(卷1-8)，中国石版本，有图，20.4×13.2cm，四周单边半郭：17.3×11.7cm，无界，31行76字，上下向黑鱼尾，纸质：洋纸	表题：改良绘图加批西游记，刊记：宣统元年(1909)上海锦章图书局石印，序：康熙丙子(1696)中秋西堂老人尤侗撰	庆熙大学校812.31-오 57 ㅅㄱ
	陈士斌（清）诠解，上海，锦章图书局，清宣统元年(1909)刊	11卷8册(卷1-3，5-12)，中国石印本，有图，20.2×13.2cm，四周双边，半郭：17.4×11.8cm，无界，24行48字，头注，上下向黑鱼尾，纸质：洋纸	表题：改良绘图加批西游记，里题：改良绘图加批西游记，序：康熙丙子(1696)中秋西堂老人尤侗撰	忠南大学校崔书勉集946
	陈士斌（清）诠解，刊写地，刊写者未详，宣统二年(1910)刊	10卷10册(卷1-10)，20.5×13.3cm，四周双边，半郭：17.1×11.8cm，无界，20行40字，上下向黑鱼尾	标题：绘图加批西游记，表题：绘图增像加批西游记	东亚大学校(3)：12：2-98
	上海，宣统二年(1910)上海天宝书局石印	8卷8册，中国版本，有图，20.3×13.5cm，四周双边，半郭：17.4×11.8cm，24行50字，白口，上下向黑鱼尾	楷书	韩国国学振兴院受托 청송심씨칠회당고택
	吴承恩(明)著，陈士斌(清)诠解，上海，天宝书局，刊写年未详	8卷8册〔卷1(1-10回)〕，中国石印本，有图，20.2×13.2cm，四周双边，半郭：17.4×11.8cm，28行60字，上内向黑鱼尾	表纸书名：绘图加批西游记，版心书名：绘图加批西游记	汉阳大学校812.35-오 576 ㄱ-v.1-v.8

续表

书名	出版事项	版式状况	一般事项	所藏处/所藏番号
全图西游记	著者未详，上海，锦章图书局，刊写年未详	8卷8册(卷1-8)，中国石印本，有图，20.3×13.4cm，四周单边，半郭：16.3×11cm，无界，18行42字，注双行，花口，上下向黑鱼尾	序：康熙丙子（1696）……尤侗撰序，刊记：发行所英界棋盘街 上海锦章图书局石印 印刷所法界白尔路	檀国大学校죽전退溪纪念图书馆 873.5-전329
绣像西游记	吴承恩（明）著，扫叶山房，1884年刊	49卷10册（卷1-49），有图，23.2×15.5cm，四周双边，半郭：17.5×13.5cm，无界，8行13字，上下向黑鱼尾		庆熙大学校812.3-오94ㄱ
	吴承恩（明）著，陈士斌（清）诠解，扫叶山房，光绪十一年(1885)刊	100回20册，中国木版本，24×16cm，四周单边，半郭：20.2×14.1cm，11行24字，上黑鱼尾		建国大学校[고]923.5
	上海，扫叶山房	10册，25×16cm		岭南大学校汶823.5
增像全图加批西游记	吴承恩（明）著，陈士斌（清）诠解，光绪庚子年(1900)春源记书庄石印	8卷8册，中国石印本，有图，20cm，四周单边，16.4×11.2cm，19行43字，上下内向黑鱼尾	内题：绘图加批西游记，版心题：增像加批西游记，序：康熙丙子(1696)中秋尤侗撰	延世大学校812.36/25
	吴承恩（明）著，陈士斌（清）诠解，源记书庄，光绪二十六年(1900)刊	8卷8册，中国新铅活字本，19.7×13.1cm，四周单边，半郭：16.4×11.6cm，无界，行字数不定，花口，内向黑鱼尾	表题：西游记，序：尤侗	国民大学校[고]823.5 오01-1
	陈士斌（清）诠解，上海，章福记书局，1910年刊	10卷5册（卷1-10），中国石印本，20.5×13.5cm，四周双边，半郭：17×11.9cm，无界，20行40字，上黑鱼尾		启明大学校[고]812.3-진사빈ㅈ
		10卷10册（所藏本：卷1-10），中国石印本，20.5×13.5cm，四周双边，半郭：17×11.9cm，无界，20行40字，上黑鱼尾	내용：册1,（卷1）-册2,（卷2）-册3,（卷3）-册4,（卷4）-册5,（卷5）-册6,（卷6）-册7,（卷7）-册8,（卷8）-册9,（卷9）-册10,（卷10）	中央大学校812.3-진사빈ㅈ

续表

书名	出版事项	版式状况	一般事项	所藏处/所藏番号
宗教小说绣像绘图加批西游记	中国石印本，上海锦章图书局印行，刊年未详	残本（6册），有图		闵宽东
绣像西游后传	吴承恩（明）著，天花才子（清）评点，道德堂，嘉庆三年（1798）刊	8册，中国木版本，23.4×15.8cm	印：集玉斋，帝室图书之章	奎章阁〔奎중〕5027
绣像西游记全传	杨致和（明）著，赵毓真（清）等校，绣谷，锦盛堂，清代刊	4卷2册，中国木版本，22.6×14.4cm，四周单边，半郭：19.2×11.5cm，12行20字，上黑鱼尾，纸质：竹纸	书名：里题，所藏印：绣谷锦盛堂梓	成均馆大学校D7C-144
西游真诠	陈士斌（清）诠解，翠筠山房，清康熙三十五年（1696）序，后刷	100回20册，中国木版本，有图，24×16.2cm，四周单边，半郭20.6×14cm，无界，11行24字，上黑鱼尾，纸质：竹纸	里题：绣像西游真诠，序：康熙丙子（1696）中秋西堂老人尤侗撰，刊记：翠筠山房藏本，备考：里题云丘长春真人（丘处机）著此书	成均馆大学校D7C-41
	陈士斌（清）诠解，刊地不明，致和堂，康熙丙子（1696）序	100卷20册，木版本，有图，23.9×17cm，四周单边，半郭20.8×14.1cm，无界，11行24字，上下向黑鱼尾	表题：西游记，版心题：西游真诠，序：康熙丙子（1696）中秋西堂老人尤侗撰，刊记：致和堂梓行	庆北大学校〔古〕812.3 진51人
	陈士斌（清）诠解，致和堂，康熙三十五年（1696）序	51册（缺帙，册50-100），23.5×15.6cm，四周单边，半郭：20.8×14.1cm，无界，11行24字，上下向黑鱼尾		庆熙大学校812.308-진52人
	吴承恩（明）著，陈士斌（清）诠解，敬业堂，康熙三十五年（1696）序	100回20册（册1-20，1-10回，16-55回，61-100回），中国木版本，有图，25.4×15.7cm，四周单边，半郭：20.3×13.5cm，无界，11行24字，上下向黑鱼尾	表题：西游记（第11册，第46-51补写本），标题纸：圣叹外书 绣像西游真诠，敬业堂刊行，序：康熙丙子（1696）中秋西堂老人尤侗撰	京畿大学校京畿-k101642-1

书名	出版事项	版式状况	一般事项	所藏处/所藏番号
西游真诠	吴承恩（明）著，陈士斌（清）诠解，敬业堂，康熙三十五年（1696）序	100回20册（第11册第46-51补写本），中国木版本，有图，25.4×15.7cm	序：康熙丙子（1696）中秋西堂老人尤侗撰	高丽大学校（华山文库）C14-A8
	陈士斌（清）诠解，清康熙三十五年（1696）序	100卷36册，中国木版本，有图，25.5×15.6cm，上下单边，左右双边，半郭：19.8×13.4cm，无界，10行22字，上下向黑鱼尾，纸质：竹纸	表题：西游记，版心题：西游真诠，序：康熙丙子（1696）中秋西堂老人尤侗撰，所藏印：玄谷精舍万卷楼图书之印	全罗北道 高敞郡 玄谷书院
	吴承恩（明）著，陈士斌（清）诠解，清康熙三十五年（1696）序，后刷	100回20册，中国木版本，有图，24.1×16.2cm，四周单边，半郭：20×14.2cm，无界，11行24字，上下向黑鱼尾，纸质：绵纸	题签：西游记，里题：悟一子批点西游真诠，序：康熙丙子（1696）中秋西堂老人尤侗撰	釜山女子大学校伽倻文化研究所
	陈士斌（清）等诠解，金阊书业堂，正祖四年（1780）刊	94卷19册（卷1-100）中国木版本，24.5×15.7cm，四周单边，半郭：21.2×15.3cm，有界，11行24字，注双行，上下向黑鱼尾	标题：重镌绣像西游真诠，表题：西游记，刊记：乾隆庚子年（1780）新刊，序：康熙丙子（1696）尤侗	檀国大学校栗谷纪念图书馆（罗孙文库）古873.5-오883ㅅ
	吴承恩（明）著，陈士斌（清）诠解，敦化堂，乾隆四十七年（1782）刊	100回20册，中国木版本，24.5×16.2cm		高丽大学校（华山文库）C14-B8G
	吴承恩（明）著，陈士斌（清）诠解，咸丰二年（1852）刊	20卷20册，中国木版本，有图，15.8×11cm	标题：绣像西游记真诠，序：康熙丙子（1696）西堂老人尤侗撰	高丽大学校C14-B8B

书名	出版事项	版式状况	一般事项	所藏处/所藏番号
西游真诠	吴承恩（明）著，陈士斌（清）诠解，上海，扫叶山房，咸丰二年（1852）刊	20卷20册（卷1-20），中国木版本，15.9×11.2cm，四周单边，半郭：11.7×8.8cm，无界，10行23字，上内向黑鱼尾	表纸书名：西游记，版心书名：西游真诠，序：康熙丙子（1696）中秋西堂老人尤侗撰	汉阳大学校812.35-오576ㅅ-v.1-.9，v.12，-v.14，v.16
		20卷20册，中国木版本，有图，15.6×11.2cm，四周单边，半郭：11.9×9.5cm，无界，10行24字，上黑鱼尾，纸质：竹纸	序：康熙丙子（1696）中秋西堂老人尤侗撰，刊记：咸丰二年（1852）新刊，上海扫叶山房 竹西琅嬛书室藏板	成均馆大学校D7C-41a
	陈士斌（清）诠解，上海，扫叶山房，光绪十年（1884）刊	100回20册，中国木版本，23.8×18.1cm，四周单边，半郭：20.7×14cm，无界，11行24字，上黑鱼尾，纸质：竹纸	序：康熙丙子（1696）中秋西堂老人尤侗谨序，刊记：光绪甲申（1884）良月扫叶山房校刻，吴县孙溪逸士槐庐题	成均馆大学校D7C-41b
		100回20册，中国木版本，24×15.5cm，四周单边，半郭：20.7×14cm，11行24字，上黑鱼尾，纸质：竹纸	序：康熙丙子（1696）中秋西堂老人尤侗撰序，刊记：光绪甲申（1884）良月扫叶山房校刻	成均馆大学校D7C-41d
		不分卷20册，中国木版本，有图，23.4×16cm	标题：绣像西游记，一名：西游记，序：康熙丙子（1696）西堂老人尤侗，光绪乙酉（1885）朱记荣槐庐甫书于扫叶山房……印：全义李氏世家	高丽大学校C14-B8
	吴承恩（明）著，扫叶山房，光绪十年（1884）刊	20册，中国木版本，有图，24×16cm，四周单边，半郭：21×15cm，11行24字，注双行，花口，上下向黑鱼尾	表题：西游记，版心题：西游真诠，序：康熙丙子（1696）中秋西堂老人尤侗，刊记：光绪甲申（1884）良月展读西游记批点全备书肆惜无善本今购得是书重校付于手民鸿工复刊吴县孙溪逸士槐庐识	淑明女子大学校

续表

书名	出版事项	版式状况	一般事项	所藏处/所藏番号
西游真诠	光绪甲申(1884)扫叶山房重刻	19册100回，中国木版本，四周单边，匡郭：20.5×14.5cm，无界，11行24字，上黑鱼尾	刊记：光绪甲申(1884)良月扫叶山房重刻	延世大学校 812.38
	吴承恩(明)著，陈士斌(清)诠解，校经山房，光绪十年(1884)刊	100回20册，中国木版本，20.1×15.2cm		高丽大学校(华山文库) C14-B8A
	吴承恩(明)撰，陈士斌(清)诠解，校经山房，光绪十年(1884)刊	19册(册第1-19存，20册缺)，中国木版本，23.5×15.7cm，四周单边，半郭：20.8×14.4cm，无界，11行24字，上黑鱼尾	标题：绣像西游记，序：康熙丙子(1696)尤侗撰序，刊记：光绪甲申(1884)良月校经山房校刻	国会图书馆[古]812.3 ○296 人
	误一子(清)，陈士斌(清)诠解，光绪十年(1884)刊	10册，中国木版本，23.5×15.6cm	标题纸书名：绣像西游记，序：康熙丙子(1696)西堂老人	国立中央图书馆[东谷古]3736-61
	陈士斌(清)解，清刊本，上海，扫叶山房，光绪十一年(1885)序	20卷，木版本，24.3×16cm，四周单边，半郭：20.3×14.1cm，无界，11行24字，上黑鱼尾	序：康熙丙子(1696)尤侗，序：光绪乙酉(1885)……朱记荣，表题纸书名：绣像西游记	启明大学校[고]812.35-서유기
	吴承恩(明)著，陈士斌(清)诠解，扫叶山房，光绪十一年(1885)刊	零本19册(第50-54回，1册缺)，中国木版本，有图，24.1×15.8cm	标题纸：误一子批点真诠 绣像西游记 光绪甲申(1884)良月扫叶山房校刻……表纸书名：西游记，序：康熙丙子(1696)中秋西堂老人尤侗，序尾：光绪乙酉年(1885)夏四月孙溪逸士吴县朱记荣槐庐甫书于扫叶山房席氏三鱼书屋客馆	高丽大学校(华山文库) C14-B8H

续表

书名	出版事项	版式状况	一般事项	所藏处/所藏番号
西游真诠	扫叶山房，光绪十一年（1885）刊	18卷18册，中国活字本，有图，图像（20张），16×24.3cm	序：康熙丙子（1696）……西堂老人尤侗，光绪乙酉（1885）孙溪逸士吴县朱记荣槐庐甫书于扫叶山房席氏三余书屋客馆	忠北 报恩郡 김동기
	陈士斌（清）诠解，扫叶山房，光绪三十年（1904）刊	100卷20册，中国木版本，有图，23.9×15.4cm，四周单边，半郭：20.2×14.1cm，无界，11行24字，注双行，上下向黑鱼尾，纸质：竹纸	表题：西游记，里题：绣像西游记，序：康熙丙子（1696）中秋西堂老人尤侗，光绪乙酉年（1885）夏四月孙溪逸士吴县朱记荣槐庐甫书于扫叶山房席氏三余书屋客馆	忠南大学校崔书勉集 778
	悟一子（清）批点，光绪甲辰（1904）刊	10册，中国石印本，24.2×15.8cm		庆州汶坡文库
	悟一子（清）批评，芥子园原本，康熙丙子（1696）刊	20册，中国石印本，15.3×10.5cm		庆州汶坡文库
	憺漪子（清）评，忠信堂，戊辰（1688?）刊	2卷2册，中国木版本，有图，24×15.2cm，四周单边，半郭：20.8×12.7cm，有界，12行28字，花口，上下向黑鱼尾，纸质：竹纸	表题：西游记，标题：绣像西游真诠，版心题：西游，原序：天历己未（1329）虞集撰，刊记：戊辰年秋镌忠信堂梓行	釜山大学校（芝田文库）OEC 3-12 52
	吴承恩（明）著，陈士斌（清）诠解，清戊辰（1688?）刊	1册（59页），中国木版本，有图，24.3×15.3cm，四周单边，半郭：20×11.9cm，无界，12行28字，上下向黑鱼尾，纸质：竹纸	表题：西游记，里题：绣像西游真诠，序：天历己未（1329）虞集撰，刊记：戊辰年（1688?）秋镌忠信堂梓行	釜山大学校

书名	出版事项	版式状况	一般事项	所藏处/所藏番号
西游真诠	吴承恩（明）著，陈士斌（清）诠解，清代刊	10 卷 10 册(卷 11-20)，中国木版本，有图，15.5×11cm，四周单边，半郭：11.9×8.7cm，有界，10 行 24 字，上下向黑鱼尾，纸质：竹纸	表题：西游记	庆星大学校博物馆
		20 册，中国木版本，有图，25×15.8cm，半郭：21.2×14.5cm，有界，11 行 24 字，上下向黑鱼尾，纸质：竹纸	表题：西游记	釜山女子大学 伽倻文化研究所
	陈士斌（清）撰，清刊本	9 册(零本，卷 12-20)，中国木版本，15.7×11cm	表纸书名：西游记	奎章阁［古］895.13-J563s-v.12-20
西游真诠	吴承恩（明）撰，陈士斌（清）诠解，清后期刊	残本(20 卷中 8 册存)，中国木版本		朴在渊
		残本 7 册，中国木版本		朴在渊
		残本 94 卷 19 册，中国木版本，24.5×15.7cm		金东旭
西游真诠	陈士斌（清）诠解，清朝中期刊	100 回 24 册，中国木版本，有图，17×11.3cm，左右双边，半郭：12.5×9cm，9 行 24 字，上黑鱼尾，纸质：绵纸	表题：西游记，里题：金圣叹加评西游真诠，序：康熙丙子（1696）西堂老人尤侗撰，藏板：芥子园藏板，印：柳阴斋图书记，积斋，李王家图书之章	韩国学中央研究院 4-226
西游真诠	陈士斌（清）诠解，清朝末期刻后刷	100 卷 24 册，中国木版本，有图，24.9×15.8cm，四周单边，半郭：21.3×14.1cm，无界，11 行 24 字，上下向黑鱼尾，纸质：绵纸	序：康熙丙子（1696）中秋西堂老人尤侗撰	全北大学校
		100 回 20 册，中国木版本，有图，24×16cm，四周单边，半郭：21×14.3cm，无界，11 行 24 字，上黑鱼尾，纸质：绵纸	里题：悟一子批点西游真诠，序：康熙丙子（1696)中秋西堂老人尤侗撰	成均馆大学校 D7C-41c

书名	出版事项	版式状况	一般事项	所藏处/所藏番号
西游真诠	陈士斌（清）诠解，刊写地，刊写者，刊写年未详	18 册(全 20 册，册 1-14，17-20)，24.1×16.1cm，有图，四周单边，半郭：20.8×14.6cm，有界，11 行 24 字，上下向黑鱼尾	表题：(悟一子批点)西游真诠，序：康熙丙子(1696)中秋西堂老人尤侗撰	东亚大学校(3)：12：2-69
	陈士斌（清）诠解，中国，刊写者，刊写年未详	100 卷 24 册(卷 1-100)，中国木版本，有图，24.8×15.6cm，四周单边，半郭：21×14.3cm，有界，11 行 24 字，注双行，上下向黑鱼尾	标题：悟一子批点西游真诠，批点있음	全北大学校 812.3-서유진
	陈士斌（清）诠解，刊写地，刊写者，刊写年未详	1 册(缺本)，木版本，25×16cm		檀国大学校退溪纪念图书馆고 823.5-진 506 人
	陈士斌（清）诠解，刊写地，刊写者，刊写年未详	5 卷 1 册(零本)，中国木版本，25×16cm，四周单边，半郭：22×15cm，无界，11 行 24 字，上下向黑鱼尾		檀国大学校栗谷纪念图书馆고 873.5-진 506
	陈士斌（清）诠解，刊写事项不明	零本 19 册(所藏：第 2-100 回)，木版本，16.1×11.8cm，四周单边，半郭：12×9cm，无界，10 行 24 字，上下向黑鱼尾	版心题：西游真诠	庆北大学校[古]812.3 진 51 人(2)
	陈士斌（清）诠解，拾芥园藏板，刊年未详	10 卷 10 册，中国木版本，15.8×10.5cm，左右双边，半郭：12×9cm，无界，10 行 24 字，上黑鱼尾，纸质：竹纸	表题：西游记，序：康熙丙子(1696)西堂老人	圆光大学校 AN823.5-ᄌ 158 人
	吴承恩（明）原著，悟一子（清）批点	49 卷 10 册，有图(20 页)，24×16cm，四周单边，半郭：20.7×15cm，无界，11 行 24 字，上黑鱼尾	序：康熙丙子(1696)西堂老人尤侗撰	梨花女子大学校[고]812.3 서 77 ᄎ
	陈士斌（清）等诠解，刊写地，刊写者，刊写年未详	20 册(册 1-20)，23.6×16.1cm，有图，四周单边，半郭：20.7×15cm，有界，11 行 24 字，上下向黑鱼尾	包匣题：西游记，标题：悟一子批点西游真诠，序：康熙丙子(1696)中秋西堂老人尤侗	东亚大学校(3)：12：2-26

书名	出版事项	版式状况	一般事项	所藏处/所藏番号
西游真诠	吴承恩（明）著，陈士斌(清)诠解	100 回 20 册 2 匣，中国木版本，25.1×15.3cm，四周单边，半郭：19.5×13.3cm，无界，10 行 22 字，上下向黑鱼尾	表纸书名：西游记，第 11-12 册是笔写本	岭南大学校陶南文库[古도] 823.5 오승은
		20 回 4 册（全 100 回 20 册中零本），中国木版本，有图，25cm，四周单边，20.8×14.3cm，界线，11 行 24 字，上黑鱼尾	内题：悟一子批点西游真诠，手书刻序：康熙丙子（1696）中秋尤侗，印记：默容室藏书印外 1 种	延世大学校 812.36/24
	吴承恩（明）著，刊写者，刊写年未详	18 册（缺帙，所藏：2-19），中国木版本，24×16cm，四周单边，半郭：20.2×14.3cm，无界，11 行 24 字，上下向黑鱼尾	表题：西游记	国民大学校[고]823.5 오 01
	吴承恩（明）著，刊写地，刊写者，刊写年未详	9 卷 9 册（卷 10, 12-14, 16-20），中国木版本，半郭：11.8×8.7cm，10 行 24 字，上黑鱼尾		雅丹文库 823.5-오 57 人
	吴承恩（明）撰，刊写地，刊写者，刊写年未详	零本 6 册（46-50 回，56-60 回，66-70 回，76-80 回，86-90 回，91-95 回），中国木版本，25.7×16cm	表题：西游记	高丽大学校（晚松文库）C14-B8K
		不分卷 2 匣 20 册，中国木版本，16.5×24.8cm，四周单边，半郭：14.1×21cm，无界，11 行 24 字，白口黑鱼尾上	序：尤侗（1696），陈士斌（清）诠解，印：善斋，闵丙承印	涧松文库
		20 册 100 回，中国木版本，四周单边，半郭：21×15cm，有界，11 行 24 字，上黑鱼尾		延世大学校 812.38
		24 册 100 回，中国木版本，四周单边，半郭：21.5×15cm，无界，11 行 24 字，上黑鱼尾		延世大学校 812.38

书名	出版事项	版式状况	一般事项	所藏处/所藏番号
西游真诠		20 册 100 回，中国木版本，四周单边，半郭：20.5×15cm，无界，11 行 24 字，上黑鱼尾		延世大学校 812.38
		24 册 100 回，中国木版本，四周单边，半郭：21.5×15cm，无界，11 行 24 字，上黑鱼尾		延世大学校（默容室文库）812.38
金圣叹加评西游真诠		2 匣 20 册，木版本，16×11cm		岭南大学校 823.5
新说西游记	张书绅（清）注，上海，校经山房，光绪十四年(1888)序	零本 16 册，中国石印本，有图，19.8×13.2cm，四周单边，半郭：14.6×10.8cm，无界，16 行 36 字，注双行，纸质：竹纸	题签：同文原板西游记，序：乾隆戊辰年（1748）秋七月，晋西河张书绅题，光绪十有四年岁在戊子（1888）春王正月下浣长洲王韬序于沪上淞隐庐	忠南大学校 集 710
		100 卷 16 册，中国石印本，20×13.2cm，四周单边，半郭：14.6×10.9cm，无界，16 行 36 字，注双行，纸质：竹纸	表题：西游记，刊记：光绪戊子（1888）上海校经山房成记发行，序：光绪十有四年（1888）王韬	圆光大学校 AN823.5-ㅈ158
	吴承恩（明）著，上海，校经山房，20 世纪初刊	零本 15 册（第 1-4 回 1 册缺），中国石印本，有图，20×13.2cm	题签：同文原板西游记	高丽大学校（华山文库）C14-B8B
新说西游记图像	张书绅（清）注，味潜斋，光绪十四年(1888)刊	8 册，中国石印本，19.4×13cm	序：光绪十有四年（1888）……王韬，印：集玉斋，帝室图书之章	奎章阁 [奎古]5648
언한문셔유긔(谚汉文西游记)	朴健会译述，刊年未详	1 册（缺本），新铅印本，21.9×14.7cm	表纸书名：서유긔	韩国学中央研究院 D7B-57

续表

书名	出版事项	版式状况	一般事项	所藏处/所藏番号
서유긔	译著者未详，高宗二十六年(1889)写	2卷2册，笔写本，30.5×28.5cm，左右单边，18行24-25字，纸质：楮纸	卷末：긔축(1889)팔월념칠일	韩国综合典籍目录(尚熊文库)4-159
	华山刊	2册，韩文木版本，24.5×19.2cm，四周单边，上二叶花纹鱼尾	版心文字：셔，刊记：丙辰孟冬华山新刊，16mmR[Nega]，61f	韩国学中央研究院 R16N-001136-5
	刊写地，刊写者未详，庚申(?)写	1册(116页)，笔写本，23.5×16cm，四周三边，半郭：19.8×13.8cm，朱丝栏，10行字数不定，注双行，上下向红鱼尾	경신구월뉵일	檀国大学校栗谷图书馆[古]873.5-이864 ㅅ
	刊写地，刊写者，刊写年未详	1册(零本)，笔写本，32.2×21.2cm，无界，10行字数不定		檀国大学校栗谷图书馆(罗孙文库)[古]873.5-오883 사
		1册(30页)，笔写本，36.8×21.8cm，无界，11行28字	表题：셔유긔전，印记：妙信	檀国大学校栗谷图书馆[古]873.5-오833 사
		1册，37cm，笔写本，16行31字内外	外题：西游记	延世大学校811.93/32
		13册(缺1-2册，10-11册)，笔写本，34×22.5cm		延世大学校812.38
서유긔(西游记)	吴承恩(明)著，陈士斌(清)诠解，朝鲜朝后期写	5卷5册(卷1，2，12，14，24)，笔写本，36×18.2cm，无界，12行字数不定，纸质：楮纸	写记：경오(?)남월우민교	江陵市船桥庄
서유기(西游记)	吴承恩(明)著	45卷12册，朝鲜笔写本，35.2×22cm(第6-12册：33×20.6cm)	朝鲜本，笔写记录(卷末)：셰제긔미유칠월일계동필셔，이책을마니보시면연화대의가시리다，表纸书名：西游记	岭南大学校(陶南文库)[古도]823.5오승은ㅍ

续表

书名	出版事项	版式状况	一般事项	所藏处/所藏番号
서유기 (西游记)	译著者未详，哲宗十年至高宗年间（1859—1919）写	27卷12册(卷1-5, 24-25)，朝鲜笔写本，35×22.1cm，行字数不定，纸质：楮纸	题签：西游记，卷末：셰유긔미(1859—1919) 츈칠월일계동필서，所藏印：陶南珍藏	岭南大学校（陶南文库）赵润济
唐太宗传	刊年未详	不分卷1册，笔写本，31.8×20.3cm		国立中央图书馆[한]48-91
당태즁젼 (唐太宗传)	译著者，刊写地，刊写者未详，癸卯(?)写	1册（51页），笔写本，30.2×20.3cm，无界，12行18字	表题：唐太宗传	檀国大学校栗谷图书馆（罗孙文库）[古]853.5-당315 가
	刊写地，刊写者，刊写年未详	1册（18页），木版本，26.7×17.6cm，四周单边，半郭：19.7×15cm，无界，15行30字内外，上下内向黑鱼尾	表题：唐太宗传	西江大学校[古]당831
		1册，朝鲜笔写本，28.7×20.3cm	35mmR[Posi]，53f	（金东旭）R35P-000005-1
당태즁젼 (唐太宗传)	译著者未详，（1800年左右)刊	1册(18页)，木版本，26×17.8cm，半郭：20×15cm，15行字数不定，内向黑鱼尾，纸质：楮纸	题签：唐太宗传，版心题：당	（山气文库）李谦鲁4-678
	译著者，刊写地，刊写者未详，庚申(?)写	1册（59页），笔写本，34.5×22cm，无界，行字数不定	写记：岁在庚申腊月，里面：阐义昭鉴，合缀古谈囊传（고담낭젼），은중경，춘양젼，감응편	檀国大学校栗谷图书馆（罗孙文库）[古]853.5-당315

3-2. 后西游记

书名	出版事项	版式状况	一般事项	所藏处/所藏番号
后西游记	上海，申报馆，20世纪初刊	8册(册1-8)，中国新铅活字本，17.2×11.2cm，四周单边，半郭：13.4×8.8cm，无界，12行27字，花口，上下向黑鱼尾，纸质：竹纸	刊记：上海申报馆仿聚珍版印	全南大学校 3Q-亭53
		8册，中国新铅活字本，17.2×11.2cm，四周单边，半郭：13.4×8.8cm，无界，12行27字，上黑鱼尾，纸质：竹纸	刊记：上海申报馆仿聚珍板印	全南大学校 3Q-亭53-v.1-8
绣像后西游记	刊写地，刊写者未详，宣统三年(1911)刊	4卷4册(卷1-4)，20.4×13.2cm，有图，四周双边，半郭：17.5×12cm，无界，24行50字，上下向黑鱼尾	标题：绘图西游记后传，包匣题：绘图西游记后传，后西游序：宣统辛亥(1911)孟冬下浣，刊记：辛亥(1911)仲秋上海江左书林石印	东亚大学校 (3)：12：2-29

3-3. 四游记

书名	出版事项	版式状况	一般事项	所藏处/所藏番号
绣像四游全传	吴元泰(明)等著，凌云龙(明)等校，书林致和堂，清道光十年(1830)刻，后刷	12卷8册，中国木版本，有图，22.5×14.5cm，四周单边，半郭19.3×11.7cm，有界，10行17字，上黑鱼尾，纸质：竹纸	刊记：道光十年(1830)新镌书林致和堂梓	成均馆大学校 D7C-52
绘图东南西北四游记	吴元泰(明)著，凌云龙(明)校，上海，广益书局，刊写年未详	4册(册1-4)，17.6×10.4cm，有图，四周单边，半郭：15×9.3cm，无界，18行41字，上下向黑鱼尾	刊记：壬子年(1912?)夏上海广益书局石印	东亚大学校 (3)：12：2-68

3-4. 南游记(五显灵官大帝华光天王传)

书名	出版事项	版式状况	一般事项	所藏处/所藏番号
全像五显灵官大帝华光天王传	余象斗(明)编,锦盛堂,辛未刊	4卷2册,中国木版本,22.6×14.5cm,四周单边,半郭:19.7×11.7cm,10行17字,上黑鱼尾,纸质:竹纸	里题:图像南游华光传,刊记:辛未岁孟冬月书林锦盛堂梓	成均馆大学校D7C-129

3-5. 北方真武祖师玄天上帝出身全传

书名	出版事项	版式状况	一般事项	所藏处/所藏番号
新刊北方真武玄天上帝出身志传	余象斗(明)编,大经堂,清朝年间刊	4卷2册,中国木版本,22.6×14.5cm,四周单边,半郭:19.8×11.6cm,10行17字,纸质:竹纸	刊记:书林大经堂梓行	成均馆大学校D7C-156

4. 金瓶梅(续金瓶梅)

《金瓶梅》是明清时代长篇人情小说的第一部代表作,它的问世,标志着人情小说作为一种章回小说类型已经成熟。《金瓶梅》是中国文学史上第一部由文人独立创作的以家庭生活为题材的长篇小说。

兰陵笑笑生是《金瓶梅》作者的笔名。关于兰陵笑笑生的真实姓名,学术界有过许多推测。在清代,比较重要的说法有:清初张竹坡评本《金瓶梅》谢颐序提出为"王世贞门人";顾公燮的《消夏闲记》说是王世贞;《古本金瓶梅》附录之《王仲瞿考证》认为是王世贞或李卓吾(赟);在兹堂《金瓶梅》署作者为李笠翁(渔)等。其中张竹坡评本据"苦孝说"立论,谓王世贞的父亲被严嵩父子害死,王世贞欲报仇,探知严世蕃喜读小说,爱用手蘸着唾沫翻书,就写成这部书,以毒药浸纸,卖给严世蕃,以图复仇。这一说法在清代影响最大。"五四"以后,又陆续产生了李开先说、贾三近说、屠隆说、王穉登说等见解。以上诸多推测,其依据主要有二:一为晚明沈德符的《万历野获编》卷二五中有"闻此为嘉靖间大名士手笔"的记载;一为笔名"兰陵笑笑生"所含的地名兰陵(又有北兰陵、南兰陵之分,北兰陵为山东峄县,南兰陵为江苏武进)。凡与兰陵有密切关系又符合"嘉靖间大名士"或稍后时代大名士身份者,均有充当《金瓶梅》作者候选人的资格。这一情形表明,诸多说法虽有其存在价值,但都缺乏坚实的依据。关于《金瓶梅》的作者,还有"非大名士"一说。如明袁中道在《游居柿录》卷九中所说的"绍兴老儒",明谢肇淛在《小草斋文集》卷二四《金瓶梅跋》中所说的"金吾戚里门客"。

《金瓶梅》大约成书于明代隆庆二年(1568)至万历三十年(1602)之间,其明代版本可以归纳为两个系统:明代万历四十五年(丁巳,1617)"东吴弄珠客"序的《金瓶梅词话》系统和明代崇祯年间的《新刻绣像批评原本金瓶梅》系统,均为一百回。两者主要区别是:《金瓶梅词话》第一回是"景阳冈武松打虎",崇祯本《金瓶梅》则改为"西门庆热结十兄弟";《金瓶梅词话》第八十四回后半回是"宋公明义释清风寨",崇祯本《金瓶梅》全删;《金瓶梅词话》回目上下句往往字数参差,对仗不工,书中有大量山东方言,崇祯本《金瓶梅》回目对仗工整,山东方言已经删改,文辞也经过修饰。《金瓶梅词话》早于崇祯本《金瓶梅》,更接近于原书的本来面目。另外较为流行、影响较大的版本,还有清代张竹坡的《皋鹤堂批评第一奇书金瓶梅》,刻于清康熙年间,无词话本的序、跋,而有谢颐序,并在崇祯本的基础上对小说正文增加了大量评语。

清初李渔为《三国志演义》作序,提到冯梦龙有"四大奇书之目",包括《三国志演义》、《水浒传》、《西游记》和《金瓶梅》四部章回小说名著。"四大奇书"的命名,是这四部名著经典地位确立的标志。《金瓶梅》在中国小说发展史上确实有着重要的地位。但该书存在大量的性描写,其消极影响亦不可低估。同时因《金瓶梅》过多描写阴暗生活,作品色调灰暗,气氛阴郁,并不适合于普通读者阅读。《金瓶梅》试图用色空观念和因果报应来加以引导和改善,所开的药方也未必高明。

《金瓶梅》的书名,取自书中三个女性的名字:潘金莲、李瓶儿、庞春梅。全书着重描写西门庆和他的妻妾:妻,吴月娘;妾,孟玉楼,李瓶儿,潘金莲,孙雪娥;婢,庞春梅。全书一百回,从这个家庭的兴盛写到衰败。

《金瓶梅》假托北宋末年为时代背景来反映明代中叶以后的社会生活。它从《水浒传》中"武松杀嫂"一段敷衍开去,以西门庆的生活史为中心线索,向四面八方伸展,"寄意于时俗"(欣欣子《金瓶梅词话序》),细致地再现了当时畸形的世态人情和家庭关系。小说共包括三个情节板块。前29回主要通过潘金莲(第1~12回)、李瓶儿(第13~21回)、宋惠莲(第22~29回)的个人生活向读者介绍了西门庆家族的境况、西门庆诸妻妾之间的复杂关系以及西门庆等人的情色欲望。第30~79回,旨在展示西门庆的家庭生活和与之相关的社会生活。主要描写了四个方面的内容:以潘金莲、李瓶儿的矛盾为核心的妻妾争锋;以西门庆、李瓶儿、潘金莲为中心的纵欲生活;以西门庆为中心的政治生活、经济生活和社交生活;以吴月娘为中心的宗教生活。第80~89回,除了第80回交代丧事、第81回交代西门庆财产去向外,主要写潘金莲与陈经济宣淫纵欲,最后魂归永福寺。第89回后写陈经济折磨西门大姐,将家业败光,与庞春梅纵欲宣淫,并因而丧生。小说在叙述潘金莲、陈经济、庞春梅的纵欲生活史的同时,穿插交代了西门庆产业的败落和家属的风流云散。

《金瓶梅》在1608年以前已传入朝鲜(据《松泉笔谈》卷二),版本不详。现在韩国所见的版本,都是张竹坡批评的"第一奇书"本(《皋鹤堂批评第一奇书金瓶梅》)。1853年法国出版了《金瓶梅》节译本。目前《金瓶梅》已有英、法、德、意、拉丁、瑞典、芬兰、俄、匈牙利、捷、南斯拉夫、日、朝、越、蒙等多种语言的译本,其翻译质量颇高,相关研究也取得了较高成就。

　　《续金瓶梅》，又名《玉楼月》、《金屋梦》。有清顺治间刊本等。题"紫阳道人编"、"湖上钓叟评"。凡十二卷六十四回。作者丁耀亢（1599—1669），字西生，号野鹤，别号紫阳道人、木鸡山人，诸城（今属山东）人。清顺治间授容城教谕，迁福建惠安知县。康熙间因作《续金瓶梅》致祸下狱。另有《丁野鹤遗稿》等著述。《续金瓶梅》作于顺治十七年（1660）丁耀亢旅居西湖期间。丁耀亢以《续金瓶梅》为《感应篇》之无字解，借因果报应故事来印证宗教信仰，同时在对宋金史事的描写中，曲折地写出明清易代的变迁，表达对清朝的愤懑之情。由于后一原因，《续金瓶梅》成为清代第一部被明令禁毁的小说。《续金瓶梅》被禁不久，出现了《新镌古本批评三世报隔帘花影》四十八回，不题撰人，首四桥居士序。孙楷第《中国通俗小说书目》以为四桥居士当即作者。《隔帘花影》实为《续金瓶梅》的删节本，其差别主要有二：一是删去了以"刺新朝而泄黍离之恨"为核心的十六回，二是改换人名，如易蒋竹山为毛橘塘，易西门为南宫，易月娘为云娘，易孝哥为慧哥。其因果报应之旨一仍其旧。

4-1. 金瓶梅

书名	出版事项	版式状况	一般事项	所藏处／所藏番号
皋鹤堂第一奇书	张竹坡（清）批评，本衙藏板，清刊本	20 册，中国木版本，16.6×11.6cm	序：康熙岁次乙亥（1695）清明中浣秦中觉天者谢颐题于皋鹤堂，印：集玉斋	奎章阁〔奎중〕5849
	张竹坡（清）批评，刊写地，刊写者，刊写年未详	80 卷 27 册（全 100 卷，册 1-27，册 2，3，有图），26.3×16.5cm，四周单边，半郭：19.9×13.4cm，无界，10 行 22 字，注双行，无鱼尾	序：康熙岁次乙亥（1695）清明中浣秦中觉天者谢颐题于皋鹤堂	东亚大学校（3）：12：2-12
	香港旧小说社，刊年未详	16 卷 8 册，中国石印本，有图，20×13cm，四周双边，半郭：16.5×11.3cm，无界，23 行 48 字，注双行，上黑鱼尾	序：康熙乙亥（1695）谢颐	启明大学校〔고〕812.35-제일기
	张竹坡（清）批评，刊写地，刊写者，刊写年未详	22 册（册 1-22），23.6×15.1cm，四周单边，半郭：18.9×13cm，无界，10 行 22 字，无鱼尾		庆熙大学校 812.33 제 68 ㄱ
		零本 9 册（所藏：卷 5-6，15-16，18，20-21，23），木版本，17.5×11cm，四周单边，半郭：13.1×9.2cm，无界，11 行 25 字，上下向黑鱼尾	表题：金瓶梅，版心题：第一奇书	庆北大学校〔古〕812.3 제 69

书名	出版事项	版式状况	一般事项	所藏处/所藏番号
新镌绘图第一奇书钟情传	清光绪二十九年(1903)序	6 卷 6 册，中国石印本，有图，16.8×10.1cm，四周双边，半郭：13.7×8.8cm，无界，16 行 40 字，上下向黑鱼尾，纸质：洋纸	表题：金瓶梅，序：光绪二十九年岁次癸卯(1903)夏月闲云山人题于沪上	忠南大学校集 128
绣像第一新书钟情传	刊写者未详，清末民初刊	3 册(册 2, 4, 6, 缺帙)，中国石印本，17.3×10.3cm，四周双边，半郭：14.4×8.8cm，无界，17 行 41 字，上下向黑鱼尾，纸质：竹纸	表题：金瓶梅	全南大学校3Q-슈 51
	刊写地，刊写者，刊写年未详	3 册(缺帙)，中国石印本，17.3×10.3cm，四周双边，半郭：14.4×8.8cm，无界，17 行 41 字，上黑鱼尾，纸质：竹纸	表题：金瓶梅	全南大学校3Q-슈 51- v. 2, 4, 6
金瓶梅	张竹坡（清）批评，刊写地，刊写者，刊写年未详	全 24 册,中国木版本,24.8×15.8cm,四周单边,半郭：20.2×14.3cm,无界，12 行 26 字，注双行，上下向黑鱼尾	版心题：第一奇书	岭南大学校古목 823.5-금병매
		11 册（零本），活印本，24.1×15.4cm		岭南大学校，古 韶 823.5-금병매
		11 册（零本），活印本，24×16cm		岭南大学校韶 823.5
		卷首缺，木版本		西原大 황선주교수소장본
	笑笑生（明）撰，清末刊	残本 3 册，中国木版本		朴在渊
	笑笑生（明）著，张竹坡（清）批评	100 回 20 册，中国木版本，有图，26.1×16.8cm，四周单边，半郭：19×14.3cm，无界，11 行 22 字	卷头叙：康熙岁次乙亥(1695)清明中浣秦中觉天者谢颐题，凡例，杂录，目录，苦孝说，非淫书论，房屋包，大略，杂录小引，趣谈，读法，寓意说，插图，版心题：第一奇书，标题：金瓶梅第一奇书彭城张竹坡批评	岭南大学校陶南文库［古도］823.5 금병매

续表

书名	出版事项	版式状况	一般事项	所藏处/所藏番号
皋鹤堂第一奇书	刊写者，刊写年未详	1卷1册（卷2，缺帙），中国石印本，有图，19.7×13.2cm，四周单边，半郭：16.4×11.7cm，无界，23行49字，注双行，无鱼尾	表题：金瓶梅	全北大学校812.35-고학당ㄱ
皋鹤堂批评第一奇书金瓶梅	刊年未详	12册，中国石印本，24.2×16cm，四周单边，半郭：19.4×13.5cm，无界，10行20字，版心无	序：康熙岁次乙亥（1695）清明中浣谢颐	梨花女子大学校□고□812.3금54
	张竹坡（清）批评，清康熙三十四年（1695）序，玩花书屋藏板	1册，中国木版本，有图，17.5×11cm，四周单边，半郭：12.8×6.2cm，11行25字，注双行，上黑鱼尾，纸质：绵纸	表题：金瓶梅，版心题：第一奇书，序：时康熙岁次乙亥（1695）清明中浣秦中觉天者谢颐题于皋鹤堂，内容：西门庆家人名数，金瓶梅趣谈，杂录小引，目录第一回至百回，绘图40页	韩国综合典籍目录（诚庵文库）赵炳舜4-1435
	笑笑生（明）著，张竹坡（清）批评，影松轩藏板，康熙乙亥（1695）序	1卷1册（全100回23册，卷首），中国石印本，24.4×15.3cm，四周单边，半郭：18.8×12.9cm，无界，10行22字，注双行，无黑口无鱼尾	表纸书名：金瓶梅，版心书名：第一奇书，序：康熙乙亥（1695）清明中浣秦中觉天者谢颐题于皋鹤堂，刊记：彭城张竹坡批评金瓶梅，影松轩藏板	汉阳大学校812.35-고912-v.1-v.2，v.8-v.9，v.23
绘图真正金瓶梅	神州：亚西书局	6卷4册，16cm，中国石印本，有图，四周单边，14.2×8.9cm，23行26字		延世大学校812.36/4
新刻绣像评点金瓶梅	笑笑生（明）撰20世纪初刊	零本4册（卷8，16，18-19），中国木版本，23.4×15.4cm	版心题：金瓶梅，印：和庵	高丽大学校（晚松文库）C14-B86
绣像绘图金瓶梅	刊写地，刊写者，刊写年未详	6卷6册1匣（所藏：1-6），中国石印本，有图，17.1×10.2cm，四周双边，半郭：13.7×8.8cm，无界，16行40字，上下向黑鱼尾	卷首题：新镌绘图第一奇书钟情传，第一奇书钟情传序：癸卯（1903）闲云山人题于沪上	国民大学校[고]823.5수01

书名	出版事项	版式状况	一般事项	所藏处/所藏番号
新刻金瓶梅奇书	济水，太素轩，清嘉庆二十一年（1816）刻，后刷	8卷4册，中国木版本，22.3×14.5cm，四周单边，半郭：17.7×11.3cm，无界，15行32字，上黑鱼尾，纸质：竹纸	里题：第一奇书金瓶梅，版心题：金瓶梅，序：时嘉庆岁次丙子（1816）清明上浣秦中觉天者谢颐题于皋鹤书舍，刊记：济水太素轩梓	成均馆大学校D7C-9
增图绘像足本金瓶梅	1900年左右刊，日本东京廿八番地三町目爱田书室印刷所	8卷8册（第1-48回），日本石印本，19.5×13.5cm，四周单边，半郭：16.7×12cm，无界，23行51字，注双行，头注纸质：和纸	书名系据题签确定，序：康熙岁次乙亥（1695）清明中浣秦中觉天者谢颐题于皋鹤堂，刊记：日本东京廿八番地三町目爱田书室印刷所，备考：一名《金瓶梅》	成均馆大学校D7C-8
全像金瓶梅	张竹坡（清）批评，玩花书屋，清朝末期刻，后刷	100回24册，中国木版本，15.8×10.5cm，四周单边，半郭：12.5×9.5cm，无界，11行25字，注双行，上黑鱼尾，纸质：绵纸	里题：第一奇书，序：时康熙岁次乙亥（1695）清明中浣秦中觉天者谢颐题于皋鹤堂，刊记：玩花书屋藏板	成均馆大学校D7C-7
	张竹波（清）批评，玩花书屋，刊写年不明	零本17册（所藏：第4-8，21-25，30-33，39-100回），木版本，15.1×10.5cm，四周单边，半郭：12.5×10.5cm，无界，11行25字，上下向黑鱼尾	表题：金瓶梅，版心题：第一奇书	庆北大学校[古]812.3 장77 ㅈ

4-2. 续金瓶梅

书名	出版事项	版式状况	一般事项	所藏处/所藏番号
绣像续金瓶梅	紫阳道人（清）编次，务本堂藏板，清刊本	12卷12册，中国木版本，17.2×11.6cm	卷头书名：续金瓶梅，序：烟霞洞天隐，印：集玉斋，帝室图书之章	奎章阁[奎古]5890

续表

书名	出版事项	版式状况	一般事项	所藏处/ 所藏番号
续金瓶梅	紫阳道人（清）编次，清刊本	12 卷 2 匣 12 册，中国木版本，11.7×17cm，四周单边，半郭，9.7×11.7cm，无界，10 行 24 字，白口黑鱼尾上	表纸书名：续金瓶梅，序：烟霞洞天隐	涧松文库
	刊写事项不明	零本 1 册（所藏：卷 7-8），木版本，17.1×11.7cm，四周单边，半郭：13.2×9.5cm，无界，10 行 24 字，上下向黑鱼尾	版心题：续金瓶梅	庆北大学校[古]812.3 今 18

5. 三言两拍（醒世恒言）

"三言"是冯梦龙编撰的三部白话短篇小说集的简称，包括《喻世明言》、《警世通言》和《醒世恒言》。《喻世明言》现存两种刊本，一是天许斋刊的《古今小说》本，计四十卷四十篇，题《全像古今小说》，总目前有"古今小说一刻"六字，署绿天馆主人编次。一是衍庆堂刊的《喻世明言》本，计二十四卷二十四篇，题《重刻增补古今小说》，署可一居士评，墨浪主人校。一般认为，《古今小说》是《喻世明言》、《警世通言》、《醒世恒言》的总名，《喻世明言》实为《古今小说》一刻，但因《警世通言》、《醒世恒言》未用《古今小说》二刻、《古今小说》三刻之名，《古今小说》也就成了《喻世明言》的别名了。

《喻世明言》、《警世通言》和《醒世恒言》，每种四十卷四十篇，共一百二十卷一百二十篇。其中一部分是根据"宋元旧篇"修订而成，约占三分之一；一部分是明代话本或明代文人拟作，约占三分之二。郑振铎的《明清二代的平话集》、谭正璧的《三言两拍资料》、胡士莹的《话本小说概论》、孙楷第的《沧州集》、赵景深的《中国小说丛考》、许政扬的《许政扬文存》、欧阳代发的《话本小说史》等著述都曾就"三言"作品的时代归属作过考订。他们判定其系"宋元旧篇"的主要依据是：第一，《宝文堂书目》著录和《清平山堂话本》收录；第二，作品中有"大宋"、"我宋"一类称谓或富有时代特征的地名、官职名和方言等；第三，作品表现了宋元特有的文化背景和习俗；第四，作品具有宋元时代文人的写作风格；第五，"三言"中注明出处。聂付生的《冯梦龙研究》综合这些学者的研究成果，认为其中有 22 篇可明确定为宋元旧篇：《崔待诏生死冤家》（《警世通言》卷八）、《一窟鬼癫道人除怪》（《警世通言》卷十四）、《崔衙内白鹞招妖》（《警世通言》卷十九）、《十五贯戏言成巧祸》（《醒世恒言》卷三三）、《三现身包龙图断冤》（《警世通言》卷十三）、《杨思温燕山逢故人》（《古今小说》卷二四）、《史弘肇龙虎君臣会》（《古今小说》卷十五）、《张古老种瓜娶文女》（《古今小说》卷三三）、《陈从善梅岭失浑家》（《古今小说》卷二十）、《明悟禅师赶五戒》（《古今小说》卷三十）、《小夫人金钱赠年少》（《警世通言》卷十六）、

《月明和尚度柳翠》(《古今小说》卷二九)、《闲云庵阮三偿冤债》(《古今小说》卷四)、《计押番金鳗产祸》(《警世通言》卷二十)、《宿香亭张浩遇莺莺》(《警世通言》卷二九)、《金明池吴清逢爱爱》(《警世通言》卷三十)、《皂角林大王假形》(《警世通言》卷三六)、《万秀娘仇报山亭儿》(《警世通言》卷三七)、《福禄寿三星度世》(《警世通言》卷三九)、《乔彦杰一妾破家》(《警世通言》卷三三)、《蒋淑真刎颈鸳鸯会》(《警世通言》卷三八)、《闹樊楼多情周胜仙》(《醒世恒言》卷十四)。有可能属于"宋元旧篇"的有18种：《宋四公大闹禁魂张》(《古今小说》卷三六)、《任孝子烈性为神》(《古今小说》卷三八)、《汪信之一死救全家》(《古今小说》卷三九)、《新桥市韩五卖春情》(《古今小说》卷三)、《白娘子永镇雷峰塔》(《警世通言》卷二八)、《假神仙大闹华光庙》(《警世通言》卷二七)、《郑节使立功神臂弓》(《醒世恒言》卷三一)、《俞伯牙摔琴谢知音》(《警世通言》卷一)、《沈小官一鸟害七命》(《古今小说》卷二六)、《简帖僧巧骗皇甫妻》(《古今小说》卷三五)、《钱舍人题诗燕子楼》(《警世通言》卷十)、《金海陵纵欲亡身》(《醒世恒言》卷二三)、《乐小舍拼生觅偶》(《警世通言》卷二三)、《拗相公饮恨半山堂》(《警世通言》卷四)、《小水湾天狐贻书》(《醒世恒言》卷六)、《张孝基陈留认舅》(《醒世恒言》卷十七)、《赵太祖千里送京娘》(《警世通言》卷二一)、《勘皮靴单证二郎神》(《醒世恒言》卷十三)。在大约80篇明人话本或明人拟作中，冯梦龙所作可能有24种：《蒋兴哥重会珍珠衫》(《古今小说》卷一)、《杜十娘怒沉百宝箱》(《警世通言》卷三二)、《范鳅儿双镜重圆》(《警世通言》卷十二)、《沈小霞相会出师表》(《古今小说》卷四十)、《杨八老越国奇逢》(《古今小说》卷十八)、《大树坡义虎送亲》(《醒世恒言》卷五)、《老门生三世报恩》(《警世通言》卷十八)、《陈多寿生死夫妻》(《醒世恒言》卷九)、《吴衙内邻舟赴约》(《醒世恒言》卷二八)、《单符郎全州佳偶》(《古今小说》卷十七)、《金玉奴棒打薄情郎》(《古今小说》卷二七)、《白玉娘忍苦成夫》(《醒世恒言》卷十九)、《黄秀才徼灵玉马坠》(《醒世恒言》卷三二)、《施润泽滩阙遇友》(《醒世恒言》卷十八)、《汪大尹火焚宝莲寺》(《醒世恒言》卷三九)、《玉堂春落难逢夫》(《警世通言》卷二四)、《刘小官雌雄兄弟》(《醒世恒言》卷十)、《苏小妹三难新郎》(《醒世恒言》卷十一)、《一文钱小隙造奇冤》(《醒世恒言》卷三四)、《唐解元一笑姻缘》(《警世通言》卷二六)、《赵春儿重旺曹家庄》(《警世通言》卷三一)、《佛印师四调琴娘》(《醒世恒言》卷十二)、《赫大卿遗恨鸳鸯绦》(《醒世恒言》卷十五)、《众名姬春风吊柳七》(《古今小说》卷十二)。

在这可能系冯梦龙所作的24种作品中，前七种大体可以断言出于冯梦龙之手。《老门生三世报恩》一篇，冯梦龙在更定本传奇《三报恩·序》中说："余向作《老门生》小说，政谓少不足矜，而老未可慢。为目前短算者开一眼孔。"这是冯梦龙创作《老门生三世报恩》的铁证。其他篇目，如郑振铎《关于醒世恒言》所说："最可异的是，这些明人作品，作风大致相同，思想也十分的类似，疑出于一人。在《通言》里，《老门生》已证实为冯梦龙手笔，则冯氏之写作《卖油郎独占花魁》诸篇实为可能。且其作风也实极为相似。大抵冯氏纂《明言》、《通言》时，古代的材料已将用尽，惟欲凑足第三个四十篇之数，故不能不自己努力着手。虽极力模拟说话人的语气与格调，而明眼人一读而知其为有意的拟作。"此外，"三言"的题材是否与《情史》一致，也是判断小说是否出于冯氏之手的一个参考。一般说来，两者密合的，出于冯氏之手的可能性较大。

冯梦龙(1574—1646)字犹龙，又字耳犹、子犹，别号犹龙子、墨憨斋主人、吴下词奴、顾曲散人、詹詹外史、茂苑野史、绿天馆主人、无碍居士、可一居士等，长洲(今江苏苏州)人。因寄籍吴县，故冯梦龙自称"直隶长洲(今江苏苏州)人"(冯梦龙《寿宁待志》)。冯梦龙出身书香门第，其兄冯梦桂是一位画家，其弟冯梦熊是一位诗人，兄弟三人在当时的苏州文坛颇有名气，时人称之为"吴下三冯"。"吴中自祝允明、唐寅辈才情轻艳，倾动流辈，放诞不羁，每出于名教之外。"(赵翼《廿二史札记》卷三十四《明中叶才士傲诞之习》)冯梦龙生长在这样的环境中，加上他久困于诸生，长期不能中举，不免放旷不羁，甚至"逍遥艳冶场，游戏烟花里"(王挺《挽冯犹龙》)。冯梦龙一度与名妓侯慧卿相好，并有白头之约，后被侯抛弃。据他的朋友董斯张记载：冯梦龙"自失慧卿，遂绝青楼之好"(董斯张《怨离词》评)。万历三十二年(1604)至三十七年(1609)间，冯梦龙曾与文震孟、姚希孟、钱谦益等七人组织文社，后又与袁于令等人组织"韵社"；万历三十八年(1610)前后，与嘉定侯氏三瞻(豫瞻、梁瞻、雍瞻)等过从甚密。这一类结社活动，兼有砥砺德业和扩大声誉的作用。万历三十九年(1611)，江夏熊廷弼督学南畿，执法甚严，他对冯梦龙不胜赏识，特予甄拔，二人从此结下深厚的师生之谊。冯梦龙自早年即酷爱李贽学说，将之"奉为蓍蔡"，并在若干年内将大量精力投入到通俗文学的研究、整理和刊行上。冯梦龙编纂的时兴歌曲，其《广挂枝儿》未见传本，现存《童痴一弄·挂枝儿》十卷，《童痴一弄·山歌》十卷，共收作品818首，是明代民间歌曲集中仅见的两部巨制，与冯梦龙同时代的名流如袁宏道、王骥德、贺贻孙、凌濛初、卓珂月等人均视之为"神品"。冯梦龙还编过两本笑话集：《广笑府》和《笑府》。其中既有来自民间的笑话，也有冯梦龙和其他文人的拟作。万历三十六七年间，冯梦龙见到李贽批定的《水浒传》，心存爱慕，便与袁无涯、许自昌"相与校对再三"，"精书妙刻"。此即现存的《出相评点忠义水浒全传》。冯梦龙又在友人沈德符处见到《金瓶梅》抄本，不胜欣喜，"怂恿书坊以重价购刻"(沈德符《万历野获编》卷二五)，还把罗贯中的《平妖传》由二十回增补为四十回。这一时期，冯梦龙在创作《双雄记》传奇的同时，还改定他人的传奇作品达数十种之多，现存(包括后期改定的在内)14种：《新灌园》、《酒家佣》、《女丈夫》、《量江记》、《精忠旗》、《梦磊记》、《洒雪堂》、《楚江情》、《风流梦》、《邯郸梦》、《人兽关》、《永团圆》、《三报恩》、《杀狗记》，通称《墨憨斋定本传奇》。天启三年(1623)至崇祯三年(1630)间，冯梦龙相继完成《喻世明言》(别称《古今小说》)、《警世通言》、《醒世恒言》、《太平广记钞》、《智囊》、《情史》、《太霞新奏》等总集的评纂工作，并把万历四十八年(1620)编印的《古今笑》更名为《古今谭概》再度刊行。崇祯三年(1630)，冯梦龙以57岁高龄考入国学，选为贡生，大约在次年被朝廷破例除授丹徒县训导。在任期间，冯梦龙曾编《四书指月》一书教授生员。此书后由陈仁锡作序刊行。崇祯七年(1634)，冯梦龙由丹徒县训导升任福建寿宁知县。崇祯十一年(1638)，秩满离任，归隐苏州。清代修《寿宁县志》，其《循吏传》称冯梦龙"政简刑清，首尚文学。遇民以恩，待士以礼"，评价颇高。退隐后，冯梦龙以著书自娱，完成了《新列国志》的增补和传奇剧本《万事足》、《酒家佣》、《三报恩》等书的改定。《新列国志》一百零八回，系据余邵鱼《列国志传》辑演而成，目的是全面展示春秋战国时期的"国家之兴废存亡，行事之是非存毁，人品之好丑贞淫"，其内容之丰富，非《列国志传》所能比拟。崇祯十七年(1644)三月，朱明王朝被推翻，冯梦龙陷入"悲痛莫喻"之中。五月，朱由崧在南京继位，是为南明弘光皇帝。冯梦龙集刊了《甲申纪事》一书，吊"忠节"之士，斥"叛徒"之人，期望朱由崧成为中兴之主。南明弘光王朝灭亡后，朱聿键于闰六月即帝位于福州。冯梦龙又编辑了《中兴伟略》一书，表达复国心愿。隆武二年即清顺治三年（1646），冯梦龙因忧愤过甚而与世长辞。

"二拍"在明清白话短篇小说发展史上占有重要地位，其作者是晚明的凌濛初。

凌濛初（1580—1644），字玄房，号初成，亦名凌波，别号即空观主人。湖州乌程（今浙江吴兴）人。他出身于一个仕宦之家。祖父凌约言，嘉靖十九年（1540）进士，官至南京刑部员外郎。父凌迪知，曾任大名府通判、常州府同知等官。其家世代从事图书刊印，以慎选底本、刊刻精工著名，其刻书世称"凌版"。凌濛初年轻时与创造"闵版"的出版世家乌程闵家联姻。这样一种家庭生活氛围对凌濛初影响很大。他12岁入学，18岁补廪膳生，21岁时其父亲去世，23岁时凌濛初与冯梦祯相识，次年两人同游吴阊，合评《东坡禅喜集》。26岁，其母在南京去世，凌濛初扶柩归里。凌濛初30岁寓居南京。40岁前后，凌濛初入都谒选。48岁左右，凌濛初归南京撰写《初刻拍案惊奇》，天启七年（1627）脱稿，翌年刊行。崇祯五年（1632），《二刻拍案惊奇》写成。他55岁以优贡（一说副贡）授上海县丞，63岁擢升徐州通判，并分署房村，负责治理黄河河道。明亡前后，何腾蛟兵备徐淮，凌濛初献《剿寇十策》，并诱降陈小乙。何腾蛟上其功于朝，升凌濛初为楚中监军佥事，凌濛初不赴，仍留房村。甲申（1644）正月，李自成军进逼徐州，凌濛初不肯投降，而力量不敌，呕血而死，终年65岁。他临死时说："生不能保障，死当为厉鬼杀贼！"这种对明王朝的忠心耿耿之情与冯梦龙颇为相似。

凌濛初一生著述颇丰，今所知其著述有二十多种，大多散佚。据《湖州府志》卷五记载，凌濛初有诗文集《鸡讲斋诗文》、《国门集》；散曲集《南音三籁》（后附戏曲理论著作《谭曲杂札》）、《燕筑讴》；其学术著作有《圣门传诗嫡冢》、《言诗翼》、《诗逆》等多种；话本小说集有《初刻拍案惊奇》（又称《拍案惊奇》）、《二刻拍案惊奇》；杂剧《虬髯翁》、《颠倒姻缘》、《红拂莽择配》、《宋公明闹元宵》等。

"二拍"是《初刻拍案惊奇》与《二刻拍案惊奇》的合称，每集40篇，共80篇。二刻第23卷《大姊魂游完宿愿　小姨病起续前缘》与初刻第23卷重复，二刻第40卷为杂剧《宋公明闹元宵》，所以"二拍"实际收小说78篇，大部分是凌濛初自己的创作。其《初刻拍案惊奇序》说：

> 独龙子犹氏所辑《喻世》等诸言，颇存雅道，时著良规，一破今时陋习；而宋、元旧种，亦被搜括殆尽。肆中人见其行世颇捷，意余当别有秘本，图出而衡之。不知一二遗者，皆其沟中之断芜，略不足陈已。因取古今来杂碎事可新听睹、佐谈谐者，演而畅之，得若干卷。

这话说得很清楚：冯梦龙编撰"三言"，其中颇多"宋元旧种"（宋元话本）；而凌濛初写作"二拍"，虽也取材于"古今来杂碎事"，但已无现成的宋元话本可资采用，也就是说，"二拍"主要是由凌濛初创作而成（只有极少数例外，如《初刻拍案惊奇》卷20《李克让竟达空函　刘元普双生贵子》结尾说："这本话文出在《空缄记》，如今依传编成演义一回，所以奉劝世人为善。"《二刻拍案惊奇》卷29《赠芝麻识破假形　撷草药巧谐真偶》说："这一回书，乃京师老郎传留，原名为《灵狐三束草》。"这两篇小说的著作权可以不属于凌濛初。至于《初刻拍案惊奇》卷三据宋懋澄《刘东山》改编、卷二三据瞿佑《金风钗记》改编、《二刻拍案惊奇》卷37据蔡羽《辽阳海神传》改编等，因语言形式不同，一为文言，一为白话，由此又造成了表达上的诸多差异，再创作的成分很大，其著作权仍应属于凌濛初）。

凌濛初的小说观与冯梦龙有所不同。《二刻拍案惊奇》卷12《硬勘案大儒争闲气　甘受刑侠女著芳名》说：

> 从来说的书，不过谈些风月，述些异闻，图个好听。最有益的，论些世情，说些因果，等听了的触着心里，把平日邪路念头化将转来。这个就是说书的一片道学心肠，却从来不曾讲着道学。

冯梦龙编撰"三言"，经济利益的驱动虽然是主要因素，但他在给三部小说集命名时，却毫不迟疑地强调"喻世"、"警世"和"醒世"，将化民成俗的教育作用放在首位。与冯梦龙强调教育作用形成对照，凌濛初坦率地表示，经济利益才是首要的考虑：所谓"拍案惊奇"，所谓"图个好听"，都是说要以出人意料、趣味横生的故事吸引听众或读者，好让他们乐意从腰包里掏出钱来。不过，"拍案惊奇"的效果并不一定与"喻世"、"警世"和"醒世"相矛盾。换句话说，包含"喻世"、"警世"和"醒世"内容的故事也有其市场价值。所以，尽管凌濛初和冯梦龙在理论上似乎创作宗旨不同，但就实际的创作而言，仍有相当一致的地方。比如，对婚恋和公案故事的描写，是"三言"的主要内容，在"二拍"中同样是重点题材。

"三言二拍"传入韩国的版本甚难找到，因此韩国学者之间，对传入的问题，议论纷纷。但在韩国奎章阁和金山大学校图书馆里发现了《醒世恒言》残本。此外，朝鲜英祖三十八年（1762）完山李氏所作的《中国小说绘模本》（原名是《中国历史绘模本》）序文中，有《醒世恒言》、《警世通言》、《拍案惊奇》、《型世言》等书名。因此我们相信"三言二拍"在1762年以前已经传入韩国。

5-1. 醒世恒言

书名	出版事项	版式状况	一般事项	所藏处/所藏番号
醒世恒言	冯梦龙（明）编著，明刊本	9册（零本，卷3-5，8-10，20-23，27-28，31-40），中国木版本，25.2×16cm	印：帝室图书之章	奎章阁[奎중]4296
		10卷7册（卷3-12），中国木版本，21.9×13.5cm，四周单边，半郭：17.7×10.9cm，无界，8行18字，纸质：竹纸	内容：九烈君广施柳汁	釜山大学校

书名	出版事项	版式状况	一般事项	所藏处/所藏番号
醒世恒言	冯梦龙（明）编著，刊写者，明刊本	22卷7册，中国木版本，22×13.5cm，上下单边，左右双边，全郭：17.6×10.7cm，无界，8行18字，白口，无鱼尾，纸质：中国纸		釜山大学校（芝田文库）OEC 3-12 19
		6册（卷2-6存），木版本		鲜文大学校 朴在渊

6. 型世言

《型世言》，全名《峥霄馆评定通俗演义型世言》，一名《三刻拍案惊奇》或《型世奇观》、《幻影》，但非凌氏续书。晚明陆人龙著，凡十二卷四十回，今存十一卷。陆人龙，字雨侯，斋名峥霄馆，浙江钱塘人。另著有小说《辽海丹忠录》。《型世言》今存明末刻本，藏于韩国奎章阁。每回一个故事，回前有翠娱阁主人序，回末有雨侯评语，正文间有眉批。其中有二十四回被辑入《别本二刻拍案惊奇》。小说内容多为明代江浙间故事。文字不够生动，说教倾向比"三言二拍"更加显著。

韩国奎章阁图书馆收藏的《型世言》，全十二卷十二册中现存十一册（卷首缺），版本的保存情况相当好。韩国学中央研究院（藏书阁）也存有《型世言》的韩文翻译本。

书名	出版事项	版式状况	一般事项	所藏处/所藏番号
峥霄馆评定通俗演义型世言	陆人龙（明）著，明刊本	11册（零本，第12册缺），中国木版本，25×16.2cm	版心书名：型世言，序：陆云龙，印：帝室图书之章	奎章阁 [奎중]4256
형세언（型世言）	译著者未详，写年未详	4册存，朝鲜笔写本，28.8×21.6cm，无郭，无丝栏，12行字数不定，无鱼尾，纸质：楮纸	表题：型世言，印：藏书阁印，35mmR［Nega］，229f 翻译：18世纪（推定）	韩国学中央研究院 4-6863/R35N-000019-3

7. 今古奇观(续今古奇观，五续今古奇观，今古艳情奇观，今古奇闻，啖蔗)

　　《今古奇观》又题《喻世明言二刻》。明末话本小说选集。姑苏抱瓮老人编。凡四十卷。约于崇祯五年(1632)至崇祯十七年(1644)间成书。现存明末吴郡宝翰楼刊本及清代翻刻重印本、人民文学出版社顾学颉校注本。宝翰楼本，卷首笑花主人序，谓此编系因"三言二拍""卷帙浩繁，观览难周"，故抱瓮老人"选刻四十种，名为《今古奇观》"。全书选自《喻世明言》8篇:《滕大尹鬼断家私》、《裴晋公义还原配》、《吴保安弃家赎友》、《羊角哀舍命全交》、《沈小霞相会出师表》、《蒋兴哥重会珍珠衫》、《陈御史巧勘金钗钿》、《金玉奴棒打薄情郎》;《警世通言》10篇:《杜十娘怒沉百宝箱》、《李谪仙醉草吓蛮书》、《宋金郎团圆破毡笠》、《俞伯牙摔琴谢知音》、《庄子休鼓盆成大道》、《老门生三世报恩》、《钝秀才一朝交泰》、《吕大郎还金完骨肉》、《唐解元玩世出奇》、《王娇鸾百年长恨》;《醒世恒言》11篇:《王孝廉让产立高名》、《两县令竞义婚孤女》、《卖油郎独占花魁》、《灌园叟晚逢仙女》、《卢太学诗酒傲公侯》、《李汧公穷邸遇侠客》、《苏小妹三难新郎》、《徐老仆义愤成家》、《蔡小姐忍辱报仇》、《钱秀才错占凤凰俦》、《乔太守乱点鸳鸯谱》;《拍案惊奇》8篇:《转运汉巧遇洞庭红》、《看财奴刁买冤家主》、《刘元普双生贵子》、《怀私怨狠仆告状》、《念亲恩孝女藏儿》、《崔俊臣巧合芙蓉屏》、《夸妙术丹客提金》、《逞多才白丁横带》;《拍案惊奇二刻》2篇:《女秀才移花接木》、《赵县君乔送黄柑子》。所选多为明人作品。其入选标准，"一曰著果报，二曰明劝惩，三曰情节新奇，四曰故典琐闻，可资谈助"(孙楷第《三言二拍源流考》)，而所选篇什也集中体现了"三言二拍"的基本精神，足以代表宋元明短篇白话小说的成就。入清之后，"三言二拍"曾长期湮没不传，而其中的一些著名篇章，如《杜十娘怒沉百宝箱》、《苏小妹三难新郎》、《乔太守乱点鸳鸯谱》、《崔俊臣巧会芙蓉屏》、《蒋兴哥重会珍珠衫》等，之所以能在民间广为流传，几至家喻户晓，《今古奇观》功不可没。编者比较尊重原作，除个别篇目的名称略有改动外，正文间明显不同的，仅有《吕大郎还金完骨肉》(出自《警世通言》卷五)一例。

　　《今古奇观》传入韩国的时期难以确定，但朝鲜英祖三十八年(1762)完山李氏所作的《中国小说绘模本》(原名是《中国历史绘模本》)序文中，可见到传入的痕迹。《今古奇观》虽然在韩国没有全翻译本，但有很多部分翻译本。《今古奇观》传入韩国后极受欢迎，现存版本甚多。另有多种笔写本。

　　《续今古奇观》，又名《今古奇观续集》，清光绪甲午(1894)上海石印本不题辑者姓名，凡六卷三十回。另有光绪辛卯(1891)北京坊刻本等。该书卷六第二十七回系辑自杜纲《娱目醒心编》卷九，其余二十九篇全部取自凌濛初《初刻拍案惊奇》。

　　《五续今古奇观》，原名《石点头》，又名《醒世第二奇书》，明崇祯间金阊叶敬池刊本名《石点头》，题"天然痴叟著"、"墨憨主人评"。清光绪间上海书局石印本改题为《醒世第二奇书》，又题《五续今古奇观》，另有清带月楼刊本、同人堂刊本等。凡十四卷，每卷演一故事。名《石点头》者，取生公在虎丘说法，顽石点头之意，表明此书旨在讽劝世人。多以男女恋情、家庭伦理、孝妇烈女为题材。

《今古艳情奇观》，又名《三续今古奇观》、《四续今古奇观》、《欢喜冤家》、《贪欢报》、《欢喜奇观》、《艳镜》等。明代短篇白话小说集，西湖渔隐主人著。有山水邻原刊本、明崇祯间赏心亭刊本、清嘉庆刊本等。西湖渔隐生平不详。全书凡二十四回，每回写一个故事，多为色情题材。此书大约成书于明代末叶崇祯十三年(1640)。韩国收藏有石印本(京畿大学校)，6 卷 6 册，表题为《绘图三续今古奇观》，版心题为《三续今古奇观》。

《今古奇闻》，又名《古今奇闻》，清光绪十三年(1887)上海东璧山房原刻本题"东璧山房主人编次，退思轩主人校订"，首有序，末署"光绪十三年丁亥夏四月上浣东璧山房主人王寅冶梅甫识于春申江上"。凡 22 卷，每卷 1 篇。王寅，字冶梅，号东璧山房主人，上元(今江苏江宁)人，生平不详。《今古奇闻》乃小说选本，其中选自明冯梦龙《醒世恒言》者四篇，清古吴墨浪子《西湖佳话》者 1 篇，清杜纲《娱目醒心编》者 15 篇，系话本小说；另选清墅西逸叟《过墟志》1 篇，题为《刘孀妹得良遇奇缘》，清王韬《遁窟谰言》一篇，题为《林蕊香行权计全节》，系文言小说。

《啖蔗》是《今古奇观》的改写本，改写者为朝鲜无名氏，时间在十七八世纪之交。有韩国汉城国立中央图书馆藏抄本等。凡 28 篇，不知为何未能将《今古奇观》全部改写。《世说新语》第 25 篇记顾长康吃甘蔗，从梢吃起，越吃越甜，逐渐进入佳境。《啖蔗》书名，取意此。改写的最大特点是变白话为文言，原因可能在于，古代朝鲜人阅读文言能力较强，而对明代白话反而比较生疏，改写为文言较便于阅读。

7-1. 今古奇观

书名	出版事项	版式状况	一般事项	所藏处/所藏番号
今古奇观	泰山堂，光绪十年(1884)刊	零本 5 册(全40卷40册中所藏本中卷 1，2，5，7，8，之外缺)，中国木版本，21.4×13.3cm，四周单边，半郭：18×13.4cm，无界，15 行 32 字，白口，上黑鱼尾	标题纸：光绪十年(1884)新刊，序：朱印	海军士官学校[중]28
	抱瓮老人(明)选辑，经文堂，光绪十四年(1888)序	40 卷 6 册，中国石印本，有图，17.5×11cm	标题：绣像今古奇观，书名：目录题，序：光绪戊子(1888)菊秋慎思草堂主人谨识，光绪戊子管窥子拜书于海上	高丽大学校C14-B10C
	1891 年刊	10 卷 14 册，中国木活字本，15.2×11cm，四周单边，半郭：12×9.2cm，无界，11 行 25 字，上黑鱼尾，纸质：竹纸	序：姑苏笑花主人，刊记：光绪十七年(1891)冬重刊	圆光大学校AN823.5-575

续表

书名	出版事项	版式状况	一般事项	所藏处/所藏番号
今古奇观	上海，上海书局，光绪乙未（1895）刊	40卷6册（卷1-40），中国石印本，15.2×10.1cm，四周双边，半郭：13×8cm，无界，17行38字，上下向黑鱼尾，纸质：绵纸	题签：绘图今古奇观，里题：绘图今古奇观，序：姑苏笑花主人漫题，刊记：光绪乙未（1895）仲春上海书局石印	江陵市 船桥庄
	抱瓮老人（明）编，上海书局，光绪乙未（1895）仲春刊	40卷6册，中国石印本，有图，16cm，17行38字	内题：绘图今古奇观，序：姑苏笑花主人漫题，印记：崔炳宪印	延世大学校 812.36/2
	抱瓮老人（明）编，成文信，光绪二十一年（1895）刊	7卷7册，17.4×11.5cm，四周单边，半郭：12.6×9.2cm，有界，12行28字，上下向黑鱼尾		中央大学校 812.3-포옹노금
	抱瓮老人（明）编，墨憨斋（明）手定，成文信，光绪二十一年（1895）刊	8卷8册，中国木版本，17×11.5cm，四周单边，半郭：12.7×9cm，有界，12行28字，上黑鱼尾，纸质：竹纸	序：姑苏笑花主人漫题，刊记：光绪二十一年（1895）新刊，烟台成文信梓行	成均馆大学校 D7C-4
	抱瓮老人（明）编，上海，点石斋，光绪乙巳（1905）刊	27卷4册（卷1-7，15-34），中国石印本，15.5×10cm，四周单边，半郭：13×8.6cm，无界，17行38字，注双行	标题：绘图今古奇观，序：姑苏笑花主人漫题，刊记：光绪乙巳（1905）孟春月上海点石斋石印	檀国大学校天安栗谷图书馆（罗孙文库）古873.5-포279 ㄱ
		40卷6册，石印本，有图，15.1×9.9cm，四周双边，半郭：13×8.2cm，无界，17行38字，上下向黑鱼尾	版心题：绘图今古奇观，序：望之善读小说者，刊记：光绪己巳（1905）上海点石斋石印	庆北大学校 [古]812.3 포65 ㄱ
	抱瓮老人（明）选辑	1册（卷4-7），中国木版本，26cm，四周单边，20.7×14.2cm，12行27字，上黑鱼尾		延世大学校 812.36/3
	抱瓮老人（明）选辑	40卷12册，中国木版本，23.9×15.8cm	书名：标题，序：姑苏笑花主人漫题	高丽大学校 C14-B10D

续表

书名	出版事项	版式状况	一般事项	所藏处/所藏番号
今古奇观	抱瓮老人(明)选辑	零本 4 册(卷 7，9，19-23)，中国木版本，24×15cm	版心/表题：书名	高丽大学校(晚松文库)C14-B10E
	抱瓮老人(明)选辑，刊写地，刊写者，刊写年未详	1 册(零本)，木版本，25.3cm		檀国大学校 죽전퇴계도서관，고 823.5-포 279 ㄱ
		7 卷 1 册(写本，卷 8-14)，石印本，有图，16×10cm，四周双边，半郭：13×8cm，无界，17 行 38 字，上下向黑	绘图今古奇观	檀国大学校天安栗谷图书馆고 873.5-포 279 갸
	清刊本	6 册(第 2-7 册，第 9-12 册，零本)，中国木版本，15.6×11cm	印：李根洪印	奎章阁［古］895.13-G337 g-v.1-5，895.13-G337ga-v.1-6
	清代刊	37 卷 12 册(卷 1-37)，中国木版本，15.3×11cm，四周单边，半郭：12.2×9.7cm，无界，11 行 25 字，上下向黑鱼尾，纸质：竹纸		江陵市 船桥庄
	刊写地，刊写者，刊写年未详，清刊本	2 册		金在厦
		1 册		京畿大学校京畿-k122933
		6 册		金佑成
	抱瓮老人(明)选辑，文渊堂刊	零本 6 册(全 40 卷 12 册)卷 1-21，中国木版本，有图，24.3×15.9cm	书名：标题，序：姑苏笑花主人漫题，印：蕙石，金印明原	高丽大学校C14-B10B
	抱瓮老人(明)编，文英堂，清朝后期刊	40 卷 12 册，中国木版本，25×15.6cm，四周单边，20×13.6cm，无界，11 行 24 字，注双行，上黑鱼尾，纸质：竹纸	序：姑苏笑花主人漫题，刊记：文英堂梓	成均馆大学校D7C-4a

书名	出版事项	版式状况	一般事项	所藏处/所藏番号
今古奇观	抱瓮老人（明）选辑，墨憨斋（明）手定，清刊本	40 卷 2 匣 12 册，中国木版本，16×25cm，四周单边，半郭：13.4×20.2cm，无界，11 行 24 字，白口黑上鱼尾	笑花主人叙	涧松文库
	刊写地，刊写者，刊写年未详	7 册（零本），中国刊本，24×16cm		岭南大学校 823
		6 卷 6 册 40 回，石印本	改良绘图今古奇观	鲜文大学校 朴在渊
		3 册（卷 4，5，6 存），木版本，袖珍本		鲜文大学校 朴在渊
		40 卷 15 册（卷首缺），木版本		鲜文大学校 朴在渊
		1 册（卷 2 存，落帙），上函 5 册，卷 1-卷 20，木版本		鲜文大学校 朴在渊
		下函，5 册（卷 6，7，8，9，10 存），袖珍本		鲜文大学校 朴在渊
		3 卷 1 册（零本），中国版本，23.5×14.8cm		五美洞礼山金氏虚白堂门中
绘图今古奇观	曲园老人（清）鉴定，上海，大成书局，光绪三十二年（1906）序	6 卷 6 册，中国石印本，有图，20.3×13.3cm，四周单边，半郭：17.8×11.8cm，无界，21 行 45 字，花口，上下向黑鱼尾，纸质：中国纸	表题：今古奇观，版心题：大字足本绘图今古奇观，序：光绪丙午（1906）仲春月湖钓徒，刊记：曲园老人鉴定，上海大成书局发行	釜山大学校（梦汉文库）ODC 3-12 12
	抱瓮老人（明）选辑，上海，普新瑞记石印书局，宣统二年（1910）刊	2 卷 2 册（卷 1-2），有图，20×12.8cm，四周单边，半郭：17.5×11.6cm，无界，行字数不定，无鱼尾		庆熙大学校 812.3-포 65 ㄱ

书名	出版事项	版式状况	一般事项	所藏处/ 所藏番号
绘图今古奇观	上海，石印书局，宣统二年（1910）刊	4 卷 4 册（卷上，1-2，卷下，3-4），中国石印本，有图，20×13.4cm，四周单边，半郭：17.6×11.7cm，小字，23 行 46 字，纸质：洋纸	表题：今古奇观，版心题：改良绘图今古奇观，序：宣统二年（1910）岁次庚戌冬月上浣茂苑朱斗南题，印记：3 种	韩国综合典籍目录（玩树文库）李炳麒 4-200
	曲园老人（清）鉴定，上海，大成书局，清光绪三十二年（1906）序	6 卷 6 册，中国石印本，有图，20.2×13.2cm，四周单边，半郭：17.9×12.9cm，无界，21 行 46 字，上下向黑鱼尾，纸质：竹纸	表题：今古奇观，里题：精绘全图今古奇观，序：光绪丙午（1906）月湖钓徒，刊记：上海大成书局发行	釜山大学校图书馆
	曲园老人（清）鉴定，上海，天宝书局，刊写年未详	4 卷 2 册，中国石印本，20.3×13.3cm，四周单边，半郭：17.9×11.9cm，无界，21 行 42 字，注双行，花口，无鱼尾，纸质：中国纸	刊记：上海天宝书局石印	釜山大学校（苍原文库）OHC 3-12 61
	抱瓮老人（明）选辑，刊写者，刊写年未详	40 卷 6 册，中国石印本，有图，15.5×10cm	序：姑苏笑花主人漫题	国民大学校 [고]823.5 포 01 ㄴ
	清刊本	20 卷 3 册，中国石印本，16.3×10.3cm	序：清河瓯生居士	国立中央图书馆 [승 계 古]3736-9
	刊写地，刊写者，刊写年未详	1 卷 1 册（卷 4，缺帙），中国石印本，插图，20.0×13.5cm，四周双边，半郭：16.9×11.8cm，无界，20 行 40 字，上下向黑鱼尾		京畿大学校 京畿-k121675-4
足本全图今古奇观	上海，广雅书局，清末民初刊	8 卷 8 册（卷 1-8），中国石印本，有图，20×13.3cm，上下单边，左右双边，半郭：16.1×11.6cm，无界，17 行 38 字，上黑鱼尾，纸质：竹纸	版心题：全图足本今古奇观，标题：新增全图足本今古奇观，序：姑苏松禅老人题，刊记：上海 广雅书局藏板	全南大学校 3Q-족 45 ㅅ-v. 1-8

书名	出版事项	版式状况	一般事项	所藏处/所藏番号
改良今古奇观	刊写地，刊写者，刊写年未详	2册（所藏本：卷4，6，零本），中国石印本，有图，19.9×13.4cm		中央大学校812.3-포옹노개
				岭南大学校[古南]823.5 개량금
	锦章图书局	2卷2册（零本），中国版本，有图，13.2×8.8cm，19行42字	汉文，楷书	韩国国学振兴院受托 아주신씨인재파전암후손가
改良绘图今古奇观	抱瓮老人（明）选辑，上海，普新瑞记石印书局，宣统二年（1910）刊	2卷6册，有图，20×13.3cm，四周单边，半郭：17.5×11.6cm，无界，行字数不定，无鱼尾		庆熙大学校812.33-포 65 ㄱ
绣像今古奇观	抱瓮老人（明）选辑，墨憨斋（明）批点，同治二年（1863）刊	10卷10册，中国木版本，有图，17×11.5cm，四周单边，半郭：11.2×9.2cm，有界，13行25字，上黑鱼尾，纸质：竹纸	序：姑苏笑花主人漫题，刊记：同治二年（1863）新刊	成均馆大学校D7C-5
	抱瓮老人（明）选辑，刊写者未详，光绪十七年（1891）刊	10册，中国木版本，有图，15.6×11.3cm，四周单边，半郭：11.8×9.2cm，无界，11行字数不定，上下向黑鱼尾	表题/版心题：今古奇观，序：姑苏笑花主人漫题	国民大学校[고]823.5 포 01 ㄱ
	抱瓮老人（明）选辑，同文堂刊	36卷11册（卷8-11缺），中国木版本，有图，半郭：20.7×14.1cm，12行27字，上黑鱼尾	笑花主人阅	雅丹文库823.5-포 65 ㅅ
	天宝楼，刊写年未详	4册（缺帙），中国木版本，有图，16.6×11.3cm，四周双边，半郭：12.5×9.9cm，无界，12行27字，上黑鱼尾，纸质：竹纸	序：姑苏笑花主人漫题	全南大学校3Q-수 51 ㅅ-v.1, 3-4, 6

续表

书名	出版事项	版式状况	一般事项	所藏处/所藏番号
绣像今古奇观	天宝楼，刊写年未详	4册(册1，3-4，6，缺帙)，中国木版本，有图，16.6×11.3cm，四周双边，半郭：12.5×9.9cm，无界，12行27字，花口，上下向黑鱼尾，纸质：竹纸	序：姑苏笑花主人漫题	全南大学校3Q-수51ㅅ
新刻今古奇观	抱瓮老人(明)选辑，刊写地，刊写者，刊写年未详	2卷2册(全27卷，卷5，8)，17.4×11.7cm，四周单边，半郭：13×9.7cm，有界，12行28字，上下向黑鱼尾		东亚大学校(3)：12：2-65
新增全图足本今古奇观	上海	8册，中国版本，20.1×13.3cm，四周双边，半郭：16×11.5cm，17行38字，白口，上下向黑鱼尾	楷书，藏板记：上海广雅书局藏板	韩国国学振兴院受托청송심씨칠회당고택
古今奇观		1册，23.5×15cm，中国版本		韩国国学振兴院영천이씨농암중택
(改正)今古奇观	上海，铸记书局，刊写年未详	6卷1册，插图，21×14cm	版心题：绘图改正今古奇观	忠北大学校ㅇ 823.5 ㄱ 575
今古奇观		40卷6册，笔写本，30×20cm	序：姑苏笑花主人题表题：今古奇观，印记：尹泓定印	延世大学校(李源喆文库)，812.38
금고긔관(今古奇观)		1册，朝鲜笔写本，37.4×22.2cm	印：金公润章，李学镐信	高丽大学校(晚松文库)C14-A58
등대윤지단가사	译著者，写年未详	1卷(51张)，笔写本，30.5×21.4cm，无郭，无丝栏，10行18字，纸质：壮纸	表题：今古奇观，印：藏书阁印	韩国学中央研究院4-6802
		1册，朝鲜笔写本，30.5×21.4cm	别名：今古奇观，35mmR[Nega]，52f	韩国学中央研究院R35N-000 203-1，4-6802旧藏书阁本

7-2. 续今古奇观

书名	出版事项	版式状况	一般事项	所藏处/所藏番号
绘图续今古奇观	上海书局，宣统元年（1909）刊	6 卷 6 册（卷 1-6），中国石印本，有图，14.8×9.8cm，四周双边，半郭：12.4×8.9cm，无界，19 行 43 字，黑口，上下向黑鱼尾	题签题/标题：绘图今古奇观续集，包匣题：绘图今古奇观续，刊记：宣统元年（1909）冬月上海书局石印	东亚大学校（3）：12：2-22

7-3. 五续今古奇观

书名	出版事项	版式状况	一般事项	所藏处/所藏番号
绘图醒世第二奇书	天然痴叟（明末清初）著，墨憨主人（明末清初）评，20 世纪初刊	12 卷 6 册，中国石印本，有图，14.5×9cm	表纸书名：绘图五续今古奇观	高丽大学校（华山文库）小 63

7-4. 今古艳情奇观（三续今古奇观）

书名	出版事项	版式状况	一般事项	所藏处/所藏番号
绘图今古艳情奇观	刊写地，刊写者，刊写年未详	6 卷 6 册（卷 1-6），中国石印本，有图，14.1×9cm，四周双边，半郭：12.2×8cm，无界，20 行 44 字，上下向无叶花纹鱼尾	表题：绘图三续今古奇观，版心题：三续今古奇观	京畿大学校京 畿-k119582-1

7-5. 今古奇闻

书名	出版事项	版式状况	一般事项	所藏处/所藏番号
新撰今古奇闻	刊年未详	4 册（零本，卷 12-16 外缺），中国石印本，14.2×9.2cm，四周双边，半郭：12.8×7.2cm，无界，行字数不同，上黑鱼尾		梨花女子大学校 고 812.308 고 18

续表

书名	出版事项	版式状况	一般事项	所藏处/ 所藏番号
绘图古今奇闻	燕山逸史(清)重订，耕余主人(清)校字，清光绪二十年(1894)刊	4 卷 4 册，中国木版本，16.5×11cm，左右双边，半郭：13×9.2cm，有界，12 行 28 字，上黑鱼尾，纸质：竹纸	序：光绪辛卯(1891)中秋虎林醉犀生挥汗书于歇浦读画楼，刊记：光绪甲午(1894)孟冬新刊	成均馆大学校 D7C-111
	抱瓮老人(明)选辑，墨憨斋(明)增补，清末民初刊	40 卷 6 册，中国石印本，有图，17×10cm，四周单边，半郭：13.2×8.5cm，无界，22 行 48 字，注双行，上黑鱼尾，纸质：绵纸	书名：里题에 依함序：清河瓯生居士题	成均馆大学校 D7C-6
	抱瓮老人(明)选辑，墨憨斋(明)增补，天宝书局精校，清末民初刊	6 卷 6 册，中国石印本，19.7×13.2cm，四周双边，半郭：18.2×11.5cm，无界，27 行 61 字，上黑鱼尾，纸质：竹纸	序：泉唐爱月子题	成均馆大学校 D7C-6a
今古奇闻	己卯(？)写	不分卷 1 册，朝鲜笔写本，23.4×16cm，9 行 20 字，纸质：楮纸	跋：己卯(？)腊到家过次儿登礼仍为过岁阅藏书得前日手书以记之白桥翁书	成均馆大学校 D7C-198
		1 册，笔写本	朝鲜人笔字	鲜文大学校 朴在渊

7-6. 啖蔗

书名	出版事项	版式状况	一般事项	所藏处/ 所藏番号
啖蔗	改写者未详，写年未详	不分卷 2 册，朝鲜笔写本，20.9×17.9cm		国立中央图书馆 [한]-48-199

8. 封神演义

《封神演义》是明代隆庆、万历年间的作品（1567—1619），又名《封神传》、《商周列国全传》。全书共一百回。它的作者，明舒载阳刊本《封神演义》卷二题钟山逸叟许仲琳编辑，《传奇汇考》卷七《顺天时》传奇解题则云"元时道士陆长庚撰"，张政烺谓"元时"乃"明时"之误。陆西星，字长庚，江苏兴化人，是明代中晚期的道士。

《封神演义》所描写的"武王伐纣"，本来是一个历史事件。宋元时期的讲史话本《武王伐纣平话》，已经将"武王伐纣"变成了一个虚构多于史实的历史故事。《武王伐纣平话》分上中下三卷。上卷叙妲己入宫，成为纣王宠妃；太子殷郊受到妲己谗毁，被逼无奈，起兵反抗他的父亲纣王。中卷叙周文王姬昌被纣王囚禁于羑里；殷纣大臣黄飞虎被逼反；比干因强谏纣王被剖心而死；姜子牙发迹变泰。下卷叙周武王伐纣。《武王伐纣平话》虽然增加许多虚构内容，但仍属于讲史话本。而以《武王伐纣平话》为蓝本的《封神演义》，则已属于神魔小说。二者在情节上颇多异同。《封神演义》前三十回，除叙述哪吒出世的第十二、十三、十四共三回之外，其他部分基本上是在《武王伐纣平话》的基础上扩充而成。第三十一回至第八十六回，《封神演义》集中笔力写神魔斗法，不再受制于《武王伐纣平话》的格局，其中只有两小节例外，一节是纣王烹费仲，一节是伯夷、叔齐谏阻武王伐纣。这一部分长达五十六回，对《封神演义》的题材性质具有决定性影响。第八十七回至结尾，《封神演义》仍以神魔斗法为主，但采用了《武王伐纣平话》的一些重要情节，如"纣王敲骨剖孕妇"、"千里眼与顺风耳"等。从上述比勘可以看出：《封神演义》改变了《武王伐纣平话》的题材重点，由以讲史为主变为以神魔斗法、斩将封神为主。鲁迅《中国小说史略》说《封神演义》"虽为讲史，已多神魔"，即就这一情形而言。

《封神演义》赋予诸多神仙妖怪以奇形怪状的容貌和各有特点的法术。杨任的眼睛、雷震子的肉翅、哪吒的三头六臂；在地底行走的土行孙；高明、高觉的千里眼、顺风耳；杨戬的七十二般变化；这些新奇有趣的想象，给读者留下了鲜明的印象。法宝在《封神演义》中的作用得到异乎寻常的强调，太乙真人以九龙神火罩焚石矶娘娘，文殊广法天尊用遁龙桩诛王魔，广成子持翻天印打死火灵圣母，惧留孙放捆仙绳缚住余元，广成子、赤精子、道行天尊、玉鼎尊人祭四剑斩万仙"如砍瓜切菜一般"，俱见法宝的特异功能。无论是阐教仙人，还是截教仙人，或是佛教诸佛，他们都视法宝如性命。这也难怪，他们的神通，原即仰仗法宝。第六十四回，殷洪、殷郊得到师父赤精子、广成子的阴阳镜、翻天印，在被申公豹策反后，用阴阳镜、翻天印打师父，失去法宝的二仙，竟被徒弟打得落荒而逃；第四十七回，燃灯靠曹宝之力得到赵公明的定海珠，便存心据为己有，赵催他物归原主，他却厚着脸皮耍赖说："此珠乃佛门之宝……你也不必妄想。"对法宝的希求和大量使用，成为《封神演义》情节发展的一个主要推动力。

在古代神魔小说中，《封神演义》当是神仙数量最多的一部。这里有十二上仙：广成子、赤精子、太乙真人、玉鼎真人、黄龙真人、普贤真人、慈航道人、惧留孙、文殊广法天尊、道行天尊、清虚道德真君、灵宝大法师等；有十洲三岛列仙：云霄娘娘、琼霄娘娘、碧霄娘娘、赵公明、菡枝仙、彩云仙、吕岳、焰中仙罗宣、马元、羽翼仙、火灵圣母、一气仙余元、法戒等；有通天教主及其"上四代弟子"金灵圣母、无当圣母、龟灵圣母、多宝道人和金光仙、乌云仙、毗庐仙、灵牙仙、虬首仙、金箍仙、长耳定光仙七位门人；有太上老君及其大弟子玄都大法师；有元始天尊及其大弟子南极仙翁；还有石矶娘娘、金光圣母、四圣、十天君等。何以要写如此众多的神仙？用意之一是便于展开法术和神通的描写。火灵圣母祭混元锤中子牙后心，余元取乾坤袋烧土行孙，陆压用钉头七箭书射赵公明，陆压用飞刀斩余元，诛仙阵，万仙阵，天绝阵，寒冰阵，六魂恶幡，凡此种种，都足以见出《封神演义》作者的兴趣所在。用意之二是建立一个完整的神谱，并以此为前提展开丰富多彩的神的故事。

书名	出版事项	版式状况	一般事项	所藏处/所藏番号
封神演义	钟伯敬（明）批评，上海，扫叶山房，光绪十九年(1893)刊	零本 1 册(所藏本中卷首以外缺)，中国木版本，有图，23.7×15.8cm	标题纸：绣像评点封神榜全传孙溪逸士序	高丽大学校（薪庵文库）C14-B44A
		19 卷 20 册，中国木版本，有图，23.7×15.5cm		全南大学校，3Q-봉 59 ㅈ-v. 1-20
	光绪丙午(1906)，上海，文兴书局	8 卷 8 册，中国石印本		鲜文大学校 朴在渊
	钟伯敬先生（明）评，善成堂藏板	20 卷 20 册，中国木版本		鲜文大学校 朴在渊
绣像封神演义	钟惺（明）评释，上海，广百宋斋，光绪十七年(1891)刊	10 册（册 1-10），19.5×12.2cm，有图，四周双边，半郭：15.6×11.2cm，有界，17 行 32 字，上下向黑鱼尾	包匣题：增像全图封神演义，序：康熙乙亥(1695)午月望后十日长洲褚人获学稼题于四雪草堂，印记：光绪辛卯(1891)上海广百宋斋校印	东亚大学校(3)：12：2-47
		100 回 10 册（1 函），中国新活字本，半郭：15.7×10.9cm，17 行 32 字，上黑鱼尾		雅丹文库 823.5-중 54 ㅅ
	钟惺（明）批评，上海，章福记书局，宣统二年(1910)刊	10 卷 10 册（卷 1-10），中国石印本，有图，20.3×13.6cm，四周双边，半郭：17.7×11.8cm，有界，20 行 45 字，花口上下向黑鱼尾，纸质：竹纸	表题：绣像封神演义全传，序：康熙乙亥(1695)午月望后十日长洲褚人获学稼题于四雪草堂，刊记：宣统庚戌(1910)年仲冬上海章福记石印	全南大学校 3Q1-봉 59 ㅈ

续表

书名	出版事项	版式状况	一般事项	所藏处/所藏番号
绣像封神演义	钟惺（明）批评，上海，章福记书局，宣统二年（1910）刊	10卷5册，中国石印本，20×13.5cm，四周双边，半郭：18×11.8cm，无界，20行45字，上黑鱼尾	序：康熙乙亥（1695）……褚人获	启明大学校[고]812.3-중성人
		10卷10册，中国石印本，有图，20.3×13.5cm，四周双边，半郭：18×11.7cm，无界，20行45字，上下向黑鱼尾	表题：增像封神演义，版心题：绘图封神演义，序：康熙乙亥（1695）午月望后十日长洲褚人获学稼题于四雪草堂	庆北大学校[古]812.3 중53人
		10卷10册（卷1-10），中国石印本，有图，20.3×13.6cm，四周双边，半郭：17.7×11.8cm，无界，20行45字，上黑鱼尾，纸质：竹纸	表题：绣像封神演义全传，刊记：宣统庚戌（1910）年仲冬上海章福记石印，序：康熙乙亥（1695）午月望后十日长洲褚人获学稼题于四雪草堂	全北大学校812.3-허중림봉
		10卷10册（卷1-10），中国石印本，有图，20.3×13.6cm，四周双边，半郭：17.7×11.8cm，无界，20行45字，上黑鱼尾，纸质：竹纸	表题：绣像封神演义全传，序：康熙乙亥（1695）午月望后十日长洲褚人获学稼题于四雪草堂，刊记：宣统庚戌年（1910）仲冬上海章福记石印	全南大学校3Q1-봉59ス-v.1-10
		5卷5册（卷1-2，5，7-8，缺帙），中国石印本，有图，20.3×13.2cm，四周双边，半郭：17.8×11.6cm，无界，20行45字，上下向黑鱼尾	序题：封神演义，表题：增像封神演义，版心题：绘图封神演义，标题：增像全图封神演义，刊记：宣统庚戌年（1910）仲冬上海章福记石印	京畿大学校k118917-1
		10卷10册，中国石印本，有图，20.4×13.3cm，四周双边，半郭：17.7×11.6cm，无界，20行45字，上下向黑鱼尾，纸质：竹纸	题签：绣像封神演义大全，版心题：绘图封神演义，序：康熙乙亥（1695）午月望后十日长洲褚人获学稼题于四雪草堂，刊记：宣统二年（1910）仲冬上海章福记石印	全北大学校

书名	出版事项	版式状况	一般事项	所藏处/所藏番号
绣像封神演义	钟惺（明）评释，上海，章福记书局，刊写年未详	4 卷 4 册（卷 2-5，缺帙），20.2×13.4cm，有图，四周双边，半郭：17.8×12.2cm，无界，20 行 45 字，上下向黑鱼尾	题签：绣像封神演义全传，刊记：上海章福记书局石印	东亚大学校（3）：12：2-75
	钟惺（明）评释，上海，中新书局，刊写年不详	1 册（零本，第 31-40 回），中国石印本，有图，20×13.5cm，四周单边，半郭：17.5×11.5cm，有界，15 行 35 字，上下向黑鱼尾	印：京城第一公立高等普通学校	奎章阁[奎古]405
		零本 2 册（所藏：卷 31-40，81-90），中国新铅活字本，有图，20.3×13.4cm，四周单边，半郭：17.2×11.7cm，有界，15 行 31 字，上下向黑鱼尾	题签：精校全图绣像封神演义，版心题：绣像封神演义，刊记：上海中新书局印行	庆北大学校[古]812.3 중 53 ㅅ(2)
	钟惺（明）批评，上海，广益书局，刊写年未详	1 册，卷 2（9-17 回），中国石印本，19.8×13.3cm，四周单边，半郭：17×11.5cm，无界，18 行 44 字，上内向黑鱼尾	表纸书名：足本绘图封神演义，版心书名：绘图封神演义，明钟惺伯敬批评本，刊记：上海广益书局发行（表纸）	汉阳大学校812.35-김 746 ㅅ-광(2)
		16 册 1 匣，中国新铅活字本，有图，20.1×13cm，四周单边，半郭：17.4×11.7cm，有界，15 行 31 字，上下向黑鱼尾	序：康熙乙亥（1695）褚人获学稼题	国民大学校[고]823.5 수 02
	钟惺（明）评释，20 世纪初刊	10 册（册 1-10），中国新铅活字本，有图，19.3×12.8cm，四周双边，半郭：15.5×10.7cm，有界，17 行 32 字，花口，上下向黑鱼尾，纸质：竹纸	表题：封神榜演义	全南大学校3Q-수 51 ㅈ
	炼石斋书局，20世纪初刊	8 卷 8 册，中国石印本，19.9×13.3cm		高丽大学校（华山文库）C14-B23

书名	出版事项	版式状况	一般事项	所藏处/所藏番号
绣像封神演义	钟惺（明）评释，刊写地，刊写者，刊写年未详	90卷9册（卷1-70，81-100，缺帙），新铅活字本，有图，19.8×13cm，四周双边，半郭：15.6×10.9cm，有界，17行32字，上下向黑鱼尾	序题：封神演义	京畿大学校 京畿-k118840-5
		10册（册1-10），19.3×12.6cm，有图，四周单边，半郭：15.1×10.4cm，无界，17行40字，上下向黑鱼尾	包匣题：增像全图封神演义，序：康熙乙亥（1695）午月望后十日长洲褚人获学稼题于四雪草堂，外侧纹样，刊记：光绪庚寅（1890）史珍书局校印	东亚大学校（3）：12：2-84
		零本3册（9-20回，61-70回，81-90回），中国铅印本，有图，19.4×11.9cm		高丽大学校（晚松文库）C14-B2D
新刻钟伯敬先生批评封神演义	钟惺（明）批评，善成堂，康熙三十四年（1695）刊	19卷19册，中国木版本，有图，24×16cm，上下单边，左右双边，半郭：20.4×14.5cm，无界，11行24字，上下向黑鱼尾，纸质：竹纸	表题：列国志，板首题：封神演义，里题：重镌绘像封神演义，序：康熙乙亥（1695）午月望后十日长洲褚人获学稼题于四雪草堂，内容：纣王女娲宫进香—周天子分封列国	清州大学校
		19卷20册，中国木版本，有图，23.8×15.9cm，四周单边，半郭：20.5×14.1cm，无界，11行24字，上下向黑鱼尾，纸质：竹纸	表题：封神演义，版心题：封神演义，里题：重镌绘像封神演义，序：康熙乙亥（1695）午月望后十日长洲褚人获学稼题于四雪草堂	忠南大学校 集1206
	钟惺（明）批评，善成堂刊	19卷20册（全19卷19册，目录1册），中国木版本，半郭：19.8×13.5cm，11行24字，上黑鱼尾	版心题：封神演义	雅丹文库 823.5-중54 ㅅ

书名	出版事项	版式状况	一般事项	所藏处/所藏番号
新刻钟伯敬先生批评封神演义	钟惺（明）批评，善成堂，清朝末期刻后刷	19卷20册（19卷19册，目录1册），中国木版本，24.6×15.9cm，四周单边，半郭：20.4×13.9cm，11行24字，注双行，上黑鱼尾，纸质：竹纸	里题：重镌绘像封神演义，序：康熙乙亥（1695）午月望后十日长洲褚人获学稼题于四雪草堂，刊记：善成堂藏板	成均馆大学校（梧斋）D7C-115b
	钟惺（明）批评，扫叶山房发行，清光绪九年（1883）刊	79卷20册90回，中国木版本，四周单边，匡郭：20×15cm，无界，11行24字，上黑鱼尾	印记：光绪九年（1883）秋扫叶山房发兑	延世大学校811.36
		19卷20册90回，中国木版本，四周单边，半郭：20×15cm，无界，11行24字，上黑鱼尾	刊记：光绪九年（1883）秋扫叶山房发兑	延世大学校海观文库
		9卷10册（卷1-9），中国木版本，有图，24×16cm，四周单边，半郭：20×13.9cm，无界，11行24字，上下向黑鱼尾，纸质：竹纸	表题：封神演义，序：光绪乙亥（1695）午月望后十日长洲褚人获……光绪九年（1883）春二月扫叶山房发兑书籍，刊记：扫叶山房刊，收藏印：边时渊印	全南长城郡边时渊
		19卷20册，中国木版本，有图，23.7×15.9cm，四周单边，半郭：20.5×14.1cm，无界，11行24字，上下向黑鱼尾	序：光绪九年春二月扫叶山房发兑书籍，刊记：光绪九年秋吉扫叶山房发兑，表题：封神演义，版心题：封神演义	庆北大学校［古］812.3 중53 ㅅㄴ
		19卷20册，中国木版本，半郭：19.7×14.2cm，11行24字，上黑鱼尾	表题：绣像评点封神榜全传，刊记：光绪九年（1883）秋吉扫叶山房发兑书籍	雅丹文库823.5-중54 ㅅ

续表

书名	出版事项	版式状况	一般事项	所藏处/所藏番号
新刻钟伯敬先生批评封神演义	钟惺（明）批评，扫叶山房发行，清光绪九年（1883）刊	1册（卷首），中国活字本，24×15.7cm，四周双边，半郭：19.4×13.7cm，有界，7行15字，上内向黑鱼尾	里表纸书名：绣像评点封神榜全传，表纸书名：封神演义，版心书名：封神演义，明钟惺伯敬批评本，序：康熙乙亥（1695）褚人获学稼，刊记：光绪九年（1883）扫叶山房发兑书籍	汉阳大学校 812.35-김 746 ㅅㄷ-v.1
		19卷20册，中国木版本，有图，23.8×16cm，四周单边，半郭：19.9×13.9cm，无界，11行24字，上下向黑鱼尾，纸质：竹纸	表题：封神演义，版心题：封神演义，序：康熙乙亥（1695）午月望后十日长洲褚人获学稼题于四雪草堂，刊记：光绪九年（1883）秋吉扫叶山房发行	全罗北道 高敞郡 玄谷书院
		19卷20册，中国木版本，有图，23.5×15.8cm，四周单边，半郭：19.8×14.1cm，无界，11行24字，上下向黑鱼尾，纸质：竹纸	版心题：封神演义，里题：绣像评点封神榜全传，序：光绪九年（1883）春二月扫叶山房发兑书籍	忠南大学校 崔书勉集 1207
		目录，19卷20册，中国木版本，有图，23.7×15.5cm，半郭：19.4×13.2cm，无界，11行24字，上下向黑鱼尾	版心题：封神演义，表题：封神演义，序：康熙乙亥（1675）长洲褚人获学稼题于四雪草堂	全南大学校 3Q-봉 59 ㅈ
		19卷19册，中国木版本，有图，23.7×15.7cm，半郭：20×15cm，无界，11行24字，上黑鱼尾	标题：绣像评点封神榜全传，表题：封神演义，序：康熙乙亥（1695）午月望后十日长洲褚人获学稼题于四雪草堂，刊记：光绪九年（1883）秋吉扫叶山房发兑书籍	高丽大学校（晚松文库）C14-B23E

续表

书名	出版事项	版式状况	一般事项	所藏处/所藏番号
新刻钟伯敬先生批评封神演义	钟惺（明）批评，扫叶山房，刊写年未详	全19卷19册（卷1-19），中国木版本，23.9×15.1cm，四周单边，半郭：19.9×14cm，无界，11行24字，上内向黑鱼尾	表纸书名：封神演义，版心书名：封神演义，刊记：扫叶山房刊	汉阳大学校 812.35-김 746 ㅅ-v. 1-v. 19
		全19卷19册（卷1-19），中国木版本，23.3×15.8cm，四周单边，半郭：20.3×14cm，无界，11行24字，上内向黑鱼尾	表纸书名：封神演义，版心书名：封神演义，刊记：扫叶山房刊	汉阳大学校 812.35-김 746 ㅅ-v. 14
	钟伯敬（明）批评，四雪草堂，刊写年未详	11卷11册，中国木版本，有图，25.3×15.8cm，四周单边，半郭：20.5×14cm，无界，11行24字，花口，上下向黑鱼尾，纸质：中国纸	表题：西周演义，标题：封神演义，序：康熙乙亥（1695）午月望后十日褚人获题	釜山大学校（芝田文库）OEC 3-12 22
	钟惺（明）批评，高宗二十年癸未（光绪九年，1883），上海校经山房发兑，扫叶山房刊	19卷2匣20册，中国木版本，15.8×24.3cm，四周单边，半郭：14×19.5cm，无界，11行24字，白口，黑鱼尾上	表纸书名：绣像封神演义，版心书名：封神演义，序：褚人获（1695），钟惺批评	涧松文库
		19卷2匣20册，中国木版本，15.7×24cm，四周单边，半郭：14.1×19.8cm，无界，11行24字，白口，黑鱼尾上	版心书名：封神演义，序：褚人获（1695），钟惺批评，印：善斋，闵丙承印	涧松文库
	钟惺（明）批评，品文堂，清朝末期刻，后刷	19卷15册（卷1-9，11-20），中国木版本，有图，17.8×11.8cm，四周单边，半郭：14×10.3cm，无界，12行29字，上黑鱼尾，纸质：竹纸	里题：批评封神演义全传，版心题：封神演义全传，序：康熙乙亥（1695）午月望后十日长洲褚人获学稼题于四雪草堂，刊记：品文堂梓	成均馆大学校 D7C-115

书名	出版事项	版式状况	一般事项	所藏处/所藏番号
新刻钟伯敬先生批评封神演义	钟惺（明）批评，清刊本	10 册（卷 10-19），中国木版本，23.7×15.6cm，四周单边，半郭：20×14.2cm，11 行 24 字，上黑鱼尾，纸质：竹纸	版心题：封神演义	成均馆大学校 D7C-115a
		11 册，中国木版本，有图，25.3×16.3cm，四周单边，半郭：20.5×14cm，无界，11 行 24 字，上下向黑鱼尾，纸质：竹纸	表题：西周演义，序：康熙乙亥（1695）长洲褚人获学稼题于四雪学堂	釜山大学校
		1 册（零本，卷 1）中国木版本，24.9×16.4cm	表纸书名：同文祈传，印：摘文院，帝室图书之章	奎章阁 ［奎古］5625
		17 卷 17 册（卷 1-8，11-19），中国木版本，24.7×15.8cm，四周单边，半郭：21×14.7cm，无界，11 行 24 字，上下向黑鱼尾，纸质：竹纸	表题：西周演义，版心题：封神演义	江陵市船桥庄
	1889 年刊	残本（卷首，卷 11-19）		朴在渊
	钟惺（明）批评，刊写者，刊写年未详	3 册（缺帙）（所藏：5，8-9），中国木版本，24.5×15.8cm，四周单边，半郭：20.5×14cm，无界，11 行 24 字，上下向黑鱼尾		国民大学校 ［고］823.5 신01
		全 19 卷 19 册（8 册，第 1-11 册缺），中国木版本，24.6×15.9cm，四周单边，半郭：19.6×13.7cm，11 行 24 字，上黑鱼尾	表纸书名：封神演义	韩国学中央研究院 D7C-51
绘图封神演义	钟惺（明）批评，上海艺华书局，光绪二十三年（1897）刊	10 卷 10 册，中国新铅活字本，有图，17.3×10.4cm，四周单边，半郭：14.6×8.8cm，无界，20 行 38 字，内向黑鱼尾，纸质：绵纸	序：康熙乙亥（1695）午月望后十日长洲褚人获学稼题于四雪草堂，刊记：光绪二十三年（1897）图书集成局印，上海艺华书局发兑，备考：袖珍本	成均馆大学校 D7C-116

书名	出版事项	版式状况	一般事项	所藏处/所藏番号
绘图封神演义	许仲琳（明）撰，刊写地，刊写者未详，光绪二十九年（1903）刊	8册（100回），中国石印本，20×13cm		檀国大学校退溪图书馆 고 823.5-허 533 ㅂ
	育文书局，光绪戊申（1908）刊	8册，中国石印本，21cm		岭南大学校 823.5
		8卷8册，中国石印本，有图，20×13.4cm		高丽大学校（华山文库）C14-B23A
	上海，锦章图书局，宣统二年（1910）刊	8卷8册，中国石印本，有图 20.2×13.4cm，四周双边，半郭：17.2×11.6cm，无界，25行52字，注双行，上内向黑鱼尾，纸质：竹纸	表题：增像全图封神演义，序：康熙乙亥（1695）午月望后十日长洲褚人获学稼题，刊记：宣统庚戌（1910）上海锦章图书局石印	东国大学校 D819.35 봉 59 ㅎ
	钟惺（明）批评，天宝书局，宣统二年（1910）刊	8卷8册，中国石印本，20.3×13.6cm，四周双边，半郭：17.9×12.1cm，25行50字，上黑鱼尾，纸质：竹纸	表题：增像全图封神演义，序：康熙乙亥（1755）午月望后十日长洲褚人获学稼题于四雪草堂，刊记：宣统二年（1910）秋吉天宝书局石印	成均馆大学校（曹元锡）D7C-116b
	许仲琳（明）著，上海，天宝书局，刊写年未详	8卷8册（卷1-8），有图，20×13.4cm，四周单边，半郭：18×12cm，无界，行字数不定，上下向黑鱼尾		庆熙大学校 812.33-허 76 ㅂㅊ
	上海，天宝书局，刊写年不明	9卷9册（共12册中第2，3，4，缺），中国版本，有图，20×13.2cm，四周单边，半郭：17×12.2cm，21行45字，白口，上下向黑鱼尾	楷书，序：长洲褚人获学稼氏（1695）	韩国国学振兴院受托，亚州 신씨인재파전 암후손가

书名	出版事项	版式状况	一般事项	所藏处/所藏番号
绘图封神演义	上海，天宝书局，刊写年不明	8 卷 8 册，中国石印本，有图，20.1×13.3cm，四周双边，半郭：18.2×11.9cm，无界，28 行字数不定，上下向黑鱼尾	题签：绘图封神演义，版心题：绘图封神演义，刊记：上海天宝书局印行	庆北大学校[古]812.3 회 225 ㅂ
	上海，广益书局，刊年未详	6 册（零本，卷 2-7），中国石印本，有图，19.7×13.2cm		岭南大学校[古南]823 회 도봉
	上海，章福记书局，刊年未详	8 册（零本，卷 2-4，6-10），中国石印本，有图，20.5×13.6cm	表纸书名：绣像封神演义全传	岭南大学校[古南]823 회 도봉ㅅ
	钟惺（明）批评，上海，简青斋书局，清末民初刊	8 卷 8 册，中国石印本，有图，20.5×13.2cm，四周双边，半郭：18.5×11.6cm，无界，25 行 52 字，注双行，上黑鱼尾，纸质：竹纸	标题：绘图封神演义全传，题签：增像全图封神演义，刊记：上海简青斋书局石印	成均馆大学校 D7C-116a
	许仲琳（明）著，上海，简青斋书局，刊写年未详	8 卷 8 册（卷 1-8，99 回），中国石印本，有图，20.2×13.4cm，无界，行字数不定，无鱼尾	表题：绘图封神演义全传，增像全图封神演义	庆熙大学校812.33-허 76 ㅂㄱ
	钟惺（明）批评，清末民初刊	12 卷 12 册，中国石印本，有图，20.2×13.7cm，四周单边，半郭：17.3×11.8cm，无界，19 行字数不定，上下向黑鱼尾，纸质：竹纸	表题：增像全图封神演义，序：康熙乙亥（1695）午月望后十日长洲褚人获学稼题于四雪草堂	长城郡 奉祥九
增像全图封神演义	钟惺（明）批评，清末民初刊	不分卷 3 册，中国新铅活字本，19.1×12cm，四周单边，半郭：15.1×9.6cm，17 行 40 字，上黑鱼尾，纸质：绵纸	备考：第 21-30，41-50，81-90 回	成均馆大学校 D7C-170

续表

书名	出版事项	版式状况	一般事项	所藏处/所藏番号
绣像评点封神榜全传	钟伯敬(明)批点，光绪九年(1883)刊	9卷10册，中国木版本，24×16cm，四周单边，半郭：19.7×13.8cm，11行23字，上黑鱼尾		建国大学校[고]923.6
	上海，扫叶山房，光绪九年(1883)刊	2匣20册，24×16cm		岭南大学校823.5
봉신방전전(西周演义)		1册，纸质：楮纸		大邱天主教대
봉신전(封神传)		2册，笔写本	用于制作坊刻本的原稿(1908年，推定)	鲜文大学校朴在渊
봉신지(封神传)	6卷6册，笔写本	纸质：楮纸	封神演义翻译本	鲜文大学校朴在渊
서주연의(西周演义)	译著者未详，写年未详	25卷25册，朝鲜笔写本，32.8×21.8cm，无郭，无丝栏，11行字数不定，注双行，无版心，纸质：楮纸	印：藏书阁印，35mmR[Nega]，1097f	韩国学中央研究院 4-6817/R35N-000050-52

9. 东周列国志(春秋列国志，后列国志)

在中国古代为数众多的历史演义中，影响最大的自是罗贯中的《三国志通俗演义》，其次就数冯梦龙编著、蔡元放评点的《东周列国志》了。这部历史演义名著，由明中叶的余邵鱼草创，由晚明冯梦龙编著完成，而其推广流行则与清乾隆年间蔡元放的评点加工关系至为密切。这里就相关情况略作说明。

首部演述春秋战国时期历史的《春秋列国志传》(以下简称《列国志传》)，一般认为，其编撰者为余邵鱼，也有学者推测可能是余象斗编撰。余邵鱼，福建建宁府建阳县人，约生活于明朝嘉靖、隆庆年间，是余象斗的族叔。余象斗，字仰止，一字文台，号三台山人，福建建安人，约生活于明朝隆庆、万历年间。除刊印《列国志传》外，余象斗还编著或刊行有《四游记》、《全汉志传》、《三国志传评林》、《东西晋演义》等，是明代通俗小说的著名编著者和刊行者。

《列国志传》起于"苏妲己驿堂被魅"，终于秦一统天下。作者显然参考过宋元讲史话本、戏文杂剧如《平话乐毅图齐七国春秋后集》和《秦并六国平话》等，但删除了平话尤其

163

是《平话乐毅图七国春秋后集》中的一些与史实严重不符或神怪色彩太浓的情节（比如《平话乐毅图七国春秋后集》"孙乐斗阵"竟让生活时代相距约60年的孙膑与乐毅对垒），又依据《战国策》、《史记》等书增添了一些关目，风格简朴、质实。不过，余邵鱼对若干盛行民间的传说仍偏爱有加，大量予以保留，比如"秋胡戏妻"、"卞庄刺虎"、"伍子胥临潼斗宝"、"浣纱女投江"、"孙武子吴宫操女兵"、"孟尝君养士出关"、"田单火牛复齐兵"、"孙膑下山服袁达"等。就其总体风貌而言，《列国志传》是一部洋溢着浓郁民间趣味的小说，在梳理历史事实和总结历史的经验方面，余邵鱼所倾注的心力颇为有限。

对于余邵鱼草创的《列国志传》，冯梦龙尤为不满的是其层见叠出的不合史实之处，遂一一据古书加以改订。《列国志传》第七卷写秦哀公企图恢复霸业，邀约各国诸侯到临潼斗宝，以收集宝物，向周天子进贡。这与历史事实完全不符，被冯梦龙断然删去；而这类因"铺叙之疏漏，人物之颠倒，制度之失考，词句之恶劣"被删削的情节、语言正不在少数。同时，冯氏又据史籍增加了许多重要内容，用五分之四的篇幅叙春秋五霸的争斗，用五分之一的篇幅写七雄的消长。以五霸七雄为主干，穿插若干小国的历史。这样一来，《新列国志》就由《列国志传》的28万字（八卷本）发展为76万字左右，足当"雅俗之巨览"（可观道人《新列国志叙》）的赞誉。

冯梦龙为了让读者相信他的叙述，他甚至不惜在小说中穿插考据笔墨。自然，冯梦龙撰《新列国志》，也有少量虚构润色之处，但都限于细节的加工，目的是化正史的简约为演义的详细，或使相关情节更为连贯，并不在大局上影响事件的真实性。李元复《常谈丛录》举过一个例子："说部之书……凡于各朝代之兴衰治乱，皆有叙述，而《三国演义》最称，其次则《东周列国志》。予谓为《列国志》者尤难，盖国多则头绪纷如，难于联贯；又列国时事多，首尾曲折不具详，难于敷衍，未免使览者厌倦。今观其书，于附会处，每多细意体会，如齐襄公之弑，依《左传》从猎贝丘起，见大豕人立而啼，从者谓是公子彭生，惧而坠车。丧屦之下，添豕啣屦去之语。及贼入，寻公不见，而见一屦于复壁下，乃得而弑焉。谓盖彭生厉魂化豕，取屦置壁下，以报公也。得此而前者豕之见，屦之丧，及诛屦弗得，始为有因。不拘泥于左氏见公足户下之言，斯为善解左文者矣，岂妄为添饰之比哉。"冯梦龙的"添饰"，主要是弥补正史所留下的叙事空白，使之更合情理，而并非对"添饰"本身感兴趣。

冯梦龙编著《新列国志》，一方面是要传授历史知识，另一方面是要总结历史经验。这里需要郑重指出的一个事实是：冯梦龙对《春秋》作过极为深入的研究。他的弟弟冯梦熊为冯梦龙所著《麟经指月》所写的序说："余兄犹龙，幼治《春秋》，胸中武库，不减征南。居恒研精覃思，曰：'吾志在《春秋》。'墙壁户牖皆置刀笔者，积二十余年而始惬……嗟乎，《春秋》非拨乱之书乎！孔子以东迁作，胡氏以南渡传，经传皆有忧患愤发之意焉。高皇帝尊用《儒说》，独取胡氏列学官者，非但以其为严冬大雪独秀之松柏也，取其忧患愤发之意合焉，而可以为异日拨乱之书也。今天下镐京磐石，邈禾黍之离，辨琛叩关，绝金缯之耻，似无所用其忧患愤发，然而纪纲之隳窳也，形势之卑靡也，夷狄之侵陵也，则亦儒臣专以《春秋》入侍时也。"周应华为冯梦龙所著《春秋衡库》所写的跋说："吾师犹龙氏才高殖学，所著多为世珍，而《麟经》尤擅专门。《指月》既行，嗣有《衡库》。……吾师兹辑，主以经文，实以《左》《国》，合以《公》《穀》，参以子史，证以他经，断以胡氏，辅以群儒，删繁取精，针芒不失，可谓衡矣；采实兼华，字句不漏，可谓库矣。衡而且库，二百四十二年之行事，前源后委，联如贯珠；甲是乙非，炳如列烛，可谓善读《春秋》矣。吾师尝有言曰：'凡读书须知不但为自己读，为天下人读；即为自己，亦不但为一身读，为子孙读；不但为一世读，为生生世世读。作如是观，方铲尽苟简之意，胸次才宽，趣味才永。'所以屡遭按剑，载被含沙，而口呥笔扫，日夜不辍。故其著述可示于子孙，可惠于天下，而其精诚直可贯于生生世世，非虚语也。"冯梦龙深入钻研《春秋》，一方面是对春秋战国时期列国纷争的史实了如指掌，他对所写题材的熟悉程度是罗贯中之外的其他演义小说家所不可比拟的；另一方面是对《春秋》义理的深入把握，他由此产生的社会责任感和历史使命感是余邵鱼这一类演义小说家所不具备的。在《新列国志》的编撰过程中，前一方面具体表现为实录精神，以史料为依据，据实直陈；后一方面具体表现为对历史经验的自觉总结。历史不仅是对一系列事件的罗列，它还意味着阐释或解释，即把种种事件联系起来，从杂乱的往事中找出某种贯穿其中而意义重大的道理。冯梦龙是把《新列国志》当做通俗历史教材来写的，他对自己提出的要求很高，即不仅客观准确地叙述政治、军事史实，而且致力于表达他对所发生的历史事件的意义的理解，换句话说，即致力于揭示历史的经验和教训，以期对读者和社会生活产生影响。可观道人《新列国志叙》从总结历史经验的角度阐发这部小说的意义说："凡国家之废兴存亡，行事之是非存毁，人品之好丑贞淫，一一胪列，如指诸掌。"他并且举了许多具体的例证来加以说明："是故鉴于褒姒、骊姬，而知嬖不可以篡嫡；鉴于子颓、阳生，而知庶不可以奸长；鉴于无极、宰嚭，而知佞不可以参贤；鉴于囊瓦、郭开，而知贪夫之不可与共国；鉴于楚平、屠岸贾、魏颗、豫让，而知德怨之必反；鉴于秦野人、楚唐狡、晋里凫须，而知襟量之不可以隘；鉴于二姜、崔、庆，而知淫风之足以亡身而覆国；鉴于王僚、熊比，而知非据之不可幸处；鉴于商鞅、武安君，而知惨刻好杀之还以自中；鉴于晋厉、楚灵、栾魇、智伯，而知骄盈之无不覆；鉴于秦武王、南宫万、养叔、庆忌，而知勇艺之无全恃；鉴于烛武、甘罗，而知老幼之未可量；鉴于越句践、燕昭、孟明、苏季子，而知困衡之玉汝于成；鉴于宋闵公、萧同叔子，而知凡戏之无益；鉴于里克、茅焦，而知死生之不关于趋避。至于西门豹、尹铎之吏治，郑庄、先轸、二孙、二起、田丹、信陵君、尉缭子之将略，孔父、仇牧、荀息、王蠋、肥义、屈原之忠义，专诸、要离、聂政、夷门侯生之勇侠，介子推、鲁仲连之高尚，管夷吾、公孙侨之博洽，共姜、叔姬、杞梁妻、昭王夫人之志节，往迹种种，开卷了然，披而览之，能令村夫俗子与缙绅学问相参。若引为法诫，其利益亦与六经诸史相埒，宁惟区区稗官野史资人口吻而已哉？"所谓"鉴"，所谓"法诫"，强调的是与正史功能相同的"资治"的作用，冯梦龙是不屑与通常的"稗官野史"为伍的。

蔡奡，字元放，号野云主人、七都梦夫，江宁（今江苏南京）人。乾隆年间，他就冯梦龙的《新列国志》作加工整理，定名为《东周列国志》，刊刻发行。这就是几百年来流行的长篇列国志小说的通行本。

蔡元放的加工，主要在评点方面，文字偶有修改，个别回目较冯梦龙本更为工稳。《东周列国志》实际上是《新列国志》的评点本。这些评点，包括回评和夹评，颇有助于读者厘清史实和理解人物之间的复杂关系。

蔡元放还仿效清初写《三国志读法》的毛宗岗，专门写了一篇《东周列国全志读法》。

这篇读法，主要强调了《东周列国志》的两个特点：所记的都是真实的事实，有助于读者了解春秋战国的历史；所写的内容于读者有益，有助于读者成为"正经人"。比如读法中的这两段："《列国志》和别本小说不同。别本多是假话，如《封神》、《水浒》、《西游》等书，全是劈空撰出。即如《三国志》，最为近实，亦复有许多做造在于内。《列国志》却不然，有一件说一件，有一句说一句，连记实事也记不了，那里还有工夫去添造。故读《列国志》，全要把作正史看，莫作小说一例看了。""教人子弟读书常苦，大都是难事。其生来便肯钻研攻苦，津津不倦者，是他天分本高，与学问有缘。这种人，于百中只好一二，其余便都是不肯读书的了。但若是教他读论道论学之书，便苦扦格不入。至于稗官小说，便没有不喜去看的了。但稗官小说虽好，毕竟也有不妥当处。盖其可惊可喜之事，文人只图笔下快意，于子弟便有大段坏他性灵处。我今所评《列国志》，若说是正经书，却毕竟是小说样子，子弟也喜去看，不至扦格不入。但要说它是小说，它却件件都从经传上来，子弟读了，便如把一部《春秋》、《左传》、《国语》、《国策》都读熟了，岂非快事？"蔡元放言之谆谆，虽然不免迂腐了一些，但确实说出了《东周列国志》的特点。《东周列国志》之畅销与长销，蔡元放功不可没。

《后列国志》又名《后东周列国志》、《后东周锋剑春秋》、《锋剑春秋后列国志》、《万仙斗法后列国志》、《万仙斗法兴秦传》、《孙膑大破诸仙阵》。同治四年（1865）四和堂刊本不题撰人，凡十卷六十回。另有光绪元年（1875）上海顺城书局石印本、光绪二十七年（1901）上海大经楼石印本、民国间上海广益书局石印本等。写秦始皇奉玉帝旨意，并吞六国，率章邯、王翦、金子陵等御驾亲征。孙膑因父亲死于秦军，下山报仇。王翦、金子陵、孙膑俱有法术。各路神仙如梨山老母、太上老君、鸿蒙教主、如来佛、齐天大圣、南极仙翁等亦各助一方，纷纷登场，不断斗法。最终孙膑葬母，诸仙归山，秦并六国，统一天下。此书名为讲史，实为神魔小说。

现在韩国的《列国志》诸版本中，尚未发现有余邵鱼之《春秋列国志》或冯梦龙之《新列国志》刊本，皆为清代蔡元放所编撰之《东周列国志》。

9-1. 东周列国志

书名	出版事项	版式状况	一般事项	所藏处/所藏番号
东周列国志	蔡奡（清）评点，扫叶山房，乾隆十七年（1752）序	12卷12册（卷1-12），中国石印本，24.3×15.7cm，四周双边，半郭：19.3×14.2cm，无界，12行26字，上下向黑鱼尾	书名：卷首题，版心题：东周列国志，表题：东周列国志（一），序：乾隆十七年（1752）春七都梦夫蔡元放氏题	庆州东国大学校　D823.5-채58，v.1-v.12
	冯梦龙（明）撰，蔡奡（清）评点，1752年文德堂刊行	残本2册，中国木版本，24×26.3cm		高丽大学校（六堂本）

书名	出版事项	版式状况	一般事项	所藏处/所藏番号
东周列国志	蔡昊（清）评点，上海，锦章图书局，英祖二十八年(1752)序	13 卷 2 册(卷 1-13，缺帙)，中国石印本，有图，20.1×13.1cm，四周双边，半郭：17.1×11.4cm，有界，18 行 40 字，注双行，上下向黑鱼尾	序：乾隆十有七年(1752)春七都梦夫蔡元放氏题，刊记：上海锦章图书局石印	京畿大学校 京畿-k115150-2
	蔡元放（清）批评，上海，锦章图书局，1752 年刊	27 卷 14 册(卷 1-27)，中国石印本，20.5×13.5cm，四周双边，半郭：17.5×12.1cm，有界，18 行 40 字，上黑鱼尾	表题：绘图东周列国志，序：乾隆十有七年春(1752)蔡元放	全北大学校 812.3-동주열
		27 卷 14 册，中国石印本，20.5×13.5cm，四周双边，半郭：17.5×12.1cm，有界，18 行 40 字，上黑鱼尾	表纸书名：绘图东周列国志，序：乾隆十有七年春(1752)蔡元放	梨花女子大学校 □ 고 812.3 동 817 ㅎ
	蔡昊（清）批评，金阊，小酉山房，同治十一年(1872)刻，后刷	23 卷 24 册，中国木版本，有图，15.7×11.1cm，左右双边，半郭：12.9×9cm，无界，12 行 26 字，注双行，上黑鱼尾，纸质：竹纸	标题：绣像东周列国志，刊记：同治壬申(1872)新刊，金阊小酉山房梓，备考：袖珍本	成均馆大学校 D7C-24
	冯梦龙（明）撰，蔡昊（清）评点，同治十一年(1872)金阊小酉山房刊	残本 5 册，中国木版本，16.1×10.9cm		高丽大学校 (六堂本)
	蔡元放（清）批评，扫叶山房，光绪六年(1880)刊	23 卷 24 册，有图(12 页)，24.4×16cm，四周单边，半郭：20×14cm，无界，12 行 26 字，上黑鱼尾	序：乾隆十七年(1752)蔡元放	梨花女子大学校
	蔡昊（清）评点，上海，江左书林，光绪丙戌(1886)刻，后刷	24 卷 24 册，中国木版本，有图，24×15.2cm，四周双边，半郭：16.4×12cm，无界，13 行 26 字，注双行，上黑鱼尾，纸质：竹纸	版心题：东周列国志，序：乾隆壬申(1752)二月七都梦夫蔡元放题于绿净山房，刊记：光绪丙戌年(1886)秋月，上海江左书林重校刊	成均馆大学校 D7C-24a

书名	出版事项	版式状况	一般事项	所藏处/所藏番号
东周列国志	蔡奡（清）评点，上海，江左书林，光绪丙戌（1886）刻，后刷	11 卷 12 册（卷 1-11），有图，23.7×15.2cm，四周双边，半郭：17.8×12.7cm，无界，13 行 26 字，上下向黑鱼尾		庆熙大学校 812.3-재 57 ㄷ
		23 卷 24 册，中国木版本，有图，23.6×15cm，四周双边，半郭：17.8×12.8cm，无界，13 行 26 字，上下向黑鱼尾	序：乾隆壬申（1752）二月七都梦夫蔡元放题于绿净山房，刊记：光绪丙戌上海江左书林，表题：列国志，版心题：东周列国志	庆北大学校 ［古］812.31 재 58 ㄷ
	蔡奡（清）评点，上海，点石斋，光绪十四年（1888）刊	27 卷 8 册，中国石印本，有图，20×12.6cm	序：乾隆十有七年(1752)蔡奡印：帝室图书之章	奎章阁 ［奎중]5802
	蔡元放(清)评点，五彩公元，光绪十八年(1892)刊	27 卷 8 册，中国石印本，有图（116 页），19.5×12.9cm，四周双边，半郭：15.1×11cm，有界，20 行 46 字，注双行，上黑口鱼尾	序：乾隆十有七年(1752)蔡元放	梨花女子大学校，□고 812.3 동 817
	蔡奡（清）评点，扫叶山房，光绪二十二年（1896）刊	27 卷 8 册，中国石印本，有图，19.5×13cm，四周双边，半郭：15.5×11.2cm，无界，行字数不定，上下向黑鱼尾，纸质：绵纸	序：乾隆十有七年(1752)春七都梦夫蔡元放氏题，刊记：光绪丙申（1896）中秋扫叶山房石印	大田市 赵钟业
		27 卷 8 册，中国石印本，有图，19.5×13cm，四周双边，半郭：15.5×11.5cm，无界，23 行 50 字，注双行，上下向黑鱼尾，纸质：竹纸	序：乾隆十有七年(1752)春七都梦夫蔡元放氏题，刊记：光绪丙申（1896）中秋扫叶山房石印	忠南大学校 鹤山古书集.小说类 2039
		27 卷 8 册，中国石印本，有图，19.8×13.4cm，四周双边，半郭：16.1×11.6cm，无界，22 行 50 字，注双行，上黑鱼尾，纸质：绵纸	序：乾隆十有七年(1752)春七都梦夫蔡元放氏题，刊记：光绪丙申（1896）中秋扫叶山房石印	成均馆大学校 D7C-21

书名	出版事项	版式状况	一般事项	所藏处/所藏番号
东周列国志	蔡奡（清）评点，扫叶山房，光绪二十二年（1896）刊	4 册（零本，卷 1-2，11-21），中国石印本，20×13.2cm，四周双边，半郭：16.5×11.6cm，无界，22 行 50 字，注双行，上黑鱼尾，纸质：竹纸	表题：绘图东周列国志，刊记：光绪丙申（1896）上海扫叶山房石印	圆光大学校 AN 823.5-ᄇ 998 ᄂ
		27 卷 8 册，中国石印本，有图，19.6×13.1cm，四周双边，半郭：16×11.1cm，无界，22 行字数不定，上下向黑鱼尾	表题：东周列国志，版心题：东周列国志，序：乾隆十有七年（1752）春七都梦夫蔡元放氏题，刊记：光绪丙申（1896）扫叶山房石印	庆北大学校 [古]812.3 재 58 ᄃ
		17 卷 5 册，中国石印本，有图，20×13.5cm，四周双边，半郭：16.6×12.3cm，无界，22 行 50 字，注双行，上下向黑鱼尾	刊记：光绪丙申（1896）仲秋扫叶山房石印，叙：乾隆十有七年（1752）春七都梦夫蔡元放氏题	中央大学校 812. 冯梦龙 동
		残本 11 卷，半郭：21.8×14.3cm	卷首题：绣像东周列国志	朴在渊
	蔡奡（清）评点，扫叶山房，光绪二十四年（1898）刊	27 卷 8 册，中国石印本，有图，19.5×13cm，四周双边，半郭：15.9×11.3cm，无界，22 行 50 字，注双行，上黑鱼尾，纸质：绵纸	序：乾隆十有七年（1752）春七都梦夫蔡元放氏题，刊记：光绪戊戌（1898）孟春扫叶山房石印	成均馆大学校 D7C-21a
	蔡奡（清）评点，上海，章福记书局，光绪三十一年（1905）刊	8 卷 8 册，中国石印本，20.1×13.5cm，四周双边，半郭：17.4×12.1cm，26 行字数不定，注双行，头注，上黑鱼尾，纸质：竹纸	序：乾隆十有七年（1752）春七都梦史蔡元放氏题，刊记：光绪乙巳（1905）仲春上海章福记书局石印	成均馆大学校 青冈 D7C-21c
	广益书局，光绪三十一年（1905）刊	27 卷 8 册，中国石印本		鲜文大学校 朴在渊

续表

书名	出版事项	版式状况	一般事项	所藏处/所藏番号
东周列国志	蔡奡(清)评点,上海,同文新译书局,光绪三十一年(1905)刊	27卷8册(卷1-27),中国石印本,有图,19.5×12.9cm,无界,19行41字,注双行,上下向黑鱼尾	表题:绘图东周列国志(题签),序:乾隆十七年(1752)蔡元放	檀国大学校天安栗谷图书馆(罗孙文库)古 873.6-재 243 ⊏
	蔡奡(清)评点,上海,江左书林,清朝末期刻,后刷	23卷24册,中国木版本,17.6×11.8cm,四周双边,半郭:12.8×10cm,无界,12行27字,注双行,上黑鱼尾,纸质:竹纸	标题:绣像东周列国全志,表题:列国志,序:乾隆十七年(1752)春月七都梦夫蔡元放题于绿净山房,刊记:江左书林藏板,备考:袖珍本	成均馆大学校 D7C-24b
		上下二函,23卷24册108回,袖珍本		鲜文大学校朴在渊
	蔡奡(清)评点,上海,锦章图书局,刊年未详	27卷14册,中国石印本,有图,20.2×13.5cm,四周双边,半郭:17.5×11.5cm,有界,18行40字,注双行,上黑鱼尾,纸质:竹纸	标题:精绘全图东周列国志,序:乾隆十有七年(1752)春七都梦夫蔡元放氏题,刊记:上海,锦章图书局石印	成均馆大学校 D7C-21b
		7册(零本,所藏卷14-17),中国石印本,20.1×13.5cm,四周双边,半郭:17.5×11.6cm,有界,18行40字,注双行,上黑鱼尾,纸质:竹纸	表题:绘图东周列国志	圆光大学校 AN823.5-ㅂ 998 ㄱ
		27卷14册,中国石印本,有图,20.3×13.5cm,四周双边,半郭:17.5×11.7cm,有界,行字数不定,上下向黑鱼尾	表题:绘图东周列国志	国民大学校 [고]823.5 똥 01 ㄱ
		27卷14册,有图,中国石印本,21cm,四周双边,17.5×11.5cm,有线,18行40字,注小字双行,上黑鱼尾	内题:精绘全图东周列国志,外题:绘图东周列国志,序:乾隆十有七年(1752)春蔡元放氏题	延世大学校 812.36/6

续表

书名	出版事项	版式状况	一般事项	所藏处/所藏番号
东周列国志	蔡奡(清)评点，上海，锦章图书局，刊年未详	1 册(零本)，中国石印本，20.5×13.5cm，四周双边，半郭：17.4×11.5cm，有界，18 行 40 字，上黑鱼尾	序：乾隆十有七年(1752)蔡元放	启明大学校들 812.35-동주열
		27卷14册，中国石印本，有图，20.2×13.5cm，四周双边，半郭：17.5×11.5cm，有界，18 行 40 字，注双行，上下向黑鱼尾，纸质：竹纸	题签：绘图东周列国志，版心题：东周列国志，序：乾隆十有七年(1752)春七都梦夫蔡元放氏题，刊记：上海锦章图书局石印	全北大学校 812.3-동주열
	蔡奡(清)评点，刊写地，刊写者，刊写年未详	27卷14册一百零八回，中国石印本		鲜文大学校 朴在渊
		27卷14册，中国石印本，有图，20.2×13.6cm	表题：精绘全图东周列国志，表题：绘图东周列国志，序：乾隆十有七年(1752)春七都梦夫蔡元放氏题	高丽大学校(晚松文库) C14-B2J
		2卷1册(卷18-19，缺帙)，20.3×13.4cm，有图，四周双边，半郭：17.2×12cm，有界，18 行 40 字，注双行，上下向黑鱼尾	表题：绘图东周列国志	东亚大学校(3)：12-9
		6册(零本，第39-51、63-68、74-79、85-96 回)，中国木版本，24.9×16.1cm，左右双边，半郭：20×13.4cm，无界，10 行 22 字，上黑鱼尾	版心书名：列国志，刊记：帝室图书之章，弘文馆	奎章阁 [奎중]4183
	蔡元放(清)评点	1卷1册(零本)，中国版本，24.5×16.2cm，四周单边，半郭：21.4×14.2cm，有界，12 行 26 字，注双行，白口，上下向黑鱼尾	楷书	韩国国学振兴院受托，密阳朴氏敬轩古宅

书名	出版事项	版式状况	一般事项	所藏处/所藏番号
东周列国志	刊写地，刊写者，刊写年未详，清刊本	1 卷 1 册（卷 9）		京畿大学校 京畿-k122928
	冯梦龙（明）撰，蔡奡（清）评点，清末上海书局刊	残本 16 卷 5 册（卷 1，2-5，6-9，21-23，24-27），中国石版本，有图，19.7×12.7cm，四周双边，半郭：15×10.6cm，17 行 40 字，纸质：绵纸	序：乾隆十有七年(1752)蔡元放	江陵市 船桥庄
	冯梦龙（明）撰，蔡奡（清）评点，清末刊	残本 2 卷 2 册，中国木版本，19.9×13.2cm		金东旭
		残本 11 册		东亚大学校（石堂本）
		23 册(1，2 册缺)		朴在渊
		残本 8 册（卷 1-5，7，19-20）		成均馆
		残本 21 卷 22 册		涧松本
		3 册，铅活字本，20×13.5cm		韩国国学振兴院受托，전주류씨정재중택
东周列国全志	蔡奡（清）评点，锦章图书局，乾隆十七年(1752)序	8 卷 8 册，中国石印本，有图，20.3×13.5cm，四周双边，半郭：17.8×12cm，无界，30 行字数不定，上下向黑鱼尾	表题：东周列国，版心题：绘图东周列国志，序：乾隆十有七年(1752)春七都梦夫蔡元放氏题，刊记：锦章图书局石印	庆北大学校[古]812.3 재58 ㄷㄱ
	蔡奡（清）评点，乾隆十七年(1752)序，后刷	22 卷 20 册，中国木版本，有图，24.2×16.1cm，四周单边，半郭：21×14.1cm，有界，12 行 26 字，注双行，上下向黑鱼尾，纸质：竹纸	表题：列国志，版心题：东国列国志，里题：东周列国全志，序：乾隆十有七年(1752)春七都梦夫蔡元放氏题，收藏印：玄谷精舍万卷楼图书之印	全北 高敞郡 玄谷书院

书名	出版事项	版式状况	一般事项	所藏处/所藏番号
东周列国全志	蔡奡(清)评点，乾隆十七年(1752)序，后刷	5卷5册(卷1-2，5，8，11)，中国木版本，有图，24.3×16cm，四周单边，半郭：22×14.7cm，有界，12行26字，注双行，上下向黑鱼尾，纸质：竹纸	版心题：东周列国志，序：乾隆十有七年(1752)春月七都梦夫蔡元放氏题	釜山大学校
	蔡奡(清)评点，善成堂藏板，乾隆十七年(1752)序	23卷24册，中国铜活字本，有图，24.5×16cm，四周单边，半郭：21.2×14.2cm，12行26字，有界，上黑鱼尾	版心题：绘图今古奇观	中央大学校812.93-冯梦龙 동
		12卷13册，中国木版本，有图，24.2×16.3cm，四周单边，半郭：21.6×14cm，有界，12行26字，注双行，花口，上下向黑鱼尾，纸质：中国纸	标题：善成堂东周列国全志，表题：东周列国志，序：时乾隆十有七年(1752)春月蔡元放题	釜山大学校(小讷文库)OFC 3-12 1F
	蔡奡(清)评点，金阊书业堂，嘉庆六年(1801)刻，后刷	23卷24册，中国木版本，有图，24×17.4cm，四周单边，半郭21.1×14cm，无界，12行26字，注双行，上下向黑鱼尾，纸质：绵纸	题签：列国志，序：乾隆十有七年(1752)春月七都梦夫蔡元放氏题，刊记：嘉庆六年(1801)重镌，收藏印：春江	忠南大学校集 1286
	嘉庆六年(1801)刊	23卷23册，中国木版本，16×25.5cm	表题：列国志	忠北 槐山郡 김문기
	蔡奡(清)评点，扫叶山房，光绪六年(1880)刊	20卷21册(卷9，10，13缺)，中国木版本，半郭：20.4×14.1cm，12行26字，上黑鱼尾		雅丹文库823-재 95 □
		23卷24册，中国木活字本，有图，24.2×15.6cm，四周单边，半郭：21.7×14cm，无界，12行26字，注双行，上下向黑鱼尾，纸质：绵纸	表题：列国志，里题：绣像东周列国全志，序：乾隆十有七年(1752)春月七都梦夫蔡元放氏题，刊记：光绪六年(1880)仲春重镌	忠南大学校崔书勉集 1287

书名	出版事项	版式状况	一般事项	所藏处/所藏番号
东周列国全志	蔡奡(清)评点,扫叶山房,光绪六年(1880)刊	全23卷24册(卷1-23),中国木版本,有图,24×15.7cm,四周双边,半郭:19.5×14.2cm,无界,12行26字,注双行,上内向黑鱼尾,纸质:竹纸	表题:列国志,序:乾隆十有七年(1752)春月七都梦夫蔡元放(清)氏题,内容:序—目录—读法—绣像—地图考,刊记:光绪六年(1880)仲春重镌,扫叶山房藏板	汉阳大学校812.35-풍446 ㄷ-v.1-v.24
		12册(缺帙,所藏:1-12),中国木版本,有图,24.4×15.7cm,四周单边,半郭:21.1×14.3cm,无界,行字数不定,上下向黑鱼尾	标题:绣像东周列国志,表题:秣陵蔡元放批评,扫叶山房藏板,序:时乾隆十有七年(1752)蔡元放氏题	国民大学校[고]823.5 풍01 ㄴ
		合24册(23卷,卷首),中国木版本,有图,24×15.5cm	标题:绣像东周列国志,序:时乾隆十七年(1752)……蔡元放氏题,印:全义李氏世家,刊记:光绪六年(1880)仲春重镌	高丽大学校C14-B2
		23卷23册,中国木版本,有图,24×15.8cm,四周双边,半郭:20.3×14cm,有界,12行26字,注双行,上下向黑鱼尾,纸质:绵纸	表题:列国志,版心题:东周列国全志,里题:绣像东周列国志,序:时乾隆十有七年(1752)春月七都梦夫蔡元放氏题,刊记:光绪六年(1880)仲春重镌	全罗北道 高敞郡 裴圣洙
		现存21卷2匣22册(零本),中国木版本,16×24.5cm,四周单边,半郭:14.4×21.2cm,无界,12行26字,白口黑鱼尾上	版心书名:东周列国志,序:蔡奡自序(1752),刊记:光绪六年仲春重镌,扫叶山房藏板	涧松文库
		11卷12册(零本,所藏本:目录,卷1-11),中国木版本,有图,24×15.7cm,四周双边,半郭:19.5×14.2cm,无界,12行26字,注双行,上内向黑鱼尾,纸质:竹纸	表题:列国志,序:乾隆十七年(1752)春月七都梦夫蔡元放氏题,刊记:光绪六年(1880)仲春重镌,扫叶山房藏板	东国大学校D819.35 동77

续表

书名	出版事项	版式状况	一般事项	所藏处/所藏番号
东周列国全志	冯梦龙（明）著，蔡奡（清）评点，上海，江左书林，光绪十二年(1886)刊	24 册 (所藏：0-23)，中国木版本，有图，24.3×15.4cm，左右单边，上下双边，半郭：16×12cm，无界，行字数不定，上下向黑鱼尾	表题：列国志，序：乾隆壬申（1752）蔡元放……	国民大学校 [고]823.5 풍 01
		23 卷 23 册（目录册 1，卷 1-23，共 24 册），中国木版本，有图，23.4×14.9cm，四周双边，半郭：18.1×12.7cm，无界，13 行 26 字，注双行，上下向黑鱼尾	版心题：东周列国志，表题：列国志，标题：绣像东周列国志，刊记：光绪丙戌（1886）秋月上海江左书林重校刊，手书刻序：乾隆壬申（1752）二月七都梦夫蔡元放题	庆熙大学校 812.3-동 76 全北大学校 812.35-채호ㄷ
		23 卷 24 册，中国木版本，有图，23.5×15.2cm，四周双边，半郭：18×14.7cm，无界，13 行 26 字，上下向黑鱼尾，纸质：绵纸	版心题：东周列国志，刊记：光绪丙戌（1886）秋月上海江左书林重校刊	釜山广域市庆星大学校博物馆
		合 24 册（23 卷，卷首），中国木版本，23.7×15.2cm	标题：绣像东周列国志，序：时乾隆壬申（1752）二月蔡元放题于绿净山房，刊记：光绪丙戌（1886）秋月上海江左书林重校刊	高丽大学校 C14-B2A
		23 卷 24 册（卷 1-23），23.7×15.1cm，四周双边，半郭：18.1×13cm，无界，13 行 26 字，注双行，上下向黑鱼尾	标题：绣像东周列国志，序：乾隆壬申（1752）二月七都梦夫蔡元放题，刊记：光绪丙戌（1886）秋月上海江左书林重校刊	东亚大学校 (3)：12：2-58
		23 卷 24 册，中国木版本，有图，24.2×15.3cm，四周双边，半郭：17.8×12.3cm，无界，13 行 26 字，注双行，上内向黑鱼尾	表纸书名：绣像东周列国志，版心书名：东周列国志，刊记：光绪丙戌（1886）秋月上海江左书林重校刊	汉阳大学校 812.35-풍 446 ㄷ-v.9v.14，v.17-v.18，v.23

续表

书名	出版事项	版式状况	一般事项	所藏处/所藏番号
东周列国全志	蔡奡（清）评点，光绪十九年(1893)刊	23卷24册，中国木版本，有图，25×15.8cm，四周单边，半郭：20×14.4cm，无界，12行26字，上下向黑鱼尾，纸质：绵纸	里题：绣像东周列国全志，序：乾隆十有七年(1752)春七都梦夫蔡元放氏题，刊记：光绪癸巳(1893)澹雅书局刊	忠南大学校集915
	蔡奡（清）评点，澹雅书局，光绪十九年(1893)刊	全23卷24册，中国木版本，有图，24.5×15.7cm，四周单边，半郭：21.2×14.5cm，12行26字，上黑鱼尾	标题纸书名：东周列国志，序：时乾隆十有七年(1752)蔡奡，刊记：光绪癸巳(1893)澹雅书局刊，印：石湖书室	韩国学中央研究院[霞]D7C-36
		合24册(23卷，卷首)，中国木版本，有图，25×15.7cm	标题：绣像东周列国全志，序：时乾隆十有七年(1752)……蔡元放氏题，刊记：光绪癸巳(1893)澹雅书局刊，印：默容室藏书印	高丽大学校C14-B2B
	蔡奡（清）评点，四章福记书局，光绪乙巳(1905)刊	零本6册(所藏：卷1-2，5-8)，石印本，有图，20.3×13.5cm，四周双边，半郭：18×12.1cm，有界，26行字数不定，上下向黑鱼尾	表题：绘图东周列国志，版心题：绘图东周列国，序：乾隆十有七年(1752)春七都梦夫蔡元放题，刊记：光绪乙巳年(1905)上海章福记书局石印	庆北大学校[古]812.3 재58ㄷㄱ(2)
	蔡奡（清）评点，慰记书庄，光绪三十一年(1905)刊	7卷7册(全8卷8册，卷1-4，6-8)，中国石印本，有图，20.5×13.4cm，四周双边，半郭：17.4×11.8cm，无界，24行52字，注双行，黑口上下向黑鱼尾	标题：东周列国志，上栏外小字头注，序：乾隆十有七年(1752)春七都梦夫蔡元放题，刊记：光绪乙巳(1905)夏日慰记书庄石印	东亚大学校(3)：12：2-50
	冯梦龙（明）撰，蔡奡（清）评点，同文新译书局，光绪三十一年(1905)刊	27卷8册(卷7-10缺)，中国石印本，有图，19.7×13cm，四周单边，半郭：16.1×11.3cm，无界，19行字数不定，注双行，头注，上下向黑鱼尾，纸质：洋纸	里题：绘图东周列国志，序：乾隆十有七年(1752)春七都梦夫蔡元放氏题，刊记：光绪三十一年(1905)上海同文新译书局	釜山女子大学校 伽倻文化研究所

续表

书名	出版事项	版式状况	一般事项	所藏处/所藏番号
东周列国全志	蔡奡(清)评，江左书林，刊写年未详	23卷23册(卷首1册，卷1-23，共24册)，中国木版本，有图，17.9×12cm，四周单边，半郭：12.8×10cm，有界，12行27字，注双行，上下向黑鱼尾	表题：列国全志，标题：绣像东周列国全志，序：乾隆十有七年(1752)蔡元放题于绿净山房，刊记：江左书林藏板	全北大学校 812.3-열국전
	蔡奡(清)评点，经纶堂，刊年未详	24册(23卷，目录)中国木版本，26×16cm，四周单边，半郭：20.5×14cm，无界，12行26字，上黑鱼尾	序：乾隆十七年(1752)蔡元放	启明大学校 [고] 812.35-동주열ㄱ
	经国堂刊，刊写年未详	23卷16册(卷1-23)，中国木版本，有图，17.6×11.5cm，四周单边，半郭：12.7×9.9cm，无界，12行27字，注双行，上下向无叶花纹鱼尾	表题：东周列国志，异书名：绣像东周列国全志	京畿大学校 京畿-k119590-1
	冯梦龙(明)著，蔡元放(清)批评，星聚堂藏板，刊写年未详	全54卷20册，1-20(卷1-54)，中国木版本，有图，22.8×15.8cm，四周单边，半郭：20.3×13.3cm，无界，10行24字，注双行，上内向黑鱼尾	表纸书名：东周列国志，序：乾隆元年(1736)蔡元放，刊记：星聚堂藏板	汉阳大学校 812.35-풍 446ㄷ-v.1-.20
	冯梦龙(明)著，蔡元放(清)评点，上海，共和书局，刊写年未详	1卷1册(全8卷8册，卷1(1-8回)，中国石印本，20×13.3cm，四周单边，半郭：17.2×11.2cm，无界，28行57字，注双行，头注，上内向黑鱼尾	里表纸书名：绘图东周列国志，版心书名：绘图东周列国志，表纸书名：绘图东周列国全志，序：乾隆十有七年(1572)蔡元放氏跋	汉阳大学校 812.35-풍 446ㄷ-v.1，v.4-.8
	冯梦龙(明)著，蔡奡(清)评点，上海，天宝书局，刊写年未详	14卷6册(全27卷)，有图，20.2cm，无界，行字数不定，无鱼尾	表题纸名：绘图东周列国志，定本大字绣像全图东周列国志	庆熙大学校 812.33-풍 35ㄷ
		2卷2册(卷1-8)，石印本，19.9×13.2cm，四周双边，半郭：17.4×12.5cm，无界，28行58字，注双行，上下向黑鱼尾	表题：绘图东周列国志(墨书)	檀国大学校 천안율곡图书馆(罗孙文库)古 873.6-재 243 다

书名	出版事项	版式状况	一般事项	所藏处/所藏番号
东周列国全志	蔡奡（清）评点，锦章图书局刊，刊写年未详	零本1册（所藏：卷1），中国石印本，有图，20×13.5cm，四周双边，半郭：17.5×12.5cm，无界，行字数不同，上黑鱼尾	表题：精绘全图东周列国志，序：乾隆十有七年（1752）蔡元放，刊记：上海锦章图书局石印	龙仁大学校 D7-4
		12卷6册，中国石印本，有图，20.2×13.4cm，四周双边，半郭：17.4×11.5cm，有界，18行40字，注双行，花口，上下向黑鱼尾，纸质：中国纸	表题：绘图东周列国志	釜山大学校（直斋文库）OCC 3-12 1E
	蔡奡（清）评点，江左书林，清朝末期刻，后刷	23卷24册，中国木版本，有图，17.6×11.8cm，四周单边，半郭：12.8×10cm，无界，12行27字，注双行，上下向黑鱼尾，纸质：竹纸	表题：列国全志，版心题：东周列国全志，序：乾隆十七年（1752）春七都梦夫蔡元放题于绿净山房，刊记：江左书林藏板	全北大学校 812.35-재호ㄷ
	蔡奡（清）评点，清朝后期刻　后刷	8册（卷1-5，17，19-20），中国木版本，24×16.2cm，四周单边，半郭：21×14.4cm，12行26字，注双行，上黑鱼尾，纸质：竹纸	表题：列国志	成均馆大学校 D7C-24C
	冯梦龙（明）撰，蔡奡（清）评点，1900年左右刊	零本23册（全23卷目录1合24册中所藏本中目录卷1-14，16-23，23册以外缺），中国木版本，有图，26.6×16.1cm，四周单边，半郭：21.4×14.3cm，有界，12行26字，白口，上黑鱼尾	版心书名：东周列国志	海军士官学校 [중]41
	蔡奡（清）评点，清乾隆至道光年间刊	9册（卷4，14-15，17-22），中国木版本，25.1×15.6cm，四周单边，半郭：22.2×14.8cm，12行26字，注双行，上黑鱼尾，纸质：竹纸	序：乾隆十有七年（1752）春七都梦夫蔡元放氏题，收藏印：青松，沈能岳（1766-?），维翰	成均馆大学校 D7C-24d

书名	出版事项	版式状况	一般事项	所藏处/所藏番号
东周列国全志	蔡昇（清）评点，清朝末期刊	7卷7册（卷12，14，18-21，23），中国木版本，15.8×10.8cm，四周单边，半郭：13.2×9.9cm，无界，12行26字，注双行，上下向黑鱼尾，纸质：竹纸	版心题：东周列国志，里题：重镌东周列国全志	釜山大学校 OAC 3-12 1D
	蔡昇（清）评点，清末民初刊	20卷20册（卷1-11，15-23），中国石印本，有图，25.4×16cm，四周双边，半郭：21.8×14.5cm，12行26字，注双行，上下向黑鱼尾，纸质：竹纸	表题：列国志，版心题：东周列国志，序：乾隆十有七年（1752）蔡元放氏题	釜山大学校 OMO 3-12 23
	蔡昇（清）评点，朝鲜朝末期至日帝时代写	3册（卷13，16，23），笔写本，24.9×15.8cm，11行25字，注双行，纸质：楮纸	表题：列国志	成均馆大学校 D7C-24e
	冯梦龙（明）撰，蔡昇（清）评点，刊写地，刊写者，刊写年未详	6册（卷6，14-19），中国木版本，25cm，四周单边，21.1×14.4cm，12行26字，上黑鱼尾	外题：列国志，东周列国志	延世大学校 812.36/7
		22卷22册（卷2-23），中国木活字本，23.9×15.7cm，四周单边，半郭：19.4×14.2cm，无界，12行26字，注双行，上下向黑鱼尾，纸质：绵纸	表题：列国志	忠南大学校 崔书勉集 1288
		零本2册（卷13-14，2册外缺）中国木版本，23.8×15.2cm	表纸书名：列国志	高丽大学校（薪庵文库）C14-B2A
		全26卷中12册存：卷12-23），中国石印本，26×16cm，四周单边，半郭：20.5×14cm，有界，12行26字，上下向黑鱼尾		安东大学校［古西］823-빙 35 ㄷ
		10册（册12-15，17，19-23，缺帙），中国木版本，23.8×15.6cm，四周双边，半郭：17.7×12.6cm，13行26字，注双行，花口，上下向黑鱼尾，纸质：北黄纸	表题：列国志，版心题：东周列国志	全南大学校 3Q-열 17 ㅍ

续表

书名	出版事项	版式状况	一般事项	所藏处/ 所藏番号
东周列国全志	冯梦龙（明）撰，蔡粲（清）评点，刊写地，刊写者，刊写年未详	12 册（册 1-12），中国木版本，23.8×15.6cm，四周双边，半郭：17.7×12.6cm，无界，13 行 26 字，注双行，上黑鱼尾，纸质：北黄纸		全南大学校 3Q-열 17 ㅍ-v. 12-15，17，19-23
		全 108 回（1-108 回），中国木版本，有图，24.3×16.1cm，四周单边，半郭：20.7×14.5cm，无界，12 行 26 字，注双行	表题：列国志，序：乾隆十七年（1752）蔡元放氏题，订正东周列国志善本	蔚山大学校 812.3-재호
		零本 13 册（卷 2，12-23）（全 23 卷 23 册），中国木版本，25×16cm	版心题：东周列国志，表题：列国志	高丽大学校（晚松文库）C14-B2K
		12 册（缺帙），中国木版本，有图，23.7×15.3cm，四周双边，半郭：17.8×12.7cm，无界，13 行 26 字，上下向黑鱼尾	版心题：东周列国志，列国志	庆熙大学校 812.3-동 76 ㄱ
		6 册（缺帙），中国木版本，有图，23.7×15.6cm，四周双边，半郭：20.1×13.9cm，无界，12 行 26 字，注双行，上下向黑鱼尾	版心题：东周列国志，列国志	庆熙大学校 812.3-동 76 ㄴ
		14 卷 14 册（卷 2-9，12，15，17，20-22，缺帙），中国木版本，25.7×16.1cm，四周单边，半郭：21×14.2cm，无界，12 行 26 字，小字双行，上下向黑鱼尾	表题：东周列国志	京畿大学校 京 畿-k111504-2
		16 卷 6 册（卷 32-44，47-49，缺帙），中国木版本，25.9×16.1cm，四周单边，半郭：19.9×13.3cm，有界，10 行 24 字，上下向黑鱼尾	表题：列国志	京畿大学校 京 畿-k111155-12

书名	出版事项	版式状况	一般事项	所藏处/所藏番号
东周列国全志	冯梦龙（明）撰，蔡元放（清）评点，刊写地，刊写者，刊写年未详	11 卷 10 册，中国木版本，有图，23.9×16.4cm，四周单边，半郭：21×14.2cm，有界，12 行 26 字，注双行，花口，上下向黑鱼尾，纸质：洋纸	表题：东周纪，版心题：东周列国志	釜山大学校（芝田文库）OEC 3-12 23A
		7 卷 7 册，中国木版本，15.7×10.8cm，上下单边，左右双边，半郭：12.8×9cm，无界，12 行 27 字，注双行，花口，上下向黑鱼尾，纸质：中国纸	表题：列国志	釜山大学校（海苍文库）OAC 3-12 1D
		1 卷 1 册（36 页），中国石印本，有图，20.5×13.5cm，四周双边，半郭：17.3×11.8cm，无界，24 行 52 字，注双行，花口上下向黑鱼尾，纸质：中国纸	版心题：绘图东周列国志	釜山大学校（东麓文库）OBC 3-12 1B
绘图东周列国志	冯梦龙（明）著，蔡元放（清）评点	8 卷 8 册，中国石印本，有图，20×13.2cm，四周单边，半郭：17.4×12cm，无界，30 行 76 字，上黑鱼尾	版心题：绘图东周列国志	中央大学校 812.3-冯梦龙 회
		27 卷 8 册，中国版本，有图，20.2×13.2cm，四周单边，半郭 16.3×11.2cm，有界，17 行 38 字，注双行，白口，上下向黑鱼尾	汉文，楷书，刊记：光绪乙巳（1905）春月广益书局石印	韩国国学振兴院受托，원주변씨거촌문중
绣像东周列国志	蔡元放（清）评点，上海，江左书林，光绪十二年（1886）刊	合 24 册（卷首，正文 23 卷），中国木版本，23.8×15.3cm	序：乾隆壬申（1752）蔡元放，印：集玉斋，帝室图书之章	奎章阁[奎古]4743
	冯梦龙（明）撰，蔡元放（清）评点，商务印书馆，光绪三十年（1904）刊	27 卷 8 册，中国铅印本，有图，20.1×13.4cm		高丽大学校（华山文库）C14-B2C

书名	出版事项	版式状况	一般事项	所藏处/所藏番号
绣像东周列国志	冯梦龙(明)撰,蔡奡(清)评点,商务印书馆,光绪三十年(1904)刊	13卷4册(全27卷8册,卷1-10,25-27),20.2×13.1cm,有图,四周单边,半郭:15.9×12.3cm,无界,21行43字,注双行,上下向黑鱼尾	上栏外小字头注,序:乾隆壬申(1752)二月七都梦夫蔡元放题于绿净山房,藏板记:光绪三十年岁次甲辰(1904)上海商务印书馆铸版	东亚大学校(3):12:2-49
		8册,中国新铅活字本,有图,20.2×13.2cm,四周单边,半郭:17×11.5cm,无界,17行35字,注双行,上下向黑鱼尾,纸质:竹纸	刊记:光绪三十年岁次甲辰(1904)上海商务印书馆铸版	全北 高敞郡 黄秉宽
		27卷12册,中国新铅活字本,20.2×13.2cm,四周双边,半郭:17×11.5cm,无界,17行35字,注双行,上黑鱼尾,纸质:竹纸	里题:东周列国志,表题:列国志,序:乾隆壬申(1752)七都梦夫蔡元放题于绿净山房,刊记:光绪三十年岁次甲辰(1904)上海商务印书馆铸版,所藏本:骊阳世家,慎庵	成均馆大学校D7C-22
	蔡奡(清)评点,上海,商务印书馆,刊年未详	1册(零本,卷25-27),中国新式活字本,有图,19.9×13.3cm	版心下端记录:上海商务印书馆藏板	岭南大学校[古南]823.5열국지ㅈㄴ
	冯梦龙(明)著,蔡奡(清)评点,刊行者,刊行年不明	24卷24册,中国木版本,23.1×15.7cm,四周双边,半郭:20×13.2cm,无界,12行26字,注双行,上黑鱼尾,纸质:竹纸	表题:列国志,序:乾隆十七年(1752)蔡元放	圆光大学校AN823.5-ㅂ998ㄷ
增像全图东周列国志	蔡奡(清)评点,上海,焕文书局,光绪二十八年(1902)刊	27卷8册(卷1-27),中国新铅活字本,有图,19×12.8cm,四周单边,半郭:16.4×11.1cm,无界,14行42字,注双行,内向黑鱼尾	序:乾隆十有七年(1752)蔡元放	启明大学校[고]812.35-동주열국

续表

书名	出版事项	版式状况	一般事项	所藏处/所藏番号
增像全图东周列国志	蔡元（清）评点，上海，焕文书局，光绪二十八年（1902）刊	27卷16册，中国新铅活字本，有图，19.3×12.7cm，四周单边，半郭：16.4×11.1cm，无界，14行42字，注双行，内向黑鱼尾，纸质：绵纸	表题：绘图东周列国志，序：乾隆十有七年（1752）春七都梦夫蔡元放氏题，刊记：光绪壬寅（1902）上海焕文书局藏板	东国大学校 D819.35 증 51 ○
	冯梦龙（明）著，蔡元（清）评点，上海，广益书局，光绪乙巳（1905）刊	27卷8册（卷1-27），中国石印本，有图，19.8cm，无界，行字数不定，无鱼尾	绘图东周列国志，刊记：光绪乙巳（1905）春月广益书局石印	庆熙大学校 812.33-풍 35 ㅈㄱ
	冯梦龙（明）著，蔡元（清）评点，宣统元年（1909）刊	8卷8册，中国石印本，有图，19.7×13.4cm	表题：绘图东周列国志，序：乾隆十有七年（1752）春七都梦夫蔡元放氏题，刊记：宣统元年（1909）仲秋上海锦章图书局石印	高丽大学校（晚松文库）C14-B2H
	冯梦龙（明）著，蔡元（清）评点，上海，进步书局，宣统元年（1909）刊	7册(第8册缺，所藏：册1-7(全8卷8册))，中国石印本，20.1×13.3cm		国会图书馆 [古]812.3 ㅍ 374 ㅈ
	宣统元年（1909）仲秋上海锦章图书局石印	8卷1匣8册，中国石印本，13.4×19.8cm，四周双边，半郭：12.1×16.9cm，无界，25行51字，白口黑鱼尾上	表纸书名，版心书名：绘图东周列国志，刊记：宣统元年仲秋上海锦章图书局石印，序：蔡元（1752），蔡元评点	涧松文库
	冯梦龙（明）撰，蔡元（清）评点，上海，中新书局，20世纪初刊	零本9册(所藏本中卷14-27以外缺)，中国铅印本，有图，20×13.5cm，四周单边，半郭：17.3×11.6cm，有界，15行31字，白口，上黑鱼尾	版心书名：东周列国志	海军士官学校 [중]189
		零本2册(卷14-15，26-27，2册以外缺)，中国铅印本，有图，20×13.3cm	表纸书名：精校全图绣像东周列国志	高丽大学校（薪庵文库）C14-B69

书名	出版事项	版式状况	一般事项	所藏处/所藏番号
增像全图东周列国志	冯梦龙（明）撰，蔡奡（清）评点，上海，广益书局，20世纪初刊	零本 7 册（卷 2-3，6-7，14-17，22-23，26-27，7 册以外缺），中国石印本，20.2×18.2cm	表纸：足本全图东周列国志，上海广益书局发行，一名：东周列国志	高丽大学校（薪庵文库）C14-B69A
	蔡奡（清）评点，中新书局，刊写年未详	27 卷 16 册，21cm，中国铅活字本，有图，四周单边，17.5×11.5cm，界线，15 行 31 字，上黑鱼尾	外题：精校全图绣像东周列国志，版心题：东周列国志，序：乾隆十有七年（1752）春，蔡元放氏题，印记：默容室藏，外 5 种	延世大学校812.36/9
		7 卷 1 册（卷 21-27，缺帙），中国新铅活字本，有图，19.9×13.3cm，四周单边，半郭：17.2×11.4cm，有界，15 行 31 字，注双行，上下向黑鱼尾	表题：列国志，版心题：东周列国志，刊记：中新书局藏板	京畿大学校京畿-k115165-4
		22 卷 14 册 2 匣（卷 1-11，17-27，缺帙），中国石印本，有图，20.1×13.0cm，四周单边，半郭：17.3×11.7cm，有界，15 行 31 字，注双行，上下向无叶花纹鱼尾	表题：精校全图绣像东周列国志，版心题：东周列国志	京畿大学校京畿-k106021-1
		6 册（零本，卷 3-13），中国新式活字本，有图，19.9×13.3cm	版心下端记录：中新书局藏板，表纸书名：精校全图绣像东周列国志	岭南大学校[古南]823.5열국지ㅈㄱ
	蔡奡（清）评点，上海，进步书局，刊写年未详	8 卷 8 册，中国石印本，有图，20.3×13.5cm，四周双边，半郭：17.4×12.2cm，无界，26 行 55 字，注双行，上下向黑鱼尾	表题：绣像绘图东周列国志，上栏外小字注，版心题：绘图东周列国志，刊记：上海进步书局印行	中央大学校812.3-채승증
		8 卷 8 册（卷 1-8），中国石印本，有图，20.2×13.4cm，四周双边，半郭：17.2×11.9cm，无界，26 行字数不定，注双行，上下向黑鱼尾	标题：绣像绘图列国志，版心题：绘图东周列国志，上栏外小字注，刊记：上海进步书局印行	仁荷大学校H812.35-풍35증-v.1-8

续表

书名	出版事项	版式状况	一般事项	所藏处/ 所藏番号
增像全图 东周列 国志	蔡奡（清）评点， 上海，国光书局	2 卷 2 册（卷 4，12），中国新活字本，半郭：17.3×11.6cm，17 行 31 字，上黑鱼尾		雅丹文库 823-재 95 ㅈ
	上海，时中书局 发行	27 卷 2 匣 16 册，中国活字本，13.2×19.8cm，四周单边，半郭：11.8×17cm，有界，15 行 30 字，白口黑鱼尾上	表纸书名：校正全图东周列国志，版心书名：东周列国志，序：蔡奡（1752），蔡奡评点	涧松文库
	蔡奡（清）评点， 上海，共和书局， 清末民初刊	8 卷 8 册，中国石印本，有图，19.8×13.3cm，四周单边，半郭：17×11.4cm，无界，30 行 76 字，注双行，头注，上黑鱼尾，纸质：竹纸	标题：绘图东周列国志，题签：绘图东周列国志，版心题：绘图东周列国演义，序：乾隆十有七年（1752）春七都梦夫蔡元放氏题，刊记：上海共和书局印行，所藏印：义山，李明世印	成均馆大学校 D7C-23
	冯梦龙（明）著， 蔡元放（清）评点，刊写地，刊写者，刊写年未详	全 27 卷 12 册（卷 1-27），中国石印本，有图，20×13.3cm，四周单边，半郭：16.7×11.5cm，无界，18 行 46 字，注双行，上内向黑鱼尾	表纸书名：绘图东周列国志，版心书名：绘图东周列国志	汉阳大学校 812.35-풍 446 ㄷㄱ-v.7-v.12
		21 卷 6 册（卷 11-27，缺帙），20×13cm，有图，四周单边，半郭：16.3×11.4cm，无界，17 行 37 字，注双行，上下向黑鱼尾		东亚大学校 (3)：12：2-74
		零本 1 册（所藏：卷 12-13），新铅活字本，20.1×13.3cm，四周单边，半郭：17.3×12cm，有界，15 行 31 字，上下向黑鱼尾	表题：列国志，版心题：东周列国志	庆北大学校 [古]812.3 풍 35 ㅈ
		零本 8 册（所藏：卷 9-16），新铅活字本，有图，20.1×13.3cm，四周单边，半郭：17.3×12cm，有界，16 行 31 字，上下向黑鱼尾	题签：校正全图东周列国志，版心题：东周列国志	庆北大学校 [古]812.3 풍 35 ㅈㄱ

书名	出版事项	版式状况	一般事项	所藏处/所藏番号
增像全图东周列国志	冯梦龙（明）著，蔡元放（清）评点，刊写地，刊写者，刊写年未详	1 卷 1 册（卷 4），中国石印本，有图，半郭：16.7×12cm，25 行 51 字，上黑鱼尾	表题：绘图东周列国志，内容：第 41-54 回	雅丹文库 823-재 95 ㅈ
		18 卷 5 册（全 27 卷 8 册，卷 7-20，24-27），有图，19.9×12.9cm，四周单边，半郭：16.3×11cm，无界，行字数不定，上内向黑鱼尾		庆熙大学校 812.33-재 66 ㄷ
		4 册（缺本），中国铅印本，19.8×13.3cm	表题：东周列国志	国会图书馆 ［古］812.3 ㅍ 374 ㅈ
绣像全图东周列国志	蔡奡（清）评点，天宝书局，清宣统二年（1910）刊	8 卷 8 册，中国石印本，20.4×13.5cm，四周双边，半郭：17.4×12.1cm，24 行 48 字，头注，上黑鱼尾，纸质：竹纸	表题：增像东周列国志，序：宣统二年（1910）春蛟川林茹录于上海海宁路天宝书局之校勘部，刊记：宣统二年（1910）秋吉天宝书局石印	成均馆大学校（曹元锡）D7C-145
订正东周列国志善本	蔡元放（清）评，上海，江左书林，1886 年刊	1 册（零本，卷首 1 册），中国木版本，有图，23.7×15.1cm，四周双边，半郭：16.5×11.9cm，无界，注双行，上下向黑鱼尾	卷首：序：乾隆壬申（1752）蔡元放，读法，建地图考：咸丰四年（1854）春日开雕书成山房校对无讹，地图（2 面），目次，图像（12 张），标题纸：绣像东周列国志，秣陵蔡元放评，版心题：东周列国志，刊记（标题纸里面）：光绪丙戌（1886）秋月上海江左书林重校刊	岭南大学校 ［古南］823.5 열국지 ㅈㄷ
足本大字绣像全图东周列国志	蔡元放（清）评点，上海，天宝书局，刊写年未详	13 卷 6 册（缺帙），有图，20.2×13.4cm，四周单边，半郭：16.9×11.7cm，无界，行字数不定 注双行，上下向黑鱼尾	版心题：绘图东周列国志	庆熙大学校 812.33-재 66 ㄷ

186

续表

书名	出版事项	版式状况	一般事项	所藏处/所藏番号
绘图东周列国志		8册(1匣)，20×13.3cm，中国版本		韩国国学振兴院 礼山柳氏 河回마을 和敬堂(北村)
东周列国志	冯梦龙(明)撰，蔡元放(清)评点，出版事项未详	零本1册(第92-95回，1册以外缺)，中国木版本，22.9×15cm		高丽大学校(薪庵文库) C14-A68
	蔡元放(清)著，刊写事项不明	零本1册(所藏：卷4)，笔写本，22.7×17.9cm，四周单边，半郭：18.3×14.5cm，有界，11行18字，无鱼尾	表题：列国志	庆北大学校 [古]812.31 재58 ○
	刊写地，刊写者，刊写年未详	1册，活字本		韩国国学振兴院受托，안동권씨화산종가
		20册(首卷，卷1缺)，木版本		鲜文大学校 朴在渊
		1册(落页)，中国木版本，24.3×15.6cm，四周单边，半郭：20.7×13.6cm，有界，10行22字，上下向黑鱼尾	标题：新刊绣像批评列国志原本，叙：小雅氏撰，印记："小雅氏"，"可观道人"，"赠言堂童氏现藏"	檀国大学校 천안栗谷图书馆(罗孙文库) [古]873.5-열685
		3册(卷6，16，23存)，木版本		鲜文大学校 朴在渊
		5册(零本，卷15，16，19，20，21)，中国木版本，24.8×15.8cm，四周单边，半郭：20.2×14.3cm，无界，12行26字，注双行，上下向黑鱼尾	版心题：东周列国志	岭南大学校 [古南]823.5 열국지ㅈ

9-2. 春秋列国志

书名	出版事项	版式状况	一般事项	所藏处/所藏番号
列国志	刊写地，刊写者，刊写年未详	20 册（零本），韩文笔写本，32×25cm		岭南大学校 813.5
春秋列国志	刊写地，刊写者，刊写年未详	前函（后函缺），12 卷 12 册，木版本		鲜文大学校 朴在渊
츈츄열국지（春秋列国志）	译著者，刊年未详	17 卷 17 册，韩文笔写本，29.6×22cm	印记：金奎兴	国立中央图书馆 ［한]48-187
녈국연의（列国演义）	韩文笔写本	14 册，笔写本，33×21.5cm		延世大学校 811.36 열 국 연
녈국지（列国志）	译著者，刊写地，刊写者，刊写年未详	11 卷 11 册，笔写本，29×20.2cm	笔写记录（卷末）：이월십사일릴셔，表纸书名：列国志	岭南大学校陶南文库［古]813.5 열국지
녈국지（列国志）	译著者，刊写地，刊写者，刊写年未详	42 卷 42 册，207 则，笔写本 24.3×16.3cm，10 行 20 字内外	宫体，现藏国立中央图书馆，影印本	日本东洋文库
列国志	刊写地，刊写者，刊写年未详	30 卷中残本 7 卷（6，19，24，25，28，29，30）所藏，12 行 20 字内外	每卷有目录	岭南大学校
		11 册		李海晴
		1 册		赵润济，金约瑟

9-3. 后列国志

书名	出版事项	版式状况	一般事项	所藏处/ 所藏番号
绘图增像 后列国志	刊写地，刊写者， 刊写年未详	8卷8册(卷1-8)，17.2×10.2cm，有图，四周双边，半郭：14.3×9.5cm，20行48字，黑口，上下向黑鱼尾	表题：绘图后列国志，序：光绪丁未(1907)仲春和甫氏(?)于湖上	东亚大学校 (3)：12：2-53
绘图增像 后列国志 万仙斗法	文盛书局，清末 民初刊	不分卷4册，中国石印本，19.8×13.2cm，四周双边，半郭：17×11.8cm，25行56字，上黑鱼尾，纸质：竹纸	题签：东周锋剑春秋，版心题：后列国志，刊记：文盛书局发行	成均馆大学校 (曹元锡) D7C-185

10. 隋唐演义

《唐书志传通俗演义》，又名《秦王演义》、《隋唐演义》。明人熊大木据《小秦王词话》改编，凡八卷90节。有明嘉靖三十二年(1553)杨氏清江堂刊本，卷首李大年序。万历二十一年(1593)唐氏世德堂刊本，卷首无名氏序。余氏三台馆刊本，署"红雪山人余应鳌编次"，卷首三台馆主人序。另有明万历四十八年(1620)武林藏珠馆刻本。作品叙事始于隋炀帝大业十三年(617)，止于唐贞观十九年(645)，主要讲李世民安邦定国的故事。

从熊大木《唐书志传通俗演义》到清初褚人获修订的《隋唐演义》，隋唐题材的演义小说经历了一个漫长的发展过程，出现了一些值得注意的情形。兹一并加以考述。

褚人获修订的《隋唐演义》，凡20卷100回，刊行于清康熙三十四年(1695)。其叙事始于隋文帝伐陈，终于唐明皇去世，历时170余年。其直接取资的著作以《隋史遗文》和《隋炀帝艳史》二书最为重要。《隋史遗文》，袁于令(1592—1674)著，凡六十回。有明崇祯间刊本。《隋史遗文》以秦琼(秦叔宝)的生活经历为线索结构全篇，演义出隋唐群豪的种种事迹。尤其是有关秦叔宝的故事传说，大多是第一次在本书中出现的，以至于有人将此书称为"秦叔宝演义"。《隋炀帝艳史》，八卷四十回，明"齐东野人编次"、"不经先生批评"，问世于崇祯年间。鲁迅《唐宋传奇集·稗边小缀》以为齐东野人即冯梦龙，殆以冯梦龙编著的《醒世恒言》中有《隋炀帝逸游召谴》一篇。《隋炀帝艳史·凡例》共十三条，其中有六条谈的是本书题材的人情化问题。所谓"繁华"、"奇艳"、"繁华佳丽"、"幽情雅韵"、"风流"、"亲昵"等，都与题材的人情化相关。《隋炀帝艳史》采撮唐宋人所撰《隋遗录》、《海山记》、《开河记》、《迷楼记》等小说，参照正史和其他史料编撰而成。全书四十回，与"艳"有关的至少占了十六回。《隋唐演义》采用《隋史遗文》约32回，采用《隋炀帝艳史》约 15 回，共 47 回左右。《隋史遗文》是一部历史演义英侠传奇化的作品，《隋炀帝艳史》是一部历史演义人情化的作品，《隋唐演义》综合二者，即将历史演义、英侠传奇和人情小说合为了一体。全书着重描写三个方面的故事：第一是关于单雄信、秦琼、尉迟敬德、罗成等英雄的故事；第二是关于隋炀帝的故事；第三是关于唐玄宗和杨贵妃的故事。在这三类故事中，第一类故事原是《隋史遗文》的主体；第二类故事原是《隋炀帝艳史》的主体；第三类故事主要据郑处诲《明皇杂录》、柳珵《常侍言旨》、郑綮《开天传信记》、王仁裕《开元天宝遗事》、陈鸿《长恨歌传》、乐史《杨太真外传》、佚名《梅妃传》等写成，被置于《隋唐演义》第七十八回至第一百回之间，并强调：杨贵妃系由隋炀帝转世，唐明皇系由朱贵儿转世，其再世姻缘在某种意义上是隋炀帝故事的延伸。所以，第三类故事与第二类故事存在部分相似。

公元 17 世纪以前传入朝鲜的小说，有《隋唐演义》、《三国演义》、《西、东汉演义》（《两汉演义》）、《残唐五代史演义》、《南北两宋志传》、《齐魏演义》等，其中《隋唐演义》、《三国演义》、《西、东汉演义》、《残唐五代史演义》、《北宋演义》等有韩文翻译本，可见这些小说在当时非常受欢迎。

书名	出版事项	版式状况	一般事项	所藏处／所藏番号
四雪草堂重订通俗隋唐演义	没世农夫（清）编次，鹤市散人（清）参订，刊年未详	10 卷 9 册，中国木版本，23.9×15.4cm	表纸书名：隋唐演义，藏板记：四雪草堂	国立中央图书馆〔古〕3736-54
四雪草堂重订通俗隋唐演义	褚人获（清）重订，清康熙三十四年（1695）序	8 卷 8 册，中国木版本，25.7×15.9cm，四周单边，半郭：21.3×13.9cm，无界，10 行 23 字，上下向黑鱼尾，纸质：竹纸	表题：隋唐演义，版心题：隋唐演义，序：康熙乙亥（1695）冬十月既望长洲褚人获学稼氏题	釜山大学校
	罗贯中（明）撰，清道光三十年（1850）刊	20 卷 20 册，中国木版本，15.8×11.2cm，四周单边，半郭：13.2×9.3cm，无界，11 行 23 字，上下向黑鱼尾，纸质：竹纸	版心题：隋唐演义，里题：绣像隋唐演义，序：康熙乙亥（1695）冬十月既望长洲褚人获学稼氏题于四雪草堂，刊记：道光庚戌（1850）新镌	江陵市船桥庄
	罗贯中（明）撰，齐东野人（明）原本，没世农夫（清）订，清末刊	10 卷 9 册，中国木版本，24.5×15.6cm	序：康熙乙亥（1695）褚人获学稼氏题于四雪草堂	高丽大（六堂本）육당 C14-B19-1-5, 6-7, 8-9, 13

书名	出版事项	版式状况	一般事项	所藏处/所藏番号
四雪草堂重订通俗隋唐演义	罗贯中（明）著，上海书局，光绪三十三年（1907）刊	20卷10册(所藏本：卷1-20)，中国石印本，有图，20.2×13.6cm，四周双边，半郭：17.3×11.8cm，无界，23行50字，上下向黑鱼尾	表题：绘图改正隋唐演义，版心题：绣像隋唐演义，刊记：光绪丁未（1907）孟秋上海书局石印，内容：册1（卷1-2），册2（卷3-4），册3（卷5-6），册4（卷7-8），册5（卷9-10），册6（卷11-12），册7（卷13-14），册8（卷15-16），册9（卷17-18），册10（卷19-20）	中央大学校812.3-罗贯中 사설
		20卷10册（卷1-20），中国石印本，有图，20×13.5cm，四周双边，半郭：17.5×12cm，无界，23行50字，花口，上下内向黑鱼尾，纸质：竹纸	表题：隋唐演义，标题：绘图改正隋唐演义，刊记：光绪丁未（1907）孟秋上海书局石印，序：时康熙乙亥（1695）长洲褚人获学稼氏题于四雪草堂，光绪丙午（1906）春重付石印，版心题：隋唐演义	淑明女子大学校CL 812.3
	褚人获（清）重订，上海书局，清光绪三十三年（1907）刊	20卷10册，中国石印本，有图，20.2×13.5cm，四周双边，半郭：17.4×11.9cm，无界，23行50字，上黑鱼尾，纸质：竹纸	标题：绘图改正隋唐演义，版心题：绣像隋唐演义，序：康熙乙亥（1695）冬十月既望长洲褚人获学稼氏题，刊记：光绪丁未（1907）孟秋上海书局石印	成均馆大学校D7C-31
		不分卷8册，中国石印本，20.2×13.4cm，四周双边，半郭：18×11.5cm，23行50字，上黑鱼尾，纸质：竹纸	序：康熙乙亥（1755）冬十月既望长洲褚人获学稼氏题，刊记：光绪丁未（1907）孟秋上海书局石印	成均馆大学校（曹元锡）D7C-31b

书名	出版事项	版式状况	一般事项	所藏处/所藏番号
四雪草堂重订通俗隋唐演义	褚人获（清）重订，刊写事项不明	零本 4 册（所藏：卷 8-10，13），木版本，24.4×15.5cm，四周单边，半郭：21×13.6cm，无界，10 行 23 字，上下向黑鱼尾	表题：隋唐演义，版心题：隋唐演义	庆北大学校[古]812.3 저 69 人(2)
	罗贯中（明）著，褚人获（清）重订	4 册（全 20 卷 10 册中零本），中国铅活字本，有图，18cm，四周单边，13.7×8.8cm，20 行 36 字，上下内向黑鱼尾		延世大学校 812.36/33
四雪草堂重编通俗隋唐演义	褚人获（清）增订，嘉庆十年（1805）刊	20 卷 20 册，中国木版本，有图，17.4×11.6cm，上黑鱼尾	表纸书名：隋唐演义，标题纸书名：绣像隋唐演义，原序：正德戊辰（1508）三史林瀚撰，序：康熙乙亥（1695）长洲褚人获学稼氏题于四雪草堂，藏板记：自厚堂藏版，刊记：嘉庆乙丑（1805）重镌	韩国学中央研究院 D7C-89
四雪草堂重订通俗隋唐演义	罗贯中（明）著，四雪草堂，刊写年未详	10 卷 10 册（缺帙），中国木版本，24.1×15.6cm，四周单边，10 行 23 字，半郭：20.4×13.3cm，有界，上下向黑鱼尾，纸质：竹纸	表题/版心题：隋唐演义	西江大学校 고서사 535
绘图隋唐演义	褚人获(清)重订，上海，锦章图书局，20 世纪初刊	10 卷 10 册 1 匣，中国石印本，有图，20.6×13.5cm，四周双边，半郭：18×12cm，无界，行字数不定，上下向黑鱼尾	版心题：绣图隋唐演义，卷首题：四雪草堂重订通俗隋唐演义，序：康熙乙亥（1695）褚人获学稼氏题	国民大学校[고]823.6 횡 01
	上海，锦章图书局，刊写年未详	8 卷 1 册（卷 1-8），有图，20.5×13.3cm，四周双边，半郭：18×12cm，无界，行字数不定，上下向黑鱼尾		庆熙大学校 812.3-나 15 人
	上海，广益书局，刊写年未详	8 卷 1 册（卷 1-8），有图，20×13cm，四周双边，半郭：17.7×11.5cm，无界，行字数不定，上下向黑鱼尾		庆熙大学校 812.3-나 15 ㄱ

续表

书名	出版事项	版式状况	一般事项	所藏处/所藏番号
绘图改正隋唐演义	上海书局，光绪三十三年（1907）刊	20卷9册，中国石印本，有图，20.5×13.2cm，四周双边，半郭：17.3×11.9cm，无界，行字数不定，上下向黑鱼尾	卷首题：四雪草堂重订通俗隋唐演义，版心题：绣像隋唐演义	国民大学校［고］823 회01
	齐东野人（明）原本，光绪三十三年（1907）刊	12卷8册（卷1-12），20.3×13.4cm，有图，四周双边，半郭：17.3×12.2cm，23行50字，上下向黑鱼尾	版心题：绣像隋唐演义，序：光绪丙午（1906）春重付石印，刊记：光绪丁未（1907）孟秋上海书局石印	东亚大学校（2）：5-60
绘图改定隋唐演义	光绪三十三年丁未（1907）孟秋上海书局石印	20卷1匣8册，中国石印本，13.6×20.5cm，四周双边，半郭：12.1×17.8cm，无界，23行50字，白口黑鱼尾上	序：褚人获（1695），印：藕斋，闵晟基印，刊记：光绪丁未孟秋上海书局石印	涧松文库
	简青斋书局石印	8卷8册，中国石印本，13.6×20.4cm，四周单边，半郭：12.3×17.8cm，无界，26行56字，白口黑鱼尾上	序：褚人获（1695）	涧松文库
绘图绣像重订通俗隋唐演义	罗贯中（明）原著，郭大复（明）加纂，光绪二十二年（1896）刊	零本6册（缺本卷3，10）（全10卷8册），中国石印本，有图，19.7×13.2cm	序：康熙乙亥（1695）褚人获题，刊记：光绪丙申（1895）仲春重付石印平江朱蔚彬书于天然如意室	高丽大学校（晚松文库）C14-B42A
绘图绣像重订隋唐演义	褚人获（清）编订，上海，章福记书局，光绪二十二年（1896）刊	4册（所藏：册1，4-5，8，全10卷8册），中国石印本，20.2×13.2cm	表题：绘图隋唐演义，序：康熙乙亥（1695）褚人获学稼氏题于四雪草堂之南窗下，刊记：光绪丙申（1896）春仲重付石印平江朱蔚彬书于天然如意室	国会图书馆［古]812.3 ᄎ137 ᄒ

续表

书名	出版事项	版式状况	一般事项	所藏处/所藏番号
绣像绘图隋唐演义	褚人获（清）重订，上海，进步书局，清末民初刊	8卷8册，中国石印本，有图，20.2×13.5cm，四周双边，半郭：17.9×12cm，无界，27行60字，小黑口，上黑鱼尾，纸质：竹纸	刊记：上海进步书局印行	成均馆大学校D7C-59
	褚人获（清）重订，上海，进步书局，刊写年未详	8卷8册（卷1-8），中国石印本，有图，20.1×13.4cm，四周双边，27行60字，半郭：17.9×11.8cm，无界，上下向黑鱼尾		京畿大学校京畿-k101487-2
	罗贯中（明）撰，上海，广益书局，刊写年未详	8卷8册（卷1-8），中国石印本，19.6×13.1cm		庆熙大学校812.3-나 15 ㅅㄴ
		中国木版本，92页，有图，19.8×13.2cm，四周双边，半郭：17.2×12.1cm，27行60字，黑口上下向黑鱼尾		崇实大学校3194
精绘全图改正隋唐演义	上海，晋新瑞记书局，光绪丁未（1907）刊	2册（零本），中国石印本，20cm		岭南大学校823.5
批评隋唐演义	刊写者，刊写年未详	2卷1册（卷1-2），23×15.4cm，四周单边，半郭：20×12.8cm，无界，13行30字，上下向黑鱼尾		庆熙大学校811.9-비 894 ㄱ
新刻出像玉鼎隋唐演义	罗贯中（明）纂辑，林瀚（明）参订，玉兰堂，清朝末期刻，后刷	12卷12册，中国木版本，有图，22.5×12.6cm，四周单边，半郭：17.5×11cm，无界，10行24字，上黑鱼尾，纸质：竹纸	版心题：隋唐演义，序：赐进士出身资政大夫三山林瀚谨撰，刊记：玉兰堂梓行	成均馆大学校D7C-71
绣像隋唐演义全传	罗贯中（明）撰，清末大成书局刊行	8卷8册，中国木版本		朴在渊
수당연의（隋唐演义）		12卷13册，23.8×15.2cm		奎章阁，레닌그라드，Aston Collection

11. 隋炀帝艳史

《隋炀帝艳史》，又名《风流天子传》。明齐东野人著，不经先生评。凡八卷四十回。有明人瑞堂刊本，卷首有笑痴子序、野史主人序。另有明末清初刊本(残本)、清刻本等。近有上海古籍出版社《古本小说集成》影印本。齐东野人生平不详，相关情形参见《隋唐演义》题解。

书名	出版事项	版式状况	一般事项	所藏处/所藏番号
新镌全像通俗演义隋炀帝艳史	齐东野人(明)编演，本衙藏板，清代刊	32卷8册(40回本)，中国木版本，有图，17.4×11.5cm	标题纸：不经先生批评(增像)艳史本衙藏板，版心题：艳史	高丽大学校(华山文库)C14-B27
隋炀帝艳史		5卷1册(卷1缺)，中国石印本		鲜文大学校朴在渊
隋炀帝艳史	齐东野人(明)编演，不经先生(清)批评，清刊本	22卷12册，中国木版本，有图，17.2×11.4cm	卷头书名：全像通俗演义隋炀帝艳史，序：笑痴子书于咄咄居，印：集玉斋，帝室图书之章	奎章阁[奎중]6185
隋炀帝艳史	齐东野人(明)编演，不经先生(清)批评，本衙藏板，刊行年未详	32卷8册，中国木版本，有图，17.4×11.5cm	别名：新镌全像通俗演义隋炀帝艳史	高丽大学校화산 C14-B27-1-8
슈양의사(隋杨义史)		1册(57页)，笔写本，24.5×21cm		延世大学校811.36
슈양외사(隋杨外史)	1册(残本)，宫体笔写本		1809年笔写(推定)	海南绿雨堂

12. 隋史遗文

《隋史遗文》，袁于令(1592—1674)著，凡六十回。明崇祯间刊本首有自序。袁于令，原名韫玉，后改名晋，字于令，又字令昭，号白宾、篛庵、凫公，又号幔亭仙史、幔亭峰歌者、吉衣主人、剑啸阁，吴县（今属江苏）人。明末诸生，入清后，历官水部郎、荆州知府。著有传奇《西楼记》等九种，合称《剑啸阁传奇》。《隋史遗文》不是以编年纪事的形式历述事件的过程，而是以秦琼（秦叔宝）的生活经历为线索结构全篇；主人公不是真命天子如隋炀帝、李世民，而是秦琼、单雄信等豪侠勇夫。袁于令大量采用了野史笔记、民间传说，再加上自己的想象，演义出隋唐群豪的种种事迹。有关秦叔宝的故事传说，大多是第一次在本书中出现的，以至于有人将此书称为"秦叔宝演义"。以豪侠勇夫为传主，以"义"为价值取向，其风格距《水浒传》较近，而距《三国演义》较远。孙楷第《大连图书馆所见小说书目》云："此书固以全力写秦叔宝一人者，而所记叔宝之态度见解，乃与细民同科，豪迈不群之气，甚嫌其少。其规模气象，尚不及梁山泊武二诸人，乃以貌凌烟阁上之胡国公，亦厚诬古人，不称之至矣。"

书名	出版事项	版式状况	一般事项	所藏处/所藏番号
隋史遗文	吉衣主人（明）编次，崇祯十一年（1638）序，刊写地，刊写者未详	12卷13册，中国木版本，23.8×15.2cm	序：崇祯癸酉（1638）吉衣主人	奎章阁5175
수사유문（隋史遗文）		12卷12册	翻译时间大概为19世纪初	뻬쩨르부르그东方学研究所

13. 南北宋志传（南宋志传，北宋志传）

《南北两宋志传》，明建阳余氏三台馆刊本，南宋题"云间陈继儒编次"，北宋不题撰人。据卷首三台馆主人序，知实为熊大木所著。今所见传本颇多，明本有建阳余氏三台馆刊本，南北宋分叙，合为二十卷，不标回数，首三台馆主人序；金陵世德堂刊本，题"姑孰陈氏尺蠖斋评释"，"绣谷唐氏世德堂校订"，全书无总题，南北宋分题《新刊出像补订参采史鉴南（北）宋志传通俗演义题评》，南北宋各十卷五十回，序文与三台馆本不同，署"时癸巳长至泛雪斋叙"；苏州叶昆池刊玉茗堂批点本，书名《新刻玉茗堂批点绣像南北宋传》，题"研石山樵订正"，"织里畸人校阅"，南宋序署"织里畸人书于玉茗堂"，北宋序署"万历戊午（1618）玉茗主人题"，卷、回、序文俱同世德堂本。清代有鸿文堂刻本，书名《新镌玉茗堂批评按鉴参补南北宋志传》，封面题"玉茗堂原本"，"绣像南北宋志传"，南北宋各十卷五十回；康熙经国堂刻本，书名南宋题《新镌玉茗堂批点按鉴参补南宋志传》，北宋题《新镌玉茗堂批点按鉴参补杨家将传》，南北宋各十卷五十回；还有"京都文锦堂梓行"本、光绪五年(1879)务本堂巾箱本、光绪修斋堂小型精刻本、光绪上海源记书局袖珍石印本(书名《绣像南宋飞龙传》，十卷五十回)等。上述各本，书名、序文、题署、版式、行款和文字虽各有出入，故事内容则基本相同。至于《飞龙传》、《杨家将通俗演义》与本书是否具有内容流变、版本递嬗关系，尚待研究。

本书包括《南宋志传》和《北宋志传》。前者演宋太祖事，始于石敬唐征蜀，终于曹彬平定江南。后者演宋初及真宗、仁宗二朝事，始于北汉刘钧屏逐忠臣，终于杨宗保平定西夏，十二寡妇征西得胜回朝，内容与书名不符。孙楷第疑前者本名《宋传》，后者本名《宋传续集》(见所著《中国通俗小说书目》，而于《日本东京所见小说书目》更详其说)。所写杨家将故事对后世影响甚大。

13-1. 南北宋志传

书名	出版事项	版式状况	一般事项	所藏处/所藏番号
绣像南北宋志传	研石山樵(明)订正，织里畸人(明)校阅，三让堂，清代刊	20卷10册，中国木版本，25.4×15.7cm，左右双边，半郭：20.1×13.2cm，有界，12行24字，注双行，上黑鱼尾，纸质：竹纸	序：织里畸人书于玉茗堂，序：时万历戊午(1618)中秋日玉茗主人题，刊记：三让堂梓行	成均馆大学校 D7C-49a
	研石山樵(明)订正，织里畸人(明)校阅，三让堂，明万历四十六年(1618)序，后刷	20卷6册，中国木版本，24.4×15.8cm，有图，四周单边，半郭：20×13.2cm，无界，11行20字，上黑鱼尾，纸质：竹纸	序：时万历戊午(1618)中秋日玉茗主人题，序：织里畸人书于玉茗堂，刊记：三让堂梓行，内容：册1-3，南宋志传，册4-6，北宋志传	成均馆大学校 D7C-49
绣像南宋志传，北宋志传	研石山樵(明)订正，织里畸人(明)校阅，敬艺堂藏板，刊写年未详	南宋志传10卷5册，北宋志传10卷5册，共20卷10册(南宋志传，卷1-10，北宋志传卷1-10)，中国木版本，有图，24.2×15.8cm，四周单边，半郭：20.2×13.4cm，无界，11行20字，上黑鱼尾	版心题：南(北)宋志传，卷头书名：新镌玉茗堂批评按鉴参补南宋志传，新镌玉茗堂批评按鉴参补北宋志传，南宋志传序：织里畸人书于玉茗堂，北宋志传序：万历戊午(1618)中秋日玉茗主人题，刊记：玉茗堂原本 浙绍敬艺堂藏板	东亚大学校(2)：4-26

书名	出版事项	版式状况	一般事项	所藏处/所藏番号
대송흥망녹	译著者，写年未详	2卷2册，笔写本，27.1×19.8cm，无郭，无丝栏，9行20字，纸质：楮纸	表题：大宋兴亡录，印：藏书阁印	韩国学中央研究院4-6799

13-2. 南宋志传

书名	出版事项	版式状况	一般事项	所藏处/所藏番号
南宋飞龙传		1册(卷2存)，石印本		鲜文大学校朴在渊
남송연의	译著者未详，宪宗二年(1836)左右写	7卷7册，笔写本，33.1×22.9cm，11行不定字，注双行，纸质：楮纸	题签：南宋演义，印记：首阳信朝，笔写记：岁在丙申(1836)季秋书传于后昆，备考：宫体朝鲜笔写本	(山气文库)李谦鲁4-676，朴在渊

13-3. 北宋志传(杨家将传)

书名	出版事项	版式状况	一般事项	所藏处/所藏番号
新镌玉茗批点按鉴参补出像北宋志传	研石山樵(明)订正,织里畸人(明)校阅，刊写者，刊写年未详	5册(缺帙，所藏：礼，射，御，书，数)，中国木版本，22.2×15cm，四周单边，半郭：21×13.5cm，有界，10行20字，上下向黑鱼尾	版心题：北宋志传，北宋志传序：时万历戊午(1618)玉茗主人题	国民大学校[고]823.4 양01
北宋杨家将		1册(卷1存)，石印本		鲜文大学校朴在渊
杨家将传	研石山樵(明)订正，万历四十六年(1618)序	10卷5册，中国木版本，23×15.5cm	卷头书名：玉茗堂批点按鉴参补，版心书名：北宋志传，序：万历戊午(1618)玉茗主人……，印：集玉斋，帝室图书之章	奎章阁[奎중]4460

续表

书名	出版事项	版式状况	一般事项	所藏处/所藏番号
新镌玉茗堂批点按鉴参补杨家将传	清朝末期刊	10 卷 10 册，中国木版本，24.5×15.4cm，四周单边，半郭：19.5×13.4cm，无界，11 行 20 字，上黑鱼尾，纸质：竹纸	序：岁万历戊午（1618）中秋日玉茗主人题	成均馆大学校 D7C-72
북송연의（北宋演义）	译著者，写年未详	5 卷 5 册，笔写本，31.2×22.8cm，无郭，无丝栏，12 行字数不定，无版心，纸质：楮纸	表题：北宋演义，印：藏书阁印，35mmR［Nega］，250f	韩国学中央研究院 4-6812/R35N-000191-2
북송연의（北宋演义）	13 册，朝鲜笔写本	31.2×22.8cm		日本国会图书馆（东洋文库）

14. 大唐秦王词话［당진연의（唐秦）演义，唐晋演义］

《大唐秦王词话》，又名《唐秦王词话》、《唐秦王本传》、《唐传演义》、《大说唐全传》、《大唐全传》、《大唐全传演义》，明诸圣邻著，凡八卷六十四回。有明刊本和清乾隆间振贤堂刊本等。诸圣邻，别署澹圃主人，主要生活于万历年间，生平不详。作品写秦王李世民（即唐太宗）翦灭群雄，统一天下，建立唐王朝的故事，较多叙述了唐开国功臣尉迟敬德。韵散交织，散文以十字句为主。郑振铎《中国俗文学史》认为此书虽名为词话，实即鼓词。一般认为是现存最早的长篇鼓词。

《唐晋演义》（13 卷 13 册）和《唐秦演义》（6 卷 6 册）都是《大唐秦王词话》的韩文翻译本。韩国所藏均为翻译本，没有原本。内容大同小异，但不是同一系统底本的翻译本。

书名	出版事项	版式状况	一般事项	所藏处/所藏番号
당진연의（唐秦演义）	译著者，写年未详	6 卷 6 册，笔写本，29×21cm，无郭，无丝栏，无版心，10 行 23 字，纸质：楮纸	表题：唐秦演义，印：藏书阁印，35mmR［Nega］，204f	韩国学中央研究院 4-796/R35N-000035-2

续表

书名	出版事项	版式状况	一般事项	所藏处/所藏番号
당진연의(唐晋演义)	译著者，写年未详	13卷13册，朝鲜笔写本，33.5×22.5cm，无郭，10行字数不定，纸质：楮纸	表题：唐晋演义，印：藏书阁印，35mmR［Nega］，524f	韩国学中央研究院 4-6797/R35N-000002-1
당진연의(唐晋演义)	译著者，写年未详	6卷6册，笔写本，纸质：楮纸		日本东洋文库

15. 薛仁贵传(说唐薛家府传，征西说唐三传)

《薛仁贵传》只有坊刻本(京版本)。现存的版本有2种，一种是1册30张本(法国巴黎东洋语学校)，另一种是二册本(上，17张本，李能雨本)。出版年度均不详，大概推定为朝鲜后期出版。

明代有《隋唐两朝志传》十二卷一百二十二回，题"东原罗本贯中编辑"，"西蜀升庵杨慎批评"，首杨慎、林瀚二序。清人有《说唐后传》五十五回，封面署"鸳湖渔叟校订"。《说唐后传》在《隋唐两朝志传》第七十则至第九十八则的基础上，"演为罗通征北薛仁贵征东二事"(孙楷第《中国通俗小说书目》卷二)。又有《别本说唐后传》八卷，"清无名氏撰。题'姑苏如莲居士编次'。首鸳湖渔叟序。此书以卷首上、卷首下为《说唐小英雄传》，共十六回。以卷一至卷六为《说唐薛家府传》共四十二回。实即五十回本之《说唐后传》，但将一书分为两截耳。《薛家府传》曾见坊间有单行本"(孙楷第《中国通俗小说书目》卷二)。《薛仁贵传》系"薛仁贵征东"部分的翻译本。韩国中央图书馆等处有收藏。

《说唐薛家府传》，又名《薛仁贵征东全传》、《说唐薛家将传》，清姑苏如莲居士著，凡六卷四十二回。有清道光间福文堂刊本等。姑苏如莲居士另有《说唐小英雄传》一书。《说唐薛家府传》实即截取鸳湖渔叟《说唐后传》第十五回至第六十四回而成。

《征西说唐三传》，又名《仁贵征西说唐三传》、《异说后唐传三集薛丁山征西樊梨花全传》、《说唐征西传》，清中都逸叟著，凡十卷八十八回。清嘉庆十二年(1807)刊本首有如莲居士序。中都逸叟生平不详，另有《异说征西演义全传》。《征西说唐三传》主要写薛仁贵之子薛丁山与樊梨花的英雄儿女姻缘以及薛丁山、樊梨花之子薛刚大闹京师、灭周复唐的故事。书中斗法场景极多。

15-1. 薛仁贵传

书名	出版事项	版式状况	一般事项	所藏处/所藏番号
薛仁贵传	译著者，写年未详	4卷4册，笔写本，30.2×21.2cm		国立中央图书馆 [한]48-24
	刊写事项不明	1册，石印本，19.5×14cm，无界，20行37字，无鱼尾		庆北大学校 [古]812 설 69
白袍将军传		1册，笔写本，21.8×20.5cm	传主为薛仁贵，异书名：薛仁贵传	高丽大学校 (晚松文库) C14-A70
绣像说唐小英雄传	20世纪初刊	零本1册，中国石印本，有图，20.3×13.5cm		高丽大学校 (华山文库) C14-B32C
셜인귀젼 (薛仁贵传)	译著者，刊年未详	10册(缺本，所藏：第2, 3, 9, 10册)，笔写本，24×18.5cm，11行11字		梨花女子大学校 [고]811.31 설 79A
		5册，笔写本，29.5×28cm	卷末：셔재을묘팔월샹슌의필셔하노라	延世大学校 811.36
셜인귀젼 (薛仁贵传)	坊刻本(京本)，朝鲜末刊(推定)	未详		未详/东洋语学校(Paris)

15-2. 说唐薛家府传(薛仁贵征东全传)

书名	出版事项	版式状况	一般事项	所藏处/所藏番号
说唐薛家府传	姑苏如莲居士(清)编次，刊写地，刊写者未详，光绪元年(1875)刊	6卷6册(卷1-6)，16.9×12cm，有图，四周单边，半郭：12.3×10.2cm，无界，12行27字，上下向黑鱼尾	包匣题：征东全传，标题：绣像薛仁贵征东全传，刊记：光绪元年(1875)新镌，圈点无讹，羊城古经阁藏板	东亚大学校 (2)：7：2-21

续表

书名	出版事项	版式状况	一般事项	所藏处/所藏番号
绣像征东传	刊写地，刊写者，刊写年未详，清刊本	1册		京畿大学校京畿-k122937

15-3. 征西说唐三传

书名	出版事项	版式状况	一般事项	所藏处/所藏番号
别本后唐传三集薛丁山征西樊梨花全传	道光二十年(1840)序	10卷6册，中国木版本，有图，18.2×12cm	标题：说唐三传，序：如莲居士题于北山居中，印：顺兴后人安○○之印	高丽大学校C14-B32
别本后唐传三集薛丁山征西樊梨花全传	中都逸叟（清）编次，清代刊	5卷5册(卷1-2，5-7)，中国木版本，19.7×22.2cm，四周单边，半郭：16.7×12cm，无界，12行30字，纸质：绵纸	版心题：说唐三集，藏板：庆余堂藏板，内容：中国，后唐传演义小说	韩国学中央研究院4-249
绣像说唐征西全传	刊写事项不明	6卷6册，石印本，有图，14.9×9cm，四周双边，半郭：12.5×8cm，无界，20行47字，上下向黑鱼尾	题签：绣像说唐征西全传，版心题：绣像说唐征西	庆北大学校[古]812.3수511
薛丁山实记	译著者，刊写地，刊写者，刊写年未详	1册(落页)，铅活字本，20.2×13.5cm，无界，15行32字		檀国大学校栗谷图书馆（罗孙文库）古873.5-설694

16. 三遂平妖传

元末明初罗贯中著。今存明万历年间王慎修校刻本，1983年北京大学出版社张荣起整理本，附原王慎修刻本和世德堂刻本书影，及原刻、补刻插图，有新撰《前言》，并附录《平妖传》诸本原序、有关史料、冯梦龙增补本与王刻本内容的对照等资料。王刻本现藏北京大学图书馆。

小说所写北宋仁宗朝镇压王则、胡永儿夫妇事,《宋史·明镐传》及《文彦博传》、《杨燧传》、《马遂传》,《通鉴长编纪事本末》卷四九"贝州王则之叛",《续资治通鉴长编》卷一六三《仁宗纪》,曾巩《隆平集》卷二十《妖寇传》等史籍,都有记载。罗烨《醉翁谈录》把"说话人"说"贝州王则"的故事,列于"妖术"类。其所以称"三遂平妖",是因为平定王则的三个关键人物,其名中都有一遂字:即见王则无道而离去的弹子和尚的化身诸葛遂智,行苦肉计刺伤王则的马遂,掘地道偷袭贝州的李遂。冯梦龙于明末泰昌元年(1620),增补《平妖传》为十八卷四十回,在故事情节和人物描写方面较原本细致。"事迹于意造而外,亦采取他杂说,附会入之。"(鲁迅《中国小说史略》第十四篇)

书名	出版事项	版式状况	一般事项	所藏处/所藏番号
绣像平妖全传	冯梦龙(明)增订,清刊本	18卷6册,中国木版本,有图,23.8×15.2cm	版心书名:平妖全传,卷头书名:映旭斋增订北宋三遂平妖全传,序:张无咎	奎章阁[奎中]5335
平妖传	罗贯中(明)著,冯梦龙(明)增订,清朝后期刻,后刷	40回6册,中国木版本,24.3×15.3cm,四周单边,半郭:21×13.3cm,无界,11行25字,上黑鱼尾,纸质:竹纸	刊记:本衙藏板	成均馆大学校D7C-106
	罗贯中(明)著,冯梦龙(明)增订,清代刊	40卷12册(卷1-40),中国木版本,有图,22.2×13.9cm,四周单边,半郭:19.6×13cm,有界,10行21字,上下向黑鱼尾,纸质:竹纸	刊记:本衙藏板	江陵市船桥庄
	罗贯中(明)撰,冯梦龙(明)增订,笔写年,笔写者未详	5卷1册,朝鲜笔写本	35mmR[Posi],63f	(金东旭)R35P-000041-9
		3卷1册,朝鲜笔写本	35mmR[Posi],44f	(金东旭)R35P-000041-8
映旭斋增订北宋三遂平妖全传	罗贯中(明)著,冯梦龙(明)增订,刊年未详	18卷6册,有图,中国木版本,24.7×16cm	标题纸书名:绣像平妖全传,版心书名:平妖全传,序:张无咎	国立中央图书馆[古]5-80-31
	罗贯中(明)著,冯梦龙(明)增订,清朝末期刻,后刷	18卷8册,中国木版本,25.7×16.5cm,有图,左右双边,半郭:19.7×12.5cm,无界,14行28字,上黑鱼尾,纸质:竹纸	里题:绣像平妖全传,版心题:平妖全传	成均馆大学校D7C-80

书名	出版事项	版式状况	一般事项	所藏处/所藏番号
평요뎐	译著者，刊写地，刊写者，刊写年未详	2卷2册(零本，卷3，5)，笔写本，22.9×19.2cm，无界，行字数不定	表题：平妖传	檀国大学校栗谷纪念图书馆(罗孙文库)古 853.5-평 262
	译著者，刊写地，刊写者，刊写年未详	2卷1册，韩文笔写本，22.6×22.2cm，无界，12-13行17字内外，无鱼尾	写记：셰[재]을미(?)양월긔망의츄졀죵셔	西江大学校고서평 665
평뇨긔(平妖记)	译著者未详	9卷9册，朝鲜笔写本，33.4×22.5cm，无郭，无丝栏，无版心，10行字数不定，纸质：楮纸	印：藏书阁印，35mmR[Nega]，412f	韩国学中央研究院4-6855/R35N-000002-3

17. 东西汉演义(西汉演义，东汉演义，楚汉演义)

《东西汉演义》又名《两汉演义传》，凡十八卷，乃甄伟《西汉通俗演义》八卷、谢诏《东汉十二帝通俗演义》十卷之合刊本，有明剑啸阁刊本、金阊书业堂刊本。

《西汉通俗演义》，一名《西汉演义传》，明代甄伟著。今传刊本有明万历壬子(1612)金陵周氏大业堂刊本，书名《重刻西汉通俗演义》，题"钟山居士建业甄伟演义"，"绣谷后学敬弦周世旦订讹"，八卷一百零一则。明剑啸阁批评《东西汉通俗演义》本，西汉部分题"西汉演义传"，即本书，比大业堂本少一则，不署撰人(据孙楷第《中国通俗小说书目》)。清初拔茅居刻本，亦西汉、东汉合刻，其中《西汉演义》凡六卷，从剑啸阁本出。另有清嘉庆(1815)同文堂刊本(与清远道人《东汉演义评》合刊)、清光绪壬辰(1892)上海广百宋斋铅印本以及善成堂刊本(题《西汉演义评》)，俱八卷100回。书始于战国时期秦赵交兵，秦公子异人被掳入赵为质，终于汉高祖崩，吕氏家族总揽朝政，集中演述楚汉相争和汉初平定天下事，叙说有余，文字枯燥。

明人谢诏撰写的《东汉演义》，又名《东汉十二帝通俗演义》、《东汉演义传》。明金陵周氏大业堂刊本署"金川西湖谢诏编辑"、"金陵周氏大业堂评定"，首有陈继儒序。凡一百四十六则。明剑啸阁批评《东西汉通俗演义》本所收《东汉演义传》即此本。清代"珊城清远道人"重编本名《东汉演义评》，有同治十一年(1872)善成堂刊本、同文堂单刻本等。清同文堂刊《东西汉演义》本所收《东汉演义评》即此本。谢诏原作写到汉光武帝刘秀骑红牛脱难等故事，来源于民间艺术家的虚构。清远道人深为不满，其《东汉演义评序》指"光武骑红牛脱难"等"颠倒史事"，不可原谅。清远道人强调演义文体之真实性。叙事始于王莽篡权，刘秀立志兴汉，终于东汉献帝，凡十二帝，而以刘秀事迹为主。

韩国所见《两汉演义》的版本，分为《西汉演义》与《东汉演义》，而合成本为《西东汉演义》，大部分为钟惺(明)批评的清版本。其中《西汉演义》的翻译本流布甚广，名《楚汉传》，从此书中摘出一部分而翻译的小说也不少，其书名是《楚霸王实记》与《张子房传》等。

17-1. 东西汉演义

书名	出版事项	版式状况	一般事项	所藏处/ 所藏番号
新刻剑啸阁批评东西汉演义	刊写地，刊写者未详，大韩光武五年(1901)刊	9卷(全10卷6册)，23.3×15.4cm，四周单边，半郭：19.8×13.5cm，无界，10行22字，上下向黑鱼尾		庆熙大学校 811.3-동 54
	钟惺(明)批评，刊写地，刊写者，刊写年未详	合14册(西汉演义8卷，东汉演义10卷)，木版本，16×11cm	扫叶山房藏板	檀国大学校退溪图书馆 IOS，고 823.5-동 617
绣像东西汉演义	上海，著易堂书局，刊年未详	5册(册1缺本)，中国新活字本，19.8×13cm		国立中央图书馆［东谷古］3736-58
	钟伯敬(明)批评，经元堂，刊年未详	8册，中国石印本，18×11.5cm，四周双边，半郭：14.3×9.7cm，有界，10行30字，上内向黑鱼尾		建国大学校［고］923.4
	上海，锦章图书局，刊写年未详	6卷6册(卷1-6)，有图，20.5cm，四周双边，半郭：18×12cm，无界，29行字数不定，上下向黑鱼尾	内容：册1-4东汉演义(4卷)，册5-6西汉演义(2卷)	庆熙大学校 812.33-동 54
		18卷1匣6册，中国铅活字本，13×19.9cm，四周双边，半郭：10.6×15cm，有界，18行40字，白口黑鱼尾上	备考：绣像东汉演义10卷2册，绣像西汉演义8卷4册，刊记：勤裕草堂托上海著易堂书局代印	涧松文库

书名	出版事项	版式状况	一般事项	所藏处/所藏番号
绣像东西汉演义	罗贯中（明）撰，上海，刊写者，刊写年未详	6册(缺帙)，中国木活字本，20×13.2cm，四周双边，半郭：14.5×9.8cm，无界，8行40字，注单行，上黑鱼尾，纸质：北黄纸	内容：册1-2，东汉演义—册3-6，西汉演义，刊记：勤裕草堂托上海著易堂书局代印	全南大学校 3Q1-동53ㄴ-v.1-6
绘图东西汉演义	上海，锦章图书局，清末民初刊	6卷6册，中国石印本，有图，20.3×13.3cm，四周双边，半郭：17.9×12.1cm，无界，注双行，上黑鱼尾，纸质：竹纸	序：锦章图书局谨志，刊记：上海锦章图书局石印	成均馆大学校 D7C-114
	上海，锦章图书局，刊年未详	6卷6册，中国石印本，20.2×13.3cm，四周双边，半郭：17.6×12cm，无界，29行字数不定，上黑鱼尾		启明大学校 [고]812.35-서한
	刊写地，刊写者，刊写年未详	6卷6册，中国石印本，有图，20.2×13.5cm，四周双边，半郭：17.9×12cm，无界，29行63字，上下向黑色鱼尾	序题：绣像西汉东汉通俗演义，内容：册1(卷1，绣像西汉演义)—册2(卷2，绣像西汉演义)—册3(卷3，绣像西汉演义)—册4(卷4，绣像西汉演义)—册5(卷1，绣像东汉演义)—册6，(卷2，绣像东汉演义)	中央大学校 812.3-회도동
	钟惺（明）批评，上海，鸿章书局，刊写年未详	6册，中国石印本，有图，20.3×14cm，左右双边，上下单边，半郭：18.1×12cm，无界，行字数不定，上下向黑鱼尾	书名：表题	国民大学校 [고]823.5 중01-2
东西汉演义	钟惺（明）批评，壬申年新镌，善成堂梓行，清刊本	16卷1匣12册，中国木版本，16.5×24cm，四周单边，半郭：14.2×21.8cm，无界，11行26字，白口黑鱼尾上	序：袁宏道，清远道人（东汉演义评序），刊记：壬申年新镌 善成堂梓行	涧松文库

续表

书名	出版事项	版式状况	一般事项	所藏处/所藏番号
绣像东西汉全传	钟惺(明)批评，善成堂，同治十一年(1872)刊	10卷8册，中国木版本，23×16cm，四周单边，半郭：20.9×14cm，11行26字，上黑鱼尾		建国大学校[고]923.5
	善成堂，清代刊	16卷14册，中国木版本，有图，23.7×15.6cm，四周单边，半郭：21.2×14.2cm，有界，11行26字，注双行，上内向黑鱼尾，纸质：绵纸	表题：西汉演义，序：公安袁宏道题	东国大学校D819.3 수 51
	善成堂梓行，壬申	8卷8册，中国活字本，26×17cm		岭南大学校823
东西汉全传	钟惺(明)撰，同文堂，嘉庆二十年(1815)新镌	8卷8册，中国木版本，有图，25.6×15.8cm	书名：标题，序：公安袁宏道题，刊记：嘉庆乙亥(1815)新镌	高丽大学校C14-B43
绣像东西汉通俗演义	钟惺(明)批评，上海，广百宋斋，光绪十八年(1892)刊	全18卷6册，中国铅印本，有图，19.4×12.8cm		韩国学中央研究院，D7C-59
	钟惺(明)评，上海，著易堂书局	18卷6册(绣像西汉演义8卷，绣像东汉演义10卷)，中国新铅活字本，有图，19.7×13cm，四周双边，半郭：15.1×10.2cm，有界，18行40字，注双行，上下向黑鱼尾，纸质：竹纸	刊记：勤裕草堂托上海著易堂书局代印	全罗北道 全州市 金大经
增像全图东西汉演义	上海，三元书局，光绪二十三年(1897)刊	8卷6册，中国石印本，有图，17.5×10.4cm，四周双边，半郭：13.6×9.1cm，有界，20行47字，注双行，上内向黑鱼尾，纸质：绵纸	标题：绣像西汉演义，刊记：光绪丁酉(1897)重九上海三元书局校印	东国大学校D819.3 증 51 人
	上海书局，光绪三十年(1904)刊	8卷6册，中国石印本，有图，19.3×12.7cm，四周双边，半郭：15.5×10.7cm，无界，24行55字，注双行，上内向黑鱼尾，纸质：绵纸	里题：绣像东西汉演义，标题：绣像东西汉演义，刊记：光绪甲辰(1904)冬月上海书局校印	东国大学校D819.3 증 51

续表

书名	出版事项	版式状况	一般事项	所藏处/所藏番号
增像全图东西汉演义	钟惺（明）批评，上海书局，光绪三十年(1904)刊	全8卷6册(卷1-8)，册1-2(卷1-4)，东汉演义，册3-6(卷1-4)，西汉演义，中国石印本，有图，19.4×17.5cm，四周双边，半郭15.7×10.9cm，无界，24行54字，上内向黑鱼尾	表纸书名：绣像西(东)汉演义评，刊记：光绪甲辰(1904)冬月上海书局印行	汉阳大学校812.35-김746ᄌ-v.1-v.6

17-2. 西汉演义

书名	出版事项	版式状况	一般事项	所藏处/所藏番号
绘图西汉演义	天宝书局，刊写年未详	4卷4册，中国石印本，20.3×13.5cm，四周双边，半郭：17.6×11.7cm，无界，25行56字，注双行，上黑鱼尾，纸质：竹纸	表题：东西汉演义	圆光大学校AN823.5-ᄌ245
	上海，大成书局，1900—1908年刊	1册(卷1-4)，21×14cm		大邱天主教大学校동823.5-회225대
		4卷4册，中国版本，20.5×13cm，四周双边，半郭：17.8×12cm，30行67字，白口，上下向黑鱼尾	楷书	韩国国学振兴院 受托 아주신씨인재파 전암후손가
新刻剑啸阁批评西汉演义传	壬申年(1872?)新镌，善成堂梓行	8卷8册，中国木版本，四周单边，匡郭：21.5×15cm，无界，11行26字，上黑鱼尾	表题：西汉演义，内题：绣像东西汉全传，序题：东西汉通俗演义，刊记：壬申年(1872?)新镌，善成堂梓行	延世大学校(默素堂文库)812.36
	钟惺（明）批评，善成堂，清壬申(1872?)刻，后刷	8卷8册，中国木版本，有图，24.5×16.4cm，四周单边，半郭：21.5×13.8cm，无界，11行26字，上黑鱼尾，纸质：绵纸	里题：绣像东西汉全传，版心题：西汉演义评，序：公安袁宏道题，刊记：壬申年(1872?)新镌，善成堂梓行，收藏印：默容室藏	成均馆大学校D7C-43

续表

书名	出版事项	版式状况	一般事项	所藏处/ 所藏番号
新刻剑啸阁批评西汉演义传	钟惺（明）批评，清壬申（1872?）刻，后刷	8卷8册，中国木版本，有图，24.2×21.2cm，四周单边，半郭：21×14cm，无界，11行26字，注单行，上下向黑鱼尾，纸质：绵纸	里题：西汉演义，版心题：西汉演义评，里题：绣像东西汉全传，序：公安袁宏道题，刊记：壬申年（1872?）新镌，善成堂梓行	忠南大学校集 1204
	钟惺（明）批评，善成堂，刊写年未详	7卷7册（卷2-8，缺帙），中国木版本，24×16.2cm，四周单边，半郭：21.4×13.8cm，有界，11行26字，上下向无叶花纹鱼尾	表题：西汉演义，版心题：西汉演义评	京畿大学校京 畿-k118885-2
	钟伯敬（明）批评，上海，经元堂，刊年未详	8卷8册，中国木版本，17.6×11.5cm，四周单边，半郭：14.5×9.5cm，无界，10行30字，上黑鱼尾，纸质：竹纸	版心题：西汉演义评，表题：西汉演义，刊记：上海经元堂梓行	圆光大学校AN823.5-ㅈ718
	钟惺（明）批评，渔古山房，清朝末期刻，后刷	8卷8册，中国木版本，23.1×15.8cm，四周单边，半郭：19×13.1cm，无界，10行22字，上黑鱼尾，纸质：绵纸	版心题：西汉演义评，序：公安袁宏道题，刊记：渔古山房藏板	成均馆大学校D7C-43b
	钟伯敬（明）批评，渔古山房1800年左右刊	零本6册（全8卷8册中所藏本中卷1、3、5-8以外缺），中国木版本，有图，23×15.5cm，四周单边，半郭：19×13.3cm，无界，10行22字，白口，上黑鱼尾	标题纸书名：绣像东西汉演义，版心书名：西汉演义评	海军士官学校［중］102
	三余堂梓	8卷8册（卷6缺），中国木版本，四周单边，匡郭：19×14cm，无界，11行25字，上黑鱼尾	表题：西汉演义，内题：东西汉演义全传，序题：东西汉通俗演义	延世大学校（绥堂文库）812.36
	钟惺（明）批评，扫叶山房，刊写年未详	8卷8册（所藏本：1-8），有图，24×16.2cm，四周单边，半郭：21.8×14.2cm，有界，11行26字，上下向黑鱼尾	题签：西汉演义，版心题：西汉演义评，序文：汉家四百余年天下其间主……天下之好读书公安袁宏道题	中央大学校812.3-중성검1-8

书名	出版事项	版式状况	一般事项	所藏处/所藏番号
新刻剑啸阁批评西汉演义传	钟惺（明）批评，扫叶山房，刊写年未详	全8卷8册（第5册缺），中国木版本，有图，15.3×10.8cm，四周单边，半郭：11.5×9.1cm，10行25字，上黑鱼尾	表纸书名：西汉演义，标题纸书名：绣像东西两汉全传，版心书名：西汉演义评，序：公安袁宏道题，藏板记：扫叶山房藏板	韩国学中央研究院 D7C-82
		全8卷8册（卷1-8），中国木版本，23.7×15.3cm，四周单边，半郭：20.7×13.4cm，10行22字，注双行，上内向黑鱼尾	里表纸书名：西汉演义，版心书名：东西汉全传，表纸书名：西汉演义评，刊记：新绘全像钟伯敬先生评东西汉全传金阊梓扫叶山房督造书籍	汉阳大学校 812.35-김746ㅅㄱ- v.1-v.8
	钟惺（明）批评，上海，扫叶山房，清代刊	8卷8册（卷1-8），中国木版本，有图，15.6×10.6cm，四周单边，半郭：11.3×8.9cm，无界，10行25字，花口上下向黑鱼尾，纸质：竹纸	表题：西汉演义，版心题：西汉演义评，里题：绣像东西两汉全传，序：公安袁宏道题，刊记：扫叶山房藏板	全南大学校 3Q-신11ㅈ
	钟惺（明）批评，上海，扫叶山房，清朝末刻，后刷	8卷8册（卷1-8），中国木版本，有图，15.6×10.6cm，四周单边，半郭：11.3×8.9cm，无界，10行25字，上黑鱼尾，纸质：竹纸	里题：绣像东西两汉全传，版心题：西汉演义评，表题：西汉演义，序：公安袁宏道题，刊记：扫叶山房藏板	全南大学校 3Q-신11ㅈ- v.1-8
		8卷8册，中国木版本，有图，15.9×11.5cm，四周单边，半郭：11.5×9cm，无界，10行25字，上黑鱼尾，纸质：绵纸	里题：绣像东西两汉全传，版心题：西汉演义评，序：公安袁宏道题，刊记：扫叶山房藏板，备考：袖珍本	成均馆大学校 D7C-43c
				朴在渊
	19世纪写	1册（零本，卷3所藏），笔写本，32×19.7cm，无界，12行27字，无鱼尾，纸质：楮纸	印记：畏岩家藏	一般动产文化财이채하（상주）36-0587

书名	出版事项	版式状况	一般事项	所藏处/所藏番号
新刻剑啸阁批评西汉演义传	钟惺（明）批评，清朝末期刻，后刷	8卷8册，中国木版本，有图，24×15.5cm，四周单边，半郭：20×13.3cm，无界，10行22字，上黑鱼尾，纸质：竹纸	里题：西汉演义，版心题：西汉演义评，序：公安袁宏道题	成均馆大学校 D7C-43a
	钟惺（明）批评，朝鲜朝后期至末期写	2卷2册（卷4，8），笔写本，17.1×15.2cm，无界，10行25字，注单行，纸质：楮纸	表题：西汉志	釜山大学校
		1卷1册（卷5），笔写本，27.2×16.5cm，无界，10行字数不定，纸质：楮纸	表题：西汉演义传	釜山女子大学校 伽倻文化研究所
	钟伯敬（明）批评，刊写地，刊写者，刊写年未详	8卷8册（卷1-8），中国木版本，有图，16.4×11cm，四周单边，半郭：12×9.2cm，无界，10行25字，上下向黑鱼尾	版心题：西汉演义评，西汉演义	庆熙大学校 812.3-중54ㄱ
		零本1册(所藏：卷1)，笔写本，23×14.5cm，无界，10行字数不定，无鱼尾	表题：楚汉演义	庆北大学校 [古]812.3 중53ㅅ
		8卷9册，中国木版本，24.5×15.5cm，四周单边，半郭：20.8×13.7cm，无界，10行22字，上下黑鱼尾，纸质：竹纸	版心题：西汉演义评，表题：西汉演义，序：袁宏道	圆光大学校 AN823.5-ㅈ718ㄱ
	剑啸阁批评	2卷2册，笔写本，27×15cm，无界，卷4：10行25字，卷8：10行26字，纸质：楮纸	表题：西汉志	釜山大学校（芝田文库）OEC 3-12 53
	刊年未详	8卷8册，15.6×11cm，四周单边，半郭：11.1×9.4cm，无界，10行24字，上黑鱼尾	序：公安袁宏道	梨花女子大学校 [고]812.3 서91ㅅ
		全8卷8册中一部缺(落卷1)，中国木版本，20cm，10行30字，四周单边，14.6×9.8cm，上黑鱼尾	书名：卷2卷首题，外题：西汉演义，版心题：西汉演义评	延世大学校 812.36/28

书名	出版事项	版式状况	一般事项	所藏处/所藏番号
新刻剑啸阁批评西汉演义传	刊年未详	全8卷8册中一部缺(落卷1),中国木版本,25cm,四周单边,21.7×14.1cm,11行26字,上黑鱼尾	版心题:西汉演义评	延世大学校 812.36/29
新刻剑啸阁批评西汉演义	钟伯敬(明)批评,刊写地,刊写者,刊写年未详	8卷8册,(卷1-8),中国木版本,23.8×16.2cm,四周单边,半郭:21.3×13.5cm,有界,11行26字,上内向黑鱼尾	书名:卷首题,序:题东西汉通俗演义序,版心题:西汉演义评,表题:西汉演义(一),序:公安袁宏道题,刊记:壬申年(1872?)新镌善成堂梓行	庆州东国大学校 D912.032-중42 v.1-v.8
新刻剑啸阁批评西汉演义	李贽(明)演义,钟惺(明)批评,扫叶山房刊	8卷8册,中国木版本,有图,15.7×10.7cm		高丽大学校(晚松文库)C14-B6A
	钟惺(明)批评,三余堂刊	8卷8册,中国木版本,24.2×14cm		高丽大学校(华山文库)C14-B6A
		8卷8册,中国木版本,25.1×15.8cm		高丽大学校(华山文库)C14-B6B-1-8
	钟惺(明)批评,善成堂,壬申(1872?)刊	8卷8册(卷1-8),中国木版本,有图,24.2×21.2cm,四周单边,半郭:21×14cm,无界,11行26字,注单行,上下向黑鱼尾,纸质:锦纸	版心题:西汉演义评,里题:绣像东西汉演义,题签:西汉演义,刊记:壬申年(1872?)新镌善成堂梓行,序:公安袁宏道题	全北大学校 812.3-동서한
	钟惺(明)批评,善成堂,刊写年未详	8卷4册,中国木版本,24.3×16cm,四周单边,半郭:22×14cm,有界,11行26字,上下向黑鱼尾	版心题:西汉演义……序:袁宏道题	国民大学校 [고]823.5 중01

书名	出版事项	版式状况	一般事项	所藏处/所藏番号
西汉演义	钟惺（明）著，1644 年序	10 册，中国木版本		庆州地方古书调查目录崔柄熺
	己未刊	1 册，朝鲜笔写本	附：虞美人歌，35mmR[Posi]，28f	（金东旭）R35P-000037-11
	上海，著易堂书局	8 卷 4 册 100 回，中国铅印本		鲜文大学校朴在渊
	上海，鸿文书局	4 卷 4 册 100 回，中国石印本		鲜文大学校朴在渊
	刊年未详	12 卷 12 册（第 1，2，6 册缺），笔写本，22×19cm，10 行 18 字，版心无		梨花女子大学校［고］812.3 서 91
		85 张，笔写本，27cm，四周双边，20.3×16.5cm，界线，10 行 20 字，注小字双行，上下内向花纹鱼尾	卷尾题：楚汉演义　印记：金泽洙信	延世大学校812.36/26
		1 册，中国版本，26.5×15.5cm，毁损		韩国国学振兴院 受托，재령이씨존재파면운재문중
		1 册(卷 3)，木版本		鲜文大学校朴在渊
		8 卷 8 册 101 回，袖珍本		鲜文大学校朴在渊
增像全图西汉演义	上海，章福记，光绪三十年(1904)刊	4 卷 4 册(64 回本)，中国石印本，有图，20.4×13.5cm		高丽大学校（华山文库）C14-B6C

续表

书名	出版事项	版式状况	一般事项	所藏处/所藏番号
增像全图西汉演义	李贽（明）演义，钟惺（明）批评，鸿宝斋书局，宣统三年（1911）春刊印	4 卷 4 册，中国铅印本，有图，20.3×13.4cm	表题：绣像西汉演义，刊记：宣统辛亥（1911）春月鸿宝斋书局印	高丽大学校（晚松文库）C14-B6E
		4 卷 4 册，中国石印本，有图，20.2×13.4cm，四周双行，半郭：17.5×11.3cm，无界，20 行 57 字，注双行，上下向黑鱼尾，纸质：竹纸	表题：西汉演义，刊记：宣统辛亥（1911）春月鸿宝斋书局印	忠南大学校集 706
	刊写地，刊写者，刊写年未详	3 册（缺帙，册 1-3），新铅活字本，19.8×13.2cm，无界，行字数不定，无鱼尾		忠北大学校912.032-ㅈ876-1-3
绣像西汉演义	钟惺（明）批评，上海，广百宋斋，光绪壬辰（1892）刊	8 卷 4 册（卷 1-8），有图，20×12.7cm，四周双边，半郭：15.5×10.8cm，有界，17 行 32 字，上下向黑鱼尾		庆熙大学校812.3-서 92 ㅂ
		8 卷 4 册，中国新铅活字本，有图，19.7×13.2cm，四周双边，半郭：16×10.9cm，有界，17 行 32 字，注双行，花口，上下向黑鱼尾，纸质：中国纸	表题：西汉演义，序：供天下之好读书，刊记：光绪壬辰（1892）春月上海广百宋斋校印	釜山大学校（梦汉文库）ODC3-12 55
		8 卷 6 册，中国新铅活字本，有图，19.7×13.3cm，四周双边，半郭：15.5×10.5cm，有界，17 行 32 字，注双行，上下向黑鱼尾，纸质：绵纸	表题：西汉演义，序：……拈出以供天下之好读书，刊记：光绪壬辰（1892）广百宋斋校印	釜山大学校
		10 卷 6 册，中国新铅活字本，有图，20×13.3cm，四周双边，半郭：15.7×11.2cm，有界，17 行 32 字，注双行，上下向黑鱼尾，纸质：绵纸	刊记：光绪壬辰（1892）春月上海广百宋斋校印	忠清南道 燕岐郡 洪钟檍

续表

书名	出版事项	版式状况	一般事项	所藏处/所藏番号
绣像西汉演义	钟惺（明）批评，上海，广百宋斋，光绪壬辰(1892)刊	8卷4册，中国新铅活字本，19.3×12.5cm，四周双边，上黑鱼尾，半郭：15.5×10.8cm，有界，17行32字，注双行，纸质：绵纸	刊记：光绪壬辰(1892)春月上海广百宋斋校印	成均馆大学校 D7C-42
	光绪己亥(1899)季春，上海书局刊	8卷4册，中国石印本，有图，18×10.5cm，四周双边，18行40字，14.2×9.4cm，界线，上黑鱼尾		延世大学校 812.36/27
				高丽大学校（景和堂）C14-B6-1-4
		2卷1册(卷1-2)中国木版本，有图，17.1×10.5cm，四周双边，半郭：14×9.1cm，有界，18行40字，注双行，上下向无叶花纹鱼尾	刊记：光绪己亥(1899)季春上海书局石印	京畿大学校
	钟惺（明）批评，图书集成局，光绪三十一年(1905)刊	不分卷4册，中国活字本，19.9×13.2cm，四周单边，半郭：16.9×11.5cm，有界，16行42字，注双行，上黑鱼尾，纸质：竹纸	刊记：光绪乙巳(1905)三月图书集成局印	成均馆大学校（曹元锡）D7C-42a
	上海，大成书局，1922年刊	1册，中国石印本，有图，20×13.5cm，四周单边，半郭：17.6×11.9cm，无界，20行45字，注双行，上下向无叶花纹鱼尾	表题：绘图东西汉演义，卷首题：绘图西汉演义，序题：绘图西汉通俗演义，版心题：绘图西汉全传，标题纸：民国壬戌(1922)春月	京畿大学校
	上海，著易堂书局，20世纪初刊	8卷4册，中国新铅活字本，有图，19.7×13cm，四周双边，半郭：14.6×10.3cm，有界，18行40字，注双行，上下向黑鱼尾，纸质：洋纸	刊记：勤裕草堂托上海著易堂书局代印	忠南大学校 集1198
	钟惺（明）批评，上海，著易堂书局，刊年未详	2册［第1-2册缺，所藏：册3-4（全8卷4册）］，中国铅印本，18.7×12.9cm	刊记：勤裕草堂托上海著易堂书局代印	国会图书馆［古]952.3 ㅅ362

书名	出版事项	版式状况	一般事项	所藏处/所藏番号
绣像西汉演义	钟惺（明）批评，上海，著易堂书局，刊年未详	8卷4册（卷1-8），有图，19.5cm，四周双边，半郭：15×10.5cm，有界，18行40字，上下向黑鱼尾		庆熙大学校 812.33-서92
		8卷4册（卷1-8），中国新铅活字本，四周双边，19.7×13.5cm，有界，半郭：14.6×10.3cm，18行40字，注双行，上下向黑鱼尾		忠北大学校 912.032-ㅅ 642 ㅅ-1-8
		全8卷4册中2册（零本，卷1-2，卷7-8），中国新式活字本，19.9×13.3cm	卷头：绣像东西汉通俗演义序，目录，卷末：总评，标题纸：绣像西汉演义，刊记（标题纸里面）：勤裕草堂托上海著易堂书局代印	岭南大学校〔古南〕823.5 서한연
		10卷4册，中国活字本，19.8×13.1cm，四周双边，半郭15×10.6cm，有界，18行40字，注双行，上黑鱼尾，纸质：竹纸		圆光大学校 AN823.5-○894 수
	刊写地，刊写者，刊写年未详	8卷4册，中国刊本，20×13.5cm，四周双边，半郭：14.7×10cm，有界，18行40字，白口，上下向黑鱼尾	楷书	韩国国学振兴院受托，반남박씨판관공파청하재
		零本1册（所藏：卷7-8），新铅活字本，19.8×13.2cm，四周双边，半郭：16.5×11.1cm，17行32字，有界，无鱼尾	表题：楚汉演义，版心题：绣像西汉演义	庆北大学校〔古〕812.14 초91（6）
		2卷1册（卷3-4，缺帙），新铅活字本，19.7×12.7cm，四周双边，半郭：15.7×10.8cm，有界，17行32字，注双行，上下向黑鱼尾		京畿大学校 京畿-k121993-2

书名	出版事项	版式状况	一般事项	所藏处/所藏番号
绣像西汉演义	刊写地，刊写者，刊写年未详	2卷1册(卷5-6，缺帙)，19.9×12.8cm，四周双边，半郭：15.6×10.8cm，有界，17行32字，注双行，上下向黑鱼尾		东亚大学校(3)：12：2-97
		2卷1册(卷3-4，缺帙)，新铅活字本，19.2×12.7cm，四周双边，半郭：14.8×10.5cm，有界，18行40字，注双行，上下向无叶花纹鱼尾		京畿大学校
西汉通俗演义	刊写地，刊写者，刊写年未详	1册(零本，卷5)，中国木版本，26.7×15.7cm，四周单边，半郭：21.9×13.8cm，无界，14行30字，上下向黑鱼尾	版心题：官版西汉通俗演义，表纸书名：西汉演义	岭南大学校[古南]823 서한통ㅈ
西汉演义	钟惺(明)批评，刊写者未详，朝鲜朝后期刊(推定)	8卷8册，木版本，15.5×23.6cm	卷22은 笔写本임	忠北 报恩郡 김동기
西汉演义书略	刊写地，刊写者，刊写年未详	1册，笔写本(匡郭木版)，26.7×17.2cm，四周双边，半郭：19×13.9cm，有界，10行，上下内向四瓣黑鱼尾	表纸书名：东西汉小选	岭南大学校[古南]823 서한연ㅍ
帷幄龟鉴	聋庵著，写年未详	不分卷(28回)6册，笔写本，27×19.4cm，无郭，无丝栏，10行22字，注双行，无版心，纸质：楮纸	序：岁己未孟冬上浣聋庵老人书于眉南墨室，印：李王家图书之章	韩国学中央研究院4-6885
서한연의(西汉演义)	译著者，刊写地，刊写者，刊写年未详	1册，笔写本		全州大学校OM813.5-서912
셔한연의(西汉演义)	钟惺(明)撰，写年未详	29卷10册，宫体笔写本，34.5×22cm		奎章阁[古]3478-4
	译者未详，朝鲜朝末期写	16卷16册，笔写本，33.8×22cm，10行22字，纸质：楮纸		成均馆大学校D7B-20

续表

书名	出版事项	版式状况	一般事项	所藏处/所藏番号
셔한연의（西汉演义）		8 卷 8 册，笔写本，1880 年（推定），1-91 回翻译，纸质：楮纸	刊记：庚申年（1880 年）	鲜文大学校 朴在渊
셔한연의（西汉演义）	高宗三十二年（1895）笔写	16 卷 16 册，笔写本，32.6×22.2cm	标题：西汉演义，笔写记：岁在乙未（1895）季春书传于后昆册主大宁后人，印：桑村闻长，首阳○朝	高丽大学校 C14-A3A
	宫体，1800 年左右写	卷 10，1 册（55 页），笔写本，27.4×19.5cm，11 行字数不定，注双行，纸质：楮纸	表题：西汉演义	韩国综合典籍目录（山气文库）李谦鲁 4-697
	李贽（明）演义，刊写地，刊写者，刊写年未详	6 卷 6 册（全 12 卷 12 册），笔写本，30.3×20.6cm，无界，11 行 19 字，无鱼尾，纸质：壮纸	一般动产文化财朝鲜本 表题：西汉演义	西江大学校 古书셔 91
	译者，刊年未详	4 册，笔写本，24.5×17cm	表题：西汉演义	延世大学校 812.36
		不分卷，16 册，笔写本，35×21.3cm	西汉演义	国立中央图书馆［한］48-18

17-3. 东汉演义

书名	出版事项	版式状况	一般事项	所藏处/所藏番号
新刻剑啸阁批评东汉演义	李贽（明）演义，钟惺（明）批评，扫叶山房刊	10 卷 6 册，中国木版本，15.8×10.7cm	版心题：东汉演义评，表题：东汉演义	高丽大学校（晚松文库）C14-B45D

续表

书名	出版事项	版式状况	一般事项	所藏处/ 所藏番号
新刻剑啸阁批评东汉演义传	钟惺（明）批评，上海，扫叶山房，刊写年未详	全10卷6册（卷1-10），中国木版本，23.7×15.3cm，四周单边，半郭：20.7×13.4cm，无界 10 行 22 字，注双行，上内向黑鱼尾	表纸书名：东汉演义，版心书名：东汉演义评，刊记：新绘全像钟伯敬先生评东西汉全传金阊梓扫叶山房督造书籍	汉阳大学校 812.35-김 746 ㅅㄴ-v.4, v.6
		1卷1册（全10卷6册，卷1，2-3，4，7-8，卷1-8），中国木版本，23.7×15.3cm，四周单边，半郭：20.7×13.4cm，无界 10 行 22 字，注双行，上内向黑鱼尾	表纸书名：东汉演义，版心书名：东汉演义评	汉阳大学校 812.35-김 746 ㅅㄴ-v.1-v.3, v.5
	钟惺（明）批评，清朝后期刊	10 卷 6 册，中国木版本，15.8×11.2cm，四周单边，半郭：11.3×9cm，无界，10 行 25 字，上黑鱼尾，纸质：竹纸	题签：东汉演义，版心题：东汉演义评	成均馆大学校 D7C-27
		10 卷 6 册，中国木版本，23.9×15.4cm，四周单边，半郭：20×13.5cm，无界，10 行 22 字，上黑鱼尾，纸质：竹纸	题签：东汉演义，版心题：东汉演义评	成均馆大学校 D7C-27a
	钟惺（明）批评，刊写地，刊写者，刊写年未详	10 卷 4 册，中国木版本，20cm，四周单边，14.8×9.6cm，界线，10 行 31 字，小字傍注，上黑鱼尾	外题：东汉演义，版心题：东汉演义评	延世大学校 812.36/11
		10卷6册（卷1-10），24×15.4cm，四周单边，半郭：20.2×14.3cm，10 行 22 字，上下向黑鱼尾	表题：东汉演义	东亚大学校（3）：12-2
		10 卷 6 册（卷1-10），中国木版本，有图，15.4×10.8cm，四周单边，半郭：11.2×9.1cm，无界，10 行 25 字，上黑鱼尾，纸质：竹纸	版心题：东汉演义评，表题：东汉演义	全南大学校 3Q-신 11 ㅈ-v.1-6

书名	出版事项	版式状况	一般事项	所藏处/所藏番号
新刻剑啸阁批评东汉演义传	钟惺（明）批评，刊写地，刊写者，刊写年未详	10卷6册，中国木版本，23×15.6cm，四周单边，半郭：19.3×13.2cm，无界，10行22字，白口，上黑鱼尾	版心书名：东汉演义评	海军士官学校[중]103
		10卷6册，中国木版本，24.2×15.5cm，四周单边，半郭：20.8×13.4cm，无界，10行22字，上下向黑鱼尾，纸质：竹纸	表题：东汉演义，版心题：东汉演义	忠南大学校集1202
新刻剑啸阁批评东汉演义传		10卷6册，中国木版本，24.4×15.5cm	版心题：东汉演义评，表题：东汉演义	高丽大学校C14-B45B
新刻批评东汉演义	清远道人（清）重编，清刊本	8卷1匣6册，中国木版本，16.2×24.2cm，四周单边，半郭：14.5×22.2cm，有界，11行26字，白口黑鱼尾上	版心书名：东汉演义评，序：清远道人自序，印：善斋，闵丙承印	涧松文库
	清远道人（清）重编	8卷6册，中国木版本，有图，24×16.1cm，四周单边，半郭：21.8×14.1cm，有界，11行26字，注单行，上下向黑鱼尾，纸质：绵纸	题签：东汉演义，序：岁在旃蒙大渊献（乙亥，1875）竹秋清远道人书	忠南大学校集1205
		8卷8册，中国木版本，有图，24cm，界线，四周单边，21.8×14.3cm，11行26字，上黑鱼尾	版心题：东汉演义评，序：岁在旃蒙大渊献（乙亥，1875）竹秋清远道人书，印记：默容室藏书印外2种	延世大学校812.36/12
	清远道人（清）重编，同文堂刊	8卷6册，中国木版本，有图，24.8×15.7cm	版心题：东汉演义评，表题：东汉演义	高丽大学校C14-B45A
	清远道人（清）重编，清末同文堂刊	8卷8册，中国木版本，有图，24.8×15.7cm	表题：东汉演义，版心题：东汉演义评	国立中央图书馆

续表

书名	出版事项	版式状况	一般事项	所藏处/所藏番号
新刻批评东汉演义	清远道人（清）重编，善成堂，壬申（1872）刊	8 卷 8 册，中国木版本，有图，25.1×15.8cm		高丽大学校（华山文库）C14-B6B-9-16
	钟惺（明）批评，善成堂，壬申（1872）刊	8 卷 8 册，中国木版本，25.1×15.8cm		高丽大学校（华山文库）C14-B6B-1-8
	清远道人（清）重编，善成堂，乙亥（1875）	8 卷 6 册，中国木版本，有图，24.2×15.8cm		高丽大学校（华山文库）C14-B45CA
	钟惺（明）批评，清朝后期刊	8 卷 6 册，中国木版本，有图，24.5×16.3cm，四周单边，半郭：21.9×14.2cm，有界，11 行 26 字，注双行，上黑鱼尾，纸质：绵纸	表题：东汉演义，版心题：东汉演义评，序：岁在旃蒙大渊献（乙亥，1875）竹秋清远道人书，所藏印：默容室藏	成均馆大学校D7C-26
	钟伯敬（明）批评，刊写者，刊写年未详	8 卷 6 册（卷 1-8），中国木版本，有图，23.4×15.5cm，四周单边，半郭：21×14cm，有界，11 行 26 字，注双行，上黑鱼尾	版心：东汉演义评，表题：东汉记，序：乙亥（1875）清远道人	庆熙大学校812.3-동 92
	清远道人（清）重编，刊写者，刊写年未详	8 卷 6 册，中国木版本，有图，23.5×16cm，四周单边，半郭：22.1×14cm，无界，11 行 26 字，上下向黑鱼尾	东汉演义序：岁在旃蒙大渊献（1875）清远道人书	国民大学校［고］823
		8 卷 6 册，中国木版本，24×16cm	东汉演义序：岁在旃蒙大渊献（1875）清远道人书	国民大学校［고］823 청01
绣像东汉演义	上海，广百宋斋，光绪壬辰（1892）刊	10 卷 2 册（卷 1-10），有图，20cm，四周双边，半郭：16×11cm，有界，17 行 32 字，上下向黑鱼尾		庆熙大学校812.3-동 92 ㄱ
		10 卷 2 册，中国新铅活字本，有图，31×28cm，四周双边，半郭：19.7×13.2cm，有界，17 行 32 字，注双行，花口，上下向黑鱼尾，纸质：中国纸	表题：东汉演义，刊记：光绪壬辰（1892）春月上海广百宋斋校印	釜山大学校（梦汉文库）ODC 3-12-56

书名	出版事项	版式状况	一般事项	所藏处/所藏番号
绣像东汉演义	钟惺（明）批评，上海，广百宋斋，光绪十八年（1892）刊	10卷2册，中国新活字版，有图，19.3×12.7cm，四周双边，半郭：15.8×10.6cm，有界，17行32字，注双行，上黑鱼尾，纸质：绵纸	题签：东汉演义，刊记：光绪壬辰（1892）春月上海广百宋斋校印	成均馆大学校 D7C-25
		10卷2册，中国新铅活字本，有图，20×13.5cm，四周双边，半郭：16×11.6cm，有界，17行32字，注双行，上下向黑鱼尾，纸质：绵纸	版心题：绣像东西汉演义，刊记：光绪壬辰（1892）春月上海广百宋斋校印	釜山大学校
	钟惺（明）批评，上海书局，光绪二十五年（1899）刊	10卷2册，18cm，中国石印本，有图，18行40字，界线，四周双边，14.2×9.4cm，上黑鱼尾		延世大学校 812.36/10
				高丽大学校 경화당 C14-B45-1-2
		5卷1册，中国石印本，有图，17.3×10.3cm，四周双边，半郭：13.3×9.3cm，有界，18行40字，上下向黑鱼尾，纸质：绵纸	刊记：光绪己亥（1899）季春上海书局石印	洪川郡洪川乡校
	钟惺（明）批评，图书集成局，清光绪三十一年（1905）刊	不分卷2册，中国活字本，19.9×13.2cm，四周单边，半郭：16.4×11cm，有界，15行42字，注双行，上黑鱼尾，纸质：竹纸	刊记：光绪乙巳（1905）三月图书集成局印	成均馆大学校（曹元锡）D7C-25a
		1卷1册（59页），中国新铅活字本，有图，20×13.7cm，四周双边，半郭：16.3×11.6cm，有界，16行42字，注双行，花口，上下向黑鱼尾，纸质：中国纸	表题：东汉演义，刊记：光绪乙巳（1905）三月图书集成局印	釜山大学校（于溪文库）OIC 3-12 56A
	1905年刊	10卷2册，中国版本，20×13.5cm，四周双边，半郭：14.7×10cm，有界，18行40字，白口，上下向黑鱼尾	楷书	韩国国学振兴院受托，反南朴씨판관공파청하재

续表

书名	出版事项	版式状况	一般事项	所藏处/所藏番号
绣像东汉演义	钟惺（明）批评，上海，著易堂书局，1909 刊	10 卷 2 册，中国石印本，有图，19.6×10.5cm，四周双边，半郭：19.6×13cm，有界，18 行 40 字，注单行，上下向黑鱼尾，纸质：竹纸	刊记：勤裕草堂托上海著易堂书局代印	忠南大学校 集 1197
	罗贯中（明）撰，清末民初刊	18 卷 6 册（卷 1-18），中国木版本，20×13.2cm，四周双边，8 行 40 字，半郭：14.5×9.8cm，无界，花口，上下向黑鱼尾，纸质：北黄纸	内容：册 1-2，绣像东汉演义，册 3-6，绣像西汉演义，刊记：勤裕草堂托上海著易堂书局代印	全南大学校 3Q1-동 53 ㄴ-v. 1-v. 6
	钟惺（明）批评，上海，著易堂书局，刊年未详	4 卷 2 册（缺帙，卷 1-4）中国新铅活字本，有图，19×13.5cm，四周双边，半郭：15.6×10.6cm，有界，17 行 32 字，上下向黑鱼尾		忠北大学校 912.032-ㅅ 642 ㄷ-1-4
		10 卷 2 册，中国铅印本，18.7×12.9cm	刊记：勤裕草堂托上海著易堂书局代印	国会图书馆 [古]952.3 ○ 362
		10 卷 2 册，中国新式活字本，有图，19.8×12.9cm	卷头：目录，图像（8 张），卷末：东汉十二帝之名总具于后，总评，标题纸：绣像东汉演义，刊记：勤裕草堂托上海著易堂书局代印	岭南大学校 [古南]823.5 동한연
	钟惺（明）批评，上海，文新书局，清末民初刊	4 卷 2 册（卷 1-4），中国石印本，有图，20.5×13cm，四周单边，半郭：17.2×11.6cm，无界，25 行 53 字，头注，上下向黑鱼尾，纸质：竹纸	表题：东汉演义，版心题：绣像东汉演义，表纸墨书识记：丙辰（1916?）仲春初三日，同书二部（卷 4）	全罗北道 高敞郡 黄秉宽
绘图东汉演义	江东，茂记书局刊	1 卷 1 册（卷 3），中国石印本，半郭：17.8×11.2cm，20 行 45 字，上黑鱼尾		雅丹文库 823.2-희 25

续表

书名	出版事项	版式状况	一般事项	所藏处/所藏番号
绘图东汉演义	天宝书局, 刊写年未详	4 卷 2 册, 中国石印本, 20.3×13.5cm, 四周双边, 半郭: 17.6×11.7cm, 无界, 25 行 56 字, 注双行, 上黑鱼尾, 纸质: 竹纸	表题: 东西汉演义	圆光大学校 AN823.5-ㅊ245 ㄱ
	上海, 大成书局, 1900 年至 1908 年刊	册(卷 1-4), 21×14cm		大邱天主教大学校 동 823.5-회 225 대
		4 卷 2 册, 中国版本, 20.5×13cm, 四周双边, 半郭: 17.8×12cm, 30 行 67 字, 白口, 上下向黑鱼尾	楷书	韩国国学振兴院受托, 아주신씨인재파전암후손가
		8 卷 6 册, 中国活印本, 26×17cm		岭南大学校 823
东汉演义	光绪壬辰(1892), 上海, 广百宋斋刊	1 册(卷 1-5), 中国铅印本		鲜文大学校 朴在渊
	上海, 著易堂书局刊	10 卷 2 册 126 回, 中国铅印本		鲜文大学校 朴在渊
	上海, 鸿章书局刊	4 卷 2 册 64 回, 中国石印本		鲜文大学校 朴在渊
		7 册(卷 2-8), 中国木版本		鲜文大学校 朴在渊
东汉演义评		2 卷 1 册, 中国活字本, 15×21.3cm	表题: 新刻剑啸阁批评东汉演义评	忠北 报恩郡 김동기
增像全图东汉演义	上海, 章福记, 光绪三十年(1904)刊	4 卷 2 册(64 回本), 中国石印本, 有图, 20.4×13.5cm		高丽大学校 (华山文库) C14-B6C
		4 卷 4 册, 中国石印本, 有图, 20.4×13.5cm		高丽大学校 (华山文库) C14-B6C

书名	出版事项	版式状况	一般事项	所藏处/所藏番号
增像全图东汉演义	钟惺（明）批评，宣统三年（1911）春月鸿宝斋书局印	4卷4册（100回本），中国石印本，有图，20.2×13.4cm	标题：绣像东汉演义，刊记：宣统辛亥（1911）	高丽大学校 C14-B45
		4卷2册，中国铅印本，有图，20.2×13.4cm	标/表题：绣像东汉演义，刊记：宣统辛亥（1911）春月鸿宝斋书局印	高丽大学校（晚松文库）C14-B45E
		4卷2册，中国石印本，有图，20×13.4cm，四周双边，半郭：17.4×11.5cm，有界，20行47字，注单行，上下向黑鱼尾，纸质：洋纸	刊记：宣统辛亥（1911）春月鸿宝斋书局印	忠南大学校 集360
	刊写地，刊写者，刊写年未详	4卷1册（卷1-4），有图，20.6×13.4cm，四周双边，半郭：17.4×11.6cm，无界，行字数不定，上下向黑鱼尾		庆熙大学校 812.33-동92
동한연의（东汉演义）	译著者，写年未详	6卷6册，笔写本，35×23.2cm	翻译：19世纪中叶（推定）	国立中央图书馆[한]48-41
동한연의전（东汉演义）		2卷2册，笔写本，31.3×22.1cm，14行字数不定	表题：东汉演义，册末：정묘팔월에쓰다	雅丹文库 813.5-동92
동한연의（东汉演义）	1册（零本），笔写本	纸质：楮纸	刊记：丁丑年（1877?）	朴在渊

17-4. 초한연의(楚汉演义)

书名	出版事项	版式状况	一般事项	所藏处/所藏番号
楚汉传	隆熙二年戊申（1908）二月十八日誊书	20张，30cm，笔写本，12行26字内外	中韩文混用文本	延世大学校 811.93/75

续表

书名	出版事项	版式状况	一般事项	所藏处/ 所藏番号
楚汉传	全州,隆熙三年(1909)刊	2卷1册,木版本,25.5×18.6cm,四周单边,半郭:19.3×16cm,13行22字,内向黑鱼尾,纸质:楮纸	刊记:己酉(1909)季春完山开刊,备考:初页落页	韩国综合典籍目录(山气文库)李谦鲁4-730
	刊写地,刊写者未详,庚申(1860?)刊	1册(23页),笔写本,24.2×21cm,无界,9行字数不定		檀国大学校栗谷图书馆(罗孙文库)古853.5-초4117
	庚申(1860?)刊	1册,朝鲜笔写本	35mmR[Posi],25f	(金东旭)R35P-000037-6
	丁未(1907?)孟夏,完南龟石里新刊	2卷1册,木版本,27×18.3cm,四周单边,半郭:19.6×16.2cm,无界,13行22字,上下内向黑口鱼尾	刊记:完南龟石里新刊	庆尚大学校D7B초91(오림)
		2卷1册,木版本,27.7×18.2cm,四周单边,半郭:20×16.5cm,无界,13行23字,上下内向黑鱼尾	卷头题:쵸한젼,版心题:쵸한	檀国大学校栗谷纪念图书馆고853.5-초411ㄱ
	刊写地,刊写者,刊写年未详	1册(84页),木版本,26×18.2cm,四周单边,半郭:19.6×16.2cm,无界,13行22字,上下向黑鱼尾		檀国大学校栗谷图书馆(罗孙文库)[古]853.5-초4118
		1册93面,笔写本,20×20cm,行字数不定,纸质:楮纸		淑明女子大学校
		1册,笔写本,半郭:29.5×20cm,10行字数不定		雅丹文库813.5-초92
		1册(上卷),朝鲜笔写本	35mmR[Posi],61f	金东旭R35P-000037-5

书名	出版事项	版式状况	一般事项	所藏处/所藏番号
楚汉演义	壬申(1872?)年,善成堂刊	1 册(卷 1，2 存)，木版本		鲜文大学校 朴在渊
	庚子(1900)刊	1 册	朝鲜人笔字	鲜文大学校 朴在渊
	刊地未详，1910 年刊	1 册，笔写本，30.4×20.5cm	笔写记录(卷末)：大正九年(1910)阴八月终	岭南大学校 [古南]823.4-초한연ㅍ
	朝鲜末—近代刊	1 册，笔写本，19.3×20.4cm，纸质：楮纸		울산硕南寺，주지실 133
	刊写者未详，戊辰(1808?)刊	1 册(45 页)，笔写本，23.2×22.2cm，无界，14 行字数不定		檀国大学校 栗谷纪念图书馆 [古] 853.5-초 4116
	刊写者未详，丙午(1846?)	1 册(51 页)，笔写本，19.2×19.5cm，无界，12 行字数不定	卷末：丙午八月南原胜莲书……	檀国大学校 栗谷图书馆(罗孙文库) 古 853.5-초 4111
	文湖精舍刊	1 册(64 页)，笔写本，29×26cm，无界，16 行字数不定	辛卯(1831?)八月初一日坪湖书，印记：岁在辛卯八月于文湖精舍	檀国大学校 栗谷图书馆 고 853.5-초 411 갸
	戊子(1828?)刊	1 册(2 卷)，朝鲜笔写本	35mmR[Posi]，75f	(金东旭) R35P-000037-7
	辛卯(1831?)刊	1 册(3 卷)，朝鲜笔写本	35mmR[Posi]，68f	(金东旭) R35P-000037-8
	庚辰(1820?)刊	1 册，汉文笔写本	35mmR[Posi]，65f	(金东旭) R35P-000037-4
	丙午(1846?)刊	1 册，汉文笔写本	35mmR[Posi]，53f	(金东旭) R35P-000037-3

续表

书名	出版事项	版式状况	一般事项	所藏处/ 所藏番号
楚汉演义	刊写地，刊写者，刊写年未详	2 卷 1 册(落页)，木版本，26.8×17.7cm，四周单边，半郭：20.7×16.2cm，无界，13 行 22 字，上下向黑鱼尾	版心题：초한，表题：西汉演义	檀国大学校栗谷纪念图书馆(罗孙文库)古 853.5-초 411
		1 册，笔写本，27.6×14.4cm，无界，行字数不定，无鱼尾		庆北大学校[古] 812.14 초 91(2)
		1 册，笔写本，26.5×17cm，无界，10 行 37 字，纸质：楮纸	表题：楚汉演义	忠北 清原郡 송천근
		1 册，笔写本，23.7×15.8cm，10 行 24 字，无界，无鱼尾	表题：楚汉演义	庆北大学校[古]812.14 초 91(3)
		1 册，笔写本	朝鲜人笔字	鲜文大学校 朴在渊
		1 册（61 页），笔写本，23×21.6cm，无界，10 行 19 字		檀国大学校栗谷图书馆(罗孙文库)[古]853.5-초 4112
		1 册，笔写本，27.5×20cm	笔写记录(标题纸)：庚子八月日誊出	岭南大学校[古南]823.4 초한연
		1 册（零本），笔写本，34×22.2cm，无界，行字数不定		檀国大学校栗谷图书馆(罗孙文库)古 853.5-초 4113
		1 册（89 页），33×23cm，无界，15 行字数不定		檀国大学校，栗谷纪念图书馆，고 853.5-초 411 가

书名	出版事项	版式状况	一般事项	所藏处/所藏番号
楚汉演义	刊写地，刊写者，刊写年未详	1 册，笔写本，35.3×21cm		庆尚大学校 D7C 초 91(아천)
		1 册(7 卷)，朝鲜笔写本	35mmR[Posi]，100f	(金东旭) R35P-000037-10
		1 册，朝鲜笔写本	35mmR[Posi]，92f	(金东旭) R35P-000037-9
楚汉演义	刊写地，刊写者，刊写年未详，	1 册，笔写本，26.5×17cm，无界，10 行 37 字，纸质：楮纸	表题：楚汉演义	忠北 清原郡 송천己
楚汉演义	辛亥(1851?)写	1 册(118 页)，笔写本，30×17.5cm，10 行字数不定，纸质：楮纸	表纸墨书识记：辛亥(1851?)之春夏书	成均馆大学校 D7C-174
楚汉演义抄	朝鲜末写	1 册，笔写本，23×19cm，纸质：楮纸	表题：楚汉演义	韩国寺刹文化财김해 银河寺，守藏库
	朝鲜朝末期写	1 册(40 页)，笔写本，30.5×17.5cm，无界，9 行字数不定，纸质：楮纸		庆南 固城郡 裴学烈
	刊写事项不明	1 册，笔写本，24.1×23.6cm，16 行字数不定，上黑鱼尾	写记：明治八年(1875)十二月十九日	雅丹文库 823.5-초 92
		1 册，笔写本，半郭：27×18.6cm		雅丹文库 823.2-초 92
		1 册，笔写本，24×22cm		岭南大学校，味山文库 [古宅]821.4 초한연

书名	出版事项	版式状况	一般事项	所藏处/所藏番号
楚汉演义抄	刊写事项不明	零本 1 册(所藏：卷上)，笔写本，27.7×17.3cm，10 行 24 字，无界，无鱼尾		庆北大学校[古] 812.14 초 91(4)
		1 册，笔写本，20.9×19.5cm，四周双边，半郭：18×17.5cm，行字数不定，有界，无鱼尾	表题：楚汉演义，版心题：楚汉演义	庆北大学校[古] 812.14 초 91(5)
		1 册，笔写本，31×22.2cm，四周单边，半郭：24.2×17.2cm，有界，12 行 22 字，上下向二瓣花纹鱼尾	表题：楚汉演义，版心题：楚汉演义	庆北大学校[古] 812.14 초 91
楚汉志	著者，刊写地，刊写者，刊写年未详	1 册(44 页)，笔写本，32.5×20cm，无界，10 行 37 字		檀国大学校栗谷纪念图书馆고 873.5-초 411
楚汉记	刊写地，刊写者，刊写年未详	1 册，笔写本，20.5×19.6cm		岭南大学校[古南] 823.4 초한기
楚汉演语三国志合刊	罗贯中(明)著，刊写事项不明	1 册，笔写本，22×15cm，行字数不定，无鱼尾	表题：楚汉演语	庆北大学校[古]812.3 나 16 ㅈ
쵸한년의(楚汉演语)	译著者，刊写地，刊写者，刊写年未详	1 册(零本)，笔写本，32×21.5cm，无界，行字数不定	表题：楚汉演义(墨书)	檀国大学校栗谷纪念图书馆(罗孙文库)古 853.5-초 4114
초한젼(楚汉传)	朝鲜朝后期写	1 册，笔写本，22.1×20cm，无界，13 行字数不定，纸质：楮纸		大田市 赵钟业
		1 册，笔写本，31×21cm，无界，12 行字不等，纸质：楮纸	备考：卷前后毁损	忠南大学校鹤山古书集·小说类 1952

续表

书名	出版事项	版式状况	一般事项	所藏处/ 所藏番号
쵸한젼 (楚汉传)	译著者，刊写地，刊写者，刊写年未详	1 册，韩文木版本，25.5×18.7cm，四周单边，上二黑鱼尾	版心文字：쵸，16mmR [Nega]，90f	韩国学中央研究院 R16N-001143-2
		1 册（落页），木版本，半郭：20.2×15.7cm，内向黑鱼尾		雅丹文库 813.5-쵸 92
		1 册，笔写本	坊刻本初稿	鲜文大学校 朴在渊
쵸한젼 (楚汉传)	译著者，刊写地，刊写者未详，哲宗七年(1856)刊	1 卷 1 册(零本)，笔写本，25.5×17.5cm，无界，10 行 22 字		檀国大学校栗谷纪念图书馆(罗孙文库)[古]853.5-쵸 4116
	隆熙二年(1908)刊	2 卷 1 册，木版本，半郭：20.6×15.9cm，13 行字数不定，内向黑鱼尾	刊记：隆熙二年戊申(1908)秋七月西汉记完西溪新刊	雅丹文库 813.5-쵸 92
		2 卷 1 册，韩文木版本，26×18.5cm，四周单边，半郭：20.2×15.8cm，无界，13 行 20 字内外，上下内向黑鱼尾	卷下卷首题：셔한연의，版心题：쵸[한]，刊记：隆熙二年戊申(1908)秋七月西汉纪完西溪新刊	西江大学校 고서쵸 91
	译著者未详，隆熙三年己酉(1909)季春完山开刊	全上下卷 1 册，韩文木版本，27.5×18.7cm，四周单边，半郭：20.4×16.3cm，13 行，字数不定，上下黑鱼尾	版心文定：쵸，刊记：己酉(1909)季春完山开刊	韩国学中央研究院 D7B-5B/ R16N-001143-3
	卓钟佶编，全州，西溪书铺，1911 年刊	2 卷 1 册，木版本，26.1×18.8cm，四周单边，半郭：20.3×15.9cm，无界，13 行 20 字，内向黑鱼尾		启明大学校 이 811.35
		不分卷 1 册，木版本，26.8×19cm，四周单边，半郭：19.9×16.2cm，无界，13 行 22 字，内向黑鱼尾	刊记：隆熙二年戊申(1911)秋七月西汉记完西溪新刊	国立中央图书馆 [한]48-47

书名	出版事项	版式状况	一般事项	所藏处/所藏番号
죠한젼（楚汉传）	译著者，刊写地，刊写者未详，明治四十四年(1911)刊	2卷1册，木版本，25.4×17.9cm，四周单边，半郭：19×16.1cm，无界，13行20字，上下内向黑鱼尾	下卷书名：서한연의（西汉演义）	檀国大学校栗谷图书馆（罗孙文库）[古]853.5-죠4119
	译著者未详，朝鲜朝末期刊	2卷1册，木版本，27.2×17.9cm，四周单边，半郭：20.3×16cm，无界，13行20字，内向黑鱼尾，纸质：楮纸		忠南 温阳市 温阳民俗博物馆
		上下2卷1册，木版本，25×18.2cm，四周单边，半郭：20×15.8cm，13行字数不定，内向黑鱼尾，纸质：楮纸	表题：楚汉传，版心题：초，内容：卷上：초한젼，卷下：셔한연의	诚庵文库4-1387
	译著者，刊写地，刊写者未详，19世纪末刊	2卷1册(卷1-2)，木版本，26.6×18.7cm，四周单边，半郭：20.1×16.2cm，无界，13行20字，上下内向黑鱼尾	卷末书名：楚汉传，朝鲜本	全北大学校812.35-죠한젼
	南宫楔著，1900年左右刊	2卷1册，木版本，27.3×18cm，四周单边，半郭：20.6×16.6cm，13行20字，内向黑鱼尾，纸质：楮纸		韩国综合典籍目录（尚熊文库）4-182
	丁未（1907）孟夏完南龟石里新刊	2卷1册，木版本，半郭：20.6×15.9cm，13行字数不定，内向黑鱼尾	刊记：丁未（1907）孟夏完南龟石里新刊，印记：白淳在藏书	雅丹文库813.5-죠92
		2册，韩文木版本，26.4×18.3cm，四周单边，上下黑鱼尾	版心文字：초춘，16mmR[Nega]，86f	韩国学中央研究院 R16N-001142-22
	译著者，刊写地，刊写者，刊写年未详	2卷1册(同书3部)，木版本，半郭：20.6×15.8cm，13行22字，内向黑鱼尾		雅丹文库813.5-죠92

续表

书名	出版事项	版式状况	一般事项	所藏处/所藏番号
죠한젼 (楚汉传)	译著者，刊写地，刊写者，刊写年未详	上下2卷，1册		鲜文大学校 朴在渊
		2卷1册，木版本，26×19cm，四周单边，半郭：20×17cm，无界，13行23字，上下向黑鱼尾		淑明女子大学校
		全上下卷1册，木版本，27.4×18.4cm，四周单边，半郭：20.9×16.4cm，13行字数不定，上下黑鱼尾	版心文字：죠	韩国学中央研究院 D7B-5A
		2卷1册，卷上，下，木版本，韩文本，26.6×18.7cm，四周单边，半郭：20.1×16.2cm，无界，13行20字，上下内向黑鱼尾	卷末书名：楚汉传	奎章阁 [古]3350-89
		1册，韩文木版本，27.4×18.4cm，四周单边，上下黑鱼尾	版心文字：죠，16mmR [Nega]，88f	韩国学中央研究院 R16N-001142-23
		1册(缺本)，韩文木版本，22.4×18.8cm，四周单边，上下黑鱼尾	版心文字：죠한，16mmR [Nega]，71f	韩国学中央研究院 R16N-001143-4
		1册(85页)，木版本，四周单边，匡郭：20.5×17cm，无界，13行20字，上下黑鱼尾		延世大学校 811.36
죠한젼 (楚汉传)	译著者未详，明治四十四年(1911)刊	2卷1册(88页)，木版本，26×18cm，四周单边，半郭：20.5×16cm，无界，12行26字，上下黑鱼尾	内容：上卷：죠한젼，下卷：셔한연의	梨花女子大学校[고]811.31 죠 91B
	译著者，刊年未详	木版本，27×18.5cm，四周双边，半郭：20×17cm，无界，13行18字，上下黑鱼尾		梨花女子大学校[고]811.31 죠 91
		笔写本，28.5×22cm，无界，9行字数不同，版心无		梨花女子大学校[고]811.31 죠 91A

书名	出版事项	版式状况	一般事项	所藏处/所藏番号
초한젼（楚汉传）	译著者未详，丁未（1907）孟夏完南龟石里新刊	2卷1册，木版本，26×18cm，四周单边，半郭：20×16.9cm，有界，13行字数不定，内向黑鱼尾，纸质：楮纸	内容：中国小说，刊记：丁未（1907）孟夏完南龟石里新刊，印记：徐公执信	韩国综合典籍目录（山气文库）李谦鲁 4-729
		1册，木版本，26×18.5cm，四周单边，半郭：20×16cm，无界，13行21字，上下内向黑鱼尾，纸质：楮纸		忠南大学校鹤山古书集.小说类 1955
		2卷1册，木版本，27.5×19cm，四周单边，半郭：21×16cm，无界，13行22字，上下内向黑鱼尾，纸质：楮纸	版心题：초한，刊记：丁未（1907）孟夏完南龟石里新刊	忠南大学校鹤山古书集.小说类 1954
		2卷1册，木版本，26×18.5cm，四周单边，半郭：19.8×15.8cm，无界，13行20字内外，上下内向黑鱼尾	表题：楚汉传，卷下 卷首题：셔한연의 版心题：초［한］，刊记：丁未（1907）孟夏完南龟石里新刊	西江大学校고서초 91
		全上下卷1册，韩文木版本，26.7×18.5cm，四周单边，13行字数不定，上下混入花纹鱼尾	版心文字：초한，刊记：丁未（1907）孟夏完南龟石里新刊	韩国学中央研究院 D7B-5/ R16N-001143-1，D7B-5
		2卷1册（초한젼상권，셔한연의하권합간），木版本，半郭：20.5×16.1cm，13行22字，内向黑鱼尾	刊记：丁未（1907）孟夏完南龟石里新刊	雅丹文库 813.5-초 92
		2卷1册，木版本，半郭：20.2×16cm，13行21字，内向黑鱼尾	刊记：丁未（1907）孟夏完南龟石里新刊	雅丹文库 823.5-초 92
		2卷1册，木版本，25×18.4cm，四周单边，半郭：20.8×16.8cm，13行字数不定，内向黑鱼尾，纸质：楮纸	刊记：丁未（1907）孟夏完南龟石里新刊，备考：한글소설，	成均馆大学校 D7B-92

续表

书名	出版事项	版式状况	一般事项	所藏处/所藏番号
쵸한젼 (楚汉传)	译著者未详, 朝鲜朝末期刊	上下, 2卷1册, 木版本, 25×18.2cm, 四周单边, 半郭: 20×15.8cm, 13行字数不定, 内向黑鱼尾, 纸质: 楮纸	表题: 楚汉传, 版心题: 쵸, 内容: 卷上, 초한젼, 卷下, 셔한연의	(诚庵文库) 赵炳舜 4-1387
	译著者, 刊年未详	2卷1册, 木版本, 25.5×18.3cm, 四周单边, 半郭: 20.5×16cm, 23行21字, 注双行, 内向黑鱼尾		国立中央图书馆 [古]3636-53
쵸한젼 (楚汉传)	己酉(1909?)刊	1册, 朝鲜笔写本, 24.3×17cm	16mmR[Posi], 72f	(赵东一) R16N-000503-13
쵸한녹 (楚汉录)	译著者未详, 大韩光武三年(1899)写	卷下, 1册(51页), 笔写本, 19.6×18.5cm, 纸质: 楮纸	写记: 己亥(1899)十二月初吉孔澈秀书	韩国综合典籍目录(尚熊文库)4-181
쵸한연의 (楚汉演义)		1册(32页), 笔写本, 35×20.5cm		延世大学校 811.36
쵸한실긔 (楚汉实记)	译著者, 刊年未详	20册, 笔写本, 25.9×17.6cm	所藏印: 尚和堂印	国会图书馆 [古]812.3 ㅊ 136

18. 残唐五代史演义

《残唐五代史演义传》, 元末明初罗贯中著。今存八卷本题"李卓吾批点", 有图; 六卷本题"玉茗堂批点", 每回仍附卓吾评, 有图。此两种刊本, 均未署刊刻年代, 而无汤显祖一字之评, 卓吾子评语则"庸俗可笑, 敷衍塞责", "汤显祖和李卓吾的批评当然是靠不住的"(赵景深《小说闲话·〈残唐五代史演传〉》)。另有清同治辛未重刻"书业德记藏板"本, 坊刻十二卷本。1983年5月宝文堂书店出版王述校点本。

作品从黄巢落第造反始, 至赵匡胤陈桥兵变终, 前后共叙八十余年的历史。"文字简陋, 但写李存孝和铁枪王彦章的英勇, 倒也虎虎有生气。"(同前引赵景深语)带有从讲史平话到章回小说的过渡性质。

公元 17 世纪以前，中国通俗小说已经大量传入朝鲜，这些小说包括《三国演义》、《西、东汉演义》(《两汉演义》)、《残唐五代史演义》、《南北两宋志传》、《齐魏演义》、《西游记》、《水浒传》等，证明当时中国通俗小说是非常受欢迎的。

书名	出版事项	版式状况	一般事项	所藏处/所藏番号
五代残唐演义	锦章书局	4 卷 4 册 60 回，中国石印本		鲜文大学校 朴在渊
残唐五代史演义传	罗贯中（明）编辑，李贽（明）批评，京都，老二酉堂，清光绪十三年(1887)刊	12 卷 6 册，木版本，有图，21×11.8cm，四周单边，半郭：16.4×10.9cm，无界，12 行 28 字，上黑鱼尾，纸质：竹纸	里题：绣像五代残唐全传，版心题：残唐五代传，序：长洲周之标君建甫题于仰苏楼，刊记：光绪丁亥年(1887)重刊，京都老二酉堂梓行	成均馆大学校 D7C-88
	上海锦章图书局，1910 年左右刊	4 卷 4 册（卷 1-4)，15.1×9.1cm，有图，四周单边，半郭：13.2×8cm，无界，20 行 47 字，上下向黑鱼尾	包匣题：绣像五代残唐全传，标题：绣像五代残唐全传，表题：绣像五代残唐全传，印记：发行所……上海锦章图书局石印	东亚大学校 (3)：12：2-96
	罗本（明）编辑，李贽（明）批评，友益斋藏板	全 12 卷 6 册中一部缺（落卷 7、8（1 册)），中国木版本，有图，22cm，四周单边，18.4×10.7cm，9 行 22 字，上黑鱼尾	内题：残唐五代全传，版心题：残唐五代传，叙：长洲周之标题	延世大学校 812.36/51
	罗贯中（明）编辑，汤若士（明）批评，上海，江东书局，刊写年未详	6 卷 4 册（卷 1-6)，14.5×8.9cm，有图，四周双边，半郭：12.9×8cm，无界，18 行 38 字，无鱼尾	包匣题：新增五彩图五代残唐，标题：增像残唐五代，残唐五代史传序：长洲周之标君建甫题于仰苏楼	东亚大学校 (2)：5-62
	刊年未详	零本(第 2 册，卷 2 外缺)，中国印本，14.7×8.7cm，四周单边，半郭：12.8×7.9cm，无界，18 行 40 字，版心无		梨花女子大学校 [고]812.3 잔 311

续表

书名	出版事项	版式状况	一般事项	所藏处/所藏番号
李卓吾批点残唐五代史演义传	罗贯中（明）编次、李贽（明）批评	8卷4册，中国石印本，23.4×14.3cm，四周单边，半郭：20.6×13.5cm，有界，9行20字，上黑鱼尾		龙仁大学校D7-22
잔당오대연의	译著者，写年未详	5卷5册，韩文笔写本，30.4×21.9cm，无郭，无丝栏，无版心，10行25字，纸质：楮纸	表题：残唐五代演义印：藏书阁印，35mmR[Nega]，239f. 在17世纪以后翻译（推定）	韩国学中央研究院 4-6842/R35N-000095-1

19. 大明英烈传(续英烈传)

《英烈传》，又名《云合奇踪》，明佚名著。鲁迅以为明"武定侯郭勋家所传，记明开国武烈，而特扬其先祖郭英之功"（《中国小说史略》）。今所见明刊本有三本，分别为万历辛卯（1591）书林杨明峰刊本，题《新锲龙兴名世录皇明开运英武传》，别题《皇明英武传》，八卷；三台馆刊本，题《新刻皇明开运辑略武功名世英烈传》，别题《官板皇明全像英烈志传》，六卷，有木记云"书林余君召梓行"，首无名氏序；玉茗堂批点本，书名《皇明英烈传》，六卷，每卷题"玉茗堂批点"，首崇祯戊辰（1628）某氏序，末有万历甲寅（1614）黄冠野叟跋。另有据旧本《皇明开运英武传》剪裁修订，易题《云合奇踪》（亦题《英烈传》），托名徐渭编，分两类，一类以四言联对为每则标题，有明刊二十卷本，八十则，首万历丙辰（1616）徐如翰伯鹫序，题"徐渭文长甫编"，"玉茗堂批点"。坊刊五卷八十回本，载徐如翰序，题"稽山徐渭文长甫编"，"玉茗堂评点"。另一类以七言只句为每回标题，而目录皆七言联对，皆载东山主人序，有清怀德堂刊本、英德堂刊本和道光丁酉（1837）务本堂坊刊本，均十卷八十回。有1955年上海文化出版社校点本、1981年上海古籍出版社再版修订本。始于元顺帝荒淫失政，至朱元璋建立明朝、分封诸子结束。演述朱元璋及其结义兄弟开国事迹，时有荒诞之说。对《三国演义》隆中模式、黄忠魏延相争模式、义释严颜模式、诸葛亮设伏模式的模仿甚为明显。

《续英烈传》，明纪振伦著，凡五卷三十四回。旧刊大字本题"空谷老人编次"，有秦淮墨客序。孙楷第《中国通俗小说书目》以为空谷老人即纪振伦。另有道光间双桂堂刊本、光绪间盛德堂刊本等。纪振伦，字春华，号秦淮墨客，江宁（今江苏南京）人，著有《杨家府世代忠勇演义志传》等作品。《续英烈传》写明燕王以靖难为名，推翻建文帝，夺取帝位，改元永乐。与《英烈传》所叙时代相接，故名《后英烈传》。

19-1. 大明英烈传

书名	出版事项	版式状况	一般事项	所藏处/所藏番号
英烈全传	徐渭（明）编次，明刊本	6册（零本，卷5-10），中国木版本，24.4×15.6cm	印：帝室图书之章	奎章阁[奎중]4175
	上海，江左书林	4卷4册八十回，中国石印本，大字足本		鲜文大学校朴在渊
绣像京本云合奇踪玉茗英烈全传	上海，文宜书局	4卷4册（缺本，第1册，第2册，第3册），中国石印本，有图，15.1×9.8cm，四周双边，半郭：13.5×8.4cm，无界，18行40字，上黑鱼尾		梨花女子大学校[고]812.3 수61
	徐渭（明）编，上海，广益书局，刊写年未详	4卷4册（卷1-4），15×9cm，有图，四周双边，半郭：12.6×8cm，无界，20行48字，上下向黑鱼尾	题签/标题：绣像英烈全传，印记：上海广益书局印行	东亚大学校（3）：12：2-24
绣像京本云合奇踪玉茗英烈全传	徐渭（明）编，清代刊	2卷2册（卷2，3），中国石印本，13.4×8.3cm，四周双边，半郭：11.6×7.3cm，无界，18行40字，上下向黑鱼尾，纸质：绵纸	表题：绘图英烈全传	江陵市船桥庄
绣像京本云合奇踪玉茗英烈全传	徐渭（明）编，上海书局，光绪二十二年（1896）刊	4卷4册（卷1-4），中国石印本，14.7×8.9cm，四周双边，半郭：12×8cm，无界，18行40字，上下向黑鱼尾，纸质：绵纸	题签：绘图英烈全传，序：光绪丙申（1896）暮春月，刊记：光绪丙申（1896）上海书局石印	江陵市船桥庄
绣像京本云合奇踪玉茗英烈全传	上海，广益书局，刊写年未详	4卷4册1匣，中国石印本，有图，14.8×8.8cm，四周双边，半郭：12.6×7.7cm，无界，20行48字，上下向无叶花纹鱼尾	标题：绣像英烈全传，版心题：绘图英烈全传，刊记：上海广益书局印行	京畿大学校京畿-k114531-1
	徐渭（明）编次，刊年未详	10卷10册，中国木版本，24.4×15.7cm	表纸书名：英烈传，标题纸书名：玉茗堂英烈全传，版心书名：英烈全传，序：东山主人	国立中央图书馆[古]5-80-20
		5册1匣，中国木版本，有图（图像6张），23.2×15.7cm，四周单边，半郭：19.3×12.7cm，无界，12行26字，注双行，上下向黑鱼尾	卷头：序：东山主人新刻玉茗堂英烈全传目录，版心题：英烈全传	岭南大学校陶南文库[古도]823.5 서위

续表

书名	出版事项	版式状况	一般事项	所藏处/ 所藏番号
绣像云合奇踪	徐渭（明）编次，玉茗堂（明）评点，刊年未详	1 册(零本，卷 10)，中国木版本，22.5×14.7cm	版心书名：云合奇踪，表纸书名：英烈传	奎章阁 [奎중]5301
新刊皇明通纪辑略武功名世英烈传	明代刊	2 卷 1 册，中国木版本，25.8×15.6cm，四周单边，半郭：19.2×12.7cm，有界，12 行 24 字，注双行，上下向黑鱼尾，纸质：金粉唐纸	表题：英烈传	大邱庆山郡 崔在石
大明英烈传	笔写年，笔写者未详	1 册，朝鲜笔写本		李海晴
		1 册(卷之 5，6)，朝鲜笔写本		朴顺浩
대명영녈뎐	建阳元年（1896）刊	8 卷 8 册，笔写本，33.5×22.5cm	标题：大明英烈传，笔写记：셰병신（1896）등츄샹원샹문동필셔	高丽大学校 C14-A33
대명영렬뎐	译者，写年未详	8 卷 8 册，笔写本，29.2×20.9cm，无郭，无丝栏，10 行 21 字	表题：大明英烈传，印：藏书阁印	韩国学中央研究院 4-6798

19-2. 续英烈传

书名	出版事项	版式状况	一般事项	所藏处/ 所藏番号
续英烈传	空谷老人（明）编，本衙藏板，清刊本	5 册[零本，第 3-6 回（1 册缺）]，中国木版本，21.4×12.8cm	序：空谷老人，印：帝室图书之章	奎章阁 [奎중]5269
续英烈传演义	刊年未详	4 卷 4 册(所藏本中第 1-2 册缺)，14.5×9cm，四周双边，半郭：12.3×8.1cm，无界，15 行 34 字，上黑鱼尾		梨花女子大学校 [고] 812.3 숙 74
绘图续英烈传	民国元年（1911）刊	4 册，中国石印本，14.5×8.9cm，四周双边，半郭：12.8×7.9cm，无界，15 行 34 字，上黑鱼尾	序：秦淮墨客	梨花女子大学校 [고] 812.3 회 315

20．开辟演义全传

　　《开辟衍绎通俗志传》，明周游著，凡六卷八十回。有明崇祯间刊本，古吴麟瑞藏板。崇祯间刻清书林瑞堂刊本，有钟伯敬评。另有清道光三年（1823）刊本，道光十年（1830）刊本，同治八年（1869）刊本，民国二十年（1931）上海沈鹤书局石印本。近有上海古籍出版社《古本小说集成》影印本。其叙事始于盘古开天辟地，下讫武王伐纣，商纣灭亡、周武王立。

书名	出版事项	版式状况	一般事项	所藏处／所藏番号
新刻按鉴编纂开辟衍绎通俗志传	周游（明）集，王黉（明）释，清道光十年（1830）刊	6卷6册，中国木版本，有图，17.1×11.2cm，四周双边，半郭：12.1×9.1cm，无界，9行18字，注双行，上黑鱼尾，纸质：竹纸	里题：绣像开辟演义，版心题：开辟衍绎，序：崇祯岁在旃蒙大渊献（乙亥，1635）春王正月人日靖竹居士王黉子承父书于柳浪轩，刊记：道光十年（1830）新镌	成均馆大学校 D7C-68
	周游（明）集，王黉（明）释，上海，扫叶山房，光绪十三年（1887）刊	6卷6册，中国木版本，有图，15.8×11cm	叙：崇祯岁在旃蒙大渊献（乙亥1635）……王黉子承父书于柳浪轩，刊记：光绪十三年（1887）新镌	高丽大学校 C14-B48
		6卷6册，中国木版本，有图，15.9×11.1cm，四周单边，半郭：11.2×8.8cm，有界，9行18字，上下向黑鱼尾	表题：开辟志，版心题：开辟衍绎，序：崇祯岁在旃蒙大渊献（乙亥1635）……王黉子承父书于柳浪轩，刊记：光绪十三年（1887）上海扫叶山房藏板	庆北大学校 [古]812.3 주67 ㅅ
绣像绘图开辟演义全传	上海，普新书局，宣统元年（1909）刊	4卷4册，中国石印本，有图（2张），15.8×9.8cm，四周单边，半郭：14×9cm，无界，19行40字，版心无	序：崇祯岁在旃蒙大渊献（乙亥1635）……靖竹居士王鸑子承父书于柳浪轩	梨花女子大学校 [고]812.3 수61 회
绣像绘图开辟演义	周游（明）集，上海，普新书局	4卷4册，中国石印本，16×9cm，四周单边，半郭：13.7×8.8cm，16行39字		建国大学校 [고]923.6

书名	出版事项	版式状况	一般事项	所藏处/ 所藏番号
全图开天辟地全传	王鬟（明）撰，上海，中原书局	4卷2册，中国石印本，有图，20.4×13.6cm		高丽大学校（华山文库）C14-B13
개벽연의 （开辟演义）		4卷4册，笔写本，30×22.5cm		延世大学校（庸斋文库）고 811.98 개벽연
	刊地，刊者，译著者未详	5卷5册，笔写本，30×22.5cm	18世纪宫中翻译转写（推定）	首尔大学校奎章阁古4330 2 1

21. 百家公案

又名《包龙图判百家公案》、《包公案》。明代短篇白话小说集。孙楷第《中国通俗小说书目》卷三著录《新镌全相包孝肃公百家公案演义》六卷百回："存，明万卷楼刊本。图嵌正文中，左右各半叶为一幅。图左右有题句。正文写刻，甚工。半叶十三行，行二十六字。板心上题《全像包公演义》。朝鲜解放前，日本'朝鲜总督府'藏此书残本，存七十余回。此《包公案》祖本，书极不多见。""明无名氏撰。自序署'饶安完熙生'。记年曰丁酉岁，疑即万历二十五年。"写包公断案故事。是中国第一部短篇公案小说集，开清代《七侠五义》等侠义公案小说之先河。《中国通俗小说书目》卷三另著录《龙图公案》十卷，明无名氏撰。书不题撰人，序署"江左陶烺元乃斌父题于虎丘之悟石轩"。此书有繁简二本，繁本一百则，简本六十六则。以"包公为主，然每篇皆独立不相联属，杂抄诸事"，"实亦短篇总集耳"。（孙目卷三）凡一百回，一回写一则故事，实为短篇白话小说集。安遇时，号钱塘散人，生平不详。包公名拯（999—1062），字希仁，宋代庐州合肥（今属安徽）人。仁宗天圣年间进士，累迁监察御史，除龙图阁直学士，权知开封府，以立朝刚毅、断狱公正著称。《宋史》有传。包公在民间传说中影响极大，备受尊崇，《包龙图判百家公案》即是集民间传说而成。其主要故事为后来的《龙图公案》等小说、戏曲所吸收。

孙目卷六所著录之《龙图耳录》一百二十回，则为长篇小说，通行本《忠烈侠义传》即从此本出。《忠烈侠义传》题"石玉昆述"，则《龙图耳录》所录即石玉昆所说之辞。石玉昆，字振之，天津人，咸同间鬻伎京师，以唱单弦名重一时，因有"编来宋代《包公案》，成就当时石玉昆"之句。"玉昆所唱《龙图公案》，今犹有传抄足本，唱词甚多。此《耳录》全书尽是白文，无唱词，盖记录时略之。"（孙目卷六）

书名	出版事项	版式状况	一般事项	所藏处/所藏番号
新镌全像包孝肃公神断百家公案演义	万历二十五年（1597）金陵万卷楼刊	6卷中卷3缺，中国木版本，有图，23.6×15.4cm，13行26字	版心题：全像包公演义，序：饶安完熙生（包公案祖本）	奎章阁[奎중]4921

22. 岳武穆王精忠传

《岳武穆王精忠传》，作者佚名，凡六卷六十八回。现存清初刊本，题"邹元标编订"，演述宋名将岳飞抗金报国事，内容较熊大木所著《大宋中兴通俗演义》为省。孙楷第《中国通俗小说书目》谓"此书即熊大木本删节归并，回目用偶语，省略处不甚合理，按语论断均删去，当系假托"。

书名	出版事项	版式状况	一般事项	所藏处/所藏番号
岳武穆王精忠传	邹元标（明）撰，上海，大文堂，刊写年未详	6卷6册（卷1-6），中国木版本，24.4×14.4cm，四周单边，半郭：18.9×12cm，无界，12行28字，注双行，花口，上下向黑鱼尾，纸质：竹纸	序：吉水邹元标撰，刊记：上海，大文堂藏板	全南大学校 3Q2-정 817 ㅊ-v.1-6
무목왕정충녹（武穆王贞忠录）	译著者，写年未详	7卷7册（卷3-5，11，5册缺），韩文笔写本，29×23.3cm，无郭，无丝栏，12行字数不定，无版心，纸质：楮纸	印：映嫔房，藏书阁印	韩国学中央研究院 4-6806

23. 三宝太监西洋记通俗演义

《三宝太监西洋记通俗演义》，又名《西洋记》，明罗懋登（号二南里人）著，凡二十卷一百回。有明万历间精刊本、步月楼复万历本、清咸丰己未（1859）厦门文德堂复明本以及申报馆排印本、商务印书馆排印本等。厦门文德堂复明本二十卷一百二十回，题《三宝开港西洋记》。其作者有感于嘉靖以后国势日渐衰微，为警醒当政，重振国威，乃以《瀛涯胜览》、《星槎胜览》为依据，撰成本书。前十四回叙写主要人物之一碧峰长老出世、出家、降魔及其与张天师斗法之事，第十五回以后进入正题，写郑和封印，在碧峰长老与张天师的帮助下，扬帆出海，历经金莲宝象国、爪哇国、女儿国、撒发国、金眼国、木骨都束国、银眼国、阿丹国、酆都国九国，最后以郑和班师回朝建立祠庙告结束。"所述战事，杂窃《西游记》、《封神传》，而文词不工，更增支蔓，特颇有里巷传说，如'五鬼闹判'、'五鼠闹东京'故事，皆于此可考见，则亦其所长矣。"（鲁迅《中国小说史略》）

书名	出版事项	版式状况	一般事项	所藏处/所藏番号
西洋记	二南里人（明）编次，上海申报馆光绪年间刊	20 卷 10 册，中国活字本，17.2×11.4cm	卷头书名：三宝太监西洋记通俗演义，序：万历丁酉岁（1597）菊秋之吉二南里人罗懋登，印：集玉斋	奎章阁[奎중]6159
新刻全像三宝太监西洋记通俗演义	二南里人（明）编次，三山道人绣梓	全 20 卷 20 册中一部缺（落卷 1、2、4、5、7 共 5 册）中国木版本有图，24cm，四周双边，21.3×13.5cm，12 行 25 字，上黑鱼尾	内书名：西洋记，版心题：出像西洋记	延世大学校812.36/23

24. 新镌批评出相韩湘子

又名《韩湘子十二度韩昌黎全传》、《韩昌黎全传》、《韩湘子得道》，凡八卷三十回。题"钱塘雉衡山人编次，武林泰和仙客评阅"。卷首序，后署"天启癸亥季夏朔日烟霞山人题于泰和堂"。有明天启三年（1623）金陵九如堂序刻本。雉衡山人是明代杨尔曾的别号。杨尔曾（1612 年前后在世），字圣鲁，号雉衡山人，又号夷白主人，浙江钱塘人。生卒年不详。好编刊通俗书籍，编有小说《东西晋演义》十二卷五十回，《韩湘子全传》三十回。韩愈有《左迁至蓝关示侄孙湘》诗："一封朝奏九重天，夕贬潮阳路八千。欲为圣明除弊事，肯将衰朽惜残年。云横秦岭家何在，雪拥蓝关马不前。知汝远来应有意，好收吾骨瘴江边。"杨尔曾由此铺张点染，写韩湘子得道，终于度脱韩愈。

书名	出版事项	版式状况	一般事项	所藏处/所藏番号
新镌批评出相韩湘子	雉衡山人（明）编次，泰和仙客（明）评阅，天启三年（1623）刊	6 册，中国木版本，有图，25.2×16cm	版心书名：韩湘子，序：天启癸亥（1623）季夏朔日烟霞外史题于泰和堂，印：帝室图书之章	奎章阁[奎중]4184

25. 前七国孙庞演义

　　《孙庞演义》又题《孙庞斗志演义》。明刊本题"吴门啸客述"，二十回。"《孙庞演义》用史实作点缀，多采民间传说，杂以神魔鬼怪，与史实距离甚远。如把孙武的后代孙膑说成是孙武的孙子，又给他造出了一个在燕国当驸马的父亲孙操；把与孙膑不同时代的子夏、白起、廉颇、冯骥等拉在一起；孙膑战胜庞涓不是靠机智勇敢，而是靠'天书'，靠呼风唤雨、撒豆成兵等道教的魔法，所以很难说它是一部历史演义的小说，而实在是一部以历史为框架的神魔小说。"①

书名	出版事项	版式状况	一般事项	所藏处/ 所藏番号
绣像孙庞演义七国志	上海，文元书庄，1909 年刊	4 卷 4 册(卷 1-4)，有图，20cm，四周双边，半郭：18×12cm，无界，22 行 43 字，上下向黑鱼尾		庆熙大学校812.3-슨 76
손방연의(孙庞演义)	译著者，写年未详	5 卷 5 册，笔写本，30.3×21.2cm，无郭，无丝栏，11 行字数不定，无版心，纸质：楮纸	印：映嫔房，藏书阁印，35mmR[Nega]，361f	韩国学中央研究院 4-6823/R35N-000001-2
손빈젼		1 册	表题：孙膑传	天安美都博物馆

26. 醉醒石

　　明刊本题"东鲁古狂生编辑"，十五回。清乾隆间瀛经堂刊本为十四回。另有武进董氏《诵芬室丛刊》本、1956 年古典文学出版社本、1985 年上海古籍出版社本等。东鲁古狂生生平不详。《醉醒石》是晚明较为重要的一部话本小说。以小说为醒醉之石，寓有警世、醒世、喻世之意，与冯梦龙"三言"命意相近，而训诫意味更浓。每回写一故事，题材丰富，广泛涉及社会生活各个方面。文笔刻露，亦与同时话本小说风格相近。

书名	出版事项	版式状况	一般事项	所藏处/ 所藏番号
醉醒石	东鲁古狂生(明)编辑，刊年未详	15 卷 2 册，中国木版本，30.5×18.3cm	版心文字：醉，序：丁亥(1887?)……江东老蟫(缪荃孙)	国立中央图书馆[古]5-80-32

---

　　① 齐裕焜：《中国历史小说通史》，江苏教育出版社 2000 年版，第 133 页。

27. 东度记

　　《东度记》又名《扫魅敦伦东度记》、《扫魅敦伦东游记》。明万卷楼刊本题"荥阳清溪道人著""华山九九老人述"，凡二十卷一百回，首有明崇祯八年(1635)世裕堂主人序、华山九九老人引。清初刊本题《新编东游记》。清溪道人，或以为即方汝浩，尚有章回小说《禅真逸史》、《禅真后史》，洛阳人。《东度记》叙南印度有德胜王子，自幼好释，得成大道，法号"不如密多"，为释教二十六祖，誓普度众生。德胜王之后，香玉国王第三子菩提多罗——达摩祖师，受释教二十七祖之位，秉璎珞童子之法。东晋孝武帝年间，达摩祖师携徒三人，来到中国，以佛道及人伦，驱除邪恶。梁武帝大通元年，达摩祖师收少林寺惠可为徒，授以袈裟，后端坐圆寂。此书虽为辅教小说，但大量描写社会生活的种种矛盾，颇有生活气息，文笔亦较为活泼。

书名	出版事项	版式状况	一般事项	所藏处/所藏番号
동유긔(东度记)	19世纪末刊		매스턴구장본	뻬쩨르부르그(구레닌그라드)东方学研究所

28. 于少保萃忠全传

　　又名《旌功萃忠录》。明刻本题"钱塘高亮明卿父纂述"、"橋李沈国元飞仲父批评"，有万历辛巳(1581)林从吾序，王宋人、吴宽题赞。凡十卷四十回。清道光十五年(1835)刊本题"后学孙高亮怀石甫纂述"。有1988年人民文学出版社校点本。孙高亮，字怀古，钱塘(今浙江杭州)人，大约生活于明万历年间，生平不详。小说叙明代于谦事迹，以史实为据，杂以传说，着力表彰于谦的英名功业。小说趣味不浓。

书名	出版事项	版式状况	一般事项	所藏处/所藏番号
萃忠全传	孙高亮(清)纂述，宝翰楼藏板，咸丰三年(1853)刊	10卷4册，中国木版本，21×12.3cm	印：集玉斋，帝室图书之章	奎章阁[奎중]6105

29. 禅真逸史(仙真逸史)

　　《禅真逸史》，又名《残梁外史》、《妙相寺全传》，凡八卷四十回，明刊本题"清溪道人编次"、"心心仙侣评订"。序署"激水方汝浩清溪道人识"，据此可知为方汝浩编撰。方汝浩，明洛阳人，寓居杭州，所著除本书外，尚有《东度记》、《禅真后史》。"心心仙侣"乃夏履先，明杭州书坊主人。有明天启间杭州爽阁主人履先甫刊本、明崇祯间翻刻本、明末"本衙爽阁藏板"本、清初"白下翼圣斋藏板"本、清初文新堂刻本、清同治间文新堂刻本、清末石印本、清光绪丁酉(1897)上海书局石印本。其中明天启间杭州爽阁主人履先甫刊本和明崇祯间翻刻本皆有作者自序，清末石印本和清光绪丁酉上海书局石印本改题《残梁外史》或《妙相寺全传》。近年有上海古籍出版社据"本衙爽阁藏板"本影印出版本，收入《古本小说集成》。小说叙北朝东魏高僧林澹然(原镇南将军，因避祸而出家)及其高徒杜伏威、张善相、薛举周旋于南北朝之间，仗义除恶、济世利民的故事，介于历史演义、英侠传奇之间。

　　《仙真逸史》是《禅真逸史》的韩文翻译本。《禅真逸史》在韩国没有原版本，只有翻译笔写本(21卷21册本/15卷15册本)。

书名	出版事项	版式状况	一般事项	所藏处/所藏番号
션진일사	译著者，写年未详	21卷21册，笔写本，32.3×21.7cm，无郭，无丝栏，10行19-21字，无鱼尾，纸质：楮纸	表题：仙真逸史，印：藏书阁印	韩国学中央研究院 4-6818/4-6819
		15卷15册中14册存(卷2缺)，笔写本，无郭，无丝栏，11行24字，无鱼尾，纸质：楮纸		

第二章　清代作品版本目录

1. 红楼梦（续红楼梦，后红楼梦，红楼复梦，红楼梦补，补红楼梦，红楼梦影）

　　《红楼梦》的作者曹雪芹（1715？—1763？），名霑，字梦阮，号雪芹，又号芹圃、芹溪。其先祖为汉人，但很早就成了正白旗内务府"包衣"（奴仆）。曹雪芹祖籍辽宁辽阳，生于江苏南京。一说原籍河北丰润，寄籍辽阳。曹雪芹的卒年，据甲戌本第一回脂砚斋评语，为"壬午除夕"，即 1763 年 2 月 12 日。另有卒年为癸未（1764）除夕和甲申年（1765）之说。关于曹雪芹的生年，涉及对其父亲身份的认定。如果他是曹颙的儿子，那么可以肯定生于 1715 年，因为曹颙于 1714 年暴卒，他的遗腹子生于次年。如果他是曹頫的儿子，因其生年与其祖父卒年相距不远，据张宜泉《伤芹溪居士》原注："年未五旬而卒"，则其生年为 1715—1718 年。吴世昌推断其生年为 1715 年，胡适推断其生年为 1718 年。周汝昌则据敦诚《挽曹雪芹》诗"四十年华付杳冥"，认定其生年为雍正二年（1724）。一般认为，曹雪芹是曹頫的儿子。

　　曹雪芹出生在一个贵族世家。从曾祖父曹玺起，历祖父曹寅，父辈曹颙、曹頫，三代世袭当时的财赋要职江宁织造。康熙帝六次南巡，有五次以曹家主管的江宁织造署为行宫，其中四次是在曹寅任内。曹家的富贵显赫以及与康熙帝之间的密切关系，由此可见一斑。曹寅还是著名的藏书家，《全唐诗》就是由他主持刊印的；能写诗、词、戏曲，有《楝亭诗钞》等著述。"百年望族"和"诗礼之家"的背景，对曹雪芹的影响是巨大而深远的。

　　少年时代的曹雪芹过的是纨绔子弟的生活。乾隆二十五六年间（1760—1761），他的朋友敦敏两次听曹雪芹话曹家"旧事"，《赠芹圃》诗中有"燕市哭歌悲遇合，秦淮风月忆繁华"之句；《芹圃曹君霑别来已一载余矣。偶过明君琳养石轩，隔院闻高谈声，疑是曹君，急就相访，惊喜意外，因呼酒话旧事，感成长句》诗有"秦淮旧梦人犹在，燕市悲歌酒易醺"之句。西清《桦叶述闻》记曹寅为江宁织造时，"雪芹随任，故繁华声色，阅历者深"；潘德舆《金壶浪墨·读红楼梦题后》记"传闻作是书者，少习华膴，老而落魄"；《红楼梦》第一回作者自云"锦衣纨绔之时，饫甘餍肥之日"，那段富贵豪华的生活在雪芹的人生中留下了不可磨灭的烙印。1722 年 11 月，雍正即位。此后政海风波迭起。曹頫在雍正初年累受谕批斥责，雍正五年（1727）被罢职，接着家产被抄没，曹家急遽衰落。大约在雍正六年（1728）六月间，曹家回到北方，从此离开了江南旧家。这年曹雪芹十二三岁。乾隆初年，曹家的境况似有转机而旋遭更大的祸变，从此沦入"树倒猢狲散"的境地。返北以后的曹雪芹，先在"官学"就读，后入内务府当差，家境贫困。曹雪芹晚年迁居西郊山村，过着"茅椽蓬牖，瓦灶绳床"（《红楼梦》第一回）、"举家食粥酒常赊"的生活。敦诚的《佩刀质酒歌》展示了曹雪芹生活中的一个片断：

> 我闻贺鉴湖，不惜金龟掷酒垆；
> 又闻阮遥集，直卸金貂作鲸吸。
> 嗟余本非二子狂，腰间更无黄金珰。
> 秋气酿寒风雨恶，满园榆柳飞苍黄。
> 主人未出童子睡，斝干瓮涩何可当？
> 相逢况是淳于辈，一石差可温枯肠。
> 身外长物亦何有？鸾刀昨夜磨秋霜。
> 且酤满眼作软饱，谁暇齐骂分低昂。
> 元忠两褥何妨质，孙济缊袍须先偿。
> 我今此刀空作佩，岂是吕虔遗王祥。
> 欲耕不能买犍犊，杀贼何能临边疆。
> 未若一斗复一斗，令此肝肺生角芒。
> 曹子大笑称快哉！击石作歌声琅琅。
> 知君诗胆昔如铁，堪与刀颖交寒光。
> 我有古剑尚在匣，一条秋水苍波凉。
> 君才抑塞倘欲拔，不妨斫地歌王郎。

其题下小注云："秋晓遇雪芹于槐园，风雨淋涔，朝寒袭袂。时主人未出，雪芹酒渴如狂。余因解佩刀沽酒而饮之。雪芹欢甚，作长歌以谢余，余亦作此以答之。"曹雪芹的性格风采，于此可见一斑。

曹雪芹写作《红楼梦》时正经历着无休无止的贫困，但"蓬牖茅椽，绳床瓦灶，并不足妨我襟怀；况那晨风夕月，阶柳庭花，更觉得润人笔墨"（《红楼梦》第一回），"十年辛苦不寻常"，他以惊人的毅力创作和修改"字字看来皆是血"的《红楼梦》。生活的贫困，创作的艰辛，加上爱子夭折，感伤成疾，曹雪芹不到五十岁便与世长辞。

《红楼梦》原名《石头记》，还有《情僧录》、《风月宝鉴》、《金陵十二钗》等别称。甲戌本《脂砚斋重评石头记·凡例》对不同书名的含义有所揭示："《红楼梦》旨义。是书题名极多：《红楼梦》，是总其全书之名也；又曰《风月宝鉴》，是戒妄动风月之情；又曰《石头记》，是自譬石头所记之事也。此三名，皆书中曾已点睛（晴）矣。如宝玉作梦，梦中有曲，名曰《红楼梦》十二支，此则《红楼梦》之点睛（晴）。又如贾瑞病，跛道人持一镜来，上面即錾'风月宝鉴'四字，此则《风月宝鉴》之点睛（晴）。又如道人亲眼见石上大书一篇故事，则系石头所记之往事，此则《石头记》之点睛（晴）处。然此书又名曰《金陵十二钗》，审其名则必系金陵十二女子也。然通部细搜检去，上中下女子岂止十二人哉？若云其中自有十二个，则又未尝指明白系某某。极（及）至《红楼梦》一百回中，亦曾翻出金陵十二钗之簿籍，又有十二支曲可考。"由此可见，《红楼梦》五个书名所含的意蕴早已受到前人关注。

《红楼梦》问世后，在相当长一段时间内是以抄本的形式流传的。这些抄本，大多附有脂砚斋评语，题名为《脂砚斋重评石头记》，简称"脂评本"。曹雪芹逝世前的抄本，已发现有三种：(1)甲戌本，即乾隆十九年(1754)抄本，因其中有"脂砚斋甲戌抄阅再评"字样，故称甲戌本。甲戌本现存十六回，有1961年台湾"商务印书馆"刊本。(2)己卯本，即乾隆二十四年(1759)抄本，因其中有"己卯冬月定本"等字样，故称己卯本。现存四十三回及两个半回，有1980年上海古籍出版社刊本。(3)庚辰本，即乾隆二十五年(1760)抄本，因其中有"庚辰秋月定本"等字样，故称庚辰本。存七十八回，有1955年文学古籍刊行社刊本。其他重要的脂本还有甲辰本(1784)、己酉本(1789)和1912年有正书局石印的"戚蓼生序本"。

乾隆五十六年(1791)程伟元、高鹗首次以活字排印，出版120回本的《红楼梦》，称程甲本。次年(1792)在第一版的基础上略加增删，再度排印出版，是为程乙本。程本系统和脂本系统存在诸多区别，最明显的是：程本共120回，而脂本只有前八十回。一般认为，前八十回的著作权属于曹雪芹，而后四十回系高鹗所续。高鹗(? 1748—? 1815)，字兰墅，辽宁铁岭人，隶汉军镶黄旗，寓居北京，自署红楼外史。乾隆五十三年(1788)中举，乾隆六十年(1795)高鹗中进士，嘉庆六年(1801)以内阁侍读为顺天乡试同考官，嘉庆十四年(1809)考选都察院江南道监察御史，嘉庆十八年(1813)任刑科给事中，因失察八卦教教首林清谋反案，降三级调用。著有《兰墅文存》、《兰墅十艺》、《簏存草》等。

认为《红楼梦》后四十回系高鹗所续，其主要依据是张问陶《赠高兰墅同年》(见《船山诗草》卷十六《辛癸集》)诗的题下自注："传奇《红楼梦》八十回以后，俱兰墅所补。"恩华为《八旗艺文志》编目，亦认为："《红楼梦》一百二十回：汉军曹霑注。高鹗补。"胡适等学者认为："补"的意思就是"续"。他们没有设想将"补"理解为"补缀"的可能性。

认为高鹗和程伟元只是作了编辑、补缀工作，一百二十回的著作权应属于曹雪芹，其主要依据是程本所载程、高二人的序和二人合撰的《红楼梦引言》。程甲本卷首程伟元作《红楼梦序》云：

> 《红楼梦》小说本名《石头记》，作者相传不一，究竟未知出自何人，惟书内记雪芹曹先生删改数过。好事者每传抄一部，置庙市中，昂其值得数十金，可谓不胫而走矣。然原目一百廿卷，今所传只八十卷，殊非全本。即间称有全部者，及检阅仍只八十卷，读者颇以为憾。不佞以是书既有百廿卷之目，岂无全璧？爰为竭力搜罗，自藏书家甚至故纸堆中无不留心，数年以来，仅积有廿余卷。一日偶于鼓担上得十余卷，遂重价购之，欣然翻阅，见其前后起伏，尚属接笋，然漶漫不可收拾。乃同友人细加厘剔，截长补短，抄成全部，复为镌板，以公同好，《红楼梦》全书始至是告成矣。

所谓"截长补短"，即补缀是也，正是"补"的准确释义。1959年，《乾隆抄本百廿回红楼梦》被发现，表明在程伟元、高鹗排印本之前，确已有了完整的一百二十回本。程甲本高鹗自序与程序意思相近，程乙本《红楼梦》卷首还有程、高合写的引言：

> 书中后四十回，系就历年所得，集腋成裘，更无他本可考。惟按其先后关照者，

略为修辑，使其有应接而无矛盾。至其原文，未敢臆改。俟再得善本，更为厘定，且不欲尽掩其本来面目也。

这些指向一个焦点：后四十回是程、高在多种残本基础上修订而成的。

上引程、高的自序和引言，胡适等学者视为故意作伪、"欺罔后人"之谈。如此断然地否定其真实性，似乎轻率了些。从《红楼梦》的实际情况看，如果执意把后四十回说成是续作，至少有这样几点说不通：

第一，从创作的普遍现象看，续书比另起炉灶更难：续写者必须体认别人的风格，在别人已经形成的框架内写作，这样，势必处处被掣肘，很难施展自己的才力。因此，有许多续书，实际上只从原著借来一点因由（这在严格意义上已并非续书），如《西游补》、《后水浒传》等。像《红楼梦》这样后四十回与前八十回之间内在联系如此密切的情况极为少见。照一般的说法，曹雪芹写前八十回尚且需要十载，倘若后四十回真是续作，那就至少需要五年，考虑到续书之难，则七年、八年也未必够用。高鹗有这个可能吗？他的年谱告诉我们：高鹗乾隆五十三年（1788）中举人，乾隆六十年（1795）中进士，中间相距八年，《红楼梦》百二十回刊本于乾隆五十六年（1791）首次刊印，离他中举才三年。三年能完成这样的"续作"吗？

第二，一般写续书的人，总是力求所续的情节与原著的伏笔相吻合；如不能吻合，则改削原著的伏笔，使之与所续的情节吻合。而现在的前八十回与后四十回却多有不吻合之处，如王熙凤的结局"一从二令三人木"（即最终被"休"），在《红楼梦》第五回已点得清清楚楚，可后四十回却并无王熙凤被"休"的情节。如何解释呢？比较合理的推测是：曹雪芹在修改《红楼梦》时，发现后四十回中对王熙凤的处理还不够好，应该"休掉"她才算精彩，于是在第五回作了预示，可惜后来因过早死去，没来得及修改完毕；高鹗作为修订者，"至其原文，未敢臆改"，于是留下一大漏洞。再如程甲本第九十二回，回目与本文全不相应，如果是高鹗自作自印，至少不会文不对题吧？此类漏洞尚多，恕不一一列举。

第三，程甲本问世数月后，又出了经高鹗修改的程乙本，其中不少地方越改越坏，甚至有文字不通或意义完全相反之处。如第一百一十回，凤姐夜遇秦可卿之后，程甲本有如下一段：

> 贾琏已回来了，只是见他脸上神色更变，不似往常。待要问他，又知他素日性格，不敢突然相问，只得睡了。

文中的三个"他"都指凤姐。《红楼梦》中的凤姐是个"辣子"，贾琏平日总是怕她三分。因此，当凤姐遇鬼，脸色变更之后，贾琏仍和平素一样，"不敢突然相问"。程乙本却将"只是"二字改作"凤姐"，这样，三个"他"都指贾琏了。这很不合情理。贾琏未遇什么事变，不会无缘无故"脸上神色更变"；退一步讲，即使贾琏真的脸色变更了，一向不把他放在眼里的凤姐也不会突然变得如此胆怯，仿佛老鼠见到了猫一样。这样的毛病，如果后四十回真是高鹗所续，就绝不会出现：自己的作品，难道几个月后会完全误解？

因此，我们认为，后四十回不是高鹗续作，也不会是另外一人续作；它是曹雪芹原作的残稿，又经过了高鹗等人的"补缀"。

《红楼梦》问世之后，续书甚多，兹一并加以考察。

(1)《后红楼梦》三十回(附刻《吴下诸子和大观园菊花社原韵诗》二卷)，清无名氏托名曹雪芹而撰，首逍遥子序有"同人相传雪芹尚有《后红楼梦》三十卷"，"顷白云外史、散花居士竟访得原稿，并无残缺"之语。或云即逍遥子撰。据潘炤《红楼梦词》自序和《西泠旧事》跋，逍遥子字钜卿，斋名梅花香雪，嘉庆十四年(1809)仍在世。《后红楼梦》是《红楼梦》最早的续作。据仲振奎《红楼梦传奇》跋，本书写成于嘉庆元年(1796)或稍前。《后红楼梦·凡例》凡六条，其三、四、五条云："书内诸人一切语言口吻，悉本前书，概用习俗之方言。如昨儿、晚上、今早早起、明儿晌午，不得不换昨夜、今晨、明午也。又如适才之为刚才儿，究竟之为归根儿，一日两日之为一天两天，此时彼时之为这会子那会子，皆是也。以一概百，可以类推。盖士君子散处四方，虽习俗口头之方言，亦有各省之不同者，故例此则以便观览，非敢饶舌也。""前《红楼梦》书中，每每详写楼阁轩榭、树木花草、床帐铺设、衣服饮食古玩等事，正所以见荣、宁两府之富贵，使读者惊心炫目，如亲历其境，亲见其人，亲尝其味。兹本不须重赘，不过于应点染处略为点染。至于太虚幻境与天曹地府皆渺茫冥漠之所，更不必言之确凿也。""前《红楼梦》开篇先叙一段引文，以明其著《红楼梦》所以然之故，然后始入正文，使读者知其原委。兹续本开篇即从林黛玉死后写起，直入正文，并无曲折，虽觉突如其来，然正见此本之所以为续也。虽名之曰《续红楼梦》第一回，读者只作前书第一百二十一回观可耳。"据《凡例》一、二条，《后红楼梦》值得注意之处还有："添出一松鹤童子"，以"伺应""在大荒山空空洞焚修"的"僧道二人"；为"史湘云之婿"、"张金哥之夫"拟出姓名。据第六条，则当时已有其他《红楼梦》续书，有些续书"又叙出前书事略一段，列于卷首"。《后红楼梦》第一回缘起云：《红楼梦》系贾宝玉请曹雪芹所撰。完稿后，薛宝钗对贾宝玉说：你二人享尽荣华，反使千秋万代之人为你二人伤心落泪，于心何安？宝玉便请曹雪芹续撰若干回。曹雪芹于当夜梦入天宫，看到一边是离恨天，一边是补恨天，皆由焦仲卿、刘兰芝夫妇掌管。兰芝告诉雪芹，《红楼梦》已存归离恨天，请续撰《后红楼梦》，记叙黛玉、晴雯重生及贾家复兴等事，以便存入补恨天。醒来后，曹雪芹忆及前书疏漏不实之处，主要有：漏叙林黛玉嗣兄林良玉；所谓一僧一道，本为妖僧妖道；妖道为张道士弟子德虚，妖僧真名志九，二人结伙害人图财。因骗财不成，故摄去黛玉、晴雯二人生魂，并将其年庚钉在木偶上，以便摆布她们。后又用迷药拐走宝玉。这些，后书都要重新处理。从这一段缘起，可以大体看出作者的宗旨所在。《后红楼梦》是续《红楼梦》之作中较好的一部。

(2)《续红楼梦》三十卷，清秦子忱撰。子忱号雪坞，官兖州都司。郑师靖序谓其为陇西人。有嘉庆四年(1799)刊本，首郑师靖序，嘉庆三年(1798)作者自序。秦子忱读雪芹《红楼梦》"而于宝、黛之情缘终不能释然于怀。夫以补天之石，而仍有此缺陷耶？"(自序)遂"爇返魂香，补离恨天，作两人再生月老，使有情者尽成眷属，以快阅者心目"(郑序)。据秦子忱自序，他在作《续红楼梦》之前，已读到一种续《红楼梦》之作，"见其文词浩瀚，诗句新奇，不胜倾慕。然细玩其叙事处，大率于原本相反，而语言声口，亦与前书不相吻合，于人心终觉未惬"，所指当即逍遥子《后红楼梦》。《续红楼梦》是续《红楼梦》之作中较好的一部。小说接续前书第九十七回，写宝黛在天界成婚，众钗还魂，贾府中兴。小说最后两卷的回目是："享祭祀魂返大观园，庆团圆神游太虚境"；"警幻女增修补恨天，悼红轩总结红楼梦"。写太虚幻境已改名太虚仙境，离恨天改名补恨天，薄命司改名钟情司。太虚幻境中的对联也换了，其中有这样几联："色即是空，天地何生男女；情出于性，圣贤只辨贞淫"，"愿天下才子佳人，世世生生，永做有情之物；度世间痴男怨女，夫夫妇妇，同登不散之场"，大致体现了《续红楼梦》的写作宗旨。小说的语言风格与《红楼梦》颇为接近。

（3）《续红楼梦》四十回，清"海圃主人辑"。有清嘉庆十年（1805）刊本等。海圃主人《续红楼梦楔子》云："其（《红楼梦》）尤奇者，缘之所限，迹不必合，而情之所系，境无所暌，为千古才士佳人另开生面，而终以空诸所有结之。"海圃主人以才子佳人小说视《红楼梦》，这提示了另外一种可能，即有人以世情书视《红楼梦》，由此导致两种类型的续书：或写才子佳人的大团圆结局；或将世情甚至艳情纳入宝黛故事。

（4）《绮楼重梦》四十八回，原名《红楼续梦》，亦名《蜃楼情梦》。作者王某，号兰皋主人。有嘉庆十年乙丑（1805）重刊袖珍本。署"兰皋主人"。首嘉庆四年（1799）西泠蒯园居士序。第一回有"吾家凤洲先生"之语，凤洲先生即明代王世贞，可知作者姓王。小说情节接着高本一百二十回展开，叙宝玉为一僧一道引去，一日私至青埂峰下探望绛珠。警幻仙子将二人引至月下老人处，求月老赤绳系足，以完前世姻缘。小说所写即他们转世后的故事。兰皋居士《绮楼重梦楔子》云：

> 《红楼梦》一书，不知谁氏所作。其事则琐屑家常，其文则俚俗小说，其义则空诸一切，大略规仿吾家凤洲先生所撰《金瓶梅》，而较有含蓄，不甚着迹，足餍读者之目。丁巳夏，闲居无事，偶览是书，因戏续之，袭其文而不袭其义，事亦少异焉。盖原书由盛而衰，所欲多不遂，梦之妖者也；此则由衰而盛，所造无不适，梦之祥者也。循环倚伏，想当然耳。

这是说《绮楼重梦》写的是贾府由衰而盛。又云：

> 兰皋居士，旷达人也。犹忆梦为孩提，梦作嬉戏，梦肄业，梦游庠，梦授室，梦色养，梦居忧，梦续娶，梦远游，梦入成均，梦登科第；梦作宰官，临民断狱；梦集义勇，杀贼守城；既而梦休官，梦复职，梦居林下；迢迢长梦，历一花甲于兹矣，犹复梦梦。

由此可见作者的大致经历。《绮楼重梦》随意编造情节，荒诞离奇，如谓晴雯转世之淡如肆意淫乱，仅此一例，即足见其笔墨之荒唐。

（5）《红楼复梦》一百回，作者姓陈、字少海、南阳，号小和山樵、红楼复梦人，广东肇庆府阳春县人。有嘉庆四年（1799）蓉竹山房刊本、平湖宝芸堂刊本等。题"红香阁小和山樵南阳氏编辑"，"款月楼武陵女史月文氏校订"。首嘉庆四年武陵女史陈诗雯（即校订人）序又四年红楼复梦人少海氏自序。《红楼复梦·凡例》云：

卷中无淫亵不经之语，非若《金瓶》等书以色身说法，使闺阁中不堪寓目。

这是说《红楼复梦》不取艳情。凡例又云：

> 凡小说内，才子必遭颠沛，佳人定遇恶魔，花园月夜，香阁红楼，为勾引藏奸之所。再不然，公子逃难，小姐改妆，或遭官刑，或遇强盗，或寄迹尼庵，或羁栖异域。而逃难之才子，有逃必有遇合，所遇者定系佳人才女，极人世艰难困苦，淋漓尽致，夫然后才子必中状元，作巡按，报仇雪恨，娶佳人而团圆。凡小说中舍此数项，无从设想。此书百回，另成格局。

这是说《红楼复梦》不取才子佳人俗套。《红楼复梦》凡例所确定的这两条写作原则，在对男主角祝梦玉（由贾宝玉转生）的性格设计上体现得相当鲜明。小说写梦玉禀赋异常，专喜与女子打交道，不仅对奶奶姑娘们亲热之至，即使是家人媳妇老妈子们，他也同样心疼。他的见解也不同于常人，他说：女人生得越丑越要心疼。理由是，这些"媸皮裹着妍骨"的女子，因为缺少卞和、伯乐那样的人来理解她们，爱护她们，致使她们被埋没，含冤而死。小说又写梦玉虽是情种，却与色毫不沾边，他的情是一种推己及人的深厚的同情心。比如，他要吃饭，就想着别人也要吃饭；他要穿衣，就想着别人也要穿衣。《红楼复梦》以这样一个人物为男主角，自然不会写成才子佳人小说，更不会写成艳情小说。

柳存仁《伦敦所见中国小说书目提要》著录英国皇家亚洲学会所藏嘉庆四年（1799）刊本，云："这书有《凡例》，略云'前书八十回后，立意甚谬……复之以快人心'。撰者的用意可以不用多述了。但《红楼》八十回后的本子，就是程伟元、高鹗补的续书，最早要到乾隆五十六年（1791）才露面，不料七八年后，针对它之'谬'的续书已经纷至迭来，这也可见《红楼梦》这部书影响之大了。"柳存仁并依时代先后将较早的《红楼梦》续书开了一份清单：

> 《后红楼梦》三十回，无名氏托曹雪芹撰，逍遥子序。
> 《续红楼梦》三十卷，嘉庆四年（1799）刻本，秦子忱雪坞撰，有三年自序。
> 《红楼复梦》一百回，嘉庆四年（1799）刻本，署少海氏。
> 《绮楼重梦》四十八回，嘉庆十年（1805）重刊袖珍本，清王某撰。
> 《续红楼梦》四十回，嘉庆十年（1805）刻本，署海圃主人。
> 《红楼圆梦》三十回，嘉庆十九年（1814）刻本，署梦梦先生。
> 《补红楼梦》四十八回，嘉庆二十五年（1820）刻本，署嫏嬛山樵，作者姓魏。有嘉庆十九年自序。
> 《增补红楼梦》三十二回，道光四年（1824）刻本，署嫏嬛山樵，作者姓魏。有嘉庆二十四年（1819）槐眉子序，讱山人序，自序。
> 《红楼梦补》四十八回，道光十三年（1833）刻本。署归锄子，有嘉庆二十四年（1819）归锄子自序。
> 《红楼幻梦》二十四回，道光二十三年（1843）刻本，无名氏撰，有道光二十三年

花月痴人序。

"近年影印的一部清宗室裕瑞(1771—1838)著的《枣窗随笔》,对曹雪芹原书的若干早期的续书,颇有批评。裕瑞死于道光十八年(1838),我们上面所列的续书,有六部书他都谈到的。"①

(6)《红楼圆梦》三十回,署梦梦先生撰。有嘉庆十九年(1814)红蔷阁刊本。梦梦先生《红楼圆梦·楔子》说:

> 一日忽梦到一座红楼里面,见一姓高的在那里说梦话,悲欢离合,确当世态,实在听之不倦。因即绕这楼四面去听,说梦的不止一家,较那姓高的所说相去远甚。

这是说高本超过其他《红楼梦》续书。又说《红楼圆梦》"把假道学而阴险如宝钗、袭人一干人都压下去,真才学而爽快如黛玉、晴雯一干人都提起来",可见其鲜明的扬黛抑钗倾向。

(7)《红楼梦补》四十八回,署"归锄子"撰。有道光十三年(1833)籐花榭刊袖珍本。首犀脊山樵序及嘉庆己卯(1819)归锄子自序,《叙略》八则。接程高本第九十七回续写。犀脊山樵《红楼梦补序》云:

> 余在京师时,尝见过《红楼梦》元本,止于八十回,叙至金玉联姻,黛玉谢世而止。今世所传一百二十回之文,不知谁何伧父续成者也。原书金玉联姻,非出自贾母、王夫人之意,盖奉元妃之命,宝玉无可如何而就之,黛玉因此抑郁而亡,盖未有以钗冒黛之说,不知伧父何故强为此为鬼为蜮之事,此真别有肺肠,令人见之欲呕。

据此,似有一种我们未见的"《红楼梦》元本"存在过。序又云:

> 夫前书乃得志于时者之所为也。荣府群艳,以王夫人为之主,乃王夫人意中则以宝钗为淑女,而袭人为良婢也。然宝钗有先奸后娶之讥,袭人首导宝玉以淫,是淑者不淑,而良者不良,譬诸人主,所谓忠者不忠,贤者不贤也。又王夫人意中疑黛玉与宝玉有私,而晴雯以妖媚惑主,乃黛玉临终有我身干净之言,晴雯临终有悔不当初之语,是私固无私,惑亦未惑,譬诸人臣,所谓忠而见疑,信而被谤也。归锄子有感于此,故为之雪其冤而补其阙,务令黛玉正位中官,而晴雯左右辅弼,以一吐其胸中郁郁不平之气,斯真炼石补天之妙手也。其他如香菱,如鸳鸯,如玉钏,如小红,如五儿,如龄官,一切实命不犹之人,慈悲普度,俾世间更无一怨旷之嗟,此元人所云"愿天下有情人都成眷属",即圣贤所云"王如好色与百姓同之"者也。前书事事缺陷,此书事事圆满,快心悦目,孰有过于此乎?

---

① 柳存仁:《伦敦所见中国小说书目提要》,书目文献出版社 1982 年版,第 230 页。

这里一方面揭示了《红楼梦补》的扬黛抑钗倾向，另一方面披露了其大团圆结局。归锄子《红楼梦补叙略》第二、四则云：

> 此书写黛玉回生，直接前书九十七回，自黛玉离魂之后写起。凡九十七回以前之事，处处照应，以后则各写各事。如贾母、王熙凤、鸳鸯、赵姨娘诸人，书中照常列叙。

> 前书写屋宇之轩昂，陈设之富有，服饰之华丽，器具之美备，肴馔之精工，以及下人伺候之规矩整肃，铺张笔墨，已尽致极妍。此书不过约略其词，不事重复，以避数见不鲜。

由此可见《红楼梦补》的大致写作情形。

(8)《补红楼梦》四十八回，清魏某撰，署"嫏嬛山樵"。有清嘉庆二十五年(1820)刊本。首嘉庆十九年(1814)自序。题记云："此书直接《石头记》、《红楼梦》原本，并不外生枝节，亦无还魂转世之谬，与前书大旨首尾关合。"

(9)《增补红楼梦》三十二回，清魏某撰，署"嫏嬛山樵"。有道光四年(1824)刊袖珍本。首嘉庆二十四年(1819)庚辰槐眉子序，又讷山人序，自序。小说继《补红楼梦》而作。作者在第一回自称是著《参同契》者之裔，《参同契》的作者是东汉魏伯阳，可知作者姓魏。自序云：

> 曩作《补红楼梦》四十八回，余友咸以为可，趣付梨枣后，已忘为东施效颦，犹以为未足，乃增补三十二回。

小说紧接《补红楼梦》第四十八回，开篇叙甄士隐、贾雨村已经成仙，二人来到芙蓉城，与宝玉、惜春和警幻仙姑等评议《后红楼梦》、《续红楼梦》、《绮楼重梦》、《红楼复梦》及《红楼圆梦》等《红楼梦》续作，作者借惜春之口说"已经另有著《参同契》者之裔"，"刊著红楼未完原梦，一洗五书之谬。已经脱稿，复又续增，以成大全"。看来，作者不只是乐此不疲，而且自负不浅，否则他就不会一补再补了。

(10)《红楼幻梦》二十四回，一名《幻梦奇缘》，清"花月痴人"撰。有道光二十三年(1843)疏景斋刊袖珍本。首道光二十三年花月痴人序，以为《红楼梦》是一部"情书"。"其情之中，欢洽之情太少，愁绪之情苦多。何以言之？其欢洽处，如花解语、玉生香、识金锁、解琴书、撕扇、品茶、折梅、咏菊等事，诵之爽脾，不过令人叹艳；其悲离处，如三姐戕、二姨殃、葬花、绝粒、泄机关、焚诗帕、诔花、护玉、晴雯灭、黛玉亡、探春远嫁、惜春皈依、宝玉弃家、袭人丧节各情，阅之伤心，适足令人酸鼻。凡读《红楼梦》者，莫不为宝黛二人咨嗟，甚而至于饮泣，盖怜黛玉割情而夭，宝玉报情而遁也。"为了弥补这种"欢洽之情太少，愁绪之情苦多"的遗憾，作者遂"幻作宝玉贵，黛玉华，晴雯生，妙玉存，湘莲回，三姐复，鸳鸯尚在，袭人未去，诸般乐事，畅快人心，使读者解颐喷饭，无少欷歔"。作者的创作宗旨即是化《红楼梦》的悲剧为"畅快人心"的场景。

(11)《红楼梦影》二十四回，清人撰，有光绪三年(1877)聚珍堂刊本。题"云槎外史新编",正文回目下署"西湖散人撰"。首咸丰十一年(1861)西湖散人序。序言在论及《红楼》本旨及续书之悖于本旨时说:"绛珠有偿泪之愿,无终身之约,泪尽归仙,再难留恋人间;神瑛无木石之缘,有金石之订,理当涉世,以了应为之事。此《红楼梦》始终之大旨也。海内读此书者,因绛珠负绝世才貌,抱恨夭亡,起而接续前编,各抒己见,为绛珠叹生前之凤怨,翻薄命之旧案,将红尘之富贵,加碧落之仙妹,死者令其复生,清者扬之使浊,纵然极力铺张,益觉拟不于伦。"反对以才子佳人俗套加之于宝、黛,这是极有眼力的。但《红楼梦影》热心于写"荣府由否入亨",将由盛而衰写成由衰而盛,则同样是俗笔。结尾叙宝玉去栊翠庵寻求破除郁闷之法,惜春劝其顺应自然,并让宝玉照一大圆镜。宝玉对镜入幻,见一座红楼之上,宝钗、黛玉、湘云、宝琴等凭栏招手,转眼间化为荒郊白骨。宝玉大惊。这样的设想倒是令人回想《红楼梦》原著。

除了以上 11 部"续红"之作外,据梁恭辰《劝戒四录》卷四,还有《红楼后梦》、《红楼再梦》、《红楼重梦》,似已失传;另据孙楷第《中国通俗小说书目》卷四著录,清代有数种"评红"之书,如《王希廉评红楼梦》一百二十回、《蛟川大某山民加评红楼梦》一百二十回、《妙复轩评石头记》一百二十回、《枣窗闲笔》一卷、《红楼梦偶说》二卷、《红楼梦论赞》一卷、《读红楼梦杂记》一卷、《红楼梦偶评》、《红楼梦本义约编》、《红楼梦广义》、《龙云友评红楼梦》等计十二种。

乐善斋所藏本《红楼梦》韩文翻译本是从头到尾忠实原文翻译的作品。此书(120 卷120 册,卷 24、54、71 失卷,现韩国学中央研究院所藏)是朝鲜时代 1884 年前后翻译的作品。以直译为主,一个字也不忽略,翻译的技巧与艺术方面堪称完美、精致。此书跟其他翻译本最大的不同点在于它是中韩注音对照的注译本,《红楼梦》原文、韩国口语译音与翻译都在一起,是一本学习汉语的课本,也是《红楼梦》一百二十回全文翻译的完译本,可以说是世界上最早的完译本《红楼梦》。

其他《红楼梦》的亚流小说有西湖散人撰《红楼梦影》(延世大学校)、王芸阶撰《增刻红楼梦图咏》(奎章阁)、黄兆魁撰《红楼梦曲谱》(奎章阁)、雪坞子撰《续红楼梦》(奎章阁,高丽大学校,韩国学中央研究院)、南阳氏编《红楼复梦》(奎章阁,韩国学中央研究院)、逍遥子校《后红楼梦》(成均馆大学校,釜山大学校)、无名氏《补红楼梦》(韩国学中央研究院)、无名氏的《红楼梦补》(韩国学中央研究院)等。

1-1. 红楼梦

书名	出版事项	版式状况	一般事项	所藏处/所藏番号
红楼梦	曹雪芹(清)撰,程伟元(清)校,乾隆五十六年(1791)刊	120 卷 24 册,中国木版本,有图,17.1×10.5cm,四周单边,半郭13.4×9.5cm,有界,10 行 24 字;纸质:绵纸	里题:绣像红楼梦,序:乾隆辛亥(1791)冬至后五日铁岭高鹗叙并书,新镌全部,藏板:本衙藏板,印:李王家图书之章	韩国学中央研究院 4-248

续表

书名	出版事项	版式状况	一般事项	所藏处/所藏番号
红楼梦	曹雪芹(清)撰, 藤花榭, 光绪年间(1875—1908)刊	不分卷 24 册, 中国木版本, 有图, 17.3×10.9cm	标题: 绣像红楼梦, 序: 小泉程伟元识	高丽大学校 C14-B25A
	曹雪芹(清)撰, 王希廉(清)评, 清代刊	15 卷 3 册(卷 66-70, 76-85), 中国新铅活字本, 17.2×12cm, 上下单边, 左右双边, 半郭: 13.3×10.6cm, 有界, 11 行 22 字, 上下向黑鱼尾, 纸质: 绵纸		江陵市 船桥庄
	曹雪芹(清)著, 清代刊	5 卷 5 册(卷 2-5, 7), 中国木版本, 17.9×12.1cm, 四周单边, 半郭: 13.2×10.2cm, 无界, 11 行 27 字, 上下向黑鱼尾, 纸质: 竹纸		釜山大学校
	曹雪芹(清)撰, 清朝末期刻, 后刷	30 回 6 册(第 31-60 回), 中国木版本, 17×10.9cm, 四周单边, 半郭: 11.7×9.7cm, 无界, 11 行 24 字, 小黑口, 纸质: 绵纸	备考: 袖珍本	成均馆大学校 D7C-126
	曹雪芹(清)著, 纬文堂, 清朝末期刻, 后刷	120 回 20 册, 中国木版本, 有图, 16.7×11.1cm, 四周单边, 半郭: 13.2×9.5cm, 无界, 11 行 27 字, 上黑鱼尾, 纸质: 竹纸	里标题: 绣像批点红楼梦, 序: 小泉程伟元识, 刊记: 纬文堂藏板, 备考: 袖珍本	成均馆大学校 D7C-126a
	曹雪芹(清)撰, 三元堂刊	零本 19 册(第一至四回, 1 册缺), 中国木版本, 17.2×11.5cm	版心下段: 三让堂	高丽大学校 (华山文库) C14-B25B
	曹雪芹(清)撰, 王希廉(清)评	零本 2 册(卷首卷 1-15)(全 120 卷 24 册), 中国木版本, 19.7×12.1cm		高丽大学校 (晚松文库) C14-B25E
	曹雪芹(清)著, 刊写地, 刊写者, 刊写年未详	16 册(缺帙, 册 2-9, 11-18), 17.8×11.5cm, 四周单边, 半郭: 12.6×9.6cm, 无界, 11 行 27 字, 上下向黑鱼尾		庆熙大学校 812.31-훙 296
		5 册, 中国木版本, 17.9×12.1cm, 四周单边, 半郭: 13.2×10cm, 无界, 11 行 27 字, 花口, 上下向黑鱼尾, 纸质: 中国纸		釜山大学校 (海苍文库) OAC 3-12 43

书名	出版事项	版式状况	一般事项	所藏处/所藏番号
增评加注全图红楼梦	曹雪芹（清）撰，刊写地，刊写者未详，1910年左右刊	9卷9册（卷1，8-15，缺帙），19.5×13.2cm，有图，四周单边，半郭：16.3×11.3cm，无界，16字34行，注双行，黑口，上下向黑鱼尾		东亚大学校（3）：12：2-88
홍루몽（红楼梦）	曹霑（清）著，译者，写年未详	120卷120册中117册存，3册缺（卷24，54，71），韩文翻译笔写本，78.3×18.2cm，无郭，无丝栏，8行字数不定，无版心，纸质：壮纸	表题：红楼梦，印：藏书阁印，35mmR［Nega］，5432f	韩国学中央研究院 4-6864/R35N-000003-10，旧藏书阁本
增评全图足本金玉缘	曹雪芹（清）撰，上海，求不负斋，光绪三十四年（1908）刊	合16册(卷首，120卷)，中国石印本，20×13.3cm	卷头书名：增评补像全图金玉缘，版心书名：图注金玉缘，表纸书名：金玉缘，序：光绪二十四年（1898），华阳仙裔，印：任讷藏书，别书名：红楼梦，石头记	奎章阁［古］895.136-J569g-v.1-16
		16册（册1-16），中国石印本，19.8×13.2cm，四周双边，半郭：17.3×11.4cm，有界，18行40字，花口上黑鱼尾，纸质：竹纸	版心题：图注金玉缘，序：光绪三十二年（1906）九月望日华阳仙裔，刊记：光绪戊申（1908）九月求不负斋印行	全南大学校3Q-금65 ㅈ-v.1-16，
		120卷8册，中国石版本，20×13cm，四周双边，半郭：17.2×11.2cm，有界，18行40字，上黑鱼尾	序：光绪三十四年（1908）……华阳仙裔	启明大学校［고］812.36-조설ㄹㅈ
绘图增批金玉缘	上海理文轩存古书局石印	120卷1匣8册，中国石印本，13.4×20cm，四周单边，半郭：11.4×12cm，无界，20行40字，无鱼尾	序：王希廉（1832），印：善斋，闵丙承印	涧松文库

续表

书名	出版事项	版式状况	一般事项	所藏处/所藏番号
增评加批金玉缘	曹雪芹(清)撰，上海，1906年刊	13册(缺帙)，中国石印本，有图，19.7×13.3cm，上下单边，左右单边，全郭：17×12cm，无界，行字数不定，注双行，纸质：竹纸	序：光绪三十二年(1906)九秋既望华阳仙裔	全南大学校 3Q-弓 65 又-v.1, 5-16
	曹雪芹(清)撰，上海，桐荫轩，1906年刊	13册(册1, 5-16, 缺帙)，中国石印本，有图，19.7×13.3cm，上下单边，左右单边，半郭：17×12cm，无界，行字数不定，注双行，无鱼尾，纸质：竹纸	序：光绪三十二年(1906)九秋既望华阳仙裔，刊记：光绪丙午(1906)……上海，桐荫轩石印	全南大学校 3Q-弓 65 又
增评加注全图红楼梦	曹霑(清)撰，上海，扫叶山房刊	15卷16册(2函)，中国石印本，有图，半郭：16.4×11.2cm，16行35字，上黑鱼尾		雅丹文库 823.6-丕 74 又
增评补像全图金玉缘	曹雪芹(清)著，上海书局，清光绪二十四年(1898)刊	15卷16册，中国石印本，有图，20.2×13.4cm，四周双边，半郭：17×11.6cm，无界，22行50字，注双行，上黑鱼尾，纸质：竹纸	表题：增评全图石头记，里题：绣像全图金玉缘，序：光绪十四年(1888)小阳月望日华阳仙裔识，刊记：光绪戊戌(1898)孟夏上海书局石印	成均馆大学校 D7C-11
	曹雪芹(清)，高鹗(清)撰，求不负斋，光绪三十四年(1908)刊	合16册(80回，续40回)，中国石印本，有图，20×13.4cm	异书名：金玉缘，红楼梦，石头记，序：光绪二十四年(1908)……华阳仙裔识，印：默容室藏	高丽大学校 C14-B25
	求不负斋，1908年刊	16册，中国石版本，24.0cm	表题：增评全图足本金玉缘	国立中央图书馆 BA373-7
	曹雪芹(清)著，光绪戊申(1908)九月求不负斋印行	零本15册(第3卷之24-37回)(全16册120回)，中国石印本，有图，20.2×13.4cm	序：光绪二十四年(1898)九月望日华阳仙裔识，刊记：光绪戊申(1908)九月求不负斋印行	高丽大学校(晚松文库) C14-B25D

续表

书名	出版事项	版式状况	一般事项	所藏处/所藏番号
增评补像全图金玉缘	曹霑、高鹗(清)合著,章福记书局,宣统元年(1909)刊	线装 16 卷 16 册,中国石印本,插图,四周双边,半郭:16.9×12.2cm,无界,22 行 50 字,上下向黑鱼尾,20×13.6cm	重刊序:光绪十四年(1888)……华阳仙裔,增评全图石头记	檀国大学校栗谷纪念图书馆,고 873.6-조 745 ㄱ-卷首-15
	曹雪芹(清)著,求不负斋,光绪四年(1908)刊	16 册(册 1-16),20.1×13cm,有图,四周双边,半郭:17.1×11.7cm,有界,18 行 40 字,注双行,上下向黑鱼尾	标题:增评全图足本金玉缘,重刊序:光绪三十四年(1908)九月望日华阳仙裔识,刊记:光绪戊申年(1908)九月求不负斋印行	东亚大学校(3):12:2-27
	曹雪芹(清)著,求不负斋,光绪戊申(1908)刊	120 回 16 册,中国石印本,有图,20.2×13.2cm,四周双边,半郭:17.2×11.3cm,有界,18 行 40 字,上下向黑鱼尾	序:光绪三十四年(1908)九月望日华阳仙裔识,刊记:光绪戊申九月求不负斋印行,题签:增评全图足本金玉缘,版心题:图注金玉缘	庆北大学校[古]812.3 조 53 ㅈ
	求不负斋,光绪三十四年(1908)刊	124 回 16 册,中国石印本,有图,20.2×13cm		高丽大学校(华山文库)C14-B25A
	曹雪芹(清)撰,上海,江东山房,清末民初刊	15 卷 16 册(卷 1-15),中国石印本,有图,20.2×13.3cm,四周双边,半郭:17.4×11.6cm,无界,22 行 50 字,注双行,上黑鱼尾,纸质:竹纸	表题:增评全图足本石头记,标题:评注加批红楼梦全传,刊记:上海江东书局印行	全北大学校812.3-조설己ㅈ
				全南大学校,3Q-증 844 ㅈ-v.1-16
				全南大学校3Q-증 844 ㅈ
	曹雪芹(清)著,上海,江东书局,清末民初刊	15 卷 16 册,中国石印本,有图,20.2×13.4cm,四周双边,半郭:17.4×11.5cm,无界,22 行 50 字,注双行,上下向黑鱼尾,纸质:竹纸	题签:增评全图足本石头记	全北大学校812.3-조설己ㅈ

书名	出版事项	版式状况	一般事项	所藏处/所藏番号
增评补像全图金玉缘	曹雪芹（清）著，上海，江东书局，清末民初刊	7卷8册，中国石印本，有图，20.1×13.3cm，四周双边，半郭：17.5×11.6cm，无界，22行字数不定，注双行，上下向黑鱼尾，纸质：洋纸	题签：增评全图足本石头记，序：道光壬辰（1832）花朝日吴县王希廉雪芗氏书于双清仙馆，刊记：上海江东书局印行	全北大学校812.3-조졈흠
	曹霑（清）著，刊写地，刊写者，刊写年未详	32卷4册(56-64回，89-112回，零本)，中国石印本，19.5×13.1cm，无界，行字数不定，无鱼尾		大邱广域市立中央图书馆［中古］828
		中国石印本，有图，20.2×13.3cm，四周双边，半郭：17.4×11.6cm，无界，22行50字，注双行，上内向黑鱼尾	表纸书名：增评全图足本石头记，石头记는 红楼梦의 原名임	汉阳大学校812.36-조734ㅈ ㄱ-v.1，v.3-v.5
		1册（全8册：65-72回，73-80回，81-88回，89-96回，97-104回，105-114回），中国石印本，有图，20.2×13.2cm，四周双边，半郭：17.2×11.3cm，有界，18行40字，注双行，上内向黑鱼尾	表纸书名：增评全图足本金玉缘，版心书名：图注金玉缘	汉阳大学校812.36-조734ㅈ-v.1-v.6
	曹雪芹（清）著，刊写地，刊写者，刊写年未详	9册（册1-9，缺帙），20.6×13.1cm，有图，四周双边，半郭：17.1×11.8cm，有界，18行40字，注双行，上下向黑鱼尾		东亚大学校(3)：12：2-31
		63卷8册(57-120回)，中国石印本，有图，半郭：17.2×11.3cm，18行40字，上黑鱼尾		雅丹文库823.6-조74ㅈ
增评加批金玉缘图说	曹雪芹（清）著，蝶芗仙史（清）评订，光绪丙午（1906）菊秋月，上海桐荫轩石印	首卷1册，120卷15册，共16册，中国石印本，有图，20cm	内题：全图增评金玉缘，序：光绪三十二年（1906）九秋既望华阳仙裔识，印记：默容室藏书印	延世大学校812.36/61

书名	出版事项	版式状况	一般事项	所藏处/所藏番号
	曹雪芹（清）著，蝶芗仙史（清）评订，上海桐荫轩，清光绪三十二年（1906）刊	120卷16册，中国石印本，有图，20×13.2cm，四周单边，半郭：17.5×12.1cm，无界，21行40字，注双行，纸质：绵纸	题签：足本全图金玉缘，序：光绪三十二年（1906）九秋既望华阳仙裔识，刊记：光绪丙午（1906）菊秋月上海桐荫轩石印	成均馆大学校 D7C-12
	曹雪芹（清）著，清光绪三十二年（1906）序	120卷13册（册1-3缺），中国石印本，有图，19.7×13.3cm，四周单边，半郭：17×12cm，无界，行字数不定，注双行，纸质：绵纸	表题：全图增评金玉缘，序：光绪三十二年（1906）九秋既望华阳仙裔识	全南大学校
增评加批金玉缘图说	上海，桐荫轩，1906年刊	120回12卷16册，中国石印本，有图，20.3×13.7cm	卷头：全图金玉缘，序：光绪三十二年（1906），绣像，第2册增评加批金玉缘图说卷首，目录，论评，明斋主人总评，总评，大某山人总评，论赞，读法，题词，问答，大观园影事十二咏，大观园图说，音释等25张，标题纸里面：光绪丙午（1906）月上海桐荫轩石印，表纸书名：足本全图金玉缘	岭南大学校陶南文库［古도］823.6 금옥연
	曹雪芹（清）著，蝶芗仙史（清）评订，上海，桐阴轩，光绪三十二年（1906）刊	16册2匣，中国石印本，有图，20.5×13.5cm	标题：全图增评金玉缘，表题：红楼梦，全图金玉缘，序：光绪三十二年（1906）……华阳仙裔识	国民大学校［고］823.6
	曹雪芹（清）著，蝶芗仙史（清）评订，上海，桐阴轩，光绪三十二年（1906）刊	120卷，共16册，中国石印本，21×14cm	标题：全图增评金玉缘，表题：红楼梦，全图金玉缘，序：光绪三十二年（1906）……华阳仙裔识	国民大学校［고］823.6 조01

书名	出版事项	版式状况	一般事项	所藏处/所藏番号
增评加批金玉缘图说	曹雪芹（清）著，蝶芗仙史（清）评订，光绪三十四年（1908）刊	7卷7册（全16卷16册，卷10-16），20.3×13.3cm，有图，四周单边，半郭：17.7×12.2cm，无界，27行58字，注双行，上下向黑鱼尾	版心题：增像绘图石头记，表题：全图增评金玉缘，上栏外에 小字头注	东亚大学校（3）：12：2-80
	曹雪芹（清）著，蝶芗仙史（清）评订，上海，求志斋，清光绪三十四年（1908）刊	16卷16册，中国石印本，20.2×13.3cm，四周单边，半郭：17.4×11.8cm，22行44字，注双行，上黑鱼尾，纸质：竹纸	表题：全图增评石头记，题签：全图金玉缘，序：光绪三十二年（1906）九秋既望华阳仙裔识，刊记：光绪戊申年（1908）七月上海求志斋石印	成均馆大学校（曹元锡）D7C-12c
	上海，锦章图书局，刊写年未详	120卷13册（卷1-120），中国石印本，有图，20.3cm，无界，行字数不定，无鱼尾	绘图石头记	庆熙大学校812.31-금65
	曹雪芹（清）著，蝶芗仙史（清）评订，清末民初刊	16卷16册，中国石印本，20×13.3cm，四周单边，半郭：17.4×12.1cm，无界，27行58字，注双行，头注，上黑鱼尾，纸质：竹纸	题签：全图增评金玉缘，版心题：增评绘图石头记，收藏印：义山，李明世印	成均馆大学校D7C-12b
	曹雪芹（清）著，蝶芗仙史（清）评订，清末民初刊	56卷7册（第57-104，113-120），中国石印本，有图，20×13.3cm，四周单边，半郭：17.5×12cm，无界，20行40字，注双行，纸质：竹纸		成均馆大学校D7C-12a
	曹雪芹（清）著，蝶芗仙史（清）评订，清末民初刊	15册（册1-5，7-16，缺帙），中国石印本，有图，20×13.1cm，四周单边，半郭：17.2×12cm，无界，27行58字，注双行，花口，上下向黑鱼尾，纸质：竹纸	表题：全图增评金玉缘，版心题：增评绘图石头记，序：道光壬辰（1832）花朝日吴县王希廉雪芗氏书于双清仙馆	全南大学校3Q-증844ㅈ

续表

书名	出版事项	版式状况	一般事项	所藏处/所藏番号
增评加批金玉缘图说	曹雪芹（清）著，蝶芗仙史（清）评订，刊写事项未详	16 卷，卷首，合 16 册，中国石印本，有图，20.1×13.5cm	表纸书名：全图增评金玉缘，一名：红楼梦	高丽大学校薪庵文库，C14-B25
		16 卷卷首合 6 册，中国石印本，有图，20.1×13.3cm	标题纸，题签书名：全图增评金玉缘，版心书名：增评绘图石头记，一名：红楼梦，金玉缘	高丽大学校（华山文库）C14-B25
		零本 1 册（卷 11）（全 16 卷 16 册），中国石印本，有图，19.8×13.5cm	表题．版心：全图增评石头记，异名：红楼梦	高丽大学校（晚松文库）C14-B25F
		64 卷 8 册（卷 1-56 缺），中国石印本，有图，半郭：17.4×12cm，21 行 40 字	印记：崔永熙印	雅丹文库 823.6-조 54 ㅈ
		零本 8 册（所藏本中卷 9-16，8 册以外缺，复本所藏本中卷之 13，15 册以外缺），中国石印本，有图，20×13.2cm，四周单边，半郭：17.2×12.1cm，无界，27 行 58 字，白口，上黑鱼尾	版心书名：增评绘图石头记	海军士官学校［중］192
		13 卷 13 册（全 16 卷 16 册，卷 1-3，5-8，10-14，16），19.8×13.1cm，有图，四周单边，半郭：16.8×12cm，无界，27 行 58 字，注双行，上下向黑鱼尾	序题：增评补图石头记，标题：全图增评金玉缘，上栏外小字头注，原序：小泉程伟元识	东亚大学校（3）：12：2-30
		零本 1 册（所藏：卷 97-104），中国石印本，有图，19.9×13.6cm，四周单边，半郭：17.6×11.9cm，无界，20 行 40 字，无鱼尾	表题：全图增评金玉缘	庆北大学校［古］812.31 증 44
	蝶芗仙史（清）评订，刊写者未详	17 卷 16 册，中国石印本，有图，20.1×13.2cm，四周单边，半郭：17.1×12.2cm，无界，27 行 58 字，头注，上内向黑鱼尾，纸质：竹纸	题签：全图增评金玉缘，版心题：增评绘图石头记，序：小泉程伟元识	东国大学校 D819.3 젊 93 ㅈ

续表

书名	出版事项	版式状况	一般事项	所藏处/所藏番号
增评加批金玉缘图说	曹雪芹(清)著，刊写地未详，20世纪初刊	16册1匣，中国石印本，有图，20×13.5cm	标题：全图增评金玉缘，版心题：增评绘图石头记	国民大学校[고]823.6 조01 ㄱ
增评补图石头记	刊写地，刊写者，刊写年未详	4卷4册(卷13-16，缺帙)，20.1×13.5cm，有图，四周单边，半郭：17.2×11.7cm，27行58字，注双行，上下向黑鱼尾	书名：版心题，表题：增评全图石头记，在上栏外有小字头注	东亚大学校(4)：5：5-13
增评补图石头记	悼红轩(清)原本，王希廉(清)评，刊写地，刊写者未详，20世纪初刊	120卷16册(卷1-120)，中国新铅活字本，有图，16×10cm，四周双边，半郭：11.5×8.2cm，无界，14行31字，头注，上黑鱼尾，纸质：绵纸	表题：石头记，序：小泉程伟元识，道光壬辰(1832)花朝日吴县王希廉雪芐氏书于双清仙馆	全南大学校3Q-증 844 ㅌ-v. 1-16
增评补图石头记				全南大学校3Q-증 844 ㅌ
增评补图石头记	悼红轩(清)著，东洞庭获花主人(清)评	全16册(残本8册，所藏：卷57-120)，中国铅活字本，15.7×10cm，四周双边，半郭：11.3×9.3cm，无界，14行，字数不同，上黑鱼尾		龙仁大学校D7-27
增评补图石头记	曹雪芹(清)著，刊写地，刊写者，刊写年未详	1册(全120卷，册1)，19.8×12.2cm，有图，四周双边，半郭：14.9×10.5cm，无界，15行40字，上下向黑鱼尾	在上栏外有小字头注，序：小泉程伟元识，获花主人批，序：道光壬辰(1832)花朝日吴县王希廉雪芐氏书于双清仙馆	东亚大学校(3)：12：2-70
增订补图石头记	曹霑(清)著，清光绪十八年(1892)刊	120卷16册(卷首1册，120卷15册)，中国新铅活字本，有图，19×11.5cm，上下双边，左右单边，半郭：15.3×10cm，无界，15行40字，上下向黑鱼尾，纸质：绵纸	题签：绣像全图增批石头记，刊记：光绪十八年岁在壬辰(1892)秋八月重校覆印	江陵市 船桥庄
增订补图石头记	曹霑(清)著，清代刊	64卷8册(卷57-120)，中国新铅活字本，有图，19.1×11.5cm，四周双边，半郭：15.2×10.5cm，无界，15行40字，头注，纸质：绵纸	题签：绣像全图增批石头记	江陵市 船桥庄

1-2. 续红楼梦

书名	出版事项	版式状况	一般事项	所藏处/所藏番号
续红楼梦	秦子忱（清）撰，嘉庆三年（1798）序	30 卷 6 册，中国木版本，17.6×11.8cm	序：嘉庆三年（1798）九月中浣雪坞子忱氏题于兖郡营署之百龥轩，印：集玉斋，帝室图书之章	奎章阁 [奎古]5936
	刊写地，刊写者未详，嘉庆三年（1798）序	30 卷 6 册，插图，四周双边，半郭：17.1×11.6cm，无界，26 行 52 字，上下向黑鱼尾，20.1×13.3cm	标题：改良全图红楼梦续编，表题：改良全图红楼梦续编，附录：红楼梦全图，李伯言（清）绘，弁言：嘉庆三年（1798）九月中浣雪坞子忱氏题于兖郡营署之百龥轩	东亚大学校 한림도서관 (3)：12：2-90
	秦子忱(清)撰	零本 3 册（10-16 卷，全 16 册），中国木版本，17.1×11.2cm		高丽大学校（晚松文库）C14-B81
속홍루몽（续红楼梦）	译著者未详，写年未详	24 卷 24 册，朝鲜笔写本，27×18cm，无郭，无丝栏，9 行 17 字，无版心，纸质：楮纸	表题：续红楼梦，印：藏书阁印，35mmR［Nega］，1207f	韩国学中央研究院 R35N-000024-26，4-6822 旧藏书阁本

1-3. 后红楼梦

书名	出版事项	版式状况	一般事项	所藏处/所藏番号
后红楼梦	逍遥子（清）校，清朝末期刻，后刷	32 回 12 册，中国木版本，有图，17.7×11.5cm，四周单边，半郭：13.6×9.4cm，无界，9 行 20 字，上黑鱼尾，纸质：竹纸	里题：全像后红楼梦	成均馆大学校 D7C-127

续表

书名	出版事项	版式状况	一般事项	所藏处/ 所藏番号
后红楼梦	清朝末期刻，后刷	23 回 18 册(第 4-6 回，10-15 回缺)，中国木版本，17.3×11cm，四周单边，半郭：13.5×9cm，无界，9 行 20 字，上黑鱼尾，纸质：绵纸	备考：袖珍本	成均馆大学校 D7C-127a
		32 卷 6 册，中国木版本，有图 17.7×11.2cm，上下单边，左右双边，半郭：13.2×10cm，无界，9 行 20 字，上下向黑鱼尾，纸质：竹纸	序：散花居士漫题	釜山大学校
	刊写者，刊写年未详	6 册，中国木版本，有图，17.8×11.2cm，上下单边，左右双边，半郭：13.2×9.2cm，无界，9 行 20 字，花口，上下向黑鱼尾，纸质：中国纸	序：逍遥子漫题	釜山大学校 (芝田文库) OEC 3-12 24
후홍루몽 (后红楼梦)	译著者未详，写年未详	20 卷 20 册，朝鲜笔写本，28.8×18.8cm，无郭，无丝栏，9 行 18 字，无鱼尾，纸质：楮纸	表题：后红楼梦，印：藏书阁印，35mmR［Nega］，1043f	韩国学中央研究院 4-6877/ R35N-000026-27， 4-6877，旧藏书阁本

1-4. 红楼复梦

书名	出版事项	版式状况	一般事项	所藏处/ 所藏番号
绣像红楼复梦	南阳氏（清）编，娜嬛斋藏板，嘉庆四年(1799)刊	10 卷 32 册，中国木版本，有图，18.6×12.5cm	版心书名：红楼复梦，序：嘉庆己未（1799）……陈诗雯，印：集玉斋，帝室图书之章	奎章阁 ［奎중］5741

续表

书名	出版事项	版式状况	一般事项	所藏处/所藏番号
红楼复梦	南阳氏（清）编，上海，申报馆，光绪年间刊	10 册，中国木活字本，17.2×11.2cm	序：嘉庆己未（1799）……陈诗雯，印：集玉斋，帝室图书之章	奎章阁[奎중]5854
홍루부몽（红楼复梦）	译著者未详，写年未详	50 卷 50 册，朝鲜笔写本，28.1×18.9cm，无郭，无丝栏，9 行 17 字，无鱼尾，纸质：楮纸	表题：红楼复梦，印：藏书阁印，35mmR[Nega]，3552f	韩国学中央研究院 4-6866/R35N-000010-15，旧藏书阁本

1-5. 红楼梦补

书名	出版事项	版式状况	一般事项	所藏处/所藏番号
홍루몽보（红楼梦补）	译著者未详，写年未详	24 卷 24 册，朝鲜笔写本，29×18.8cm，无郭，无丝栏，9 行 19 字，无鱼尾，纸质：楮纸	表题：红楼梦补，印：藏书阁印，35mmR[Nega]，1942f	韩国学中央研究院，4-6865/R35N-000022-24，4-6865 旧藏书阁本

1-6. 补红楼梦

书名	出版事项	版式状况	一般事项	所藏处/所藏番号
보홍루몽（补红楼梦）	译著者未详，写年未详	24 卷 24 册，朝鲜笔写本，28.1×19cm，无郭，无丝栏，10 行 19 字，无鱼尾，纸质：楮纸	表题：补红楼梦，印：藏书阁印，35mmR[Nega]，1207f	韩国学中央研究院 4-6812/R35N-000021-22，4-6812 旧藏书阁本

1-7. 红楼梦影

书名	出版事项	版式状况	一般事项	所藏处/所藏番号
红楼梦影	西湖散人（清）撰，聚珍堂板	6册24回，中国木版本，四周双边，匡郭：14.5×11cm，无界，10行22字，上黑鱼尾		延世大学校 고서중 812.36

2. 儒林外史

《儒林外史》在韩国好像不太受欢迎，因此它的传入记录难以找到，而且版本也不多。现存版本的刊行时间是1874年及1874年后。

《儒林外史》，清吴敬梓著。

吴敬梓（1701—1754），字敏轩，晚年自号文木老人、秦淮寓客，安徽全椒人。全椒吴氏在明清科举史上颇有名气。金和的《儒林外史·跋》说："吴氏固全椒望族，明季以来，累世科甲；族姓子弟声气之盛，俨然王谢。"吴敬梓的曾祖辈五人中有四人中过进士，曾祖吴国对是顺治年间的探花。吴敬梓自己在《移家赋》中写道："五十年中，家门鼎盛。"不过，到了吴敬梓的祖父一辈，兴衰就有了分别。他的族曾祖吴国龙的后人继续有位高权重者，而他的亲曾祖吴国对的子嗣，即吴敬梓的祖辈吴勖、吴旦，生父吴雯延、嗣父吴霖起这两代，已经没有什么值得夸耀的了。吴勖是增贡生，吴旦是增监生，吴雯延是秀才，嗣父吴霖起是拔贡，只做过一任苏北赣榆县教谕。吴霖起是一个比较正派、颇有孝行的人，为人正直，不慕钱财。这对吴敬梓有较大的影响。年轻时的吴敬梓功名心极强，一直渴望着为家族争光。可他在18岁考取秀才后，一直困于科场，心头的阴影一年比一年重。26岁那年，他去滁州参加科考（即乡试之前的预试），成绩不错，但试官听说他平日不规矩，斥责他"文章大好人大怪"，吴敬梓害怕一旦被黜影响进取，遂向试官"匍匐乞收"。乾隆元年（1736），吴敬梓36岁。安徽巡抚赵国麟荐举他入京应"博学鸿词"的廷试，吴敬梓因病（一说为托病）未能成行。从此以后，他再也没有参加过科举考试。

大约四十岁，吴敬梓开始写作《儒林外史》，用了十年的时间，全书才基本完成。乾隆十四年（1749），吴敬梓的朋友程晋芳作《怀人诗》云："《外史》纪儒林，刻画何工妍。吾为斯人悲，竟以稗说传。"《儒林外史》最初以抄本形式流传，在作者去世十几年以后，由金兆燕（号棕亭）刊刻于扬州（据1869年苏州书局活字本《儒林外史》金和跋），此本今不存。现存最早的刻本是清嘉庆八年（1803）的卧闲草堂本，原书藏于北京图书馆，1975年人民文学出版社影印出版。1977年人民文学出版社出版了由南京师范大学中文系校点的排印本。1977年上海古籍出版社又出版了李汉秋辑校的会校会评本《儒林外史》。

除《儒林外史》外，吴敬梓还著有《文木山房诗文集》十二卷和《文木山房诗说》七卷。

长期以来，学界普遍认为《诗说》已经失传，只能从《儒林外史》、金和的《跋》及金兆燕的《寄吴文木先生》中窥其一斑。1999 年，《文木山房诗说》旧抄本在上海图书馆被发现（发现者为周兴陆）。有周延良笺注本（齐鲁书社 2002 年版）。

《儒林外史》是一部以思想深刻著称的小说，作者对人生问题的关注和思考从小说基本内容便可看出。第一回"说楔子敷陈大义，借名流隐括全文"，写王冕的故事，表达否定功名富贵的思想。从第二回到第三十三回，吴敬梓集中笔力讽刺那些追名逐利的读书人。他们或是热衷于科举，或是津津于名士风流。从第三十四回到第四十四回，《儒林外史》着力刻画一批品行高尚、学识渊博、才能卓特的士人。他们或是集合在礼乐的旗帜下，或是建立了不世奇勋，但其结局都很不妙，或投闲置散，或降级使用，或连一个安定的归宿都没有。从第四十五回到第五十五回，小说集中表现以儒林为中心的整个社会的灰暗现实。最后塑造了四个自食其力、置身于功名富贵之外的市井奇人，他们身上仍带有浓厚的士人色彩。

《儒林外史》"驱使各种人物，行列而来，事与其来俱起，亦与其去俱讫，虽云长篇，颇同短制"（鲁迅《中国小说史略》）的结构为晚清谴责小说如曾朴的《孽海花》、李伯元的《官场现形记》、吴趼人的《二十年目睹之怪现状》所模仿。

书名	出版事项	版式状况	一般事项	所藏处/所藏番号
儒林外史	吴敬梓（清）撰，清朝末期刊	不分卷 8 册(29-56 回)，中国木版本，16.6×10.7cm，四周单边，半郭：12.4×9cm，有界，9 行 18 字，上黑鱼尾，纸质：绵纸	识记：49 回卷末里识：翰林院修撰，落帙本	韩国学中央研究院 4-238
增订儒林外史	吴敬梓（清）撰，齐省堂藏板，同治十三年（1874）序	12 册，中国木版本，17.2×11.8cm	序：同治甲戌（1874）十月惺园退士书，印：集玉斋，帝室图书之章	奎章阁[奎중]6023
齐省堂增订儒林外史	同治甲戌（1874）十月开雕	16 册 56 回，中国木版本，四周双边，匡郭：12.5×10cm，无界，9 行 18 字，上黑鱼尾	表题：儒林外史，序：同治甲戌（1874）十月惺园退士书，刊记：同治甲戌（1874）十月开雕翻刻必究	延世大学校 고서중 812.36
				延世大学校 李源喆文库
增补齐省堂儒林外史	吴敬梓（清）撰，鸿宝斋，光绪十四年（1888）序	4 册，中国石印本，19.6×13cm	序：光绪十有四年（1888）……东武惜红生	奎章阁 5468

续表

书名	出版事项	版式状况	一般事项	所藏处/所藏番号
增补齐省堂儒林外史	吴敬梓（清）著，铸记书局，刊写年未详	零本 3 册(所藏本中卷之 2, 5, 6, 3 册以外缺)，中国石印本，20.2×13.4cm，四周单边，半郭：18×11.7cm，24 行 50 字，白口上黑鱼尾	表纸书名：儒林外史，版心书名：增补儒林外史	海军士官学校[중]186
		1 卷 1 册(全 6 卷 6 册，卷 1：1-9 回)，中国石印本，20.3×13.4cm，四周单边，半郭：18.1×11.8cm，无界，24 行 50 字，注双行，上内向黑鱼尾	里表纸书名：增补齐省堂儒林外史，表纸书名：足本儒林外史，版心书名：增补儒林外史，序：光绪十有四年（1888）……东武惜红生，序：大清同治甲戌（1874）……惺园退士	汉阳大学校 812.36-오 236 ㅈ-v.1-v.6

3. 镜花缘

《镜花缘》，清李汝珍著。凡一百回。嘉庆二十三年(1818)苏州原刻本，有许乔林序、洪棣元序及孙吉昌等六家题词；道光十年(1830)广州芥子园重刻巾箱本，除许序、洪序外，又增麦大鹏《镜花缘绣像序》、谢叶梅画像 108 页及其《自序》；咸丰八年(1858)广东佛山连元阁刻本，有像；同治八年(1869)翠筠山房刻本，有像；光绪十六年(1890)上海广百宋斋石印本和铅印本，有图。

据宋尤袤《全唐诗话》："天授二年腊，卿相欲诈称花发，请幸上苑，许可，寻复疑之。先遣使宣诏曰：'明朝游上苑，火速报春知；花须连夜发，莫待晓风吹。'凌晨百花齐放，咸服其异。"况周颐说："李松石汝珍撰章回小说名《镜花缘》，言武后时百花齐放，本此。"(《蕙风簃随笔》)《镜花缘》前半部写秀才唐敖漫游海外诸国和唐小山寻父的故事；后半部主要描叙众女才华：武则天开女科考试，录取才女 100 名，名次与泣红亭中碑文所记相同。

《镜花缘》在朝鲜后期传入韩国后就有翻译本出现，并改题为《第一奇谚》，翻译者是洪羲福(1794—1859)，总二十卷，现存十八卷。此翻译是在 1835—1848 年完成的。可知《镜花缘》1835 年以前已经传入韩国。另外《镜花缘》的亚流小说版本也有存藏，例如陈球的《燕山外史》、夏敬渠的《野叟曝言》等书。

书名	出版事项	版式状况	一般事项	所藏处/ 所藏番号
镜花缘	李汝珍（清）撰，上海，扫叶山房，光绪九年（1883）刊	30卷22册（卷1-30），中国木版本，有图，15.4×11cm，四周单边，半郭：11.4×8.9cm，有界，10行20字，注双行，花口，上下向黑鱼尾，纸质：竹纸	标题：全本绣像镜花缘，序：道光十年（1830）岁在上章摄提格，识：武林洪棣元，刊记：光绪癸未（1883）春元补刻绣像，扫叶山房藏板	全南大学校3Q2-경96
		22册，中国木版本，有图，15.6×11.1cm，上下单边，左右双边，半郭：11.1×9.3cm，无界，10行20字，上下向黑鱼尾	序：梅州许乔林石华撰，刊记：光绪癸未（1883）春元补刻绣像，扫叶山房藏板，表题：镜花缘，版心题：镜花缘	庆北大学校[古]812.3경96
		线装18册，中国木版本，四周单边，半郭：12×9.8cm，10行20字外部上端注，上黑鱼尾，22.8×14.9cm		中央大学校812.3-이여진경
	李汝珍（清）著，清代刊	20卷12册，中国木版本，17.8×11.2cm	印：集玉斋，帝室图书之章	奎章阁[奎중]6059
		8册，中国木版本		李佑成
		5卷4册（卷3-6，9存），中国木版本，17×11.7cm，四周单边，半郭：11.5×8.7cm，有界，10行20字，上黑鱼尾，纸质：绵纸	内容：中国小说	韩国学中央研究院，4-220
		10册，中国版本，15.5×11cm		五美洞礼山金氏虚白堂门中
全本绣像镜花缘	李汝珍（清）著，扫叶山房藏板，光绪九年（1883）刊	合22册（卷首，20卷），中国木版本，有图，16.2×11.6cm	卷头书名：镜花缘，序：道光十年（1830）……谢叶梅，印：集玉斋，帝室图书之章	奎章阁[奎중]6124

书名	出版事项	版式状况	一般事项	所藏处/所藏番号
全本绣像镜花缘	扫叶山房，光绪九年(1883)刊	30卷22册，中国木版本，有图，15.4×11cm，四周单边，半郭：11.4×8.9cm，有界，10行20字，上下向黑鱼尾，纸质：竹纸	题签：镜花缘，序：道光十年岁在上章摄提格(庚寅1830)清和月朔云山谢叶梅摹像并序，跋：武林洪棣元静荷识，刊记：光绪癸未(1883)春元补刻绣像，扫叶山房藏板，所藏印：扫叶山房督造书籍	全南大学校
绘图镜花缘	李汝珍(清)著，上海，点石斋，光绪十四年(1888)刊	100回12册，中国石印本，有彩色图，19.5×12.5cm，四周单边，半郭：13.5×10cm，无界，16行36字，纸质：绵纸	原序：……悔修居士石华撰 李子松石镜花缘……己丑嘉平月……其颠末……道光十年(1830)岁在……摹像并序，序：……光绪十有四年(1888)……王韬序，刊记：光绪十有四年仲春月上海点石斋代印，印：集玉斋	奎章阁[奎중]5803
			序：光绪十有四年(1888)春王正月王韬序，刊记：光绪十有四年(1888)仲春月上海点石斋代印	成均馆大学校 D7C-110
图像镜花缘	上海，普新瑞记书局，1907年刊	6卷6册，中国石印本，半郭：18.2×11.9cm，23行50字，上黑鱼尾	表题：绘图增像镜花缘，序：班志称小说家流出于稗官……《镜花缘》一书相传北平李子松石以数年之力成之观者咸谓有益风化……辄述此语以质之天下真才子喜读是书者海州许乔林石华撰，刊记：光绪丁未(1907)夏月上海普新瑞记书局石印	雅丹文库 823.6-도52

续表

书名	出版事项	版式状况	一般事项	所藏处/所藏番号
图像镜花缘	上海，普新瑞记书局，1907 年刊	6 卷 1 匣 6 册，中国石印本，13.6×20.2cm，四周单边，半郭：11.7×17.8cm，无界，25 行 58 字，白口黑鱼尾上	表纸书名：增像全图镜花缘，版心书名：绘图镜花缘，子部（小说家类），序：许乔林，谢叶梅（1830），王韬（1888），印：闵晟基印	涧松文库
绘图增像镜花缘	李汝珍（清）撰，普新瑞记书局，光绪三十三年（1907）刊	不分卷 6 册，中国石印本，20×13.2cm，四周单边，半郭：18×12cm，23 行 50 字，上黑鱼尾，纸质：竹纸	序：光绪十有四年（1888）春王正月王韬序，刊记：光绪丁未（1907）夏月普新瑞记书局石印	成均馆大学校（曹元锡）D7C-184
	章福记，己酉（1907）刊	1 匣 6 册，中国石印本，20cm		岭南大学校 823.6
제일기언（镜花缘）	洪羲福翻译	20 卷中 18 卷（残卷：9，12），朝鲜笔写本，31×20cm，10 行 20 字内外	题目：第一奇谚（1835）	高丽大学校 丁奎福

4. 女仙外史

《女仙外史》，又名《石头魂》，清吕熊著，凡一百回。有钓璜轩刊本，卷首题"新刻逸田叟女仙外史大奇书"。有光绪乙未（1895）上海积山书局石印本、光绪甲辰（1904）上海崇实书局石印本、宣统己酉（1909）上海玉麟书局石印本、1924 年上海新文化社铅印本。1926 年全记书庄铅印本，改名为《石头魂》。另有 1933 年上海启新书局铅印本、1985 年齐鲁书社校点本、1990 年上海古籍出版社《古本小说集成》影印本。还有 1789 年皇都林伊兵刻日译本。

作品前二十回写唐赛儿和燕王朱棣的来历，他们分别是嫦娥与天狼星，因结仇而同时被谪下凡。唐赛儿为县民林三之妻，白莲教首领；朱棣被封燕王，妄图篡位夺权。后八十回写唐赛儿起兵声讨燕王，尊奉建文帝为正统。她与朱棣征战了二十多年。正待攻取北平城时，玉皇大帝下旨追取天狼星，召嫦娥返广寒宫，唐赛儿不得不退兵，焚身飞升。该书是较为著名的神魔小说之一。

书名	出版事项	版式状况	一般事项	所藏处/所藏番号
女仙外史	吕熊（清）撰，钓璜轩贮板，清刊本	20 册，中国木版本，23.6×15.1cm	卷头书名：新刻逸田叟女仙外史大奇书，跋：岁次辛卯（1711?）人日吕熊文兆自跋于后，印：集玉斋，帝室图书之章	奎章阁[奎중]4744
新刻逸田叟女仙外史大奇书	逸田叟（清）著，钓璜轩，清康熙五十年（1711）刊	18 册，中国木版本，24×15.5cm，四周单边，半郭：19.8×13.6cm，无界，10 行 22 字，上下向黑鱼尾，纸质：竹纸	表题：女仙外史，跋：康熙岁次辛卯（1711）中秋望日，内容：西王母瑶池开宴-金刚禅魔斗法宝	清州大学校823.6 여 337 ㅅ V. 1-18
	吕熊（清）著，钓璜轩，刊写年未详	10 册（缺帙，所藏：1-10），中国木版本，23.9×15cm，四周单边，半郭：19.4×13cm，无界，10 行 22 字，花口，上下向黑鱼尾	自叙：岁次辛卯（1711?）人日吕熊文兆氏自跋于后	国民大学校[고]823.6 여01
	吕熊（清）著，刊写者，刊写年未详	13 册（缺帙，所藏：2, 4-5, 11-20），中国木版本，25.4×15.3cm，四周单边，半郭：19.5×12.9cm，无界，10 行 22 字，花口，上下向黑鱼尾	表题：女仙外史	国民大学校[고]823.6 여01 ㄱ
绘图评点女仙外史	吕熊（清）撰，上海，章福记，宣统元年（1909）刊	全8卷8册（卷1-8），中国石印本，有图，20.2×13.5cm，四周单边，半郭：16.9×11.7cm，无界，24 行 52 字，无黑口，无鱼尾	表纸书名：增像绘图女仙外史，序：陈奕祺，自序：辛卯（1711）……吕熊，版心书名：绘图女仙外史，刊记：宣统元年（1909）仲夏月上海章福记石印	汉阳大学校812.36-여 656 ㅎ-v. 1-v. 8
녀션외ᄉ（女仙外史）	译著者未详，写年未详	45 卷 45 册，朝鲜笔写本，28.4×18.8cm，无郭，无丝栏，10 行 17 字，纸质：楮纸	表题：女仙外史，印：藏书阁印，35mmR[Nega]，2536f	韩国学中央研究院 4-6791/R35N-000183-6

5. 瑶华传

清代章回小说。清道光十八年(1838)刊本题"吴下香城丁秉仁编著，茂苑尤凤真阁仙评"，凡四十二回。丁秉仁，字香城，苏州人，曾游幕四十年之久，足迹遍及南北各地，于燕北海东尤为熟稔。据其嘉庆八年(1803)自序，该书的创作始于嘉庆四年，"寒暑无间，积四载而始告成"。叙明末福王之女瑶华，乃南山一狐所投胎。先嫁周君佐，后入峨眉山修炼，不食人间烟火，终于成仙。"多言妖异猥亵事，不根史实。"(孙楷第《中国通俗小说书目》)

书名	出版事项	版式状况	一般事项	所藏处/所藏番号
绣像瑶华传	丁秉仁(清)编著，涛音书屋藏板，道光十八年(1838)刊	合12册(卷首，11卷)，中国木版本，有图，17.6×12cm	版心书名：瑶华传，序：嘉庆八年(1803)……丁秉仁，跋：嘉庆十年(1805)……周永保，印：集玉斋，帝室图书之章	奎章阁[奎중]5917
瑶华传	刊年未详	14卷7册，韩文笔写本，29.5×19cm	卷头书名：슈상요화전	奎章阁[奎]11472
요화전(瑶华传)	译著者未详，写年未详	22卷22册，朝鲜笔写本，27.8×19cm，无郭，无丝栏，9行字数不定，无版心，纸质：楮纸	表题：瑶华传，印：藏书阁印，35mmR[Nega]，1168f	韩国学中央研究院4-6835/R35N-000085-87

6. 快心编

又名《快心编传奇》、《快心编全传》。清代章回小说。清"课花书屋藏板"本，初集内封题"醒世奇观"、"新镌快心编全传"，二、三集卷端均题"快心编传奇"，"天花才子编辑"，"四桥居士评点"，首有序及凡例，回末有评，无图像。凡初集五卷十回、二集五卷十回、三集六卷十二回，共三十二回。天花才子，一说即清初徐震，有《女才子书》、《云仙笑》等小说。《快心编》三十二回合演一故事，叙明末山西太原府人石佩珩文武双全，与凌驾山、柳俊先后义结金兰。后凌驾山中进士，石佩珩、柳俊以功升总兵，凌驾山与李丽娟奉旨成婚，柳俊娶兰英为妻。全书情节不离才子佳人常套。

书名	出版事项	版式状况	一般事项	所藏处/所藏番号
快心编	天花才子(清)编辑，四桥居士(清)评点，上海，申报馆，20世纪初刊	10册，中国石印本，18×12cm，四周双边，半郭：13.5×9.5cm，无界，行字数不定，上下向黑鱼尾	标题/版心题：快心初集，表题：四桥居士评，申报馆重印	国民大学校[고]823.6 천01
快心编	天花才子(清)编辑，四桥居士(清)评点，刊写地，刊写者，刊写年未详	初集5卷4册，第2集5卷4册，第3集6卷4册，共12册(初集卷1-5，第2集卷1-5，第3集卷1-6)，24×15cm，上下单边，左右双边，半郭：19.3×13.9cm，无界，10行22字，上下向黑鱼尾	目录题：快心编传奇标题：快心编全传	东亚大学校(3)：12：2-3
快心编传奇	天花才子(清)编辑，四桥居士(清)评点，刊写地，刊写者，刊写年未详	3册(缺帙)，中国木版本，四周单边，半郭：18.9×13cm，有界，10行22字，花口，上下向黑鱼尾，23.4×15.1cm，纸质：竹纸		全南大学校4E-쾌59 ㅊ
쾌심편(快心编)	译著者未详，写年未详	32卷32册，朝鲜笔写本，28.2×18.8cm，无郭，无丝栏，注双行，无版心，10行字数不定，纸质：楮纸	印：藏书阁印，35mmR[Nega]，1784f	韩国学中央研究院4-6851/R35N-000087-89

7. 品花宝鉴

　　有道光二十九年(1849)刊本等。1913年石印本分为六卷，改题为《燕京评花录》；又一石印本改题《怡情佚史》。首幻中了幻居士序，石函氏自序，卧云主人题词。凡六十回，清陈森(？1791—1849后)撰。陈森字少逸，号采玉山人，又号石函氏，毗陵(今江苏常州)人。据石函氏自序，作者早年"好学古文诗赋歌行等类，而稗官一书，心厌薄之"。"及秋试下第，境益穷，志益悲，块然魂礧于胸中而无以自消，日排遣于歌楼舞榭间，三月而忘倦，略识声容伎艺之妙，与夫性情之贞淫，语言之雅俗，情文之真伪。"时与某比部"品题梨园，雌黄人物"，在某比部的怂恿下，开始《品花宝鉴》的创作，"两月间得卷十五，借阅者已接踵而至，缮本出，不复返，哗然谓新书出矣"，时在道光十七年(1837)。"继以羁愁潦倒，思室不通，遂置之不复作。"八年后，又续作十五卷，"某农部甚嗜之，以为功已得半，弃之可惜，属余成之，且日来哓哓，竟如师之督课"。作者"发愤自勉，五阅月而得三十卷，因以告竣"。时在道光二十九年（1849）。这一年始有刊本行世。陈森另有《梅花梦》传奇。《品花宝鉴》以年轻公子梅子玉和男伶杜琴言的同性恋为中心线索，描写乾隆以来北京上层社会的狎优生活，笔墨之间颇多欣羡之意。卧云轩老人《品花宝鉴题词》之三云：

> 闺阁风流迥出群，美人名士斗诗文。
> 从前争说《红楼》艳，更比《红楼》艳十分。

存心与《红楼梦》争"艳"，《品花宝鉴》的旨趣由此可见。《品花宝鉴》的人物，不少有所影射，如田春航就是毕秋帆，侯石翁即袁枚。小说第五十五回对侯石翁的叙写，表明作者对袁枚的把握非常深入：

> 这个侯石翁，是个陆地神仙，今年已七十四岁。二十岁点了翰林，到如今已成了二十三科的老前辈，朝内已没有他的同年。此人从三十余岁就致仕而归，遨游天下三十余年。在凤凰山造了个花园，极为精雅。生平无书不读，喜作诗文，有千秋传世之想，当时推为天下第一才子。但此翁年虽七十以外，而性尚风流，多情好色，粉白黛绿，姬妾满堂。执经问字者，非但青年俊士，兼多红粉佳人。石翁游戏诙谐，无不备至。其生平著作，当以古文为最，而世人反重其诗名，凡得其一语褒奖，无不以为荣于华衮。盖此翁论诗专主性灵，虽妇人孺子，偶有一二佳句，便极力揄扬，故时人皆称之为"诗佛"，亦广大法门之意。而好谈格调者，亦以此轻之。

仅此一例，即足见作者对乾隆以来上层社会生活颇为熟悉。但《品花宝鉴》毕竟是一部小说，读者阅读时，万不可拿有关情节、人物一一与现实对号入座。比如，历史上的袁枚74岁时，是为公历1789年，而《品花宝鉴》第五十五回所写"带着琴言去看侯石翁的屈道翁据说就是张问陶船山。小说上说他见过袁枚不久就死了，那末张船山的死年也该是公历1789年了，实际上张船山却死于公历1814年，比小说要迟二十几年。照小说说来，似乎侯、屈均老，独田公子年轻，其实袁枚74岁的时候，张船山倒不过26岁，毕沅倒已经有61岁了。所以，《品花宝鉴》上的人物和时代都是随便捏合的"[1]。

书中最重要的主角是梅子玉和杜琴言，《罗延室笔记》在明确指出田春航即毕秋帆、侯石翁即袁子才、史南湘即蒋苕生、屈道翁即张船山、梅学士即铁保后，说："而梅子玉、杜琴言，实无其人，隐寓言二字之意"。之所以虚拟这两个人物，"盖著者以为高绝，而已无人足供影射者矣"。对于《品花宝鉴》构思上的特点，《梦华琐簿》所论颇为中肯："《红楼梦》叙述儿女子事，真天地间不可无一不可有二之作。陈君乃师其意而变其体，为诸伶人写照。吾每谓文人以择题为第一谊，正谓此也。正如《金瓶梅》极力摹绘市井小人，《红楼梦》反其意而师之，极力摹绘阀阅大家。如积薪然，后来居上矣。"在晚清狭邪小说

---

① 赵景深：《品花宝鉴考证》，王俊年编：《中国近代文学论文集》（1919—1949）小说卷，中国社会科学出版社1988年版，第180页。

中，这是一部较为重要的作品。

书名	出版事项	版式状况	一般事项	所藏处/所藏番号
品花宝鉴	道光二十八年(1848)刊	20 册，中国木版本，19.6×13cm	印：集玉斋，帝室图书之章	奎章阁[奎중]6016
	陈森(清)撰，清宣统元年(1909)刊	60 回 24 册，中国木版本，18.7×12.8cm，左右双边，半郭：14.3×10.2cm，有界，8 行 22 字，上黑鱼尾，纸质：竹纸	序：卧云轩老人题，刊记：戊申年(1908)十月幻中了幻斋开雕己酉(1909)六月工竣	成均馆大学校D7C-107
	陈森(清)撰，刊写地，刊写者，刊写年未详	15 卷 5 册(卷 1-15)，中国木版本，20.2×12.8cm，四周单边，半郭：13.9×10.4cm 有界，8 行 22 字，注双行，上下向黑鱼尾	表题：品花，题词：卧云轩老人题，序：石函氏书，幻中了幻居士	檀国大学校栗谷纪念图书馆(罗孙文库)[古]873.6-진506 ㅍ

8. 花月痕

有清光绪十四年(1888)原刊本。题"眠鹤主人编次"，"栖霞居士评阅"。首咸丰八年(1858)眠鹤道人前序及后序。坊间石印本有改题《花月姻缘》者。凡十六卷五十二回，清魏秀仁撰。魏秀仁(1819—1874)，字伯肫，一字子安，又字子敦，号眠鹤主人、眠鹤道人，又号咄咄道人、不悔道人，侯官(今福建福州)人。作者约于咸丰八年(1858)完成四十四回，同治三年(1864)后续写八回，初刻于光绪十四年(1888)。该书写才子韦痴珠、韩荷生游幕并州，各与名妓刘秋痕、杜采秋相好。韦怀才不遇，终至困顿而死，秋痕为之殉情；韩仕途颇顺，最后立功封侯，采秋做了一品夫人。韦的形象寓有作者穷困潦倒时的影子，韩则是他设想自己飞黄腾达时的形象。在艺术表达上，正如鲁迅《中国小说史略》所说："诗词简启，充塞书中，文饰既繁，情致转晦。"是晚清狭邪小说中较为重要的一部作品。

书名	出版事项	版式状况	一般事项	所藏处/所藏番号
花月痕	眠鹤主人(清)编次，栖霞居士(清)评阅，光绪十四年(1888)刊	16 卷 16 册，中国木版本，19.5×17.7cm	序：咸丰戊午(1858)暮春之望眠鹤主人，印：集玉斋，帝室图书之章	奎章阁[奎중]6068

书名	出版事项	版式状况	一般事项	所藏处/所藏番号
花月痕全书	眠鹤主人（清）编次，栖霞居士（清）评阅，上海，文盛书局，清末民初刊	不分卷 4 册，中国石印本，20×13.3cm，四周单边，半郭：16.6×11.6cm，22 行 44 字，头注，纸质：竹纸	表题：绣像花月痕全传，序：同治五年（1866）三月二十三日弱水渔郎题词时假馆于古甊道之昭武馆，刊记：上海文盛书局石印	成均馆大学校（曹元锡）D7C-178
	清刊本	16 卷 16 册（卷 1-8，8 册缺），中国木版本，12.2×18.7cm，上下单边，左右双边，半郭：10×13.3cm，无界，9 行 21 字，白口，黑鱼尾上	表纸书名：花月痕，印：藕斋，闵晟基印，金？乘印	涧松文库
绘图花月姻缘	眠鹤主人（清）编次，栖霞居士（清）评阅，上海书局，清光绪十九年（1893）刊	13 卷 5 册（卷 11-13 缺），中国新活字本，有图，16.6×10.1cm，四周双边，半郭：12.2×8.1cm，14 行 32 字，注双行，上黑鱼尾，纸质：竹纸	序：咸丰戊午（1858）重九前一日眠鹤道人撰，刊记：光绪癸巳（1893）夏上海书局印，京都博文斋藏板	成均馆大学校D7C-124
绣像绘图花月痕	眠鹤主人（清）编次，栖霞居士（清）评阅，刊写地，刊写者，刊写年未详	16 卷 1 册，中国石印本，有图，20.3×13.2cm，四周单边，半郭：18.3×12cm，无界，行字数不定，花口	序：咸丰戊午（1858）……眠鹤主人序，后序：咸丰戊午（1858）……眠鹤道人序	国民大学校[고]823.6 면01
		16 卷 4 册（卷 1-16），中国石印本，有图，19.9×13.1cm，四周单边，半郭：18×11.9cm，无界，26 行 56 字，头注，纸质：竹纸	头注，序：咸丰戊午（1858）暮春之望眠鹤主人序	全南大学校3Q-수 51 □-v. 1-4

9. 青楼梦

又名《绮红外史》。有清光绪十四年（1888）文魁堂刊小本、上海申报馆排印本。题"厘峰慕真山人著"，"梁溪潇湘侍者（按：即邹弢）评"。首光绪四年（1878）金湖花隐序，同年邹弢序。每回首有评。凡六十四回，清俞达撰。俞达（？—1884），又名宗骏，字吟香，自号慕真山人，江苏长洲（今江苏苏州人）。金湖花隐序云："其书张皇众美，尚有知音，意为落魄才人反观对镜，而非徒矜言绮丽为也。噫嘻！美人沦落，名士飘零，振古如斯，同声一哭。览是书者，其以作感士不遇也可，倘谓为导人狭邪之书则误矣。"序所揭示的这种"感士不遇"的心理与前期才子佳人小说作家（尤其是天花藏主人）是一致的。据邹弢《三借庐笔谈》记载，俞达中年落魄，好作冶游；晚年志在山林，终因尘世羁牵，遽难摆脱，以风疾卒。除本书外，尚著有《醉红轩笔话》、《花间棒》、《吴中考古录》、《闲鸥集》等。小说写吴中才子金挹香的狎妓生活。青楼三十六美人，个个多情多义，故金亦"不以青楼为势利场"。后金高掇巍科，官至太守，纳五妓为一妻四妾。以三十六妓风流云散，金弃官修道结束。鲁迅《中国小说的历史的变迁》称："《青楼梦》全书都讲妓女，但情形并非写实的，而是作者的理想。他以为只有妓女是才子的知己，经过若干周折，便即团圆，也仍脱不了明末的才子佳人这一派。"

书名	出版事项	版式状况	一般事项	所藏处/所藏番号
青楼梦	厘峰慕真山人（清）著，光绪四年（1878）序	64回8册，中国木版本，17.4×11.7cm，四周双边，半郭：13×9.3cm，无界，11行27字，注双行，内向黑鱼尾，纸质：竹纸	表题：挹香传，序：光绪四年戊寅（1878）古重阳日金湖花隐倚装序于苏台行馆，备考：袖珍本	成均馆大学校 D7C-103
	厘峰慕真山人（清）著，梁溪潇湘侍者（清）评，文魁堂，光绪十四年（1888）刊	10册，中国木版本，16.8×11cm	序：光绪四年（1878）……金湖花隐，印：集玉斋，帝室图书之章	奎章阁［奎중］6199
	厘峰慕真山人（清）著，梁溪潇湘侍者（清）评，文魁堂，光绪十四年（1888）刊	12册，中国木版本，17.3×11.1cm，四周双边，半郭：13.3×10cm，无界，11行28字，注双行，花口上下内向黑鱼尾，纸质：中国纸	序：光绪四年戊寅（1878）金湖花隐倚装序，序：光绪四年戊寅（1878）重九梁溪钓徒潇湘馆侍者翰飞弟邹弢拜叙于吴门旅次，刊记：光绪戊子年（1888）申江文魁堂藏板	釜山大学校（梦汉文库）ODC 3-12 39A
	厘峰慕真山人（清）著，梁溪潇湘侍者（清）评，刊写地，刊写者，刊写年未详	7册（全8册，册1-7），17.3×11.7cm，四周双边，半郭：12.9×9.9cm，无界，11行27字，注双行，内向黑鱼尾	序：光绪四年戊寅（1878）古重阳日金湖花隐倚装序于苏台行馆，叙：光绪四年戊寅（1878）重九梁溪钓徒潇湘馆侍者翰飞弟邹弢拜叙于吴门旅次	东亚大学校（3）：12：2-61

续表

书名	出版事项	版式状况	一般事项	所藏处/所藏番号
青楼梦	厘峰慕真山人(清)著,梁溪潇湘侍者(清)评,上海申报馆,20世纪初刊	全10册(零本8册,缺本二册,五册),中国铅印本,17.3×11.3cm	序:光绪四年戊寅(1878)……金湖花隐倚装序于苏台行馆,光绪四年戊寅(1878)……潇湘馆侍者……邹弢	高丽大学校(晚松文库)C14-B80
绘图增像青楼梦	厘峰慕真山人(清)著,梁溪潇湘侍者(清)评,上海,益新书局,宣统二年(1910)刊	6卷3册,中国石印本,有图,13.5×8.8cm,四周单边,半郭:11.9×8.1cm,无界,20行44字,注双行,纸质:竹纸	表题:青楼梦,序:光绪三十有一年岁次乙巳(1905)寒食节后三日书于澄江客次之行馆,刊记:宣统二年岁次庚戌(1910)上海益新书局石印	东国大学校D819.3 이 45ㅎ
增像绘图青楼梦	厘峰慕真山人(清)著,上海,锦章图书局,光绪三十一年(1905)序	6卷6册(卷1-6),15×9.1cm,四周单边,半郭:13.1×8cm,无界,19行45字,注双行,上下向黑鱼尾	版心题:绘图青楼梦,表题:绘图青楼梦,表题:绘图青楼梦,序:光绪三十有一年岁次乙巳(1905)寒食节后三日书于澄江客次之行馆	东亚大学校(3):12:2-91
	厘峰慕真山人(清)著,梁溪潇湘侍者(清)评,上海,益新书局,宣统二年(1910)刊	6卷6册(卷1-6),中国石印本,有图,13.6×9cm,四周单边,半郭:12×8.2cm,无界,20行44字,注双行,无鱼尾	表题:绮红小史,标题:绘图增像青楼梦,序:光绪三十有一年岁次乙巳(1905)寒食节后三日书于澄江客次之行馆,刊记:宣统二年岁次庚戌(1910)上海益新书局石印	仁荷大学校H812.35-모78증-v.1-6
	厘峰慕真山人(清)著,锦章图书局,刊写年未详	6卷6册,中国石印本,14×9cm,四周单边,半郭:12.2×8.8cm,无界,20行44字	表题:绘图增像青楼梦,序:光绪三十一年乙巳(1905)	檀国大学校율곡도서관(秋汀文库)古873.6-모373ㅈ
	刊写事项不明	6卷6册,中国石印本,有图,14.4×8.9cm,四周双边,半郭:12.9×8.2cm,无界,18行42字,上下向黑鱼尾	题签:绘图青楼梦,版心题:绘图青楼梦	庆北大学校[古]812.31증51

10. 绿牡丹全传（四望亭全传）

又名《绿牡丹》、《绿牡丹续反唐传》、《四望亭全传》、《龙潭鲍骆奇书》。清道光十一年(1831)芥子园刊本题《绿牡丹全传》，首有二如亭主人序。有道光十八年(1838)崇文堂刊本、道光二十七年(1847)经纶堂刊本等。1986 年上海古籍出版社出版排印本。凡八卷六十四回。叙武则天年间，骆宏勋等众英雄的传奇经历。时值绿牡丹盛开长安，武则天招考才女，众英雄趁机入京诛杀奸佞，恢复大唐，武则天自缢。骆宏勋等皆有封爵，花碧莲封为一品夫人。小说似就鼓子词改作而成，戏曲、曲艺多有改编，在民间深受欢迎。

书名	出版事项	版式状况	一般事项	所藏处/所藏番号
绣像反唐四望亭	京都，琉璃厂，光绪十三年(1887)刊	6 册，中国木版本，15.7×11.1cm	卷头书名：新纂四望亭全传，印：集玉斋、帝室图书之章	奎章阁 [奎중]5940
绿牡丹	光绪庚子(1900)，上海书局刊	6 卷 6 册 64 回，中国石印本	一名龙潭鲍骆奇书	鲜文大学校 朴在渊
绣像绿牡丹全传	光绪七年(1881)刊	线装 6 卷 5 册（卷 5，1 册缺），木版本，插图，四周单边，半郭 13.2×9.4cm，半叶 11 行 25 字，上黑鱼尾，18.2×12.1cm，纸质：绵纸	刊记：京都琉璃厂梓 光绪辛巳(1881)重镌，里题：绿牡丹，自 1 回，骆游击定兴县赴任—64 回，圣天子登位封功臣	韩国学中央研究院 C4-222
新刻绿牡丹全传	清光绪十八年(1892)宗文堂刊行	8 卷 4 册，中国木版本，22.9×13.5cm，无界，14 行 32 字，注双行，上黑鱼尾，纸质：竹纸		成均馆大学校 D07C-0014
绣像绿牡丹全传	清光绪七年(1881)泰山堂刊行	8 卷 8 册，中国木版本，有图，18.2×12.1cm，四周单边，半郭：16.2×10.3cm，无界，14 行 32 字，上黑鱼尾，纸质：洋纸		成均馆大学校 D07C-0013
绿牡丹	笔写者，笔写年未详	6 册		赵东弼
녹목단（绿牡丹）	译著者未详	6 卷 6 册，23×15.9cm	缩微胶片，原本：笔写本	韩国学中央研究院 MF R16N 506

11. 玉娇梨

《玉娇梨》，又名《双美奇缘》。清初荑荻散人编次。或以为荑荻散人即清初徐震。凡二十回。现存日本内阁文库藏本、清康熙刊本、聚锦堂天花藏七才子书本（藏北大图书馆）、雍正庚戌退思堂刊七才子书本（有天花藏主人序）。1981 年春风文艺出版社据大连图书馆所藏善本出版《玉娇梨》校点本。写明正统间青年才子苏友白与白红玉、卢梦梨的婚姻故事。鲁迅在论及《玉娇梨》、《平山冷燕》等才子佳人小说时说："至所叙述，则大率才子佳人之事，而以文雅风流缀其间，功名遇合为之主，始或乖违，终多如意。"（《中国小说史略》）

《玉娇梨》在 19 世纪初被译成法文。

书名	出版事项	版式状况	一般事项	所藏处/所藏番号
新刻天花藏批评玉娇梨	三让堂，清末民初刊	4 卷 4 册，中国木版本，18.7×11.7cm，四周单边，半郭：14.7×10.2cm，无界，12 行 26 字，上黑鱼尾，纸质：竹纸	里题：第三才子书，版心题：第三才子书	成均馆大学校D7C-70
秘本风流才子白玉梨	荑荻散人（清）著	不分卷 5 册，笔写本，23.6×16.9cm	表题纸：白玉梨，印记：潘华人朴宗大景乾印	国立中央图书馆［한］48-11
옥교리젼（玉娇梨传）	甲辰（?）写	1 册，笔写本（韩文本），30.9×21.7cm，纸质：楮纸	笔写记：갑진지월일일 서별당의서외공셔	高丽大学校（晚松文库）C14-A61

12. 离合剑莲子瓶

道光壬寅（1842）"绿云轩藏板本"署"道光壬寅孟夏上浣日白叟山人识"，目录页上有"时在乾隆丙午（1786）清和既望"十字，则书成于乾隆年间。凡三十二回，作者佚名。写唐贞观年间钱塘崔言与书生刘芳义结金兰，先后得中功名，平盗有功，皇帝赐婚，衣锦荣归。亦为老套才子佳人故事，无甚新意。七宝珊瑚莲子瓶为崔言祖传宝物，乡宦朱爵侯见物起意，遂诬崔言下狱，乃小说情节的一大关键，故取以名书。

书名	出版事项	版式状况	一般事项	所藏处/ 所藏番号
莲子瓶 全传	绿云轩藏板,道光 二十二年(1842)序	4册,中国木版本,14.3×9.4cm	卷头书名:新刻离合剑 莲子瓶全集,序:道光 壬寅(1842)孟夏上浣日 白叟山人识,印:集玉 斋,帝室图书之章	奎章阁 [奎중]6195

13. 万花楼

一名《万花楼杨包狄演义》、《后续大宋杨家将文武曲星包公狄青初传》。"同文堂藏板"本题"西湖居士手编"。叙署"时戊辰之春自序于岭南汾江之觉后阁云。鹤邑李雨堂识",则作者为李雨堂。戊辰当即嘉庆十三年戊辰(1808)。凡十四卷六十八回。李雨堂,号西湖居士,鹤邑人。鹤邑或为今广东省高鹤县之鹤城。生平不详。小说写宋真宗年间忠臣杨宗保、包拯、狄仁杰等与奸臣之间的曲折较量,"狸猫换太子"一事是小说中的重要关目,流传极广,经石玉昆《三侠五义》评话再度加工,尤为读者所熟悉。

书名	出版事项	版式状况	一般事项	所藏处/ 所藏番号
绘图万 花楼传	刊写地,刊写者 未详,宣统元年 (1909)刊	6卷4册(卷1-6),20.3×13.1cm, 有图,四周双边,半郭:17.2× 11.6cm,无界,26行57字,上 下向黑鱼尾	标题:绘图万花楼全传 表题:绘图万花楼全传 刊记:宣统纪元(1909) 夏月涵青题	东亚大学校 (3):12:2-94
	刊写事项不明	6卷6册,中国石印本,有图, 14.4×8.7cm,四周单边,半郭: 13×7.8cm,无界,18行字数不 定,无鱼尾	题签:绣像万花楼传 版心题:绘图万花楼	庆北大学校 [古]812.3 회 225
绘图万花 楼全传	羊城长庆堂梓行	6卷6册,中国石印本,有图, 14cm,四周双边,11.3×7.3cm, 19行44字,上黑鱼尾	外题:绣像万花楼全传	延世大学校 812.36/13
万花楼	上海,广益书局	6卷6册68回,中国石印本		鲜文大学校 朴在渊

14. 粉妆楼

又名《粉妆楼全传》、《续说唐志传粉妆楼全传》，凡十卷八十回。清嘉庆二年(1797)宝华楼刊本题"竹溪山人撰"。乾隆年间宋廷魁号竹溪山人，《贩书偶记》载："竹溪山人《介山记》二卷，山右宋廷魁填词，乾隆间刊。"宋廷魁，山西介休县张良村人，有著作十三种，未知是否即《粉妆楼》作者。小说叙唐乾德年间(按：唐无乾德年号)越国公罗成后人罗增世袭封爵，生有二子，长为"粉金刚"罗灿，次为"玉面虎"罗焜。罗灿、罗焜遭权奸沈谦诬陷，被迫逃亡，历尽艰难。皇帝查明真相，沈谦畏罪投靠番邦，被捉拿归案。罗灿、罗焜等奉旨完婚。此书以英雄传奇故事写忠奸之争，未脱此类小说常套。

书名	出版事项	版式状况	一般事项	所藏处/所藏番号
粉妆楼	光绪癸未(1883)，扫叶山房梓行	12卷10册80回，中国木版本(袖珍本)		鲜文大学校 朴在渊
분장누 (粉妆楼)	20世纪初刊	5册(完帙)，笔写本(唯一本)	翻译：1906年左右	鲜文大学校 朴在渊
新刻绣像粉妆楼全传	扫叶山房，清光绪九年(1883)刊	12卷10册，中国木版本，有图，15.7×11.1cm，四周单边，半郭11.9×10cm，无界，12行22字，注双行，上黑鱼尾，纸质：竹纸	表题：绣像粉妆楼，版心题：粉妆楼传，序：道光壬辰(1832)孟春竹溪山人识，刊记：光绪癸未(1883)夏初扫叶山房梓行，备考：袖珍本	成均馆大学校 D7C-66

15. 儿女英雄传(续儿女英雄全传)

又名《金玉缘》、《侠女奇缘》。有光绪四年(1878)北京聚珍堂活字本、光绪六年(1880)还读我书室主人评点本、光绪十四年(1888)上海蜚音馆石印本等。凡五十三回，现存四十回，署"燕北闲人著"。光绪戊寅(1878)马从善序说：作者文康，字铁仙，文相公大学士勒保次孙。以资为理藩院郎中。出为郡守，擢观察。"丁忧旋里，特起为驻藏大臣。以疾不果行，遂卒于家。""晚年诸子不肖，家道中落，先时遗物斥卖略尽。""先生块然一室，笔墨之外无长物，故著此书以自遣。"小说写中军副将何杞之女何玉凤，为报父仇，改名十三妹。在能仁寺救出遇难的安骥和村女张金凤，由她做媒结为夫妇。后得悉其父之仇人已被朝廷所诛，意欲出家，为众人所劝止，亦嫁安骥。最后以金凤、玉凤和睦相处，安骥位极人臣作结。文康"欲使儿女英雄之概，备于一身，遂致性格失常，言动绝异，矫揉之态，触目皆是矣"(鲁迅《中国小说史略》)。对荣华富贵过于热衷，亦有损小说格调。

清光绪年间有佚名《续儿女英雄传》三十二回，叙安骥和十三妹在山东"除暴安民"的"业绩"。有光绪戊戌(1898)北京宏文书局石印本、清宣统元年(1909)上海江左书林石印本等。后又有佚名《再续儿女英雄传》四十回写安骥、何玉凤平定诸寇后，巡行青州，又破获数案。

书名	出版事项	版式状况	一般事项	所藏处/所藏番号
绘图儿女英雄传	文康(清)著，还读我书室主人(清)评，光绪十八年(1892)刊	合20册(19卷，卷首)，中国木版本，有图，18.4×12cm	序：光绪戊寅(1878)阳月古辽阆圃马从善，印：集玉斋	奎章阁[奎中]5920
绘图正续儿女英雄全传	上海茂记书庄印行	16卷1匣10册，中国石印本，13.6×20.5cm，四周双边，半郭：11.8×17.8cm，无界，25行56字，白口黑鱼尾上	版心书名：绘图儿女英雄传，序：雍正阏逢摄提格(1734)上巳后十日观鉴我斋甫拜手谨书，印：善斋，闵丙承印	涧松文库
绘图评点儿女英雄传	还读我书室主人(清)评，上海茂记书庄，清末民初刊	不分卷10册，中国石印本，20.2×13.6cm，四周双边，半郭：17.8×11.9cm，25行56字，注双行，上黑鱼尾，纸质：竹纸	表题：绘图正续儿女英雄全传，版心题：绘图儿女英雄传，序：雍正阏逢摄提格(甲寅1734)上巳后十日观鉴我斋甫拜手谨序，刊记：上海茂记书庄印行	成均馆大学校(曹元锡)D7C-187
绣像绘图儿女英雄传	上海，广益书局，刊写年未详	8册1匣，中国石印本，有图，20×13.6cm，四周双边，半郭：17.7×11.3cm，无界，行字数不定，花口，上下向黑鱼尾	表题：绘图评点正续儿女英雄传，序文：雍正阏逢摄提格(1734)上巳后十日观鉴我斋甫拜手谨序	国民大学校[고]823.6 수01
儿女英雄传	燕北闲人(清)著，刊写者，刊写年未详	6册(全40回12册)，中国木版本，16×11cm	题签：绘图评点儿女英雄传	高丽大学校육당C14-B21-7-12

续表

书名	出版事项	版式状况	一般事项	所藏处/所藏番号
儿女英雄传评话	文康（清）著，清光绪十八年（1892）刻，后刷	19 卷 16 册，中国木版本，有图，17.4×12.2cm，四周单边，半郭：14.2×10cm，无界，10 行 22 字，上黑鱼尾，纸质：竹纸	里题：绘图儿女英雄传，版心题：儿女英雄传，序：光绪戊寅（1878）阳月古辽阆圃马从善偶述，刊记：光绪壬辰（1892）刊	成均馆大学校 D07C-0075
	文康（清）著，上海书局，光绪二十四年（1898）刊	8 卷 8 册（卷 1-8），中国石印本，有图，18.7×13cm，四周双边，半郭：16.2×11.5cm，无界，24 行 54 字，上黑鱼尾，纸质：洋纸	版心题：绘图儿女英雄传，标题：侠女奇缘，序：光绪戊寅（1878）阳月古辽阆圃马从善偶述，刊记：光绪戊戌（1898）孟春之月上海书局印行	全南大学校 3Q-아 214 ▭-v. 1-8
		8 卷 8 册（卷 1-8），中国石印本，有图，18.7×13cm，四周双边，半郭：16.2×11.5cm，无界，24 行 54 字，花口，上下向黑鱼尾，纸质：洋纸	标题：侠女奇缘，版心题：绘图儿女英雄传，序：光绪戊寅（1878）阳月古辽阆圃马从善偶述，刊记：光绪戊戌（1898）孟春之月上海书局印行	全南大学校 3Q-아 214 ▭
	文康（清）等著，光绪三十三年（1907）刊	12 册，中国新活字本，有图，20×13cm	表纸书名：绘图正续儿女英雄传，版心书名：儿女英雄传，序：雍正阏逢摄提格（1734）……观鉴我斋，光绪戊寅（1878）……马从善，刊记：光绪丁未（1907）上海集成图书公司排印	国立中央图书馆 [古]5-80-14

16. 忠烈侠义传[续忠烈侠义传（忠烈小五义传），续小五义传]

《忠烈侠义传》又名《三侠五义》，光绪五年己卯（1879）北京聚珍堂活字本题"石玉昆述"，凡一百二十回。石玉昆，字振之，天津人。咸同间鬻艺京师，以唱单弦名重一时，有"编来宋代包公案，成就当时石玉昆"之说。光绪十八年(1892)尚在世。系据石玉昆说唱的《龙图公案》及其笔录本《龙图耳录》改编而成，与《龙图耳录》的主要区别是删除了大量说唱语汇，回目和内容则基本一致。前半部写包拯断案及侠客义士助他除暴安良，后半部写七侠与五义之间的往来纠葛以及他们如何剪除襄阳王及其党羽。光绪十五年(1889)，俞樾又"援据正史，订正俗说"，删去"狸猫换太子"，"别撰第一回"，更其名为《七侠五义》。《七侠五义》在语言风格上文人气渐浓。鲁迅《中国小说史略》云此书"构设事端，颇伤稚弱，而独于写草野豪杰，辄奕奕有神，间或衬以世态，杂以诙谐，亦每令莽夫分外生色。值世间方饱于妖异之说，脂粉之谈，而此遂以粗豪脱略见长，于说部中露头角也"。"《三侠五义》为市井细民写心，乃似较有《水浒》余韵，然亦仅得其外貌，而非精神。时去明亡已久远，说书之地又为北京，其先又屡平内乱，游民辄以从军得功名，归耀其乡里，亦甚动野人歆羡，故凡侠义小说中之英雄，在民间每极粗豪，大有绿林结习，而终必为一大僚隶卒，供使令奔走以为宠荣，此盖非心悦诚服，乐为臣仆之时不办也。"

《续忠烈侠义传》又名《忠烈小五义传》、《小五义》。光绪十六年庚寅(1890)北京文光楼初刊本，首光绪庚寅文光楼主人序。又风迷道人"小五义辨"，知非子跋，庆森跋。凡一百二十四回。文光楼主人序云："适有友人与石玉昆门徒相往来，偶在铺中闲谈，言及此书，余即托之搜寻。友人去不多日，即将石先生原稿携来，共三百余回，计七八十本，三千多篇，分上中下三部，总名《忠烈侠义传》。原无大小之说，因上部三侠五义为创始之人，故谓之《大五义》；中下二部五义，即其后人出世，故谓之《小五义》。"前部为《三侠五义》，中部即《忠烈小五义传》，下部则为《续小五义》。《忠烈小五义传》凡一百二十四回，以三侠五义的下一辈卢珍、韩天锦、徐良、白芸生、艾虎五人为主要人物，写他们闯荡江湖、"除暴安良"的故事。叙事简陋草率。

《续小五义》凡一百二十四回，清光绪十七年(1891)北京文光楼刊本题《绣像续忠烈小五义传》，又有题《三续忠烈侠义传》者。与《小五义》属同类作品，而叙事较《小五义》精细。故鲁迅《中国小说史略》推测：上中下三部，"草创或出一人，润色则由众手，其伎俩有工拙，故正续遂差异也"。

16-1. 忠烈侠义传

书名	出版事项	版式状况	一般事项	所藏处/所藏番号
忠烈侠义传	光绪己丑(1889)春月古蕉书屋覆印	20册120回，中国木版本，四周双边，匡郭：13.5×10.5cm，无界，10行22字，上黑鱼尾	刊记：光绪己丑(1889)春月古蕉书屋覆印	延世大学校 고서중 812.38
				延世大学校 海观文库

书名	出版事项	版式状况	一般事项	所藏处/所藏番号
忠烈侠义传	上海，扫叶山房，刊写年未详	1册(零本)，木版本(袖珍本)，中国版本，四周双边，半郭：13.5×9.8cm，无界，10行22字注双行，上下向黑鱼尾	版心下端记录(木板)：扫叶山房	岭南大学校古南 024.91-수진충렬
	刊写年未详	18卷3册(零本)，中国版本，17.7×12.2cm，四周双边，半郭：14.5×10.9cm，10行22字，白口，上下向黑鱼尾	楷书	韩国国学振兴院受托아주신씨인재파전암후손가
충렬협의전(忠烈侠义传)	译著者未详，写年未详	40卷40册，笔写本，28×18.8cm，无郭，无丝栏，无版心，10行18-19字，纸质：楮纸	表题：忠烈侠义传，印：藏书阁印，35mmR[Nega]，2020f	韩国学中央研究院4-6849/R35N-000186-9

16-2. 续忠烈侠义传(忠烈小五义传)

书名	出版事项	版式状况	一般事项	所藏处/所藏番号
绣像全图小五义	上海，扫叶山房，清光绪二十五年(1899)刊	12卷6册(第1-12)，中国石印本，20×13.3cm，四周单边，半郭：17.3×12cm，无界，22行49字，上下向黑鱼尾，纸质：绵纸	题签：绣像小五义，版心题：绣像小五义，里题：绣像小五义，序：光绪二十五年(1899)仲夏美县朱蔚彬书，刊记：己亥(1899)仲夏上海扫叶山房石印	江陵市 船桥庄
	简青斋书局，光绪二十五年(1899)序	6卷6册(卷1-6)，20.6×13.4cm，四周单边，半郭：17.6×12.1cm，无界，25行48字，上下向黑鱼尾	版心题：小五义全传，序：光绪二十有五年岁次己亥(1899)구生居士书	东亚大学校(3)：12：2-93
忠烈小五义	刊年未详	16册[零本，第1-2卷(1册)缺]，韩文笔写本，28.4×19.6cm，纸质：楮纸		奎章阁[奎]7553

续表

书名	出版事项	版式状况	一般事项	所藏处/所藏番号
小五义		6 卷 5 册 120 回（卷 1 缺），石印本		鲜文大学校朴在渊
绣像绘图小五义传	石玉昆（清）撰，上海，进步书局，清末民初刊	6 卷 4 册（第 1-124 回），中国石印本，20.1×13.5cm，四周双边，半郭：18.2×12cm，27 行 60 字，上黑鱼尾，纸质：竹纸	刊记：上海进步书局印行	成均馆大学校（曹元锡）D7C-150
	上海，大成书局，刊写年未详	6 卷 6 册（卷 1-6），20.1×13.4cm，有图，半郭：17.7×12.4cm，无界，20 行 45 字，上下向黑鱼尾	表题：小五义全传，刊记：上海大成书局印行	东亚大学校（3）：12-13
			表题：续小五义全传，刊记：上海大成书局印行	东亚大学校（3）：12-14
增像小五义传	石玉昆（清）述，刊写地未详，清光绪十六年(1890)序	25 卷 6 册（卷 1-25），中国石印本，有图，19.2×13cm，半郭：15.5×12cm，有界，17 行 32 字，花口，上下内黑鱼尾	增像小五义序：……光绪庚寅（1890）仲夏文光楼主人谨识，序：光绪庚寅（1890）仲夏知非子书于都门文光楼，序：光绪十六年岁次庚寅（1890）中吕月庆森宝书氏志于卧游轩，小五义辨：……光绪十六年岁次庚寅（1890）风迷道人又识，绣像 6 页 12 幅	淑明女子大学校
충렬소오의(忠烈小五义)	译著者未详，写年未详	本编 30 卷(附编 1 卷，合 31 册)，韩文笔写本，28.2×18.6cm，无郭，无丝栏，无版心，10 行字数不定，纸质：楮纸	印：藏书阁印，35mmR［Nega］，1703f	韩国学中央研究院 4-6848/R35N-000072-74

16-3. 续小五义传

书名	出版事项	版式状况	一般事项	所藏处/所藏番号
绣像绘图续小五义传	上海，进步书局，清末民初刊	6卷4册（第1-124回），中国石印本，20.1×13.5cm，四周双边，半郭：18.2×12cm，27行60字，上黑鱼尾，纸质：竹纸	刊记：上海进步书局印行，备考：第1-124回缺	成均馆大学校（曹元锡）D7C-151
新刻全图续小五义	文光楼书坊，光绪十七年（1891）刊	24册，中国木版本，17×12.2cm	卷头书名：续小五义，序：光绪十六年岁次庚寅（1890）嘉平七日燕南郑鹤龄松巢氏撰，印：集玉斋，帝室图书之章	奎章阁[奎중]5885
忠烈续小五义	简青斋书局	6卷6册124回，中国石印本		鲜文大学校 朴在渊

17. 七侠五义

参见《忠烈侠义传》题解。

书名	出版事项	版式状况	一般事项	所藏处/所藏番号
七侠五义传	俞樾（清）重编，刊写地，刊写者不明，光绪己丑（1889）序	6卷6册，中国石印本，有图，20.1×13.1cm，四周单边，半郭：17.6×11.1cm，无界，25行48字，上下向黑鱼尾	序：光绪己丑（1889）七月既望曲园居士俞樾书，题签：绣像七侠五义传，版心题：七侠五义传	庆北大学校[古]812.3 异67 천
绣像七侠五义传	石玉昆（清）述，曲园居士（清）重编，上海，扫叶山房，清光绪二十五年（1899）刊	12卷6册（卷1-12），中国石印本，有图，20×13.3cm，四周双边，半郭：17.3×12cm，无界，22行49字，上下向黑鱼尾，纸质：绵纸	版心题：绣像七侠五义，里题：绣像七侠五义，序：光绪己丑（1889）秋七月曲园居士书，刊记：己亥（1899）仲夏上海扫叶山房石印	江陵市 船桥庄

续表

书名	出版事项	版式状况	一般事项	所藏处/所藏番号
绣像绘图七侠五义传	俞樾（清）重订，上海，进步书局，清末民初刊	6卷4册（第1-100回），中国石印本，20.1×13.5cm，四周双边，半郭：18.2×12cm，27行60字，上黑鱼尾，纸质：竹纸	刊记：上海进步书局印行，备考：第1-124回	成均馆大学校（曹元锡）D7C-152
	上海，大成书局，刊写年未详	6卷6册（卷1-6），中国石印本，20.1×13.4cm，有图，四周单边，半郭：17.7×12.4cm，无界，20行45字，上下向黑鱼尾	表题：七侠五义全传，刊记：上海大成书局印行	东亚大学校（3）：12-5

18. 七剑十三侠

清光绪三十四年(1908)上海书局石印本题"姑苏桃花馆主人唐芸洲编次"，凡三集一百八十回。唐芸洲，别署桃花馆主人，姑苏（今江苏苏州）人。孙楷第《中国通俗小说书目》卷六著录："一名《七子十三生》。""演王守仁平宸濠事，不根史实。侈言剑术，亦多妖异之谈。"兼写剑侠与神术，是清代章回小说的套路之一。

书名	出版事项	版式状况	一般事项	所藏处/所藏番号
绣像七剑十三侠	桃花馆主人（清）编次，上海，锦章图书局，1910年左右刊	初集4卷2册，续集4卷2册，三集4卷2册，共12卷6册（初集卷1-4，续集卷1-4，三集卷1-4），中国石印本，20.4×13.5cm，四周双边，半郭：17.8×12cm，无界，26行56字，上下向黑鱼尾	版心题：七剑十三侠，刊记：上海锦章图书局石印	东亚大学校（3）：12：2-100
	桃花馆主人（清）编次，上海书局，宣统二年（1910）刊	4卷，中国石版本，二集4卷，三集4卷，共12卷6册，15.4×13.3cm		高丽大学校육당 C14-B16-1-6
足本大字绣像七剑十三侠初集	唐芸洲（清）编次，上海，广益书局，清末民初刊	12卷12册，中国石印本，20.2×13.3cm，有图，四周单边，半郭：17×11cm，无界，18行40字，上黑鱼尾，纸质：竹纸	刊记：上海广益书局发行	成均馆大学校D7C-56

书名	出版事项	版式状况	一般事项	所藏处/所藏番号
足本大字绣像七剑十三侠	唐芸洲（清）编次，上海，广益书局，清末民初刊	12卷12册（卷1-12），中国石印本，有图，19.6×13.3cm，四周单边，半郭：16.6×11cm，无界，18行40字，上黑鱼尾，纸质：竹纸	表题：足本大字七剑十三侠，刊记：上海广益书局发行	全南大学校3Q-수51ㄷ 全南大学校3Q-수51ㄷ- v. 1-12
绣像七剑十三侠全集	桃花馆主人（清）编次，上海，锦章图书局印行	12卷1匣6册，中国石印本，20×13.4cm，四周双边，半郭：18.1×12.2cm，无界，26行56字，白口黑鱼尾上		涧松文库

19. 雪月梅传

又名《雪月梅》、《孝义雪月梅》、《儿女浓情传》。清德华堂刊本署"镜湖逸叟陈朗晓山编辑"、"介山居士孟汾月岩评释"、"颖上散人邵松年鹤巢校订"，首有自序及董寄绵跋，凡十卷五十回。陈朗字苍明，号晓山，又号镜湖逸叟，生平不详，当为乾隆间人。书名《雪月梅》，系取岑秀之妻何小梅，妾许雪姐、王月娥三人名中各一字组合而成。小说叙明嘉靖间金陵人岑秀，文武兼长，为避巡抚侯子杰之害，辗转山东、浙江等地，先后娶雪、月、梅三女。其间登科及第，剿灭倭寇，文事武功，为人称羡。该书是当时流行的才子佳人小说的一种。

书名	出版事项	版式状况	一般事项	所藏处/所藏番号
孝义雪月梅传	陈朗（清）编，董孟汾（清）评释，聚锦堂，乾隆四十年(1775)序	10卷10册，中国木版本，17.2×11.6cm	卷头书名：雪月梅传奇，序：乾隆乙未（1775）……陈朗，跋：乾隆四十年(1775)……董寄绵，印：集玉斋	奎章阁[奎중]5838
雪月梅传	陈朗（清）著，董孟汾（清）评释，影松轩，光绪丁亥(1887)刊	全50回18册(1-50回)，中国木版本，有图，17.3×11.4cm，四周双边，半郭：12.9×9.1cm，无界，11行27字，注双行，上内向黑鱼尾	序：乾隆乙未（1775）镜湖逸叟自序，乾隆乙未……上浣月岩氏谨识，刊记：雪月梅传光绪丁亥春分赘翁康题	汉阳大学校812.36-진216ㅅ- v. 1-v8

书名	出版事项	版式状况	一般事项	所藏处/所藏番号
雪月梅传	陈朗（清）编辑，董孟汾（清）评释，光绪辛丑（1901）上海石印	6册，中国石印本，有图	内题：儿女浓情传，外题：绘图儿女浓情传，版心题：绘图第一奇书，自序：乾隆乙未（1775）仲春花朝	延世大学校 812.36/30
	陈朗（清）编辑，董孟汾（清）评释，20世纪初刊	6卷6册，中国石印本，有图，15×8.8cm		高丽大学校（华山文库）小79
绣像儿女浓情传	华英书局，20世纪初刊	6卷6册，中国石印本，有图（3页），四周单边，半郭：12.6×8.1cm，无界，21行47字，版心无	序：乾隆乙未（1775）仲春花朝镜湖逸叟自序于古钧阳之松月山房	梨花女子大学校［고］812.3 수61 아
셜월매젼（雪月梅传）	译著者未详，写年未详	20卷20册，笔写本，28.3×18.8cm，无郭，无丝栏，10行字数不定，无版心，纸质：楮纸	印：藏书阁印	韩国学中央研究院4-6820

20. 施公案

　　原名《施案奇闻》，又名《施公案传》、《施公案奇闻》、《百断奇观》、《施公奇案》。有嘉庆二十五年（1820）刊本、道光十八年（1838）刊本、民国间上海锦章书局石印本等。凡八卷九十七回。作者佚名。主要写康熙年间江都知县施仕纶审案故事，始于施仕纶任江都知县，至升任总督结束，其中穿插一些绿林好汉活动。约成书于乾、嘉之际，代表侠义与公案小说合流的开始。历史上实有施世纶（小说改世为仕）其人，《清史稿》有传。

　　《施公案》有续书九种，依次是《续施公案》、《三续施公案》、《四续施公案》、《五续施公案》、《六续施公案》、《七续施公案》、《八续施公案》、《九续施公案》、《全续施公案》，陆续问世于道光至光绪间，连同《施公案》，计五百二十八回。有光绪二十九年（1903）上海广益书局石印本。

书名	出版事项	版式状况	一般事项	所藏处/所藏番号
施公案	道光甲申（1824）年，本衙藏板	8卷4册97回，中国木版本		鲜文大学校 朴在渊

书名	出版事项	版式状况	一般事项	所藏处/所藏番号
大字足本绣像施公案全集	上海，大成书局，清末民初刊	26 卷 10 册（前传 8 卷，后传 6 卷，三传 4 卷，四传 4 卷，五续 4 卷），中国石印本，有图，20.1×13.8cm，四周单边，半郭：17.9×11.9cm，无界，20 行 45 字，纸质：竹纸	刊记：上海大成书局发行，备考：6 传 4 卷，7 传 4 卷，8 传 4 卷，9 传 4 卷，续 4 卷缺	成均馆大学校 D7C-18
绘图施公案	刊写者，刊写年未详	全集 4 卷 2 册，6 集 4 卷 2 册，7 集 4 卷 2 册，8 集 4 卷 2 册，共 16 卷 8 册，20.5cm，四周双边，半郭：17×12cm，无界，24 行 48 字，上下向黑鱼尾	册 1-2，全集 4 卷 2 册，册 3-4，6 集 4 卷 2 册，册 5-6，7 集 4 卷 2 册，册 7-8，8 集 4 卷 2 册	庆熙大学校 823-시 15
绘图施公案演义	文光主人（清）编次，上海，广益书局，光绪二十九年（1903）序	20 册，中国石印本，有图，19.6×13.3cm，四周单边，半郭：16.9×11.5cm，无界，20 行 45 字，上黑鱼尾，纸质：竹纸	表题：足本全图施公案全集，序：光绪二十九年（1903）……上海文光主人识，内容：施公案初集-九集，全集	全南大学校 3Q-회 225 ㅁ 全南大学校 3Q-회 225 ㅁ-v. 1-20
施案奇闻	道光十九年（1839）序	8 卷 4 册，中国木版本，有图，18.2×12.2cm，四周单边，半郭：14.5×10.4cm，13 行 25 字，上黑鱼尾，纸质：绵纸	里题：绣像施公案传，序：道光己亥年（1839）春月新镌，藏板：学库山房藏板	韩国学中央研究院 4-233

21. 彭公案（续彭公案，彭公清烈传）

清光绪十八年（1892）立本堂刊本题"贪梦道人撰"，首有张继起序及作者自序，凡二十三卷一百回。另有光绪十九年（1893）上海书局石印本、上海锦章书局石印本等。"贪梦道人"生平不详，《永庆升平后传》署都门贪梦道人著，或为同一作者。小说写三河县知县彭朋，在李七侯、欧阳德等侠客帮助下，剪除地方恶霸，镇压乡民反抗，后官至兵部尚书，是一部流传甚广的公案小说。历史上实有彭朋其人，原作彭鹏，《清史稿》有传。

《彭公案》有续书数种，清末有《续彭公案》、《再续彭公案》、《三续彭公案》、《四续彭公案》、《五续彭公案》、《六续彭公案》、《七续彭公案》、《八续彭公案》，民国间仍续作不断。

21-1. 彭公案

书名	出版事项	版式状况	一般事项	所藏处/所藏番号
新刊绣像彭公案全传	贪梦道人(清)著,本衙藏板,光绪十八年(1892)序	23卷24册,中国木版本,18×12cm	序:光绪岁次壬辰(1892)……张继起,印:集玉斋,帝室图书之章	奎章阁[奎중]6120

21-2. 续彭公案

书名	出版事项	版式状况	一般事项	所藏处/所藏番号
新刊续彭公案	著者未详,上海扫叶山房,光绪二十六年(1900)刊	4卷2册,中国石印本,有图,20.3×13.5cm,四周双边,半郭:17.2×11.7cm,有界,22行48字,白口,上黑鱼尾	版心书名:绘图续彭公案,标题纸刊记:光绪庚子(1900)仲夏扫叶山房石印	海军士官学校[중]106

21-3. 彭公清烈传

书名	出版事项	版式状况	一般事项	所藏处/所藏番号
绣像彭公清烈传	宣统元年(1909)刊	4卷4册,中国石印本,有图(3页),17.2×10.2cm,四周双边,半郭:14.3×8.9cm,无界,20行47字,上黑鱼尾	表纸书名:绣像三侠剑	梨花女子大学校[고]812.3수61ㅍ

22. 于公案奇闻

嘉庆庚申(1800)集锦堂刊本题"新刻于公案传",首"于公案奇闻叙",署嘉庆庚申重阳,凡八卷二百九十二回,作者佚名。主要叙于成龙在巡抚任上的公案故事。于成龙为清初著名清官,《清史列传》、《清史稿》有传。《于公案奇闻》系据民间传说写成。

　　另有清末民初储仁逊抄本《于公案》，凡六回，作者佚名。叙清官于成龙公案故事，始于于成龙任乐亭知县，终于于成龙升任保定府知府。末云："于公赴保定上了任后，又出了奇案、奇文，名曰《惊天雷》。后升了直隶抚院，私访红门寺，拿获凶僧，俱在其后，以令人观，其名曰《青天传》。"又有光绪丙午（1906）上海书局石印本《绣像于公案》弹词十六回，其卷首云："本传提纲叙过，引出一部清正奇文，说的是绿鹦鹉诉苦鸣冤，花骡替主告状，于知县访拿假虎，诛凶犯立斩群贼，其名《赛龙图青天传》。"卷末云："于老爷保定上任另出奇文，其名《惊天雷》。后升直隶抚院，私访红门寺，拿了凶僧，这些大事，俱在后头，此不过略表小事，以令人观，其名《青天传》。"按，"私访红门寺，捉拿凶僧"正是《于公案奇闻》的主要关目之一。

书名	出版事项	版式状况	一般事项	所藏处/所藏番号
新刻于公案	上海书局，光绪三十二年（1906）刊	4卷2册（卷1-4），中国石印本，14.9×9.1cm，有图，四周双边，半郭：12.3×8.2cm，无界，15行36字，上下向黑鱼尾	包匣题：绣像三公奇案鼓词，标题：绣像于公案，表题：绣像于公案，刊记：光绪丙午（1906）荷月上海书局石印	东亚大学校（4）：5：5-5
	著者未详，上海书局，20世纪初刊	2卷1册（缺帙），中国石印本，14.5×9cm		高丽大学校育堂 C14-B26-2

23. 刘公案

　　有广益书局刊本、清末民初储仁逊抄本，凡二十回，作者佚名。叙山东巡抚国泰倚势胡作非为，吏部天官刘墉巧妙离间和珅、国泰二人，终使国泰伏诛等事。刘公即刘墉（1719—1804），是乾隆年间著名的历史人物，《清史列传》、《清史稿》有传。刘墉其人在民间颇多传说，清蒙古车王府曲本有抄写唱本《刘公案》，亦叙其故事。

书名	出版事项	版式状况	一般事项	所藏处/所藏番号
刘公案	广益书局，1911年刊	4卷4册88回，中国石印本		鲜文大学校朴在渊

24. 龙图公案(龙图神断公案，包龙图判断奇冤)

又名《龙图神断公案》、《包公七十二件无头案》、《百断奇观包公全传》等。按，明代有名目类似之白话短篇小说集，作者佚名。此书当是其增补本或改编本。

书名	出版事项	版式状况	一般事项	所藏处/所藏番号
百断奇观绣像龙图公案	清末敬业堂刊，刊行年未详	8卷4册，中国木版本，有图，12行26字	版心题：龙图公案，序：江左陶烺元	高丽大学校(六堂本)육당 C14-B23-1-4
龙图公案	大文堂，嘉庆十四年(1809)叙	1卷1册(全10卷6册)，中国木版本，17.2×11.7cm，四周单边，半郭：15.2×10.6cm，无界，11行26字，上内向黑鱼尾	表纸书名：包案，版心书名：龙图公案，叙：嘉庆十四年 戊辰(1808)，李西桥题，刊记：百断奇观包公全传龙图公案，大文堂藏板	汉阳大学校812.35-용 34-v. 1-v. 6
	两余堂，清朝后期刊	8卷4册，中国木版本，有图，27.9×14.9cm，四周单边，半郭19.9×13cm，无界，12行26字，上黑鱼尾，纸质：竹纸	里题：绣像龙图公案，刊记：两余堂藏板	成均馆大学校D7C-84
	两余堂，刊写年未详	3卷1册，中国木版本，插图，四周单边，半郭：20×13cm，无界，12行26字，花口，上下向黑鱼尾，23×15cm		淑明女子大学校CL320-용 도공-용
新评龙图神断公案	刊年未详	8卷4册，笔写本，21.1×14.3cm，四周单边，半郭：16.4×11.4cm，乌丝栏，9行20字，无鱼尾	序：陶烺元	启明大学校이 812.3-신평용
	刊写地，刊写者未详，嘉庆十四年(1809)序	10卷6册，木版本，上下单边，左右双边，半郭：12.8×9.5cm，无界，11行24字，上下向黑鱼尾，16.5×11.8cm	表题：绣像龙图公案，龙图公案	庆熙大学校294-신 894

书名	出版事项	版式状况	一般事项	所藏处/所藏番号
绘图包龙图判断奇冤	两余堂，刊写年未详	3卷1册，中国木版本，插图，四周单边，半郭：20.13cm，无界，12行26字，花口，上下向黑鱼尾，23×15cm		淑明女子大学校 CL320-용도공-용
包阎罗演义	利文堂，同治三年（1864）刊	10卷10册，中国木版本，插图，无界，行字数不定，无鱼尾，16.2×10.8cm	表纸书名：红袍传，标题纸：同治三年（1864）新刊，海瑞大红袍全传，佛山舍人后街利文堂藏板	高丽大学校 육 당 C14-B30-1-10
	如莲居士（清）编次，三让堂，刊写年未详	8册，中国木版本，插图，四周单边，半郭：17.5×10.9cm，有界，11行25字，上下向黑鱼尾，22×12.4cm	三让堂梓，内容：册1-10，说唐前传. 一册11-12，说唐小英雄传，一册13-18，说唐薛家府传	庆熙大学校 812.3-여64ㅅ
포공연의（包公演义）	译著者未详，刊写地，刊写者未详，1736年刊	10册，插图，四周单边，11行23字，下向黑鱼尾，24.8×15.7cm	表题：说唐全传	中央大学校 812.36-설 당 전
	笔写者，笔写年未详	9卷9册，朝鲜笔写本，29×20.7cm，11行字数不定，纸质楮纸	表题：包公演义	韩国学中央研究院

25. 海公大红袍传

又名《大红袍》、《海公大红袍全传》、《海瑞大红袍全传》。清嘉庆十八年（1813）刊本题"晋人羲斋李春芳编次"、"金陵万卷楼虚舟生镌"，凡六十回。据孙楷第《中国通俗小说书目》推测，《海公大红袍全传》之所以托名李春芳，是因为明本《海刚峰居官公案传》署"晋人羲斋李春芳编次"。《海刚峰居官公案传》与《海公大红袍全传》实为二书，内容不同。《海公大红袍全传》是一部清代章回小说，写海瑞与奸臣严嵩抗争事迹。结尾写海瑞因忧虑国事成疾，竟至不起，所留遗物，仅大红袍一领而已，故名《大红袍》。

清代另有《海公小红袍全传》，简称《小红袍》，凡四十二回，作者佚名。写海瑞晚年与张居正抗争事迹。有道光壬辰刊本。

书名	出版事项	版式状况	一般事项	所藏处/ 所藏番号
原本海公 大红袍传	虚舟生(清)镌	4卷4册,中国石印本,有图, 21cm,四周单边,18×11.7cm, 25行53字	外书名：绣像大红袍全 传,序：越湖钓徒	延世大学校 812.36/58
	虚舟生（清）镌, 上海大成书局20 世纪初刊	4卷4册,中国石印本,有图,20 ×13.3cm		高丽大学校 （华山文库） C14-B40
原本海公 大红袍全传	利文堂,同治三 年(1864)刊	10卷10册,中国木版本,肖像, 无界,行字数不定,无鱼尾, 16.2×10.8cm	表纸书名：红袍传,标 题纸：同治三年(1864) 新刊,海瑞大红袍全传, 佛山舍人后街利文堂藏 板	高丽大学校 육당 C14-B30- 1-10
绣像海 公大红 袍全集	文德堂,咸丰十 年(1860)刊	60卷11册,中国木版本,有图, 17.4×11.6cm	版心书名：大红袍全传, 序：道光壬午（1822） ……李春芳,印：集玉 斋,帝室图书之章	[奎중]5830

26. 说唐演义全传(说唐后传)

　　原名《说唐》,因曾与《说唐后传》合刊,又名《说唐前传》、《增异说唐全传》。清乾隆癸卯(1783)刊本题"鸳湖渔叟校订",首有姑苏如莲居士序,凡六十八回。鸳湖渔叟生平不详。其叙事始于秦彝托孤、隋文帝平陈,终于唐太宗削平群雄登基。其书名似历史演义,而实以秦琼、单雄信、尉迟恭、罗成、程咬金、李元霸、裴元庆、伍元召等英雄好汉的故事为主。《说唐》对李元霸勇力的热烈渲染,表明其艺术趣味与《水浒传》更为一致。该书糅合正史与传说,情节曲折,风格粗犷,典型地显示了历史演义向英雄传奇的演变。

　　鸳湖渔叟另有《说唐后传》,又名《仁贵征东》,凡五十五回。以罗通扫北、薛仁贵征东二事为主,情节颇为离奇。孙楷第《中国通俗小说书目》著录之《别本说唐后传》,实即将《说唐后传》分为《说唐小英雄传》、《说唐薛家府传》两书。

26-1. 说唐演义全传

书名	出版事项	版式状况	一般事项	所藏处/所藏番号
说唐演义	如莲居士（清）编次，三让堂，刊写年未详	18 册，木版本，插图，四周单边，半郭：17.5×10.9cm，有界，11 行 25 字，上下向黑鱼尾，22×12.4cm	三让堂梓，内容：册1-10，说唐前传. 一册 11-12，说唐小英雄传，一册 13-18，说唐薛家府传	庆熙大学校 812.3-여 64 人
		1 册，中国石印本		大邱 Catholic 大学校
绘图说唐演义全传	天宝书局，清末民初刊	不分卷 6 册，中国石印本，20.4×13.4cm，四周双边，半郭：17.9×11.9cm，25 行 26 字，上黑鱼尾，纸质：竹纸	刊记：天宝书局石印	成均馆大学校（曹元锡）D7C-180
重刻绣像说唐演义全传	刊写地，刊写者，刊写年未详	12 册(册1-12)，25×16.1cm，有图，四周单边，半郭：21.1×13.5cm，无界，11 行 25 字，上下向黑鱼尾	版心题：说唐全传，表题：说唐演义，序：乾隆元岁（1736）蒲月望日如莲居士题于北山居中	东亚大学校（3）：12：2-105
		20 卷 20 册，中国木版本，24.3×15.4cm，四周单边，半郭：22.3×13.5cm，无界，11 行 25 字，上黑鱼尾，纸质：竹纸	表题：说唐，序：乾隆元岁（1736）如莲居士	圆光大学校 AN823.4-ㅈ 818
	刊写地，刊写者未详，1736 年刊	10 册，插图，四周单边，11 行 23 字，上下向黑鱼尾，24.8×15.7cm	表题：说唐全传	中央大学校 중앙도서관 812.36-설 당 전
	缘慎堂，刊写年不明	零本 18 册(所藏：卷 1-55)，木版本，有图，24.5×15.7cm，四周单边，半郭：21.7×18.6cm，无界，11 行 25 字，上下向黑鱼尾	序：乾隆元岁（1736）蒲月望日如莲居士题于北山居中，表题：绣像说唐全传，版心题：说唐全传，说唐后传，刊记：缘慎堂藏板	庆北大学校[古]812.3 수 512

书名	出版事项	版式状况	一般事项	所藏处/所藏番号
增异说唐秘本全传	鸳湖渔叟(清)撰,江左书林,光绪十五年(1889)刊	10卷10册,中国木版本,有图,15.7×11cm		高丽大学校(华山文库)C14-B32
	鸳湖渔叟(清)编次,江左书林,光绪十五年(1889)刻,后刷	10卷10册,中国木版本,有图,15.9×11.1cm,四周单边,半郭:11.1×9cm,无界,12行21字,上黑鱼尾,纸质:竹纸	里题:绣像说唐全传,版心题:说唐全传,序:鸳湖渔叟书,刊记:光绪己丑(1889)夏月江左书林刊行,备考:袖珍本	成均馆大学校D7C-98
绘图说唐前传	上海,共和书局,20世纪初刊	前传2卷,后传3卷合5册,中国石印本,有图,20.3×13.5cm	标题:绘图说唐前后传,内容:卷之1-3前传(1-3),卷之1说唐薛家将传(后传)4,卷之2说唐薛家府传(后传)5	高丽大学校(华山文库)C14-B32A
说唐前传	刊写者,刊写年未详	3卷3册(卷1-3),中国石印本,有图,19.8×13.4cm,四周双边半郭:17×11.7cm,无界,24行50字,上下向黑鱼尾	标题:绣像说唐演义前传,表题:绣像说唐演义全传,版心题:绣像说唐前传,序:鸳湖渔叟书	全北大学校812.3-설당전
说唐前后传	清光绪十五年(1889)刊	18卷6册,中国新铅活字本,16.8×10cm,四周单边,半郭:13.9×8.8cm,无界,14行34字,上下向黑鱼尾,纸质:绵纸	题签:绣像精印说唐前传,绣像精印说唐后传,版心题:说唐前传,说唐后传,里题:绣像说唐前后传,序:乾隆元年(1736)蒲月望日如莲居士题于北山居中,刊记:光绪己丑(1889)菊秋珍艺书局校印,内容:说唐前传10卷3册,说唐小英雄传卷首,上下1册,说唐薛家府传6卷2册	江陵市 船桥庄

26-2. 说唐后传

书名	出版事项	版式状况	一般事项	所藏处/所藏番号
新刻增异说唐秘本后传	如莲居士（清）编次，清乾隆元年（1736）刊	11卷6册，中国木版本，有图，16.9×11.1cm，四周单边，半郭：11.7×9cm，12行21字，上黑鱼尾，纸质：绵纸	表题：后唐传，里题：绣像后唐全集，版心题：说唐后传，刊记：乾隆元岁（1736）蒲月望日如莲居士题于北山居中	韩国综合典籍目录（诚庵文库）赵炳舜 4-1436
增异说唐秘本后传	江左书林，清光绪十五年（1889）刊	11卷10册，中国木版本，有图，16×11cm，四周单边，半郭：11.4×9.1cm，无界，12行21字，上黑鱼尾，纸质：绵纸	书名：绣像后唐全传，版心题：说唐后传，序：乾隆元岁（1736）蒲月望日如莲居士题于北山居中，刊记：光绪己丑（1889）夏月江左书林刊行	成均馆大学校 D7C-99
绣像说唐后传	如莲居士（清）编次，道光十二年（1832）序	18卷8册，中国木版本，21×13cm，四周单边，半郭：16.4×10.4cm，11行25字，上黑鱼尾		建国大学校 [고]923.6

27. 南唐演义

又名《反唐演义》。清瑞文堂刊本题《异说反唐演义传》，内封题《武则天改唐演义》，又题《评点薛刚三祭铁丘坟全集》、《异说反唐演传》，版心题《反唐全传》，署"姑苏如莲居士编辑"。凡十四卷一百四十回。另有一百回本。姑苏如莲居士生平不详。以薛丁山之子薛刚、薛强为主角，尊唐室，抗武后，情节颇多传奇色彩。

书名	出版事项	版式状况	一般事项	所藏处/所藏番号
绣像反唐全传	如莲居士（清）编辑，清版本	10卷5册，中国木版本，有图，22.4×12.2cm	卷头书名：新刻异说南唐演义全传，序：如莲居士，印：集玉斋、帝室图书之章	奎章阁 [奎중]5343
新刻异说南唐演义全传	如莲居士（清）编辑，清朝末期刻后刷	10卷10册，中国木版本，17.9×10cm，有图，四周单边，半郭：21.5×14.3cm，无界，11行28字，上黑鱼尾，纸质：绵纸	版心题：南唐演义全传，序：如莲居士题	成均馆大学校 D7C-69

28. 飞龙全传

乾隆三十三年(1768)崇德书院刊大字本《飞龙全传》署"东隅逸士编",凡六十回。另有清乾隆间世德堂刊本、同治间翠隐山房刻本、光绪间上海书局石印本等。东隅居士即吴璿,字衡章。乾隆三十三年作者自序云:"己巳岁(1749),余肄业村居","适有友人挟一帙遗余,名曰《飞龙传》","余时方攻举子业,无暇他涉,偶一寓目,即鄙而置之",后因"屡困场屋,终不得志",遂"弃名就利,时或与贾竖辈逐锱铢之利"。至乾隆三十三年,复"检向时所鄙之《飞龙传》",删之改之,成《飞龙全传》。据自序,吴璿主要生活于雍正、乾隆年间,书中多用吴语方言,或为苏南人。小说从赵匡胤年轻时写起,至其被拥立为皇帝,代周建立宋朝为止。人物事迹三实七虚,颇多民间故事的粗豪气息。

按,明陈继儒《南宋志传》亦名《南宋飞龙全传》,但与吴璿《飞龙全传》内容迥异。谭正璧《古本稀见小说汇考》云:"此书内容与《南宋飞龙传》完全不同。《南宋飞龙传》所叙多接近史实,此书却多迷信怪诞之事,其风格颇似宋人话本。"

书名	出版事项	版式状况	一般事项	所藏处/所藏番号
说闲飞龙全传	吴璿(清)删定,清嘉庆二十年(1815)序,同文堂藏板	16卷16册,中国木版本,有图,16.2×10.7cm	序:嘉庆乙亥(1815)杭世骏,卷头书名:飞龙传	奎章阁5867

29. 二十四史通俗衍义

原名《纲鉴演义》。清雍正间原刊本题"新昌吕抚安世辑,男维城京周、维垣辅周、维基起周同校",首有雍正五年(1727)李之果桂岩序,雍正十年(1732)吕抚自序,凡二十六卷四十四回。另有光绪庚寅(1890)上海广百宋斋石印本、宣统元年(1909)上海章福记书局石印本。吕抚字安世,新昌(今属浙江)人,诸生,乾隆元年(1736)举孝廉方正。孙楷第《中国通俗小说书目》卷二著录:"抚作书时,并无二十四史。其书本名《纲鉴演义》。传本作《二十四史演义》者,乃后来追改。"第一回至第四回记盘古开天辟地及三皇五帝事。第五回至第十二回记夏、商、周事。第十三回至第十七回记荆轲刺秦王到光武中兴等事。第十八回至第二十四回记黄巾造反到南北朝诸事。第二十五回至第三十回记隋唐五代事。第三十一回至第三十五回记宋元事。第三十六回至第四十回记明朝开国到明亡事。第四十一回罗列汉文帝到明崇祯帝年号。第四十二回录有关修身、齐家的格言、文章等。第四十三回记历朝各地的异物、矿产。第四十四回记历朝天时灾异和风俗。全书主要以《资治通鉴》、二十四史为依据,半文半白,更像一部简易通俗的历史读本。

书名	出版事项	版式状况	一般事项	所藏处/所藏番号
精订纲鉴廿四史通俗衍义	吕抚(清)辑,吕维城·吕维垣·吕维基(清)等同校,珍艺书院,光绪二十一年(1895)	3册(缺帙,所藏:1-3),中国新铅活字本,有图,19.7×12.5cm,四周双边,半郭:15.8×10.5cm,无界,行字数不定,上下向黑鱼尾	题签·标题:廿四史通俗衍义,版心题:纲鉴通俗衍义,序:时雍正十年(1732),吕抚谨题	国民大学校[고]823.6 여02
二十四史通俗衍义	吕抚(清)辑,吕维垣(清)等校,鸿宝斋,光绪十三年(1887)序	26卷6册,中国石印本,有图,15×10cm	卷头书名:精订纲鉴二十四史通俗衍义,序:光绪十有三年(1887)……张芬敬甫氏题,印:集玉斋	奎章阁[奎중]6126
精订纲鉴廿四史通俗衍义	吕抚(清)辑,吕维垣(清)等校,光绪二十八年(1902)序,上海,文宝书局刊	6卷6册,中国石印本,有图,20cm,四周双边,17×11.2cm,20行40字,上大黑口,上黑鱼尾	内题:绘图廿四史衍义外题:五彩绘图廿四史演义,序:李之果题,壬寅(1902)季冬 裴锡彬并识. 光绪二十五年岁次丁亥(1899)孟春之月鹿城张芬敬甫氏撰,刊记:默容室藏书印 外2种	延世大学校812.36/49

30. 洪秀全演义

　　又名《洪豪杰传》、《洪秀全》、《太平天国演义》。清光绪三十二年(1906)香港中国日报社排印本,首章炳麟序,黄小配著,凡五十四回。黄小配(1872—1912),名世仲,小配乃其字。一字配工,号棣荪,又号黄帝嫡裔、世界一个人,别署禺山世次郎、峋次郎、世次郎,番禺(今属广东)人。曾任香港《中国日报》记者,参与编辑《广东日报》,主编《广东白话报》、《中外小说林》。参与同盟会活动和黄花岗起义,辛亥革命后任民团局长,为军阀陈炯明所害。所著小说有《廿载繁华梦》、《大马扁》、《宦海升沉录》等。《洪秀全演义》自清光绪三十年(1904)连载于香港《有所谓报》及《少年报》,次年出版单行本。小说取材于太平天国遗事逸闻和故老传说,塑造了洪秀全、冯云山等英雄形象。语言流畅,充满激情和悲壮气氛。作者认为太平天国政治措施与欧美各国暗合,失于牵强;又以杨秀清为反面人物,与史实不合。其体例仿《三国演义》。该书一度风行海内外,对反清思想的传播作用很大。

书名	出版事项	版式状况	一般事项	所藏处/ 所藏番号
绘图洪秀全演义	上海，广益书局，刊年未详	8卷8册，中国石印本，有图（11张），17.5×10cm，四周双边，半郭：14.2×9.2cm，无界，19行44字，上黑鱼尾	序：丙午（1906）九月……章炳麟	梨花女子大学校 ［고］812.3 흥67
	禹山世次郎（清）撰，上海，广益书局，20世纪初刊	8册，中国石版本，插图，无界，行字数不定，无鱼尾，17.4×10.1cm	版心题：洪秀全演义，序：丙午（1906）九月章炳麟序	高丽大学校大学院 C14-B15A-1-8
绣像洪秀全演义	刊写地，刊写者，刊写年未详	8卷8册（卷1-8），20.4×13.5cm，有图，四周单边，半郭：18×11.4cm，18行44字，上下向黑鱼尾	包匣题：大字足本洪杨演义全集，包匣题：洪杨演义集，内容：绣像洪秀全演义，民族小说续洪秀全演义，绣像三续洪秀全演义，绣像四续洪秀全	东亚大学校（3）：12：2-66
	锦章图书局，刊写年未详	4卷8册（卷1-4），16cm，无界，行字数不定，无鱼尾		忠北大学校823-人 642-1-4
	禹山世次郎（清）撰，江左书林，刊写年未详	8册，中国石印本，有图，20×13.2cm，四周单边，半郭：17.2×11.5cm，无界，21行43字，纸质：竹纸	序：丙午（1906）九月章炳麟序，刊记：江左书局校正石印	全南大学校3Q-수 51 ○-v. 1-8
	禹山世次郎（清）撰，江左书林，刊写年未详	8册（册1-8），中国石印本，有图，20×13.2cm，四周单边，21行43字，半郭：17.2×11.5cm，无界，无鱼尾，纸质：竹纸	序：丙午（1906?）九月章炳麟序，刊记：江左书局校正石印	全南大学校3Q-수 51 ○

31. 升仙传演义

清道光二十七年（1847）重刊本题"倚云氏著"，首有作者自序，凡八卷五十六回。另有光绪七年（1881）东泰山房刊本、光绪十三年（1887）聚锦堂刊本、光绪十九年（1893）上海书局石印本等。倚云氏生平不详。小说叙明人济小塘因奸相严嵩专权，屡试不第，遂入山访道，为吕洞宾所点化。济小塘与徽承光、苗青等义结金兰，多次救助被严嵩陷害之人，大闹严府。严嵩最终被抄家流放，济小塘等则升仙而去。所写大闹相府等事，在民间流传甚广。

书名	出版事项	版式状况	一般事项	所藏处/所藏番号
增图升仙传演义	刊写地，刊写者，刊写年未详	8卷4册（卷1-8），15cm，无界，行字数不定，无鱼尾		忠北大学校 823-ㅎ 817-1-8
新刻升仙传演义	倚云氏（清）著，成文信，清光绪十八年（1892）刊	8卷8册，中国木版本，有图，15.5×11cm，四周单边，半郭：11.5×8.9cm，有界，10行24字，上黑鱼尾，纸质：竹纸	里题：绣像升仙传演义，题签：绣像升仙传，版心题：升仙传，序：倚云氏主人书于宝月堂，刊记：光绪壬辰（1892）春刊，成文信藏板	成均馆大学校 D7C-67
新刻绣像升仙传演义	倚云氏（清）著，光绪七年（1881）刊	5卷5册（卷1、4、5、7、8存），中国木版本，21.2×13cm，四周单边，半郭：15.4×8.7cm，13行30字，上黑鱼尾，注双行，纸质：竹纸	里题：绣像升仙，版心题：升仙传	韩国学中央研究院 C4-234

32. 永庆升平前传

清光绪十八年（1892）北京宝文堂刊本署郭广瑞著，首有洗心主人序和作者自序。自序云："咸丰年间，有姜振名先生，乃评谈古今之人，尝演说此书，未能有人刊刻流行于世。余尝听哈辅源先生演，熟记在心，闲暇之时录成四卷，以为遣闷。兹余友宝文堂主人，见此书文理直爽，立志刊刻传世，非图渔利，实为同好之人遣闷。余亦乐从，遂增删补改，录实事百数回，使忠臣义士得以名垂千古，佞党奸贼报应循环可也矣。"可知姜振名、哈辅源实为原创者，郭广瑞只是作了修改定稿之事。另有清光绪二十一年（1895）上海广益书局石印本等。郭广瑞，字筱亭，号燕南居士，生平不详。小说写清康熙年间马成龙、马梦太、顾焕章、马杰等侠客协助朝廷平定南北方各地之八卦教，出生入死，屡挫叛军。其书未完，书末云："七探水师营，三擒吴恩，剿灭邪教，尽在下部《永庆升平》接演。"

按，清贪梦道人著《永庆升平后传》十二卷一百回，有清光绪二十年（1894）上海鸿文书局石印本、光绪二十九年（1903）上海简青书局石印本等。该书是《永庆升平前传》的续书。写众侠客英勇善战，平八卦教有功，各得封赏，邪教诛灭，永庆升平。其间斗法情节过多，足见一时风气。

书名	出版事项	版式状况	一般事项	所藏处/ 所藏番号
绘图永庆升平前传	上海，锦章图书局，清光绪十七年（1891）刊	不分卷8册，中国石印本，20.4×13.3cm，四周双边，半郭：18.4×11.9cm，30行64字，上黑鱼尾，纸质：竹纸	序：……是以刊刻成卷以供同好云尔光绪辛卯（1891）孟夏洗心山人识，刊记：上海锦章图书局印行	成均馆大学校（曹元锡）D7C-181

33. 前后七国志演义（后七国乐田演义）

此书乃明吴门啸客《孙庞斗志演义》二十回与清烟水散人《后七国乐田演义》二十回之合刊本，有清啸花轩刊本、文和堂刊本等。

《孙庞演义》又题《孙庞斗志演义》，明刊本题"吴门啸客述"，二十回。《孙庞演义》用史实作点缀，多采民间传说，杂以神魔鬼怪，与史实相去甚远。实为一部以历史为框架的神魔小说。

《后七国乐田演义》，又名《乐田演义》，凡四卷二十回，题"古吴烟水散人演辑"、"茂苑游方外客校阅"。烟水散人，或即清初徐震，另有《女才子书》等小说。始于春秋时燕国奸臣子之篡夺王位，结束于燕惠王复请乐毅回国，燕、赵两国通好，齐国不敢再惹事端。乐毅、田单为书中主角，故名《乐田演义》。因涉及燕、赵、齐、秦、韩、魏、楚等七国，故名《后七国乐田演义》。其内容多据史实，盖采《东周列国志》第九十五回《说四国乐毅灭齐　驱火牛田单灭燕》敷衍而成。与宋元讲史话本《全相平话乐毅图齐七国春秋后集》相比，神怪色彩大为减弱，是一部比较标准的历史演义。

33-1. 前后七国志演义

书名	出版事项	版式状况	一般事项	所藏处/ 所藏番号
绘图前后七国志演义	吴宗玠（清）重校，上海，茂记书庄，宣统元年（1909）刊	4卷4册（卷1-4），中国石印本，有图，14.8×9cm，四周单边，半郭：12.8×8.2cm，无界，19行47字，上下向黑鱼尾	标题：前七国孙庞演义　序：康熙丙午（1666）桂月梅鼎公燮氏题于汇花轩，后七国乐田演义序：遁世老人漫题，刊记：宣统元年（1909）上海茂记书庄石印	东亚大学校（3）：12：2-52

33-2. 后七国乐田演义

书名	出版事项	版式状况	一般事项	所藏处/所藏番号
后七国乐田演义	吴宗玠（清）重校，20世纪初刊	4卷2册，中国石印本，有图，20.4×13.7cm		高丽大学校（华山文库）C14-B78

34. 五虎平西珍珠旗演义狄青前传

又名《五虎平西前传》。嘉庆六年（1801）坊刻本题《新镌异说五虎平西珍珠旗演义狄青全传》，不题撰人。凡十四卷一百十二回。另有清聚锦堂刊本、同文堂刊本等。写宋仁宗时狄青及五虎将平定西辽故事。小说末尾云："若问五虎将如何归结？再看《五虎平西后传》。"但小说中并无《五虎平西后传》，只有《五虎平南后传》。《五虎平南后传》开头有"五将征服西域边夷，奏凯班师"，则所谓"后传"，或即《五虎平南后传》。

书名	出版事项	版式状况	一般事项	所藏处/所藏番号
绣像五虎平西前传	大文堂藏板，清刊本	14卷14册，中国木版本，17×11.6cm	卷头书名：异说五虎平西珍珠旗演义狄青前传，印：集玉斋，帝室图书之章	奎章阁[奎중]6328
异说五虎平西珍珠旗演义	清光绪三十年（1904）刊	8卷8册，中国石印本，15×9.1cm，四周单边，半郭：12.9×7.8cm，20行44字，上1叶花纹鱼尾，纸质：唐纸	题签：绣像五虎平西全传，序：春秋之笔莫非褒善贬恶而……君臣之则小说传奇不外悲欢离合而娱一时观鉴之心然必以忠臣报国为主劝善惩恶为先……于世不无小补焉是为序，刊记：光绪甲辰（1904）仲秋上海书局石印	韩国综合典籍目录（玩树文库）李炳麒4-198

书名	出版事项	版式状况	一般事项	所藏处/所藏番号
异说五虎平西珍珠旗演义狄青前传	章福记书局，宣统元年(1909)刊	6卷6册，中国石印本，有图，17.2×10.3cm，四周双边，半郭：14.9×9cm，无界，20行48字，上下向黑鱼尾	序：泉唐爱月日题，表题：五虎平西传，版心题：绣像五虎平西演义，刊记：宣统元年(1909)仲夏章福记书局印	庆北大学校[古]812.3 이53

35. 五虎平南后传

又名《五虎平南狄青后传》。凡六卷四十二回，作者佚名。有清嘉庆间聚锦堂刊本、道光间圣德堂刊本等。写宋仁宗时狄青征讨南蛮王侬智高事，颇多斗法描写。此书首有"五将征服西域边夷，奏凯班师"字样，或即承续《五虎平西前传》而来。

书名	出版事项	版式状况	一般事项	所藏处/所藏番号
新镌后续绣像五虎平南狄青演义	章福记书局，宣统元年(1909)刊	4卷2册，中国石印本，17.2×10.3cm，四周双边，半郭：15.3×9cm，无界，行字数不定，上下向黑鱼尾	表题：五虎平南传，版心题：绣像五虎平南演义，刊记：宣统元年(1909)章福记书局印	庆北大学校[古]812.3 신73

36. 好逑传

《好逑传》，又名《侠义风月传》、《第二才子书》，清名教中人编。凡十八回。好德堂本，首题宣化里维风老人序。凌云阁梓本，内封题"义侠遗本"。同治五年(1866)秋镌刻的翠芳楼本，题为《第二才子好逑传》。另有1956年上海文化出版社成柏泉校注本、1990年上海古籍出版社《古本小说集成》影印本、1993年北京师范大学出版社选刊本。

小说写铁中玉与水冰心曲折的恋爱婚姻故事。铁中玉与水冰心邂逅相遇，患难相扶，虽互相爱慕，但谨守礼节，没有丝毫越礼行为，被誉为"真好逑中出类拔萃者"。是一部较好的才子佳人小说。鲁迅称其"文辞较佳，人物之性格亦稍异，所谓'既美且才，美而又侠'者也"(《中国小说史略》)。该书驰名海外，被译成英、法、德三种文字出版，曾受到德国伟大作家歌德的称赞。

书名	出版事项	版式状况	一般事项	所藏处/所藏番号
好述传	刊年未详	18卷4册，笔写本（后写），28.4×28.7cm，纸质：楮纸		奎章阁[奎]6590
义侠好述传	名教中人（清）编次，游方外客（清）批评，萃芳楼，清同治五年（1866）刻，后刷	4卷4册，中国木版本，16.8×11.2cm，四周单边，半郭：11.8×9.3cm，无界，11行22字，上黑鱼尾，纸质：竹纸	标题：第二才子好述传，版心题：好述传，刊记：同治五年（1866）秋镌，萃芳楼藏板，备考：袖珍本	成均馆大学校D7C-87
	名教中人（清）编次，游方外客（清）批评，清末刻，后刷	4卷4册，中国木版本，17.8×11.7cm，四周单边，半郭：14.6×10.1cm，有界，13行25字，上黑鱼尾，纸质：竹纸	里题：好述传第二才子书，刊记：大文堂藏板，备考：袖珍本	成均馆大学校D7C-87a
	名教中人（清）编次，游方外客（清）批评，清代刊	4卷3册（卷1册缺），中国木版本，18×11.5cm，四周单边，半郭：14.5×10cm，12行27字，上黑鱼尾，纸质：绵纸	里题：好述传，第二才子书，版心题：第二才子，藏板：聚盛堂梓	韩国学中央研究院4-240
绘图侠义风月传	名教中人（清）编次，游方外客（清）批评，锦章图书局刊	4卷4册，中国石印本，有图，半郭：13.6×8cm，22行53字，上黑鱼尾		雅丹文库823-명15ㅎ
第二才子书	名教中人（清）编次，游方外客（清）批评，焕文堂，清刊本	4卷4册，中国木版本，18.1×11.8cm	卷头书名：义侠好述传，印：集玉斋，帝室图书之章	奎章阁[奎중]6119
호구전（好述传）	译著者未详，刊年未详	4册，韩文笔写本，29.5×18.3cm，无界，12行29字，版心无，纸质：楮纸		梨花女子大学校[고]811.3호17

37. 平山冷燕

《平山冷燕》，清佚名著，题"荻岸散人编次"。凡二十回。存旧刊本，题"新刻批评平山冷燕"，有顺治十五年（1658）天花藏主人序；另有静寄山房刊大字本，卷首有水玉主人序；聚锦堂刊天花藏七才子书本。叙燕白颔与山黛、冷绛雪与平如衡两对才子佳人的婚恋故事。山黛为大学士山显仁之女，皇帝赐与玉尺，又御书"弘文才女"匾额，其婢冷绛雪原为农家女，亦诗才出众。书生燕白颔、平如衡化名求见，与山黛在花园唱和。此事被怀有妒心的张寅告发，诬以有伤风化。皇帝欲拘讯二人，恰巧会试榜发，平中会元，燕中会魁，皇帝大喜，亲自为燕白颔与山黛、平如衡与冷绛雪主婚。"一时富贵而占尽人间之盛"，"京城中俱传平、山、冷、燕四才子"。

清代初年，《平山冷燕》这一类才子佳人小说甚多，而天花藏主人是清初才子佳人小说流派的开创者。现存的清初这一类性质相同、体裁相同的中篇白话小说，如《平山冷燕》、《玉娇梨》、《飞花咏小传》、《两交婚小传》、《金云翘传》、《玉支玑小传》、《画图缘小传》、《定情人》（序署"素政堂主人题于天花藏"）、《赛红丝小传》、《奇闻幻中真》、《锦传芳人间乐》、《锦疑团》、《云仙啸》、《惊梦啼》（《云仙啸》、《惊梦啼》题"天花主人编次"）、《麟儿报》等，均有天花藏主人的序，或为天花藏主人所著。

《平山冷燕》至少在公元1717年以前已传入朝鲜，它也是在朝鲜时代相当受欢迎的作品之一。现在韩国所见《平山冷燕》之版本是天花藏主人批评的《新刻天花藏批评平山冷燕》，版心题为《第四才子书》。此书亦存韩文翻译本。1860年有《平山冷燕》的法文译本。

书名	出版事项	版式状况	一般事项	所藏处/所藏番号
新刻批评绣像平山冷燕	获岸散人（清）编次，清刊本	6卷6册，中国木版本，23.6×15.4cm	版心书名：平山冷燕，序：冰玉主人，印：帝室图书之章	奎章阁[奎중]4723
新刻天花藏批评平山冷燕	获岸散人（清）编次，天花才子（清）评点，莞尔堂，清朝后期刊	4卷4册，中国木版本，18×11.5cm，四周单边，半郭：11.7×9.1cm，11行21字，上黑鱼尾，纸质：竹纸	里题：第四才子书，版心题：第四才子，刊记：莞尔堂藏板	成均馆大学校D7C-104
	获岸散人（清）编次，清代刊	4卷4册（卷1-4），中国木版本，有图，17.5×11.9cm，四周单边，半郭：12×6cm，11行21字，上黑鱼尾，纸质：竹纸	表题：平山冷燕，版心题：第四才子	韩国综合典籍目录（玩树文库）李炳麒4-197
	获岸散人（清）编次，天花居士（清）批点，玉尺堂，清朝后期刊	4卷4册，中国木版本，17.6×10.9cm，四周单边，半郭：12.2×9.1cm，无界，11行21字，上黑鱼尾，纸质：绵纸	里题：平山冷燕，版心题：第四才子，刊记：玉尺堂藏	成均馆大学校D7C-104a

续表

书名	出版事项	版式状况	一般事项	所藏处/所藏番号
天花藏批评平山冷燕续才子书	荻岸散人(清)编次,天花藏主人(清)批评,清代刊	20卷10册,中国木版本,21.9×12.8cm,四周单边,半郭:17.5×11cm,无界,8行20字,上黑鱼尾,纸质:竹纸	里题:天花藏第四才子书,序:天花藏主人题,刊记:书林藏板	成均馆大学校 D7C-105
绘图平山冷燕四才子书	荻岸散人(清)编次,锦章图书局刊	4卷4册,中国石印本,有图,半郭:13.6×7.9cm,22行51字,上黑鱼尾		雅丹文库 823-적62 ㅎ
	荻岸散人(清)编次,珍艺书局,光绪十八年(1892)刊	4卷4册,新铅活字本(中国),图像,无界,行字数不定,无鱼尾,11.5×7.8cm	题签:全图四才子书	高丽大学校大学院 小-64-1-4
	荻岸散人(清)编次,刊写事项不明	4卷4册,中国石印本,有图,14.8×8.9cm,四周单边,半郭:12.8×8cm,无界,20行44字,上下向黑鱼尾	题签:绣像四才子平山冷燕,版心题:平山冷燕四才子	庆北大学校 [古]812.3 적61 ㅎ
第四才子书	荻岸散人(清)编次,清刊本	4卷4册,中国木版本,18×11.6cm	卷头书名:新刻天花藏批评平山冷燕,印:集玉斋,帝室图书之章	奎章阁 [奎중]5839
平山冷燕		4卷4册20回,中国石印本		鲜文大学校 朴在渊
평산냉연(平山冷燕)	笔写本	1册(零本),纸质:楮纸	刊记:乙亥年(1815,推定)	鲜文大学校 朴在渊
평산냉연(平山冷燕)	译著者未详,刊年未详	3卷3册,笔写本,28.6×22.4cm	平山冷燕	国立中央图书馆 [한]48-16
	译著者未详,刊年未详	10卷10册,朝鲜笔写本,28.6×19.6cm,无郭,无丝栏,9行18字,纸质:楮纸	表题:平山冷燕,印:藏书阁印,35mmR[Nega]507f	韩国学中央研究院 4-9856/R35N-000101-102

38. 济公全传(济颠大师醉菩提全传)

又名《济颠大师醉菩提全传》、《济颠大师玩世奇迹》、《济公传》、《皆大欢喜》、《醉菩提》、《度世金绳》。清务本堂刊本题"天花藏主人编次",首有桃花庵主人序,凡二十回。天花藏主人或即清初徐震,有《女才子书》、《人间乐》、《玉支玑》等小说。《济公全传》写济颠其人,与明沈孟柈《钱塘渔隐济颠禅师语录》内容大同小异。《济公传》有续书数种。

又清王楚吉有《济公全传》三十六回,全称《新镌绣像济颠大师全传》。王楚吉,字长龄,号香婴居士,西湖(今浙江杭州)人,生平不详。《济公全传》与明沈孟柈《钱塘渔隐济颠禅师语录》内容相同,唯书前增宋高宗、宋孝宗事,书后增禅师圆寂后逸闻数则而已。

又清郭小亭有《济公全传》三集二十八卷二百八十回,又名《济公活佛传》、《济公前后全传》。郭小亭,生平不详。有清光绪间上海煮字山房石印本、中原书局石印本、1923年上海启新书局石印本等。写济公济危扶困、惩恶扬善事,在同类书中规模最大。以济公为主要人物,串连众多故事而成,情节不免雷同,结构亦嫌松散。

38-1. 济公全传

书名	出版事项	版式状况	一般事项	所藏处/所藏番号
绣像济公传后传	上海,校经山房,20世纪初刊	全12卷6册(零本5册,卷之1-6,9-12),中国石印本,有图,17.5×10.3cm		高丽大学校 C14-B63
绣像评演前后济公传	锦章图书局,清末民初刊	不分卷8册,中国石印本,20.3×13.2cm,四周双边,半郭:18.2×12.2cm,28行62字,上黑鱼尾,纸质:竹纸	刊记:锦章图书局印行	成均馆大学校(曹元锡)D7C-148
新刊绣像评演济公传	简青斋书局,光绪三十二年(1906)刊	8卷8册(卷1-8),中国石印本,20.3×13.8cm,有图,四周单边,半郭:18×12.2cm,无界,24行54字,上下向黑鱼尾	序:光绪三十二年(1906)……印记:光绪丙午岁(1906)夏月简青斋书局石印,卷首题:新刊绣像评演济公传,内容:卷1-4,新刊绣像评演济公传,卷5-8,绣像评演接续后部济公传	东亚大学校(3):12:2-104
	上海广益书局刊	28卷14册(1函),中国石印本,半郭:16.8×11.5cm,20行45字,上黑鱼尾		雅丹文库 823-신 12

续表

书名	出版事项	版式状况	一般事项	所藏处/所藏番号
再续济公传全部	上海，校经山房，20 世纪初刊	4 卷 4 册（全 41 回本），中国石印本，有图，17.8×10.5cm	标题：绣像再续济公传	高丽大学校 C14-B64
绣像四续济公传	周霁山（清）著，上海，校经山房，光绪三十四年（1908）刊	全四十回本（4 卷 4 册），中国石印本，有图，17.7×10.5cm	标题：绣像真正四续济公传	高丽大学校 C14-B65
绣像六续济公传	块余生（清）初稿，上海，普新书局，宣统元年（1909）刊	全四十回本（4 卷 4 册），中国石印本，有图，17.4×10.7cm	标题：绣像六续济公传	高丽大学校 C14-B66

38-2. 济颠大师醉菩提全传

书名	出版事项	版式状况	一般事项	所藏处/所藏番号
新刊绣像济颠大师醉菩提全传	天花藏主人（清）编次，清末刊行	4 卷 4 册，中国木版本，22.3×13.7cm	版心题：济颠全传	国立中央图书馆 BA 古 5-80-30
	墨浪子（清）撰，光绪四年（1878）京都隆神社刊行	4 卷 4 册，日本木版本，22.3×13.7cm	卷头书名：绣像济颠大师醉菩提全传	奎章阁 6187

39. 说岳全传

全名《精忠演义说本岳王全传》。清康熙间刊本题"仁和钱彩锦文氏编次"、"永福金丰大有氏增订"，首有金丰序。凡二十卷八十回，钱彩、金丰著。另有清嘉庆间"福文堂藏板"本、同治间木刻本等。钱彩字锦文，仁和（今浙江杭州）人；金丰字大有，永福（今福建永泰）人。清初人，生平均不详。作品集中描绘岳飞及其将士牛皋等人英雄形象，表现了南宋时期投降派和抗战派的剧烈较量。人物性格较为鲜明，情节亦多动人。按，演述岳飞故事的作品在元、明两代颇多，元杂剧有孔文卿（一说金仁杰）《地藏王证东窗事犯》（一作《秦太师东窗事犯》），明传奇有无名氏（一说姚茂良）《精忠记》、冯梦龙《精忠旗》，小说有熊大木《大宋中兴通俗演义》、邹元标《岳武穆王精忠传》、于华玉《岳武穆尽忠报国传》等，清初传奇有张大复（一说吴玉虹）《如是观》（又名《倒精忠》或《翻精忠》）等，《说岳全传》是岳飞题材的集大成之作，体现了历史演义与英雄传奇合流的特点。

书名	出版事项	版式状况	一般事项	所藏处/所藏番号
说岳全传	钱彩（清）编次，金丰（清）增订，上海扫叶山房藏板，清刊本	10卷9册（卷5缺），中国木版本，有图，15.8×11.2cm	卷头书名：精忠演义说岳全传，序：甲子（1744?）……金丰，印：集玉斋，帝室图书之章	奎章阁[奎중]6144
绘图说岳全传	上海，大成书局，20世纪初刊	8卷8册，中国石印本，20.4×13.4cm		高丽大学校（华山文库）C14-B57
增订绘图精忠说岳全传	上海书局，光绪三十一年（1905）序	1册（80-84回落页），中国石印本，有图，17.5×10cm，四周双边，半郭：14.3×8.5cm，无界，行字数不定，上下向黑鱼尾	标题/版心题：绘图精忠说岳全传……序：光绪乙巳（1905）……	国民大学校[고]823 증01
	钱彩（清）撰，上海，天宝书局，20世纪初刊	8卷8册，中国石印本，有图，20.3×13.3cm	标题：绘图精忠说岳全传	高丽大学校C14-B57
	钱彩（清）撰，上海，共和书局，20世纪初刊	8卷8册，中国石印本，有图，20.3×13.2cm	标题：绘图精忠说岳全传	高丽大学校C14-B57A
	钱彩（清）编次，金丰（清）增订，源记书庄，20世纪初刊	零本4册（卷1、3、5、7，全20卷），中国铅印本，有图，17.5×10.1cm	序：甲子（1744）孟春上浣永福金丰识于余庆堂……乙未（1895）仲春古饮仙源山人书于……	高丽大学校（晚松文库）C14-B84
	钱彩（清）著，上海，锦章图书局，刊写年未详	8卷8册（卷1-8），有图，20.4×13.3cm，四周双边，半郭：17.3×11.4cm，行字数不定，上下向黑鱼尾	精忠说岳演义	庆熙大学校812.3-전83ㅈ
	刊写地，刊写者，刊写年未详	1册（缺帙，册8），中国石印本，20.3×13.3cm，四周双边，半郭：17.8×11.8cm，无界，32行76字，上下向黑鱼尾		庆熙大学校812.8-정86

书名	出版事项	版式状况	一般事项	所藏处/所藏番号
增订精忠演义说岳全传	钱彩(清)撰,金丰(清)增订,清嘉庆三年(1798)刊	10卷10册(卷1-10),中国木版本,24.5×17cm,四周单边,半郭:17.8×14cm,无界,11行20字,上下向黑鱼尾,纸质:竹纸	序:甲子(1744?)孟春上浣永福金丰识于余庆堂,刊记:嘉庆戊午(1798)新镌,本衙藏板	江陵市 船桥庄
	钱彩(清)编次,金丰(清)增订,清朝末期刊	6卷6册(卷13-17,20),中国木版本,15.8×11.2cm,四周单边,半郭:11.4×8.9cm,无界,12行21字,上黑鱼尾,纸质:绵纸	版心题:说岳全传	韩国学中央研究院,4-242
	钱彩(清)篡,金丰(清)增订,上海,扫叶山房,清末民初刊	20卷20册(卷1-20),中国木版本,15.8×11.3cm,四周单边,半郭:11.5×9.3cm,无界,12行21字,上下向黑鱼尾,纸质:竹纸	表题:精忠演义,版心题:说本全传,序:甲子(1744?)孟春上浣永福金丰识于余庆堂	江陵市 船桥庄
		4册(零本),活印本,29cm		岭南大学校823
增订绘图精忠说岳全传	上海,共和书局,刊写年不明	8卷8册,中国石印本,有图,19.9×13.3cm,四周单边,半郭17.6×12.4cm,无界,31行字数不定,上下向黑鱼尾	题签:绘图精忠说岳全传,版心题:绘图精忠说岳全传,刊记:上海共和书局印行	庆北大学校[古]812.3 증736
新增精忠演义说本岳王全传	钱彩(清)编次,金丰(清)增订,英德堂,清朝末期刊	20卷11册,中国木版本,18.1×11.5cm,四周单边,半郭:13.5×10.5cm,无界,14行24字,上黑鱼尾,纸质:竹纸	序:甲子(1744?)孟春上浣永福金丰识于余庆堂,刊记:英德堂梓	成均馆大学校D7C-73
绘图精忠说岳全传	仁和钱彩锦文氏(清)编次	7卷7册(零本),中国板本,20.5×13.5cm,四周双边,半郭:17.7×12cm,无界,28行60字,注单行,白口,上下向黑鱼尾	楷书,表题:绘图精忠说岳全传,刊记:上海锦章图书局刊	韩国国学振兴院受托,固城李氏간산문중
绘图精忠说岳全传	钱彩(清)编次,锦章图书局,20世纪初刊	8卷(卷1-8),20.2×13.4cm		大邱天主教大学校,동 822.5-전 812 ㅎ

续表

书名	出版事项	版式状况	一般事项	所藏处/所藏番号
精忠说岳全传	上海，广益书局，刊写年未详	12卷8册1匣(所藏：1-4)，中国石印本，有图，19.7×13.3cm，四周单边，半郭：16.8×11.9cm，有界，20行44字，花口，上下向黑鱼尾		国民大学校[고]823 족01

40. 白圭志

又名《第八才子书》、《第十才子书》、《第一才女传》。清嘉庆间补余轩刊本署"博陵崔象川辑"、"何晴川评"，凡四卷十六回。另有清咸丰间右文堂刊本、光绪间崇文书局石印本。崔象川，博陵(今河北蠡县)人，生平不详。写明万历间江西吉安人张博被歹人张宏害死，张博之子张廷瑞历尽艰难，后高中一甲，奉旨与杨菊英、刘秀英成婚。张宏之子张美玉人品卑劣，瘐死于狱中。小说中一重要关目是，刘元辉之子刘忠出为巡抚，梦城隍赐一白圭，上记张博被杀真相，遂审明张博冤案，故小说名《白圭志》。全书不出才子佳人小说常套，新意不多。

书名	出版事项	版式状况	一般事项	所藏处/所藏番号
第十才子书白圭志	崔象川(清)辑，江左书林梓行	4卷4册，中国木版本，有图，16cm，左右双边，11×8.1cm，8行16字，上下小黑口，上下单边	内题：第十才子书绣像白圭志，外题：白圭志，序：晴川居士题	延世大学校812.36/56
第十才子书	吴航野客(清)编次，水箸散人(清)评阅，清嘉庆十六年(1811)序	6卷4册，中国木版本，14.7×10cm，四周单边，半郭：10.9×7.15cm，无界，上黑鱼尾，纸质：竹纸	序：时嘉庆辛未(1811)菊月下浣水箸散人书于琬香斋，注：一名双美缘	成均馆大学校D7C-95
	崔象川(清)辑，刊写者未详，清末民初刊	4卷4册(卷1-4)，中国石印本，有图，13.1×8.2cm，四周双边，半郭：11.2×6.8cm，无界，14行31字，花口，上下向黑鱼尾，纸质：竹纸	表题：绘图第八才子白圭志，里题：绣像白圭志八才子书，版心题：八才子白圭志，序：晴川居士题	全南大学校3Q-수51 え

书名	出版事项	版式状况	一般事项	所藏处/所藏番号
第十才子书	崔象川（清）辑，刊写地，刊写者，刊写年未详	4卷4册(卷1-4)，中国石印本，有图，13.1×8.2cm，四周双边，半郭：11.2×6.8cm，无界，14行31字，上黑鱼尾，纸质：竹纸	里题：绣像白圭志八才子书，版心题：八才子白圭志，表题：绘图第八才子白圭志，序：晴川居士题	全南大学校3Q-수 51 天-v. 1-4
		4卷4册，中国石印本，半郭：12.3×7.7cm，16行38字，上黑鱼尾		雅丹文库823-최 52 ㅎ
第八才子书白圭志	崔象川（清）辑，盛德堂，清朝后期刊	4卷4册，中国木版本，有图，15.9×9.9cm，四周单边，半郭：12×76cm，无界，8行16字，小黑口，纸质：竹纸	里题：绣像第八才子书，版心题：白圭志，刊记：盛德堂梓	成均馆大学校D7C-93
绣像白圭志八才子书	上海，广益书局，光绪三十四年（1908）序	4卷4册，中国石印本，有图(2张)，15×8.5cm，四周双边，半郭：12.3×8.1cm，无界，16行38字，上黑鱼尾	序：光绪戊申（1908）……于沪北之藕香馆	梨花女子大学校[고]812.3 수 61 백
绣像第八才子书	崔象川（清）辑，何晴川（清）评，经国堂，清刊本	4卷4册，中国木版本，16.3×10.4cm	卷头书名：第八才子书白圭志，版心书名：白圭志，序：晴川居士，印：集玉斋，帝室图书之章	奎章阁[奎중]6137
백규지（白圭志）		1册106页，每页11-15行	从4卷16回到1-10回翻译	鲜文大学校朴在渊

41. 绿野仙踪

　　有抄本，李百川著，凡一百回。另有清道光、光绪间刊本等。李百川（？1720—1771后），生活于康熙、乾隆年间，字号、生平不详。一度投靠在盐城做官的叔父，著述自娱，《绿野仙踪》即草创于此时。其特点是在求仙访道的框架中致力于世态人情的描写，叙述温如玉的人生经历占了全书三分之一的篇幅。冷于冰在泰山庙等候连城璧等人，偶遇官宦子弟温如玉，于冰见他"仙骨珊珊"，遂起度脱之心。温如玉本对冷于冰的说教一笑置之，因一再遭受挫折，绝望之中，想起冷于冰许他功名富贵之语，遂去京城寻访。在冷于冰所设幻境华胥国里，其权、势、欲得到极大满足，却原来是一枕黄粱，这才"无复人世之想"，随冷于冰出家，后位列仙班。小说借温如玉的故事，说明现实社会冷酷无情，人的欲望难以满足，不可能找到理想的归宿，只有超越欲望，才能得到解脱和自由。该书融世态人情与神魔描写于一体，体现了神魔小说与人情小说的合流。

书名	出版事项	版式状况	一般事项	所藏处/ 所藏番号
绿野仙踪	清刊本	10册(零本，41-80回)，中国木版本，18.8×12cm	印：集玉斋，帝室图书之章	奎章阁[奎중]5823，5824
绣像绿野仙踪	刊写地，刊写者未详	16卷16册（卷1-16），16.3×11.1cm，有图，四周单边，半郭：12.2×9.7cm，无界，11行25字，上下向黑鱼尾	包匣题/版心题：绿野仙踪，刊记：道光乙巳年(1845)新镌	东亚大学校(3)：12：2-8
绿野仙踪全传	李百川（清）著，京都，务本堂，道光二十七年(1847)刻，后刷	80回20册，中国木版本，19×12cm，有图，左右双边，半郭：14.4×9.8cm，有界，9行21字，上黑鱼尾，纸质：竹纸	里题：绣像绿野仙踪全传，版心题：绿野仙踪，序：乾隆三十六年(1771)洞庭定超（侯定超）拜书，刊记：道光丁未(1847)新镌，京都务本堂梓	成均馆大学校D7C-15
绣像绿野仙踪全传	道光十年(1830)刊	16册（册1-16），中国木版本，18.1×11.9cm，有图，四周单边，半郭：13.9×10.1cm，9行21字，黑口，上下向黑鱼尾	目录题：绿野仙踪，序：乾隆三十六年(1771)洞庭定超（侯定超）拜书，序：乾隆二十九年(1764)春二月山阴弟家鹤（陶家鹤）谨识，刊记：道光十年(1830)新镌	东亚大学校(3)：12：2-2

42. 希夷梦

又名《海国春秋》。清嘉庆间刊本首有汪寄自序、吴云北序及《南游两经蜉蝣墓并获〈希夷梦〉稿记》，凡四十卷四十回。另有清光绪间翠筠山房刊本、上海《苏报》馆印本等。汪寄，徽州(今安徽歙县)人，主要活动于乾隆、嘉庆间，生平不详。希夷即五代宋初陈抟，是当时著名道士，民间关于他的传说甚多。《希夷梦》始于赵匡胤陈桥兵变，建立宋朝，写周旧臣韩速及节度使李筠、幕宾吕仲卿二人逃出，至希夷老祖陈抟处，梦中图谋复国无望，漂流至海外，种种情事，惊觉时尚卧于洞中石上。孙楷第《戏曲小说书录解题》云："其第五、第六、第七三卷记仲卿、韩速入山事颇谲奇，至入浮石国后事，则不免堆积重沓。然其叙事似有所指，如五卷出'师可法'，即史可法；三十九卷记陆秀夫抛传国玺，文云'大朱受命之宝'，则明指明朝。其记仲卿在浮石遭遇，颇似朱之瑜。其云韩速在浮金国剖腹自明，则为日本之俗。似隐指明季遗民之居海外者无疑。"

书名	出版事项	版式状况	一般事项	所藏处/所藏番号
希夷梦	翠筠山房藏板，光绪四年（1878）刊	40卷20册，中国木版本，15.6×10.6cm	印：集玉斋，帝室图书之章	奎章阁［奎중］6197
		8册（零本，卷1-22），中国木版本，15.6×10.6cm	印：集玉斋，帝室图书之章	奎章阁［奎중］6198
	清朝中期刊	11卷5册（卷28-38，5册存），中国木版本，16×20.3cm，四周单边，半郭：12.2×8.2cm，有界，9行20字，上黑鱼尾，纸质：绵纸		韩国学中央研究院4-250

43. 锦香亭记

《锦香亭》，清古吴素庵主人编。凡四卷十六回。有清初写刻本、"岐园藏板"本、道光年间经元堂刊本。光绪二十年（1894）上海石印本，改题为《睢阳忠毅录》，书端题《第一美女神》。另有1990年上海古籍出版社《古本小说集成》影印本。小说以安史之乱为背景，以钟景期与葛明霞等三位女子邂逅之处"锦香亭"为书名。《锦香亭》未脱清初才子佳人小说的俗套，从受难到团圆，格局与其他才子佳人小说大体相同。

《锦香亭记》是中国小说《锦香亭》的翻译本。现存的《锦香亭记》版本，只有翻译的两种坊刻本，都是京版本，书名为《锦香亭记》（韩古语）。

京版本：

2卷2册本：《锦香亭记》（韩古语）一，36张。

《锦香亭记》（韩古语）二种，32张，刊记说是由洞新刊（1847—1856）。

（法国巴黎东洋语学校收藏）

3卷3册本：大概出版于1860年。［孟泽荣收，李能雨（第1卷收藏）］

书名	出版事项	版式状况	一般事项	所藏处/所藏番号
금향졍긔(锦香亭记)	译著者未详,刊年未详	7卷7册,笔写本,22×17cm,纸质:楮纸	卷末:岁在辛卯孟冬日药岘毕书	奎章阁[古]3350-59
锦香亭记	刊写地,刊写者,刊写年未详	6册,韩文笔写本,26.4×19.8cm		岭南大学校古 韶 813.6-금향졍
금향졍긔(锦香亭记)	译著者未详,1910年写	全3卷3册,朝鲜笔写本,28.5×17.8cm,纸质:楮纸	笔写记:경슐(1910)이월즁현의셕동셔등츌,월중현의석동서등출	韩国学中央研究院D7B-125/R16N-001132-17
금향뎐긔(锦香亭记)		1册,31.6×20.2cm		国立中央图书馆[한]48-168
금향뎡긔(锦香亭记)	刊写地,刊写者,刊写年未详	3册,笔写本,30×20.2cm,无界,10行21字内外,无鱼尾	一般动产文化财朝鲜本,写记:병오(?)삼월초일일죵	西江大学校고서금92 v.1
금향졍기(锦香亭记)		1册,朝鲜笔写本,25.6×17.5cm	笔写记:丁丑二月……誉	高丽大学校C14-A28
	由 洞,1847—1856年写	京本:2卷2册		东洋语学校(Paris)
	1860年前后写	3卷3册,坊刻本		未详
금향명긔(锦香亭记)	1册,朝鲜笔写本		19世纪末写(推定)	鲜文大学校朴在渊

44. 回文传

清文聚斋刊本内封横书"省世恒言",竖刻"新刻原本回头传上部",无序跋,无回目,书末有"云峰山人批语",凡五卷。写柏亭郡义亭冈人柏能,有精光之缘,宜脱离红尘。及长,父母双亡,遂携祖传宝物妆天罐,寻访教铿祖师。经多年修炼,终于参透红尘。此书情节与清檦襐道人二十四回《妆钿铲传》相近,而叙事支离突兀,不及《妆钿铲传》流畅连贯,或即《妆钿铲传》之删节本。

朝鲜译本《回文传》写历史上的织锦回文诗,与此书内容不同,当是另一作品。

书名	出版事项	版式状况	一般事项	所藏处/所藏番号
회무뎐（回文传）	译著者未详，朝鲜朝末期写	5 卷 5 册，笔写本，29.5×21.2cm，无界，10 行 15-17 字，纸质：楮纸	表题：回文传	东国大学校 D813.5 회 37
직금회문（织锦回文）	译著者未详，写年未详	1 册（45 页），笔写本，32.7×28.4cm	附：八道地理志	韩国学中央研究院 D7B-16
	译著者未详	线装 1 册（54 页），笔写本，无界，12 行字数不定，29.5×27.5cm	合缀：유한당젼지이	檀国大学校栗谷纪念图书馆고 853.5-직 454
		东装 1 册，笔写本，四周无边，无界，10 行 13 字，30×21.2cm		启明大学校동산도서관 811.8-직금회
织锦回文		1 册，笔写本	闺中破寂军	鲜文大学校朴在渊
苏娘织锦回文	刊年未详	35 张，笔写本，34.2×28cm		国立中央图书馆［贵］674，［승계고］3636-36
苏氏织锦回文录	哲宗五年（1854）刊	1 册（58 页），朝鲜笔写本，36.7×23.2cm	卷末：갑인사월초구일	首尔大学校/奎章阁한국학연구원，813.5-So73h
쇼야란직금회문（合锦回文传）	译著者未详	1 册（42 页），笔写本，插图，无界，13 行 20 字内外，无鱼尾，34.3×22.2cm	朝鲜本，写记：신츅년（?）지월십팔일필셔	延世大学校학술정보원고서（Ⅰ）811.36 소야란
회문뎐（合锦回文传）	4 卷 4 册（卷之一，卷之三 2 册现存），刊写者未详	14 行 14-21 字，卷之 1：31.1×28.7cm，卷之 3：31.1×30cm		선문대양승민

45. 银瓶梅

又名《莲子瓶演义传》、《后唐奇书莲子瓶演义传》、《第五奇书银瓶梅》、《第一奇书莲子瓶》。有同治间"富经堂藏板"本、瀛海轩刊本、光绪间上海书局石印本等，凡四卷二十三回，不题撰人。写唐玄宗年间刘芳、陈升为莫逆之交，二人屡受奸人陷害，终逢凶化吉，后分别考中进士、探花，奉旨剿灭盗贼，奸佞皆问斩罪。书中重要关目，乃仙翁陈映登赠陈升一莲子瓶，内装莲子四十九颗，日食其一则可不饥；陈升曾以莲子救活刘芳，又以莲子瓶逼退追兵，故名《莲子瓶演义传》。集英雄儿女题材于一书，显示了晚清小说创作的一种时尚。

书名	出版事项	版式状况	一般事项	所藏处/所藏番号
绘图银瓶梅	刊写地，刊写者，刊写年未详	1 册（50 页），石印本，有图，19.5×13cm，四周单边，半郭17.5×11.2cm，无界，17 行 38字，无鱼尾	书名：卷首题，表题：银瓶梅	庆州东国大学校 D823.5-회 25

46. 野叟曝言

光绪七年(1881)毗陵汇珍楼活字本首知不足斋主人序，版心题"第一奇书"，有回后总评及双行夹批，凡二十卷一百五十二回。另有光绪八年申报馆排印本等。知不足斋主人序云："《野叟曝言》一书，吾乡夏先生所著也。先生邑之名宿，康熙间幕游滇黔，足迹半天下，抱奇负异，郁郁不得志，乃发之于是书。"夏敬渠(1705—1787)字懋修，号二铭，江阴(今属江苏)人。以诸生而困于场屋，游幕各地为生。著有《纲目举正》、《经史余论》、《浣玉轩文集》、《唐诗臆解》等。《野叟曝言》成书于乾隆年间，初以抄本流传，光绪七年刊本为初刊原本。写文素臣崇尚理学，力辟佛老，因与权奸、阉宦抗争而被贬充军。后权奸、阉党谋反，文以救驾平叛之功，拜相封爵，位极人臣。共娶一妻五妾，生二十四子，一百二十孙子，一百四十曾孙，大多做官。鲁迅《中国小说史略》称："炫学奇慨，实其主因，圣而尊荣，则为抱负，与明人之神魔及才子佳人小说面貌似异，根柢实同，惟以异端易魔，以圣人易才子而已。意既夸诞，文复无味，殊不足以称艺文，但欲知当时所谓'理学家'之心理，则于中颇可考见。"

书名	出版事项	版式状况	一般事项	所藏处/所藏番号
野叟曝言	夏敬渠（清）撰，光绪八年（1882）序	20卷20册（第1-154回），中国石印本，14.2×9.2cm，四周双边半郭：12.7×8.7cm，22行35字，上黑鱼尾，纸质：竹纸	序：爰出全书以付余友达诸海上之刊是书者……光绪八年岁次壬午（1882）九月西岷山樵识	成均馆大学校D7C-159
	夏敬渠（清）撰	20卷10册，中国活字本，17×11.2cm	卷头书名：第一奇书野叟曝言，序：光绪八年（1882）……西岷山樵，印：集玉斋，帝室图书之章	奎章阁［奎中］5923
绘图野叟曝言	夏敬渠（清）撰，刊写地，刊写者，刊写年未详	1卷1册卷12（81-88回），中国石印本，20×13.3cm，四周单边，半郭：17.9×11.5cm，无界，26行54字，上大黑口，上内向黑鱼尾		한양대학교812.85-하236ㅎ-v.11- v.20

47. 民国新汉演义

《民国新汉演义》，又名《绘图民国新汉演义》。凡4卷4册40回。有1912年上海书局石印本等。作者自由生，生平不详。另有4卷4册32回本。小说写18世纪末西洋强国凌逼中国，四个中国君子复兴中国的故事。卷1至卷4中约有20幅插图。

书名	出版事项	版式状况	一般事项	所藏处/所藏番号
新汉演义	1912年刊	4卷4册32回，中国石印本	原名共和镜	鲜文大学校朴在渊
	上海书局，1912年刊	4卷4册40回，中国石印本		鲜文大学校朴在渊
增图民国新汉演义	自由生（清）著，上海书局，刊写年未详	3卷2册（全4卷4册），中国石印本，插图，无界，行字数不定无鱼尾，20.4×13.3cm	序：编者识	高丽大学校万송C14-B85-1-2

48. 争春园

一名《剑侠奇中奇》。凡四十八回，作者佚名。清道光辛巳（1821）三元堂刊本首有寄生氏序，孙楷第《中国通俗小说书目》云："寄生氏即《五美缘》作者。"另有清道光己亥长兴堂刊本、1912 年上海广益书局石印本等。写汉平帝时老道司马徽有剑三口，一赠洛阳侠士郝鸾，其余两口由郝鸾分别赠与英雄鲍刚、马俊。三位剑侠受奸臣陷害，历尽艰辛，后来或救驾有功，或大平海寇，均得朝廷封赏。结尾处司马徽收回三剑，众英雄奉旨团圆。小说以英雄儿女而兼忠奸之争，亦寻常故套，新意不多。

书名	出版事项	版式状况	一般事项	所藏处/所藏番号
争春园	一也轩，道光九年（1829）刊	6 卷，中国木版本，有图，15.4×11cm	印：集玉斋，帝室图画之章	奎章阁 [奎중]6189
争春园全传	光绪十五年（1889）刊	6 卷 6 册，中国木版本，20×11.7cm，四周单边，半郭：16.8×10cm，无界，11 行 25 字，上黑鱼尾，纸质：竹纸	里题：绣像争春园全传，序：光绪十五年岁次己丑（1889）仲春月重刊，旧刊记：道光丙午（1846）镌	成均馆大学校 D7C-89
梨花雪	杨容甫（清）鉴定，徐鄂（清）填词，大同书局，光绪十二年（1886）刊	3 册，中国石印本，有图，17×10cm	（诵获斋：第一）序：光绪丙戌（1886）……徐鄂，表题：争春园	奎章阁 6269 1-3 册

49. 西湖拾遗

清乾隆间原刊本题"钱塘陈梅溪搜辑"，首有自序，凡 48 卷，首三卷为图，末卷为"止于至善"，故实为 44 卷。卷各一篇，篇演一事，是一部短篇白话小说集。另有嘉庆刊本、光绪间上海申报馆重排本等。陈树基，字梅溪，钱塘（今浙江杭州）人，生平不详。所收 44 篇小说，28 篇取自《西湖二集》，15 篇取自《西湖佳话》，1 篇取自《醒世恒言》，对原文或多或少有所改动。因所述故事皆与西湖有关，故名《西湖拾遗》，如陈树基自序所言："庶几观西湖之秀，不啻揽天下山水之奇，而知钟灵毓异，寄迹栖心者实非无所至也云尔。"主要人物有钱镠、白居易、苏东坡、葛洪、岳飞、于谦、苏小小、济颠、白娘子等。

书名	出版事项	版式状况	一般事项	所藏处/所藏番号
西湖拾遗	陈树基(清)搜辑,本衙藏板,嘉庆十六年(1811)刊	48卷24册,中国木版本,16.8×10.6cm	序:乾隆辛亥(1791)孟冬月钱塘梅溪陈树基撰印:集玉斋,帝室图书之章	奎章阁[奎中]5893
	梅溪氏(清)搜辑,刊年未详	10卷3册(零本),铅活字本,17×11cm,四周双边,半郭:13.5×9.5cm,无界,12行27字,注双行,上下向黑鱼尾		檀国大学校栗谷纪念图书馆(秋汀文库)古873-서627
	1864年序	16卷4册,中国版本		朴在渊

50. 女才子传

又名《美人书》、《女才子书》、《女才子集》、《情史续书》、《闺秀英才》、《闺秀佳话》。清烟水散人著,凡十二卷。每卷写一则故事,是一部短篇白话小说集。烟水散人,或以为即清初徐震,著有多部才子佳人小说。有清乾隆间大德堂刊本、道光间刊本等。《女才子传》分别叙述小青、杨碧秋、张小莲、崔淑、张畹香、陈霞如、卢云卿、郝湘娥、王琰、谢彩、郑玉姬、宋琬12位才女的故事。《杨碧秋》、《张小莲》、《陈霞如》、《王琰》四篇并分别附有李秀、张丽、玉娟、小莺、沈碧桃五女。

书名	出版事项	版式状况	一般事项	所藏处/所藏番号
女才子传	烟水散人(清)著,刊年未详	10卷8册,中国木版本,20.8×13.2cm	表题纸书名:新镌女才子传,序:烟水散人,印记:齐青杨氏,内容:1. 小青传,2. 杨碧秋,3. 张小莲,4. 王琰,5. 张畹香,6. 陈霞如,7. 卢云卿,8. 崔淑,9. 郝湘娥,10. 郑玉姬	国立中央图书馆[古]5-80-29
	烟水散人(清)著,上海,集益书局,宣统二年(1910)刊	1册,中国石印本,有图,19.8×13.2cm,四周单边,半郭:16.6×11.2cm,无界,14行30字,上下向黑鱼尾	序:烟水散人漫题于泖上之蜃阁,表题:女才子传,版心题:女才子传,刊记:宣统二年(1910)六月出版,上海集益书局发行	庆北大学校[古]812.3 연57

书名	出版事项	版式状况	一般事项	所藏处/所藏番号
闺阁才子奇书	烟水散人（清）著，上海，文宜书局，光绪十九年(1893)刊	12卷4册1匣，中国石印本，有图，13.3×9cm，四周双边，半郭：10.7×6.5cm，无界，行字数不定，上下向黑鱼尾	表题/题签：绘图闺秀英才传，刊记：光绪十九年癸巳(1893)夏	国民大学校[고]823.6 연01

51. 英云梦传

又名《英云三生梦传》、《英云梦三生姻缘》。清乾隆间刊本题"震泽九容楼主人松云氏撰"、"扫花头陀剩斋氏评"，首有剩斋氏弁言。凡八卷十六回。另有清嘉庆间书业堂刊本、清聚锦堂刊本、经元堂刊本、二有堂刊本等。写唐德宗时苏州书生王云与兵部侍郎吴斌之女吴梦云、寨主滕武之女滕英娘的婚姻恋爱故事以及他们下一辈的姻缘遇合，是一部头绪繁多的才子佳人小说。

书名	出版事项	版式状况	一般事项	所藏处/所藏番号
英云梦传	松云氏（清）撰，扫花头陀（清）评，登郡，文会成，清刊本	8卷8册，中国木版本，15.6×11cm	印：集玉斋，帝室图书之章	奎章阁[奎중]6172
	松云氏（清）撰，扫叶山房，光绪十四年(1888)重刊	8卷8册，中国木版本，24×15cm	序：岁在昭阳单阏（癸卯，1843?）……扫花头陀剩斋氏拜题，刊记：光绪戊子(1888)重刊	高丽大学校C14-B87

52. 大明正德皇游江南传

《大明正德皇游江南传》，又名《正德游江南全传》，清代章回小说，凡四十五回，何梦梅著。梦梅字雪庄，道光间顺德(今属广东)人。此书传入韩国时间不详。现存中国木版本，7卷6册，有图，16.3×11cm，现藏全南大学。孙楷第《中国通俗小说书目》卷二著录："存。高丽抄本四卷。（日本宫内省图书寮）坊刊七卷本。以上二本并四十五回。坊刻四卷本二十四回。""首道光壬辰黄逸峰序，又同时自序。演正德游幸遇李凤姐事。书甚陋。"孙楷第《戏曲小说书录解题》评曰："斯编所记，本无稽之言，不足齿数。惟正德诸事，今犹盛演于歌场舞筵，流俗称道，无非谬说，核以毛奇龄《武宗外记》，尽属诞妄不实，故举斯书为例，俾世人知盲词瞽说举不足恃，不特丰功伟烈非世人所知，即所传丑恶事亦不足信也。"

书名	出版事项	版式状况	一般事项	所藏处/所藏番号
绣像正德全传	何梦梅（清）编次，文英阁，道光二十二年（1842）刊	7卷6册（卷1-7），中国木版本，有图，16.3×11cm，四周双边，半郭：12.5×9.2cm，有界，10行20字，花口，上下向黑鱼尾，纸质：北黄纸	卷首题：大明正德游江南传，表题：正德游江南传，版心题：游江南传，序：时道光壬辰（1832）仲夏上浣黄逸峰拜题，刊记：道光壬寅（1842）新镌，双门底文英阁藏板	全南大学校3Q-유11ㅎ
绣像大明正德皇游江南传	上海，广益书局，宣统二年（1910）刊	4卷4册（卷1-4），15.1×9.1cm，有图，四周双边，半郭：12.5×8.1cm，有界，20行48字，上下向黑鱼尾	包匣题：绣像正德游龙戏凤，表题：绣像正德游龙戏凤，标题：游龙戏凤正德游江南，刊记：宣统庚戌（1910）夏月	东亚大学校（3）：12：2-1

53. 樵史通俗演义

《樵史演义》，清初"江左樵子编辑，钱江拗生批点"。或云樵子即陆应旸，字伯生，青浦（今上海青浦）人。著有《笋溪草堂集》。凡四十回。现存清初写刻本，为海内孤本，内封题"樵史演史"，有"绣像通俗"四字。左栏附识语，首有《樵史序》，尾署"花朝樵子自序"，未标卷次。卷端皆题"樵史通俗演义"，卷端下署"江左樵子编辑"、"钱江拗生批点"。此本绣像已失，回末多附有尾评，行间间有夹评，藏北京大学图书馆。1937年北京大学排印本，题"海内孤本樵史演义"，有序。1987年中州古籍出版社出版栾星校点本，1988年中国书店据北京大学1937年版影印出版《樵史通俗演义》。1990年上海古籍出版社据北京大学图书馆藏清初写刻本影印，收入《古本小说集成》。《樵史演义》历叙明季天启、崇祯、弘光三朝二十五年间（1621—1645）时事，从熹宗即位写起，至马士英降清止。多录当时诏书、章奏、檄文、函牍等文献。"作者创稿此书于顺治间，然其素材之积累则上自天启及崇祯间，故畅论时事，多所亲验，信而有据，堪当实录……然又缘时于新朝，知所忌讳，宛转迁回，曲笔较多，亦可见其欲吐还吞之矛盾心理矣"（中国书店据1937年北京大学版影印《樵史通俗演义》，吴晓铃撰《前言》)。该书是清初时事小说之一。

书名	出版事项	版式状况	一般事项	所藏处/所藏番号
樵史通俗演义	江左樵子(清)编辑，清代刊	8卷5册，中国木版本，22.5×13cm，四周双边，半郭：20×11.5cm，无界，10行22字，注单行，纸质：竹纸	表题：樵史	大田市 燕亭国乐院

54. 隔帘花影(古本三世报)

又名《三世报隔帘花影》，凡四十八回。清"本衙藏板"本首有四桥居士序，或以为四桥居士即此书作者。四桥居士生平不详，曾评点天花才子《快心编》一书。《隔帘花影》系删改丁耀亢《续金瓶梅》而成，删去原书十六回，并改西门庆为南宫吉，吴月娘为楚云娘，孝哥为慧哥，回目亦多所更易，但基本情节仍予保留。

书名	出版事项	版式状况	一般事项	所藏处/所藏番号
新镌古本批评绣像三世报隔帘花影	本衙藏板，刊写年未详	48回10册2函，中国木版本，24.3×15.6cm，左右边，半郭：19.4×13.3cm，无界，11行24字，花口上下向黑鱼尾	卷首题：新镌古本批评绣像三世报隔帘花影，原序：……四桥居士谨题，背面题：古本三世报，隔帘花影，本衙藏板	首尔大学校 3477 21 1-10
绣像古本三世报	刊写地，刊写者，刊写年未详	2卷4册(卷上，下)，17.9×10.8cm，有图，四周单边，半郭：14.6×9.5cm，无界，20行42字，无鱼尾		东亚大学校(4)：5：5-1
古本批评三世报		4卷4册，中国石印本，有图，17cm	卷之2，4卷首题：新镌古本批评三世报，内题：绣像隔帘花影，外题：醒世小说隔帘花影，序：四桥居士谨题	延世大学校 812.36/1

55. 画图缘

　　《画图缘》，又名《花天荷传》、《画图缘平夷全传》、《花田金玉缘》。清初小说，不署撰者，但卷首有天花藏主人序，凡十六回。有清康熙间刻本、益智堂刻本、积经堂刊本、嘉庆间扬州测海楼藏本、光绪间石印本。近有1985年春风文艺出版社《明末清初小说选刊》本、1990年上海古籍出版社《古本小说集成》影印本。写才子花天荷偶遇仙人，得秘书一卷，有图两幅，一幅为两广地势图，另一幅为名园图，其功名、婚姻俱寓于其中。花天荷应诏赴两广，旋即告捷。后因故离去，途经一园，园中景色与名园图一模一样。天荷心动，又闻园主柳青云蒙冤，便仗义相助。柳青云为孪生姐蓝玉作伐，天荷以秘书为聘。后天荷高中解元，授两广总戎，赴任前与蓝玉完婚，柳青云也与赵红瑞成姻。天荷在任，破敌有功，两广安定。小说以画图为线索展开情节，故名《画图缘》，是清初才子佳人小说之一。写男主角花天荷文武双全，与《好逑传》的人物设计颇为相近。

　　《画图缘》有朝鲜译本。

书名	出版事项	版式状况	一般事项	所藏处/ 所藏番号
화도연 (画图缘)	卷之二1册			文友书林

56. 梦中缘

　　又名《梦中五美缘》。清崇德堂刊本卷首有序，署"光绪十一年(1885)秋月后学莲溪氏"。另有清有益堂刊本、三义堂刊本。凡四卷十五回。据卷首序，该书为李修行著。李修行字子乾，阳信(今属山东)人。"幼颖异，八岁能文，从苟圣基先生游，数月间，刮目相待，题绝句于壁以器之。弱冠以第一人入泮，优等食饩。康熙甲午(1714)举于乡，己未(1715)联捷成进士，循例教习，留都门者三载。公课之余，与同年诸名士分韵联诗，其倡和诸作与《四书文稿》、《蒞经集义》、《家训十则》、《梦中缘》藏于家。"(《阳信县志·人物志》)《梦中缘》是其晚年所作，写明正德间山东青州府宜都县教谕吴珏，梦老者赐其一帖，上书云："仙子生南国，梅花女是亲。三明共两暗，俱属五行人。"乃命其子吴瑞生外出游学，以验梦兆。后吴瑞生考中二甲进士，授江西南昌知府，先后迎娶金翠娟、木舜华、水蓝英、烛堆琼、堆素烟，金木水火土五行俱集，应了其父梦兆。

书名	出版事项	版式状况	一般事项	所藏处/ 所藏番号
新刻 梦中缘	李子乾（清）著， 有益堂刊，光绪 十一年(1885)序	4卷4册（卷1-4），中国木版本 17.6×11cm	序：光绪十一年（1885） ……莲溪氏	奎章阁 6122

57. 醒世奇文国事悲(英雄泪)

上海大成书局石印本署"鸡林冷血生著"，凡二十四回。封面题"绘图醒世小说国事悲、英雄泪合刻"。《英雄泪》有冷血生自序，称"庚戌（1910）仲秋，日韩合并"后不久"是书遂印焉"，知此书当刊于1910年。《国事悲》写俄国以保护商人为借口，入侵波兰。内阁首相卜明礼等收受俄国贿赂，出卖地图，致使波兰战败，被迫接受俄国提出的割地、赔款等条件。忠义党人首领户部中丞张惠民、枢密使李爱国等赴美国考察，回国后提出改革维新主张，反被卜明礼等诬为篡权。波兰皇帝下令逮捕忠义党人，张惠民等逃亡美国。此书借波兰历史影射中国现实，表达了对国家灭亡的深切忧虑。

鸡林冷血生另有《醒世奇文英雄泪》一书，凡二十六回，有上海校经山房石印本。此书继《醒世奇文国事悲》而作，回首词云："朝鲜覆辙在先，前车后车之鉴。图存首重固民权，不然危亡立现。"书末又云："众明公思思高丽想想己，咱中国现在亦是难保全。"旨在以日本灭亡朝鲜一事警醒国人。小说写日本宰相伊藤博文派兵入侵朝鲜，中国派兵入朝调停。伊藤博文与朝奸勾结，制造内乱，中国应朝鲜请求派兵平乱。中日交战，中国战败，被迫签订《马关条约》。伊藤博文赴"满洲"巡视，被朝鲜爱国志士安重根刺杀。日本吞并朝鲜。

书名	出版事项	版式状况	一般事项	所藏处/ 所藏番号
新刻醒世 奇文国事 悲·英雄 泪小说	冷血生（清末民 初)著	8卷8册（残本7册），中国石印 本，15.5×9cm，四周单边，半 郭：13.3×8.3cm，无界，18行45 字	缺本：国事悲，卷1， 英雄泪，序：冷血生	용인대학교 D7-11
醒世小说 国事悲· 英雄泪	冷血生（清末民 初)著，上海，校 经山房，刊写年 未详	7卷7册，中国石印本，插图， 四周单边，半郭：13×8cm，无 界，18 行 44 字，无鱼尾， 15.5cm	内容：册1-3，国事悲（3 卷），一册4-7，英雄泪 （4卷）	庆熙大学校 812.3-냉 94 ㄱ

续表

书名	出版事项	版式状况	一般事项	所藏处/所藏番号
醒世国事悲	冷血生（清末民初）著，上海书局，民国元年（1911）刊	4卷4册，中国石印本，有图，14.8×8.8cm，四周双边，半郭：12.4×8cm，无界，16行36字，上下向黑鱼尾	目录题：新刻醒世奇文国事悲小说，包匣题，题签：绣像英雄泪国事悲全集，标题：醒世小说国事悲，刊记：民国元年（1911）仲春上海书局石印	东亚大学校（3）：12：2-46
绘图英雄泪国事悲全集	冷血生（清末民初）著，上海，校经山房，刊写年不明	8卷8册，中国石印本，有图，15.3×8.8cm，四周单边，半郭：13.5×7.8cm，无界，行字数不定，无鱼尾	题签：绘图英雄泪国事悲全集，版心题：醒世国事悲，醒世英雄泪，刊记：上海校经山房印行	庆北大学校古 812.3 냉94ᄒ
国事悲	1909年	4卷4册，中国石印本		鲜文大学校朴在渊
绣像英雄泪	冷血生（清末民初）著	4卷4册，中国石印本，15cm	叙：冷血生自序	延世大学校812.36/47
英雄泪	鸡林冷血生（清末民初）著，1909年刊	4卷4册，中国石印本		鲜文大学校朴在渊
	刊年未详	1册（缺本），中国石印本，15×9.1cm	版心书名：醒世英雄泪	韩国学中央研究院（袖）D7C-24

58. 闹花丛

　　《闹花丛》，清姑苏痴情士著。凡四卷十二回。有康熙间刊本、坊刊本、抄本。叙明弘治间，南京应天府上元县官家子庞文英，娶一妻四妾，终日美色环绕，又功名有成，状元及第，选为翰林院编修。多猥亵描写。此书实为明古吴金木散人《鼓掌绝尘》雪集之翻版。

书名	出版事项	版式状况	一般事项	所藏处/所藏番号
闹花丛		1册(第9,10回),木版本		鲜文大学校朴在渊

59. 吕祖全传

清康熙元年(1662)刊本题"唐弘仁普济寺佑帝君纯阳吕仙撰,奉道弟子憺漪子汪象旭重订,同道何应春、费钦、钟山、吴道隆、郑汝承、查宗起同校"。吕纯阳当是托名,作者实即汪象旭。凡一卷,属短篇白话小说。另有咸丰九年(1859)宝监堂刊本、光绪十一年(1885)刊本等。汪象旭,原名淇,字右子,号憺漪子、残梦道人,西陵(或即今江苏南京南)人。曾评点《西游记》一书,以《西游证道书》之名刊行。《吕祖全传》以吕仙自述的口吻写吕洞宾事。吕岩字洞宾,号纯阳,赴京应试途中,遇道长赠其一枕,枕之入梦。梦中考试顺利,官运亨通,终至获罪。醒后彻悟。又奉道长之命,梦中见地狱惨状。自此虔心奉道,终入仙籍,降妖除怪,造福百姓,玉帝封之为纯阳真人。

书名	出版事项	版式状况	一般事项	所藏处/所藏番号
吕祖全传	旧题吕洞宾(唐)撰,汪象旭(清)重订,清刊本	2册,有图,中国木版本,18.2×12.2cm	印:集玉斋,帝室图书之章	奎章阁[奎중]5511

60. 二度梅全传

又名《二度梅传》、《二度梅全集》、《二度梅奇说》。清澹雅堂刊本题"惜阴堂主人编辑,绣虎堂主人订阅",内封又题"天花主人编次",凡四十回。惜阴堂主人有《金兰筏》、《善恶图》等小说;天花主人有《云仙笑》、《惊梦啼》等小说。另有"右文堂藏板"本、益秀堂刊本、五云堂刊本、福文堂刊本等。文富堂刊本、文玉斋刊本系删节本。小说写唐肃宗年间吏部都给事梅魁被权相卢杞陷害而死,其子梅璧逃至扬州,吏部尚书陈东初令其与己子陈春生同读,并许以女儿陈杏元。卢杞陷害陈东初,上奏皇帝,命陈杏元出塞和番。陈杏元行至昭君庙,投水自尽,昭君神灵救之,送至河南道邹御史家,被收为义女,与邹女云英为伴。后梅璧、陈春生高中状元、探花,梅魁之冤得以昭雪,陈东初官复原职,梅璧娶陈杏元、邹云英,陈春生娶周玉姐、邱云仙。该书是清代流行的才子佳人小说之一。

书名	出版事项	版式状况	一般事项	所藏处/ 所藏番号
绣像二度梅全传	惜阴堂主人（清）编辑，绣虎堂主人（清）校阅，老二酉堂，光绪四年（1878）序	6卷6册，中国木版本，15×10.7cm	卷头书名：新注二度梅奇说全集，版心书名：二度梅，序：光绪戊寅（1878）……卷活道人，印：集玉斋，帝室图书之章	奎章阁 [奎중]6268

61. 吴三桂演义

　　清宣统三年（1911）孟冬月上海书局石印本不题撰人，凡四卷四十回。另有上海华明书局石印本，标"历史小说"。写明末吴三桂因李自成掳陈圆圆而借清兵入关，打败李自成，被清室封为平西王。康熙十二年（1673），吴三桂叛清自立，不久被剿灭。

书名	出版事项	版式状况	一般事项	所藏处/ 所藏番号
明清三国志	锦章书局	4卷2册，中国石印本	又名吴三桂演义	鲜文大学校 朴在渊
吴三桂演义	清无名氏编，清末民初刊行	4卷2册，中国木版本，有图，19.7×13.2cm	表题：绣像吴三桂演义	高丽大学校，C14-B47-1-2

62. 西来演义

　　又名《梁武帝全传》。清初余氏永庆堂刊本题"天花藏主人新编"、"永庆堂余郁生梓"，首有天花藏主人康熙癸丑（1673）序。另有嘉庆己卯（1819）抱青阁刊本、咸丰元年（1851）裕国堂刊本。写南朝梁武帝萧衍乃蒲罗尊者转世，其妻郗后为水大明王降生。梁武帝兵围寿阳，以水灌城，百姓死伤无数。郗后恐梁主移情他人，以计除掉众多宫女，死后被罚作蟒蛇。如来遂遣阿修罗、昆伽那下凡点化。梁武帝选高僧，设坛场，超度阵亡将士亡灵。北魏侯景降梁，深得信任。侯景谋反，梁武帝被困台城，身亡归西，西来因缘了结。谭正璧《古本稀见小说汇考》云："书中亦兼采史实，但掺入因果神怪之说甚夥。至梁武帝成佛之说，元明戏曲中已有演述，当出释家的传说，明冯梦龙《古今小说》卷三十七《梁武帝累修成佛》亦取其事。按唐宋以来笔记小说，如《朝野金载》、《二老堂杂志》、《戏瑕》等书中都已述及梁武帝及郗后轶事，尤以《六朝事迹类编》所辑为详，于此可见作者涉猎之博。"

书名	出版事项	版式状况	一般事项	所藏处/所藏番号
绣像西来演义	天花藏主人（清）编次，抱青阁刊，嘉庆二十四年（1819）刊	12册，中国木版本，16.4×10.3cm	卷头书名：精绣通俗全像梁武帝西来演义，版心书名：梁武帝全传，印：集玉斋，帝室图书之章	奎章阁[奎중]6180

63. 五美缘

又名《大明传》。清道光二年（1822）刊本不题撰人，首有寄生氏序，孙楷第《中国通俗小说书目》"争春园"条下云："寄生氏即《五美缘》作者。"凡八十回。另有清道光四年（1824）楼外楼刊本、道光十二年（1832）三余堂刊本、道光二十五年（1845）聚文堂刊本等。写明正德年间书生冯旭与钱林之妹钱月英互相爱慕。因奸人花文芳陷害，冯旭入狱，于充军途中脱身。后冯旭征战有功，授礼部尚书，奉旨完婚，娶钱月英、姚蕙兰、哈飞英及钱之二婢翠秀、落霞。融才子佳人与侠义故事于一体，五女同事一夫，亦才子佳人小说故套。

书名	出版事项	版式状况	一般事项	所藏处/所藏番号
绣像五美缘	寄生氏（清）编次，九如堂，道光二十八年（1848）刊	8卷8册，中国木版本，16×11cm	序：壬午（1822）谷雨前二日寄生氏题于塔影楼之西榭，印：集玉斋，帝室图书之章	奎章阁[奎중]6106

64. 西湖佳话

《西湖佳话》，古吴墨浪子编。凡十六卷。作者真实姓名与生平不详，当系明末清初苏州人。清初题"天花藏主人编次"的《济颠大师醉菩提全传》，别本亦题"西湖墨浪子偶拈"，二者或即一人。康熙十二年（1673）金陵王衙精刊本，题为《西湖佳话古今遗迹》。乾隆十六年（1751）会敬堂藏杭州文翰楼发兑本，有东谷老人序。另有光绪十八年（1892）上海文选书局石印本、1956年古典文学出版社本、1958年中华书局上海编辑所本、1980年上海古籍出版社本、1981年浙江人民出版社本、1990年上海古籍出版社《古本小说集成》

影印本。小说以西湖为背景，根据史传、稗史和民间传说，塑造了葛洪、白居易、苏东坡、骆宾王、林和靖、苏小小、岳飞、于谦、济颠、辨才、文世高、钱镠、圆泽、冯小青、白娘子、莲池共16个人物。《西湖佳话》是清初较为重要的短篇白话小说集，用笔朴素，较少说教意味。

书名	出版事项	版式状况	一般事项	所藏处/所藏番号
西湖佳话	墨浪子（清）搜辑，芥子园，乾隆五十一年（1786）序	16卷4册，有图，中国木版本，17.3×11.5cm	序:乾隆丙午（1786）······嘲傲主人，印:集玉斋，帝室图书之章	奎章阁〔奎중〕5922
	墨浪子（清）搜辑，刊写地，刊写者未详，清朝后期刊	线装16卷4册，木版本，左右双边，半郭：13.1×8.9cm，无界，10行22字，上黑鱼尾，16.3×11cm，纸质：竹纸		成均馆大学校 尊经阁 B16FC-0001
	墨浪子（清）编辑，乾隆五十一年（1786）序	线装16卷6册，木版本，插图，上下单边，半郭：13.9×9.5cm，10行22字，注双行，上黑鱼尾，17.2×12cm，纸质：绵纸	里题：西湖佳话，序：乾隆五十一年（1786）岁次丙午季春中书，解题：中国西湖地方古迹集	韩国学中央研究院 C2-319
西湖佳话古今遗迹	墨浪子（清）编，翰海楼，乾隆十六年（1751）刊	16卷4册1夹板，中国木版本，插图，上下单边，左右双边，半郭：19.5×13.2cm，无界，10行22字，注双行，花口，上下向黑鱼尾，25.6×16.6cm	花口题：西湖佳话，内容：卷1，葛岭仙迹（册1）-卷2，白堤政迹（册1）-卷3，六桥才迹（册1）-卷4，五云诗迹（册1）-卷5，孤山阴迹（册2）-卷6，西泠韵迹（册2）-卷7，岳坟忠迹（册2）-卷8，三台梦迹（册2）-卷9，南屏醉迹（册3）-卷10，虎溪笑迹（册3）-卷11，断桥情迹（册3）-卷12，钱塘霸迹（册3）-卷13，三生石迹（册4）-卷14，梅屿恨迹（册4）-卷15，雷峰怪迹（册4）-卷16，放生善迹（册4）	首尔大学校中央图书馆 4810-69-1-4
西湖佳话		16卷4册，中国木版本	1876年序	朴在渊

65. 双奇缘全传(双凤奇缘，쌍주기연)

又名《昭君传》。清嘉庆十四年(1809)刊本题《双凤奇缘传》，署"雪樵主人撰"，首有雪樵主人序，凡二十卷八十回。清经元堂刊本题《绣像双凤奇缘全传》。另有光绪间上海包善书局石印本等。雪樵主人，生平不详。叙王昭君事。书名"双凤奇缘"，乃因小说中之昭君，有妹王娉，小字赛昭君。王昭君死后，托梦汉元帝立王娉为后。王娉曾习得九天玄女所传法术，促御驾亲征，大败番兵，在白洋河亲祭王昭君。姐妹二人，是为"双凤"。而小说主角实为昭君，故又名《昭君传》。按，王昭君事，自汉以来一直是诗词、戏曲、小说的热门题材。《双凤奇缘传》系在《西京杂记》、马致远《汉宫秋》等作品基础上，敷衍虚构而成。

书名	出版事项	版式状况	一般事项	所藏处/所藏番号
绣像双奇缘全传	玉茗堂（清）评点，嘉庆二十四年(1819)序	8卷4册，中国木版本，20.2×12.2cm	序:嘉庆己卯(1819)……玉茗主人，印:集玉斋，帝室图书之章	奎章阁[奎古]5742
绘图双凤奇缘	20世纪初刊	4卷4册，中国石印本，14.5×8.7cm		高丽大学校C14-B55
쌍주기연	刊写地，刊写者，刊写年未详	1卷1册(65页)，笔写本，29×19.2cm，无界，10行不定字		檀国大学校天安栗谷图书馆고853.5-쌍899

66. 绘芳录

又名《红闺春梦》。清光绪二十年(1894)上海书局石印本署"西泠野樵著"，首有竹秋氏序。凡八卷八十回。另有光绪间申报馆排印本等。西泠野樵，别署竹秋氏，始宁(今浙江上虞)人，生平不详。据其自序，"年十七逢粤寇之乱"，此"粤寇"如指太平天国，则作者生于道光十四年(1834)。小说叙祝柏青、陈小儒、玉兰三人为友，登科及第，官运亨通，挫败奸佞。后集资营造别墅，名绘芳园。有名伶柳五官，工绘事，祝柏春为之赎身。五官乃为在园诸夫人及姬妾画像，凡十人，名十美图。此书以寻花问柳为韵事，头绪较乱，成就不高。

书名	出版事项	版式状况	一般事项	所藏处/所藏番号
绘芳录	西泠野樵（清）著，申报馆刊，光绪四年（1878）序	16 册，中国活字本，17×11.4cm	序：光绪戊寅（1878）嘉平月中旬始宁竹秋氏自志于邗上梅妍楼之南轩，印：集玉斋，帝室图书之章	奎章阁[奎중]6329

67. 善恶图全传

又名《善恶图》。清颂德堂刊本不题撰人，首有浮槎使者序，凡四十回。另有清末坊刻本。《清史稿·艺文志补编》子部小说类著录惜阴堂主人《善恶图》，未知是否即此书；惜阴堂主人著有《二度梅全传》、《金兰筏》等小说。清李斗《扬州画舫录》卷十一《虹桥录下》著录"曹天衡《善恶图》"评话，孙楷第《中国通俗小说书目》"疑即此书所本"。《善恶图全传》以评话口吻叙宋徽宗年间江南建康府（今江苏南京）事。写李雷为非作歹，奸淫妇女，迫害良善。雷神陶弘景化为劝善老人，至李雷宅点破梁上石匣，示以善恶图，李竟勃然大怒，善恶图化为飞灰，后李雷及其徒党终被处以极刑。小说以善恶必报为宗旨。

书名	出版事项	版式状况	一般事项	所藏处/所藏番号
新刻善恶图全传	颂德轩藏板，清刊本	40 卷 6 册，中国木版本，16×10.2cm	序：汉上浮槎使者，印：集玉斋，帝室图书之章	奎章阁[奎중]6087

68. 梼杌闲评全传

又名《梼杌闲评》、《明珠缘》。作者佚名，凡五十回。李保恂《旧学庵笔记》云有大字刻本，未见。另有"京都藏板"本、石印本等。邓之诚《骨董续记》卷二云："《梼杌闲评》，不详撰人。其所载侯、魏封爵制辞，皆不类虚构。述忠贤乱政，多足与史相参。缪艺风《藕香簃别抄》云：'弘光朝工科给事中李清，为其祖李思诚辨冤。……《梼杌闲评》亦载此事。因心疑亦映碧所撰。'之诚按：《梼杌闲评》记事，亦有与《三垣笔记》相发明者。总之非身预其事者，不能作也。谓之映碧所撰，颇有似处。"李清（1602—1683）字映碧，一字心水，晚号天一居士，兴化（今属江苏）人。天启元年（1621）举人，崇祯四年（1631）进士，历官刑、吏、工科给事中，大理寺丞。明亡不仕。著有《三垣奏疏》、《三垣笔记》、《南渡录》等。《明史》有传。小说主要叙写明代宦官魏忠贤与明熹宗乳母客印月互相勾结、乱政篡权之事。其题材属于讲史小说范围，同时又大量描写侯一娘与魏云卿关系，魏忠贤与客印月、侯秋鸿关系，言情成分颇重，体现了言情小说与历史小说合流倾向，对负面角色的塑造比较生动，有一定深度。

书名	出版事项	版式状况	一般事项	所藏处/所藏番号
绣像梼杌闲评全传	京都藏板，清刊本	50卷12册，中国木版本，有图，17.6×11.2cm	卷头书名：梼杌闲评，印：集玉斋，帝室图书之章	奎章阁[奎中]5772

69. 廿载繁华梦

又名《粤东繁华梦》。清光绪三十一年（1905）在香港《时事画报》连载，题"番禺黄小配撰"；有光绪三十三年（1907）汉口东亚印刷局石印本，标"近世小说"，凡四十回。黄小配（1873—1912）名世仲，别号禺山世次郎，以字行。广东番禺人。早年赴南洋谋生，曾任《中国日报》记者。1905年加入同盟会，被推为香港分部交际员。1907年创办《少年报》。1911年广东光复后，任民团局局长。1912年被陈炯明以侵吞军饷罪冤杀。著有《洪秀全演义》、《宦海升沉录》等小说。《廿载繁华梦》写广东南海破落户子弟周庸祐任海关库书，与其前任一样大肆贪污，又为穷京官联元谋得广东海关监督一职，自此左右海关事务，大发横财，先后娶妾十余人，官至驻英国头等参赞及驻某国公使。后被人告发，在穗家产被查抄。廿载繁华终成空，此即小说命名之意。该书揭露晚清官场之腐败，乃当时风气。而此书结构完整，颇见功力。

书名	出版事项	版式状况	一般事项	所藏处/所藏番号
廿载繁华梦		1册（第21-30回，卷册未详，零本），中国石印本，15cm，16行36字		延世大学校 812.36/50

70. 圣朝鼎盛万年清

又名《万年清奇才新传》、《乾隆巡幸江南记》。有光绪间上海书局石印本、上洋海左书局石印本等，不题撰人，凡八集七十六回。清末《小说小话》著录《鼎盛万年清》一书，云："此书有真、赝二本。真本事迹，与《南巡纪事》相出入，尚有稗乘价值。今坊间所发行者，盖赝本也，三、四集下，尤恶劣万状，则赝之赝者也。"《小说小话》所云"真本"，即孙楷第《中国通俗小说书目》著录之《旧本鼎盛万年清》；而孙所云"旧本"，即《小说小话》著录之《鼎盛万年清》。《圣朝鼎盛万年清》写乾隆微服下江南，在瑞龙镇收周日青为义子，相偕同行。先后打死仗势欺人的总督叶绍红之子叶庆冒，在金平府审判贪官包庇私银案，在扬州大闹公堂，与私设税场的尚书之子叶振声大战，等等。情节殊为不经，故《小说小话》斥之为"恶劣万状"。

书名	出版事项	版式状况	一般事项	所藏处/所藏番号
绣像万年清奇才新传	清朝末期刊	8卷4册，中国木版本，16.5×11cm，四周单边，半郭：13×9.1cm，无界，10行21字，上黑鱼尾，纸质：竹纸	里题：绣像万年清奇才新传，备考：袖珍本	成均馆大学校 D7C-50
圣朝鼎盛万年清	上海，大一统书局	10卷4册(初集卷1.2，二集卷1.2，三集卷1，四集卷1，五集卷1，六集卷1，七集卷1，八集卷1)，中国石印本，半郭：18.5×11.1cm，19行40字	表题：大字足本乾隆游江南全集	雅丹文库 823.6-성75

71. 三合明珠宝剑全传

又名《大汉三合明珠宝剑全传》、《三合剑全传》、《三合剑》。道光戊申(1848)经纶堂刊本不题撰人，凡四十二回。另有光绪戊寅(1878)刊本等。柳存仁《伦敦所见中国小说书目提要》著录有"甲戌夏镌"本，并推测此"甲戌"为同治十三年(1874)。写汉武帝时洛阳人马俊、柳絮、郝联、包刚四人为结义兄弟。马俊打死强抢民女的将军丁豹之子，流落江湖，鬼谷子门人萧士达赐以三合明珠宝剑及飞天帽。奸相屈成忠谋刺汉武帝，马俊入宫救驾，封为悦心王，又在法场救出柳絮。马俊之妹马鸾英亦从道姑学得武艺、法术。卫青奉旨讨伐屈成忠，马俊、郝联、马鸾英皆来助战，又得萧士达相助，大胜回朝。柳絮与公主完婚，马俊等亦各结良缘。按，《三合明珠宝剑全传》系倚傍《争春园》而作，《争春园》初刊于嘉庆二十四年(1819)，亦为才子佳人与英雄儿女合流之书。

书名	出版事项	版式状况	一般事项	所藏处/所藏番号
新刻三合明珠宝剑全传	三让堂，清光绪五年(1879)刊	6卷4册，中国木版本，有图，17.3×11cm，四周单边，半郭：12.1×9cm，无界，10行22字，上黑鱼尾，纸质：竹纸	里题：绣像第十才子书，版心题：三合剑，刊记：光绪己卯(1879)新镌，三让堂梓	成均馆大学校 D7C-65

72. 海上繁华梦新书后集

　　《海上繁华梦》一百回(初集三十回、二集三十回、后集四十回)，孙家振撰。有清光绪三十四年(1908)上海商务印书馆排印本。初集、二集有光绪二十九年(1903)上海笑林报馆排印本，后集有光绪三十二年(1906)笑林报馆排印本。题"古沪警梦痴仙戏墨"。初集卷首有自序，又光绪二十八年(1902)古皖拜颠生序。孙家振(1862—1937)字玉声，别署海上漱石生、漱石氏、警梦痴仙、江南烟雨客、玉玲珑馆主，上海人，光绪末任新闻报馆编辑，"又尝创《笑林报》"。此书在清末颇盛行。后又撰《续海上繁华梦初集》三十回，《二集》三十回，《三集》四十回。有民国四五年间上海文明书局发行本"(孙楷第《中国通俗小说书目》)。作品以苏州士子杜少牧和章幼安故事为主干，广泛反映了上海妓院内外的日常生活，视野开阔，描写细致，拓展了狭邪小说的题材内容，"溢恶"倾向较明显。小说中的若干情节有真实生活的依据，孙楷第《中国通俗小说书目》卷四著录《海上繁华梦》，附记引孙家振《退醒庐笔记》下卷《退醒庐伤心史》条云："余四十岁之春(按：光绪二十六七年间)，寒热大作，昏不知人。箧室苏氏为延医，躬自料理汤药，衣不解带，目不交睫者数夕。七日后，余神识清，讵当晚苏氏亦病，竟于二月十一夜弃余而去。苏氏事实，余适著《海上繁华梦》说部，为之详细采入，即书中之桂天香是。其题照诗'短缘草草四年宽'云云，亦为当日题照原句。至书中天香死后，系以一绝曰：'一现昙花太可怜，伤心紫玉竟成烟；夜深泣写分钗痛，泪湿灯前百叠笺。'则不知是墨是泪矣。"则《海上繁华梦》虽以写妓院黑幕为宗旨，但不废佳话片断。胡适序《海上花列传》有云："《海上繁花梦》与《九尾龟》所以能风行一时，正因为他们都只刚刚够得上'嫖界指南'的资格，而却没有文学的价值，都没有深沉的见解与深刻的描写。这些书只是供一般读者消遣的书，读时无所用心，读过毫无余味。"

书名	出版事项	版式状况	一般事项	所藏处/所藏番号
海上繁华梦新书后集	笑林报馆，清光绪三十二年(1906)刊	8卷8册，中国新铅活字本，24.6×14.3cm，四周单边，半郭：19.4×11.5cm，有界，10行40字，上黑鱼尾，纸质：竹纸	刊记：丙午(1906)仲春刊版发行，笑林报馆刊印	成均馆大学校 D7C-109

73. 第十才子驻春园

　　又名《驻春园小史》、《绿云缘》、《第十才子双美缘》、《一笑缘》、《驻春园外史》。乾隆间三余堂刊本题"吴航野客编次"、"水箬散人评阅"，首有水箬散人乾隆壬寅(1782)序，凡六卷二十四回。另有清嘉庆间刊本，光绪间古香阁石印本、进步书局石印本、中华图书馆石印本、中西书局石印本等。驻春园为兵部尚书之子黄玠读书处。黄玠与吴翰林之女吴绿筠有婚约，又得曾云娥婢爱月之助，与曾云娥私订终身。吴绿筠与曾云娥甚相得，相约共事黄玠。后黄玠考中探花，奉旨与吴绿筠完婚，又娶曾云娥，并纳爱月为妾，一夫三妇，共处于驻春园中。是流行的才子佳人小说之一。

书名	出版事项	版式状况	一般事项	所藏处/所藏番号
绣像第十才子驻春园	上海，铸记书局	4 卷 4 册，中国石印本，有图，半郭：12.7×7.9cm，17 行 37 字，上黑鱼尾		雅丹文库 823-슈 52
쌍미긔봉（第十才子双美缘）	24 回，东国大韩国学研究所	一名：第十才子书，쌍미긔봉	《活字本古小说全集》3（亚细亚文化社 1976 年版）	东国大学校 813.5 고 73 동 v. 3

74. 第九才子书捉鬼传（第九才子书平鬼传）

又名《说唐平鬼全传》、《斩鬼传》、《钟馗传》。清怀雅堂抄本题"烟霞散人手著"、"澹园居士评阅"，首有烟霞散人自序，凡五卷十回。另有清正心堂抄本、清同文馆刊本等。作者刘璋，字玉堂，号介符，别号烟霞散人、樵云山人，太原（今属山西）人。清康熙间举人，雍正间为深泽县令。同治《深泽县志》有传。写唐代南山秀才钟馗，文采出众。殿试传胪因貌丑被黜，自刎而死，死后被封为驱魔大神，阎罗令其前往阳间斩鬼。《斩鬼传》的特点是以鬼喻人，世间形形色色的恶鬼，诸如捣大鬼、抠喳鬼、温斯鬼、绵缠鬼、寒碜鬼、酽脸鬼、抠掐鬼、黑眼鬼、讨吃鬼、丢谎鬼、风流鬼、轻薄鬼、色中饿鬼、楞睁大王等，约四十种。郑振铎《〈斩鬼传〉〈平鬼传〉引言》（世界文库本）说："中国讽刺小说极少，《斩鬼传》、《平鬼传》外，惟《何典》、《常言道》寥寥数作耳。而《常言道》诸书却都是模拟《斩鬼传》、《平鬼传》的。故论述讽刺小说的，自当以那几种钟馗斩鬼的小说为开宗明义第一章。""烟霞散人的《斩鬼传》，文字丰腴活跃，无疑的，作者是一位不得志的才士。""《唐钟馗平鬼传》为第三种写钟馗故事的小说，也是骂世之作。""所谓中国的讽刺小说，读了这两部《平鬼》、《斩鬼》后，我们便可知道究竟是怎样一种作品。纯然是穷秀才的'愤世'、'骂世'之作；充分的表白出没落的'士人阶级'的最沉痛的呼号；他们的整个人生观都已显陈出来了。"鲁迅《中国小说史略》第二十三篇将之归入讽刺小说，称《斩鬼传》"取诸色人，比之群鬼，一一抉剔，发其隐情，然词意浅露，已同谩骂，所谓'婉曲'，实非所知"。

书名	出版事项	版式状况	一般事项	所藏处/所藏番号
第九才子书捉鬼传	上海，锦章图书局	4 卷 4 册，中国石印本，半郭：11.6×7.6cm，16 行 37 字，上黑鱼尾		雅丹文库 823-제 16
第九才子书平鬼传	樵云山人（清）编次，五云楼，清末民初刊	4 卷 2 册，中国木版本，有图，17.4×11.2cm，四周单边，半郭 12.4×9cm，无界，10 行 20 字，上黑鱼尾，纸质：竹纸	里题：第九才子书，原序：康熙庚子岁（1720）仲冬上浣上元黄越际飞氏书于京邸之大椿堂，刊记：五云楼梓，备考：袖珍本	成均馆大学校 D7C-94

75. 两晋演义

　　清光绪三十二年(1906)九月至次年(1907)十月连载于《月月小说》第一至第十号，标"历史小说"，首《历史小说总序》，署"光绪丙午八月南海吴沃尧趼人氏撰"；次《两晋演义序》，谓"以《通鉴》为线索，以《晋书》、《十六国春秋》为材料，一归于正，而况以意味，使从此而得一良小说焉"。清宣统二年(1910)上海群学社出版单行本。吴趼人著，凡二十三回，未完。始于晋武帝淫佚，国丈杨骏专权，终于司马颖属下汲桑投匈奴伏利度，石勒投匈奴刘渊。阿英《晚清小说史》云："两晋史实的混乱繁复，本不如《痛史》的较简单，加以《痛史》中呼吸脉搏，与晚清的政治社会，有更多契合性，所以这部书的成就和在读者间影响，是远不如《痛史》。但仍旧是有不少优点的，写惠帝昏庸，贾后淫乱，诸王争权夺势，所烘托出的混乱局面，是极清晰的，且较之一般讲史，在史实方面，要真实的多。因为这是'以《通鉴》为线索，以《晋书》、《十六国春秋》为材料，一归于正，而况以意味'的作品。"

书名	出版事项	版式状况	一般事项	所藏处/所藏番号
绣像绘图两晋演义	陈元（清）评释，上海，进步书局，刊写年未详	2 卷 1 册（全 12 卷 6 册，西晋 1：卷 1-2），中国新式石印本，有图，20.3×13.4cm，四周双边，半郭 17.8×11.8cm，无界，27 行 60 字，上内向黑鱼尾	刊记：历史小说绣像绘图两晋演义上海进步书局印行，序：无署名	汉阳大学校 812.3-진 6532ㅅ-v.1-v.6

76. 新出情天劫小说

又名《文明新小说自由结婚》、《自由结婚》、《情天劫》。清宣统元年(1909)上海蒋春记书庄石印本题"东亚寄生撰"、"四明陈小楼校阅",凡八回。东亚寄生,生平不详。写苏州青年余光中立志自由结婚,后遇吴门天足分会书记、历史教习史湘纹,两相爱慕,志同道合。史湘纹因父亲病重回故里后,继母吴氏逼其嫁于内侄,史湘纹以死抗婚,投河自尽。余光中闻讯,回苏州祭奠,一恸气绝。小说反映了当时社会的一股新的思潮。

书名	出版事项	版式状况	一般事项	所藏处/所藏番号
绘图新出情天劫小说	东亚寄生(清)撰,宣统二年(1910)刊	全1册,中国石印本,有图,18.2×12cm		韩国学中央研究院 D7C-28

77. 文明小史

清光绪癸卯(1903)五月初一开始连载于《绣像小说》创刊号,1905年第56期刊毕,署"南亭亭长新著"。凡六十回,李宝嘉著。光绪三十二年(1906)上海商务印书馆出版单行本。李宝嘉(1867—1906)字伯元,别署南亭亭长,江苏武进人,一说江苏上元人。少时擅长诗赋制艺,并以第一名考取秀才,后屡应省试不第。先后在上海创办《指南报》、《游戏报》、《世界繁华报》,为晚清小报创始人之一。又主编过《绣像小说》半月刊。所著小说以《官场现形记》、《文明小史》成就较高。另著有《活地狱》、《中国现在记》、《海天鸿雪记》、《庚子国变弹词》、《醒世缘弹词》、《南亭笔记》等。《文明小史》由若干故事组成,从"维新"、"立宪"的角度进一步发展《官场现形记》的主旨,揭露清政府腐朽无能和维新派中投机分子的招摇撞骗。作品否定革命,寄希望于其理想人物平中丞的出洋考察。是晚清著名的谴责小说之一。阿英《晚清小说史》云:"这部书的描写,有许多失实与夸张的所在,但他也获得了不少的成功。特殊是写湖南的十多回,是全书最精彩,也是作者笔力最酣畅,最足以表现创作力的高强的部分。写人物的性格,写群众的活动,写官僚的媚外,写豪绅的作恶,真如旧话所谓'极尽绘色绘声之妙'。出现于这部书里的人物,一般地说,虽止于官僚、维新党、帝国主义三方面,但各有其性格,各有其特色,各有其不同的活动。至于全书采用讽刺与幽默的笔调,也可算是一种特长。""《文明小史》在艺术上的成就,是成功失败互见的。所反映的事实,许多是具有真实性的,有许多虽确然有那样的事,却写得过于夸张,或过于谑化了。同时,这部书不免有前强后弱的缺点,写到最后十回,结构松散,几乎收束不起来。"

书名	出版事项	版式状况	一般事项	所藏处/所藏番号
文明小史	李宝嘉(清)撰,光绪三十二年(1906)商务印书馆刊	1卷1册,中国铅活字本,无界,12行32字,纸质:洋纸		宋俊浩(全州市)

78. 취승누(取胜楼)

　　30卷30册,英雄题材的章回小说。作品出版年代不详,现存韩文笔写本,未见原刊本。此书究竟是韩国创作小说还是中国翻译小说不能确定,但是翻译或者翻案的可能性较大,因为作品的背景是唐代大历年间,主要人物是郭子仪,经常出现唐代的官职等。此版本仅韩国学中央研究院收藏,别无他本。

书名	出版事项	版式状况	一般事项	所藏处/所藏番号
취승누	译著者未详,写年未详	30卷30册,笔写本,31.3×22.1cm,无郭,无丝栏,10行20-21字,无版心,纸质:壮纸	印:藏书阁印	韩国学中央研究院 4-6850

79. 오자셔젼(伍子胥传)

　　1册,韩文笔写本,历史小说。作者不详,现存1901年笔写本为韩文翻译本,未见中文原刊本。此书究竟是韩国创作小说还是中国翻译小说不能确定,但是翻译或者翻案的可能性较大,也可能是根据《伍子胥变文》或者《列国志》的一部内容来改作的。故事内容是伍子胥的传记。此版本仅韩国首尔大学奎藏阁收藏。

书名	出版事项	版式状况	一般事项	所藏处/所藏番号
오자셔젼	大韩光武五年(1901)写	1册,朝鲜笔写本,31.6×21.6cm	卷末:신축칠월(1901)희일박전증셔하니앗겨보자	서울대학교 [古]813.56-Oj1

80. 玉支玑(옥지기)

《玉支玑》，又名《双英记》、《方正合传》。清初"天花藏主人述"。别题《玉支矶》，署"烟水散人编次"。有写刻本、醉花楼刊本、华文堂刊本。另有咸丰五年(1855)"十二室藏板"本、咸丰八年(1858)厦门多文斋刊本。近有1983年春风文艺出版社排印本，1990年上海古籍出版社《古本小说集成》影印本。叙书生长孙肖与才女管彤秀、卜红丝的婚姻恋爱故事。明成化年间，礼部侍郎管春吹将女儿彤秀许配长孙肖，以祖传玉支玑为聘，彤秀作玉支玑诗一首相赠，引起本地秀才强之良忌恨。吏部尚书之子为得到彤秀，串通强之良捣乱，反倒促成其妹卜红丝与长孙肖成婚。后长孙肖中进士，奉旨归娶，与彤秀、红丝终成眷属。小说以玉支玑为情节枢纽，故名《玉支玑》。不脱才子佳人小说故套，且多道学气。

书名	出版事项	版式状况	一般事项	所藏处/所藏番号
옥지기(玉支玑)		4卷4册，笔写本，27×19.5cm		延世大学校811.36 옥지기

81. 남계연담(南溪演谈)

笔写本3册，印有观文阁书画记收藏印，似中国演义小说的翻译本。叙明开国初期，开国功臣诚意伯刘基被诬陷谋逆罪，开国功臣魏国公徐达不顾胡惟庸威胁为刘基申诉，众臣亦相助。奸臣不断谋害刘基，但明太祖仍信赖刘基其人。胡惟庸等奸臣假太祖御旨以毒药赐之，刘基坦然饮毒而死。众臣闻之，以诗哀叹。胡惟庸惧刘基之子上诉申冤，密谋害之。因刘基死前已有防备，其子侥幸脱险。胡惟庸不甘罢休，又与巫术邪人云玄沟通密谋。刘基遗留给徐达的两封密信已预测到胡惟庸之谋，几经周折，胡惟庸以失败告终。其后国家发生动乱，太祖赖众臣相助，巩固了江山，崩于洪武三十一年(1398)。

像《南溪演谈》这样的作品，原书在中国已失传，仅靠韩国的翻译本流传，所以极有研究的价值。《南溪演谈》收藏于乐善斋，朝鲜后期翻译，3卷3册(1卷落帙)。原本不详，大概可推定为演义小说。

书名	出版事项	版式状况	一般事项	所藏处/所藏番号
남계연담(南溪演谈)	著者，写年未详	3卷3册中2册存(卷1，册缺)，笔写本，28×20cm，无郭，无丝栏，9行18字，纸质：楮纸	表题：南溪演谈，印：观文阁书画记，藏书阁印	韩国学中央研究院4-6788

续表

书名	出版事项	版式状况	一般事项	所藏处/所藏番号
남계연담 (南溪演谈)	著者，刊写地，刊写者，刊写年未详	3卷3册，木版本，无界，11行字数不定，无鱼尾，35.2×24cm	表题：南溪演谈，韩文本，解题：洪武三年 (1370)	首尔大学校，819.5-N152yp-v. 1-3
南溪联谭	上下2册，卷1卷2现存，朝鲜笔写本			김광순소장

82. 셩풍뉴(醒风流)

《醒风流》，又名《醒风流奇传》，清鹤市主人著。凡二十回。清刊本卷首有鹤市道人题序。近有1990年上海古籍出版社《古本小说集成》影印本。小说写宋代庆元年间，秀才梅干与奇侠佳人冯闺英的婚姻故事。梅干、闺英历经周折，终于巧合成婚。情节安排不够自然，多说教语。是清初才子佳人小说之一。

书名	出版事项	版式状况	一般事项	所藏处/所藏番号
셩풍뉴 (醒风流)	译著者，写年未详	7卷7册，笔写本，26.2×19.1cm，无郭，无丝栏，10行17-20字，注双行，无版心，纸质：楮纸	表题：醒风流，印：藏书阁印	韩国学中央研究院 4-6821/R35N-000089-2

83. 텬슈셕(泉水石)

9卷9册，韩文笔写本，历史小说。作者不详，只有笔写本，未见中文刊本。此书究竟是韩国创作小说还是中国翻译小说不能确定，从作品的内容和背景等来看，是翻译或者翻案小说的可能性较大。故事背景是唐代末期，与后唐第二代皇帝明宗有关。此版本仅韩国学中央研究院和韩国国立中央图书馆收藏。

书名	出版事项	版式状况	一般事项	所藏处/所藏番号
텬슈셕 (泉水石)	作者，写年未详	9 卷 9 册，笔写本，32.5 × 20.7cm，无郭，无丝栏，10 行 19-21 字，无鱼尾，纸质：楮纸	表题：泉水石，印：藏书阁印	韩国学中央研究院 4-6854
쳔수셕젼 (泉水石)	刊写者未详，기미사월필서	不分卷 1 册（残本，卷 8），笔写本，26.9×23.2cm		国立中央图书馆 BC 古朝 48-192

84. 인봉쇼 (麟凤韶)

　　《麟凤韶》是中国的才子佳人小说《引凤箫》的翻译本，十六回，3 卷 3 册，韩文笔写本。枫江半云友编辑，鹤皋芰俗生校阅。《引凤箫》原刊本是康熙雍正年间刊行的 4 卷十六回本，韩国收藏的只有笔写本，没有原刊本。作品反映的是宋熙宁年间，山东白引、金凤娘、何箫的爱情故事。此版本仅韩国学中央研究院收藏。

书名	出版事项	版式状况	一般事项	所藏处/所藏番号
인봉쇼 (麟凤韶)	译著者，写年未详	3 卷 3 册，笔写本，29.7 × 19.5cm，无郭，无丝栏，10 行 20 字，无版心，纸质：楮纸	印：藏书阁印	韩国学中央研究院 4-6839

85. 十二峰

　　《十二峰》，清代短篇白话小说集，凡十二回，心远主人著。已佚。孙楷第《中国通俗小说书目》著录："首戊申巧夕西湖寒士序。见日本《舶载书目》元禄间目。戊申疑即康熙七年。"同治七年(1868)丁日昌禁书目有《巫山十二峰》，疑即此书。清潇湘迷渡津者编《纸上春台》，内有《十二峰》一种，未知是否即此书。现存汉文笔写本。

书名	出版事项	版式状况	一般事项	所藏处/所藏番号
十二峰记 (십이봉 뎐한긔)	刊写地，刊写者，刊写年未详	4 卷 4 册，韩文笔写本，26.9×19.3cm，10-11 行 21-24 字内外	翻译：18 世纪中叶（推定）	国立中央图书馆 古 3636-10

86. 豆棚闲话

原刊本题"圣水艾衲居士编"、"鸳湖紫髯狂客评",首有天空啸鹤序。清代短篇白话小说集。另有清乾隆间三德堂刊本、嘉庆间致和堂刊本等。艾衲居士,或称艾衲道人、艾衲老人。赵景深《中国小说丛考·豆棚闲话》谓艾衲居士为清初浙江人,而"鸳湖紫髯狂客当是作者的朋友,甚至就是作者自己也说不定";胡士莹《话本小说概论》第五章论及《豆棚闲话》,"或云范西哲作",均可聊备一说。《豆棚闲话》是一部作于清初的短篇白话小说集,以一些人在豆棚下乘凉时讲说故事为线索,将十二则短篇连贯起来,形式颇新颖。多翻案之言,如云叔齐不甘饿死而变节下山,范蠡沉西施于水乃因西施详知其贪贿恶迹,冷嘲热讽,洋溢着愤世嫉俗之慨。

书名	出版事项	版式状况	一般事项	所藏处/所藏番号
豆棚闲话	艾衲居士(清)著,百懒道人(清)重订,致和堂,嘉庆十年(1805)刊	2册,中国木版本,18.7×11.9cm	序:雍正五年岁次丁未(1727)钟之模式林氏识	高丽大学校 C14-B11

87. 张远两友相论

又名《两友相论》。清光绪庚辰(1880)上海美华书馆排印本不题撰人,内封正中为"张远两友相论",右栏为"耶稣降世一千八百八十年",扉页为"保罗劝民弃假神,宜专拜造天地万物独一真神,其意见《使徒行传》十四章与十六章",凡十二回,无回目。写张、远二人为好友,张已入耶稣门,而远尚不明教义,求张解之。张遂向远讲述耶稣生平以及耶稣日月之行等事。以二人讲论方式阐述耶稣教义,是中国小说史上较早的耶稣教宣教之作。

书名	出版事项	版式状况	一般事项	所藏处/所藏番号
张远两友相论	著者未详,1898年出版	韩文出版本,12回,47页,21.4×14.7cm,12行24字	韩文本	崇实大学校(韩国基督教博物馆)0078,同一本0129

续表

书名	出版事项	版式状况	一般事项	所藏处/所藏番号
张远两友相论	中国圣教书会编，上海，文华书馆，光绪二十三年（1897）刊	1册（17页），新铅活字本（中国），四周双边，半郭：15.4×9.5cm，无界，11行32字，花口，上下向黑鱼尾，19.3×12.4cm	刊记：光绪二十三年岁次丁酉（1897），上海文华书馆排印	檀国大学校退溪纪念图书馆，275.3-중222ㅈ
	编者未详，上海，美华书馆，1874年刊	1册（30页），新式活字本，插图，16.3×11.8cm	卷首：耶稣降世一千八百七十四年张远两友相论岁次甲戌（1874）上海美华书馆刊	首尔大学校奎章阁1900-25

88. 引家当道

《引家当道》是 Griffith John（杨格非，1831—1912）牧师作的基督教小说。此书 1894 年由中国汉口圣教书局出版，现有英国大英图书馆藏本。1894 年 F. Ohlinger 牧师在韩国教会堂翻译出版，韩国书名是《引家归道》。现有崇实大学韩国基督教博物馆藏本。主要是写李先生在生活堕落后改过迁善的过程，李最终皈依了基督教。

书名	出版事项	版式状况	一般事项	所藏处/所藏番号
引家归道（인가귀도）	그리휘트죤著，16回，1894年刊，贞洞教会刊行	79页，10行18字，제명：인가귀도	韩文本	长老会神学大学校图书馆248.46ㄱ181ㅇ
引家当道	周明卿著，16回，1911年徽文馆刊行	78页，10行17-18字，铅活字本	韩文本	崇实大学校韩国基督教博物馆
引家当道	杨格非著，上海中国圣教书会	铅活字本，1册，18.5×12.11cm		高丽大学校신암C16-B7
인가귀도（引家归道）	John, Griffith 著，Ohlinger, F 译，1911年刊，예수교서회，78面	19.5×12.5cm，13行32字，题名：인가귀도	韩文本	延世大学校中央图书馆0(CH)266 J6131

下编

韩国所藏中国通俗小说版本目录

（按收藏处分类）

第一章　国立图书馆以及大学图书馆
（包括大学博物馆）

1. 国立中央图书馆

明代

书名	出版事项	版式状况	一般事项	所藏番号
四大奇书第一种	毛宗岗（清）评，上海，扫叶山房，1888 年序	20 册，（首卷，卷 1-19），23.5×15.5cm，四周单边，半郭：19.6×14.5cm，有界，10 行 21 字，注双行，上内黑鱼尾	表纸书名：三国志，序：光绪四年（1888）……醒悔道人	［古］3636-79
	毛宗岗（清）评，刊年未详，清版覆刻本	16 册，有图，29×19cm，四周单边，半郭：20.5×14.2cm，无界，12 行 26 字，注双行，下内黑鱼尾	表纸书名：三国志，标题纸：毛声山先生批点贯华堂第一才子书，序：时顺治岁次甲申（1644）……金人瑞	［无求斋古］3736-21
		1 册，28×17.6cm，四周单边，半郭：20.5×14.2cm，无界，12 行 26 字，注双行，下向黑鱼尾		［无求斋古］3736-22
	毛宗岗（清）评，清版覆刻本	17 册，有图，29×19cm，四周单边，半郭：20.5×14.2cm，无界，12 行 26 字，注双行，下向黑鱼尾	表纸书名：三国志，里题纸：毛声山先生批点贯华堂第一才子书，序：时顺治岁次甲申（1644）……金人瑞	［无求斋古］3736-23
	毛宗岗（清）评，邹梧冈（清）参订，刊年未详	10 册(1-49 卷)，中国木版本，24×15.8cm	标题：毛声山先生评定绣像第一才子书 宏道堂藏板，序：顺治岁次甲申（1644），金人瑞，三国志评定	［의산古］3736-13

书名	出版事项	版式状况	一般事项	所藏番号
四大奇书第一种	毛宗岗（清）评，刊年未详	20卷20册，中国木版本，有图，27.3×18.4cm	表纸书名：三国志，序：时顺治岁次甲申（1644）……金人瑞（圣叹）	[古]3736-53
	毛宗岗（清）评，刊年未详	1册(13卷)，笔写本，32×19cm	三国志评定	[의산고]3736-50
		2册(4，10卷)，笔写本，29×18.5cm	三国志评定	[의산고]3736-51
四大奇书第一种	毛宗岗（清）评，刊年未详	12册(第一种2，3，5，6，7，8，11，12，15，16，17，19卷)，中国木版本，26×17.5cm，四周单边，半郭：21.5×14.3cm，12行26字，注双行，上黑鱼尾	版心书名：第一才子书	[의산고]3736-15
精校全图绣像三国志演义	毛宗岗（清）评，刊年未详	7册，中国新活字本，有图，19.9×13.2cm	藏板记：中新书局藏板	[东谷古]3736-56
	毛宗岗（清）评，上海，中新书局，刊年未详	8册，中国新活字本，有图，19.9×13.3cm	序：顺治岁次甲申（1644）……金人瑞，重刊序：咸丰三年（1853）……清溪居士	[东谷古]3736-59
三国志	毛宗岗（清）评，刊年未详	19卷20册，中国木版本（册18：写本），31.7×20.1cm，四周单边，半郭：20.2-22.6×14.6-15.1cm，无界，12行26字，注双行，上下向黑鱼尾	版心书名：第一才子书，序：顺治甲申（1644）……金人瑞，印记：龙仁李敦相公厚之印	[古]3736-69
	罗贯中（明）著，刊年未详	20卷20册，中国木版本（覆刻），有图，25.8×17.3cm，四周单边，半郭：22.3×14.4cm，无界，12行26字，注双行，上二叶花纹鱼尾	内题：毛声山先生批点贯华堂第一才子书	[한]-48-28
三国志	罗贯中（明）著，刊年未详	2卷，中国木版本，29.5×19cm，四周单边，半郭：21.5×14cm，12行，注双行，上黑鱼尾	卷头书名：四大奇书第一种	[의산고]3736-12

续表

书名	出版事项	版式状况	一般事项	所藏番号
后三国石珠演义	梅溪遇安氏（清）著，刊年未详	6 册，中国木版本，22.9×14.2cm	表题纸书名：三国后传，序：庚申（？）……澹园主人，版心书名：后三国演义	[古]5-80-43
삼국디（三国志）	罗贯中（明）著，李氏（朝鲜）书，1871 年刊	17 卷 17 册，笔写本，33.5×20cm	后识：신미（1871）……광쥬니씨（广州李氏）	[한]48-148
삼국지（三国志）	罗贯中（明）著，刊年未详	不分卷，2 册(1-2 卷)，木版本，23.5×19.2cm，四周单边，无界，半郭：20.7×17.4cm，14 行 24 字，上二叶花纹鱼尾		[한]48-33-2
	罗贯中（明）著，译者，刊年未详	不分卷 1 册(缺本：卷 3)，木版本，24×18cm，四周单边，半郭：20.3×16cm，无界，16 行 29 字，内向黑鱼尾	表纸书名：谚三国志	[한]48-33-3
	罗贯中（明）著，刊年未详	1 册，笔写本，30.5×19.8cm		[의산고]3736-10
华容道		不分卷 1 册，汉文笔写，28×17.7cm		[한]48-209
화룡도（华容道）	卓钟佶，全州，1911 年刊	不分卷 1 册，木版本，26.9×19cm，四周单边，半郭：21.2×15.8cm，无界，12 行 22 字，内向黑鱼尾	表纸书名：华容道	[한]48-30-2
评注图像水浒传	施耐庵（明）著，上海，广益书局，刊年未详	35 卷 8 册，中国石印本，21×13.2cm	表纸书名：足本绘图 第五才子书 标题纸书名：足本绘图水浒传	[古]3730-17
评论出像水浒传	施耐庵（明）著，刊年未详	10 卷 10 册，中国木版本，有图，25.2×15.6cm	序：时顺治丁酉（1657）……桐庵老人，标题纸：施耐庵先生原本	[无求斋 古]3736-18

续表

书名	出版事项	版式状况	一般事项	所藏番号
水浒传	施耐庵(明)撰,金人瑞(清)评释,上海书局,光绪二十四年(1898)刊	35卷4册,中国石印本,20×13.5cm	版心书名:五才子奇书,序:施耐庵,刊记:光绪二十四年(1898)春上海书局石印	[승계고]373-1
	施耐庵(明)著,刊年未详	不分卷15册,笔写本,24.5×15.4cm	表题:水泊聚义	[한]48-166
第五才子书水浒传	金圣叹(清)评,刊年未详	20册,中国木版本,16.1×11cm	序:雍正甲寅(1734)……勾曲外史	[동곡고]3749-60
宣和遗事	宣和年间(后印),著者未详	2册(前,后集),中国木版本,19.3×14.3cm	版心文字:宣和,跋:学山海尹主人	[고]5-80-15
水浒传总论	著者,刊年未详	不分卷1册,笔写本,5.6×16.8cm		[한]48-181
西游记	吴承恩(明)著,刊年未详	8册(6,7,8,9,10,13,19,20),中国木版本,23.5×16cm	版心书名:西游真诠	[의산]3736-16
西游真诠	陈士斌(清)诠解,光绪十年(1884)刊	10册,中国木版本,23.5×15.6cm	标题纸书名:绣像西游记,序:康熙丙子(1696)……西堂老人	[동곡고]3736-61
唐太宗传	著者,刊年未详	不分卷1册,笔写本,31.8×20.3cm		[한]48-91
绘图今古奇观	编者未详,清刊本	20卷3册,中国石印本,16.3×10.3cm	序:清河瓯生居士	[승계고]3736-9
啖蔗	改写者,刊年未详	不分卷2册,笔写本,219×17.9cm		[한]-48-199
四雪草堂重订通俗隋唐演义	齐东野人(明)著,没世农夫(清)编,鹤市散人(清)参订,刊年未详	10卷9册,中国木版本,23.9×15.4cm	表纸书名:隋唐演义,藏板记:四雪草堂	[고]3736-54
츈츄열국지(春秋列国志)	译著者,刊年未详	17卷17册,笔写本,29.6×22cm	春秋列国志,印记:"金奎兴"	[한]48-187

书名	出版事项	版式状况	一般事项	所藏番号
薛仁贵传	刊年未详	4卷4册，笔写本，30.2×21.2cm		[한]48-24
绣像东西汉演义	上海，著易堂书局，刊年未详	5册(册1缺本)，中国新活字本，19.8×13cm		[东谷古]3736-58
셔한연의	译著者，刊年未详	不分卷，16册，笔写本，35×21.3cm	西汉演义	[한]48-18
동한연의	译著者，刊年未详	6卷6册，笔写本，35×23.2cm	东汉演义	[한]48-41
新刻批评东汉演义	清远道人(清)重编，清末同文堂刊，刊年未详	8卷8册，中国木版本，有图，24.8×15.7cm	表题：东汉演义，版心题：东汉演义评	
초한전	译著者，刊年未详	2卷1册，木版本，25.5×18.3cm，四周单边，半郭：20.5×16cm，23行21字，注双行，内向黑鱼尾	楚汉传	[古]3636-53
쵸한전	译著者未详，全州，卓钟佶家，1911年刊	不分卷1册，木版本，26.8×19cm，四周单边，半郭：19.9×16.2cm，无界，13行22字，内向黑鱼尾	刊记：隆熙二年戊申(1911)秋七月西汉记完西溪新刊，楚汉传	[한]48-47
绣像京本云合奇踪玉茗英烈全传	徐渭(明)编次，刊年未详	10卷10册，中国木版本，24.4×15.7cm	表纸书名：英烈传，标题纸书名：玉茗堂英烈全传，版心书名：英烈全传，序：东山主人	[古]5-80-20
映旭斋增订北宋三遂平妖全传	罗贯中(明)著，冯犹龙(明)增订，刊年未详	18卷6册，有图，中国木版本，24.7×16cm	标题纸书名：绣像平妖全传，版心书名：平妖全传，序：张无咎	[古]5-80-31
醉醒石	东鲁古狂生(清)编次，刊年未详	15卷2册，中国木版本，30.5×18.3cm	版心文字：醉，序：丁亥(1887?)……江东老蟬(缪荃孙)	[古]5-80-32
秘本风流才子白玉梨	黄荻散人(清)编次	不分卷5册，笔写本，23.6×16.9cm	表题纸：白玉梨，印记：潘华人朴宗大景干印	[한]48-11

清代

书名	出版事项	版式状况	一般事项	所藏番号
增评补像全图金玉缘	求不负斋，1908年刊	16 册，中国石印本，24cm	表题：增评全图足本金玉缘	BA373-7
儿女英雄传评话	文康(清)著，光绪三十三年(1907)刊	12 册，中国新活字本，有图，20×13cm	表纸书名：绘图正续儿女英雄传，版心书名：儿女英雄传，序：雍正阏逢摄提格(1734)……观鉴我斋，光绪戊寅(1878)……马从善，刊记：光绪丁未(1907)上海集成图书公司排印	[古]5-80-14
女才子传	烟水散人(清)编著，刊年未详	10 卷 8 册，中国木版本，20.8×13.2cm	表纸书名：新镌女才子传，序：烟水散人，印记：齐青杨氏，内容：1. 小青传，2. 杨碧秋，3. 张小莲，4. 王琰，5. 张畹香，6. 陈霞如，7. 卢云卿，8. 崔淑，9. 郝湘娥，10. 郑玉姬	[古]5-80-29
평산냉연	译著者，刊年未详	3 卷 3 册，笔写本，28.6×22.4cm	平山冷燕	[한]48-16
苏娘织锦回文传	著者，刊年未详	35 张，笔写本，34.2×28cm		[贵]674，[승계고]3636-36
금향뎡기		1 册，31.6×20.2cm	锦香亭记	[한]48-168
新刊绣像济颠大师醉菩提全传	天花藏主人(清)编次，清末刊行	4 卷 4 册，中国木版本，22.3×13.7cm	版心题：绣像济颠全传	BA[古]5-80-30
천수석전	刊写者未详，己未四月笔书	不分卷 1 册(残本，卷之八)，笔写本，27×23.2cm	泉水石传	BC[古朝]48-192
十二峰记(십이봉뎐한긔)	刊写地，刊写者，刊写年未详	4 卷 4 册，韩文笔写本，26.9×19.3cm，10-11 行 21-24 字内外	翻译：18 世纪中叶(推定)	[古]3636-10

2. 韩国学中央研究院(韩国精神文化研究院)

明代

书名	出版事项	版式状况	一般事项	所藏番号
四大奇书 第一种	罗贯中(明)撰,毛宗岗(清)评,刊年未详	全60卷23册(第1-18,20,22,23册缺),中国木版本,17×10.6cm,四周单边,半郭:20.6×14.4cm,12行26字,上黑鱼尾	表纸书名:三国志,版心书名:第一才子书	D7C-3
		含卷首目录共19卷20册(第1-11,13-20册缺),中国木版本,25.5×17.2cm,四周单边,半郭:20.2×13.9cm,12行26字,上黑鱼尾	表纸书名:四大奇书,版心书名:第一才子书	D7C-3A
		全19卷20册,中国木版本,有图,29×19cm,四周单边,半郭:20.2×13.9cm,12行26字,上黑鱼尾	表纸书名:三国志,标题纸书名:贯华堂第一才子书,版心书名:第一才子书,序:时顺治岁次甲申(1644)……金人瑞圣叹氏题	D7C-3B
	毛宗岗(清)评,纯祖至哲宗间(1801—1863)刊	目录1卷,本集19卷,合20册,朝鲜木版本,30.3×19.7cm,四周单边,半郭:20.3×14.5cm,无界,12行26字,注双行,上黑上二叶混入花纹鱼尾,纸质:楮纸	表题:三国志,里题:三国志里题:贯华堂第一才子书,序:顺治岁次甲申(1644)嘉平朔日金人瑞圣叹氏题,印:闵泳晚印,忠孝传家,李王家图书之章	4-6882
第一才子书	罗贯中(明)著,毛宗岗(清)评,刊年未详	全20卷20册(卷首,第2-20册缺),中国木版本,有图,25.5×16cm,四周单边,半郭:21×14cm,无界,11行24字,上黑鱼尾	表纸书名:三国志,序:时顺治岁次甲申(1644)嘉平朔日金人瑞圣叹氏题,藏板记:怀德堂板,印:俞骏柱印,怀德堂图书,杞溪,俞骏柱者杞溪人也字圣在	D7C-4

续表

书名	出版事项	版式状况	一般事项	所藏番号
第一才子书(及)卷首	罗贯中(明)撰,毛宗岗(清)评,咸丰三年癸丑(1853)仲夏常熟顾氏小石山房刊	全60卷24册(卷首1册包含),中国木版本,有图,17.5×11.7cm,四周单边,半郭:13.8×9.5cm,10行25字,上黑鱼尾	表纸书名:三国志,标题纸书名:绣像三国志演义,原序:时顺治岁次甲申(1644)……金人瑞圣叹氏题,重刊序:咸丰三年(1853)……清溪居士书,刊记:癸丑(1853)仲夏常熟顾氏小石山房刊	D7C-4A
第一才子书绣像三国志演义	毛宗岗(清)评,上海,商务印书馆,光绪三十年(1904)刊	全60卷8册,中国铅印本,有图,19.7×13.3cm	标题纸书名:绣像三国志演义	[霞]D7C-39
삼국지통속연의	译者(朝鲜)未详,写年未详	39卷39册,笔写本,25.4×17.4cm,无郭,无丝栏,9行20字,注双行,无鱼尾,纸质:楮纸	表题:三国志,印:藏书阁印	4-6815
		39册,朝鲜笔写本,25.4×17.4cm	别名:三国志,35mmR[Nega],2633f	R35N-000029-32, 4-6815旧藏书阁本
三国志	刊年未详	1册(缺本),中国木版本,25.5×18cm,四周单边,半郭:21.4×15.6cm,13行22字,上下黑鱼尾		D7B-15
	毛宗岗(清)批点,刊年未详	1册(缺本),中国木版本,有图,29.1×19.4cm,四周单边,半郭20.1×13.9cm,12行26字,上黑鱼尾	版心书名:第一才子书,序:时顺治岁次甲申(1644)……金人瑞圣叹氏题	D7C-11
华容道	龟洞	1册,韩文木版本,23.4×18.4cm,四周单边,上下黑鱼尾	16mmR[Nega],85f	R16N-001151-6

续表

书名	出版事项	版式状况	一般事项	所藏番号
화용도 (华容道)	译著者未详，完山，隆熙二年戊申(1908)八月完山梁册房开刊	全上下卷1册，木版本，27.2×18.7cm，四周单边，半郭：21×16.1cm，11行字数不定，上下黑鱼尾	刊记：戊申(1908)八月完山梁册房开刊	D7B-41
	译著者未详，完西溪，隆熙二年(1908)刊	全上下卷1册，木版本，27.5×18.4cm，四周单边，半郭：21.7×16.1cm，11行字数不定，上下黑鱼尾	刊记：戊申(1908)春完西溪新刊	D7B-41B
	译著者，刊年未详	全上下卷1册，木版本，25.8×18.2cm，四周单边，半郭：21×16.2cm，11行字数不定，上下黑鱼尾		D7B-41A
화용도 (华容道)	译著者，刊年未详	全1册(90页)，笔写本，31.8×21cm		D7B-41D
	译著者，刊年未详	全上下卷1册，木版本，26×18.2cm，四周单边，半郭：20.7×15.7cm，13行字数不定，上下黑鱼尾		D7B-41E
	乙卯(1915?)刊	1册，朝鲜笔写本，34×20.8cm	16mmR〔Nega〕，40f	R16N-001151-4
	完山，梁册房，戊申(1908?)刊	1册，韩文木版本，27.2×18.7cm，四周单边，上下黑鱼尾	16mmR〔Nega〕，88f	R16N-001151-10
	完西溪，戊申(1908?)刊	1册，韩文木版本，27.5×18.4cm，四周单边，上下黑鱼尾	16mmR〔Nega〕，87f	R16N-001151-5
		1册，朝鲜笔写本，31.8×21cm	16mmR〔Nega〕，91f	R16N-001151-9
		1册，韩文木版本，26.3×18.5cm，四周单边，上下黑鱼尾	16mmR〔Nega〕，83f	R16N-001151-7
		1册，韩文木版本，25.8×18.2cm，四周单边，上下黑鱼尾	16mmR〔Nega〕，83f	R16N-001151-8

续表

书名	出版事项	版式状况	一般事项	所藏番号
삼국지요션	罗贯中(明)原著,隆熙元年(1907)写	1册(65页),朝鲜笔写本,29.8×22.9cm	表纸书名:三国传,笔写记:丁未(1907)七月廿三日终	D7B-197/R16N-001133-21
오호대장긔(五虎大将记)	译著者,写年未详	全1册(18页),朝鲜笔写本,21×13cm	卷末:병술(?)정반의필교신판,清云	D7B-109/R16N-001147-3
쟝자방젼(张子房传)	译著者,刊年未详,南谷刊	全3卷3册,木版本,28.8×18.8cm,四周单边,半郭:22.6×17.5cm,18行字数不定,上下黑鱼尾	表纸书名:西汉演义,刊记:南谷新板	D7B-121/R16N-001141-5
评论出像水浒传	施耐庵(明)著,清顺治十四年(1657)序	20卷20册,中国木版本,25×15.9cm,四周单边,半郭:21.5×14.6cm,无界,11行23字,上黑鱼尾,纸质:绵纸	表题:水浒传,版心题:五才子奇书,里题:绣像第五才子书,序:顺治丁酉(1657)冬月桐庵老人书于醉耕堂墨室,印:小山田,李王家图书之章	4-245
	施耐庵(明)著,王望如(清)评论,顺治十四年(1657)序,后刷	20卷20册,中国木版本,有图,24.6×16cm,四周单边,半郭:22×14.1cm,无界,11行24字,注双行,上黑鱼尾,纸质:绵纸	表题:水浒传,版心题:五才子奇书,序:顺治丁酉(1657)冬月桐庵老人书于醉耕堂墨室,印:小山田,李王家图书之章	4-246
评注图像水浒传	施耐庵(明)撰,金圣叹(清)评释,隆熙元年(1907)刊	全84卷12册,中国石印本,有图,20.5×13.3cm	表纸书名:评注图像五才子书	D7C-92
후슈호젼(后水浒志)	译著者,写年未详	12卷12册,朝鲜笔写本,有图,28.1×20cm,无郭,无丝栏,10行23字,无版心,纸质:楮纸	表题:后水浒志,表纸彩色画,印:藏书阁印	4-6876/R35N-001137-84-6876 旧藏书阁本

书名	出版事项	版式状况	一般事项	所藏番号
水浒志(抄)	编著者,写年未详	1册,笔写本,31.6×21cm		
西游真诠	陈士斌(清)诠解,清朝中期刊	100回24册,中国木版本,有图,17×11.3cm,左右双边,半郭:12.5×9cm,9行24字,上黑鱼尾,纸质:绵纸	表题:西游记,里题:金圣叹加评西游真诠,序:康熙丙子(1696)……西堂老人尤侗撰,藏板:芥子园藏板,印:柳阴斋图书记,积斋,李王家图书之章	4-226
서유긔(西游记)	吴承恩(明)著,华山刊	2册,韩文木版本,24.5×19.2cm,四周单边,上二叶花纹鱼尾	版心文字:셔,刊记:丙辰(1856?)孟冬华山新刊	R16N-001136-5
언한문셔유긔(谚汉文西游记)	朴健会译述,刊年未详	1册(缺本),新铅印本,21.9×14.7cm	表纸书名:서유긔	D7B-57
형셰언(型世言)	译编者,写年未详	4册存,朝鲜笔写本,28.8×21.6cm,无郭,无丝栏,12行字数不定,无鱼尾,纸质:楮纸	表题:型世言,印:藏书阁印,35mmR[Nega],229f,翻译:18世纪(推定)	4-6863/R35N-000019-3
新刻钟伯敬先生批评封神演义	钟惺(明)批评,刊年未详	全19卷19册(8册,第1-11册缺),中国木版本,24.6×15.9cm,四周单边,半郭:19.6×13.7cm,11行24字,上黑鱼尾	表纸书名:封神演义	D7C-51
서주연의(西周演义)	译著者,写年未详	25卷25册,朝鲜笔写本,32.8×21.8cm,无郭,无丝栏,11行字数不定,注双行,无版心,纸质:楮纸	印:藏书阁印,35mmR[Nega],1097f	4-6817/R35N-000050-52
东周列国全志	蔡元(清)评点,澹雅书局,光绪十九年(1893)刊	全23卷24册,中国木版本,有图,24.5×15.7cm,四周单边,半郭:21.2×14.5cm,12行26字,上黑鱼尾	标题纸书名:东周列国志,序:时乾隆十七年(1752)……蔡元,刊记:光绪癸巳年(1893)澹雅书局刊	[霞]D7C-36

续表

书名	出版事项	版式状况	一般事项	所藏番号
四雪草堂重编通俗隋唐演义	褚人获（清）增订，吴鹤樵（清）评，嘉庆十年（1805）刊	20卷20册，中国木版本，有图，17.4×11.6cm，上黑鱼尾	表纸书名：隋唐演义，标题纸书名：绣像隋唐演义，序：正德戊辰（1508）……三史林瀚撰，序：康熙乙亥（1695）……长洲褚人获学稼氏题于四雪草堂，藏板记：自厚堂藏板，刊记：嘉庆乙丑(1805)重镌	D7C-89
북송연의（北宋演义）	译著者，写年未详	5卷5册，朝鲜笔写本，31.2×22.8cm，无郭，无丝栏，12行字数不定，无版心，纸质：楮纸	表题：北宋演义，印：藏书阁印	4-6812/R35N-000191-2
당진연의（唐秦演义）	译著者，写年未详	6卷6册，朝鲜笔写本，29×21cm，无郭，无丝栏，无版心，10行23字，纸质：楮纸	表题：唐秦演义，印：藏书阁印	4-6796/R35N-000035-2
당진연의（唐晋演义）	译著者，写年未详	13卷13册，朝鲜笔写本，33.5×22.5cm，无郭，无丝栏，10行字数不定，无版心，纸质：楮纸	表题：唐晋演义，印：藏书阁印	4-6797/R35N-000002-1
당진연의		13册，朝鲜笔写本，33.5×22.5cm，无郭，无丝栏，10行字数不定，无版心，纸质：楮纸	别名：唐晋演义，印：藏书阁印	R35N-000002-1，4-6797旧藏书阁本
		6册，朝鲜笔写本，29×21cm，无郭，无丝栏，无版心，10行23字，纸质：楮纸	别名：唐秦演义，印：藏书阁印	R35N-000035-2，4-6796旧藏书阁本
异说后唐传三集薛丁山征西樊梨花全传	中都逸叟（清）编次，清代刊	5卷3册(卷1-2，5-7)，中国木版本，19.7×22.2cm，四周单边，半郭：16.7×12cm，无界，12行30字，纸质：绵纸	版心题：说唐三集，藏板记：庆余堂藏板，内容：中国，后唐传演义小说	4-249
평뇨긔（平妖记）	译著者未详	9卷9册，朝鲜笔写本，33.4×22.5cm，无郭，无丝栏，无版心，10行字数不定，纸质：楮纸	印：藏书阁印，35mmR[Nega]，412f	4-6855/R35N-000002-3

书名	出版事项	版式状况	一般事项	所藏番号
新刻剑啸阁批评西汉演义传	钟惺(明)批评,扫叶山房,刊年未详	全8卷8册(第5册缺),中国木版本,有图,15.3×10.8cm,四周单边,半郭:11.5×9.1cm,10行25字,上黑鱼尾	表纸书名:西汉演义,标题纸书名:绣像东西两汉全传,版心书名:西汉演义评,序:公安袁宏道题,藏板记:扫叶山房藏板	D7C-82
帷幄龟鉴	聋庵著,写年未详	不分卷(28回)6册,笔写本,27×19.4cm,无郭,无丝栏,10行22字,注双行,无版心,纸质楮纸	序:岁己未(1919?)孟冬上浣聋庵老人书于眉南墨室,印:李王家图书之章	4-6885
绣像东西汉通俗演义	钟惺(明)批评,上海,广百宋斋光绪十八年(1892)刊	全18卷6册,中国铅印本,有图,19.4×12.8cm		D7C-59
초한젼(楚汉传)		1册,韩文木版本,25.5×18.7cm,四周单边,上二黑鱼尾	版心文字:초,16mmR[Nega],90f	R16N-001143-2
초한젼(楚汉传)	译著者未详,隆熙元年丁未(1907)孟夏完南龟石里新刊	全上下卷1册,韩文木版本,26.7×18.5cm,四周单边,13行字数不定,上下混入花纹鱼尾	版心文字:초한,刊记:丁未(1907)孟夏完南龟石里新刊,16mmR[Nega],88f	D7B-5/R16N-001143-1
초한젼(楚汉传)	译著者未详,完山,隆熙三年己酉(1909)季春完山开刊	全上下卷1册,韩文木版本,27.5×18.7cm,四周单边,半郭:20.4×16.3cm,13行,字数不定,上下黑鱼尾	版心文字:초,刊记:己酉(1909)季春完山开刊,16mmR[Nega],87f	D7B-5B/R16N-001143-3
쵸한젼(楚汉传)	完南,龟石里,丁未(1917)刊	2册,韩文木版本,26.4×18.3cm,四周单边,上下黑鱼尾	版心文字:쵸춘,16mmR[Nega],86f	R16N-001142-22
	译著者,刊年未详	全上下卷1册,木版本,27.4×18.4cm,四周单边,半郭:20.9×16.4cm,13行字数不定,上下黑鱼尾	版心文字:초	D7B-5A

续表

书名	出版事项	版式状况	一般事项	所藏番号
쵸한젼 (楚汉传)	译著者, 刊年未详	1 册, 韩文木版本, 27.4 × 18.4cm, 四周单边, 上下黑鱼尾	版心文字: 쵸, 16mmR [Nega], 88f	R16N-001142-23
		1 册(缺本), 韩文木版本, 2.4×18.8cm, 四周单边, 上下黑鱼尾	版心文字: 쵸한, 16mmR [Nega], 71f	R16N-001143-4
잔당오대연의(残唐五代演义)	译著者, 写年未详	5 卷 5 册, 韩文笔写本, 30.4×21.9cm, 无郭, 无丝栏, 无版心, 10 行 25 字, 纸质: 楮纸	表题: 残唐五代演义; 印: 藏书阁印, 17 世纪以后翻译(推定)	4-6842/R35N-000095-1
대명영렬뎐	译著者, 写年未详	8 卷 8 册, 笔写本, 29.2×20.9cm, 无郭, 无丝栏, 10 行 21 字	表题: 大明英烈传, 印: 藏书阁印	4-6798
무목왕졍충녹(武穆王贞忠录)	译著者, 写年未详	7 卷 7 册(卷 3-5, 11, 5 册缺), 韩文笔写本, 29×23.3cm, 无郭, 无丝栏, 12 行字数不定, 无版心, 纸质: 楮纸	印: 映嫔房, 藏书阁印	4-6806
손방연의(孙庞演义)	译著者, 写年未详	5 卷 5 册, 朝鲜笔写本, 30.3×21.2cm, 无郭, 无丝栏, 11 行字数不定, 无版心, 纸质: 楮纸	印: 映嫔房, 藏书阁印, 35mmR[Nega], 361f	4-6823/R35N-000001-2
션진일사	译著者, 写年未详	21 卷 21 册, 笔写本, 32.3×21.7cm, 无郭, 无丝栏, 10 行 19-21 字, 无鱼尾, 纸质: 楮纸	表题: 仙真逸史, 印: 藏书阁印	4-6818
		15 卷 15 册中 14 册存(卷 2 缺), 笔写本, 无郭, 无丝栏, 11 行 24 字, 无鱼尾, 纸质: 楮纸	表题: 仙真逸史, 印: 藏书阁印	4-6819

清代

书名	出版事项	版式状况	一般事项	所藏番号
儒林外史	吴敬梓(清)著, 清朝末期刊	不分卷 8 册(29-56 回), 中国木版本, 16.6×10.7cm, 四周单边, 半郭: 12.4×9cm, 有界, 9 行 18 字, 上黑鱼尾, 纸质: 绵纸	识记: 49 回卷末里识, 翰林院修撰, 落帙本	4-238

续表

书名	出版事项	版式状况	一般事项	所藏番号
红楼梦	曹雪芹（清）等著，程伟元（清）校，乾隆五十六年（1791）序	120卷24册，中国木版本，有图，17.1×10.5cm，四周单边，半郭：13.4×9.5cm，有界，10行24字，纸质：绵纸	里题：绣像红楼梦，序：乾隆辛亥（1791）冬至后五日铁岭高鹗叙并书，新镌全部，藏板：本衙藏板，印：李王家图书之章	4-248
홍루몽（红楼梦）	曹霑（清）著，译者未详，写年未详	120卷120册中117册存，3册缺（卷24，54，71），翻译笔写本，78.3×18.2cm，无郭，无丝栏，8行字数不定，无版心，纸质：壮纸	表题：红楼梦，印：藏书阁印，35mmR［Nega］，5432f	4-6864/R35N-000003-10，旧藏书阁本
후홍루몽（后红楼梦）	译者，写年未详	20卷20册，朝鲜笔写本，28.8×18.8cm，无郭，无丝栏，9行18字，无鱼尾，纸质：楮纸	表题：后红楼梦，印：藏书阁印，35mmR［Nega］，1043f	4-6877/R35N-000026-27，4-6877旧藏书阁本
속홍루몽（续红楼梦）	译著者，写年未详	24卷24册，朝鲜笔写本，27×18cm，无郭，无丝栏，9行17字，无版心，纸质：楮纸	表题：续红楼梦，印：藏书阁印，35mmR［Nega］，1207f	4-6822/R35N-000024-26，旧藏书阁本
홍루부몽（红楼复梦）	译著者，写年未详	50卷50册，朝鲜笔写本，28.1×18.9cm，无郭，无丝栏，9行17字，无鱼尾，纸质：楮纸	表题：红楼复梦，印：藏书阁印，35mmR［Nega］，3552f	4-6866/R35N-000010-15，4-6866旧藏书阁本
보홍루몽（补红楼梦）	译著者，写年未详	24卷24册，笔写本，28.1×19cm，无郭，无丝栏，10行19字，无鱼尾，纸质：楮纸	表题：补红楼梦，印：藏书阁印，35mmR［Nega］，1207f	4-6812/R35N-000021-22，4-6812旧藏书阁本
홍루몽보（红楼梦补）	译著者，写年未详	24卷24册，朝鲜笔写本，29×18.8cm，无郭，无丝栏，9行19字，无鱼尾，纸质：楮纸	表题：红楼梦补，印：藏书阁印，35mmR［Nega］，1942f	4-6865/R35N-000022-24，4-6865旧藏书阁本

书名	出版事项	版式状况	一般事项	所藏番号
镜花缘	李汝珍(清)著,清朝年间刊	5卷4册(卷3-6,9存),中国木版本,17×11.7cm,四周单边,半郭:11.5×8.7cm,有界,10行20字,上黑鱼尾,纸质:绵纸		4-220
녀션외ᄉ(女仙外史)	译著者,写年未详	45卷45册,朝鲜笔写本,28.4×18.8cm,无郭,无丝栏,10行17字,纸质:楮纸	表题:女仙外史,印:藏书阁印,35mmR[Nega],2536f	4-6791/R35N-000183-6
요화젼(瑶华传)	译著者,写年未详	22卷22册,朝鲜笔写本,27.8×19cm,无郭,无丝栏,9行字数不定,无版心,纸质:楮纸	表题:瑶华传,印:藏书阁印,35mmR[Nega],1168f	4-6835/R35N-000085-87
쾌심편(快心编)	译著者,写年未详	32卷32册,朝鲜笔写本,无丝栏,28.2×18.8cm,无郭,注双行,无版心,10行字数不定,纸质:楮纸	印:藏书阁印,35mmR[Nega],1784f	4-6851/R35N-000087-89
녹목단(绿牡丹)	6卷6册,译著者未详	23×15.9cm	缩微胶卷,原本:笔写本	MF R16N 506
绣像绿牡丹全传	光绪七年(1881)刊	6卷5册(卷5,1册缺),中国木版本,有图,四周单边,半郭:13.2×9.4cm,11行25字,上黑鱼尾,18.2×12.1cm	刊记:京都琉璃厂梓,光绪辛巳(1881)年重镌,里题:绿牡丹,不完全的内容:自1回,骆游击定兴县赴任-64回,圣天子登位封功臣,纸质:绵纸	C4-222
增订精忠演义说本全传	钱彩(清)编次,金丰(清)增订,清朝末期刊	6卷6册(卷13-17,20),中国木版本,15.8×11.2cm,四周单边,半郭:11.4×8.9cm,无界,12行21字,上黑鱼尾,纸质:绵纸	版心题:说岳全传	c4-242
清夜钟	龙山居士(清)校阅,1870年刊	不分卷1册,中国木版本,四周单边,上二叶花纹鱼尾,23.3×15cm	刊记:庚午(1870)仲春重刊	C2 77

书名	出版事项	版式状况	一般事项	所藏番号
新刻升仙传演义	倚云氏(清)著,清末刊行	5卷5册(卷1, 4, 5, 7, 8),中国木版本,21.2×13cm,半郭15.4×9.7cm,13行30字,纸质:绵纸	内题:绣像升仙,版心题:升仙传	
西湖佳话古今遗迹	墨浪子(清)编辑,乾隆五十一年(1786)序	16卷6册,中国木版本,有图,上下单边,半郭:13.9×9.5cm,10行22字,注双行,上黑鱼尾17.2×12cm,纸质:绵纸	里题:西湖佳话 序:乾隆五十一年(1786)岁次丙午季春中书	C2-319
英雄泪	刊年未详	1册(缺本),中国石印本,15×9.1cm	版心书名:醒世英雄泪	(袖)D7C-24
포공연의(包公演义)	译著者,写年未详	9卷9册,朝鲜笔写本,29×20.7cm,无郭,无丝栏,11行字数不定,无鱼尾,纸质:楮纸	表题:包公演义,印:藏书阁印,35mmR[Nega],447f	4-6857/R35N-000018-19
义侠好述传	名教中人(清)编次,游方外客(清)批评,清朝年间刊	4卷3册(卷1册缺),中国木版本,18×11.5cm,四周单边,半郭:14.5×10cm,12行27字,上黑鱼尾,纸质:绵纸	里题:好述传,第二才子书,版心题:第二才子,藏板:聚盛堂梓	4-240
평산산연(平山冷燕)	译著者,写年未详	10卷10册,朝鲜笔写本,28.6×19.6cm,无郭,无丝栏,9行18字,纸质:楮纸	表题:平山冷燕,印:藏书阁印,35mmR[Nega],507f	4-9856/R35N-000101-102
希夷梦	清朝中期刊	11卷5册(卷28-38, 5册存),中国木版本,16×20.3cm,四周单边,半郭:12.2×8.2cm,有界,9行20字,上黑鱼尾,纸质:绵纸		4-250
금향졍긔(锦香亭记)	译著者未详,庚戌(1910)写	全3卷3册,朝鲜笔写本,28.5×17.8cm,纸质:楮纸	笔写记:경슐(1910)이월즁현의셕동셔등츌,월중현의석동셔등츌	D7B-125/R16N-001132-17
남계연담(南溪演谈)	著者,写年未详	3卷3册中2册存(卷1,册缺),笔写本,28×20cm,无郭,无丝栏,9行18字,纸质:楮纸	表题:南溪演谈,印:观文阁书画记,藏书阁印	4-6788

续表

书名	出版事项	版式状况	一般事项	所藏番号
대송흥망녹	译著者，写年未详	2 卷 2 册，笔写本，27.1 × 19.8cm，无郭，无丝栏，9 行 20 字，纸质：楮纸	表题：大宋兴亡录，印：藏书阁印	4-6799
등대윤지단가今	作者，写年未详	1 卷(51 页)，朝鲜笔写本，30.5× 21.4cm，无郭，无丝栏，10 行 18 字，纸质：壮纸	表题：今古奇观，印：藏书阁印	4-6802
		1 册，朝鲜笔写本，30.5×21.4cm	别名：今古奇观，35mmR [Nega]，52f	R35N-000203-1，4-6802 旧藏书阁本
셜월매젼 (雪月梅传)	作者，写年未详	20 卷 20 册，笔写本，28.3 × 18.8cm，无郭，无丝栏，10 行字数不定，无版心，纸质：楮纸	印：藏书阁印	4-6820
셩풍뉴 (醒风流)	译著者，写年未详	7 卷 7 册，朝鲜笔写本，26.2× 19.1cm，无郭，无丝栏，10 行 17-20 字，注双行，无版心，纸质：楮纸	表题：醒风流，印：藏书阁印，35mmR [Nega]，300f	4-6821/R35N-000089-2
직금회문 (织锦回文)	译著者，写年未详	1 册(45 页)，笔写本，32.7 × 28.4cm	附：八道地理志	D7B-16
텬슈셕 (泉水石)	作者，写年未详	9 卷 9 册，笔写本，32.5 × 20.7cm，无郭，无丝栏，10 行 19-21 字，无鱼尾，纸质：楮纸	表题：泉水石，印：藏书阁印	4-6854
绘图新出情天劫小说	东亚寄生(清)撰，宣统二年(1910)刊	全 1 册，中国石印本，有图，18.2×12cm		D7C-28
인봉쇼 (麟凤韶)	著者，写年未详	3 卷 3 册，笔写本，29.7 × 19.5cm，无郭，无丝栏，10 行 20 字，无版心，纸质：楮纸	印：藏书阁印	4-6839
취승누 (取胜楼)	著者，写年未详	30 卷 30 册，笔写本，31.3 × 22.1cm，无郭，无丝栏，10 行 20-21 字，无版心，纸质：壮纸	印：藏书阁印	4-6850

续表

书名	出版事项	版式状况	一般事项	所藏番号
쟝자방젼（张子房传）	南谷刊	全 3 卷 3 册，木版本，28.8×18.8cm，四周单边，半郭：22.6×17.5cm，18 行字数不定，上下黑鱼尾	别名：西汉演义，刊记：南谷新板，16mmR［Nega］，63f	D7B-121/R16N-001141-5

3. 国史编纂委员会

书名	出版事项	版式状况	一般事项	所藏番号
三国志	罗贯中（明）著，朝鲜朝后期—末期写	1 册，韩文笔写本，30×21.5cm		D7B-3

4. 国立中央博物馆图书馆

书名	出版事项	版式状况	一般事项	所藏番号
四大奇书第一种	毛宗岗（清）评，刊写地，刊写者，刊写年未详	2 卷 2 册（卷 3-4，缺帙），23.7×15.6cm，四周单边，半郭：18.3×13.7cm，无界，12 行 26 字，上下向黑鱼尾	表题：三国志，版心题：第一才子书	

5. 国会图书馆

明代

书名	出版事项	版式状况	一般事项	所藏番号
精校全图绣像三国志演义	罗贯中（明）撰，毛宗岗（清）评，上海中新书局，刊年未详	1 册（缺本），中国铅印本，20×13.2cm	版心题：第一才子书	［古］812.3 ㄴ 141 ㅈ

续表

书名	出版事项	版式状况	一般事项	所藏番号
增像全图三国志演义	罗贯中(明)撰,毛宗岗(清)评,刊年未详	7册(缺本,所藏:卷29-48、53-60),中国铅印本,20×13.3cm		[古]812.3 ㄴ 141 ㅈ
三国志	罗贯中(明)撰,毛宗岗(清)评,刊年未详	17册(第6、17-18、20册缺,所藏:册1-5、7-16、19(全20卷,含目录共21册)),中国木版本,24.9×18cm,四周单边,半郭:27×15cm,无界,12行26字,注双行,上黑鱼尾	标题:贯华堂第一才子书,版心题:第一才子书,序:时顺治岁次甲申(1644)……金人瑞圣叹氏题	[古]812.3 ㄴ 141 ㅅ
评论出像水浒传	施耐庵(明)撰,金圣叹(清)评释,刊年未详	19册[第1册缺,所藏:册2-19(全20卷20册)],中国木版本,24.2×15.5cm,四周单边,半郭21.2×14cm,11行24字,注双行,上黑鱼尾	表题:水浒传,标题:绣像第五才子书,版心题:五才子奇书	[古]812.3 ㅅ 479 ㅍ
绘图增像西游记	吴承恩(明)著,陈士斌(清)诠解,上海,广百宋斋,光绪十七年(1891)刊	12册,中国石印本,20×13.4cm	序:康熙丙子(1696)……西堂老人尤侗撰序,刊记:光绪辛卯(1891)上海广百宋斋校印	[古]812.3 ○ 296 ㅎ
西游真诠	吴承恩(明)撰,陈士斌(清)诠解,校经山房,光绪十年(1884)刊	19册(册第1-19存,20册缺),中国木版本,23.5×15.7cm,四周单边,半郭:20.8×14.4cm,11行24字,上黑鱼尾	标题:绣像西游记,序:康熙丙子(1696)……尤侗撰序,刊记:光绪甲申(1884)良月校经山房校刻	[古]812.3 ○ 296 ㅅ
增像全图东周列国志	冯梦龙(明)著,蔡奡(清)评点,上海,进步书局,宣统元年(1909)刊	7册(全8卷8册,第8册缺,所藏:册1-7),中国石印本,20.1×13.3cm		[古]812.3 ㅍ 374 ㅈ
	冯梦龙(明)著,蔡奡(清)评点,刊年未详	4册(缺本),中国铅印本,19.8×13.3cm	表题:东周列国志	[古]812.3 ㅍ 374 ㅈ

续表

书名	出版事项	版式状况	一般事项	所藏番号
绘图绣像重订隋唐演义	褚人获（清）编订，上海，章福记书局，光绪二十二年（1896）刊	4册（所藏：册1，4-5，8，全10卷8册），中国石印本，20.2×13.2cm	表题：绘图隋唐演义，序：康熙乙亥（1695）……褚人获学稼氏题于四雪草堂之南窗下，刊记：光绪丙申（1896）春仲重付石印平江朱蔚彬书于天然如意室	［古］812.3 ㅈ 137 ㅎ
绣像西汉演义	钟惺（明）批评，上海，著易堂书局，刊年未详	2册（第1-2册缺，所藏：册3-4，全8卷4册），中国铅印本，18.7×12.9cm	刊记：勤裕草堂托上海著易堂书局代印	［古］952.3 ㅅ 362
绣像东汉演义	钟惺（明）批评，上海，著易堂书局，刊年未详	10卷2册，中国铅印本，18.7×12.9cm	刊记：勤裕草堂托上海著易堂书局代印	［古］952.3 ㅇ 362
초한실긔（楚汉实记）	编著者未详，写年未详	20册，笔写本，25.9×17.6cm	所藏印：尚和堂印	［古］812.3 ㅊ 136

6. 奎章阁　首尔大学校　中央图书馆

* 奎章阁
明代

书名	出版事项	版式状况	一般事项	所藏番号
贯华堂第一才子书	毛宗岗（清）评	合20册（卷首，19卷），中国木版本，有图，30.4×20.4cm，四周单边，半郭：20×13.8cm，有界，8行15字，上花纹鱼尾	表纸书名：三国志，卷头书名：四大奇书第一种，序：顺治岁次甲申（1644）……金圣叹，印：帝室图书之章	［奎중］2087-2089
		3册（零本，卷6，11，12）中国木版本，有图，30.4×20.4cm，四周单边，半郭：20×13.8cm，有界，8行15字，上花纹鱼尾	表纸书名：三国志，卷头书名：四大奇书第一种，序：顺治岁次甲申（1644）……金圣叹	［奎중］2090

续表

书名	出版事项	版式状况	一般事项	所藏番号
贯华堂第一才子书	刊年未详	1册(零本),中国木版本,有图,29.5×19cm,四周单边,半郭:21.3×14.2cm,无界,12行26字,上黑鱼尾	表纸书名:鼎峙志,序:顺治岁次甲申(1644)……金圣叹	(想白)[古]895.13-G425g
四大奇书第一种	毛宗岗(清)评,1888年,上海扫叶山房藏板校刊	10册(零本,首卷,卷1-9),中国木版本,有图,23.5×15.5cm,四周单边,半郭:18.5×13.5cm,无界,12行26字,注双行,上下向黑鱼尾	表题:三国志,版心题:第一才子书,卷首序:顺治岁次甲申(1644)嘉平朔日金人瑞圣叹,凡例,读三国志法,目录,刊记:上海扫叶山房藏板校刊,重刊序:光绪十四年(1888)孟秋醒悔道人	[奎古]151
	毛宗岗(清)评,1888年刊	1册(卷2,零本),中国木版本,有图,30.5×19cm,四周单边,半郭:21.5×14.5cm,无界,12行26字,注双行,上下向黑鱼尾	表题:三国演义,版心题:第一才子书	[奎古]295
三国演义	罗贯中(明)著,刊年未详	9册(零本,卷2-10,外缺),中国木版本,33×21.5cm,四周双边,半郭:21.3×17cm,有界,13行24字,上下内向花纹鱼尾		[古]3478-3
增像全图三国演义	罗贯中(明)著,清刊本	16卷8册,有图,中国石印本,20.2×13.4cm	表纸书名:绘图三国志演义,序:顺治元年(1644)……金人瑞,印:任讷,乔治李纳	[古]895.135-N11s-v.1-8
	毛宗岗(清)评释,上海,锦章图书局,刊年未详	4册(零本,卷29-41,卷首:圣叹外书 茂苑毛宗岗,序始氏评),中国石印本,有图,20.5×13.5cm,四周双边,半郭:17.7×11.7cm,有界,16行32字,注双行,上下向黑鱼尾	表纸:锦章图书局印,阳湖汪洵题	[奎古]404

书名	出版事项	版式状况	一般事项	所藏番号
新刊校正古本大字音释三国志传通俗演义	罗贯中（明）编次，刊年未详	1册(零本)，朝鲜木版本(后刷)，31.1×21.3cm，四周双边，半郭：21.4×17.2cm，有界，13行24字，下花内向花纹鱼尾	版心书名：三国演义，印：震旦学会	(想白)[古]895.135-N11s-v. 2
삼국지（三国志）	罗贯中（明）著，刊年未详	30卷30册，宫体笔写本，37.8×22.4cm		[古]3350-95
삼국디초요	罗贯中（明）著，刊年未详	18卷18册，宫体笔写本，汉字并书，27.7×16.4cm	表纸书名：正本三国志	[古]3350-76
삼국지통쇽연의（三国志通俗演义）	罗贯中（明）著，刊年未详	27卷27册，宫体笔写本，有图，28×19.5cm	别名：三国志通俗演义	[古]3478-5
评论出像水浒传	金圣叹（清），王望如（清）评，1657年以后刊	20卷20册，中国木版本，有图（40页），24×16cm，四周单边，半郭：20.5×14cm，无界，11行24字，上下向黑鱼尾	版心题：五才子奇书，表纸里面：圣叹外书施耐庵先生原本，贯华堂第五才子书，卷首序：顺治丁酉(1657)冬月桐庵老人，王望如先生评论，出像水浒传总论，评论出像水浒传姓氏	[奎古]156
	刊年未详	1册(第38回，零本)，笔写本，28×20.2cm		[奎중]2303
水浒传	金圣叹（清）评，顺治十四年(1657)序	20卷20册，中国木版本，有图，24.2×16.3cm	标题纸：圣叹外书，施耐庵先生原本，贯华堂第五才子书，卷首书名：评论出像水浒传，版心书名：五才子奇书，卷首：顺治丁酉(1657)冬月桐庵老人，五才子水浒，序：王望如先生评论，出像水浒传总论	[가람古]895.13 Su36-v. 1-20
	清刊本	10册(零本，卷38-75)，中国木版本，18×11.4cm	卷头书名：第五才子书……冠称：第五才子书……	[古]895.13-Su36jYg-v. 11-20

书名	出版事项	版式状况	一般事项	所藏番号
续水浒	乾隆五十七年(1792)序,上海,申报馆,光绪年间刊	2 册,中国木版本,17×11.4cm	序:乾隆壬子(1792)……赏心居士,印:集玉斋,帝室图书之章	[奎중]6102
第五才子书	施耐庵(明)著,上海,申报馆,光绪年间刊	8 册,中国活字本,17×11.4cm	卷头书名:第五才子书水浒传,序:雍正甲寅(1734)……勾曲外史,印:集玉斋,帝室图书之章	[奎중]6161
结水浒传:绣像荡寇志	俞万春(清)著,重刻文聚堂藏板,咸丰七年(1857)刊	70 卷 卷末 合 22 册(卷3-7 缺),中国木版本,有图,12.2×18.2cm,左右双边,半郭:10.5×12.8cm,有界,8 行 21 字,上黑鱼尾	版心书名:荡寇志,序:重刻俞仲华先生荡寇志叙……咸丰七年(1857),印:帝室图书之章,集玉斋	[奎중]6103
荡寇志	俞万春(清)著,范辛来(清)等参评,徐佩珂(清)等参阅,上海,申报馆,光绪九年(1883)刊	合 18 册(70 卷,卷末),中国活字本(仿聚珍版),17×11.4cm	卷头书名:结水浒全传,序:咸丰元年(1851)……古月老人,跋:咸丰元年……俞龙光	[奎중]5851
宣和遗事	宣和年间,著者未详	2 册(前,后集),中国木版本,19.3×14.3cm	版心文字:宣和,跋:学山海尹主人	[古]5-80-15
水浒图赞	刘晚荣(清)著,光绪八年(1882)序	1 册(54 页),中国石印本,20.0×12.5cm	序:光绪壬午(1882)……刘晚荣,印:集玉斋,帝室图书之章	[奎중]5671 의 1, 5671 의 2
绣像西游后传	吴承恩(明)著,天花才子(清)评点,道德堂,嘉庆三年(1798)刊	8 册,中国木版本,23.4×15.8cm	印:集玉斋,帝室图书之章	[奎중]5027
西游真诠	陈士斌(清)诠解,清刊本	9 册(零本,卷 12-20),中国木版本,15.7×11cm	表纸书名:西游记	[古]895.13-J563s-v.12-20

续表

书名	出版事项	版式状况	一般事项	所藏番号
新说西游记图像	张书绅（清）注，味潜斋，光绪十四年（1888）序	8册，中国石印本，19.4×13cm	序：光绪十有四年（1888）……王韬，印：集玉斋，帝室图书之章	[奎古]5648
峥霄馆评定通俗演义型世言	陆人龙（明）著，明刊本	11册（零本，第12册缺），中国木版本，25×16.2cm	版心书名：型世言，序：陆云龙，印：帝室图书之章	[奎中]4256
今古奇观	清刊本	第2-7册（6册），第9-12册（5册），零本，中国木版本，15.6×11cm	印：李根洪印	[古]895.13-G337g-v. 1-5
수당연의（隋唐演义）		12卷13册，23.8×15.2cm		레닌그라드 Aston, Collection
隋史遗文	吉衣主人（明）著，刊写地，刊写者未详，崇祯十一年（1638）序	12卷13册，中国木版本，23.8×15.2cm	序：崇祯癸酉（1632）……吉衣主人	5175
셔한연의（西汉演义）	钟惺（明）撰，刊年未详	29卷10册，宫体笔写本，34.5×22cm		[古]3478-4
쵸한젼	刊年未详	2卷1册，卷上、下，木版本，韩文本，26.6×18.7cm，四周单边，半郭：20.1×16.2cm，无界，13行20字，上下内向黑鱼尾	卷末书名：楚汉传	[古]3350-89
杨家将传	研石山樵（明）订正，万历四十六年（1618）序	10卷5册，中国木版本，23×15.5cm	卷头书名：玉茗堂批点按鉴参补，版心书名：北宋志传，序：万历戊午（1618）……玉茗主人……印：集玉斋，帝室图书之章	[奎中]4460
新镌批评出相韩湘子	雉衡山人（明）编次，泰和仙客（明）评阅，天启三年（1623）序	6册，中国木版本，有图，25.2×16cm	版心书名：韩湘子，序：天启癸亥（1623）……烟霞外史，印：帝室图书之章	[奎中]4184

书名	出版事项	版式状况	一般事项	所藏番号
绣像平妖全传	冯梦龙(明)增订,清刊本	18卷6册,中国木版本,有图,23.8×15.2cm	版心书名:平妖全传,卷头书名:映旭斋增订北宋三遂平妖全传,序:张无咎,印:集玉斋	[奎中]5335
绣像封神演义	钟惺(明)评释,中新书局,刊年未详	1册(零本,第31-40回),中国石印本,有图,20×13.5cm,四周单边,半郭:17.5×11.5cm,有界,15行35字,上下向黑鱼尾	印:京城第一公立高等普通学校	[奎古]405
新刻钟伯敬先生批评封神演义	钟惺(明)批评,清刊本	1册(零本,卷1),中国木版本,24.9×16.4cm	表纸书名:同文祈传,印:摘文院,帝室图书之章	[奎古]5625
东周列国志	蔡奡(清)评点,上海,点石斋,光绪十四年(1888)刊	27卷8册,中国石印本,有图,20×12.6cm	序:乾隆十有七年(1752)……蔡奡印:帝室图书之章	[奎中]5802
	蔡奡(清)评点,刊年未详	6册(零本,第39-51、63-68、74-79、85-96回),中国木版本,24.9×16.1cm,左右双边,半郭:20×13.4cm,无界,10行22字,上黑鱼尾	版心书名:列国志,印:帝室图书之章,弘文馆	[奎중]4183
绣像东周列国志	蔡奡(清)评点,上海,江左书林,光绪十二年(1886)刊	合24册(卷首,23卷),中国木版本,23.8×15.3cm	序:乾隆壬申(1752)……蔡奡,印:集玉斋,帝室图书之章	[奎古]4743
艳史	齐东野人(明)编演,不经先生(明)批评,清刊本	22卷12册,中国木版本,有图,17.2×11.4cm	卷头书名:全像通俗演义隋炀帝艳史,序:笑痴子,印:集玉斋,帝室图书之章	[奎중]6185
新刻全图续小五义	文光楼书坊,光绪十七年(1891)刊	24册,中国木版本,17×12.2cm	卷头书名:续小五义,序:光绪十六年(1890)……郑鹤龄,印:集玉斋,帝室图书之章	[奎중]5885

书名	出版事项	版式状况	一般事项	所藏番号
忠烈小五义	著者，刊年未详	16 册[零本，第 1-2 卷(1 册)缺]，韩文笔写本，28.4×19.6cm，纸质：楮纸		[奎]7553
英烈全传	徐渭(明)编，明刊本	6 册(零本，卷 5-10)，中国木版本，24.4×15.6cm	印：帝室图书之章	[奎중]4175
续英烈传	空谷老人(明)编，本衙藏板，清刊本	5 册(零本，第 3-6 回，1 册缺)，中国木版本，21.4×12.8cm	序：空谷老人，印：帝室图书之章	[奎중]5269
绣像云合奇踪	徐渭(明)编次，玉茗堂评点，刊年未详	1 册(零本，卷 10)，中国木版本，22.5×14.7cm	版心书名：云合奇踪，表纸书名：英烈传	[奎중]5301
第一奇书	张竹坡(清)批评，本衙藏板，清刊本	20 册，中国木版本，16.6×11.6cm	序：康熙岁次乙亥(1695)……谢颐，印：集玉斋	[奎중]5849
绣像续金瓶梅	紫阳道人(清)著，务本堂藏板，清刊本	12 卷 12 册，中国木版本，17.2×11.6cm	卷头书名：续金瓶梅，序：洞天隐，印：集玉斋，帝室图书之章	[奎古]5890
醒世恒言	冯梦龙(明)编著，明刊本	9 册(零本，卷 3-5，8-10，20-23，27-28，31-40)，中国木版本，25.2×16cm	印：帝室图书之章	[奎중]4296
煒开辟연의(开辟演义)	译著者未详	5 卷 5 册，笔写本，30×22.5cm	18 世纪宫中翻译转写(推定)	古 4330 2 1
新镌全像包孝肃公神断百家公案演义	万历二十五年(1597)金陵万卷楼刊	6 卷中 卷 3 缺，中国木版本，有图，23.6×15.4cm，13 行 26 字	版心题：全像包公演义，序：饶安完熙生(包公案祖本)	[奎중]4921
西洋记	二南里人(明)著，上海，申报馆，光绪年间刊	20 卷 10 册，中国活字本，17.2×11.4cm	卷头书名：三宝太监西洋记通俗演义，序：万历丁酉(1597)……二南里人，印：集玉斋，帝室图书之章	[奎중]6159

清代

书名	出版事项	版式状况	一般事项	所藏番号
增评全图足本金玉缘	曹雪芹（清）著，求不负斋，光绪三十四年（1908）刊	合16册（卷首，120卷），中国石印本，20×13.3cm	卷头书名：增评补像全图金玉缘，版心书名：图注金玉缘，表纸书名：金玉缘，序：光绪二十四年（1898），华阳仙裔，印：任讷藏书，别书名：红楼梦，石头记	[古]895.136-J569g-v.1-16
红楼复梦	南阳氏（清）著，上海，申报馆，光绪年间刊	10册，中国木活字本，17.2×11.2cm	序：嘉庆己未（1799）……陈诗雯，印：集玉斋，帝室图书之章	[奎중]5854
绣像红楼复梦	南阳氏（清）著，娜嬛斋藏板，嘉庆四年（1799）序	10卷32册，中国木版本，有图，18.6×12.5cm	版心书名：红楼复梦，序：嘉庆己未（1799）……陈诗雯，印：集玉斋，帝室图书之章	[奎중]5741
续红楼梦	秦子忱（清）撰，嘉庆四年（1799）刊	30卷6册，中国木版本，17.6×11.8cm	序：嘉庆三年（1798）……雪坞子忱，印：集玉斋，帝室图书之章	[奎古]5936
增补齐省堂儒林外史	吴敬梓（清）著，鸿宝斋，光绪十四年（1888）序	4册，中国石印本，19.6×13cm	序：光绪十有四年（1888）……惜红生	5468
吕祖全传	署吕洞宾（唐）撰，汪象旭（唐）重订，清刊本	2册，有图，中国木版本，18.2×12.2cm	印：集玉斋，帝室图书之章	[奎중]5511
女仙外史	吕熊（清）撰，钓璜轩贮板，清刊本	20册，中国木版本，23.6×15.1cm	卷头书名：新刻逸田叟女仙外史大奇书，跋：岁次辛卯（?）……吕熊，印：集玉斋，帝室图书之章	[奎중]4744
莲子瓶全传	绿云轩藏板，道光二十二年（1842）序	4册，中国木版本，14.3×9.4cm	卷头书名：新刻离合剑莲子瓶全集，序：道光壬寅（1842）……白叟山人，印：集玉斋，帝室图书之章	[奎중]6195

书名	出版事项	版式状况	一般事项	所藏番号
包公演义	笔写者，笔写年未详	9 卷 9 册，朝鲜笔写本，29×20.7cm，11 行字数不定，纸质：楮纸	表题：包公演义	k4-6857
海公大红袍传	李春芳（明）编次，虚舟生（清）镌，上海大成书局（1860）刊	60 卷 11 册，中国木版本，17.4×11.6cm，有图	版心题：包公大红袍传，序：道光壬午（1822）	5830
新刊绣像济颠大师醉菩提全传	墨浪子（清）撰，光绪四年（1878）京都隆神社刊行	4 卷 4 册，日本木版本，22.3×13.7cm	卷头书名：绣像济颠大师醉菩提全传	[奎중]6187
说岳全传	钱彩（清）编次，金丰（清）增订，上海扫叶山房藏板，清刊本	10 卷 9 册（卷 5 缺），中国木版本，有图，15.8×11.2cm	卷头书名：精忠演义说岳全传，序：甲子（1744?）……金丰印：集玉斋，帝室图书之章	[奎중]6144
飞龙全传	清无名氏编，清嘉庆二十年（1815）序，同文堂藏板	16 卷 16 册，中国木版本，有图，16.2×10.7cm	序：嘉庆乙亥（1815）……杭世骏，卷头书名：飞龙传	[奎중]5867
萃忠全传	孙高亮（清）纂，宝翰楼藏板，咸丰三年（1853）刊	10 卷 4 册，中国木版本，21×12.3cm	印：集玉斋，帝室图书之章	[奎중]6105
野叟曝言	夏敬渠（清）撰	20 卷 10 册，中国活字本，17×11.2cm	卷头书名：等一奇书野叟曝言，序：光绪八年（1882）……山樵，印：集玉斋，帝室图画之章	[奎중]5923
绣像五虎平西前传	大文堂藏板，清刊本	14 卷 14 册，中国木版本，17×11.6cm	卷头书名：异说五虎平西珍珠旗演义狄青前传，印：集玉斋，帝室图书之章	[奎중]6328

续表

书名	出版事项	版式状况	一般事项	所藏番号
绣像瑶华传	丁秉仁(清)编次,涛音书屋藏板,道光十八年(1838)刊	合12册(卷首,11卷),中国木版本,有图,17.6×12cm	版心书名:瑶华传,序:嘉庆八年(1803)……丁秉仁,跋:嘉庆十年(1805)……周永保,印:集玉斋,帝室图书之章	[奎중]5917
瑶华传	刊年未详	14卷7册,韩文笔写本,29.5×19cm	卷头书名:슈상요화젼	[奎]11472
绣像二度梅全传	惜阴堂主人(清)编辑,绣虎堂主人(清)校阅,老二酉堂,光绪四年(1878)序	6卷6册,中国木版本,15×10.7cm	卷头书名:新注二度梅奇说全集,版心书名:二度梅,序:光绪戊寅(1878)……卷活道人,印:集玉斋,帝室图书之章	[奎중]6268
新刊绣像彭公案全传	贪梦道人(清)著,本衙藏板,光绪十八年(1892)序	23卷24册,中国木版本,18×12cm	序:光绪岁次壬辰(1892)……张继起,印:集玉斋,帝室图书之章	[奎중]6120
英云梦传	松云(清)撰,扫花头陀(清)评,登郡,文会成,清刊本	8卷8册,中国木版本,15.6×11cm	印:集玉斋,帝室图书之章	[奎중]6172
二十四史通俗演义	吕抚(清)辑,吕维垣(清)等校,鸿宝斋,光绪十三年(1887)序	26卷6册,中国石印本,有图,15×10cm	卷头书名:精订纲鉴……序:光绪十有三年(1887)……张芬敬甫书,印:集玉斋	[奎중]6126
绣像西来演义	天花藏主人(清)编次,抱青阁,嘉庆二十四年(1819)刊	12册,中国木版本16.4×10.3cm	卷头书名:精绣通俗全像梁武帝西来演义,版心书名:梁武帝全传,印:集玉斋,帝室图书之章	[奎중]6180

续表

书名	出版事项	版式状况	一般事项	所藏番号
绣像五美缘	寄生氏（清）编次，九如堂，道光二十八年（1848）刊	8卷8册，中国木版本，16×11cm	序：壬午（1822）……寄生氏，印：集玉斋，帝室图书之章	［奎중］6106
西湖拾遗	陈树基（清）搜辑，本衙藏板，嘉庆十六年（1811）刊	48卷24册，中国木版本，16.8×10.6cm	序：乾隆辛亥（1791）……陈树基，印：集玉斋，帝室图书之章	［奎중］5893
西湖佳话	墨浪子（清）搜辑，芥子园，乾隆五十一年（1786）序	16卷4册，有图，中国木版本，17.3×11.5cm	序：乾隆丙午（1786）……噫傲主人，印：集玉斋，帝室图书之章	［奎중］5922
好逑传	刊年未详	18卷4册，笔写本（后写），28.4×28.7cm，纸质：楮纸		［奎］6590
第二才子书	名教中人（清）编次，游方外客（清）批评，焕文堂，清刊本	4卷4册，中国木版本，18.1×11.8cm	卷头书名：义侠好逑传，印：集玉斋，帝室图书之章	［奎중］6119
第四才子书	荻岸散人（清）编次，清刊本	4卷4册，中国木版本，18×11.6cm	卷头书名：新刻天花藏批评平山冷燕，印：集玉斋，帝室图书之章	［奎중］5839
新刻批评绣像平山冷燕	荻岸散人（清）编次，清刊本	6卷6册，中国木版本，23.6×15.4cm	版心书名：平山冷燕，序：冰玉主人，印：帝室图书之章	［奎중］4723
绣像第八才子书	崔象川（清）辑，何晴川（清）评，经国堂，清刊本	4卷4册，中国木版本，16.3×10.4cm	卷头书名：第八才子书白圭志，版心书名：白圭志，序：晴川居士，印：集玉斋，帝室图书之章	［奎중］6137
增订儒林外史	吴敬梓（清）著，齐省堂藏板，同治十三年（1874）序	12册，中国木版本，17.2×11.8cm	序：同治甲戌（1874）……惺园退士，印：集玉斋，帝室图书之章	［奎중］6023

续表

书名	出版事项	版式状况	一般事项	所藏番号
青楼梦	慕真山人(清)著,潇湘馆侍者(清)评,申江文魁堂,光绪十四年(1888)序	10册,中国木版本,16.8×11cm	序:光绪四年(1878)……金湖花隐,印:集玉斋,帝室图书之章	[奎중]6199
希夷梦	翠筠山房藏板,光绪四年(1878)刊	40卷20册,中国木版本,15.6×10.6cm	印:集玉斋,帝室图画之章	[奎중]6197
		8册(零本,卷1-22),中国木版本,15.6×10.6cm	印:集玉斋,帝室图画之章	[奎중]6198
争春园	一也轩,道光二十九年(1849)刊	6卷,中国木版本,有图,15.4×11cm	印:集玉斋,帝室图画之章	[奎중]6189
梨花雪	杨容甫(清)鉴定,徐鄂(清)填词,大同书局,光绪十二年(1886)序	3册,中国石印本,有图,17×10cm	(诵荻斋:第一)序:光绪丙戌(1886)……徐鄂表题:争春园	6269,1-3册
绿野仙踪	清刊本	10册(零本,41-80回),中国木版本,18.8×12cm	印:集玉斋,帝室图画之章	[奎중]5823,5824
花月痕	眠鹤主人(清)编次,栖霞居士(清)评阅,光绪十四年(1888)刊	16卷16册,中国木版本,19.5×17.7cm	序:咸丰戊午(1858)……眠鹤主人,印:集玉斋,帝室图书之章	[奎중]6068
镜花缘	李汝珍(清)著,清刊本	20卷12册,中国木版本,17.8×11.2cm	印:集玉斋,帝室图书之章	[奎중]6059
全本绣像镜花缘	李汝珍(清)著,扫叶山房藏板,光绪九年(1883)刊	合22册(卷首,20卷),中国木版本,有图,16.2×11.6cm	卷头书名:镜花缘,序:道光十年(1830)……谢叶梅,印:集玉斋,帝室图书之章	[奎중]6124

续表

书名	出版事项	版式状况	一般事项	所藏番号
绘图镜花缘	李汝珍（清）著，上海，点石斋，光绪十四年（1888）刊	100回12册，中国石印本，有彩色图，19.5×12.5cm，四周单边，半郭：13.5×10cm，无界，16行36字，纸质：绵纸	原序：……悔修居士石华撰，李子松石镜花缘……己丑嘉平月……其颠末……道光十年（1830）岁在……像并序，序：……光绪十有四年（1888）……王韬序，刊记：光绪十有四年仲春月上海点石斋代印	[奎중]5803
品花宝鉴	石函氏（清）撰，道光二十八年（1848）刊	20册，中国木版本，19.6×13cm	印：集玉斋，帝室图书之章	[奎중]6016
绣像反唐全传	如莲居士（清）编次，清刊本	10卷5册，中国木版本，有图，22.4×12.2cm	卷头书名：新刻异说南唐演义全传，序：如莲居士，印：集玉斋，帝室图书之章	[奎중]5343
绣像反唐四望亭	京都，琉璃厂，光绪十三年（1887）刊	6册，中国木版本，15.7×11.1cm	卷头书名：新纂四望亭全传，印：集玉斋，帝室图书之章	[奎중]5940
绣像双奇缘全传	玉茗主人（清）评点，嘉庆二十四年（1819）序	8卷4册，中国木版本，20.2×12.2cm	序：嘉庆己卯（1819）……玉茗主人，印：集玉斋，帝室图书之章	[奎古]5742
绘图儿女英雄传	文康（清）著，还读我书室主人（清）评，光绪十八年（1892）刊	合20册（19卷，卷首），中国木版本，有图，18.4×12cm	序：光绪戊寅（1878）……马从善，印：集玉斋	[奎중]5920
绘芳录	西泠野樵（清）著，申报馆光绪四年（1878）序	16册，中国活字本，17×11.4cm	序：光绪戊寅（1878）……始宁竹秋氏，印：集玉斋，帝室图书之章	[奎중]6329
新刻善恶图全传	颂德轩藏板，清刊本	40卷6册，中国木版本，16×10.2cm	序：浮槎使者，印：集玉斋，帝室图书之章	[奎중]6087

续表

书名	出版事项	版式状况	一般事项	所藏番号
绣像梼杌闲评全传	京都藏板,清刊本	50卷12册,中国木版本,有图,17.6×11.2cm	卷头书名:梼杌闲评,印:集玉斋,帝室图画之章	[奎中]5772
孝义雪月梅传	陈朗(清)编,董孟汾(清)评释,聚锦堂,乾隆四十年(1775)序	10卷10册,中国木版本,17.2×11.6cm	卷头书名:雪月梅传奇,序:乾隆己未(1775)……陈朗,跋:乾隆四十年(1775)……董寄绵,印:集玉斋,帝室图画之章	[奎中]5838
苏氏织锦回文录	刊写地,刊写者未详,哲宗五年(1854)刊	1册(58页),笔写本,36.7×23.2cm	卷末:갑인사월초구일	813.5-So73h
금향정긔(锦香亭记)	译著者,写年未详	7卷7册,笔写本,22×17cm,纸质:楮纸	卷末:岁在辛卯孟冬日药岘毕书	[古]3350-59
新刻梦中缘	李子乾(清)著,友益堂,光绪十一年(1885)序	4卷4册(卷1-4),中国木版本17.6×11cm	序:光绪十一年(1885)……莲溪氏	6122
张远两友相论	上海,美华书馆,1874年刊	1册(30页),新式活字本,有图,16.3×11.8cm	卷首:耶稣降世一千八百七十四年张远两友相论岁次甲戌(1874)上海美华书馆刊	1900-25

*首尔大学校 中央图书馆

书名	出版事项	版式状况	一般事项	所藏番号
오자셔젼(伍子胥传)	大韩光武五年(1901)写	1册,朝鲜笔写本,31.6×21.6cm	卷末:신축칠월(1901)희일박젼증셔하니얏겨보자	[古]813.56-Oj1
튱의슈호뎐	译著者,写年未详	1册(37页),韩文笔写本,28.7×19.9cm	忠义水浒传	일석고 895.13 C4725 v. 8

书名	出版事项	版式状况	一般事项	所藏番号
新镌古本批评绣像三世报隔帘花影	本衙藏板，刊写年未详	48 回 10 册 2 函，中国木版本，24.3×15.6cm，左右单边，半郭：19.4×13.3cm，无界，11 行 24 字，花口上下向黑鱼尾	卷首题：新镌古本批评绣像三世报隔帘花影，原序：……四桥居士谨题，背面题：古本三世报隔帘花影，本衙藏板	3477 21 1-10
西湖佳话古今遗迹	墨浪子（清）编次，翰海楼，乾隆十六年（1751）刊	16 卷 4 册 1 夹板，中国木版本，有图，上下单边，左右双边，半郭：19.5×13.2cm，无界，10 行 22 字，注双行，花口上下向黑鱼尾	花口题：西湖佳话	4810-69-1-4
남계연담	译著者，刊写年未详	3 卷 3 册，木版本，无界，11 行字数不定，无鱼尾，35.2×24cm	表题：南溪演谈韩文本，解题：洪武三年（1370）	819.5-N152yp-v. 1-3

7. 高丽大学校

明代

书名	出版事项	版式状况	一般事项	所藏番号
贯华堂第一才子书	罗贯中（明）撰，毛宗岗（清）评，邹梧冈（清）参订，成文信，顺治元年（1644）序	51 卷 16 册，中国木版本，有图，25×15.5cm	版心书名：第一才子书，标题纸：绣像第一才子书，印：继承松湖古家遗风余庆守成，内容：三国志，内容：序，凡例，读法，图像，目录，1-15，卷之 1-51	（华山文库）C14-B1
	罗贯中（明）著，毛宗岗（清）批点，1644 年序	零本 1 册（卷首 1 册以外缺），中国木版本，28.9×18.8cm，四周单边，半郭：21.1×14.4cm，无界，12 行 26 字，上黑鱼尾，下白口	标题纸：贯华堂第一才子书，表纸书名：三国志，序：顺治岁次甲申（1644）嘉平朔日金人瑞圣叹氏题	（薪庵文库）C14-A36
	罗贯中（明）撰，毛宗岗（清）评，上海，扫叶山房，光绪十四年（1888）刊	19 卷首卷 合 20 册，中国木版本，有图，23.5×15.3cm		（华山文库）C14-B1D

续表

书名	出版事项	版式状况	一般事项	所藏番号
贯华堂第一才子书	罗贯中(明)撰,毛宗岗(清)评,上海,扫叶山房,光绪十四年(1888)刊	卷首19卷 合20册,中国木版本,有图,24.4×15.7cm	标题/版心题:第一才子书,表题:三国志,序:顺治岁次甲申(1644)……金人瑞圣叹氏题,重刊三国志演义序:光绪十四年(1888)孟秋醒悔道人书	(晚松文库)C14-B1J
	罗贯中(明)撰,毛宗岗(清)批点,贯华堂17世纪刊	1册(零本),中国木版本,28.5×18.5cm	标题:毛声山先生批点,贯华堂第一才子书,版心题:第一才子书,表题:三国志	(晚松文库)C14-B1L
	罗贯中(明)撰,毛宗岗(清)评	19卷首卷 合20册,中国木版本,有图,27.6×18.4cm,四周双边,12行26字,小字双行,上黑鱼尾	标题:贯华堂第一才子书,版心题:六才子书,表题:三国志,序:顺治岁次甲申(1644)……金人瑞圣叹氏题 印:全义李凤镐章	C14-A36A
		首卷19卷 合20册,中国木版本,有图,27.6×18.4cm,四周双边,20.6×14.4cm,无界,12行26字,小字双行,上黑鱼尾	标题:贯华堂第一才子书,版心题:六才子书,表题:三国志,序:顺治岁次甲申(1644)……金人瑞圣叹氏题,印:全义李凤镐章	(晚松文库)C14-A36
		6册(卷2,6,15-17,零本),中国木版本,25.8×15.9cm	版心/表题:三国志	(晚松文库)C14-B1K
三国志演义	罗贯中(明)撰,毛宗岗(清)评,上海,锦章图书局	60卷20册,中国石印本,有图,20×13.5cm	卷首题:第一才子书,标题:绣像全图三国演义,表题:增像全图三国演义,序:时顺治岁次甲申(1644)……金人瑞圣叹氏题,刊记:上海锦章图书局石印	C14-B1C

390

书名	出版事项	版式状况	一般事项	所藏番号
三国志演义	罗贯中（明）撰，毛宗岗（清）评，同文书局刊	零本9册（卷首，全60卷15册，藏本：卷之1～8，17～20，41～60），中国铅印本，有图，20.2×13.5cm	卷首题：第一才子书，标题：绘图三国演义，题签：增像全图三国志演义，序：时顺治岁次甲申（1644）……金人瑞圣叹氏题	C14-B1B
	罗贯中（明）撰，毛宗岗（清）评，扫叶山房刊	合20册（19卷），中国木版本，有图，23.7×15.3cm	卷首题：四大奇书第一种，标题/版心题：第一才子书，序：时顺治岁次甲申（1644）金人瑞圣叹氏题	C14-B1
	罗贯中（明）撰，毛宗岗（清）评	19卷首卷合20册，中国木版本，有图，30.7×20cm，四周单边，12行26字，小字双行，上二叶花纹鱼尾	卷首题：四大奇书第一种，标题：贯华堂第一才子书，版心题：第一才子书，序：时顺治岁次甲申（1644）……金人瑞圣叹氏题	C14-A36
		60卷20册，中国木版本，有图，16.4×11cm	卷首题：四大奇书第一种，版心题：第一才子书，序：时顺治岁次甲申（1644）……金人瑞圣叹氏题	C14-B1A
四大奇书	法圣译，己丑（1889?）写	38卷38册，笔写本（韩文译本），34.5×22.8cm	题签：三国志，笔写记：己丑（1889?）自法圣誊书ᄀ즉즁법셩셔둉셔，印：李在镐印	C15-A35
绣像全图三国演义	罗贯中（明）撰，毛宗岗（清）评，上海，蒋春记书庄，20世纪初刊	零本7册（全60卷20册，藏本29-32，37-39，41-60卷），中国铅版本，有图，19.8×13.3cm	版心题：绘图三国演义，表题：增像全图三国志演义	（晚松文库）C14-B1G
三国志	罗贯中（明）撰	33卷33册，笔写本，28.9×22.5cm	表题：三国志，印：桑村闻长，万事如意，万堂弄鹤闲事	C15-A103

续表

书名	出版事项	版式状况	一般事项	所藏番号
삼국지	罗贯中(明)著,写年未详	零本 2 册,韩文笔写本,31.8×21cm,四周单边,半郭:27.6×17cm,有界,12 行字数不定,上下白口无鱼尾	表纸书名:三国志,韩国翻案版	(薪庵文库)C15-A103A
화룡도(华容道)		21 卷 1 册,木版本,24.9×18.2cm,四周单边,11 行字数不定,内向 1~2 叶花纹或黑鱼尾		C15-A119
评论出像水浒传	施耐庵(明)撰,金圣叹(清)评释,顺治十四年(1657)序	20 卷 20 册,中国木版本,有图,24.2×16.3cm		(华山文库)C14-B4
		20 卷 20 册,中国木版本,有图,24.2×16cm		(华山文库)C14-B4C
	施耐庵(明)著,金圣叹(清)评释	20 卷 20 册,中国木版本,25×16cm	标题:绣像第五才子书,异书名:水浒志,序:时顺治丁酉(1657)冬月桐庵老人书……	C14-B4
		20 卷 20 册,中国木版本,有图,23.7×15.8cm	标题:绣像五才子书,异书名:水浒志,序:时顺治丁酉(1657)冬月桐庵老人书于醉耕堂墨室	C14-B4G
	施耐庵(明)著,金圣叹(清)评释,王望如(清)评论	20 卷 20 册,中国木版本,有图,24.2×15.7cm	标题:贯华堂第五才子书,异书名:水浒志,序:顺治丁酉(1657)冬月桐庵老人书于醉耕堂墨室	C14-B4B
第五才子书水浒传	施耐庵(明)著,金圣叹(清)评释	75 卷 20 册,中国木版本,有图,16.8×11.1cm	标题:绣像第五才子书,异书名:水浒志,序:时雍正甲寅(1734)上伏日勾曲外史书	C14-B4C

书名	出版事项	版式状况	一般事项	所藏番号
评注图像水浒传	施耐庵（明）撰，金圣叹（清）评释，上海，同文书局，光绪十二年(1886)刊	75卷8册，中国石印本，20×13.1cm		（华山文库）C14-B4G
	施耐庵（明）撰，金圣叹（清）评释，上海共和书局刊	12卷12册，中国石印本，有图，20×13.3cm	标题：评注图像五才子书，异书名：水浒志	C14-B4D
	施耐庵（明）撰，金圣叹（清），王望如（清）评注，上海，共和书局，20世纪初刊	12卷12册，中国石印本，有图，24×13.3cm		（华山文库）C14-B4B
	施耐庵（明）撰，金圣叹（清）评释，锦章图书局，20世纪初刊	35卷卷首合12册，中国石印本，有图，20.4×13.4cm		（华山文库）C14-B4D
	施耐庵（明）撰，金圣叹（清），王望如（清）评注，上海，广益书局，20世纪初刊	70回16册，中国铅印本，20×13.3cm		（华山文库）C14-B4J
水浒后传	古宋遗民（明）著，雁宕山樵（明）评，乾隆三十五年(1770)序	10卷6册，中国木版本，有图，22.9×14.7cm	标题：绣像水浒后传，评刻水浒后传，序：大清乾隆三十五年岁次庚寅(1770)金陵憨客蔡奡元放甫题于野云	C14-B4K
绘像结水浒全传	罗贯中（明）撰，范辛来（清），邵祖恩（清）等参评，上海书局，光绪三十四年(1908)刊	8卷8册，中国石印本，有图，20.4×13.7cm	标题纸：绘图荡寇志全传	（薪庵文库）C14-B70

续表

书名	出版事项	版式状况	一般事项	所藏番号
结水浒全传	俞万春(清)著,范辛来(清),邵祖恩(清),徐佩珂(清)等参评,上海,申报馆,光绪九年(1883)刊	70卷18册,中国铅印本,17.1×11.3cm		(华山文库)C14-B4F
绘图增像西游记	吴承恩(明)著,陈士斌(清)诠解,上海,焕文书局,光绪十九年(1893)刊	8册,中国石印本,有图,20.1×13cm	标题:绘图增批西游记,序:康熙丙子(1696)……西堂老人尤侗撰序	C14-B8A
西游真诠	吴承恩(明)著,陈士斌(清)诠解,敬业堂,康熙三十五年(1696)序	100回20册(第11册第46-51补写本),中国木版本,有图,25.4×15.7cm	序:康熙丙子(1696)中秋西堂老人尤侗撰	(华山文库)C14-A8
	吴承恩(明)著,陈士斌(清)诠解,敦化堂,乾隆四十七年(1782)刊	100回20册,中国木版本,24.5×16.2cm		(华山文库)C14-B8G
	吴承恩(明)著,陈士斌(清)诠解,咸丰二年(1852)刊	20卷20册,中国木版本,有图,15.8×11cm	标题:绣像西游记真诠,序:康熙丙子(1696)……西堂老人尤侗撰	C14-B8B
	吴承恩(明)著,陈士斌(清)诠解,扫叶山房,光绪十一年(1885)刊	不分卷20册,中国木版本,有图,23.4×16cm	标题:绣像西游记,一名:西游记,序:康熙丙子(1696)……西堂老人尤侗撰序,光绪乙酉(1885)……朱记荣槐庐甫书于扫叶山房……	C14-B8

书名	出版事项	版式状况	一般事项	所藏番号
西游真诠	吴承恩（明）著，陈士斌（清）诠解，校经山房，光绪十年（1884）刊	100回20册，中国木版本，20.1×15.2cm		（华山文库）C14-B8A
	吴承恩（明）著，陈士斌（清）诠解，扫叶山房，光绪十一年（1885）序	零本19册（第50-54回1册缺），中国木版本，有图，24.1×15.8cm	标题纸：悟一子批点真诠 绣像西游记，光绪甲申（1884）良月扫叶山房校刻……表纸 书名：西游记 序：康熙丙子（1696）中秋西堂老人尤侗撰序，序尾光绪乙酉年（1885）夏四月……扫叶山房席氏三鱼书屋客馆	（华山文库）C14-B8H
	吴承恩(明)撰	零本6册（46-50回，56-60回，66-70回，76-80回，86-90回，91-95回），中国木版本，25.7×16cm	表题：西游记	（晚松文库）C14-B8K
新说西游记	吴承恩（明）著，上海，校经山房，20世纪初刊	零本15册（1册缺），中国石印本，有图，20×13.2cm	题签：同文原版西游记	（华山文库）C14-B8B
新刻绣像评点金瓶梅	笑笑生（明）撰，20世纪初刊	零本4册（卷之8，16，18-19），中国木版本，23.4×15.4cm	版心题：金瓶梅，印：和庵	（晚松文库）C14-B86
今古奇观	抱瓮老人（明）选辑，文渊堂刊	零本6册（全40卷12册）卷1-21，中国木版本，有图，24.3×15.9cm	书名：标题，序：姑苏笑花主人漫题，印：蕙石，金印明原	C14-B10B
	抱瓮老人（明）选辑，经文堂，光绪十四年（1888）序	40卷6册，中国石印本，有图，17.5×11cm	标题：绣像今古奇观，书名：目录题，序：光绪戊子（1888）慎思草堂主人谨识，光绪戊子管窥子拜书于海上	C14-B10C

续表

书名	出版事项	版式状况	一般事项	所藏番号
今古奇观	抱瓮老人(明)选辑	40 卷 12 册，中国木版本，23.9×15.8cm	书名：标题，序：姑苏笑花主人漫题	C14-B10D
	抱瓮老人(明)撰	零本 4 册(卷第 7, 9, 19-23)，中国木版本，24×15cm	版心/表题：书名	(晚松文库)C14-B10E
금고긔관(今古奇观)		1 册，笔写本(韩文本)，37.4×22.2cm	印：金公润章，李学镐信	(晚松文库)C14-A58
封神演义	钟伯敬(明)批评，孙溪逸士(清)序，上海，扫叶山房，光绪十九年(1893)刊	零本 1 册(所藏本中卷首의 以外缺)，中国木版本，有图，23.7×15.8cm	标题纸：绣像评点封神榜全传	(薪庵文库)C14-B44A
绣像封神演义	点石斋书局，20 世纪初刊	8 卷 8 册，中国石印本，19.9×13.3cm		(华山文库)C14-B23
		零本 3 册(9-20 回，61-70 回，81-90 回)，中国铅印本，有图，19.4×11.9cm		(晚松文库)C14-B2D
新刻钟伯敬先生批评封神演义	光绪九年(1883)秋吉扫叶山房发兑书籍	19 卷 19 册，中国木版本，有图，23.7×15.7cm	标题：绣像评点封神榜全传，表题：封神演义，序：康熙乙亥(1695)年月望后十日长洲褚人获学稼题于四雪草堂，刊记：光绪九年(1883)秋吉扫叶山房发兑书籍	(晚松文库)C14-B23E
绘图封神演义	上海，锦章图书局，宣统二年(1910)刊	8 卷 8 册，中国石印本，有图，20×13.4cm		(华山文库)C14-B23A
东周列国志	冯梦龙(明)撰，蔡奡(清)评点	27 卷 14 册，中国石印本，有图，20.2×13.6cm	表题：精绘全图东周列国志，表题：绘图东周列国志，序：乾隆十有七年(1752)春七都梦夫蔡元放氏题	(晚松文库)C14-B2J

书名	出版事项	版式状况	一般事项	所藏番号
东周列国志	冯梦龙（明）撰，蔡奡（清）评点，1752 年文德堂刊行	残本 2 册，中国木版本，24×26.3cm		高丽大学校（六堂本）
东周列国全志	冯梦龙（明）撰，蔡奡（清）评点，扫叶山房，光绪六年（1880）刊	合 24 册（23 卷，卷首），中国木版本，有图，24×15.5cm	标题：绣像东周列国志，序：时乾隆十七年（1752）……蔡元放氏题，印：全义李氏世家，刊记：光绪六年（1880）仲春重镌	C14-B2
	冯梦龙（明）撰，蔡奡（清）评点，上海，江左书林，光绪十二年（1886）刊	合 24 册（23 卷，卷首），中国木版本，23.7×15.2cm	标题：绣像东周列国志，序：时乾隆壬申（1752）二月……蔡元放题于绿净山房，刊记：光绪丙戌年（1886）秋月上海江左书林重校刊	C14-B2A
	冯梦龙（明）撰，蔡奡（清）评点，澹雅书局，光绪十九年（1893）刊	合 24 册（23 卷，卷首），中国木版本，有图，25×15.7cm	标题：绣像东周列国全志，序：时乾隆十七年（1752）……蔡元放氏题，刊记：光绪癸巳年（1893）澹雅书局刊，印：默容室藏书印	C14-B2B
	冯梦龙（明）撰，蔡奡（清）评点，刊写事项未详	零本 2 册（卷之 13-14，2 册外缺），中国木版本，23.8×15.2cm	表纸书名：列国志	（薪庵文库）C14-B2A
		零本 13 册（卷之 2，12-23）（全 23 卷 23 册），中国木版本，25×16cm	版心题：东周列国志，表题：列国志	（晚松文库）C14-B2K
增像全图东周列国志	冯梦龙（明）撰，蔡奡（清）评点，上海，中新书局，20 世纪初刊	零本 2 册（卷之 14-15，26-27，2 册以外缺），中国铅印本，有图，20×13.3cm	表纸书名：精校全图绣像东周列国志	（薪庵文库）C14-B69

续表

书名	出版事项	版式状况	一般事项	所藏番号
增像全图东周列国志	冯梦龙(明)撰,蔡奡(清)评点,上海,广益书局,20世纪初刊	零本7册(卷2-3,6-7,14-17,22-23,26-27,7册以外缺),中国石印本,20.2×18.2cm	表纸书名:足本全图东周列国志　上海广益书局发行,一名:东周列国志	(薪庵文库)C14-B69A
	冯梦龙(明)著,蔡奡(清)评点,宣统元年(1909)刊	8卷8册,中国石印本,有图,19.7×13.4cm	表题:绘图东周列国志,序:乾隆十有七年(1752)春七都梦夫蔡元放氏题,刊记:宣统元年(1909)仲秋上海锦章图书局石印	(晚松文库)C14-B2H
绣像东周列国志	冯梦龙(明)撰,蔡奡(清)评点,上海,商务印书馆,光绪三十年(1904)刊	27卷8册,中国铅印本,有图,20.1×13.4cm		(华山文库)C14-B2C
列国志	冯梦龙(明)撰,蔡奡(清)评点,刊写事项未详	零本1册(第92-95回1册以外缺),中国木版本,22.9×15cm	表题:列国志	(薪庵文库)C14-A68
四雪草堂重订通俗隋唐演义	罗贯中(明)撰,齐东野人(明)原本,没世农夫(清)评,清末刊	10卷9册,中国木版本,24.5×15.6cm	序:康熙乙亥(1695)……褚人获学稼氏题于四雪草堂	육당C14-B19-1-4,6-7,8-8,13
新镌全像通俗演义隋炀帝艳史	齐东野人(明)编演,本衙藏板,清代刊	32卷8册(40回),中国木版本,有图,17.4×11.5cm	标题纸:不经先生批评(增像)艳史本衙藏板,版心题:艳史	(华山文库)C14-B27
艳史	齐东野人(明)编演,不经先生(明)批评,清末本衙藏板,刊行年未详	32卷8册,中国木版本,有图,17.4×11.5cm	别名:新镌全像通俗演义隋炀帝艳史	(华山文库)C14-B27-1-8

续表

书名	出版事项	版式状况	一般事项	所藏番号
绘图绣像重订通俗隋唐演义	罗贯中（明）原著，郭大复（明）加纂，光绪二十二年（1896）刊	零本 6 册（缺本卷 3，10），全 10 卷 8 册，中国石印本，有图，19.7×13.2cm	序：康熙乙亥（1695）……光绪丙申（1895）仲春重付石印平江朱蔚彬书于天然如意室	（晚松文库）C14-B42A
新刻剑啸阁批评东汉演义传		10 卷 6 册，中国木版本，24.4×15.5cm	版心题：东汉演义评，表题：东汉演义	C14-B45B
新刻剑啸阁批评东汉演义	李贽（明）演义，钟惺（明）批评，扫叶山房刊	10 卷 6 册，中国木版本，15.8×10.7cm	版心题：东汉演义评，表题：东汉演义	（晚松文库）C14-B45D
新刻批评东汉演义	清远道人（清）重编，同文堂刊	8 卷 6 册，中国木版本，有图，24.8×15.7cm	版心题：东汉演义评，表题：东汉演义	C14-B45A
	清远道人（清）重编，善成堂，壬申（1812?）刊	8 卷 8 册，中国木版本，有图，25.1×15.8cm		（华山文库）C14-B6B-9-16
	钟惺（明）评，善成堂，壬申（1812?）刊	8 卷 8 册，中国木版本，25.1×15.8cm		（华山文库）C14-B6B-1-8
	清远道人（清）重编，善成堂，乙亥（1815?）刊	8 卷 6 册，中国木版本，有图，24.2×15.8cm		（华山文库）C14-B45CA
增像全图东汉演义	上海，章福记，光绪三十年（1904）刊	4 卷 2 册（64 回本），中国石印本，有图，20.4×13.5cm		（华山文库）C14-B6C
	上海，章福记，光绪三十年（1904）刊	4 卷 4 册，中国石印本，有图，20.4×13.5cm		（华山文库）C14-B6C
	钟惺（明）评，鸿宝斋书局，宣统三年（1911）刊	4 卷 4 册（100 回本），中国石印本，有图，20.2×13.4cm	标题：绣像东汉演义，刊记：宣统辛亥（1911）……印	C14-B45

书名	出版事项	版式状况	一般事项	所藏番号
增像全图东汉演义	李贽(明)演义,钟惺(明)批评,宣统三年(1911)春月鸿宝斋书局印	4卷2册,中国铅印本,有图,20.2×13.4cm	标/表题:绣像东汉演义,刊记:宣统辛亥(1911)春月鸿宝斋书局印	(晚松文库)C14-B45E
绣像东汉演义	钟惺(明)批评,清光绪乙亥(1899)上海书局刊	10卷2册,中国石印本,有图,17.5×10cm,四周双边,半郭:14.2×9.4cm,有界,18行40字,上黑鱼尾		경화당C14-B45-1-2
增像全图西汉演义	上海,章福记,光绪三十年(1904)刊	4卷4册(64回本),中国石印本,有图,20.4×13.5cm		(华山文库)C14-B6C
	李贽(明)演义,钟惺(明)批评,鸿宝斋书局,宣统三年(1911)春月印	4卷4册,中国铅印本,有图,20.3×13.4cm	标/表题:绣像西汉演义,刊记:宣统辛亥(1911)春月鸿宝斋书局印	(晚松文库)C14-B6E
绣像东汉演义	钟惺(明)批评,光绪乙亥(1899)上海书局刊	8卷4册,中国石印本,18×10.5cm,四周双边,半郭:14.2×9.5cm,有界,18行40字,上黑鱼尾		경화당C14-B6-1-4
新刻剑啸阁批评西汉演义	李贽(明)演义,钟惺(明)批评,扫叶山房刊	8卷8册,中国木版本,有图,15.7×10.7cm		(晚松文库)C14-B6A
	钟惺(明)评,三余堂刊	8卷8册,中国木版本,24.2×14cm		(华山文库)C14-B6A
	钟惺(明)评,善成堂,壬申(1812?)刊	8卷8册,中国木版本,25.1×15.8cm		(华山文库)C14-B6B-1-8
东西汉全传	钟惺(明)撰,同文堂,嘉庆二十年(1815)新镌	8卷8册,中国木版本,有图,25.6×15.8cm	书名:标题,序:公安袁宏道题,刊记:嘉庆乙亥(1815)新镌	C14-B43

续表

书名	出版事项	版式状况	一般事项	所藏番号
서한연의	高宗三十二年（1895）笔写	16 卷 16 册，笔写本，32.6×22.2cm	标题：西汉演义，笔写记：岁在乙未（1895）季春书传于后昆册主大宁后人，印：桑村闻长 首阳○朝	C14-A3A
白袍将军传		1 册，笔写本，21.8×20.5cm	被传者：薛仁贵（唐），异书名：薛仁贵传	（晚松文库）C14-A70
新刻按鉴编纂开辟衍绎通俗志传	周游（明）集，王黉（明）释，上海，扫叶山房，光绪十三年（1887）新镌	6 卷 6 册，中国木版本，有图，15.8×11cm	叙：崇祯岁在旃蒙大渊献（乙亥 1635）……王黉子承父书于柳浪轩，刊记：光绪十三年（1887）新镌	C14-B48
全图开天辟地全传	王鏊（明）撰，上海中原书局刊	4 卷 2 册，中国石印本，有图，20.4×13.6cm		（华山文库）C14-B13
대명영녈뎐	建阳元年（1896）写	8 卷 8 册，笔写本，33.5×22.5cm	标题：大明英烈传，笔写记：셰병신（1896）등츄샹원샹문동필셔，印：桑村闻长 首阳○朝	C14-A33

清代

书名	出版事项	版式状况	一般事项	所藏番号
红楼梦	曹雪芹（清）撰，藤花榭，光绪年间（1875—1908）刊	不分卷24册，中国木版本，有图，17.3×10.9cm	标题：绣像红楼梦，序：小泉程伟元识	C14-B25A
	曹雪芹（清）撰，三元堂刊	零本 19 册（第1-4回1册缺），中国木版本，17.2×11.5cm	版心下段：三让堂	（华山文库）C14-B25B
	曹雪芹（清）撰，王希廉（清）评	零本 2 册（卷首卷1-5，全120卷24册），中国木版本，19.7×12.1cm		（晚松文库）C14-B25E

书名	出版事项	版式状况	一般事项	所藏番号
续红楼梦	秦子忱(清)撰	零本 3 册(11-16 卷, 全 16 册), 中国木版本, 17.1×11.2cm		(晚松文库) C14-B81
增评补像全图金玉缘	曹雪芹, 高鹗(清)撰, 求不负斋, 光绪三十四年(1908)序	合 16 册(80 回, 续 40 回), 中国石印本, 有图, 20×13.4cm	异书名: 金玉缘, 红楼梦, 石头记, 序: 光绪二十四年(1908)……华阳仙裔识, 印: 默容室藏	C14-B25
	求不负斋, 光绪三十四年(1908)刊	124 回 16 册, 中国石印本, 有图, 20.2×13cm		(华山文库) C14-B25A
	曹雪芹(清)著, 光绪二十四年戊申(1908)九月求不负斋印行	零本 15 册[第 3 卷之卷三十七回-二十四回(全 16 册 120 回)], 中国石印本, 有图, 20.2×13.4cm	序: 光绪二十四年(1898)九月望日华阳仙裔识, 刊记: 光绪戊申(1908)九月求不负斋印行	(晚松文库) C14-B25D
增评加批金玉缘图说	曹雪芹(清)著, 蝶芗仙史(清)评订, 出版事项未详	16 卷 卷首合 16 册, 中国石印本, 有图, 20.1×13.5cm	表纸书名: 全图增评金玉缘, 一名: 红楼梦	(薪庵文库) C14-B25
	曹雪芹(清)著, 蝶芗仙史(清)评订, 刊写事项未详	16 卷 卷首合 16 册, 中国石印本, 有图, 20.1×13.3cm	标题纸, 题签书名: 全图增评金玉缘, 版心书名: 增评绘图石头记, 一名: 红楼梦, 金玉缘	(华山文库) C14-B25
	曹雪芹(清)著, 蝶芗仙史(清)评定	零本 1 册(卷之 11, 全 16 卷 16 册), 中国石印本, 有图, 19.8×13.5cm	表题/版心: 全图增评石头记, 异书名: 红楼梦	(晚松文库) C14-B25F
제일기언(镜花缘)	洪羲福翻译	20 卷中 18 卷(残卷: 9, 12), 31×20cm, 10 行 20 字内外	题目: 第一奇谚(1835 年)	高丽大学校 정규복
儿女英雄传	燕北闲人(清)著, 刊写者, 刊写年未详	6 册(全 40 回 12 册), 中国木版本, 16.0×11.0cm	题签: 绘图评点儿女英雄传	육당 C14-B21-7-12

书名	出版事项	版式状况	一般事项	所藏番号
绣像七剑十三侠	桃花馆主（清）编次，上海书局，宣统二年（1910）刊	4卷，中国石印本，二集4卷，三集4卷，共12卷6册，15.4×13.3cm		육당 C14-B16-1-6
新刻于公案	上海书局，20世纪初刊	2卷1册（缺帙），中国石印本，14.5×9cm		육당 C14-B26-2
原本海公大红袍全传	李春芳（明）编次，利文堂，同治三年（1864）刊	10卷10册，中国木版本，肖像，无界，行字数不定，无鱼尾，16.2×10.8cm	表纸书名：红袍传，标题纸：同治三年（1864）新刊，海瑞大红袍全传，佛山舍人后街利文堂藏板	육당 C14-B30-1-10
绣像四续济公传	周霁山（清）著，上海，校经山房，光绪三十四年（1908）刊	全四十回本（4卷4册），中国石印本，有图，17.7×10.5cm		C14-B65
绣像六续济公传	块余生（清）初稿，上海，普新书局，宣统元年（1909）刊	全四十回本（4卷4册），中国石印本，有图，17.4×10.7cm		C14-B66
绣像济公传后传	上海，校经山房，20世纪初刊	全12卷6册（零本5册，卷1-6，9-12），中国石印本，有图，17.5×10.3cm		C14-B63
再续济公传全部	上海，校经山房，20世纪初刊	4卷4册（全41回本），中国石印本，有图，17.8×10.5cm		C14-B64
增订绘图精忠说岳全传	钱彩（清）撰，上海，天宝书局，20世纪初刊	8卷8册，中国石印本，有图，20.3×13.3cm	标题：绘图精忠说岳全传	C14-B57
	钱彩（清）撰，上海，共和书局，20世纪初刊	8卷8册，中国石印本，有图，20.3×13.2cm	标题：绘图精忠说岳全传	C14-B57A

续表

书名	出版事项	版式状况	一般事项	所藏番号
增订绘图精忠说岳全传	钱彩(清)编次，金丰(清)增订，源记书庄，20世纪初刊	零本4册卷1、3、5、7，全20卷，中国铅印本，有图，17.5×10.1cm	序：甲子(1866)孟春上浣永福金丰识于……乙未(1895)仲春古饮仙源山人书于……	(晚松文库)C14-B84
英云梦传	松云(清)撰，扫叶山房，光绪十四年(1888)重刊	8卷8册，中国木版本，24×15cm	序：岁在昭阳单阏(癸卯，1843?)……剩斋氏，拜题，刊记：光绪戊子(1888)重刊	C14-B87
绘图平山冷燕四才子书	荻岸散人(清)编次，珍艺书局，光绪十八年(1892)刊	4卷4册，新铅活字本，图像，无界，行字数不定，无鱼尾，11.5×7.8cm	题签：全图四才子书	大学院小-64-1-4
绘图说岳全传	上海，大成书局，20世纪初刊	8卷8册，中国石印本，20.4×13.4cm		(华山文库)C14-B57
绘图说唐前传	上海，共和书局，20世纪初刊	前传2卷，后传3卷合5册，中国石印本，有图，20.3×13.5cm	标题：绘图说唐前后传，内容：卷之一至三前传(1-3)，卷一说唐薛家将传(后传)4，卷之二说唐薛家府传(后传)5	(华山文库)C14-B32A
异说后唐传三集薛丁山征西樊梨花全传	道光二十年(1840)刊	10卷6册，中国木版本，有图，18.2×12cm	标题：说唐三传，序：如莲居士题于北山居中，印：顺兴后人安○○之印	C14-B32
绣像说唐小英雄传	20世纪初刊	零本1册，中国石印本，有图，20.3×13.5cm		(华山文库)C14-B32C
增异说唐秘本全传	鸳湖渔叟(清)撰，江左书林，光绪十五年(1889)刊	10卷10册，中国木版本，有图，15.7×11cm		(华山文库)C14-B32
雪月梅传	陈朗(清)编辑，董孟汾(清)评释，20世纪初刊	6卷6册，中国石印本，有图，15×8.8cm		(华山文库)小79

书名	出版事项	版式状况	一般事项	所藏番号
绘图醒世第二奇书	天然痴叟（清）著，墨憨主人（清）评，20世纪初刊	12卷6册，中国石印本，有图，14.5×9cm	表纸书名：绘图五续今古奇观	（华山文库）小63
后七国乐田演义	吴宗玠（清）重校，20世纪初刊	4卷2册，中国石印本，有图，20.4×13.7cm		（华山文库）C14-B78
百断奇观绣像龙图公案	清末敬业堂刊	8卷4册，中国木版本，有图，12行26字	版心题：龙图公案，序：江左陶烺元	육당 C14-B23-1-4
原本海公大红袍传	李春芳（明）编次，虚舟生（清）镌，上海，大成书局，20世纪初刊	4卷4册，中国石印本，有图，20×13.3cm		（华山文库）C14-B40
青楼梦	慕真山人（清）著，潇湘馆侍者（清）评，上海，申报馆，20世纪初刊	全10册(零本8册，缺本2册，5册)，中国铅印本，17.3×11.3cm	序：光绪四年戊寅（1878）……金湖花隐倚装序于苏台行馆，光绪四年戊寅（1878）……潇湘馆侍者……邹弢	（晚松文库）C14-B80
绘图双凤奇缘	20世纪初刊	4卷4册，中国石印本，14.5×8.7cm		C14-B55
增图民国新汉演义	自由生（清末民初）著，上海书局，刊写年未详	3卷2册（全4卷4册），中国石印本，有图，无界，行字数不定，无鱼尾，20.4×13.3cm	序：编者识	晚松 C14-B85-1-2
绘图洪秀全演义	禹山世次郎（清末民初）撰，上海，广益书局，20世纪初刊	8册，中国石印本，有图，无界，行字数不定，无鱼尾：17.4×10.1cm	版心题：洪秀全演义，序：丙午（1906）九月章炳麟序	大学院 C14-B15A-1-8
吴三桂演义	清无名氏编，清末民初刊	4卷2册，中国木版本，有图，19.7×13.2cm	表题：绣像吴三桂演义	大学院 C14-B47-1-2

续表

书名	出版事项	版式状况	一般事项	所藏番号
豆棚闲话	艾衲居士(清)著,百懒道人(清)重订,致和堂,嘉庆十年(1805)刊	2册,中国木版本,18.7×11.9cm	序:雍正五年岁次丁未(1727)……钟之模式林氏识	C14-B11
西湖佳话古今遗迹	墨浪子(清)搜辑,上海,文选局,光绪十八年(1892)刊	16卷4册,有图,无界,行字数不定,无鱼尾,14.3×8.6cm,中国石印本	标题:西湖佳话古今遗迹	大学院小-65-1-4
引家当道	杨格非著,上海中国圣教书会	中国铅活字本,1册,18.5×12.1cm		신암 C16-B7
금향정기(锦香亭记)		1册,朝鲜笔写本,25.6×17.5cm	笔写记:丁丑二月……誊	C14-A28
옥교리전(玉娇梨传)	甲辰(?)写	1册,朝鲜笔写本,30.9×21.7cm,纸质:楮纸	笔写记:갑진? 지월일 일서별당의셔 외공셔	(晚松文库)C14-A61

8. 延世大学校

明代

书名	出版事项	版式状况	一般事项	所藏番号
四大奇书第一种三国志	毛宗岗(清)评	共20册(首卷1册,19卷19册),中国木版本,有图,四周单边,20.6×14.6cm,12行26字,注小字双行,上黑鱼尾(一部上花纹鱼尾)	内题面:贯华堂第一才子书圣叹,原评:毛声山批点,外题:四大奇书,版心题:第一才子书,序:顺治岁次甲申(1644)嘉平朔日金人瑞圣叹氏题	812.36/15
		全19卷20册中 一部残存(卷之3-10,13,14,16,19),中国木版本,四周单边,22.1×14.5cm,12行26字,注小字双行,上黑鱼尾(一部上花纹鱼尾)	外题:三国志,第一才子书	812.36/16

续表

书名	出版事项	版式状况	一般事项	所藏番号
四大奇书 第一种 三国志	毛宗岗(清)评	首卷1册，19卷19册，共20册中 零本，33页，中国木版本，有图，四周单边，20.6×14.6cm，12行26字，注小字双行，上黑鱼尾(一部上花纹鱼尾)	内题面：贯华堂第一才子书（金）圣叹原评，毛声山批点，外题：第一才子书，序：顺治岁次甲申（1644）嘉平朔日金人瑞氏题	812.36/17
四大奇书 第一种	毛宗岗(清)评	19卷20册，中国木版本，四周单边，匡郭：20.5×15cm，无界，12行26字，上花纹鱼尾	序：顺治甲申（1644）金人瑞，表题：三国志	고서중 812.38
		首卷19卷20册，中国木版本，四周单边，匡郭：20.5×15cm，无界，12行26字，上花纹鱼尾	序：顺治甲申（1644）金人瑞，表题：三国志	默素堂文库
		首卷19卷20册，中国木版本，四周单边，匡郭：20.5×15cm，无界，12行26字，上花纹鱼尾	表题：三国志	（绥堂文库） 812.38
第一才子书三国志	毛宗岗（清）评，光绪庚寅（1890）季冬，上海书局石印	共12册（首卷1册，60卷11册），中国石印本，有图，20cm，四周双边，15.1×10cm，25行40字，注小字双行，上黑鱼尾	内题：绣像三国演义，外题：增像三国全图演义，原序：时顺治岁次甲申（1644）嘉平朔日金人瑞题，重刊序：光绪十四年（1888）孟夏吴飞云书	812.36/19
	毛宗岗（清）评，上海广益书局印行	16卷16册，中国铅活字本，有图，20cm，四周单边，半郭17.5×11.6cm，界线，勾吴清溪居士书，15行31字，注小字双行，上黑鱼尾	内书名：足本铅印三国志演义，书名：精校全图绣像三国志演义，原序：顺治岁次甲申（1644）嘉平朔日金人瑞重刊序：咸丰三年（1853）孟夏，藏书记：锦城丁氏寓居谷城，藏印记：默容室藏外4种	812.36/20
绘图三国志演义第一才子书	毛宗岗（清）评，光绪甲午（1894）扫叶山房石印	60卷12册，中国石印本，有图，20cm	内书名：绘图三国全图演义布匣书名：三国志，原序：时顺治岁次甲申（1644）嘉平朔日金圣叹氏题	812.36/21

续表

书名	出版事项	版式状况	一般事项	所藏番号
新刊校正古本大字音释三国志传通俗演义		1 册(卷之 1，卷册未详零本)，朝鲜笔写本，31cm，11 行 20 字	陈寿，史传：罗本，编次：叶才，音释，外题：三国志，序：弘治甲寅(1494)仲春凢望，庸愚子拜书	812.36/18
华容道		1 册(84 页)，木版本，四周单边，匡郭：21×16.5cm，有界，12 行 23 字，上下黑鱼尾		811.36
화룡도		2 卷 1 册，木版本，四周单边，匡郭：22×16.5cm，无界，12 行 20 字，上下黑鱼尾	华容道	811.36
삼국지	님진완산신판	3 卷(全 3 卷 3 册中零本)，木版本，24 页，四周单边，18.3×15.5cm，15 行 25 字，上下内向黑鱼尾	三国志	811.93/28
삼국지 3，4		1 册，木版本，四周单边，20.8×15.2cm，13 行 23 字，上下内向黑鱼尾	三国志	811.932/9
삼국지쵸션(三国志抄选)		1 册（62 页），笔写本，31×20.5cm		812.36
第五才子书水浒传	施耐庵(明)著，金圣叹(清)评注，芥子园山房梓	75 卷 20 册，中国木版本，有图，18cm，四周单边，13.7×9cm，11 行 26 字，上下大黑口，上黑鱼尾	内题：绣像第五才子书，外书名：水浒志，序：时雍正甲寅(1734)上伏日勾曲外史书	812.36/35
	施耐庵(明)著，金圣叹(清)评注，上海申报馆仿聚珍版印	8 册，中国铅活字本，18cm，四周单边，13.6×9.5cm，22 行 35 字，上下内向黑鱼尾	内题：第五才子书，外题：水浒志，叙：时雍正甲寅(1734)上伏日勾曲外史书	812.36/36
	施耐庵(明)著，金圣叹(清)评注，纬文堂藏板	全 75 卷 20 册中一部缺(落卷 6-8，26-35，52-59 共 6 册)，中国木版本，有图，17cm，四周单边，13.4×9.1cm，11 行 26 字，上黑鱼尾	内书名：绣像第五才子书，手书刻序：时雍正甲寅(1734)上伏日勾曲外史书	812.36/37

书名	出版事项	版式状况	一般事项	所藏番号
评论出像水浒传	施耐庵(明)撰	20 卷 20 册 70 回,中国木版本,四周单边,匡郭:21.5×15cm,无界,11 行 24 字,上黑鱼尾	版心题:五才子奇书	고서중 812.38/绥堂文库/李源喆文库/韩相億文库
		20 卷 20 册 70 回,中国木版本(本衙藏板),四周单边,匡郭:21×15cm,无界,11 行 24 字,上黑鱼尾		고서중 812.38
	施耐庵(明)著,金圣叹(清)评释	20 卷 20 册,中国木版本,有图,25cm,21×14.2cm,四周单边,界线,11 行 24 字,上黑鱼尾	内书名:水浒传绣像第五才子书 外书名:水浒志,版心题:五才子书,序:时顺治丁酉(1657)冬月 桐庵老人书于醉耕堂墨室,印记:默容室藏	812.36/38
续水浒征四寇全传	上海申报馆仿聚珍版印	2 册,中国石印本,18cm,四周单边,13.7×9.4cm,22 行 35 字,上下内向花纹鱼尾	内书名:续水浒,外书名:续水浒志,叙:乾隆壬子岁(1792)腊月赏心居士叙	812.36/32
新刊大宋宣和遗事	上海商务印书馆活字版精印	4 集 4 册,中国铅活字本,21cm,四周双边,14.5×9.9cm,10 行 20 字,上下小黑口,上黑鱼尾	版心题:宣和遗事,跋:乙卯(1915)八月孙毓修跋	
西游真诠	光绪甲申(1884)良月扫叶山房重刻	19 册 100 回,中国木版本,四周单边,匡郭:20.5×14.5cm,无界,11 行 24 字,上黑鱼尾	刊记:光绪甲申(1884)良月扫叶山房重刻	812.38 韩相億文库
	吴承恩(明)著,陈士斌(清)诠解	20 回 4 册(全 100 回 20 册中零本),中国木版本,有图,四周单边,20.8×14.3cm,界线,11 行 24 字,上黑鱼尾	内题:悟一子批点西游真诠,手书刻序:康熙丙子(1696)中秋尤侗撰,印记:默容室藏书印 外 1 种	812.36/24

续表

书名	出版事项	版式状况	一般事项	所藏番号
西游真诠		20 册 100 回，中国木版本，四周单边，匡郭：21×15cm，有界，11 行 24 字，上黑鱼尾		812.38
		24 册 100 回，中国木版本，四周单边，匡郭：21.5×15cm，无界，11 行 24 字，上黑鱼尾		812.38 （默容室文库）812.38
增像全图加批西游记	吴承恩（明）著，陈士斌（清）诠解，光绪庚子年（1900）春源记书庄石印	8 卷 8 册，中国石印本，有图，四周单边，16.4×11.2cm，19 行 43 字，上下内向黑鱼尾	内题：绘图加批西游记，版心题：增像加批西游记，序：康熙丙子(1696)中秋尤侗撰序	812.36/25
셔유긔		13 册（缺 1-2 册，10-11 册），笔写本，34×22.5cm	西游记	812.38
		1 册，37cm，笔写本，16 行 31 字内外	外题：西游记	811.93/32
绘图真正金瓶梅	神州：亚西书局	6 卷 4 册，中国石印本，有图，四周单边，14.2×8.9cm，23 行 26 字		812.36/4
今古奇观	抱瓮老人（明）编，光绪乙未（1895）仲春，上海书局石印	40 卷 6 册，中国石印本，有图，16cm，17 行 38 字	内题：绘图今古奇观，序：姑苏笑花主人漫题，印记：崔炳宪印	812.36/2
	抱瓮老人（明）编	1 册（卷 4-7），中国木版本，26cm，四周单边，20.7×14.2cm，12 行 27 字，上黑鱼尾		812.36/3
今古奇观		40 卷 6 册，笔写本，30×20cm	序：姑苏笑花主人题，表题：今古奇观，印记：尹泓定印	（李源喆文库）812.38

续表

书名	出版事项	版式状况	一般事项	所藏番号
新刻钟伯敬先生批评封神演义	光绪九年（1883）秋扫叶山房发兑	19 卷 20 册 90 回，中国木版本，四周单边，匡郭：20×15cm，无界，11 行 24 字，上黑鱼尾	印记：光绪九年（1883）秋扫叶山房发兑	811.36 海观文库
东周列国志	冯梦龙（明）著，蔡奡（清）评点，上海锦章图书局石印	27 卷 14 册，有图，中国石印本，四周双边，17.5×11.5cm，有线，18 行 40 字，注小字双行，上黑鱼尾	内题：精绘全图东周列国志，外题：绘图东周列国志，序：乾隆十有七年（1752）春，蔡元放氏题	812.36/6
东周列国全志	冯梦龙（明）著，蔡奡（清）评点	6 册（卷之 6，14-19），中国木版本，25cm，四周单边，21.1×14.4cm，12 行 26 字，上黑鱼尾	外题：列国志，东周列国志	812.36/7
增像全图东周列国志	冯梦龙（明）著，蔡奡（清）评点，上海中新书局印行	27 卷 16 册，21cm，中国铅活字本，有图，四周单边，17.5×11.5cm，界线，15 行 31 字，上黑鱼尾	外题：精校全图绣像东周列国志，版心题：东周列国志，序：乾隆十有七年（1752）春，蔡元放氏题，印记：默容室藏 外 5 种	812.36/9
四雪草堂重订通俗隋唐演义	罗贯中（明）著，褚人获（清）重订	4 册（全 20 卷 10 册中零本），中国铅活字本，有图，18cm，四周单边，13.7×8.8cm，20 行 36 字，上下内向黑鱼尾		812.36/33
西汉演义		85 页，笔写本，27cm，四周双边，20.3×16.5cm，界线，10 行 20 字，小字双行，上下内向花纹鱼尾	卷尾题：楚汉演义，印记：金泽洙信	812.36/26
绣像西汉演义	光绪己亥（1899）季春上海书局石印	8 卷 4 册，中国石印本，有图，四周双边，14.2×9.4cm，界线，18 行 40 字，上黑鱼尾		812.36/27

书名	出版事项	版式状况	一般事项	所藏番号
新刻剑啸阁批评西汉演义传	壬申(1872)新镌,善成堂梓行	8卷8册,中国木版本,四周单边,匡郭:21.5×15cm,无界,11行26字,上黑鱼尾	表题:西汉演义,内题:绣像东西汉全传,序题:东西汉通俗演义,刊记:壬申(1872)新镌,善成堂梓行	(默素堂文库)812.36
	三余堂梓	8卷8册(卷6缺),中国木版本,四周单边,匡郭:19×14cm,无界,11行25字,上黑鱼尾	表题:西汉演义,内题:东西汉演义全传,序题:东西汉通俗演义	(绥堂文库)812.36
		全8卷8册中一部缺(落卷1),中国木版本,四周单边,21.7×14.1cm,11行26字,上黑鱼尾	版心题:西汉演义评	812.36/29
		全8卷8册中一部缺(落卷1),中国木版本,10行30字,四周单边,14.6×9.8cm,上黑鱼尾	外题:西汉演义,版心题:西汉演义评	812.36/28
서한연의		4册,笔写本,24.5×17cm	表题:西汉演义	812.36
绣像东汉演义	光绪己亥(1899)季春,上海书局	10卷2册,中国石印本,有图,18行40字,有界,四周双边,14.2×9.4cm,上黑鱼尾		812.36/10
新刻剑啸阁批评东汉演义传		10卷4册,中国木版本,四周单边,14.8×9.6cm,有界,10行31字,小字傍注,上黑鱼尾	外题:东汉演义,版心题:东汉演义评	812.36/11
新刻批评东汉演义	清远道人(清)重编	8卷8册,中国木版本,有图,24cm,有界,四周单边,21.8×14.3cm,11行26字,上黑鱼尾	版心题:东汉演义评,序:岁在旃蒙大渊献竹秋清远道人书,印记:默容室藏书印外2种	812.36/12
楚汉传	隆熙二年戊申(1908)二月十八日誊书	20页,30cm,笔写本,12行26字内外	中韩文混用文本	811.93/75
쵸한젼		1册(85页),木版本,四周单边,匡郭:20.5×17cm,无界,13行20字,上下黑鱼尾	楚汉传	811.36

续表

书名	出版事项	版式状况	一般事项	所藏番号
쵸한연의		1 册（32 页），笔写本，35 × 20.5cm	楚汉演义	811.36
残唐五代史演义传	罗本（明）编辑，李贽（明）批评，友益斋藏板	全12卷6册中一部缺（落卷7，8），中国木版本，有图，四周单边，18.4×10.7cm，9 行 22 字，上黑鱼尾	内题：残唐五代全传，版心题：残唐五代传，叙：长洲周之标题	812.36/51
新刻全像三宝太监西洋记通俗演义	二南里人（明）编次，三山道人（清）绣梓	全20卷20册中一部缺（落卷1，2，4，5，7共5册）有图，四周双边，21.3×13.5cm，12 行 25 字，上黑鱼尾	内书名：西洋记，版心题：出像西洋记	812.36/23
슈양의사（隋杨义史）		1 册（57 页），笔写本，24.5×21cm		811.36
녈국연의（列国演义）		14 册，笔写本，33×21.5cm		811.36 열국연
개벽연의（开辟演义）		4 卷 4 册，笔写本，30×22.5cm		庸斋文库고서 811.98 개벽연
셜인귀젼（薛仁贵传）		5 册，笔写本，29.5×28cm	卷末：셔재을묘팔월샹슌의필셔하노라	811.36

清代

书名	出版事项	版式状况	一般事项	所藏番号
齐省堂增订儒林外史	同治甲戌（1874）十月开雕	16 册 56 回，中国木版本，四周双边，匡郭：12.5×10cm，无界，9 行 18 字，上黑鱼尾	表题：儒林外史，刊记：同治甲戌（1874）十月开雕翻刻必究	고서중 812.36
			表题：儒林外史，序：同治甲戌（1874）惺园退士书，刊记：同治甲戌（1874）十月开雕翻刻必究	李源喆文库

续表

书名	出版事项	版式状况	一般事项	所藏番号
红楼梦影	西湖散人（清）撰，聚珍堂刊	6册24回，中国木版本，四周双边，匡郭：14.5×11cm，无界，10行22字，上黑鱼尾		고서중 812.36
增评加批金玉缘图说	曹雪芹（清）著，蝶芗仙史（清）评订，光绪丙午（1906）菊秋月，上海桐荫轩石印	首卷1册，120卷15册，共16册，中国石印本，有图，20cm	内题：全图增评金玉缘，序：光绪三十二年（1906）九秋既望华阳仙裔识，印记：默容室藏书印	812.36/61
忠烈侠义传	光绪己丑（1889）春月古蕉书屋覆印	20册120回，中国木版本，四周双边，匡郭：13.5×10.5cm，无界，10行22字，上黑鱼尾	刊记：光绪己丑（1889）春月古蕉书屋覆印	고서중 812.38 海观文库
精订纲鉴廿四史通俗演义	吕抚（清）辑，上海文宝书局	6卷6册，中国石印本，有图，20cm，四周双边，17×11.2cm，20行40字，上大黑口，上黑鱼尾	内题：绘图廿四史演义，外题：五彩绘图廿四史演义，序：李之果题，壬寅（1902）季冬裴锡彬并识，光绪二十五年岁次丁亥（1899）孟春之月鹿城张芬敬甫氏撰，印记：默容室藏书印 外2种	812.36/49
廿载繁华梦		1册(第21-30回卷册未详零本)，中国石印本，15cm，16行36字		812.36/50
古本批评三世报		4卷4册，中国石印本，有图，17cm	新镌古本批评三世报，内题：绣像隔帘花影，外题：醒世小说隔帘花影，序：四桥居士谨题	812.36/1
第十才子书白圭志	崔象川（清）辑，江左书林梓行	4卷4册，中国木版本，有图，16cm，左右双边，11×8.1cm，8行16字，上下小黑口，上下单边	内题：第十才子书绣像白圭志，外题：白圭志序：晴川居士题	812.36/56
原本海公大红袍传	李春芳（明）编次，虚舟生（清）镌	4卷4册，中国石印本，有图，21cm，四周单边，18×11.7cm，25行53字	外书名：绣像大红袍全传，序：越湖钓徒	812.36/58

书名	出版事项	版式状况	一般事项	所藏番号
绘图万花楼全传	羊城长庆堂梓行	6卷6册，中国石印本，有图，四周双边，11.3×7.3cm，19行44字，上黑鱼尾	外题：绣像万花楼全传	812.36/13
雪月梅传	陈朗（清）编辑，董孟汾（清）评释，光绪辛丑（1901）上海石印	6册，中国石印本，有图，15cm	内题：儿女浓情传，外题：绘图儿女浓情传，版心题：绘图第一奇书，自序：乾隆乙未（1775）仲春花朝	812.36/30
绣像英雄泪	冷血生（清末民初）著	4卷4册，中国石印本，15cm	叙：冷血生自序	812.36/47
쇼야랴직금회문	刊写地，刊写者，刊写年未详	1册（42页），笔写本，有图，无界，13行20字内外，无鱼尾，34.3×22.2cm	朝鲜本，写记：신축년（?）지월십팔일필셔，回文传	고서(I)811.36 소아란
옥지기（玉支玑）		4卷4册，笔写本，27×19.5cm		811.36 옥지기
인가귀도	John，Griffith 著，Ohlinger，F 译，1911年刊，예수교셔회	1册78页，19.5×12.5cm，13行32字，题名：인가귀도	韩文本，引家当道	000091028440

9. 成均馆大学校

明代

书名	出版事项	版式状况	一般事项	所藏番号
绣像第一才子书	毛宗岗（清）批点，潍县，成文信，清顺治元年（1644）刻，后刷	卷首1册，31卷9册（卷1-131），中国木版本，26×15.7cm，四周单边，半郭：19.9×13.5cm，有界，12行28字，注双行，上黑鱼尾，纸质：竹纸	序：……余序此数言付毛子授剞之日弁简端……顺治岁次甲申（1644）嘉平朔日金人瑞圣叹氏题，刊记：潍县成文信梓	D7C-147

书名	出版事项	版式状况	一般事项	所藏番号
三国志演义	毛宗岗(清)评,翠筠山房,清顺治元年(1644)序,后刷	19 卷 20 册,中国木版本,24.3×16.1cm,四周单边,半郭:20.8×14cm,无界,12 行 26 字,注双行,上黑鱼尾,纸质:竹纸	序:顺治岁次甲申(1644)嘉平朔日金人瑞圣叹氏题,刊记:翠筠山房	D7C-36
	毛宗岗(清)评,扫叶山房,清朝后期刊	19 卷 20 册,中国木版本,24.2×15.5cm,左右双边,半郭:20×14.5cm,12 行 26 字,注双行,上黑鱼尾,纸质:竹纸	序:时顺治岁次甲申(1644)嘉平朔日金人瑞圣叹氏题,刊记:扫叶山房藏板	青冈 D7C-36c
	毛宗岗(清)评,扫叶山房,清朝后期刊	19 卷 20 册,中国木版本,23.6×15.3cm,四周单边,半郭:18.4×12.3cm,无界,12 行 26 字,注双行,上黑鱼尾,纸质:竹纸	序:顺治岁次甲申(1644)嘉平朔日 金人瑞圣叹氏题,刊记:扫叶山房藏板	D7C-36a
	毛宗岗(清)评,京都,文兴堂,清朝后期刊	19 卷 20 册,中国木版本,24.7×15.6cm,四周单边,半郭:18.8×13.6cm,无界,12 行 26 字,注双行,上黑鱼尾,纸质:竹纸	里题:绣像第一才子书,序:顺治岁次甲申(1644)嘉平朔日金人瑞圣叹氏题,刊记:京都,文兴堂藏板	D7C-36b
增像全图三国演义	上海,锦章图书局,清光绪二十九年(1903)刊	16 卷 8 册,中国石印本,20.2×13.4cm,四周双边,半郭:17.3×11.9cm,25 行 54 字,注双行,上黑鱼尾,纸质:竹纸	刊记:光绪癸卯(1903)仲冬上海锦章图书局石印	(曹元锡)D7C-171
精校全图绣像三国志演义	上海,中新书局,清末民初刊	16 卷 16 册,中国新铅活字本,有图,20.2×13.5cm,四周单边,半郭:17.5×11.6cm,有界,15 行 31 字,注双行,上黑鱼尾,纸质:竹纸	刊记:上海中新书局印行	D7C-38
삼국지(三国志)	译者未详,朝鲜朝末期写	13 册,朝鲜笔写本,25.5×20.9cm,12 行 26 字,纸质:楮纸		D7B-78

书名	出版事项	版式状况	一般事项	所藏番号
화용도 (华容道)	译著者未详，龟洞，大韩隆熙元年(1907)刊	2 卷 2 册，木版本，28×20.5cm，四周单边，半郭：21.5×16cm，有界，11 行 20 字，内向黑鱼尾，纸质：楮纸	刊记：丁未(1907)孟夏龟洞新刊	D7B-69
	著者未详，大韩光武五年(1901)书	1 卷 1 册，笔写本，29.5×21cm，10 行字数不定，纸质：楮纸	写记：신축(1901)양월망일필셔……풍졍，丙戌年七月二十四日俞奇浚书	D7B-69a
第五才子书水浒传	施耐庵(明)撰，金圣叹(清)增订，清末刊	75 卷 24 册，中国木版本，有图，16.2×10.8cm，左右双边，半郭：12×8.8cm，无界，10 行 23 字，注双行，上黑鱼尾，纸质：绵纸	里题：绣像第五才子书，版心题：第五才子书，序：雍正甲寅(1734)上伏日勾曲外史书	D7C-62
		75 卷 20 册，中国木版本，16.3×11cm，四周单边，半郭：13.5×9cm，11 行 26 字，注双行，上黑鱼尾，纸质：竹纸	序：时雍正甲寅(1734)上伏日勾曲外史书	D7C-62b
	施耐庵(明)撰，金圣叹(清)增订，纬文堂，清末刊	75 卷 20 册，中国木版本，16×11cm，四周单边，半郭：13.3×9cm，无界，11 行 26 字，上黑鱼尾，纸质：竹纸	序：雍正甲寅(1734)上伏日勾曲外史书，刊记：双门底纬文堂藏板	D7C-62a
评论出像水浒传	施耐庵(明)撰，金圣叹(清)增订，清末刊	20 卷 20 册，中国木版本，有图，23.8×15.7cm，四周单边，半郭：20.5×14cm，无界，11 行 24 字，上黑鱼尾，纸质：竹纸	里题：贯华堂第五才子书，序：时顺治丁酉(1657)冬月桐庵老人书于醉耕堂墨室	D7C-61
		20 卷 20 册，中国木版本，有图，24×16.4cm，四周单边，无界，半郭：21.5×14.3cm，11 行 24 字，注双行，上黑鱼尾，纸质：竹纸	里题：绣像第五才子书，版心题：五才子奇书，序：时顺治丁酉(1657)冬月桐庵老人书于醉耕堂墨室	D7C-61a

续表

书名	出版事项	版式状况	一般事项	所藏番号
绘图增像第五才子书水浒全书	施耐庵(明)著,金圣叹(清)评释,上海书局,清宣统三年(1911)刊	不分卷8册,中国石印本,20.2×13cm,四周单边,半郭:17.5×11.7cm,24行50字,注双行,头注,上黑鱼尾,纸质:竹纸	表题:绘图增像五才子书,版心题:绘图第五才子书,序:雍正甲寅(1734)上伏日勾曲外史,刊记:宣统三年(1911)仲春上海书局石印	(曹元锡)D7C-64a
	施耐庵(明)著,金圣叹(清)评释,清末民初刊	不分卷11册(第1册缺),中国新铅活字字本,有图,19.7×13cm,四周双边,半郭:15.6×10.8cm,有界,17行33字,注双行,上黑鱼尾,纸质:竹纸		D7C-64
		不分卷2册,中国石印本,19.7×12.7cm,四周双边,半郭:15.9×10.9cm,有界,17行32字,注双行,上黑鱼尾,纸质:绵纸	备考:初回,第1-7回	D7C-64b
绘图荡寇志演义	俞万春(清)著,上海天宝书局,清末民初刊	不分卷8册,中国石印本,20×13.2cm,四周双边,半郭:18.3×11.8cm,29行65字,注双行,上黑鱼尾,纸质:竹纸	书名系据里题确定,刊记:上海天宝书局印行	(曹元锡)D7C-186
西游真诠	陈士斌(清)诠解,翠筠山房,清康熙三十五年(1696)序,后刷	100回20册,中国木版本,有图,24×16.2cm,四周单边,半郭:20.6×14cm,无界,11行24字,上黑鱼尾,纸质:竹纸	里题:绣像西游真诠,序:康熙丙子(1696)中秋西堂老人尤侗撰,刊记:翠筠山房藏本,备考:里题纸云丘长春真人(丘处机)为此书作者	D7C-41
	陈士斌(清)诠解,上海,扫叶山房,清咸丰二年(1852)刊	20卷20册,中国木版本,有图,15.6×11.2cm,四周单边,半郭:11.9×9.5cm,无界,10行24字,上黑鱼尾,纸质:竹纸	序:康熙丙子(1696)中秋西堂老人尤侗撰,刊记:咸丰二年(1852)新刊,上海扫叶山房 竹西琅嬛书室藏板	D7C-41a

书名	出版事项	版式状况	一般事项	所藏番号
西游真诠	陈士斌（清）诠解，上海，扫叶山房，清光绪十年（1884）刊	100回20册，中国木版本，23.8×18.1cm，四周单边，半郭：20.7×14cm，无界，11行24字，上黑鱼尾，纸质：竹纸	序：康熙丙子（1696）中秋西堂老人尤侗谨序，刊记：光绪甲申（1884）良月扫叶山房校刻，吴县孙溪逸士槐庐题	D7C-41b
		100回20册，中国木版本，24×15.5cm，四周单边，半郭：20.7×14cm，11行24字，上黑鱼尾，纸质：竹纸	序：康熙丙子（1696）中秋西堂老人尤侗撰序，刊记：光绪甲申（1884）良月扫叶山房校刻	D7C-41d
	陈士斌（清）诠解，清朝末期刻，后刷	100回20册，中国木版本，有图，24×16cm，四周单边，半郭：21×14.3cm，无界，11行24字，上黑鱼尾，纸质：绵纸	里题：悟一子批点西游真诠，序：康熙丙子（1696）中秋西堂老人尤侗撰	D7C-41c
绣像四游全传	吴元泰（明）等著，凌云龙（清）等校，书林致和堂，清道光十年（1830）刻，后刷	12卷8册，中国木版本，有图，22.5×14.5cm，四周单边，半郭：19.3×11.7cm，有界，10行17字，上黑鱼尾，纸质：竹纸	刊记：道光十年（1830）新镌　书林致和堂梓	D7C-52
绣像西游记全传	杨致和（明），赵毓真（清）同校，绣谷锦盛堂，清朝年间刊	4卷2册，中国木版本，22.6×14.4cm，四周单边，半郭：19.2×11.5cm，12行20字，上黑鱼尾，纸质：竹纸	所藏印：绣谷锦盛堂梓	D7C-144
新刻金瓶梅奇书	济水，太素轩，清嘉庆二十一年（1816）刻，后刷	8卷4册，中国木版本，22.3×14.5cm，四周单边，半郭：17.7×11.3cm，无界，15行32字，上黑鱼尾，纸质：竹纸	里题：第一奇书金瓶梅，版心题：金瓶梅，序：时嘉庆岁次丙子（1816）清明上浣秦中觉天者谢颐题于皋鹤书舍，刊记：济水太素轩梓	D7C-9
增图像足本金瓶梅	撰者未详，1900年左右刊，日本东京廿八番地三町目爱田书室印刷所	8卷8册（第1-48回），日本石印本，19.5×13.5cm，四周单边，半郭：16.7×12cm，无界，23行51字，注双行，头注，纸质：和纸	序：康熙岁次乙亥（1695）清明中浣秦中觉天者谢颐题于皋鹤堂，刊记：日本东京廿八番地三町目爱田书室印刷所，备考：一名《金瓶梅》	D7C-8

书名	出版事项	版式状况	一般事项	所藏番号
增图像足本金瓶梅	东京,爱田书室,日大正年间刊	16卷16册,日本石印本,20.2×13cm,四周单边,半郭:16.7×12cm,23行51字,纸质:洋纸	序:康熙岁次乙亥(1755)清明中浣秦中觉天者谢颐题于皋鹤堂,刊记:日本东京廿八番地三町目爱田书室印刷所	(曹元锡)D7C-8a
全像金瓶梅	张竹坡(清)批评,玩花书屋,清末刻　后刷	100回24册,中国木版本,15.8×10.5cm,四周单边,半郭:12.5×9.5cm,无界,11行25字,注双行,上黑鱼尾,纸质:绵纸	里题:第一奇书,序:时康熙岁次乙亥(1695)清明中浣秦中觉天者谢颐题于皋鹤堂,刊记:玩花书屋藏板,注:谢颐序中记录作者为凤洲(王世贞),备考:袖珍本	D7C-7
增评补像全图金玉缘	曹雪芹(清)著,上海书局,清光绪二十四年(1898)刊	15卷16册,中国石印本,有图,20.2×13.4cm,四周双边,半郭:17×11.6cm,无界,22行50字,注双行,上黑鱼尾,纸质:竹纸	表题:增评全图石头记,里题:绣像全图金玉缘,序:光绪十四年(1888)小阳月望日华阳仙裔识,刊记:光绪戊戌(1898)孟夏上海书局石印	D7C-11
增评加批金玉缘图说	曹雪芹(清)著,蝶芗仙史(清)评订,上海,桐荫轩,清光绪三十二年(1906)刊	120卷16册,中国石印本,有图,20×13.2cm,四周单边,半郭:17.5×12.1cm,无界,21行40字,注双行,纸质:绵纸	题签:足本全图金玉缘,序:光绪三十二年(1906)九秋既望华阳仙裔识,刊记:光绪丙午(1906)菊秋月上海桐荫轩石印	D7C-12
	曹雪芹(清)著,蝶芗仙史(清)评订,上海,求志斋,清光绪三十四年(1908)刊	16卷16册,中国石印本,20.2×13.3cm,四周单边,半郭:17.4×11.8cm,22行44字,注双行,上黑鱼尾,纸质:竹纸	表题:全图增评石头记,题签:全图金玉缘,序:光绪三十二年(1906)九秋既望华阳仙裔识,刊记:光绪戊申(1908)七月上海求志斋石印	(曹元锡)D7C-12c
	曹雪芹(清)著,蝶芗仙史(清)评订,清末民初刊	56卷7册(第57-104,113-120回),中国石印本,有图,20×13.3cm,四周单边,半郭:17.5×12cm,无界,20行40字,注双行,纸质:竹纸		D7C-12a

续表

书名	出版事项	版式状况	一般事项	所藏番号
增评加批金玉缘图说	曹雪芹（清）著，蝶芗仙史（清）评订，清末民初刊	16 卷 16 册，中国石印本，20×13.3cm，四周单边，半郭：17.4×12.1cm，无界，27 行 58 字，注双行，头注，上黑鱼尾，纸质：竹纸	题签：全图增评金玉缘，版心题：增评绘图石头记，收藏印：义山，李明世印	D7C-12b
今古奇观	抱瓮老人（明）编，墨憨斋（明）手定，成文信，清光绪二十一年（1895）刊	8 卷 8 册，中国木版本，17×11.5cm，四周单边，半郭：12.7×9cm，有界，12 行 28 字，上黑鱼尾，纸质：竹纸	序：姑苏笑花主人漫题，刊记：光绪二十一年（1895）新刊，烟台成文信梓行	D7C-4
	抱瓮老人（明）编，文英堂，清朝后期刊	40 卷 12 册，中国木版本，25×15.6cm，四周单边，20×13.6cm，无界，11 行 24 字，注双行，上黑鱼尾，纸质：竹纸	序：姑苏笑花主人漫题，刊记：文英堂梓	D7C-4a
绣像今古奇观	抱瓮老人（明）编，墨憨斋（明）批点，清同治二年（1863）刊	10 卷 10 册，中国木版本，有图，17×11.5cm，四周单边，半郭：11.2×9.2cm，有界，13 行 25 字，上黑鱼尾，纸质：竹纸	序：姑苏笑花主人漫题，刊记：同治二年（1863）新刊	D7C-5
绘图古今奇闻	燕山逸史（清）重订，耕余主人（清）校字，清光绪二十年（1894）刊	4 卷 4 册，中国木版本，16.5×11cm，左右双边，半郭：13×9.2cm，有界，12 行 28 字，上黑鱼尾，纸质：竹纸	序：光绪辛卯（1891）中伏虎林醉犀生挥汗书于歇浦读书楼，刊记：光绪甲午（1894）孟冬新刊	D7C-111
	抱瓮老人（明）编，墨憨斋（明）增补，清末民初刊	40 卷 6 册，中国石印本，有图，17×10cm，四周单边，半郭：13.2×8.5cm，无界，22 行 48 字，注双行，上黑鱼尾，纸质：绵纸	书名系据里题确定，序：清河瓯生居士题	D7C-6
	抱瓮老人（明）编，墨憨斋（明）增补，天宝书局精校，清末民初刊	6 卷 6 册，中国石印本，19.7×13.2cm，四周双边，半郭：18.2×11.5cm，无界，27 行 61 字，上黑鱼尾，纸质：竹纸	序：泉唐爱月子题	D7C-6a

书名	出版事项	版式状况	一般事项	所藏番号
今古奇闻	编者未详，己卯(?)写	不分卷 1 册，笔写本，23.4×16cm，9 行 20 字，纸质：楮纸	跋：己卯(?)腊到家过次儿晬礼仍为过岁阅藏书得前日手书以记之白桥翁书	D7C-198
增像全图封神演义	钟惺(明)批评，清末民初刊	不分卷 3 册，中国新铅活字本，19.1×12cm，四周单边，半郭：15.1×9.6cm，17 行 40 字，上黑鱼尾，纸质：绵纸	备考：第 21-30，41-50，81-90 回	D7C-170
绘图封神演义	钟惺(明)批评，上海、艺华书局，清光绪二十三年(1897)刊	10 卷 10 册，中国新铅活字本，有图，17.3×10.4cm，四周单边，半郭：14.6×8.8cm，无界，20 行 38 字，内向黑鱼尾，纸质：绵纸	序：康熙乙亥(1695)午月望后十日长洲褚人获学稼题于四雪草堂，刊记：光绪二十三年(1897)图书集成局印，上海艺华书局发兑，备考：袖珍本	D7C-116
	钟惺(明)批评，天宝书局，清宣统二年(1910)刊	8 卷 8 册，中国石印本，20.3×13.6cm，四周双边，半郭：17.9×12.1cm，25 行 50 字，上黑鱼尾，纸质：竹纸	表题：增像全图封神演义，序：康熙乙亥(1755)午月望后十日长洲褚人获学稼题于四雪草堂，刊记：宣统二年(1910)秋季天宝书局石印	(曹元锡)　D7C-116b
	钟惺(明)批评，上海、简青斋书局，清末民初刊	8 卷 8 册，中国石印本，有图，20.5×13.2cm，四周双边，半郭：18.5×11.6cm，无界，25 行 52 字，注双行，上黑鱼尾，纸质：竹纸	标题：绘图封神演义全传，题签：增像全图封神演义，刊记：上海简青斋书局石印	D7C-116a
新刻钟伯敬先生批评封神演义	钟惺(明)批评，品文堂，清朝末期刻，后刷	19 卷 15 册(卷1-9，11-20)，中国木版本，有图，17.8×11.8cm，四周单边，半郭：14×10.3cm，无界，12 行 29 字，上黑鱼尾，纸质：竹纸	里题：批评封神演义全传，版心题：封神演义全传，序：康熙乙亥(1695)午月望后十日长洲褚人获学稼题于四雪草堂，刊记：品文堂梓	D7C-115

续表

书名	出版事项	版式状况	一般事项	所藏番号
新刻钟伯敬先生批评封神演义	钟惺（明）批评，品文堂，清朝末期刻，后刷	19卷20册（19卷19册，目录1册），中国木版本，24.6×15.9cm，四周单边，半郭：20.4×13.9cm，11行24字，注双行，上黑鱼尾，纸质：竹纸	里题：重镌绘像封神演义，序：康熙乙亥（1695）午月望后十日长洲褚人获学稼题于四雪草堂，刊记：善成堂藏板	（梧斋）D7C-115b
	钟惺（明）批评，清代刊	10册（卷10-19），中国木版本，23.7×15.6cm，四周单边，半郭：20×14.2cm，11行24字，上黑鱼尾，纸质：竹纸	版心题：封神演义	D7C-115a
东周列国志	蔡奡（清）批评，金阊，小西山房，清同治十一年（1872）刻，后刷	23卷24册，中国木版本，有图，15.7×11.1cm，左右双边，半郭：12.9×9cm，无界，12行26字，注双行，上黑鱼尾，纸质：竹纸	标题：绣像东周列国志，刊记：同治壬申（1872）新刊，金阊小西山房梓，备考：袖珍本	D7C-24
	蔡奡（清）评点，上海，江左书林，清光绪十二年（1886）刻，后刷	24卷24册，中国木版本，有图，24×15.2cm，四周双边，半郭：16.4×12cm，无界，13行26字，注双行，上黑鱼尾，纸质：竹纸	版心题：东周列国志序：乾隆壬申（1752）二月七都梦夫蔡元放题于绿净山房，刊记：光绪丙戌（1886）秋月，上海江左书林重校刊	D7C-24a
	蔡奡（清）评点，扫叶山房，清光绪二十二年（1896）刊	27卷8册，中国石印本，有图，19.8×13.4cm，四周双边，半郭：16.1×11.6cm，无界，22行50字，注双行，上黑鱼尾，纸质：绵纸	序：乾隆十有七年（1752）春七都梦夫蔡元放氏题，刊记：光绪丙申（1896）中秋扫叶山房石印	D7C-21
	蔡奡（清）评点，扫叶山房，清光绪二十四年（1898）刊	27卷8册，中国石印本，有图，19.5×13cm，四周双边，半郭：15.9×11.3cm，无界，22行50字，注双行，上黑鱼尾，纸质：绵纸	序：乾隆十有七年（1752）春七都梦夫蔡元放氏题，刊记：光绪戊戌（1898）孟春扫叶山房石印	D7C-21a
	蔡奡（清）评点，上海，章福记书局，清光绪三十一年（1905）刊	8卷8册，中国石印本，20.1×13.5cm，四周双边，半郭：17.4×12.1cm，26行字数不定，注双行，头注，上黑鱼尾，纸质：竹纸	序：乾隆十有七年（1752）春七都梦夫蔡元放氏题，刊记：光绪乙巳（1905）仲春上海章福记书局石印	青冈 D7C-21c

书名	出版事项	版式状况	一般事项	所藏番号
东周列国志	蔡奡(清)评点，上海，锦章图书局，清末民初刊	27卷14册，中国石印本，有图，20.2×13.5cm，四周双边，半郭：17.5×11.5cm，有界，18行40字，注双行，上黑鱼尾，纸质：竹纸	标题：精绘全图东周列国志，序：乾隆十有七年(1752)春七都梦蔡元放氏题，刊记：上海锦章图书局石印	D7C-21b
	蔡奡(清)评点，上海，江左书林，清末刻，后刷	23卷24册，中国木版本，17.6×11.8cm，四周双边，半郭：12.8×10cm，无界，12行27字，注双行，上黑鱼尾，纸质：竹纸	标题：绣像东周列国全志，表题：列国志，序：乾隆十有七年(1752)春月七都梦夫蔡元放题于绿净山房，刊记：江左书林藏板，备考：袖珍本	D7C-24b
东周列国全志		残本8册(卷1-5，7，19-20)		
	蔡奡(清)评点，清朝后期刻，后刷	8册(卷1-5，17，19-20)，中国木版本，24×16.2cm，四周单边，半郭：21×14.4cm，12行26字，注双行，上黑鱼尾，纸质：竹纸	表题：列国志	D7C-24C
	蔡奡(清)评点，清乾隆至道光年间刊	9册(卷4，14-15，17-22)，中国木版本，25.1×15.6cm，四周单边，半郭：22.2×14.8cm，12行26字，注双行，上黑鱼尾，纸质：竹纸	序：乾隆十有七年(1752)春七都梦夫蔡元放氏题，所藏印：青松，沈能岳(1766—?)，维翰	D7C-24d
	蔡奡(清)评点，朝鲜朝末期写	3册(卷13，16，23)，笔写本，24.9×15.8cm，11行25字，注双行，纸质：楮纸	表题：列国志	D7C-24e
绣像东周列国志	蔡奡(清)评点，上海，商务印书馆，清光绪三十年(1904)刊	27卷12册，中国新铅活字本，20.2×13.2cm，四周双边，半郭：17×11.5cm，无界，17行35字，注双行，上黑鱼尾，纸质：竹纸	里题：东周列国志，表题：列国志，序：乾隆壬申(1752)二月七都梦夫蔡元放题于绿净山房，刊记：光绪三十年岁次甲辰(1904)上海商务印书馆铸版，所藏本：骊阳世家，慎庵	D7C-22

书名	出版事项	版式状况	一般事项	所藏番号
绣像全图东周列国志	蔡麑（清）评点，天宝书局，清宣统二年（1910）刊	8卷8册，中国石印本，20.4×13.5cm，四周双边，半郭：17.4×12.1cm，24行48字，头注，上黑鱼尾，纸质：竹纸	表题：增像东周列国志，序：宣统二年（1910）春蛟川林茹录于上海海宁路天宝书局之校勘部，刊记：宣统二年（1910）秋季天宝书局石印	（曹元锡）D7C-145
增像全图东周列国志	蔡麑（清）评点，上海，共和书局，清末民初刊	8卷8册，中国石印本，有图，19.8×13.3cm，四周单边，半郭：17×11.4cm，无界，30行76字，注双行，头注，上黑鱼尾，纸质：竹纸	标题：绘图东周列国志，题签：绘图东周列国志，版心题：绘图东周列国演义，序：乾隆十有七年（1752）春七都梦夫蔡元放氏题，刊记：上海共和书局印行，收藏印：义山，李明世印	D7C-23
绘图增像后列国志万仙斗法	文盛书局，清末民初刊	不分卷4册，中国石印本，19.8×13.2cm，四周双边，半郭：17×11.8cm，25行56字，上黑鱼尾，纸质：竹纸	题签：东周锋剑春秋，版心题：后列国志，刊记：文盛书局发行	（曹元锡）D7C-185
绣像绘图隋唐演义	褚人获（清）增订，上海，进步书局，清末民初刊	8卷8册，中国石印本，有图，20.2×13.5cm，四周双边，半郭：17.9×12cm，无界，27行60字，小黑口，上黑鱼尾，纸质：竹纸	刊记：上海进步书局印行	D7C-59
四雪草堂重订通俗隋唐演义	褚人获（清）重订，上海书局，清光绪三十三年（1907）刊	20卷10册，中国石印本，有图，20.2×13.5cm，四周双边，半郭：17.4×11.9cm，无界，23行50字，上黑鱼尾，纸质：竹纸	标题：绘图改正隋唐演义，版心题：绣像隋唐演义，序：康熙乙亥（1695）冬十月既望长洲褚人获学稼氏题，刊记：光绪丁未（1907）孟秋上海书局石印	D7C-31
		不分卷8册，中国石印本，20.2×13.4cm，四周双边，半郭：18×11.5cm，23行50字，上黑鱼尾，纸质：竹纸	序：康熙乙亥（1755）冬十月既望长洲褚人获学稼氏题，刊记：光绪丁未（1907）孟秋上海书局石印	（曹元锡）D7C-31b

书名	出版事项	版式状况	一般事项	所藏番号
新刻出像玉鼎隋唐演义	罗贯中(明)纂辑,林瀚(明)参订,玉兰堂,清末刻,后刷	12卷12册,中国木版本,有图,22.5×12.6cm,四周单边,半郭17.5×11cm,无界,10行24字,上黑鱼尾,纸质:竹纸	版心题:隋唐演义,序:赐进士出身资政大夫三山林瀚谨撰,刊记:玉兰堂梓行	D7C-71
映旭斋增订北宋三遂平妖全传	罗贯中(明)著,冯犹龙(明)增订,清末刻,后刷	18卷8册,中国木版本,25.7×16.5cm,有图,左右双边,半郭19.7×12.5cm,无界,14行28字,上黑鱼尾,纸质:竹纸	里题:绣像平妖全传,版心题:平妖全传	D7C-80
平妖传	罗贯中(明)著,冯梦龙(明)增订,清朝后期刻,后刷	40回6册,中国木版本,24.3×15.3cm,四周单边,半郭:21×13.3cm,无界,11行25字,上黑鱼尾,纸质:竹纸	书名:表题에 依함,刊记:本衙藏板	D7C-106
绣像东汉演义	钟惺(明)评,上海,广百宋斋,清光绪十八年(1892)刊	10卷2册,中国新活字本,有图,19.3×12.7cm,四周双边,半郭15.8×10.6cm,有界,17行32字,注双行,上黑鱼尾,纸质:绵纸	题签:东汉演义,刊记:光绪壬辰(1892)春月上海广百宋斋校印	D7C-25
	钟惺(明)评,图书集成局,清光绪三十一年(1905)刊	不分卷2册,中国活字本,19.9×13.2cm,四周单边,半郭:16.4×11cm,有界,15行42字,注双行,上黑鱼尾,纸质:竹纸	刊记:光绪乙巳(1905)三月图书集成局印	(曹元锡)D7C-25a
新刻批评东汉演义	钟惺(明)评,清朝后期刊	8卷6册,中国木版本,有图,24.5×16.3cm,四周单边,半郭:21.9×14.2cm,有界,11行26字,注双行,上黑鱼尾,纸质:绵纸	表题:东汉演义,版心题:东汉演义评,序:岁在旃蒙大渊献(乙亥?)竹秋清远道人书,所藏印:默容室藏	D7C-26
新刻剑啸阁批评东汉演义传	钟惺(明)评,清朝后期刊	10卷6册,中国木版本,15.8×11.2cm,四周单边,半郭:11.3×9cm,无界,10行25字,上黑鱼尾,纸质:竹纸	题签:东汉演义,版心题:东汉演义评	D7C-27
		10卷6册,中国木版本,23.9×15.4cm,四周单边,半郭:20.1×13.5cm,无界,10行22字,上黑鱼尾,纸质:竹纸		D7C-27a

续表

书名	出版事项	版式状况	一般事项	所藏番号
绣像西汉演义	钟惺（明）批评，上海，广百宋斋，清光绪十八年（1892）刊	8卷4册，中国新铅活字本，19.3×12.5cm，四周双边，半郭：15.5×10.8cm，有界，17行32字，注双行，上黑鱼尾，纸质：绵纸	刊记：光绪壬辰（1892）春月上海广百宋斋校印	D7C-42
	钟惺（明）批评，图书集成局，清光绪三十一年（1905）刊	不分卷4册，中国活字本，19.9×13.2cm，四周单边，半郭：16.9×11.5cm，有界，16行42字，注双行，上黑鱼尾，纸质：竹纸	刊记：光绪乙巳（1905）三月图书集成局印	（曹元锡）D7C-42a
新刻剑啸阁批评西汉演义传	钟惺（明）批评，善成堂，清壬申（?）刻，后刷	8卷8册，中国木版本，有图，24.5×16.4cm，四周单边，半郭：21.5×13.8cm，无界，11行26字，上黑鱼尾，纸质：绵纸	里题：绣像东西汉全传，版心题：西汉演义评，序：公安袁宏道题，刊记：壬申（?）新镌，善成堂梓行，收藏印：默容室藏	D7C-43
	钟惺（明）批评，渔古山房，清朝末期刻，后刷	8卷8册，中国木版本，23.1×15.8cm，四周单边，半郭：19×13.1cm，无界，10行22字，上黑鱼尾，纸质：绵纸	版心题：西汉演义评，序：公安袁宏道题，刊记：渔古山房藏板	D7C-43b
	钟惺（明）批评，扫叶山房，清朝末期刻，后刷	8卷8册，中国木版本，有图，15.9×11.5cm，四周单边，半郭：11.5×9cm，无界，10行25字，上黑鱼尾，纸质：绵纸	里题：绣像东西两汉全传，版心题：西汉演义评，序：公安袁宏道题，刊记：扫叶山房藏板，备考：袖珍本	D7C-43c
	钟惺（明）批评，清朝末期刻，后刷	8卷8册，中国木版本，有图，24×15.5cm，四周单边，半郭：20×13.3cm，无界，10行22字，上黑鱼尾，纸质：竹纸	里题：西汉演义，版心题：西汉演义评，序：公安袁宏道题	D7C-43a
绘图东西汉演义	锦章图书局编辑，上海，锦章图书局，清末民初刊	6卷6册，中国石印本，有图，20.3×13.3cm，四周双边，半郭：17.9×12.1cm，无界，注双行，上黑鱼尾，纸质：竹纸	序：锦章图书局谨志，刊记：上海锦章图书局石印	D7C-114

续表

书名	出版事项	版式状况	一般事项	所藏番号
汉楚演义	著者未详，辛亥(1911?)写	1册(118页)，笔写本，30×17.5cm，10行字数不定，纸质：楮纸	表纸墨书识记：白猪(辛亥?)之春夏书	D7C-174
셔한연의(西汉演义)	译者未详，朝鲜朝后期至末期写	16卷16册，笔写本，33.8×22cm，10行22字，纸质：楮纸		D7B-20
초한젼(楚汉传)	译著者未详，完南，隆熙元年(1907)刊	2卷1册，朝鲜木版本，25×18.4cm，四周单边，半郭：20.8×16.8cm，13行字数不定，内向黑鱼尾，纸质：楮纸	刊记：丁未(1907)孟夏完南龟石里新刊，备考：韩文小说	D7B-92
残唐五代史演义传	罗贯中(明)编辑，李贽(明)批评，京都，老二酉堂，清光绪十三年(1887)刊	12卷6册，中国木版本，有图，21×11.8cm，四周单边，半郭：16.4×10.9cm，无界，12行28字，上黑鱼尾，纸质：竹纸	里题：绣像五代残唐全传，版心题：残唐五代传，序：长洲周之标君建甫题于仰苏楼，刊记：光绪丁亥年(1887)重刊，京都老二酉堂梓行	D7C-88
新刻按鉴编纂开辟衍绎通俗志传	周游(明)集，王黉(明)释，清道光十年(1830)刊	6卷6册，中国木版本，有图，17.1×11.2cm，四周双边，半郭：12.1×9.1cm，无界，9行18字，注双行，上黑鱼尾，纸质：竹纸	里题：绣像开辟演义，版心题：开辟衍绎，序：崇祯岁在旃蒙大渊献(乙亥，1635)春王正月八日靖竹居王黉子承父书于柳浪轩，刊记：道光十年(1830)新镌	D7C-68
全像五显灵官大帝华光天王传	余象斗(明)编次，锦盛堂，辛未(?)刊	4卷2册，中国木版本，22.6×14.5cm，四周单边，半郭：19.7×11.7cm，10行17字，上黑鱼尾，纸质：竹纸	里题：图像南游华光传，刊记：辛未岁(?)孟冬月书林锦盛堂梓	D7C-129
新刊北方真武玄天上帝出身志传	余象斗(明)编次，大经堂，清刊本	4卷2册，中国木版本，22.6×14.5cm，四周单边，半郭：19.8×11.6cm，10行17字，纸质：竹纸	刊记：书林大经堂梓行	D7C-156

书名	出版事项	版式状况	一般事项	所藏番号
新镌玉茗堂批点按鉴参补杨家将传	王元美(明)撰,清朝末期刊	10 卷 10 册, 中国木版本, 24.5×15.4cm, 四周单边, 半郭: 19.5×13.4cm, 无界, 11 行 20 字, 上黑鱼尾, 纸质: 竹纸	序: 岁万历戊午(1618)中秋日玉茗主人题	D7C-72
绣像南北宋志传	研石山樵(明)订正, 织里畸人(明)校阅, 三让堂, 明万历四十六年(1618)刻, 后刷	20 卷 6 册, 中国木版本, 24.4×15.8cm, 有图, 四周单边, 半郭: 20×13.2cm, 无界, 11 行 20 字, 上黑鱼尾, 纸质: 竹纸	序: 时万历戊午(1618)中秋日玉茗主人题, 序: 织里畸人书于玉茗堂, 刊记: 三让堂梓行, 内容: 一册 1-3, 南宋志传, 一册 4-6, 北宋志传	D7C-49
	研石山樵(明)订正, 织里畸人(明)校阅, 三让堂, 清刊本	20 卷 10 册, 中国木版本, 25.4×15.7cm, 左右双边, 半郭: 20.1×13.2cm, 有界, 12 行 24 字, 注双行, 上黑鱼尾, 纸质: 竹纸	序: 织里畸人书于玉茗堂, 序: 时万历戊午(1618)中秋日玉茗主人题, 刊记: 三让堂梓行	D7C-49a

清代

书名	出版事项	版式状况	一般事项	所藏番号
红楼梦	曹雪芹(清)著, 纬文堂, 清末刊, 后刷	120 回 20 册, 中国木版本, 有图, 16.7×11.1cm, 四周单边, 半郭: 13.2×9.5cm, 无界, 11 行 27 字, 上黑鱼尾, 纸质: 竹纸	里题: 绣像批点红楼梦, 序: 小泉程伟元识, 刊记: 纬文堂藏板, 备考: 袖珍本	D7C-126a
	曹雪芹(清)撰, 清朝末期刻, 后刷	30 回 6 册(第 31-60 回), 中国木版本, 17×10.9cm, 四周单边, 半郭: 11.7×9.7cm, 无界, 11 行 24 字, 小黑口, 纸质: 绵纸	备考: 袖珍本	D7C-126
后红楼梦	逍遥子(清)校, 清朝末期刻, 后刷	32 回 12 册, 中国木版本, 有图, 17.7×11.5cm, 四周单边, 半郭: 13.6×9.4cm, 无界, 9 行 20 字, 上黑鱼尾, 纸质: 竹纸	里题: 全像后红楼梦	D7C-127
	清朝末期刻, 后刷	23 回 18 册(第 4-6, 10-15 回缺), 中国木版本, 17.3×11cm, 四周单边, 半郭: 13.5×9cm, 无界, 9 行 20 字, 上黑鱼尾, 纸质: 绵纸	备考: 袖珍本	D7C-127a

书名	出版事项	版式状况	一般事项	所藏番号
花月痕全书	眠鹤主人(清)编次，栖霞居士(清)评阅，上海，文盛书局，清末民初刊	不分卷4册，中国石印本，20×13.3cm，四周单边，半郭：16.6×11.6cm，22行44字，头注，纸质：竹纸	表题：绣像花月痕全传，序：同治五年(1866)三月二十三日弱水渔郎题词时假馆于古僰道之昭武馆，刊记：上海文盛书局石印	(曹元锡)D7C-178
绘图花月因缘	眠鹤主人(清)编次，栖霞居士(清)评阅，上海，上海书局，清光绪十九年(1893)刊	13卷5册(卷11-13缺)，中国新活字本，有图，16.6×10.1cm，四周双边，半郭：12.2×8.1cm，无界，14行32字，注双行，上黑鱼尾，纸质：竹纸	序：咸丰戊午(1858)重九前一日眠鹤道人撰，刊记：光绪癸巳(1893)夏上海书局印，京都博文斋藏板	D7C-124
新刻天花藏批评玉娇梨	三让堂，清末民初刊	4卷4册，中国木版本，18.7×11.7cm，四周单边，半郭：14.7×10.2cm，无界，12行26字，上黑鱼尾，纸质：竹纸	里题：第三才子书，版心题：第三才子书	D7C-70
青楼梦	慕真山人(清)著，清光绪四年(1878)序	64回8册，中国木版本，17.4×11.7cm，四周双边，半郭：13×9.3cm，无界，11行27字，注双行，内向黑鱼尾，纸质：竹纸	表题：挹香传，序：光绪四年戊寅(1878)古重阳日金湖花隐倚装序于苏台行馆，备考：袖珍本	D7C-103
绘图镜花缘	李汝珍(清)著，上海，点石斋，清光绪十四年(1888)刊	100回12册，中国石印本，有彩色图，19.5×12.5cm，四周单边，半郭：13.5×10cm，无界，16行36字，纸质：绵纸	序：光绪十有四年(1888)春王正月王韬序，刊记：光绪十有四年(1888)仲春月上海点石斋代印	D7C-110
绘图增像镜花缘	李汝珍(清)撰，普新瑞记书局，清光绪三十三年(1907)刊	不分卷6册，中国石印本，20×13.2cm，四周单边，半郭：18×12cm，23行50字，上黑鱼尾，纸质：竹纸	序：光绪十有四年(1888)春王正月王韬序，刊记：光绪丁未(1907)夏月普新瑞记书局石印	(曹元锡)D7C-184
品花宝鉴	陈森书(清)撰，清宣统元年(1909)刊	60回24册，中国木版本，18.7×12.8cm，左右双边，半郭：14.3×10.2cm，有界，8行22字，上黑鱼尾，纸质：竹纸	序：卧云轩老人题，刊记：戊申(1908)十月幻中了幻斋开雕己酉(1909)六月工竣	D7C-107

续表

书名	出版事项	版式状况	一般事项	所藏番号
海上繁华梦新书后集	笑林报馆，清光绪三十二年（1906）刊	8卷8册，中国新铅活字本，有图，24.6×14.3cm，四周单边，半郭：19.4×11.5cm，有界，10行40字，纸质：竹纸	刊记：丙午（1906）仲春刊版发行，笑林报馆刊印	D7C-109
儿女英雄传评话	文康（清）著，清光绪十八年（1892）刻，后刷	19卷16册，中国木版本，有图，17.4×12.2cm，四周单边，半郭：14.2×10cm，无界，10行22字，上黑鱼尾，纸质：竹纸	里题：绘图儿女英雄传，版心题：儿女英雄传，序：光绪戊寅（1878）阳月古辽阆圃马从善偶述，刊记：光绪壬辰（1892）刊	D07C-0075
绘图评点儿女英雄传	还读我书室主人（清）评，上海茂记书庄，清末民初刊	不分卷10册，中国石印本，20.2×13.6cm，四周双边，半郭：17.8×11.9cm，25行56字，注双行，上黑鱼尾，纸质：竹纸	表题：绘图正续儿女英雄全传，版心题：绘图儿女英雄传，序：雍正阏逢摄提格（甲寅1724）上巳后十日观鉴我斋甫拜手谨序，刊记：上海茂记书庄印行	（曹元锡）D7C-187
义侠好逑传	名教中人（清）编次，游方外客（清）批评，萃芳楼，清同治五年（1866）刻，后刷	4卷4册，中国木版本，16.8×11.2cm，四周单边，半郭：11.8×9.3cm，无界，11行22字，上黑鱼尾，纸质：竹纸	标题：第二才子好逑传，版心题：好逑传，刊记：同治五年（1866）秋镌萃芳楼藏板，备考：袖珍本	D7C-87
	名教中人（清）编次，游方外客（清）批评，清朝末期刻，后刷	4卷4册，中国木版本，17.8×11.7cm，四周单边，半郭：14.6×10.1cm，有界，13行25字，上黑鱼尾，纸质：竹纸	里题：好逑传第二才子书，刊记：大文堂藏板，备考：袖珍本	D7C-87a
新刻绿牡丹全传	清无名氏编次，清道光十八年（1838）宗文堂刊行	8卷4册，中国木版本，22.9×13.5cm，四周单边，半郭：17.3×10cm，无界，14行32字，注双行，上黑鱼尾，纸质：竹纸		D07C-0014
绣像绿牡丹全传	清无名氏编次，清道光七年（1827）泰山堂刊行	8卷8册，中国木版本，有图，18.2×12.1cm，四周单边，半郭：16.2×10.3cm，无界，14行32字，上黑鱼尾，纸质：洋纸	版心题：龙潭鲍骆奇书，序：光绪丙申（1896）目野居士书	D07C-0013

书名	出版事项	版式状况	一般事项	所藏番号
新刻天花藏批评平山冷燕	荻岸散人(清)编次，天花才子(清)评点，莞尔堂，清朝后期刊	4卷4册，中国木版本，18×11.5cm，四周单边，半郭：11.7×9.1cm，无界，11行21字，上黑鱼尾，纸质：竹纸	里题：第四才子书，版心题：第四才子，刊记：莞尔堂藏板	D7C-104
	荻岸散人(清)编次，天花居士(清)批点，玉尺堂，清朝后期刊	4卷4册，中国木版本，17.6×10.9cm，四周单边，半郭：12.2×9.1cm，无界，11行21字，上黑鱼尾，纸质：绵纸	里题：平山冷燕，版心题：第四才子，刊记：玉尺堂藏	D7C-104a
天花藏批评平山冷燕续才子书	荻岸散人(清)编次，天花藏主人(清)批评，清刊本	20卷10册，中国木版本，21.9×12.8cm，四周单边，半郭：17.5×11cm，无界，8行20字，上黑鱼尾，纸质：竹纸	里题：天花藏第四才子书，序：天花藏主人题，刊记：书林藏板	D7C-105
龙图公案	两余堂，清朝后期刊	8卷4册，中国木版本，有图，27.9×14.9cm，四周单边，半郭：19.9×13cm，无界，12行26字，上黑鱼尾，纸质：竹纸	里题：绣像龙图公案，刊记：两余堂藏板	D7C-84
绘图包龙图判断奇冤	清末民初刊	4卷4册(卷2-3，4，6)，中国石印本，10.7×6.8cm，四周双边，半郭：9.6×5.7cm，13行30字，上黑鱼尾，纸质：绵纸	备考：袖珍本	D7C-188
大字足本绣像施公案全集	上海，大成书局，清末民初刊	26卷10册(前传8卷，后传6卷，三传4卷，四传4卷，五续4卷)，中国石印本，有图，20.1×13.8cm，四周单边，半郭：17.9×11.9cm，无界，20行45字，纸质：竹纸	刊记：上海大成书局发行，备考：6传4卷，7传4卷，8传4卷，9传4卷，续4卷缺	D7C-18
绣像评演前后济公传	锦章图书局，清末民初刊	不分卷8册，中国石印本，20.3×13.2cm，四周双边，半郭：18.2×12.2cm，28行62字，上黑鱼尾，纸质：竹纸	刊记：锦章图书局印行	(曹元锡)D7C-148

书名	出版事项	版式状况	一般事项	所藏番号
绘图说唐演义全传	天宝书局，清末民初刊	不分卷6册，中国石印本，20.4×13.4cm，四周双边，半郭：17.9×11.9cm，25行26字，上黑鱼尾，纸质：竹纸	刊记：天宝书局石印	（曹元锡）D7C-180
增异说唐秘本全传	鸳湖渔叟（清）编，江左书林，清光绪十五年（1889）刻，后刷	10卷10册，中国木版本，有图，15.9×11.1cm，四周单边，半郭：11.1×9cm，无界，12行21字，上黑鱼尾，纸质：竹纸	里题：绣像说唐全传，版心题：说唐全传，序：鸳湖渔叟书，刊记：光绪己丑（1889）夏月江左书林刊行，备考：袖珍本	D7C-98
增异说唐秘本后传	江左书林，清光绪十五年（1889）刊	11卷10册，中国木版本，有图，16×11cm，四周单边，半郭：11.4×9.1cm，无界，12行21字，上黑鱼尾，纸质：绵纸	书名：绣像后唐全传，版心题：说唐后传，序：乾隆元岁（1736）蒲月望日如莲居士题于北山居中，刊记：光绪己丑（1889）夏月江左书林刊行	D7C-99
新增精忠演义说本岳王全传	钱彩（清）编次，金丰（清）增订，英德堂，清朝末期刊	20卷11册，中国木版本，18.1×11.5cm，四周单边，半郭：13.5×10.5cm，无界，14行24字，上黑鱼尾，纸质：竹纸	序：甲子(1744?)孟春上浣永福金丰识于余庆堂，刊记：英德堂梓	D7C-73
绣像绘图七侠五义传	俞樾（清）撰，上海，进步书局，清末民初刊	6卷4册（第1-100回），中国石印本，20.1×13.5cm，四周双边，半郭：18.2×12cm，27行60字，上黑鱼尾，纸质：竹纸	刊记：上海进步书局印行，备考：第1-124回缺	（曹元锡）D7C-152
绣像绘图小五义传	石玉昆（清）撰，上海，进步书局，清末民初刊	6卷4册（第1-124回），中国石印本，20.1×13.5cm，四周双边，半郭：18.2×12cm，27行60字，上黑鱼尾，纸质：竹纸	刊记：上海进步书局印行	（曹元锡）D7C-150
绣像绘图续小五义传	石玉昆（清）撰，上海，进步书局，清末民初刊	6卷4册（第1-124回），中国石印本，20.1×13.5cm，四周双边，半郭：18.2×12cm，27行60字，上黑鱼尾，纸质：竹纸	刊记：上海进步书局印行，备考：第1-124回缺	（曹元锡）D7C-151

续表

书名	出版事项	版式状况	一般事项	所藏番号
绘图永庆升平前传	上海，锦章图书局，清光绪十七年(1891)刊	不分卷8册，中国石印本，20.4×13.3cm，四周双边，半郭：18.4×11.9cm，30行64字，上黑鱼尾，纸质：竹纸	序：……是以刊刻成卷以供同好云尔光绪辛卯(1891)孟夏洗心山人识，刊记：上海锦章图书局印行	(曹元锡)D7C-181
野叟曝言	夏敬渠(清)撰，清光绪八年(1882)序	20卷20册(第1-154回)，中国石印本，14.2×9.2cm，四周双边，半郭：12.7×8.7cm，22行35字，上黑鱼尾，纸质：竹纸	序：爰出全书以付余友达诸海上之刊是书者……光绪八年岁次壬午(1882)九月西岷山樵识	D7C-159
绣像万年清奇才新传	清朝末期刊	8卷4册，中国木版本，16.5×11cm，四周单边，半郭：13×9.1cm，无界，10行21字，上黑鱼尾，纸质：竹纸	里题：绣像万年清奇才新传，备考：袖珍本	D7C-50
绿野仙踪全传	李百川(清)著，京都，务本堂，清道光二十七年(1847)刻，后刷	80回20册，中国木版本，19×12cm，有图，左右双边，半郭：14.4×9.8cm，有界，9行21字，上黑鱼尾，纸质：竹纸	里题：绣像绿野仙踪全传，版心题：绿野仙踪，序：乾隆三十六年(1771)洞庭定超(侯定超)拜书，刊记：道光丁未(1847)新镌，京都务本堂梓	D7C-15
新刻三合明珠宝剑全传	三让堂，清光绪五年(1879)刊	6卷4册，中国木版本，有图，17.3×11cm，四周单边，半郭：12.1×9cm，无界，10行22字，上黑鱼尾，纸质：竹纸	里题：绣像第十才子书，版心题：三合剑，刊记：光绪己卯(1879)新镌，三让堂梓	D7C-65
新刻绣像粉妆楼全传	罗贯中(明)著，扫叶山房，清光绪九年(1883)刊	12卷10册，中国木版本，有图，15.7×11.1cm，四周单边，半郭：11.9×10cm，无界，12行22字注双行，上黑鱼尾，纸质：竹纸	表题：绣像粉妆楼，版心题：粉妆楼传，序：道光壬辰(1832)孟春竹溪山人识，刊记：光绪癸未(1883)夏初扫叶山房梓行，备考：袖珍本	D7C-66
海上繁华梦新书后集	笑林报馆，清光绪三十二年(1906)刊	8卷8册，中国新铅活字本，24.6×14.3cm，四周单边，半郭：19.4×11.5cm，有界，10行40字，上黑鱼尾，纸质：竹纸	刊记：丙午(1906)仲春刊版发行，笑林报馆刊印	D7C-109

续表

书名	出版事项	版式状况	一般事项	所藏番号
第八才子书白圭志	崔象川（清）辑，盛德堂，清朝后期刊	4卷4册，中国木版本，有图，15.9×9.9cm，四周单边，半郭：12×76cm，无界，8行16字，小黑口，纸质：竹纸	里题：绣像第八才子书，版心题：白圭志，刊记：盛德堂梓	DˉC-93
第十才子书	吴航野客（清）编次，水箬散人（清）评阅，清嘉庆十六年（1811）序	6卷4册，中国木版本，14.7×10cm，四周单边，半郭：10.9×7.15cm，无界，上黑鱼尾，纸质：竹纸	序：时嘉庆辛未（1811）菊月下浣水箬散人书于琬香斋，注：一名《双美缘》	D7C-95
第九才子书平鬼传	樵云山人（清）编次，五云楼，清末民初刊	4卷2册，中国木版本，有图，17.4×11.2cm，四周单边，半郭：12.4×9cm，无界，10行20字，上黑鱼尾，纸质：竹纸	里题：第九才子书，原序：康熙庚子岁（1720）仲冬上浣上元黄越际飞氏书于京邸之大椿堂，刊记：五云楼梓，备考：袖珍本	D7C-94
争春园全传	清光绪十五年（1889）刊	6卷6册，中国木版本，20×11.7cm，四周单边，半郭：16.8×10cm，无界，11行25字，上黑鱼尾，纸质：竹纸	里题：绣像争春园全传，序：光绪十五年岁次己丑（1889）仲春月重刊，旧刊记：道光丙午（1846）镌	D7C-89
西湖佳话古今遗迹	墨浪子（清）搜辑，刊写地，刊写者未详，清朝后期刊	16卷4册，中国木版本，左右双边，半郭：13.1×8.9cm，无界，10行22字，上黑鱼尾，11×6.3cm，纸质：竹纸		B16FC-0001
足本大字绣像七剑十三侠初集	唐芸洲（清）编次，上海，广益书局，清末民初刊	12卷12册，中国石印本，20.2×13.3cm，有图，四周单边，半郭：17×11cm，无界，18行40字，上黑鱼尾，纸质：竹纸	刊记：上海广益书局发行	D7C-56
新刻升仙传演义	成文信，清光绪十八年（1892）刊	8卷8册，中国木版本，有图，15.5×11cm，四周单边，半郭：11.5×8.9cm，有界，10行24字，上黑鱼尾，纸质：竹纸	里题：绣像升仙传演义，题签：绣像升仙传，版心题：升仙传，序：倚云氏主人书于宝月堂，刊记：光绪壬辰（1892）春刊，成文信藏板	D7C-67

书名	出版事项	版式状况	一般事项	所藏番号
新刻异说南唐演义全传	如莲居士(清)编次，清末刻，后刷	10卷10册，中国木版本，17.9×10cm，有图，四周单边，半郭：21.5×14.3cm，无界，11行28字，上黑鱼尾，纸质：绵纸	版心题：南唐演义全传，序：如莲居士题	D7C-69

10. 庆熙大学校

明代

书名	出版事项	版式状况	一般事项	所藏番号
四大奇书第一种	毛宗岗(清)评，刊写地，刊写者，刊写年未详	10卷10册，29cm，四周单边，半郭：21×14cm，无界，12行26字，注双行，上下向黑鱼尾		812.3-모75ㅅ
		目录1册，本册50卷15册，中国木版本，25cm，四周单边，半郭：20×13.5cm，无界，12行28字，注双行，上下向黑鱼尾	版心题：第一才子书，表题纸：绣像第一才子书	812.3-모75ㅅㄴ
		10册(全19卷19册)，23.5cm，上下单边，左右双边，半郭：20×14cm，无界，12行26字，注双行，上下向黑鱼尾	版心题：第一才子书	812.3-모75ㅅㄷ
		2册(缺帙，册1-2)，28cm，上下单边，左右双边，半郭：20×14cm，无界，12行26字，注双行，上下向黑鱼尾	版心题：第一才子书	812.3-모75ㅅㄹ
四大奇书第一种三国志	毛宗岗(清)评，刊写地，刊写者，刊写年未详	19卷20册，26cm，四周单边，半郭：21×14.5cm，无界，12行26字，注双行，上下向黑鱼尾		812.3-모75ㅅㄱ
四大奇书第一才子书	刊写地，刊写者，刊写年未详	18卷5册(缺帙，册10-14)，木活字本，25.2×16.2cm，四周单边，半郭：22×14cm，无界，12行26字，上下向黑鱼尾		821.9-사23

续表

书名	出版事项	版式状况	一般事项	所藏番号
第一才子书	毛宗岗（清）评，锦章图书局，刊写年未详	60 卷 20 册（卷 1-60），中国石印本，有图，20.5cm，四周双边，半郭：17×11.4cm，无界，26 行 32 字，注小字双行，上下向黑鱼尾	增像全图三国演义	812.3-모 75 ㅈ
绣像后三国志演义	上海，锦章图书局，乙亥（1875）刊	10 卷 8 册（卷 1-10），中国石印本，有图，20.5cm，四周双边，半郭：17.5×12cm，无界，28 行 58 字，上下向黑鱼尾	内容：册 1-6(6 卷 6 册) 东晋，册 7-8(4 卷 2 册) 西晋	812.33-亭 52
增像绘图三国演义	罗贯中（明）著，上海，锦章图书局，刊写年未详	28 卷 7 册（卷 11-28），有图，20.1×13.4cm，四周双边，半郭：17.2×11.8cm，无界，行字数不定，上下向黑鱼尾		812.31-나 15 人
	毛宗岗（清）评，上海，同文书局，刊写年未详	60 卷 16 册（卷 1-60），有图，20.5cm，四周单边，半郭：17×11.8cm，无界，15 行 30 字，注双行，上下向黑鱼尾	版心题：第一才子书	812.3-모 75 人 ㅈ
三国志	罗贯中（明）著，贯华堂，刊写年未详	20 卷 20 册，有图，29.2×19.3cm，四周单边，半郭：22.3×14.5cm，无界，12 行字数不定，上下向黑鱼尾		812.31-나 15 人 ㄱ
评论出像水浒传	施耐庵（明）著，金圣叹（清）订正，刊写地，刊写者，刊写年未详	20 卷 20 册（卷 1-20），中国木版本，有图，24.3×16.8cm，四周单边，半郭：21.2×14.2cm，无界，11 行 24 字，上下向黑鱼尾，纸质：竹纸	版心题：五才子奇书，表题：水浒传	812.33-시 193 人，812.3-시 193 ㅍ
	施耐庵（明）著，刊写地，刊写者，刊写年未详	20 卷 20 册（卷 1-20），中国木版本，23.8×15.3cm，四周单边，半郭：21×14cm，无界，11 行 24 字，上下向黑，无鱼尾	水浒传	812.33-시 193 人，812.3-시 193 ㅍ

续表

书名	出版事项	版式状况	一般事项	所藏番号
第五才子书水浒传	施耐庵(明)著,刊写地,刊写者,刊写年未详	75卷19册(卷1-75),中国木版本,16.5×10.8cm,四周单边,半郭:13.5×9.3cm,无界,11行27字,上下向黑鱼尾	水浒志	812.08-시 193人
绘图增像第五才子书水浒全传	金圣叹(清)评释,刊写地,刊写者,刊写年未详	6册(缺帙,35-70回),中国石印本,有图,20cm,无界,行字数不定,无鱼尾	绣像全图五才子奇书	812.33-김 54人ㄱ
绘图荡寇志演义	俞万春(清)著,上海,天宝书局,同治辛未(1871)刊	8卷8册(卷1-8),有图,20.2×13.2cm,四周双边,半郭:17.8×11.8cm,无界,行字数不定,上下向黑鱼尾		812.3-유 32ㄷ
绘图加批西游记	吴承恩(明)著,刊写者,刊写年未详	7卷7册(缺帙,册2-8),有图,20.3×13.5cm,四周单边,半郭:17.5×11.3cm,无界,行字数不定,上下向黑鱼尾	中韩文混用	812.31-오 57人
增像全图加批西游记	上海,锦章图书局,1909刊	8卷8册(卷1-8),中国石印本,有图,20.4×13.2cm,四周单边,半郭:17.3×11.7cm,无界,31行76字,上下向黑鱼尾,纸质:洋纸	表题:改良绘图加批西游记,刊记:宣统元年(1909)上海锦章图书局石印,序:康熙丙子(1696)中秋西堂老人序	812.31-오 57人ㄱ
西游真诠	陈士斌(清)诠解,致和堂,康熙三十五年(1696)刊	51册(缺帙,册50-100),23.5×15.6cm,四周单边,半郭:20.8×14.1cm,无界,11行24字,上下向黑鱼尾		812.308-진 52人
西游真诠,绣像西游记	扫叶山房,1884年刊	49卷10册(卷1-49),有图,23.2×15.5cm,四周双边,半郭:17.5×13.5cm,无界,8行13字,上下向黑鱼尾		812.3-오 94ㄱ
第一奇书	刊写地,刊写者,刊写年未详	22册(册1-22),23.6×15.1cm,四周单边,半郭:18.9×13cm,无界,10行22字,无鱼尾	第一奇书:金瓶梅	812.33 제 68ㄱ

书名	出版事项	版式状况	一般事项	所藏番号
绘图今古奇观	抱瓮老人（明）选辑，上海，普新瑞记书局，宣统二年（1910）刊	2 卷 2 册（卷 1-2），有图，20×12.8cm，四周单边，半郭：17.5×11.6cm，无界，行字数不定，无鱼尾		812.3-포 65 ㄱ
改良绘图今古奇观	抱瓮老人（明）选辑，上海，普新瑞记书局，宣统二年（1910）刊	2 卷 6 册，有图，20×13.3cm，四周单边，半郭：17.5×11.6cm，无界，行字数不定，无鱼尾		812.33-포 65 ㄱ
绘图封神演义	许仲琳（明）编次，上海，简青斋书局，刊写年未详	8 卷 8 册（卷 1-8，99 回），中国石印本，有图，20.2×13.4cm，无界，行字数不定，无鱼尾	表题：绘图封神演义全传，增像全图封神演义	812.33-허 76 ㅂㄱ
	许仲琳（明）编次，上海，天宝书局，刊写年未详	8 卷 8 册（卷 1-8），有图，20×13.4cm，四周单边，半郭：18×12cm，无界，行字数不定，上下向黑鱼尾		812.33-허 76 ㅂㅈ
东周列国志	蔡奡（清）评点，上海，江左书林，光绪丙戌（1886）刊	11 卷 12 册（卷 1-11），有图，23.7×15.2cm，四周双边，半郭：17.8×12.7cm，无界，13 行 26 字，上下向黑鱼尾		812.3-채 57 ㄷ
东周列国全志	蔡奡（清）评点，上海，江左书林，光绪十二年（1886）刊	目录 1 册，23 卷 23 册，共 24 册，中国木版本，有图，23.4×14.9cm，四周双边，半郭：18.1×12.7cm，无界，13 行 26 字，注双行，上下向黑鱼尾	版心题：东周列国志，表题：列国志，标题：绣像东周列国志，刊记：光绪丙戌（1886）秋月上海江左书林重校刊 手书刻序：乾隆壬申（1752）二月七都梦夫蔡元放题	812.3-동 76
	冯梦龙（明）著，蔡奡（清）评点，上海，天宝书局，刊写年未详	14 卷 6 册（全 27 卷），有图，20.2cm，无界，行字数不定，无鱼尾	表题纸名：绘图东周列国志，定本大字绣像全图东周列国志	812.33-풍 35 ㄷ

续表

书名	出版事项	版式状况	一般事项	所藏番号
东周列国全志	蔡元放（清）评点，刊写地，刊写者，刊写年未详	12 册（缺帙），中国木版本，有图，23.7×15.3cm，四周双边，半郭：17.8×12.7cm，无界，13 行 26 字，上下向黑鱼尾	版心题：东周列国志，列国志	812.3-동 76 ㄱ
	刊写地，刊写者，刊写年未详	6 册（缺帙），中国木版本，有图，23.7×15.6cm，四周双边，半郭：20.1×13.9cm，无界，12 行 26 字，注双行，上下向黑鱼尾	版心题：东周列国志，列国志	812.3-동 76 ㄴ
增像全图东周列国志	冯梦龙（明）著，蔡翥（清）评点，上海，广益书局，光绪乙巳（1905）刊	27 卷 8 册（卷 1-27），中国石印本，有图，19.8cm，无界，行字数不定，无鱼尾	绘图东周列国志，刊记：光绪乙巳（1905）春月广益书局石印	812.33-풍 35 ㅈ ㄱ
	蔡元放（清）评点，刊写者，刊写年未详	18 卷 5 册（全 27 卷 8 册，卷 7-20，24-27），有图，19.9×12.9cm，四周单边，半郭：16.3×11cm，无界，行字数不定，上内向黑鱼尾		812.33-채 66 ㅈ
足本大字绣像全图东周列国志	蔡元放（清）评点，上海，天宝书局，刊写年未详	13 卷 6 册（缺帙），有图，20.2×13.4cm，四周单边，半郭：16.9×11.7cm，无界，行字数不定，注双行，上下向黑鱼尾	版心题：绘图东周列国志	812.33-채 66 ㄷ
绘图隋唐演义	罗贯中（明）撰，上海，广益书局，刊写年未详	8 卷 1 册（卷 1-8），有图，20×13cm，四周双边，半郭：17.7×11.5cm，无界，行字数不定，上下向黑鱼尾		812.3-나 15 ㄱ
	罗贯中（明）撰，上海，锦章图书局，刊写年未详	8 卷 1 册（卷 1-8），有图，20.5×13.3cm，四周双边，半郭：18×12cm，无界，行字数不定，上下向黑鱼尾		812.3-나 15 ㅅ
绣像绘图隋唐演义	罗贯中（明）撰，上海，广益书局，刊写年未详	8 卷 8 册（卷 1-8），中国石印本，19.6×13.1cm		812.3-나 15 ㅅ ㄴ

书名	出版事项	版式状况	一般事项	所藏番号
批评隋唐演义	刊写者，刊写年未详	2 卷 1 册（卷 1-2），23×15.4cm，四周单边，半郭：20×12.8cm，无界，13 行 30 字，上下向黑鱼尾		811.9-비 894 ㄱ
新刻剑啸阁批评西汉演义传	钟惺（明）批评，刊写地，刊写者，刊写年未详	8 卷 8 册（卷 1-8），中国木版本，有图，16.4×11cm，四周单边，半郭：12×9.2cm，无界，10 行 25 字，上下向黑鱼尾	版心题：西汉演义评，西汉演义	812.3-중 54 ㄱ
绣像西汉演义	上海，广百宋斋，光绪壬辰（1892）刊	8 卷 4 册（卷 1-8），有图，20×12.7cm，四周双边，半郭：15.5×10.8cm，有界，17 行 32 字，上下向黑鱼尾		812.3-서 92 ㅂ
	上海，著易堂书局，刊写年未详	8 卷 4 册（卷 1-8），有图，19.5cm，四周双边，半郭：15×10.5cm，有界，18 行 40 字，上下向黑鱼尾		812.33-서 92
新刻批评东汉演义	钟伯敬（明）批评，刊写者，刊写年未详	8 卷 6 册（卷 1-8），中国木版本，有图，23.4×15.5cm，四周单边，半郭：21×14cm，有界，11 行 26 字，注双行，上黑鱼尾	版心题：东汉演义评，表题：东汉记，序：乙亥（1875）清远道人 纸质	812.3-동 92
绣像东汉演义	上海，广百宋斋，光绪壬辰（1892）刊	10 卷 2 册（卷 1-10），有图，20cm，四周双边，半郭：16×11cm，有界，17 行 32 字，上下向黑鱼尾		812.3-동 92 ㄱ
增像全图东汉演义	刊写地，刊写者，刊写年未详	4 卷 1 册（卷 1-4），有图，20.6×13.4cm，四周双边，半郭：17.4×11.6cm，无界，行字数不定，上下向黑鱼尾		812.33-동 92
新刻剑啸阁批评东西汉演义	刊写地，刊写者未详，大韩光武五年（1901）刊	9 卷（全 10 卷 6 册），23.3×15.4cm，四周单边，半郭：19.8×13.5cm，无界，10 行 22 字，上下向黑鱼尾		811.3-동 54

续表

书名	出版事项	版式状况	一般事项	所藏番号
绘图东西汉演义	上海，锦章图书局，刊写年未详	6卷6册(卷1-6)，有图，四周双边，半郭：18×12cm，无界，29行字数不定，上下向黑鱼尾	内容：册1-4东汉演义(4卷)，册5-6西汉演义(2卷)	812.33-동 54

清代

书名	出版事项	版式状况	一般事项	所藏番号
红楼梦	曹雪芹(清)著，刊写地，刊写者，刊写年未详	16册(缺帙，册2-9，11-18)，17.8×11.5cm，四周单边，半郭：12.6×9.6cm，无界，11行27字，上下向黑鱼尾		812.31-홍 296
增评加批金玉缘图说	上海，锦章图书局，刊写年未详	120卷13册(卷1-120)，中国石印本，有图，无界，行字数不定，无鱼尾	绘图石头记	812.31-금 65
绘图施公案	刊写者，刊写年未详	全集4卷2册，6集4卷2册，7集4卷2册，8集4卷2册，共16卷8册，20.5cm，四周双边，半郭：17×12cm，无界，24行48字，上下向黑鱼尾	册1-2，全集4卷2册，册3-4，6集4卷2册，册5-6，7集4卷2册，册7-8，8集4卷2册	823-시 15
增订绘图精忠说岳全传	钱彩(清)著，上海，锦章图书局，刊写年未详	8卷8册(卷1-8)，有图，20.4×13.3cm，四周双边，半郭：17.3×11.4cm，无界，行字数不定，上下向黑鱼尾	精忠说岳演义	812.3-전 83 ㅈ
	刊写地，刊写者，刊写年未详	1册(缺帙，册8)，中国石印本，20.3×13.3cm，四周双边，半郭：17.8×11.8cm，无界，32行76字，上下向黑鱼尾		812.8-정 86
绣像孙庞演义七国志	上海，文元书庄，1909年刊	4卷4册(卷1-4)，有图，四周双边，半郭：18×12cm，无界，22行43字，上下向黑鱼尾		812.3-수 76

续表

书名	出版事项	版式状况	一般事项	所藏番号
说唐演义	如莲居士（清）编次，三让堂，刊写年未详	18 册，中国木版本，有图，四周单边，半郭：17.5×10.9cm，有界，11 行 25 字，上下向黑鱼尾	三让堂梓，内容：册 1-10，说唐前传，册 11-12，说唐小英雄传，册 13-18，说唐薛家府传	812.3-어 64 ㅅ
新评龙图神断公案	刊写地，刊写者未详，嘉庆十四年（1809）刊	10 卷 6 册，中国木版本，上下单边，左右双边，半郭：12.8×9.5cm，无界，11 行 24 字，上下向黑鱼尾	表题：绣像龙图公案，龙图公案	294-신 894
醒世小说国事悲英雄泪	冷血生（清末民初）著，上海，校经山房，刊写年未详	7 卷 7 册，中国石印本，有图，四周单边，半郭：13×8cm，无界，18 行 44 字，无鱼尾	内容：册 1-3，国事悲（3 卷），册 4-7，英雄泪（4 卷）	812.3-녕 94 ㄱ

11. 汉阳大学校

明代

书名	出版事项	版式状况	一般事项	所藏番号
四大奇书第一种	罗贯中（明）撰，毛宗岗（清）评，宏道堂，刊写年未详	3 卷 1 册（全 51 卷 20 册），中国木版本，有图，23.3×15.6cm，四周单边，半郭：21.3×13.2cm，无界，12 行 28 字，注双行，上内向黑鱼尾	表纸书名：三国志，版心书名：第一才子，序：顺治岁次甲申（1644）……金圣叹，刊记：金圣叹先生原本毛声山先生评定绣像第一才子书宏道堂藏板	812.35-나 2412 ㅅ-귕 1-20
	罗贯中（明）撰，毛宗岗（清）评，贯华堂，刊写年未详	全 19 卷 20 册（卷 1-19），中国木版本，有图，26.7×18.3cm，四周单边，半郭：20.5×14.2cm，无界，12 行 26 字，注双行，上内向二叶花纹鱼尾	表纸书名：三国志，版心书名：第一才子书，序：顺治甲申（1644）……金圣叹，内容：序文—读法—凡例—总目—图像，刊记：圣叹原评毛声山先生批点贯华堂第一才子书	812.35-나 2412 ㅅ-관（1-20）

续表

书名	出版事项	版式状况	一般事项	所藏番号
四大奇书第一种	罗贯中（明）撰，毛宗岗（清）评，扫叶山房藏板，刊写年未详	全19卷20册（卷1-19），中国木版本，有图，24×15.5cm，四周单边，半郭：19.8×13.8cm，无界，12行26字，注双行，上内向黑鱼尾	表纸书名：三国志，版心书名：第一才子书，序：顺治甲申（1644）……金圣叹，刊记：圣叹外书毛声山先生评点三国志第一才子书扫叶山房藏板	812.35-나2412 ㅅ-소 1，3，5，6，7，10，13，14，15，17，18，19，20
	罗贯中（明）原著，毛宗岗（清）评，刊写地，刊写者，刊写年未详	1册(卷10，11，15)，中国石印本，24×15.5cm，左右双边，半郭：19.8×13.8cm，无界，12行26字，注双行，上内向黑鱼尾	版心书名：第一才子书	812.35-나2412 ㅅ ㄱ-v.10- v.11，v.15
第一才子书	罗贯中（明）撰，毛宗岗（清）评	全60卷24册（卷首，卷1-60），有图，中国木版本，17.9×12cm，左右双边，半郭：14×9.2cm，无界，10行24字，上内向黑鱼尾	里表纸书名：增像三国志演义，表纸书名：三国志，序：顺治岁次甲申（1644）嘉平朔日金人瑞圣叹氏题，重刊序：咸丰三年（1853）孟夏勾吴清溪居士书，刊记：癸丑（1853）仲夏 常熟顾氏小石山房刊，江左书林校印	812.35-나2412 ㅈ-v.1（강）-v.11）（강）
	罗贯中（明）著，毛宗岗（清）评，中新书局，刊写年未详	1册(8卷：49-56回)，中国石印本，19.9×13.5cm，左右单边，半郭：17.4×11.5cm，有界，15行31字，注双行，上内向黑鱼尾		812.35-나2412 ㅈ-v.8（중）
	罗贯中（明）著，毛宗岗（清）评，刊写地，刊写者，刊写年未详	全62卷23册中 11-23册存（卷27-58：53-120回），中国木版本，17.8×11.9cm，四周单边，半郭：14×9.6cm，无界，10行25字，注双行，上内向黑鱼尾	表纸书名：三国志，版心书名：第一才子书，包甲题：绣像三国志演义	812.35-나2412 ㅅ- v.12-v.24

书名	出版事项	版式状况	一般事项	所藏番号
增像全图三国演义	罗贯中（明）撰，毛宗岗（清）评，上海，广益书局，文华书局，刊写年未详	全16卷8册（卷3-4，5-6，7-8，9-10，11-12，13-14，15-16），中国木版本，23×13.2cm，四周双边，半郭：17.7×11.9cm，无界，28行68字，注双行，头注，上内向黑鱼尾	表纸书名：增像全图三国志演义，版心书名：绣图三国志演义，上海广益书局印行（表纸），上海文华书局印行（版心）	812.35-나 2412 ㅅ-문 2-문 8
	罗贯中（明）撰，毛宗岗（清）评，上海，锦章图书局，刊写年未详	卷5-16（25-120回），中国石印本，有图，25×13.8cm，四周单边，半郭：17.4×11.2cm，无界，21行47字，注双行，头注，上内向黑鱼尾	版心书名：增像全图三国志演义	812.35-나 2412 ㅈ ㄱ-v.5（금）-v.14(금)
增像全图三国志演义第一才子书	罗贯中（明）撰，毛宗岗（清）评，上海，天宝书局，刊写年未详	1册（卷2，4，7），中国石印本，有图，20.3×13.5cm，四周双边，半郭：17.4×11.2cm，无界，25行54字，注双行，头注，上内向黑鱼尾	刊记：天宝书局校印（版心）	812.35-나 2412 ㅈ-（v.2（천），v.4（천），v.7（천）
县吐三国志	罗贯中（明）原著，刊写地，刊写者，刊写年未详	1册（卷2：27-51回），中国新铅活字本，21.7×14.7cm，四周单边，半郭：17.2×11.2cm		812.35-나 2412 ㅅ K-v.2
评论出像水浒传	施耐庵（明）撰，金圣叹（清）评释，刊写地，刊写者，刊写年未详	20卷20册（卷1-20），中国木版本，24.4×16.5cm，四周单边，半郭：25.7×14cm，无界，11行24字，注双行，上内向黑鱼尾	表纸书名：水浒传，版心书名：五才子奇书，序：时顺治丁酉（1657）冬月桐庵老人书	812.35-시 218 ㅍ-v.1-v.18-v.20
绘图增像第五才子书水浒全传	施耐庵（明）撰，金圣叹（清）评释，刊写地，刊写者，刊写年未详	10册（1-70回），中国新铅活字本，有图，19.6×12.8cm，四周双边，半郭：15.5×10.7cm，有界，17行32字，注双行，上内向黑鱼尾	表纸书名：绘图增像五才子书，版心书名：绘图增像五才子书，序：雍正甲寅（1734）上伏日勾曲外史，施耐庵自叙：圣叹外书	812.35-시 218 ㅎ-v.2-v10

续表

书名	出版事项	版式状况	一般事项	所藏番号
绘图增像第五才子书水浒全传	施耐庵(明)撰,金圣叹(清)评释,海滨敦好斋上章困敦(庚子1900)刊,刊写地未详	全70回8册(1-23回),中国石印本,有图,20.2×13.2cm,四周花纹,半郭:16.8×11cm,无界,23行48字,注双行	里表纸书名:绘图第五才子书,表纸书名:绘图增像第五才子书水浒传,版心书名:五才子书,序:雍正甲寅(1734)上伏日勾曲外史,施耐庵自叙:圣叹外书,刊记:岁在上章困敦(庚子1900)清寒之月 新绘全图增订评释 用泰西法重石印于海滨敦好斋	812.35-시 218ㅎ-v.1(해)
	施耐庵(明)撰,金圣叹(清)评释,刊写地,刊写者,刊写年未详	3卷(卷4:24-31回,卷5:32-40回,卷7:51-60回),中国新活字本,有图,20.3×13.2cm,四周单边,半郭:16.3×11.1cm,无界,23行48字,注双行,无鱼尾	版心书名:五才子书(卷4,5,7),3册合本	812.35-시 218ㅎ
增像全图加批西游记	吴承恩(明)著,陈士斌(清)诠解,五音书局,民国元年(1911)刊	8卷8册,卷1(1-10回),中国石印本,有图,20.2×13.2cm,四周双边,半郭:16.6×11.3cm,无界,24行52字,上内向黑鱼尾	表纸书名:绣像全图加批西游记,版心书名:绘图加批西游记,序:康熙丙子(1696)中秋西堂老人尤侗撰序,刊记:中华民国元年五音书局石印	812.35-오 576ㅈ-v.1-v.8
	吴承恩(明)著,陈士斌(清)诠解,上海,天宝书局,刊写年未详	8卷8册,卷(1-10回),中国石印本,有图,20.2×13.2cm,四周双边,半郭:17.4×11.8cm,28行60字,上内向黑鱼尾	表纸书名:绘图加批西游记,版心书名:绘图加批西游记,头注批评	812.35-오 576ㄱ-v.1-v.8
绘图增像西游记	吴承恩(明)著,陈士斌(清)诠解,上海,焕文书局,光绪癸巳(1893)刊	全100回8册(1册,11-26回,37-50回,73-86回),中国石印本,有图,19.6×12.4cm,四周草木纹,半郭:15.3×10.3cm,18行41字,头注,上内向黑鱼尾	表纸书名:绘图加批西游记,版心书名:绘图西游记,序:康熙丙子(1696)……西堂老人尤侗撰序,刊记:光绪癸巳(1893)上海焕文书局印	812.35-오 576ㅅ-v.2(한),v.4(한),v.7(한)
		全100回8册(册1-8),中国石印本,有图,19.6×12.4cm,四周草木纹,半郭:15.3×10.3cm,18行41字,头注,上内向黑鱼尾		812.35-오 576ㅅ-v.1(한)

续表

书名	出版事项	版式状况	一般事项	所藏番号
西游真诠	吴承恩（明）著，陈士斌（清）诠解，上海，扫叶山房，咸丰二年（1852）刊	20卷20册（卷1-20），中国木版本，15.9×11.2cm，四周单边，半郭：11.7×8.8cm，无界，10行23字，上内向黑鱼尾	表纸书名：西游记，版心书名：西游真诠，序：康熙丙子（1696）中秋西堂老人尤侗撰	812.35-오 576ㅅ-v. 1-v. 14，v. 16
皋鹤堂批评第一奇书金瓶梅	笑笑生（明）著，张竹坡（清）批评，影松轩藏板，康熙乙亥（1695）刊	1卷1册（全100回23册，卷首），中国石印本，24.4×15.3cm，四周单边，半郭：18.8×12.9cm，无界，10行22字，注双行，无黑口无鱼尾	表纸书名：金瓶梅，版心书名：第一奇书，序：康熙乙亥（1695）……皋鹤，刊记：彭城张竹坡批评金瓶梅，影松轩藏板	812.35-고912- v. 1，v. 2，v. 8-，v. 17，v. 19-v. 23
	笑笑生（明）著，张竹坡（清）批评，影松轩藏板，康熙乙亥（1695）刊	100回23册（1-100回），中国石印本，24.4×15.3cm，四周单边，半郭：18.8×12.9cm，无界，10行22字，注双行，无黑口无鱼尾	表纸书名：金瓶梅，版心书名：第一奇书，序：康熙乙亥（1695）……皋鹤，刊记：彭城张竹坡批评金瓶梅，影松轩藏板	812.35-고912-v. 1-v. 10，v. 17，v. 19-v. 23
东周列国全志	冯梦龙（明）著，蔡元放（清）评点，上海，共和书局，刊写年未详	1卷1册[全8卷8册，卷1(1-8回)]，中国石印本，20×13.3cm，四周单边，半郭：17.2×11.2cm，无界，28行57字，注双行，头注，上内向黑鱼尾	里表纸书名：绘图东周列国志，版心书名：绘图东周列国志，表纸书名：绘图东周列国全志，序：乾隆十有七年（1572）蔡元放氏跋	812.35-풍 446ㄷ-v. 1（공），v. 4（공）- v. 8（공）
	冯梦龙（明）著，蔡元放（清）批评，星聚堂藏板，刊写年未详	全54卷20册，中国木版本，有图，22.8×15.8cm，四周单边，半郭：20.3×13.3cm，无界，10行24字，注双行，上内向黑鱼尾	表纸书名：东周列国志，序：乾隆元年（1736）……蔡元放，刊记：星聚堂藏板	812.35-풍 446ㄷ-v. 1（성）-.20(성)
	冯梦龙（明）改撰，蔡元放（清）评点，上海，江左书林，光绪十二年（1886）刊	23卷24册，中国木版本，有图，24.2×15.3cm，四周双边，半郭：17.8×12.3cm，无界，13行26字，注双行，上内向黑鱼尾	表纸书名：绣像东周列国志，版心书名：东周列国志，刊记：光绪丙戌年（1886）秋月上海江左书林重校刊	812.35-풍 446ㄷ-v. 1（강）-.9 （강），v. 14（강）-v. 15 （강），v. 17（강）-v. 24(강)

续表

书名	出版事项	版式状况	一般事项	所藏番号
东周列国全志	蔡奡(清)批评,上海,扫叶山房,光绪六年(1880)刊	全23卷24册(卷1-23),中国木版本,有图,24×15.7cm,四周双边,半郭:19.5×14.2cm,无界,12行26字,注双行,上内向黑鱼尾,纸质:竹纸	表题:列国志,序:乾隆十七年(1752)春月七都梦夫蔡元放(清)氏题,内容:序—目录—读法—绣像—地图考,刊记:光绪六年(1880)仲春重镌扫叶山房藏板	812. 35-퐁 446 ㄷ-v. 1-v. 24
增像全图东周列国志	冯梦龙(明)著,蔡元放(清)评点,刊写地,刊写者,刊写年未详	全27卷12册(卷1-27),中国石印本,有图,20×13.3cm,四周单边,半郭:16.7×11.5cm,无界,18行46字,注双行,上内向黑鱼尾	表纸书名:绘图东周列国志,版心书名:绘图东周列国志	812. 35-퐁 446 ㄷㄱ- v. 7- v. 12
绣像封神演义	钟惺(明)批评,上海,广益书局,刊写年未详	1册,卷2(9-17回),中国石印本,19.8×13.3cm,四周单边,半郭:17×11.5cm,无界,18行44字,上内向黑鱼尾	表纸书名:足本绘图封神演义,版心书名:绘图封神演义,明伯敬钟惺批评,刊记:上海广益书局发行(表纸)	812. 35-김 746 ㅅ-광(2)
新刻钟伯敬先生批评封神演义	钟惺(明)批评,扫叶山房,刊写年未详	全19卷19册(卷1-19),中国木版本,23.9×15.1cm,四周单边,半郭:19.9×14cm,无界,11行24字,上内向黑鱼尾	表纸书名:封神演义,版心书名:封神演义,刊记:扫叶山房刊	812. 35-김 746 ㅅ-v. 1-v. 19
新刻钟伯敬先生批评封神演义	钟惺(明)批评,上海,扫叶山房,光绪九年(1883)刊	1册(卷首),中国活字本,24×15.7cm,四周双边,半郭:19.4×13.7cm,有界,7行15字,上内向黑鱼尾	里表纸书名:绣像评点封神榜全传,表纸书名:封神演义,版心书名:封神演义,明伯敬钟惺批评,序:康熙乙亥(1695)……褚人获序稼,刊记:光绪九年(1883)……扫叶山房发兑书籍	812. 35-김 746 ㅅㄷ-v. 1
新刻钟伯敬先生批评封神演义	钟惺(明)批评,扫叶山房,刊写地,刊写年未详	全19卷19册(卷1-19),中国木版本,23.3×15.8cm,四周单边,半郭:20.3×14cm,无界,11行24字,上内向黑鱼尾	表纸书名:封神演义,版心书名:封神演义,刊记:扫叶山房刊	812. 35-김 746 ㅅ-v. 14

书名	出版事项	版式状况	一般事项	所藏番号
绣像绘图两晋演义	陈元（清）评释，上海，进步书局，刊写年未详	2卷1册（全12卷6册，西晋1：卷1-2），中国新式石印本，有图，20.3×13.4cm，四周双边，半郭17.8×11.8cm，无界，27行60字，上内向黑鱼尾	刊记：历史小说绣像绘图两晋演义上海进步书局印行，序：无记名	812.3-진 6532 ㅅ-v.1-v.6
新刻剑啸阁批评西汉演义传	钟惺（明）撰，上海，扫叶山房，刊写年未详	全8卷8册（卷1-8），中国木版本，23.7×15.3cm，四周单边，半郭：20.7×13.4cm，10行22字，注双行，上内向黑鱼尾	里表纸书名：西汉演义，版心书名：东西汉全传，表纸书名：西汉演义评，刊记：新绘像钟伯敬先生评东西汉全传，金阊梓，扫叶山房督造书籍	812.35-김 746 ㅅㄱ-v.1-v.8
新刻剑啸阁批评东汉演义传	钟惺（明）撰，上海，扫叶山房，刊写年未详	全10卷6册（卷1-10），中国木版本，23.7×15.3cm，四周单边，半郭：20.7×13.4cm，无界10行22字，注双行，上内向黑鱼尾	表纸书名：东汉演义，版心书名：东汉演义评，刊记：新全绘像钟伯敬先生评，东西汉全传，金阊梓，扫叶山房督造书籍	812.35-김 746 ㅅㄴ-v.4 812.35-김 746 ㅅㄴ-v.6
	钟惺（明）撰，上海，扫叶山房，刊写年未详	1卷1册（全10卷6册，卷1，2-3，4，7-8，卷1-8），中国木版本，23.7×15.3cm，四周单边，半郭：20.7×13.4cm，无界，10行22字，注双行，上内向黑鱼尾	表纸书名：东汉演义，版心书名：东汉演义评，刊记：新全绘像钟伯敬先生评，东西汉全传，金阊梓，扫叶山房督造书籍	812.35-김 746 ㅅㄴ-v.1 -v.3，v.5
增像全图东西汉演义	钟惺（明）撰，上海书局，光绪三十年（1904）刊	全8卷6册（卷1-8），册1-2（卷1-4），东汉演义，册3-6（卷1-4），西汉演义，中国石印本，有图，19.4×17.5cm，四周双边，半郭：15.7×10.9cm，无界，24行54字，上内向黑鱼尾	表纸书名：绣像西（东）汉演义评，刊记：光绪甲辰（1904）冬月上海书局印行	812.35-김 746 ㅈ-v.1-v.6
绘图评点女仙外史	吕熊（清）撰，上海，章福记，宣统元年（1909）刊	全8卷8册（卷1-8），中国石印本，有图，20.2×13.5cm，四周单边，半郭：16.9×11.7cm，无界，24行52字，无黑口，无鱼尾	表纸书名：增像绘图女仙外史，序：陈奕祺，自序：辛卯（1891）……吕熊，版心书名：绘图女仙外史，刊记：宣统元年（1909）仲夏月上海章福记石印	812.36-어 656 ㅎ-v.1-v.8

清代

书名	出版事项	版式状况	一般事项	所藏番号
增评补像全图金玉缘	曹霑(清)著,刊写地,刊写者,刊写年未详	中国石印本,有图,20.2×13.3cm,四周双边,半郭:17.4×11.6cm,无界,22行50字,注双行,上内向黑鱼尾	表纸书名:增评全图足本石头记,石头记:红楼梦原名	812.36-조 734 ㅈㄱ-v. 1-v. 5
	曹霑(清),高鹗(清)著	1册(全8册:65-72回,73-80回,81-88回,89-96回,97-104回,105-114回),中国石印本,有图,20.2×13.2cm,四周双边,半郭:17.2×11.3cm,有界,18行40字,注双行,上内向黑鱼尾	表纸书名:增评全图足本金玉缘,版心书名:图注金玉缘	812.36-조 734 ㅈ-v. 1-v. 6
增补齐省堂儒林外史	吴敬梓(清)著,铸记书局,刊写地,刊写年未详	1卷1册(全6卷6册,卷1:1回-9回),中国石印本,20.3×13.4cm,四周单边,半郭:18.1×11.8cm,无界,24行50字,注双行,上内向黑鱼尾	表纸书名:增补齐省堂儒林外史,里纸书名:足本儒林外史,版心书名:增补儒林外史,序:光绪十有四年(1888)……东武惜红生,序:大清同治甲戌(1874)……惺园退士	812.36-오 236 ㅈ-v. 1-v. 6
龙图公案	大文堂,嘉庆十四年(1808)刊	1卷1册(全10卷6册),中国木版本,17.2×11.7cm,四周单边,半郭:15.2×10.6cm,无界,11行26字,上内向黑鱼尾	表纸书名:包公案,版心书名:龙图公案,叙:嘉庆十四年(1808,己巳)李西桥题,刊记:百断奇观包公全传龙图公案大文堂藏板	812.35-용 34-v. 1-v. 6
雪月梅传	陈朗(清)著,董孟汾(清)评释,影松轩,光绪丁亥(1887)刊	全50回18册(1-50回),中国木版本,有图,17.3×11.4cm,四周双边,半郭:12.9×9.1cm,无界,11行27字,注双行,上内向黑鱼尾	序:乾隆乙未(1775)……镜湖逸叟自序,乾隆乙未……上浣月岩氏谨识,刊记:雪月梅传,光绪丁亥春分赘翁康题	812.36-진 216 ㅅ-v. 1-v. 8
绘图野叟曝言	夏敬渠(清)撰,刊写地,刊写者,刊写年未详	1卷1册(81-88回,全20卷20册),石印本,20×13.3cm,四周单边,半郭:17.9×11.5cm,无界,26行54字,上大黑口,上内向黑鱼尾		812.85-하 236 ㅎ-v. 11- v. 20

12. 西江大学校

明代

书名	出版事项	版式状况	一般事项	所藏番号
삼국지통속연의	罗贯中（明）著，译写者未详	24 卷 24 册，笔写本，30 × 22.6cm，无界，12 行 22 字内外，无鱼尾	一般动产文化财朝鲜本，表题：三国志，异书名：三国志演义	고서삼 175
화룡도	完山（全州）：梁册房，隆熙二年（1908）刊	2 卷 1 册，朝鲜木版本，27 × 18.5cm，四周单边，半郭：21.5× 15.1cm，无界，12 行 22 字内外，上下内向黑鱼尾	一般动产文化财朝鲜本，表题：华容道，刊记：戊申（1908）八月 完山梁册房开刊	고서화 236
梦见诸葛亮	刘元杓著，广学书局，隆熙三年（1909）刊	1 册，朝鲜活字本，21.6 × 15.3cm，四周双边，半郭：17× 11.2cm，无界，13 行 28 字，无鱼尾	中韩文混用本，序：隆熙二年（1908）……申采浩	고서몽 14
슈호지	刊写地，刊写者，刊写年未详	1 册，木版本，26.8×18.8cm，四周单边，半郭：21.8×16.5cm，无界，15 行 23 字内外，上下向二叶花纹鱼尾	一般动产文化财朝鲜本，汉文书名：水浒志	고서슈 95
당[태]종젼	刊写地，刊写者，刊写年未详	1 册（18 页），木版本，26.7 × 17.6cm，四周单边，半郭：19.7× 15cm，无界，15 行 30 字内外，上下内向黑鱼尾	一般动产文化财朝鲜本，表题：唐太宗传	고서당 831
四雪草堂重订通俗隋唐演义	罗贯中（明）著，四雪草堂，刊写年未详	10 卷 10 册（缺帙），中国木版本，24.1×15.6cm，四周单边，半郭：20.4 × 13.3cm，有界，10 行 23 字，上下向黑鱼尾，纸质：竹纸	版心题：隋唐演义	고서사 535
평요뎐（平妖传）	刊写地，刊写者，刊写年未详	2 卷 1 册，朝鲜笔写本，22.6× 22.2cm，无界，12-13 行 17 字内外，无鱼尾	朝鲜本，写记：셰[재]을미（?）양월긔망의츈졀죵셔	고서평 665
셔한연의	李贽（明）演义，刊写地，刊写者，刊写年未详	6 卷 6 册（全 12 卷 12 册），笔写本，30.3×20.6cm，无界，11 行 19 字，无鱼尾，纸质：壮纸	一般动产文化财朝鲜本，表题：西汉演义	고서셔 91

续表

书名	出版事项	版式状况	一般事项	所藏番号
쵸한젼 (楚汉传)	完西[?],隆熙二年(1908)刊	2卷1册,木版本,26×18.5cm,四周单边,半郭:20.2×15.8cm,无界,13行20字内外,上下内向黑鱼尾	朝鲜本,卷下卷首题:셔한연의,版心题:초[한],刊记:隆熙二年戊申(1908)秋七月,西汉纪完西[?]新刊	고서쵸 91
쵸한젼 (楚汉传)	龟石里,隆熙元年(1907)刊	2卷1册,木版本,26×18.5cm,四周单边,半郭:19.8×15.8cm,无界,13行20字内外,上下内向黑鱼尾	朝鲜本,表题:楚汉传,卷下卷首题:셔한연의版心题:초[한],刊记:丁未(1907)孟夏完南龟石里新刊	고서초 91

清代

书名	出版事项	版式状况	一般事项	所藏番号
금향뎡긔 (锦香亭记)	刊写地,刊写者,刊写年未详	3册,笔写本,30×20.2cm,无界,10行21字内外,无鱼尾	一般动产文化财朝鲜本,写记:병오(?)삼월초일일죵	고서금 92 v.1

13. 梨花女子大学校

明代

书名	出版事项	版式状况	一般事项	所藏番号
三国志	毛宗岗(清)评	19卷20册,29.3×19cm,四周单边,半郭:21×14.5cm,无界,12行20字,上黑鱼尾	序:顺治岁次甲申(1644)嘉平朔日(1644)金人瑞	[고]812.3 삼 17
	译者,刊年未详	20册,笔写本,24×21cm,无界,14行22字,版心无		[고]812.3 삼 17J
评论出像水浒传	刊年未详	20卷20册,有图(21页),24.4×15.8cm,四周单边,半郭:21.7×14.7cm,无界,11行22字,上黑鱼尾	序:顺治丁酉冬月(1657)桐庵老人书	[고]812.3 시 22 ㅍ

续表

书名	出版事项	版式状况	一般事项	所藏番号
绘图第五才子书水浒志全传	上海，锦章图书局，刊年未详	36 卷 12 册，中国石印本，有图（13 页），20×13.5cm，四周双边，半郭：16.6×11.8cm，无界，18 行 41 字，上黑鱼尾		[고]812.3 회 315
水浒志	译者，刊年未详	68 册（缺本，藏本：第 8，17，19，29，32，39，40，41，51，55，56，57，58，68 册），笔写本，25.6×20cm，无界，行字数不同		[고]812.3 수 95
	译者，刊年未详	58 册（零本，藏本：第 8，29，57，58 册），笔写本，匡郭无，11 行字数不同，版心无		[고]812.3 수 68
슈허지（水浒志）	译者，写者，写年未详	15 卷 15 册（落帙），笔写本	朝鲜本	이화여대
西游真诠	吴承恩（明）著，悟一子（清）批点	49 卷 10 册，有图（20 页），24×16cm，四周单边，半郭：20.7×15cm，无界，11 行 24 字，上黑鱼尾	序：康熙丙子（1696）……西堂老人尤侗撰	[고]812.3 서 77 ㅈ
绘图增批西游记	上海，锦章图书局，康熙三十五年（1696）序	8 卷 8 册，有图（21 页），中国石印本，21×13.5cm，四周双边，半郭：15.8×11.6cm，无界，18 行 41 字，上黑鱼尾	序：康熙丙子（1696）中秋西堂老人尤侗撰	[고]812.3 서 77 ㅎ
皋鹤堂批评第一奇书金瓶梅	刊年未详	12 册，中国石印本，24.2×16cm，四周单边，半郭：19.4×13.5cm，无界，10 行 20 字，版心无	序：康熙岁次乙亥（1695）清明中浣	[고]812.3 금 54
新撰今古奇闻	刊年未详	4 册（零本，卷 12-16 外缺），中国石印本，14.2×9.2cm，四周双边，半郭：12.8×7.2cm，无界，行字数不同，上黑鱼尾		[고]812.308 고 18
东国列国志	蔡元放（清）批评，扫叶山房，光绪六年（1880）刊	23 卷 24 册，有图（12 页），24.4×16cm，四周单边，半郭：20×14cm，无界，12 行 26 字，上黑鱼尾	序：乾隆十七年（1752）……蔡元放	[고]812.3 동 817A

续表

书名	出版事项	版式状况	一般事项	所藏番号
东周列国志	蔡元放（清）评点，五彩公元，光绪十八年（1892）刊	27卷8册，中国石印本，有图（116页），19.5×12.9cm，四周双边，半郭：15.1×11cm，有界，20行46字，注双行，上黑口鱼尾	序：乾隆十有七年（1752）……蔡元放	［고]812.3 동817
	蔡元放（清）批评，上海，锦章图书局刊	27卷14册，中国石印本，20.5×13.5cm，四周双边，半郭：17.5×12.1cm，有界，18行40字，上黑鱼尾	表纸书名：绘图东周列国志，序：乾隆十有七年（1752）春蔡元放	［고]812.3 동817 ㅎ
셜인귀젼（薛仁贵传）	译著者，刊年未详	10册（缺本，所藏：第2，3，9，10册），笔写本，24×18.5cm，无界，11行11字		［고] 811.31 설 79A
新刻剑啸阁批评西汉演义传	刊年未详	8卷8册，15.6×11cm，四周单边，半郭：11.1×9.4cm，无界，10行24字，上黑鱼尾	序：公安袁宏道	［고]812.3 서91 ㅅ
西汉演义	刊年未详	12卷12册（第1，2，6册缺），笔写本，22×19cm，无界，10行18字，版心无		［고]812.3 서91
쵸한젼（楚汉传）	译著者，刊年未详	木版本，27×18.5cm，四周双边，半郭：20×17cm，无界，13行18字，上下黑鱼尾		［고] 811.31 쵸 91
	译著者，刊年未详	笔写本，28.5×22cm，无界，9行字数不同，版心无		［고] 811.31 쵸 91A
	译著者未详，明治四十四年（1911）刊	2卷1册（88页），木版本，26×18cm，四周单边，半郭：20.5×16cm，无界，12行26字，上下黑鱼尾	内容：上卷：쵸한젼，下卷：셔한연의	［고] 811.31 쵸 91B
残唐五代史演义传	刊年未详	零本（第2册，卷2外缺），中国石印本，14.7×8.7cm，四周单边，半郭：12.8×7.9cm，无界，18行40字，版心无		［고]812.3 잔311

续表

书名	出版事项	版式状况	一般事项	所藏番号
绣像京本云合奇踪玉茗英烈全传	上海文宜书局刊	4卷4册(缺本, 第1册, 第2册, 第3册), 中国石印本, 有图(4页), 15.1×9.8cm, 四周双边, 半郭: 13.5×8.4cm, 无界, 18行40字, 上黑鱼尾		[고]812.3 슈61
绘图续英烈传	民国元年(1911)刊	4册, 中国石印本, 14.5×8.9cm, 四周双边, 半郭: 12.8×7.9cm, 无界, 15行34字, 上黑鱼尾	序: 秦淮墨客	[고]812.3 회315
续英烈传演义	刊年未详	4卷4册(所藏本中第1-2册缺), 14.5×9cm, 四周双边, 半郭: 12.3×8.1cm, 无界, 15行34字, 上黑鱼尾		[고]812.3 속74
绣像绘图开辟演义全传	上海, 普新书局, 宣统元年(1909)刊	4卷4册, 中国石印本, 有图(2页), 15.8×9.8cm, 四周单边, 半郭: 14×9cm, 无界, 19行40字, 版心无	序: 靖竹居士王鬻子承父书于柳浪轩	[고]812.3 슈61 회

清代

书名	出版事项	版式状况	一般事项	所藏番号
绣像儿女浓情传	华英书局, 20世纪初刊	6卷6册, 中国石印本, 有图(3页), 15×9cm, 四周单边, 无界, 半郭: 12.6×8.1cm, 21行47字, 版心无	序: 乾隆乙未(1775)镜湖逸叟自序于古钧阳之松月山房	[고]812.3 슈61 아
绣像彭公清烈传	李逊亝著, 宣统元年(1909)刊	4卷4册, 中国石印本, 有图, 17.2×10.2cm, 四周双边, 半郭: 14.3×8.9cm, 无界, 20行47字, 上黑鱼尾	表纸书名: 绣像三侠剑	[고]812.3 슈61 ㅍ
绘图洪秀全演义	上海, 广益书局, 刊年未详	8卷8册, 中国石印本, 有图(11页), 17.5×10cm, 四周双边, 半郭: 14.2×9.2cm, 无界, 19行44字, 上黑鱼尾	序: 丙子(1906)九月……章炳麟	[고]812.3 홍67

书名	出版事项	版式状况	一般事项	所藏番号
绣像白圭志八才子书	上海，广益书局，光绪三十四年(1908)刊	4卷4册，中国石印本，有图(2页)，15×8.5cm，四周双边，半郭：12.3×8.1cm，无界，16行38字，上黑鱼尾	序：光绪戊申（1908）……于沪北之藕香馆	［고］812.3 수61 백
호구전(好逑传)	译著者，刊年未详	4册，韩文笔写本，29.5×18.3cm，无界，12行29字，版心无，纸质：楮纸		［고］811.3 호17

14. 建国大学校

明代

书名	出版事项	版式状况	一般事项	所藏番号
增像全图三国演义	罗贯中（明）著，上海，锦章图书局，刊年未详	7册，中国石印本，20.2×13.5cm，四周双边，半郭：17.5×11.5cm，有界，16行32字，上内向黑鱼尾		［고］923.5
三国志	罗贯中（明）著，刊年未详	零本1册，中国木版本，23.5×15.5cm，四周单边，半郭：19.8×14cm，无界，12行26字，上内向黑鱼尾		［고］923.5
	罗贯中（明）著，刊年未详	零本18册，中国木版本，26×18cm，四周单边，半郭：22×14.3cm，12行26字，上黑鱼尾		［고］923.5
	罗贯中（明）著，写者，译者，写年未详	笔写本，30.5×21.3cm，四周无边，半郭：无郭，无界，12行21字，无鱼尾		［고］923.5
	罗贯中（明）著，毛声山(清)批点	20卷40册，中国木版本，29×19cm，四周单边，匡郭：19×15cm，12行15字，上花纹鱼尾	序：顺治岁次甲申（1644）	［고］923.5

书名	出版事项	版式状况	一般事项	所藏番号
三国志	罗贯中（明）著，刊年未详	20 卷 20 册，中国木版本，27×18.5cm，四周单边，半郭：21.5×14.5cm，12 行 26 字，下向黑鱼尾	序：顺治岁次甲申（1644）	[고]923.5
	罗贯中（明）著，毛宗岗（清）评	零本 10 册，中国木版本，23×15cm，左右双边，半郭：19.6×13.7cm，12 行 26 字，上黑鱼尾		[고]923.5
水浒志	施耐庵（明）编次，顺治丁酉（1657）序	20 卷 20 册，中国木版本，24×15.6cm，四周单边，半郭：20.6×14.6cm，11 行 22 字，上黑鱼尾	序：顺治十四年（1657）	[고]923.5
		20 册，中国木版本，23×16cm，四周单边，半郭：20.2×14.1cm，11 行 24 字，上黑鱼尾		[고]923.5
	施耐庵（明）著，刊年未详	中国木版本，25×16cm，四周单边，半郭：20.8×14.2cm，无界，11 行 24 字，上内向黑鱼尾		[고]923.5
绣像西游记	吴承恩（明）著，陈士斌（清）诠解，扫叶山房，光绪十一年（1885）刊	100 回 20 册，中国木版本，24×16cm，四周单边，半郭：20.2×14.1cm，11 行 24 字，上黑鱼尾		[고]923.5
绣像评点封神榜全传	钟伯敬（明）批点，光绪九年（1883）刊	9 卷 10 册，中国木版本，24×16cm，四周单边，半郭：19.7×13.8cm，11 行 23 字，上黑鱼尾		[고]923.6
绣像东西汉演义	钟伯敬（明）批评，经元堂，刊年未详	8 册，中国石印本，18×11.5cm，四周双边，半郭：14.3×9.7cm，有界，10 行 30 字，上内向黑鱼尾		[고]923.4
绣像东西汉全传	钟惺（明）著，善成堂，同治十一年（1872）刊	10 卷 8 册，中国木版本，23×16cm，四周单边，半郭：20.9×14cm，11 行 26 字，上黑鱼尾		[고]923.5
绣像绘图开辟演义	周游（明）集，上海普新书局刊	4 卷 4 册，中国石印本，16×9cm，四周单边，半郭：13.7×8.8cm，16 行 39 字		[고]923.6

清代

书名	出版事项	版式状况	一般事项	所藏番号
绣像说唐后传	如莲居士(清)编次，道光十二年(1832)刊	18卷8册，中国木版本，21×13cm，四周单边，半郭：16.4×10.4cm，11行25字，上黑鱼尾		[고]923.6
绣像神州光复志演义	王雪庵(清)编次，刊年未详	零本1册，中国石印本，20×13cm，四周双边，半郭：16.3×10.9cm，16行34字，上黑鱼尾		[고]923.6

15. 东国大学校，庆州캠퍼스

明代

书名	出版事项	版式状况	一般事项	所藏番号
四大奇书第一种	毛宗岗(清)评，上海，江左书林，光绪二十三年(1897)刊	19卷20册，中国木版本，有图，23.9×15.1cm，四周单边，半郭：18.3×13.3cm，无界，12行26字，注双行，上内向黑鱼尾，纸质：绵纸	表题：三国志，里题：第一才子书，序：顺治岁次甲申(1644)嘉平朔日金人瑞圣叹氏题，刊记：光绪丁酉(1897)春镌，江左书林藏板	D819.34　삼17 ㅅㄷ
第一才子书	毛宗岗(清)评，上海，时中书局，宣统三年(1911)刊	60卷16册，中国新铅活字本，有图，20×13.5cm，四周单边，半郭：17.3×11.8cm，有界，15行30字，上内向黑鱼尾，纸质：竹纸	表题：校正全图三国志演义，序：顺治岁次甲申(1644)嘉平朔日金人瑞圣叹氏题，刊记：宣统三年(1911)上海时中书局印所，跋：咸丰三年(1853)孟夏勾吴清溪居士书	D819.34 삼17 ㅈㅁ
新刊校正古本大字音译三国志通俗演义	陈寿(晋)传，罗贯中(明)编次，周曰校(明)校朝鲜刊	1卷1册(零本，所藏本：卷5)，25×19.9cm，四周双边，半郭：21.5×17cm，有界，13行24字，上内1叶花纹鱼尾，纸质：楮纸	表题：三国志传通俗演义	D819.34 17 ㅅ

续表

书名	出版事项	版式状况	一般事项	所藏番号
绘图增像第五才子书水浒全传	金圣叹（清）评释，上海，广百宋斋，光绪十八年（1892）刊	10卷10册，中国新铅活字本，19.2×13cm，四周单边，半郭：16.5×11.1cm，有界，18行43字，注双行，内向黑鱼尾，纸质：绵纸	标题：绘图增像五才子书，表题：绘图五才子奇书，序：雍正甲寅（1734）上伏日勾曲外史，刊记：光绪壬辰（1892）春月上海广百宋斋校印	D819.34 수 95 ㅎ
评注图像五才子书	金圣叹（清）评释，上海，章福记，宣统二年（1910）刊	12卷12册，中国石印本，有图，20.2×13.3cm，四周双边，半郭：17.6×11.7cm，无界，20行45字，注双行，上内向黑鱼尾，纸质：竹纸	表题：绣像绘图第五才子书，标题：绘图评注五才子，刊记：宣统庚戌（1910）仲冬上海章福记石印	D819.34 수 95 ㅊ
西游真诠	陈士斌（清）诠解，益州，古今书籍，民国初年刊	51回10册（零本，所藏本：回50-100），中国木版本，23.5×15.7cm，四周单边，半郭：20×14.1cm，无界，11行24字，上内向黑鱼尾，纸质：竹纸		D819.35 서 67 ㅊ
绘图封神演义	上海，锦章图书局，宣统二年（1910）刊	8卷8册，中国石印本，有图，20.2×13.4cm，四周双边，半郭：17.2×11.6cm，无界，25行52字，注双行，上内向黑鱼尾，纸质：竹纸	表题：增像全图封神演义，序：康熙乙亥（1695）午月望后十日长洲褚人获学稼题，刊记：宣统庚戌（1910）上海锦章图书局石印	D819.35 봉 59 ㅎ
东周列国全志	蔡昊（清）评点，上海，扫叶山房，光绪六年（1880）刊	11卷12册（零本，所藏本：目录，卷1-11），中国木版本，有图，24×15.7cm，四周双边，半郭：19.5×14.2cm，无界，12行26字，注双行，上内向黑鱼尾，纸质：竹纸	表题：列国志，序：乾隆十七年（1752）春月七都梦夫蔡元放氏题，刊记：光绪六年（1880）仲春重镌扫叶山房藏板	D819.35 동 77
增像全图东周列国志	上海，焕文书局，光绪二十八年（1902）刊	27卷16册，中国新铅活字本，有图，19.3×12.7cm，四周单边，半郭：16.4×11.1cm，无界，14行42字，注双行，内向黑鱼尾，纸质：绵纸	表题：绘图东周列国志，序：乾隆十有七年（1752）春七都梦夫蔡元放氏题，刊记：光绪壬寅（1902）上海焕文书局藏板	D819.35 증 51 ㅇ

续表

书名	出版事项	版式状况	一般事项	所藏番号
绣像东西汉全传	善成堂，清刊本	16 卷 14 册，中国木版本，有图，23.7×15.6cm，四周单边，半郭：21.2×14.2cm，有界，11 行 26 字，注双行，上内向黑鱼尾，纸质：绵纸	表题：西汉演义，序：公安袁宏道题	D819.3 수 51
增像全图东西汉演义	上海，三元书局，光绪二十三年(1897)刊	8 卷 6 册，中国石印本，有图，17.5×10.4cm，四周双边，半郭：13.6×9.1cm，有界，20 行 47 字，注双行，上内向黑鱼尾，纸质：绵纸	标题：绣像西汉演义，刊记：光绪丁酉(1897)重九上海三元书局校印	D819.3 증 51 人
	上海书局，光绪三十年(1904)刊	8 卷 6 册，中国石印本，有图，19.3×12.7cm，四周双边，半郭：15.5×10.7cm，无界，24 行 55 字，注双行，上内向黑鱼尾，纸质：绵纸	里题：绣像东西汉演义，标题：绣像东汉演义，刊记：光绪甲辰(1904)冬月上海书局校印	D819.3 증 51

清代

书名	出版事项	版式状况	一般事项	所藏番号
增评加批金玉缘图说	蝶芗仙史(清)评订，刊写者未详	17 卷 16 册，中国石印本，有图，20.1×13.2cm，四周单边，半郭：17.1×12.2cm，无界，27 行 58 字，头注，上内向黑鱼尾，纸质：竹纸	题签：全图增评金玉缘，版心题：增评绘图石头记，序：小泉程伟元识	D819.3 졉 93 天
绘图增像青楼梦	厘峰慕真山人(清)著，梁溪潇湘侍者(清)评，上海，益新书局，宣统二年(1910)刊	6 卷 3 册，中国石印本，有图，13.5×8.8cm，四周单边，半郭：11.9×8.1cm，无界，20 行 44 字，注双行，纸质：竹纸	表题：青楼梦，序：光绪三十有一年岁次乙巳(1905)寒食节后三日书于澄江客次之行馆，刊记：宣统二年岁次庚戌(1910)上海益新书局石印	D819.3 이 45 흥

书名	出版事项	版式状况	一般事项	所藏番号
회무뎐（回文传）	译著者，刊写者未详，朝鲜朝末期写	5 卷 5 册，笔写本，29.5×21.2cm，无界，10 行 15-17 字，纸质：楮纸	表题：回文传	D813.5 회 37
쌍미긔봉（第十才子双美缘）	东国大韩国学研究所	24 回	一名：第十才子书，쌍미긔봉《活字本古小说全集》3（亚细亚文化社，1976）	813.5 고 73 동 v. 3

庆州 东国大学校

书名	出版事项	版式状况	一般事项	所藏番号
增像全图三国演义	罗贯中（明）著，毛宗岗（清）评，锦章图书局，清末民初刊	60 卷 20 册（卷 1-60），中国石印本，有图，20×13.3cm，四周双边，半郭：17.1×11.8cm，有界，16 行 32 字，上下向黑鱼尾	书名：卷首题，版心题：第一才子书，表题：增像全图三国演义	D823.5-나 16 금，v. 8-v. 15
绘图银瓶梅	刊写地，刊写者，刊写年未详	1 册(50 张)，中国石印本，有图，19.5×13cm，四周单边，半郭：17.5×11.2cm，无界，17 行 38 字，无鱼尾	书名：卷首题，表题：银瓶梅	D823.5-회 25
东周列国志	蔡昊（清）评点，扫叶山房，乾隆十七年(1752)序	12 卷 12 册（卷 1-12），中国石印本，24.3×15.7cm，四周双边，半郭：19.3×14.2cm，无界，12 行 26 字，上下向黑鱼尾	书名：卷首题，版心题：东周列国志，表题：东周列国志，序：乾隆十七年（1752）春七都梦夫蔡元放题	D823.5-채 58，v. 1-v. 12
新刻剑啸阁批西汉演义评	钟伯敬（明）评，刊写地，刊写者，刊写年未详	8 卷 8 册，（卷 1-8），中国木版本，23.8×16.2cm，四周单边，半郭：21.3×13.5cm，有界，11 行 26 字，上内向黑鱼尾	书名：卷首题，序题：东西汉通俗演义序，版心题：西汉演义评，表题：西汉演义，序：公安袁宏道题，刊记：壬申年新镌 善成堂梓行	D912.032-중 42 v. 1-v. 8

461

16. 檀国大学校

明代

书名	出版事项	版式状况	一般事项	所藏处/所藏番号
四大奇书第一种	罗贯中(明)著,毛宗岗(清)评,上海,扫叶山房1895年刊	19卷20册(目录,卷1-19),中国木版本,24.5×16cm	表题纸:圣叹外书第一才子书(三国志),蜀汉志	竹田退溪纪念图书馆[古]823.5-나128 人
	刊写地,刊写者未详,庚戌[?]刊	1册(34页),笔写本,24.7×22.3cm,四周单边,无界,12行不同字	标题:三国志	天安栗谷纪念图书馆[古]873.5-김753 사
		1册(71页),笔写本,25.2×17.5cm,四周单边,半郭,无界,12行不同字	标题:三国志	天安栗谷纪念图书馆[古]873.5-김753 人
	罗贯中(明)撰,毛宗岗(清)评,刊写地,刊写者,刊写年未详	20卷20册,木版本,有图,26.5×17.9cm,四周单边,半郭:21.3×15cm,无界,12行26字,注双行,上下向黑鱼尾	版心题:第一才子,标题:贯华堂第一才子书,三国志	天安栗谷纪念图书馆[古]873.5-나128 人
		1卷1册,木版本,28.7×18.5cm,四周单边,半郭:21.4×14.9cm,无界,12行26字,注双行,上下向黑鱼尾	版心题:第一才子书,表题:三国书,印记:臣○民印	天安栗谷纪念图书馆[古]873.5-나1283 사
		10卷10册(零本),木版本,28.9×18.5cm,四周单边,半郭:21.7×14.4cm,无界,12行26字,注双行,上下向黑鱼尾	表题:三国志	天安栗谷纪念图书馆[古]873.5-나1282 人
	毛宗岗(清)手定,刊写地,刊写者,刊写年未详	19卷(目录,合20册),木版本28.5×19cm	版心书名:第一才子书,三国志	竹田退溪纪念图书馆[古]823.5-모373 人

续表

书名	出版事项	版式状况	一般事项	所藏处/所藏番号
第一才子书	罗贯中（明）著，毛宗岗（清）评，上海，同文晋记书局，光绪丙午（1906）刊	48 卷 13 册（卷 1-48），中国木活字本，有图，20.2×13.4cm，四周单边，半郭：17.3×12.4cm，有界，15 行 30 字，上下向黑鱼尾	版本：同文晋记书局藏板，原序：顺治甲申（1644）……金圣叹，重刊序：咸丰三年（1853）……清溪居士，增像全图三国志演义	天安栗谷纪念图书馆 고 873.5-나 128 자
	罗贯中（明）撰，毛宗岗（清）评，上海，锦章图书局，刊写年未详	44 卷 11 册（卷 1-12，卷 17-40，卷 45-48，卷 57-60），中国石印本，20.2×13.4cm，四周双边，半郭：17.1×11.8cm，有界，16 行 32 字，注双行，上下向黑鱼尾	表题：增像全图三国演义	天安栗谷纪念图书馆（罗孙文库）[古] 873.5-나 128 ㅈ
绣像全图三国演义	毛宗岗（清）评，上海，锦章图书局，咸丰三年（1853）刊	20 册（120 回），中国石印本，20.5×14cm	版心书名：第一才子书	竹田退溪纪念图书馆 IOS，고 823.5-삼 338
三国志	罗贯中（明）著，刊写地，刊写者，刊写年未详	2 卷 1 册（零本），木版本，26.7×18.7cm，四周单边，半郭：21×16cm，无界，13 行 24 字，上下内向黑鱼尾	版心题：삼국지	天安栗谷纪念图书馆 고 873.5-나 128 셔
		1 册（47 页，零本），笔写本，34.4×21.5cm，无界，9-10 行字数不定		天安栗谷纪念图书馆 고 873.5-나 128 ㅅ-卷 2
삼국지（三国志）	刊写地，刊写者，刊写年未详	2 卷 1 册（零本），木版本，27.5×19cm，四周单边，半郭：20.7×15.6cm，无界，13 行字数不定，注双行，上下内向黑鱼尾		天安栗谷纪念图书馆 [古] 873.5-나 1282 사
三国志	罗贯中（明）著，刊写地，刊写者未详，隆熙二年（1908）刊	13 卷 13 册（卷 2，卷 4，卷 6，卷 8-14，卷 17-19），笔写本，35.4×21.6cm，无界，12 行 30 字	写记：卷 8，戊申三月—卷 19，융희 2（1908）……홍호졍사의 필셔무신십이월……필셔노라	天安栗谷纪念图书馆（罗孙文库）[古] 873.5-나 1281 샤

续表

书名	出版事项	版式状况	一般事项	所藏处/所藏番号
三国志	罗贯中(明)著,刊写地,刊写者未详,戊申二年(1908)刊	2卷2册(上、下),笔写本,31.7×19.8cm,无界,11行27字	写记:무신육월십칠일필셔,印记:"张镇道","二钱"	天安栗谷纪念图书馆(罗孙文库)[古]873.5-나1281슈
	罗贯中(明)著,刊写地,刊写者未详,丁未(?)刊	1册(101页),笔写本,28×24.5cm,无界,12行字数不定		天安栗谷纪念图书馆[古]873.5-나1282소
	罗贯中(明)著,刊写地,刊写者未详,壬辰(?)刊	1卷1册(零本),笔写本,31.4×21.4cm,无界,13行29字		天安栗谷纪念图书馆(罗孙文库)古873.5-나1281스
	罗贯中(明)著,刊写地,刊写者未详,壬寅(?)刊	10卷10册(卷4-7、9-13,零本),笔写本,33.5×22.2cm,无界,12行27字	写记:님인구월망간북의셔필셔	天安栗谷纪念图书馆(罗孙文库)[古]873.5-나1281수
	罗贯中(明)著,刊写地,刊写者,刊写年未详	1册(落页),笔写本,29.4×19.2cm,无界,11行字数不定		天安栗谷图书馆(罗孙文库)[古]873.5-나1281서
		2卷1册(卷3-4),木版本,26.1×18.9cm,四周单边,半郭:21.5×16cm,无界,13行29字,注双行,上下内向黑鱼尾	版心题:삼국지	天安栗谷纪念图书馆古873.5-나128
		1册(33页),笔写本,25×17.5cm,无界,11行字数不定	合级:历代歌	天安栗谷纪念图书馆古873.5-나1282슈
		1册(53页),笔写本,34.2×21.5cm,无界,12行26字		天安栗谷图书馆(罗孙文库)[古]873.5-나1281

续表

书名	出版事项	版式状况	一般事项	所藏处/所藏番号
삼국지（三国志）	罗贯中（明）著，全州，西溪书铺，1911 年刊	2 卷 1 册，朝鲜木版本，25.5×16cm，四周单边，半郭：20.4×15.9cm，有界，13 行 22 字，注双行，上下内向黑鱼尾		天安栗谷纪念图书馆（罗孙文库）［古］873.5-나 128 ㅅ
	罗贯中（明）著，卓钟佶编，全州：西溪书铺，明治四十四年（1911）刊	1 册(29 页)零本，笔写本，25.5×18.2cm，四周单边，半郭：20.5×6.9cm，有界，15 行字数不定，上下内向黑鱼尾		天安栗谷纪念图书馆고 873.5-나 428 ㅅ
	罗贯中（明）著，刊写地，刊写者未详，辛亥(1911?)刊	1 册（卷 3），笔写本，28.4×19.2cm，四周单边，半郭：24.8×16.8cm，无界，10 行字数不定	写记：庚戌十二月十七日始—辛亥正月十六日终册主李	天安栗谷纪念图书馆（罗孙文库）古 873.5- 나 1281 서
	罗贯中（明）著，安城，刊写者，刊写年未详	1 卷 1 册（零本），朝鲜木版本，23×19cm，四周单边，半郭：20.3×16.2cm，无界，15 行 28 字，上下向二叶花纹鱼尾	表题：谚三国志，刊记：안셩동문이신판	天安栗谷纪念图书馆 古 873.5-나 1282 수
	罗贯中（明）著，刊写地，刊写者，刊写年未详	6 卷 6 册（卷 6-11），笔写本，25.2×29cm，无界，20 行 20 字		天安栗谷纪念图书馆（罗孙文库）古 873.5-나 1281 ㅅ
		2 卷 1 册，木活字本，25×17cm，四周单边，半郭：20.8×16.2cm，无界，13 行 22 字，上下内向黑鱼尾		天安栗谷纪念图书馆［古］873.5-나 1282 서
		6 卷 6 册（卷 1-5, 12），笔写本，24.8×24cm，无界，14 行 18 字		天安栗谷图书馆（罗孙文库）［古］873.5-나 1281

续表

书名	出版事项	版式状况	一般事项	所藏处/所藏番号
삼국지 (三国志)	罗贯中(明)著,刊写地,刊写者,刊写年未详	2卷2册(卷1-2),笔写本,26.7×19.4cm,无界,12行24字		天安栗谷图书馆(罗孙文库)[古]873.5-나1281
	刊写地,刊写者,刊写年未详	1卷1册(零本),笔写本,28×16.5cm,无界,12行字数不定		天安栗谷图书馆,[古]873.5-나1282ㅅ
		1卷1册(零本),木版本,25.5×18.5cm,四周单边,半郭:19.9×16.5cm,无界,15行字数不定,注双行,上下内向黑鱼尾		天安栗谷纪念图书馆[古]873.5-나1282시
삼국지 (三国志)	罗贯中(明)著,己酉(1909?)刊	1卷1册(零本),笔写本,29.5×20cm,无界,行字数不定	写记:긔유월일……등셔	古873.5-나1282셔
华容道	著者未详,龟洞,丁未(1907)刊	2卷1册,朝鲜木版本,25.7×18cm,四周单边,半郭:21×15.5cm,有界,11行20字,注双行,上下向黑鱼尾	华容道传	天安栗谷纪念图书馆[古]853.5-화768구
	著者未详,完山,梁册房,戊申(1908?)刊	2卷1册,朝鲜木版本,28×19cm,四周单边,半郭:21.5×16cm,无界,13行23字,上下内向黑鱼尾	异题:당양잠판교적벽대젼,版心题:화룡도,奇게妙法可见○放赤壁战,刊记:戊申八月完山梁册房开刊	天安栗谷纪念图书馆古853.5-화768구
화룡도 (华容道)	著者未详,隆熙二年(1908)刊	2卷1册,朝鲜笔写本,31.7×17.2cm,无界,10行32字	刊记:隆熙二年戊申(1908)仲冬访仙新刊	天安栗谷图书馆(罗孙文库)[古]853.5-화7681
		1册(46页),朝鲜笔写本,25.7×26cm,无界,17行24字	表题:华容道	天安栗谷图书馆(罗孙文库)[古]853.5-화7683

续表

书名	出版事项	版式状况	一般事项	所藏处/所藏番号
화룡도 (华容道)	著者未详，龟洞，隆熙二年（1908）刊	2 卷 1 册，朝鲜木版本，26.5×17.6cm，四周单边，半郭：21.6×15.6cm，无界，11 行 20 字，上下内向黑鱼尾	标题：华容道，刊记：丁未（1907）孟秋龟洞新刊	天安栗谷纪念图书馆（罗孙文库）[古] 853.5-화 7686
	著者未详，丁未（1907）刊	1 册（22 页），朝鲜笔写本，25.8×17.4cm，无界，12 行字数不定	表题：华容道，表纸：丁未（1907）正月……印记：崔燉浩	天安栗谷纪念图书馆[古] 853.5-화 768 고
	著者，刊写地，刊写者，刊写年未详	2 卷 1 册，朝鲜木版本，25.8×18cm，四周单边，半郭：21.3×15.2cm，无界，12 行 22 字，上下内向黑鱼尾		天安栗谷纪念图书馆（罗孙文库）[古] 853.5-화 768
		2 卷 1 册，朝鲜木版本，25.8×18.5cm，四周单边，半郭：22×16.2cm，无界，12 行 22 字，上下内向黑鱼尾		天安栗谷纪念图书馆[古]853.5-화 768 ㄱ
		2 卷 1 册，笔写本，25.9×18.6cm，四周单边，半郭：20.8×15.8cm，无界，13 行 22 字，上下内向黑鱼尾		天安栗谷纪念图书馆[古]853.5-화 768 가
		1 册（79 页），笔写本，31×18.2cm，无界，12 行 31 字		天安栗谷纪念图书馆[古]853.5-화 768 갸
		2 卷 1 册，朝鲜木版本，26.5×18.5cm，四周单边，半郭：21.3×16.2cm，无界，11 行 20 字，上下内向黑鱼尾	表题：华容道，刊记：春完西溪新刊	天安栗谷纪念图书馆[古]853.5-화 768 거
		1 册（39 页），笔写本，32×21cm，无界，12 行字数不定		天安栗谷纪念图书馆[古]853.5-화 768 겨

书名	出版事项	版式状况	一般事项	所藏处/所藏番号
화룡도 (华容道)	著者，刊写地，刊写者，刊写年未详	2卷1册(49页)，笔写本，29×19.5cm，无界，12行字数不定		天安栗谷纪念图书馆[古]853.5-화768교
		2卷1册(落页)，朝鲜木版本，27.2×18.5cm，四周单边，半郭：21.2×15.9cm，无界，12行字数不定，上下内向黑鱼尾	表题：华容道	天安栗谷纪念图书馆(罗孙文库)[古]853.5-화7682
华龙道传	著者，刊写地，刊写者，刊写年未详	1册(32页)，笔写本，31×19.5cm，无界，10行字数不定		天安栗谷纪念图书馆(罗孙文库)[古]853.5-화7687
별삼국지 (三国志)	罗贯中(明)著，礼山郡，隆熙四年(1910)刊	1册(37页)，笔写本，28.7×17cm，无界，行字数不定	写记：庚戌年(1910)십니월初九닐시필니라，印记：德山郡内面海宗里章	天安栗谷纪念图书馆(罗孙文库)[古]873.5-나1285人
水浒志	罗贯中(明)著，刊写地，刊写者未详，丙午(1906?)刊	1册(落页)，笔写本，27×21.3cm，无界，16行字数不定		天安栗谷纪念图书馆(罗孙文库)[古]873.5-나128사
	罗贯中(明)著，刊写地，刊写者，刊写年未详	2卷2册(卷2-3)，木版本，23.2×18.2cm，四周单边，半郭：21.6×16.2cm，无界，15行字数不定，注双行，上下向二叶花纹鱼尾		天安栗谷纪念图书馆(罗孙文库)[古]873.5-나128샤
水浒传	罗贯中(明)著，大韩光武六年(1902)刊	3卷3册，木版本，26.5×18.9cm，四周单边，半郭：25×17cm，无界，15行22字，注双行，上下向二叶花纹鱼尾	表题：水浒志，刊记：大韩光武六年(1902)岁在壬寅，印记：兀上，○城世家	天安栗谷纪念图书馆(罗孙文库)[古]873.5-나1282사

续表

书名	出版事项	版式状况	一般事项	所藏处/所藏番号
全图西游记	上海，锦章图书局，刊写年未详	8卷8册（卷1-8），中国石印本，有图，20.3×13.4cm，四周单边，半郭：16.3×11cm，无界，18行42字，注双行，花口，上下向黑鱼尾	上段注，序：康熙丙子（1696）……尤侗撰序，刊记：发行所英界棋盘街 上海锦章图书局石印印刷所法界白尔路	竹田退溪纪念图书馆 873.5-전 329
西游真诠	悟一子（清），陈士斌（清）等诠解，金阊书业堂，正祖四年（1780）刊	94卷19册（卷1-100），中国木版本，24.5×15.7cm，四周单边，半郭21.2×15.3cm，有界，11行24字，注双行，上下向黑鱼尾	标题：重镌绣像西游真诠，表题：西游记，刊记：乾隆庚子（1780）新刊，序：康熙丙子（1696）……尤侗	天安栗谷纪念图书馆（罗孙文库）[古] 873.5-오 883 人
	陈士斌（清）诠解，刊写地，刊写者，刊写年未详	1册（缺本），中国木版本，25×16cm		竹田退溪纪念图书馆 고 823.5-진 506 人
	陈士斌（清）诠解，刊写地，刊写者，刊写年未详	5卷1册（零本），中国木版本，25×16cm，四周单边，半郭：22×15cm，无界，11行24字，上下向黑鱼尾		天安栗谷纪念图书馆 고 873.5-진 506
셔유긔	李志尚（宋）著，刊写地，刊写者未详，庚申（1920?）刊	1册（116页），笔写本，23.5×16cm，四周三边，半郭：19.8×13.8cm，朱丝栏，10行字数不定，注双行，上下向红鱼尾	경신구월뉵일	天安栗谷纪念图书馆[古]873.5-이 864 人
	吴承恩（明）著，刊写地，刊写者，刊写年未详	1册（零本），笔写本，32.2×21.2cm，无界，10行字数不定		天安栗谷图书馆（罗孙文库）[古]873.5-오 883 사
		1册（30页），笔写本，36.8×21.8cm，无界，11行28字	表题：셔유긔젼，印记：妙信	天安栗谷纪念图书馆[古]873.5-오 833 사

续表

书名	出版事项	版式状况	一般事项	所藏处/所藏番号
今古奇观	抱瓮老人(明)选辑,上海,点石斋,光绪五年(1879)刊	27卷4册(卷1-7,15-34),中国石印本,15.5×10cm,四周单边半郭:13×8.6cm,无界,17行38字,注双行	标题:绘图今古奇观,序:姑苏笑花主人题,刊记:光绪乙巳(1879)孟春月上海点石斋石印	天安栗谷纪念图书馆(罗孙文库)[古]873.5-亚 279ㄱ
	抱瓮老人(明)选辑,刊写地,刊写者,刊写年未详	1册(零本),中国木版本,25.3cm		竹田退溪纪念图书馆 고823.5-亚 279ㄱ
	抱瓮老人(明)选辑,刊写地,刊写者,刊写年未详	7卷1册(写本)(卷8-14),中国石印本,有图,16×10cm,四周双边,半郭:13×8cm,无界,17行38字,上下向黑	绘图今古奇观	天安栗谷纪念图书馆 고873.5-亚 279가
绘图封神演义	许仲琳(明)撰,刊写地,刊写者未详,光绪二十九年(1903)刊	8册(100回),中国石印本,20×13cm		竹田退溪纪念图书馆 고823.5-허 533ㅂ
东周列国志	蔡昇(清)评点,上海,同文新译书局,光绪三十一年(1905)刊	27卷8册(卷1-27),中国石印本,有图,19.5×12.9cm,无界,19行41字,注双行,上下向黑鱼尾	表题:绘图东周列国志(题签),序:乾隆十七年(1752)……蔡元放	天安栗谷纪念图书馆(罗孙文库)[古]873.6-채 243ㄷ
东周列国全志	蔡昇(清)评点,上海,天宝书局,刊写年未详	2卷2册(卷1-8),中国石印本,19.9×13.2cm,四周双边,半郭:17.4×12.5cm,无界,28行58字,注双行,上下向黑鱼尾	表题:绘图东周列国志(墨书)	天安栗谷纪念图书馆(罗孙文库)[古]873.6-채 243다
列国志	刊写地,刊写者,刊写年未详	1册(落页),木版本,24.3×15.6cm,四周单边,半郭:20.7×13.6cm,有界,10行22字,上下向黑鱼尾	标题:新刊绣像批评列国志原本,叙:小雅氏撰,印记:小雅氏,可观道人,赠言堂童氏现藏	天安栗谷纪念图书馆(罗孙文库)[古]873.5-열 685

470

书名	出版事项	版式状况	一般事项	所藏处/所藏番号
楚汉演义	文湖精舍，刊写年未详	1 册（64 页），笔写本，29×26cm，无界，16 行字数不定	辛卯(1891?)八月初一日坪湖书，刊记：岁在辛卯八月于文湖精舍	天安栗谷图书馆古 853.5-초 411 가
	刊写地，刊写者未详,戊辰(1868?)刊	1 册（45 页），笔写本，23.2×22.2cm，无界，14 行字数不定		天安栗谷图书馆［古］853.5-초 4116
	刊写地，刊写者未详，丙午(1906?)刊	1 册（51 页），笔写本，19.2×19.5cm，无界，12 行字数不定	卷末：丙午(1906?)八月南原胜莲书……	天安栗谷图书馆（罗孙文库）［古］853.5-초 4111
	刊写地，刊写者，刊写年未详	1 册（61 页），笔写本，23×21.6cm，无界，10 行 19 字		天安栗谷图书馆（罗孙文库）［古］853.5-초 4112
		1 册（零本），笔写本，34×22.2cm，无界，行字数不定		天安栗谷图书馆（罗孙文库）［古］853.5-초 4113
		1 册（89 页），33×23cm，无界，15 行字数不定		天安栗谷图书馆,고 853.5-초 411 가
	刊写地，刊写者，刊写年未详	2 卷 1 册(落页)，木版本，26.8×17.7cm，四周单边，半郭:20.7×16.2cm，无界，13 行 22 字，上下向黑鱼尾	版心题：초 한，表题：西汉演义	天安栗谷图书馆（罗孙文库）［古］853.5-초 411
쵸한녇의	译著者，刊写地，刊写者，刊写年未详	1 册（零本），笔写本，32×21.5cm，无界，行字数不定	表题：楚汉演义(墨书)	天安栗谷图书馆（罗孙文库）［古］853.5-초 4114

续表

书名	出版事项	版式状况	一般事项	所藏处/ 所藏番号
楚汉传	刊写地，刊写者 未详,庚申(1920?) 刊	1册(23页)，笔写本，24.2× 21cm，无界，9行字数不定		天安栗谷图 书馆(罗孙文 库)〔古〕 853.5-쵸 4117
	刊写地，刊写者， 刊写年未详	1册(84页)，木版本，26× 18.2cm，四周单边，半郭：19.6× 16.2cm，无界，13行22字，上 下向黑鱼尾		天安栗谷图 书馆(罗孙文 库)〔古〕 853.5-쵸 4118
	刊写地，刊写者， 刊写年未详	2卷1册，木版本，27.7× 18.2cm，四周单边，半郭：20× 16.5cm，无界，13行23字，上 下内向黑鱼尾	卷头题：쵸한젼，版心 题：쵸한，内容：下卷 题，셔한연의	天安栗谷图 书馆고 853.5- 쵸 411 ㄱ
쵸한젼 (楚汉传)	译著者，刊写地， 刊写者未详，哲 宗七年(1856)刊	1卷1册(零本)，笔写本，25.5× 17.5cm，无界，10行22字		天安栗谷图 书馆(罗孙文 库)〔古〕 853.5-쵸 4116
	译著者，刊写地， 刊写者未详，明 治四十四年 (1911)刊	2卷1册，朝鲜木版本，25.4× 17.9cm，四周单边，半郭：19× 16.1cm，无界，13行20字，上 下内向黑鱼尾	下卷书名：셔한연의(西 汉演义)	天安栗谷图 书馆(罗孙文 库)〔古〕 853.5-쵸 4119
楚汉志	刊写地，刊写者， 刊写年未详	1册(44页)，笔写本，32.5× 20cm，无界，10行37字		天安栗谷图 书 馆 고 873.5-쵸 411
新刻剑啸 阁批评东 西汉演义	钟惺(明)批评， 刊写地，刊写者， 刊写年未详	合14册(西汉演义8卷，东汉演 义10卷)，木版本，16×11cm	扫叶山房藏板	竹田退溪图 书馆 IOS，고 823.5-동 617
薛丁山 实记	译著者，刊写地， 刊写者，刊写年 未详	1册(落页)，铅活字本，20.2× 13.5cm，无界，15行32字		天安栗谷纪 念图书馆(罗 孙文库)〔古〕 873.5-셜 694

清代

书名	出版事项	版式状况	一般事项	所藏处/所藏番号
增评补像全图金玉缘	曹霑（清），高鹗（清）合著，章福记书局，宣统元年（1909）刊	16卷16册，石印本，有图，四周双边，半郭：16.9×12.2cm，无界，22行50字，上下向黑鱼尾	重刊序：光绪十四年（1888）……华阳仙裔，增评全图石头记	天安栗谷图书馆고 873.6-조 745 ㄱ-卷首-15
增像绘图青楼梦	慕真山人（清）著，锦章图书局，刊写年未详	6卷6册，中国石印本，14×9cm，四周单边，半郭：12.2×8.8cm，无界，20行44字	表题：绘图增像青楼梦，序：光绪三十一年乙巳（1905）	天安栗谷图书馆（秋汀文库）［古］873.6-모 373 ㅈ
品花宝鉴	陈森（清）撰，刊写地，刊写者，刊写年未详	15卷5册（卷1-15），木版本，20.2×12.8cm，四周单边，半郭：13.9×10.4cm，有界，8行22字，注双行，上下向黑鱼尾	表题：品花，题词：卧云轩老人题，序：石函氏书，幻中了幻居士	天安栗谷图书馆（罗孙文库）古 873.6-진 506 ㅍ
西湖拾遗	梅溪氏（清）搜辑，刊年未详	10卷3册（零本），铅活字本，17×11cm，四周双边，半郭：13.5×9.5cm，无界，12行27字，注双行，上下向黑鱼尾		天安栗谷图书馆（秋汀文库）［古］873-서 627
张远两友相论	中国圣教书会编，上海，文华书馆，光绪二十三年（1897）刊	1册（17页），中国新铅活字本，四周双边，半郭：15.4×9.5cm，无界，11行32字，花口，上下向黑鱼尾	刊记：光绪二十三年岁次丁酉（1897），上海文华书馆排印	退溪图书馆，275.3-중 222 ㅈ
평요뎐	译著者，刊写地，刊写者，刊写年未详	2卷2册（零本，卷3，5），笔写本，22.9×19.2cm，无界，行字数不定	表题：平妖传	天安栗谷图书馆（罗孙文库）［古］853.5-평 262
쌍주기연	译著者，刊写地，刊写者，刊写年未详	1卷1册（65页），笔写本，29×19.2cm，无界，10行字数不定	双珠奇缘	天安栗谷图书馆，고 853.5-쌍 899
직금회문	译著者，刊写地，刊写者未详，壬申（1872?）写	1册（54页），笔写本，无界，12行字数不定	合级：유한당젼지이，织锦回文	天安栗谷图书馆고 853.5-직 454

17. 中央大学校

书名	出版事项	版式状况	一般事项	所藏番号
绘图增像五才子书	施耐庵(明)著,刊写地,刊写者未详,1887年刊	70卷12册(所藏本:册1-12),有图,19.8×13.3cm,四周双边,有界,17行30字,小字注双行,上内向黑鱼尾	表题:绣像全图五才子奇书,内容:册1,1-2,册2,3-8,册3,9-16,册4,17-22,册5,23-28,册6,29-34,册7,35-40,册8,41-46,册9,47-52,册10,53-58,册11,59-64,册12,65-70	812.36-시내암회
增像全图加批西游记	陈士斌(清)诠解,上海,章福记书局,1910年刊	10卷10册(所藏本:卷1-10),中国石印本,20.5×13.5cm,四周双边,半郭:17×11.9cm,无界,20行40字,上黑鱼尾		812.3-진사빈ㅈ
今古奇观	抱瓮老人(明)编,成文信,光绪二十一年(1895)刊	7卷7册,17.4×11.5cm,四周单边,半郭:12.6×9.2cm,有界,12行28字,上下向黑鱼尾		812.3-포옹노금
改良今古奇观	刊写地,刊写者,刊写年未详	2册(所藏本:卷4,6,零本),中国石印本,有图,19.9×13.4cm		812.3-포옹노개
东周列国志	冯梦龙(明)著,蔡奡(清)评点,扫叶山房,光绪丙申(1896)刊	17卷5册,中国石印本,有图,20×13.5cm,四周双边,半郭:16.6×12.3cm,无界,22行50字,注双行,上下向黑鱼尾	刊记:光绪丙申(1896)仲秋扫叶山房石印,叙:乾隆十有七年(1752)春七都梦夫蔡元放氏题	812. 冯梦龙동
东周列国全志	冯梦龙(明)著,蔡奡(清)评点,善成堂藏板,乾隆十七年(1752)序	23卷24册,中国铜活字本,有图,24.5×16cm,四周单边,半郭:21.2×14.2cm,12行26字,有界,上黑鱼尾	版心题:绘图今古奇观	812.93-冯梦龙동
绘图东周列国志	冯梦龙(明)著,蔡奡(清)评,刊写地,刊写者,刊写年未详	8卷8册,中国石印本,有图,20×13.2cm,四周单边,半郭:17.4×12cm,无界,30行76字,上黑鱼尾	版心题:绘图今古奇观	812.3-冯梦龙회

续表

书名	出版事项	版式状况	一般事项	所藏番号
增像全图东周列国志	蔡奡（清）评点，上海，进步书局，刊写年未详	8 卷 8 册，中国铅印本，有图，20.3×13.5cm，四周双边，半郭：17.4×12.2cm，无界，26 行 55 字，注双行，上下向黑鱼尾	表题：绣像绘图东周列国志，上栏外小字注，版心题：绘图东周列国志，刊记：上海进步书局印行	812.3-채승증
四雪草堂重订通俗隋唐演义	罗贯中（明）著，上海书局，光绪丁未（1907）刊	20 卷 10 册（所藏本：卷 1-20），中国石印本，有图，20.2×13.6cm，四周双边，半郭：17.3×11.8cm，无界，23 行 50 字，上下向黑鱼尾	表题：绘图改正隋唐演义，版心题：绣像隋唐演义，刊记：光绪丁未（1907）孟秋上海书局石印	812.3-로관중 사설
新刻剑啸阁批评西汉演义传	钟惺（明）批评，扫叶山房，刊写年未详	8 卷 8 册（所藏本：1-8），有图，24×16.2cm，四周单边，半郭：21.8×14.2cm，有界，11 行 26 字，上下向黑鱼尾	题签：西汉演义，版心题：西汉演义评，序文：公安袁宏道题	812.3-중성검 1-8
绘图东西汉演义	刊写地，刊写者，刊写年未详	6 卷 6 册，中国石印本，有图，20.2×13.5cm，四周双边，半郭：17.9×12cm，无界，29 行 63 字，上下向黑色鱼尾	序题：绣像西汉东汉通俗演义	812.3-회도동
镜花缘	李汝珍（清）著，扫叶山房藏板，1883 年刊	18 册，中国木版本，四周单边，半郭：12.0×9.8cm，10 行 20 字，外部上端注，上黑鱼尾：22.8×14.9cm		812.3-이여진 경

18. 淑明女子大学校

明代

书名	出版事项	版式状况	一般事项	所藏番号
四大奇书	罗贯中（明）著，毛宗岗（清）评，槐荫堂，刊写年未详	卷 14，1 卷 1 册，中国木版本，25×15cm，四周单边，半郭：22×15cm，无界，11 行 24 字，注双行，花口，上下向黑鱼尾	表题：三国志，版心题：三国志	CL812.3-로관중-사-가 v14

续表

书名	出版事项	版式状况	一般事项	所藏番号
四大奇书	罗贯中(明)著,毛宗岗(清)评,刊写地,刊写者,刊写年未详	19卷20册(卷1-19),中国木版本,29×19cm,四周单边,半郭:21×15cm,无界,12行26字,注双行,花口,上下向黑鱼尾	表题:三国志,版心题:第一才子书,序:顺治岁次甲申(1644)嘉平朔日金人瑞圣叹氏题	CL812.3-罗贯中-대 v1-20
삼국지(三国志)	罗贯中(明)著,刊写地,刊写者,刊写年未详	1册,韩文笔写本,24.5×22cm	韩文本	CL812.3-罗贯中-삼 v1-16
		1册,韩文木版本,26.5×19cm,四周单边,半郭:21.5×17cm,有界,白口,上下内向黑鱼尾	韩文本	812.3
화룡도(华容道)	译著者,刊写地,刊写者,刊写年未详	1册,韩文木版本,26×18cm,四周单边,半郭:21×16cm,无界,13行22字,上下向黑鱼尾	书名:表纸	811.3
评论出像水浒传	施耐庵(明)著,刊写者未详,顺治十四年(1657)序	20册,中国木版本,有图,24×17cm,四周单边,半郭:21×15cm,有界,11行24字,注双行,花口,上下向黑鱼尾	表题:水浒志,版心题:五才子奇书,序:顺治丁酉(1657)冬月桐庵老人书于醉耕堂墨室	CL 812.3-시내암-평 v8
西游真诠	吴承恩(明)著,陈士斌(清)诠解,扫叶山房,光绪十年(1884)刊	20册,中国木版本,有图,24×16cm,四周单边,半郭:21×15cm,11行24字,注双行,花口,上下向黑鱼尾	表题:西游记,版心题:西游真诠,序:康熙丙子(1696)中秋西堂老人尤侗,刊记:光绪甲申(1884)良月展读西游记批点全备书肆惜无善本今购得是书重校付于手民鸿工复刊吴县孙溪逸士槐庐识	CL 812.3-오승은-서 v1-20
四雪草堂重订通俗隋唐演义	罗贯中(明)著,上海书局,清光绪三十三年(1907)刊	20卷10册(卷1-20),中国石印本,有图,20×13.5cm,四周双边,半郭:17.5×12cm,无界,23行50字,花口,上下内向黑鱼尾,纸质:竹纸	表题:隋唐演义,标题:绘图改正隋唐演义,刊记:光绪丁未(1907)孟秋上海书局石印,序:时康熙乙亥(1695)……长洲褚人获学稼氏题于四雪草堂,光绪丙午(1906)春重付石印,版心题:隋唐演义	CL 812.3

书名	出版事项	版式状况	一般事项	所藏番号
楚汉传	刊写地，刊写者，刊写年未详	1册93面，笔写本，20×20cm，行字数不定，纸质：楮纸		811.3
쵸한젼	译著者，刊写地，刊写者，刊写年未详	2卷1册，韩文木版本，26×19cm，四周单边，半郭：20×17cm，无界，13行23字，上下向黑鱼尾	楚汉传	811.3

清代

书名	出版事项	版式状况	一般事项	所藏番号
增像小五义传	石玉昆（清）述，刊写地未详，清光绪十六年（1890）刊	25卷6册（卷1-25），中国石印本，有图，19.2×13cm，半郭：15.5×12cm，有界，17行32字，花口，上下内黑鱼尾	增像小五义序：……光绪庚寅（1890）仲夏文光楼主人谨识，序：光绪庚寅（1890）仲夏知非子书于都门文光楼，序：光绪十六年岁次庚寅（1890）中吕月庆森宝书氏志于卧游轩，小五义辨：……光绪十六年岁次庚寅（1890）风迷道人又识，绣像6叶12幅	812.3

19. 国民大学校

明代

书名	出版事项	版式状况	一般事项	所藏番号
四大奇书第一种	罗贯中（明）著，毛宗岗（清）评，刊写地，刊写者，刊写年未详	20册（所藏：0-19），中国木版本，28.6×19cm，四周单边，半郭：21.1×14.3cm，无界，12行26字，上下向黑鱼尾	表题：三国志，序：时顺治岁次甲申（1644）……金人瑞圣叹氏题	[고]823.5 나01-1

续表

书名	出版事项	版式状况	一般事项	所藏番号
第一才子书	罗贯中(明)著,毛宗岗(清)评,刊写者,刊写年未详	5册(缺帙)(所藏:2,4,6,8,19),中国新铅活字本,20.5×13.5cm,四周双边,半郭:17.4×11.1cm,有界,14行28字,上下向黑鱼尾	杂题:圣叹外书,表题:增像全图三国演义	[고]823.5 나 01-5
	罗贯中(明)著,毛宗岗(清)评,刊写地,刊写者,刊写年未详	6册(缺帙)(所藏:9-13,15),中国新铅活字本,有图,19.7×13.5cm,四周单边,半郭:17.2×11.9cm,有界,15行30字,上下向黑鱼尾	杂题:圣叹外书,题签:校正全图三国志演义	[고]823.5 나 01-5 ㄱ
图像三国志演义第一才子书	罗贯中(明)著,毛宗岗(清)评,刊写地,刊写者,刊写年未详	4册(缺帙)(所藏:1-2,9-10),中国新铅活字本,有图,20×12.7cm,四周双边,半郭:16.3×10.2cm,无界,行字数不定,上下向黑鱼尾		[고]823.5 나 01
评论出像水浒传	施耐庵(明)撰,刊写者,刊写年未详	20卷20册,中国木版本,有图,24.3×16cm,四周单边,半郭:21.9×14.3cm,无界,11行24字,上下向黑鱼尾	杂题:圣叹外书,版心题:五才子奇书,序:顺治丁酉(1657)……桐庵老人书于……	[고]823.5 시 01-2
绘图增像第五才子书水浒全传	施耐庵(明)撰,金人瑞(清)评释,上海,同文书局,光绪十三年(1887)刊	12册,中国新铅活字本,有图,20×13.2cm,四周双边,半郭:15.7×10.7cm,有界,17行字数不定,上下向黑鱼尾	版心题:绘图增像第五才子书,叙:雍正甲寅(1734)……勾曲外史	[고]823.5 시 01-3
西游真诠	吴承恩(明)著,陈士斌(清)诠解,刊写者,刊写年未详	18册(缺帙)(所藏:2-19),中国木版本,24×16cm,四周单边,半郭:20.2×14.3cm,无界,11行24字,上下向黑鱼尾	表题:西游记	[고]823.5 오 01 ·
增像全图加批西游记	吴承恩(明)著,陈士斌(清)诠解,源记书庄,光绪二十六年(1900)刊	8卷8册,中国新铅活字本,19.7×13.1cm,四周单边,半郭:16.4×11.6cm,无界,行字数不定,花口,内向黑鱼尾	表题:西游记,序:……尤侗	[고]823.5 오 01-1

续表

书名	出版事项	版式状况	一般事项	所藏番号
绣像绘图金瓶梅	刊写地,刊写者,刊写年未详	6卷6册1匣(所藏:1-6),中国石印本,有图,17.1×10.2cm,四周双边,半郭:13.7×8.8cm,无界,16行40字,上下向黑鱼尾	书名:题签,卷首题:新镌绘图第一奇书钟情传,第一奇书钟情传序:……癸卯(1903)……闲云山人题于沪上	[고]823.5 수01
绣像今古奇观	抱瓮老人(明)选辑,刊写者未详,光绪十七年(1891)刊	10册,中国木版本,有图,15.6×11.3cm,四周单边,半郭:11.8×9.2cm,无界,11行字数不定,上下向黑鱼尾	书名:内题,表题/版心题:今古奇观	[고]823.5 포01 ㄱ
绘图今古奇观	抱瓮老人(明)选辑,刊写者,刊写年未详	40卷6册,中国石印本,有图,15.5×10cm	书名:表题……序:姑苏笑花主人漫题	[고]823.5 포01 ㄴ
绣像封神演义	钟惺(明)评释,上海,广益书局,刊写年未详	16册1匣,中国新铅活字本,有图,20.1×13cm,四周单边,半郭:17.4×11.7cm,有界,15行31字,上下向黑鱼尾	序:康熙乙亥(1695)……褚人获学稼题	[고]823.5 수02
新刻钟伯敬先生批评封神演义	钟惺(明)批评,刊写者,刊写年未详	3册(缺帙,所藏:5、8-9),中国木版本,24.5×15.8cm,四周单边,半郭:20.5×14cm,无界,11行24字,上下向黑鱼尾		[고]823.5 신01
东周列国志	冯梦龙(明)著,蔡崇(清)评点,上海,锦章图书局,20世纪初刊	27卷14册,中国石印本,有图,20.3×13.5cm,四周双边,半郭:17.5×11.7cm,有界,行字数不定,上下向黑鱼尾	表题:绘图东周列国志	[고]823.5 뭉01 ㄱ
东周列国全志	冯梦龙(明)著,蔡崇(清)评点,扫叶山房,光绪六年(1880)刊	12册(缺帙,所藏:1-12),中国木版本,有图,24.4×15.7cm,四周单边,半郭:21.1×14.3cm,无界,行字数不定,上下向黑鱼尾	标题:绣像东周列国志,表题:秣陵蔡元放批评,扫叶山房藏板,序:时乾隆十七年(1752)……蔡元放氏题 表题:列国志,序:乾隆壬申(1752)……蔡元放……	[고]823.5 뭉01 ㄴ
	冯梦龙(明)著,蔡崇(清)评点,上海,江左书林,光绪十二年(1886)刊	24册(所藏:0-23),中国木版本,有图,24.3×15.4cm,左右单边,上下双边,半郭:16×12cm,无界,行字数不定,上下向黑鱼尾		[고]823.5 뭉01

书名	出版事项	版式状况	一般事项	所藏番号
绘图隋唐演义	褚人获(清)著,上海,锦章图书局,20世纪初刊	10卷10册1匣,中国石印本,有图,20.6×13.5cm,四周双边,半郭:18×12cm,无界,行字数不定,上下向黑鱼尾	版心题:绣图隋唐演义,卷首题:四雪草堂重订通俗隋唐演义,序:康熙乙亥(1695)……褚人获学稼氏题	[고]823.6 획 01
绘图改正隋唐演义	上海书局,光绪三十三年(1907)刊	20卷9册,中国石印本,有图,20.5×13.2cm,四周双边,半郭:17.3×12cm,无界,行字数不定,上下向黑鱼尾	书名:标题,卷首题:四雪草堂重订通俗隋唐演义,版心题:绣像隋唐演义	[고]823 회 01
新镌玉茗批点按鉴参补出像北宋志传	署杨业(宋)著,研石山樵(明)订正,织里畸人(明)校阅,刊写者,刊写年未详	5册(缺帙,所藏:礼,射,御,书,数),中国木版本,22.2×15cm,四周单边,半郭:21×13.5cm,有界,10行20字,上下向黑鱼尾	版心题:北宋志传,北宋志传序:时万历戊午(1618)……玉茗主人题	[고]823.4 양 01
新刻剑啸阁批评西汉演义	钟惺(明)批评,善成堂,刊写年未详	8卷4册,中国木版本,24.3×16cm,四周单边,半郭:22×14cm,有界,11行26字,上下向黑鱼尾	版心题:西汉演义,序:袁宏道题	[고]823.5 중 01
新刻批评东汉演义	清远道人(清)重编,刊写者,刊写年未详	8卷6册,中国木版本,有图,23.5×16cm,四周单边,半郭:22.1×14cm,无界,11行26字,上下向黑鱼尾	东汉演义序:岁在旃蒙大渊献(?)……清远道人书	[고]823
		8卷6册,中国木版本,24×16cm	东汉演义序:岁在旃蒙大渊献(?)……清远道人书	[고]823 청 01
绘图东西汉演义	钟惺(明)著,上海,鸿文书局,刊写年未详	6册,中国石印本,有图,20.3×14cm,左右双边,上下单边,半郭:18.1×12cm,无界,行字数不定,上下向黑鱼尾	书名:表题	[고]823.5 중 01-2

清代

书名	出版事项	版式状况	一般事项	所藏番号
增评加批金玉缘图说	曹雪芹（清）著，蝶芗仙史（清）评订，上海，桐阴轩，光绪三十二年（1906）刊	16 册 2 匣，中国石印本，有图，20.5×13.5cm	标题：全图增评金玉缘，表题：红楼梦，全图金玉缘序：光绪三十二（1906）年……华阳仙裔识	[고]823.6
	曹雪芹（清）著，蝶芗仙史（清）评订，上海，桐阴轩，光绪三十二年（1906）刊	120 卷，共 16 册，中国石印本，21×14cm	标题：全图增评金玉缘，表题：红楼梦，全图金玉缘序：光绪三十二年（1906）……华阳仙裔识	[고]823.6 조01
	曹雪芹（清）著，刊写地，刊写者未详，20 世纪初刊	16 册 1 匣，中国石印本，有图，20×13.5cm	标题：全图增评金玉缘，版心题：增评绘图石头记	[고]823.6 조01 ㄱ
绣像绘图花月痕	眠鹤（清）编次，栖鹤（清）评阅，刊写者，刊写年未详	16 卷 1 册，中国石印本，有图，20.3×13.2cm，四周单边，半郭18.3×12cm，无界，行字数不定，花口	……序：咸丰戊午（1858）……眠鹤主人序	[고]823.6 면01
绣像绘图儿女英雄传	上海，广益书局，刊写年未详	8 册 1 匣，中国石印本，有图，20×13.6cm，四周双边，半郭：17.7×11.3cm，无界，行字数不定，花口，上下向黑鱼尾	书名：标题，表题：绘图评点正续儿女英雄传，序文：雍正阏逢摄提格（1734）……观鉴我斋甫拜手谨序	[고]823.6 수01
精忠说岳全传	上海，广益书局，刊写年未详	12 卷 8 册 1 匣（所藏：1-4），中国石印本，有图，19.7×13.3cm，四周单边，半郭：16.8×11.9cm，有界，20 行 44 字，花口，上下向黑鱼尾		[고] 823 즉01
增订绘图精忠说岳全传	上海书局，光绪三十一年（1905）序	1 册（80-84 回落页），中国石印本，有图，17.5×10cm，四周双边，半郭：14.3×8.5cm，无界，行字数不定，上下向黑鱼尾	标题/版心题：绘图精忠说岳全传，序：光绪乙巳（1905）……	[고] 823 증01

续表

书名	出版事项	版式状况	一般事项	所藏番号
新刻逸田叟女仙外史大奇书	吕熊(清)著,钓璜轩,刊写年未详	10册(缺帙,所藏:1-10),中国木版本,23.9×15cm,四周单边,半郭:19.4×13cm,无界,10行22字,花口,上下向黑鱼尾	自叙:岁次辛卯(1771?)吕熊文兆氏自跋于后	[고]823.6 여01
	吕熊(清)著,刊写者,刊写年未详	13册(缺帙,所藏:2,4-5,11-20),中国木版本,25.4×15.3cm,四周单边,半郭:19.5×12.9cm,无界,10行22字,花口,上下向黑鱼尾	表题:女仙外史	[고]823.6 여01 ㄱ
精订纲鉴廿四史通俗衍义	吕抚(清)辑,吕维城,吕维垣,吕维基(清)等同校,珍艺书院,光绪二十一年(1895)刊	3册(缺帙,所藏:1-3),中国新铅活字本,有图,19.7×12.5cm,四周双边,半郭:15.8×10.5cm,无界,行字数不定,上下向黑鱼尾	标题:廿四史通俗衍义,版心题:纲鉴通俗衍义,序:时雍正十年(1732),吕抚谨题	[고]823.6 여02
闺阁才子奇书	烟水散人(清)编次,上海,文宜书局,光绪十九年(1893)刊	12卷4册1匣,中国石印本,有图,13.3×9cm,四周双边,半郭:10.7×6.5cm,无界,行字数不定,上下向黑鱼尾	题签:绘图闺秀英才传,刊记:光绪十九年癸巳夏(1893)	[고]823.6 연01
快心编	天花才子(清)编次,四桥居士(清)评点,上海,申报馆,20世纪初刊	10册,中国石印本,18×12cm,四周双边,半郭:13.5×9.5cm,无界,行字数不定,上下向黑鱼尾	版心题:快心初集,表题:四桥居士评,申报馆重印	[고]823.6 쾌01

20. 崇实大学校

书名	出版事项	版式状况	一般事项	所藏番号
四大奇书第一种	毛宗岗(清)评	木版本,59张(卷3,5,7总3卷),26.8×17.4cm,四周单边,半郭:22.2×15.1cm,12行24字,上下向黑鱼尾	表题:三国志卷之三,版心题:第一才子书	4996

书名	出版事项	版式状况	一般事项	所藏番号
三国志		卷 12-16，铅活字本，75 页，有图，19.5×13cm，四周单边，半郭：15.5×11.2cm，有界，11 行 40 字，注双行，内向黑鱼尾	版心题：第一才子书，茂苑毛宗岗序始评	3200
화룡도（华容道）		韩文笔写本，62 页，32.6×21.1cm，半叶行字数不定	笔写记：계축남월일슈의	0702
绣像绘图隋唐演义		中国木版本，92 页，有图，19.8×13.2cm，四周双边，半郭：17.2×12.1cm，27 行 60 字，黑口，上下向黑鱼尾	历史小说	3194
张远两友相论	著者未详，1898 年刊行	韩文本，12 回，47 页，21.4×14.7cm，12 行 24 字		崇实大学校，韩国基督教博物馆，0078，同一本 0129
引家当道	周明卿著，1911 年，徽文馆刊行	16 回，78 页，10 行 17-18 字，铅活字本	韩文本	崇实大学校，韩国基督教博物馆

21. 明知大学校

书名	出版事项	版式状况	一般事项	所藏番号
四大奇书第一种	刊写地，刊写者，刊写年未详	3 卷 1 册（卷 36-39），15.8×25cm，四周单边，半郭：13.5×20.1cm，有界，12 行 28 字，注双行，上下向黑鱼尾	题签：三国志	812.36 사 222
悬吐三国志	京城，刊行年不详	零本 3 册，15×22cm，四周单边，半郭：11.5×17.5cm，无界，17 行 36 字	悬吐三国志	812.3 -3
标注训译水浒传	平冈龙城译，东京近世汉文学会，大正五年（1916）刊	14 册，15×22cm，四周单边，半郭：11.4×18.5cm，无界，10 行 21 字，注双行	刊记：朝比奈知泉识	812.3 -1

22. Catholic 大学校

书名	出版事项	版式状况	一般事项	所藏番号
四大奇书第一种	毛宗岗(清)评,刊写地,刊写者,刊写年未详	2卷2册(所藏本:卷3-4,缺帙),中国木版本,23.7×15.6cm,四周单边,半郭:18.3×13.7cm,无界,12行26字,上下向黑鱼尾	表题:三国志,版心题:第一才子书	

23. 京畿大学校

明代

书名	出版事项	版式状况	一般事项	所藏番号
四大奇书第一种	罗贯中(明)撰,毛宗岗(清)评,刊写地,刊写者,刊写年未详	1卷1册(卷13),中国木版本,29.3×18.8cm,四周单边,半郭:21.1×14.3cm,无界,12行26字,注双行,上下向黑鱼尾	表题:三国志,版心题:第一才子书	京畿-k121998-13
	罗贯中(明)撰,毛宗岗(清)评,刊写地,刊写者,刊写年未详	1卷1册(卷11、13),笔写本,25.1×17.4cm,无界,12行26字,注双行,无鱼尾		京畿-k107160-6
	罗贯中(明)撰,毛宗岗(清)评,刊写地,刊写者,刊写年未详	1卷1册(卷11、13),笔写本,25.1×17.4cm,无界,12行26字,注双行,无鱼尾		京畿-k107887-13
	罗贯中(明)撰,毛宗岗(清)评,刊写地,刊写者,刊写年未详	1卷1册(卷8),中国木版本,29.4×18.6cm,四周单边,半郭:21.5×13.9cm,无界,12行26字,注双行,上下向黑鱼尾	表题:三国志,版心题:第一才子书	京畿-k122060
	罗贯中(明)撰,毛宗岗(清)评,刊写地,刊写者,刊写年未详	1卷1册(卷5),中国木版本,26.3×18.2cm,四周单边,半郭:20.4×13.9cm,无界,12行26字,注双行,上下向黑鱼尾	表题:三国志,版心题:第一才子书	京畿-k117945-5

书名	出版事项	版式状况	一般事项	所藏番号
四大奇书 第一种	罗贯中（明）撰，毛宗岗（清）评，刊写地，刊写者，刊写年未详	8卷8册（卷1-3、5-6、8-10），中国石印本，23.3×15.5cm，四周单边，半郭：19.6×13.6cm，无界，12行26字，注双行，上下向无叶花纹鱼尾	版心题：第一才子书	京畿-k101674-1
	罗贯中（明）撰，毛宗岗（清）评，刊写地，刊写者，刊写年未详	2卷2册（卷14、16），中国木版本，22.9×15.2cm，四周单边，半郭：19.4×13.4cm，无界，12行26字，注双行，上下向黑鱼尾	表题：四大奇书，版心题：第一才子书	京畿-k121903-14
	罗贯中（明）撰，毛宗岗（清）评，刊写地，刊写者，刊写年未详	19册（册1-5，7-20缺帙），朝鲜木版本，有图，29×18.3cm，四周单边，半郭：21.3×14.2cm，无界，12行26字，注双行，花口，上下向黑鱼尾，纸质：楮纸	表题：三国志，版心题：第一才子书，标题：贯华堂第一才子书，序：顺治岁次甲申（1644）嘉平朔日金人瑞圣叹氏题	京畿-K103235-1=2
	罗贯中（明）撰，毛宗岗（清）评，经国堂，1644年序	19卷19册，目录1册，共20册2匣，中国木版本，有图，24.9×15.7cm，四周单边，半郭：20.5×13.3cm，无界，12行26字，注双行，上下向无叶花纹鱼尾	标题：绣像第一才子书，版心题：第一才子书，表题：三国志，序：顺治岁次甲申（1644）嘉平朔日金人瑞圣叹氏题，刊记：经国堂发兑	
	毛声山（清）批点，毛宗岗（清）评，刊写地，刊写者，刊写年未详	目录1册，17卷17册，共18册，（全19卷20册中所藏目录，卷1-6、8、10-19），朝鲜木版本，有图，26.6×18.2cm，四周单边，半郭：20×14.3cm，无界，12行26字，注双行，上下向黑鱼尾	表题：三国志，版心题：第一才子书，标题：贯华堂第一才子书，序：顺治岁次甲申（1644）嘉平朔日金人瑞氏题	京畿-K103235-1=2
	罗贯中（明）撰，毛宗岗（清）评，刊写地，刊写者，刊写年未详	1卷1册（卷8，缺帙），朝鲜木版本，29.4×18.6cm，四周单边，半郭：21.5×13.9cm，无界，12行26字，注双行，上下向黑鱼尾	表题：三国志，版心题：第一才子书	京畿-k122060
	罗贯中（明）撰，毛宗岗（清）评，刊写地，刊写者，刊写年未详	1卷1册（卷13，缺帙），朝鲜木版本，29×18.8cm，四周单边，半郭：21.1×14.3cm，无界，12行26字，注双行，上下向黑鱼尾	表题：三国志，版心题：第一才子书	京畿-k121998-13

续表

书名	出版事项	版式状况	一般事项	所藏番号
第一才子书	刊写地，刊写者，刊写年未详	1 卷 1 册(卷 9，缺帙)，木版本，29.1×19cm，四周单边，半郭：21.5×14.2cm，无界，12 行 26 字，注双行，上下向黑鱼尾	书名：版心题	京畿-k121812-9
	刊写地，刊写者，刊写年未详	4 卷 1 册(卷 13-16，缺帙)，新铅活字本，有图，19.8×13.7cm，四周单边，半郭：17.2×11.8cm，有界，15 行 30 字，注双行，上下向黑鱼尾		京畿-k118338-5
四大奇书第一种	刊写地，刊写者，刊写年未详，清刊本	1 册		京畿-k122709
第一才子书三国志	刊写地，刊写者，刊写年未详	16 卷 8 册(卷 1-16)，中国石印本，有图，20.1×13.4cm，四周双边，半郭：17.4×11.8cm，无界，26 行字数不定，注双行，上下向黑鱼尾	表题：三国志，卷首题：增像全图三国志演义，版心题：绘图三国志演义	京畿-k120315-1
第一奇书三国志前集	刊写地，刊写者，刊写年未详	1 卷 1 册(卷 1，缺帙)，新铅活字本，有图，21.9×14.8cm，四周双边，半郭：17.2×11.3cm，无界，16 行字数不定，注双行，无鱼尾	版心题：第一奇书三国志	京畿-k120528-1
三国演义	刊写地，刊写者，刊写年未详	1 卷 1 册(卷 3，缺帙)，笔写本，25.7×17.3cm，无界，行字数不定，注双行，无鱼尾		京畿-k120388-3
三国志	罗贯中(明)撰，毛宗岗(清)评，刊写地，刊写者，刊写年未详	1 卷 1 册(卷 19，缺帙)，木版本，27.2×19.2cm，四周单边，半郭：21.7×14.5cm，无界，12 行 26 字，注双行，上下向黑鱼尾	书名：表题，卷首题：四大奇书，版心题：第一才子书	京畿-k119045-9
三国志	刊写地，刊写者，刊写年未详	1 卷 1 册(卷 17，缺帙)，木版本		京畿-k122600
슈령삼국지	刊写地，刊写者，刊写年未详	1 卷 1 册，新铅活字本	修正三国志	京畿-k122934

书名	出版事项	版式状况	一般事项	所藏番号
华容道	刊写地，刊写者，刊写年未详	1 册，木版本，28×19cm，四周单边，半郭：20.7×15.5cm，无界，13 行 22 字，上下内向黑鱼尾		京畿-k103664
	刊写地，刊写者，刊写年未详	2 卷 1 册（卷 1-2），笔写本，27.9×19.5cm，无界，12 行字数不定，无鱼尾		京畿-k112109
화룡도（华容道）	刊写地，刊写者，刊写年未详	2 卷 1 册（卷 1-2），笔写本，22.9×16.8cm，无界，10 行字数不定，注双行，无鱼尾		京畿-K119876
绘图增像第五才子书水浒全传	施耐庵（明）撰，刊写地，刊写者，刊写年未详	6 卷 1 册（卷 35-40，缺帙），新铅活字本，有图，19.7×12.9cm，四周双边，半郭：15.4×10.7cm，有界，17 行 32 字，注双行，上下向黑鱼尾	版心题：绘图增像五才子书	京畿-k122039-8
	施耐庵（明）撰，刊写地，刊写者，刊写年未详	3 卷 3 册（卷 3、6-7，缺帙），中国石印本，20.2×13.3cm，四周双边，半郭：16.3×11.4cm，无界，18 行字数不定，注双行，上下向黑鱼尾	版心题：第五才子书	京畿-k119360-3＝2
水浒传	刊写地，刊写者，刊写年未详，清刊本	1 卷 1 册（卷 12，缺帙）		京畿-k122880
谚汉文忠义水浒志后集	刊写地，刊写者，刊写年未详	1 卷 1 册（卷 1，缺帙），新铅活字本，21.7×14.7cm，无界，11 行 35 字，无鱼尾	表题：谚汉文忠义水浒志	京畿-k119063-1
评论出像水浒传	施耐庵（明）著，刊写地，刊写者，刊写年未详	7 卷 7 册（卷 13-19，缺帙），中国木版本，25.5×15.9cm，四周单边，半郭：21×14.3cm，无界，11 行 24 字，注双行，上下向黑鱼尾	表题：水浒志，版心题：五才子奇书	京畿-k116447-17
西游记	刊写地，刊写者，刊写年未详	5 卷 1 册（卷 61-65，缺帙），中国木活字本，25.3×15.8cm，四周单边，半郭：21×14.1cm，无界，11 行 24 字，上下向黑鱼尾	书名：表题，版心题：西游真诠	京畿-105058-13/京畿-k106705-10

续表

书名	出版事项	版式状况	一般事项	所藏番号
西游真诠	吴承恩（明）著，陈士斌（清）诠解，敬业堂，康熙三十五年（1696)序	100 回 20 册（册 1-20，1-10 回，16-55 回，61-100 回），中国木版本，有图，25.4×15.7cm，四周单边，半郭：20.3×13.5cm，无界，11 行 24 字，上下向黑鱼尾	表题：西游记（册 11，46-51：补写本），标题纸：圣叹外书绣像西游真诠，敬业堂刊行，序：康熙丙子（1696）中秋西堂老人尤侗撰	京畿-k101642-1
西游记语录	刊写地，刊写者，刊写年未详	1 册，木版本		
今古奇观	刊写地，刊写者，刊写年未详，清刊本	1 册		京畿-k122933
绘图今古奇观	刊写地，刊写者，刊写年未详	1 卷 1 册(卷 4，缺帙)，中国石印本，有图，20.0×13.5cm，四周双边，半郭：16.9×11.8cm，无界，20 行 40 字，上下向黑鱼尾		京畿-k121675-4
绘图今古艳情奇观	刊写地，刊写者，刊写年未详	6 卷 6 册(卷 1-6)，中国石印本，有图，14.1×9cm，四周双边，半郭：12.2×8cm，无界，20 行 44 字，上下向无叶花纹鱼尾	表题：绘图三续今古奇观，版心题：三续今古奇观	京畿-k119582-1
绣像封神演义	钟惺（明）评释，刊写地，刊写者，刊写年未详	90 卷 9 册（卷 1-70，81-100，缺帙)，新铅活字本，有图，19.8×13cm，四周双边，半郭：15.6×10.9cm，有界，17 行 32 字，上下向黑鱼尾	序题：封神演义	京畿-k118840-5
	钟惺（明）评释，上海，章福记，隆熙四年（1910)刊	5 卷 5 册(卷 1-2，5，7-8，缺帙)，中国石印本，有图，20.3×13.2cm，四周双边，半郭：17.8×11.6cm，无界，20 行 45 字，上下向黑鱼尾	序题：封神演义，表题：增像封神演义，版心题：绘图封神演义，标题：增像全图封神演义，刊记：宣统庚戌（1910）仲冬上海章福记石印	京畿-k118917-1
东周列国志	刊写地，刊写者，刊写年未详，清刊本	1 卷 1 册(卷 9)		京畿-k122928

书名	出版事项	版式状况	一般事项	所藏番号
东周列国志	蔡奡（清）评点，上海，锦章图书局，英祖二十八年（1752）序	13卷2册（卷1-13，缺帙），中国石印本，有图，20.1×13.1cm，四周双边，半郭：17.1×11.4cm，有界，18行40字，注双行，上下向黑鱼尾	序：乾隆十有七年（1752）春七都梦夫蔡元放氏题，刊记：上海锦章图书局石印	京畿-k115150-2
东周列国全志	蔡奡（清）评点，刊写地，刊写者，刊写年未详	14卷14册（卷2-9，12，15，17，20-22，缺帙），中国木版本，25.7×16.1cm，四周单边，半郭：21×14.2cm，无界，12行26字，小字双行，上下向黑鱼尾	表题：东周列国志	京畿-k111504-2
	刊写地，刊写者，刊写年未详	16卷6册（卷32-44，47-49，缺帙），中国木版本，25.9×16.1cm，四周单边，半郭：19.9×13.3cm，有界，10行24字，上下向黑鱼尾	表题：列国志	京畿-k111155-12
	经国堂，刊写年未详	23卷16册（卷1-23），中国木版本，有图，17.6×11.5cm，四周单边，半郭：12.7×9.9cm，无界，12行27字，注双行，上下向无叶花纹鱼尾	表题：东周列国志，异书名：绣像东周列国全志	京畿-k119590-1
增像全图东周列国志	蔡奡（清）评点，中新书局，刊写年未详	7卷1册（卷21-27，缺帙），中国新铅活字本，有图，19.9×13.3cm，四周单边，半郭：17.2×11.4cm，有界，15行31字，注双行，上下向黑鱼尾	表题：列国志，版心题：东周列国志，刊记：中新书局藏板	京畿-k115165-4
	上海，中新书局，刊写年未详	22卷14册2匣（卷1-11，17-27，缺帙），中国石印本，有图，20.1×13cm，四周单边，半郭：17.3×11.7cm，有界，15行31字，注双行，上下向无叶花纹鱼尾	表题：精校全图绣像东周列国志，版心题：东周列国志	京畿-k106021-1
绣像绘图隋唐演义	褚人获（清）订正，上海，进步书局，刊写年未详	8卷8册（卷1-8），中国石印本，有图，20.1×13.4cm，四周双边，半郭：17.9×11.8cm，无界，27行60字，上下向黑鱼尾		京畿-k101487-2

续表

书名	出版事项	版式状况	一般事项	所藏番号
新刻剑啸阁批评西汉演义传	钟惺(明)批评,善成堂,刊写年未详	7卷7册(卷2-8,缺帙),中国木版本,24×16.2cm,四周单边,半郭:21.4×13.8cm,有界,11行26字,上下向无叶花纹鱼尾	表题:西汉演义,版心题:西汉演义评	京畿-k118885-2
绣像西汉演义	刊写地,刊写者,刊写年未详	2卷1册(卷3-4,缺帙),中国新铅活字本,19.7×12.7cm,四周双边,半郭:15.7×10.8cm,有界,17行32字,注双行,上下向黑鱼尾		京畿-k121993-2
	上海书局,大韩光武三年(1899)刊	2卷1册(卷1-2),中国木版本,有图,17.1×10.5cm,四周双边,半郭:14×9.1cm,有界,18行40字,注双行,上下向无叶花纹鱼尾	刊记:光绪己亥(1899)季春上海书局石印	京畿-k113974
	刊写地,刊写者,刊写年未详	2卷1册(卷3-4,缺帙),中国新铅活字本,19.2×12.7cm,四周双边,半郭:14.8×10.5cm,有界,18行40字,注双行,上下向无叶花纹鱼尾		京畿-k116454-2
绣像京本云合奇踪玉茗英烈全传	上海,广益书局,刊写年未详	4卷4册1匣,中国石印本,有图,14.8×8.8cm,四周双边,半郭:12.6×7.7cm,无界,20行48字,上下向无叶花纹鱼尾	标题:绣像英烈全传,版心题:绘图英烈全传,刊记:上海广益书局印行	京畿-k114531-1

清代

书名	出版事项	版式状况	一般事项	所藏番号
绣像征东传	刊写地,刊写者,刊写年未详,清刊本	1册		京畿-k122937

24. 龙仁大学校

明代

书名	出版事项	版式状况	一般事项	所藏番号
东周列国全志	冯梦龙（明）撰，上海，锦章图书局	零本 1 册（所藏：卷 1），中国石印本，有图，20×13.5cm，四周双边，半郭：17.5×12.5cm，无界，行字数不同，上黑鱼尾	表题：精绘全图东周列国志，序：乾隆十有七年（1752）……蔡元放，刊记：上海锦章图书局石印	D7-4
四大奇书第一种	毛宗岗（清）评	零本 1 册（所藏：卷 1），中国木版本，24.5×15.8cm，四周单边，半郭：20×14.5cm，无界，12 行 26 字，上黑鱼尾	重刊三国志演义序：光绪十四年（戊子，1888）……醒梅道人	D7-6
	毛宗岗（清）评	全 20 册（残本 19 册，缺本：卷 5），中国木版本，有图，29.3×18.5cm，四周单边，半郭：22.5×15cm，无界，12 行 26 字，上黑鱼尾	表纸书名：三国志，卷首书名：贯华堂第一才子书，序：时顺治岁次甲申（1644）……金圣叹	D7-7
	毛宗岗（清）评	残本 11 册（所藏：卷 1-10，卷 15），中国木版本，25.8×18cm，四周单边，半郭：21×14.8cm，无界，12 行 26 字，上黑鱼尾		D7-8
四大奇书		残本 1 册（所藏：卷 1），中国铅活字本，24.1×15.4cm，四周单边，半郭：20×14.4cm，无界，12 行 26 字，上黑鱼尾		D7-5
增像全图三国志演义第一才子书	罗贯中（明）著	零本 1 册（所藏：卷 6），中国石印本，有图，20.5×13.5cm，四周双边，半郭：17.5×12.2cm，无界，行字数不同，上黑鱼尾		D7-26
第五才子书水浒传	施耐庵（明）撰，金圣叹（清）订正	全 75 卷 24 册（残本 22 册，缺本：卷 54-56，卷 60-62），中国木版本，有图，25.5×15.5cm，四周单边，半郭：19.7×14.4cm，无界，10 行 22 字，上黑鱼尾	序:雍正甲寅（1734）……勾曲外史书	D7-23

续表

书名	出版事项	版式状况	一般事项	所藏番号
后水浒荡平四大寇传	上海，广益书局	6 卷 6 册，中国石印本，14.7×8.7cm，四周单边，半郭：12.6×7.8cm，无界，18 行 42 字		D7-32
李卓吾批点残唐五代史演义传	罗贯中（明）编次，李贽（明）批评	8 卷 4 册，中国石印本，23.4×14.3cm，四周单边，半郭：20.6×13.5cm，有界，9 行 20 字，上黑鱼尾		D7-22

清代

书名	出版事项	版式状况	一般事项	所藏番号
增评补图石头记	曹雪芹（清）著，东洞庭荻花主人（清）评	全 16 册(残本 8 册，所藏：卷 57-120)，中国铅活字本，15.7×10cm，四周双边，半郭：11.3×9.3cm，无界，14 行字数不同，上黑鱼尾		D7-27
新刻醒世奇文国事悲英雄泪小说	冷血生（清末民初）著	8 卷 8 册(残本 7 册)，中国石印本，15.5×9cm，四周单边，半郭：13.3×8.3cm，无界，18 行 45 字	缺本：国事悲 卷 1，英雄泪序：冷血生	D7-11

25. 仁荷大学校

书名	出版事项	版式状况	一般事项	所藏番号
第一才子书	毛宗岗（清）评，上海，锦章图书局，刊写年未详	29 卷 9 册（卷 16-18，29-34，38-44，48-60，缺帙），中国石印本，有图，20.2×13.3cm，四周双边，半郭：17.2×11.4cm，有界，16 行 32 字，注双行，上下向黑鱼尾	表题：增像全图三国演义，卷末题：三国志，刊记：锦章图书局印行	H812.35-김54 제-v. 1-9

书名	出版事项	版式状况	一般事项	所藏番号
第一才子书	毛宗岗（清）评，上海，锦章图书局，刊写年未详	60卷20册（卷1-60），中国石印本，有图，19.8×13.9cm，四周双边，半郭：17×11.5cm，有界，16行32字，注双行，上下向黑鱼尾	表题：增像全图三国演义，标题：绣像全图三国演义，卷末题：三国志，序：顺治岁次甲申（1644）……金圣叹氏题，刊记：上海锦章图书局石印	H812.35-김54 제일-v.1-20
增像全图东周列国志	冯梦龙（明）著，蔡元（清）评点，上海，进步书局，刊写年未详	8卷8册（卷1-8），中国石印本，有图，20.2×13.4cm，四周双边，半郭：17.2×11.9cm，无界，26行字数不定，注双行，上下向黑鱼尾	标题：绣像绘图列国志，版心题：增图东周列国志，上栏外小字注，刊记：上海进步书局印行	H812.35-풍35 증-v.1-8
增像绘图青楼梦	厘峰慕真山人（清）著，梁溪潇湘侍者（清）评，上海，益新书局，宣统二年（1910）刊	6卷6册（卷1-6），中国石印本，有图，13.6×9cm，四周单边，半郭：12×8.2cm，无界，20行44字，注双行，无鱼尾	表题：绮红小史，标题：绘图增像青楼梦，序：光绪三十有一年岁次乙巳（1905）寒食节后三日书于澄江客次之行馆，刊记：宣统二年岁次庚戌（1910）上海益新书局石印	H812.35-모78 증-v.1-6

26. 忠南大学校

明代

书名	出版事项	版式状况	一般事项	所藏番号
四大奇书第一种	毛宗岗（清）评，上海扫叶山房，光绪十四年（1888）刊	19卷20册（首卷-17卷），中国木版本，有图，23.6×16.7cm，四周单边，半郭：19.6×14cm，无界，12行26字，注双行，上下向黑鱼尾，纸质：竹纸	表题：三国志，版心题：第一才子书，序：顺治岁次甲申（1644）嘉平朔日金人瑞圣叹氏题	鹤山古书集.小说类2036

续表

书名	出版事项	版式状况	一般事项	所藏番号
四大奇书第一种	毛宗岗(清)评,杭永年(清)校定	19卷20册,朝鲜木版本,有图,32.3×20.7cm,四周单边,半郭:20.4×14.5cm,无界,12行26字,注双行,上下向二叶花纹鱼尾,纸质:楮纸	表题:三国志,版心题:第一才子书,里题:贯华堂第一才子书	集1199
	毛宗岗(清)评	15卷16册(卷1-6,11-19,目录1册),朝鲜木版本,有图,29.8×19.4cm,四周单边,半郭:20.3×14.5cm,无界,12行26字,注双行,上下向二叶花纹鱼尾,纸质:楮纸	表题:三国志,版心题:才子书	集787
第一才子书	罗贯中(明)撰,毛宗岗(清)评,上海,锦章图书局	60卷16册,中国石印本,20×13.5cm,四周双边,半郭:17.2×11.5cm,有界,16行32字,注双行,上下向黑鱼尾,纸质:洋纸	表题:增像全图三国演义,序:顺治岁次甲申(1644)嘉平朔日金人瑞圣叹氏题,重刊序:咸丰三年(1853)孟夏勾吴清居士书,刊记:上海锦章图书局石印	集1238
삼국지(三国志)	刊行地,刊行者,刊行年不明	1册,朝鲜笔写本,29×20.2cm,无界,13行字数不定,纸质:楮纸		鹤山古书集.小说类1965
	朝鲜朝后期刊	2卷1册(卷3-4),朝鲜木版本,25.6×17.5cm,四周单边,半郭:20.6×15.4cm,无界,13行22字,注单行,内向黑鱼尾,纸质:楮纸	表题:三国传,版心题:三国志	集50
삼국지(三国志)	刊行地,刊行者,刊行年不明	1册,朝鲜木版本,27×18.5cm,四周单边,半郭:21×15cm,无界,13行21字,下向黑鱼尾,纸质:楮纸	备考:前后毁损(缺张)	鹤山古书集.小说类1964
화룡도(华容道)	刊行地,刊行者不明,戊申(1908?)刊	2卷1册,朝鲜木版本,27×18.5cm,四周单边,半郭:21.5×15cm,无界,12行23字,纸质:楮纸	刊记:戊申(1908?)春完西溪新刊	鹤山古书集.小说类2018

书名	出版事项	版式状况	一般事项	所藏番号
评论出像水浒传	施耐庵（明）撰，金圣叹（清）订正，清末刊	20卷20册，中国木版本，有图，24.3×16.8cm，四周单边，半郭：21.2×14.2cm，无界，11行24字，上下向黑鱼尾，纸质：竹纸	表题：水浒传，同书二部	集1253
	施耐庵（明）撰，金圣叹（清）订正	19卷19册（卷2-20），中国木版本，18.9×15.8cm，四周单边，半郭：20.7×14.1cm，无界，11行24字，注双行，上下向黑鱼尾，纸质：竹纸	表题：水浒传，版心题：五才子奇书	集1255
评注图像水浒传	施耐庵（明）撰，金圣叹（清）评释，锦章图书局印行	35卷12册，中国石印本，有图，20.3×13.4cm，四周双边，半郭：16.9×11.8cm，无界，20行42字，注双行，头注，上下向黑鱼尾，纸质：洋纸	题签：第五才子书水浒全传，里题：绘图第五才子书水浒全传，刊记：锦章图书局印行	藏庵集1257
绘图增像第五才子书水浒全传	施耐庵（明）撰，金圣叹（清）评释，锦章图书局刊	8册，中国石印本，有图，20×13.4cm，四周双边，半郭：17.5×12cm，无界，31行74字，头注，上下向黑鱼尾，纸质：洋纸	里题：改良第五才子水浒全传	崔书勉集1267
忠义水浒传	施耐庵（明）著，刊行地，刊行者，刊行年不明	1册，中国木版本，25.5×16.5cm，四周单边，半郭：21×14cm，无界，10行22字，下向黑鱼尾，纸质：竹纸	表题：摺神谱，版心题：水浒传，备考：里纸摺神谱	鹤山古书集.小说类2029
增像全图加批西游记	陈士斌（清）诠解，上海，锦章图书局，清宣统元年（1909）刊	11卷8册（卷1-3，5-12），中国石印本，有图，20.2×13.2cm，四周双边，半郭：17.4×11.8cm，24行48字，头注，上下向黑鱼尾，纸质：洋纸	表题：改良绘图加批西游记，里题：改良绘图加批西游记，序：康熙丙子（1696）中秋西堂老人尤侗撰序	崔书勉集946
新说西游记	张书绅（清）注，上海，校经山房，清光绪十四年（1888）刊	零本16册，中国石印本，有图，19.8×13.2cm，四周单边，半郭：14.6×10.8cm，无界，16行36字，注双行，纸质：竹纸	题签：同文原版西游记，序：西河张书绅题，光绪十有四年岁在戊子（1888）春王正月下浣长洲王韬序于沪上淞隐庐	集710

书名	出版事项	版式状况	一般事项	所藏番号
西游真诠	陈士斌(清)诠解，扫叶山房，清光绪三十年(1904)刊	100卷20册，中国木版本，有图，23.9×15.4cm，四周单边，半郭：20.2×14.1cm，无界，11行24字，注双行，上下向黑鱼尾，纸质：竹纸	表题：西游记，里题：绣像西游记，序：康熙丙子(1696)中秋西堂老人尤侗撰序，光绪乙西(1885)夏四月孙溪逸士吴县朱记荣槐庐甫书于扫叶山房席氏三鱼书屋客馆	崔书勉集778
新刻钟伯敬先生批评封神演义	钟惺(明)批评，善成堂，清康熙三十四年(1695)序	19卷20册，中国木版本，有图，23.8×15.9cm，四周单边，半郭：20.5×14.1cm，无界，11行24字，上下向黑鱼尾，纸质：竹纸	表题：封神演义，版心题：封神演义，里题：重镌绘像封神演义，序：康熙乙亥(1695)午月望后十日长洲褚人获学稼氏题于四雪草堂	集1206
	钟惺(明)批评，扫叶山房，清光绪九年(1883)刊	19卷20册，中国木版本，有图，23.5×15.8cm，四周单边，半郭：19.8×14.1cm，无界，11行24字，上下向黑鱼尾，纸质：竹纸	版心题：封神演义，里题：绣像评点封神榜全传，刊记：光绪九年(1883)春二月扫叶山房发兑书籍	崔书勉集1207
东周列国志	冯梦龙(明)著，蔡奡(清)评点上海，扫叶山房，光绪二十二年(1896)刊	27卷8册，中国石印本，有图，19.5×13cm，四周双边，半郭：15.5×11.5cm，无界，23行50字，注双行，上下向黑鱼尾，纸质：竹纸	序文：乾隆十有七年(1752)春七都梦夫蔡元放氏题，刊记：光绪丙申(1896)中秋扫叶山房石印	鹤山古书集.小说类2039
东周列国全志	蔡奡(清)评点，扫叶山房，清光绪六年(1880)刊	23卷24册，中国木活字本，有图，24.2×15.6cm，四周单边，半郭：21.7×14cm，无界，12行26字，注双行，上下向黑鱼尾，纸质：绵纸	表题：列国志，里题：绣像东周列国全志，序：乾隆十七年(1752)春月七都梦夫蔡元放氏题，刊记：光绪六年(1880)仲春重镌	崔书勉集1287
	蔡奡(清)评点	22卷22册(卷2-23)，中国木活字本，23.9×15.7cm，四周单边，半郭：19.4×14.2cm，无界，12行26字，注双行，上下向黑鱼尾，纸质：绵纸	表题：列国志	崔书勉集1288

续表

书名	出版事项	版式状况	一般事项	所藏番号
东周列国全志	蔡奡（清）评点，金圊书业堂，清嘉庆六年（1801）刻，后刷	23卷24册，中国木版本，有图，24×17.4cm，四周单边，半郭：21.1×14cm，无界，12行26字，注双行，上下向黑鱼尾，纸质：绵纸	题签：列国志，序：乾隆十七年（1752）春月七都梦夫蔡元放氏题，刊记：嘉庆六年（1801）重镌，收藏印：春江	集1286
	蔡奡（清）评点，清光绪十九年（1893）刊	23卷24册，中国木版本，有图，25×15.8cm，四周单边，半郭：20×14.4cm，无界，12行26字，注双行，上下向黑鱼尾，纸质：绵纸	里题：绣像东周列国全志，序：乾隆十七年（1752）春月七都梦夫蔡元放氏题，刊记：光绪癸巳年（1893）澹雅书局刊	集915
新刻剑啸阁批评西汉演义传	钟惺（明）批评，清壬申（1872?）刻，后刷，壬申（1872?）新镌，善成堂梓行	8卷8册，中国木版本，有图，24.2×21.2cm，四周单边，半郭：21×14cm，无界，11行26字，注单行，上下向黑鱼尾，纸质：绵纸	里题：西汉演义，版心题：西汉演义评，里题：绣像东西汉全传，序：公安袁宏道题，刊记：壬申（1872?）新镌，善成堂梓行	集1204
绣像西汉演义	上海，著易堂书局，20世纪初刊	8卷4册，中国新铅活字本，有图，19.7×13cm，四周双边，半郭：14.6×10.3cm，有界，18行40字，注双行，上下向黑鱼尾，纸质：洋纸	刊记：勤裕草堂托上海著易堂书局代印	集1198
增像全图西汉演义	鸿宝斋书局，清宣统三年（1911）刊	4卷4册，中国石印本，有图，20.2×13.4cm，四周双行，半郭：17.5×11.3cm，无界，20行57字，注双行，上下向黑鱼尾，纸质：竹纸	表题：西汉演义，刊记：宣统辛亥（1911）春月鸿宝斋书局印	集706
新刻剑啸阁批评东汉演义传	钟惺（明）批评	10卷6册，中国木版本，24.2×15.5cm，四周双边，半郭：20.8×13.4cm，无界，10行22字，上下向黑鱼尾，纸质：竹纸	表题：东汉演义，版心题：东汉演义	集1202
新刻批评东汉演义	清远道人（清）重编	8卷6册，中国木版本，有图，24×16.1cm，四周单边，半郭：21.8×14.1cm，有界，11行26字，注单行，上下向黑鱼尾，纸质：绵纸	题签：东汉演义，序：岁在旃蒙大渊献（乙亥，1755?）竹秋清远道人书	集1205

续表

书名	出版事项	版式状况	一般事项	所藏番号
绣像东汉演义	钟惺(明)评,上海,著易堂书局,1909年刊	10卷2册,中国石印本,有图,19.6×13cm,四周双边,半郭:14.6×10.5cm,有界,18行40字,注单行,上下向黑鱼尾,纸质:竹纸	刊记:勤裕草堂托上海著易堂书局代印	集1197
增像全图东汉演义	鸿宝斋书局,清宣统三年(1911)刊	4卷2册,中国石印本,有图,20×13.4cm,四周双边,半郭:17.4×11.5cm,有界,20行47字,注单行,上下向黑鱼尾,纸质:洋纸	刊记:宣统辛亥(1911)春月鸿宝斋书局印	集360
초한젼(楚汉传)	朝鲜朝后期写	1册,朝鲜笔写本,31×21cm,无界,12行字数不定,纸质:楮纸	备考:卷前后毁损	鹤山古书集.小说类1952
초한젼(楚汉传)	译著者不明,丁酉(1907)刊	1册,朝鲜木版本,26×18.5cm,四周单边,半郭:20×16cm,无界,13行21字,上下内向黑鱼尾,纸质:楮纸		鹤山古书集.小说类1955
	译著者不明,丁酉(1907)刊	2卷1册,朝鲜木版本,27.5×19cm,四周单边,半郭:21×16cm,无界,13行22字,上下内向黑鱼尾,纸质:楮纸	版心题:초한,刊记:丁酉(1907)孟夏完南龟石里新刊	鹤山古书集.小说类1954

清代

书名	出版事项	版式状况	一般事项	所藏番号
增像加批金玉缘图说	曹雪芹(清)著,蝶芗仙史(清)评订,清末民初刊	16卷16册,中国石印本,有图,15×13.2cm,四周单边,27行58字,半郭:17.7×11.9cm,无界,注双行,头注,上下向黑鱼尾,纸质:洋纸	题签:红楼梦,版心题:增像绘图石头记,里题:全图增评金玉缘	集545
	曹雪芹(清)著,蝶芗仙史(清)评订,清末民初刊	16卷3册,中国石印本,20.2×13cm,四周单边,半郭:17×11.8cm,无界,28字58行,头注,上下向黑鱼尾,纸质:洋纸	表题:全图增评金玉缘,合缀:增评补图石头记	集603

续表

书名	出版事项	版式状况	一般事项	所藏番号
포공연의 (包公演义)	译著者不明	零1册(卷之六),笔写本,27×22.5cm,无界,12行字数不定,纸质:楮纸		鹤山古书集.小说类2010
新镌绘图第一奇书钟情传	清光绪二十九年(1903)序	6卷6册,中国石印本,有图,16.8×10.1cm,四周双边,半郭13.7×8.8cm,无界,16行40字,上下向黑鱼尾,纸质:洋纸	表题:金瓶梅,序:光绪二十九年岁次癸卯(1903)夏月闲云山人题于沪上	集128

27. 忠北大学校

明代

书名	出版事项	版式状况	一般事项	所藏番号
(改正)今古奇观	上海,铸记书局,刊写年未详	6卷1册,插图,21×14cm	版心题:绘图改正今古奇观	〇 823.5 ㄱ 575
绣像西汉演义	上海,著易堂书局,刊写年未详	8卷4册(卷1-8),中国新铅活字本,19.7×13.5cm,四周双边,半郭:14.6×10.3cm,有界,18行40字,注双行,上下向黑鱼尾		912.032-ㅅ642 ㅅ-1-8
绣像东汉演义	上海,著易堂书局,刊写年未详	4卷2册(缺帙,卷1-4),中国新铅活字本,有图,19×13.5cm,四周双边,半郭:15.6×10.6cm,有界,17行32字,上下向黑鱼尾		912.032-ㅅ642 ㄷ-1-4
增像全图西汉演义	刊写地,刊写者,刊写年未详	3册(缺帙,册1-3),新铅活字本,19.8×13.2cm,无界,行字数不定,无鱼尾		912.032-ㅈ876-1-3

清代

书名	出版事项	版式状况	一般事项	所藏番号
绣像洪秀全演义	锦章图书局,刊写年未详	4卷8册(卷1-4),16cm,无界,行字数不定,无鱼尾		823-ㅅ642-1-4

书名	出版事项	版式状况	一般事项	所藏番号
增图升仙传演义	刊写地，刊写者，刊写年未详	8 卷 4 册(卷 1-8)，15cm，无界，行字数不定，无鱼尾		823-ㅎ 817-1-8

28. 清州大学校

书名	出版事项	版式状况	一般事项	所藏番号
新刻逸田叟女仙外史大奇书	逸田叟(清)著，钓璜轩，清康熙五十年(1711)刊	18 册，中国木版本，24×15.5cm，四周单边，半郭：19.8×13.6cm，无界，10 行 22 字，纸质：竹纸	表题：女仙外史，跋：康熙岁次辛卯(1711)中秋望日，内容：西王母瑶池开宴—金刚禅魔斗法宝	
新刻钟伯敬先生批评封神演义	钟惺(明)批评，善成堂，清康熙三十四年(1695)刊	19 卷 19 册，中国木版本，有图，24×16cm，上下单边，左右双边，半郭：20.4×14.5cm，无界，11 行 24 字，上下向黑鱼尾，纸质：竹纸	表题：列国志，版首题：封神演义，里题：重镌绘图封神演义，序：康熙乙亥(1695)十月望后十日长洲褚人获学稼题于四雪草堂，内容：纣王女娲宫进香—周天子分封列国	
第一才子书	毛宗岗(清)评，上海，锦章图书局，清末民初刊	60 卷 15 册，中国石印本，有图，20.2×13.5cm，四周双边，有界，半郭：17.7×12.2cm，16 行 32 字，注双行，上下向黑鱼尾，纸质：绵纸	表题：增像全图三国演义，刊记：上海锦章图书局石印，内容：第一才子书	
忠义水浒传	施耐庵(明)著，清代刊	19 卷 19 册(卷 2-20)，中国木版本，25×15.7cm，四周单边，无界，半郭：21.1×14.3cm，10 行 22 字，头注，上下向黑鱼尾，纸质：竹纸	表题：水浒传，收藏印：赵锡命章	
评论出像水浒传	施耐庵(明)撰，清顺治十四年(1657)序	20 卷 20 册，中国木版本，有图，24.2×16.5cm，上下单边，左右双边，半郭：21×15cm，无界，11 行 24 字，注双行，上下向黑鱼尾，纸质：竹纸	表题：水浒志，版首题：五才子奇书，标题：绣像第五才子书，序：顺治丁酉(1657)冬月桐庵老人书于醉耕堂墨室	

书名	出版事项	版式状况	一般事项	所藏番号
四大奇书第一种	毛宗岗（清）评，清代刊	6卷3册（卷14-19），朝鲜木版本，29×19cm，四周单边，半郭：20.8×15cm，无界，12行26字，注双行，上下向黑鱼尾，纸质：楮纸	表题：三国志，版首题：第一才子书，内容：圣叹外书（陆逊火烧七百里—再受禅依样画葫芦）	

29. 全南大学校

明代

书名	出版事项	版式状况	一般事项	所藏番号
四大奇书第一种	罗贯中（明）撰，毛宗岗（清）评，刊写地，刊写者，刊写年未详	13册（册1-9，16-19，缺帙），朝鲜木版本，有图，28.2×18.6cm，四周单边，半郭：21.1×14.3cm，有界，12行26字，注双行，花口，上下向黑鱼尾，纸质：楮纸	标题：贯华堂第一才子书，表题：三国志，版心题：第一才子书，序：顺治岁次甲申（1644）……金人瑞圣叹氏题	3Q-사 222 ㄴ
	罗贯中（明）撰，毛宗岗（清）评，刊写地，刊写者，刊写年未详	18册（册1-4，6-15，17-20，缺帙），朝鲜木版本，有图，29.3×19.2cm，四周单边，半郭：21.4×14.3cm，无界，12行26字，注双行，花口，上下向黑鱼尾，纸质：楮纸	标题：贯华堂第一才子书，表题：三国志，版心题：第一才子书，序：顺治岁次甲申（1644）……金人瑞圣叹氏题	3Q-사 222 ㄴ
	罗贯中（明）撰，毛宗岗（清）评，朝鲜朝后期刊	18册，朝鲜木版本，有图，29.3×19.2cm，四周单边，半郭：21.4×14.3cm，无界，12行26字，注双行，上黑鱼尾，纸质：楮纸	版心题：第一才子书，标题：贯华堂第一才子书，表题：三国志，序：顺治岁次甲申（1644）……金人瑞圣叹氏题	3Q-사 222 ㄴ-v.1-4，6-15，17-20
	罗贯中（明）撰，毛宗岗（清）评，刊写地，刊写者，刊写年未详	13册（缺帙），朝鲜木版本，有图，28.2×18.6cm，四周单边，半郭：21.1×14.3cm，无界，12行26字，注双行，上黑鱼尾，纸质：楮纸	版心题：第一才子书，标题：贯华堂第一才子书，表题：三国志，序：顺治岁次甲申（1644）……金人瑞圣叹氏题	3Q-사 222 ㄴ-v.1-9，16-19

续表

书名	出版事项	版式状况	一般事项	所藏番号
四大奇书第一种	罗贯中(明)撰,毛宗岗(清)评,刊写地,刊写者,刊写年未详	19 册(册 1-5,7-20,缺帙),朝鲜木版本,有图,29×18.3cm,四周单边,半郭:21.3×14.2cm,无界,12 行 26 字,注双行,花口,上下向黑鱼尾,纸质:楮纸	表题:三国志,版心题:第一才子书,标题:贯华堂第一才子书,序:顺治岁次甲申(1644)嘉平朔日金人瑞圣叹氏题	3Q-사 22 ㄴ
绘图三国志演义	毛宗岗(清)评,铸记书局,20 世纪初刊	16 卷 15 册(卷 1-16),中国新铅活字本,有图,20×13.1cm,四周单边,半郭:17.5×11.6cm,有界,15 行 31 字,注双行,花口,上下向黑鱼尾,纸质:洋纸	版心题:第一才子书	3Q-삼 17 ㄱ
	毛宗岗(清)评,铸记书局,20 世纪初刊	16 卷 15 册(卷 1-16),中国新铅活字本,20×13.1cm,四周单边,半郭:17.5×11.6cm,有界,15 行 31 字,注双行,上黑鱼尾,纸质:洋纸	版心题:第一才子书	3Q-삼 17 ㄱ-v. 1-15
增像全图三国演义	罗贯中(明)撰,刊写者未详,清末民初刊	4 册(册 4-6,9,缺帙),中国新铅活字本,有图,19.8×12.6cm,四周单边,半郭:14.8×9.9cm,15 行 40 字,注双行,花口上下向黑鱼尾,纸质:绵纸	卷首名:第一才子书	3Q-삼 17 ㄴ
	罗贯中(明)撰,毛宗岗(清)评	28 卷 10 册,中国石印本,有图,20.2×12.6cm		
	罗贯中(明)撰,毛宗岗(清)评,上海,锦章图书局,刊写年未详	10 册,中国石印本,20.2×13.4cm,四周双边,半郭:17.1×11.2cm,有界,15 行 32 字,注双行,上黑鱼尾,纸质:竹纸	卷首名:第一才子书,版心题:绣像全图三国演义,序:顺治甲申(1644)……金圣叹题,刊记:上海锦章图书局石印	3Q-삼 17 ㄴ-v. 2-8,10,12-13
	罗贯中(明)撰,刊写地,刊写者未详,20 世纪初刊	4 册(缺帙),中国新铅活字本,有图,19.8×12.6cm,四周单边,半郭:14.8×9.9cm,无界,15 行 40 字,注双行,上黑鱼尾,纸质:绵纸	卷首名:第一才子书	3Q-삼 17 ㄴ-v. 4-6,9

书名	出版事项	版式状况	一般事项	所藏番号
增像全图三国演义	罗贯中（明）撰，毛宗岗（清）评，上海，锦章图书局，清末民初刊	10册（册2-8，10，12-13，缺帙），中国石印本，20.2×13.4cm，四周双边，半郭：17.1×11.2cm，有界，15行32字，注双行，花口，上下向黑鱼尾，纸质：竹纸	卷首名：第一才子书，版心题：绣像全图三国演义，序：顺治甲申（1644）……金人瑞圣叹氏题，刊记：上海，锦章图书局石印	3Q-삼 17ㄴ
	罗贯中（明）撰，上海，锦章图书局，清末民初刊	60卷8册（卷1-60），中国石印本，有图，20.4×13.6cm，四周双边，半郭：17×11.5cm，有界，16行32字，注双行，上黑鱼尾，纸质：竹纸	序：顺治岁次甲申（1644）嘉平朔日金人瑞圣叹氏题，刊记：上海锦章图书局石印	3Q-삼 17ㄴ-v. 1-8
	罗贯中（明）撰，上海，锦章图书局，清末民初刊	60卷8册（卷1-60），中国石印本，有图，20.4×13.6cm，四周双边，半郭：17×11.5cm，有界，16行32字，注双行，花口，上下向黑鱼尾，纸质：竹纸	序：顺治岁次甲申（1644）嘉平朔日金人瑞圣叹氏题，刊记：上海锦章图书局石印	3Q-삼 17ㄴ
三国志演义	罗贯中（明）撰，上海，善成堂，清刊本	12册（缺帙），中国木版本，有图，23.6×15.6cm，四周单边，半郭：20.6×13.5cm，有界，12行28字，上黑鱼尾，纸质：竹纸	序：顺治岁次甲申（1644）嘉平朔日金人瑞圣叹氏题	3Q-삼 17ㄴ-v. 1-10，15-16
	罗贯中（明）撰，上海，善成堂，清末民初刊	12册（册1-10，15-16，缺帙），中国木版本，有图，23.6×15.6cm，四周单边，半郭：20.6×13.5cm，无界，12行28字，注双行，花口，上下向黑鱼尾，纸质：竹纸	表题：三国志，标题：绣像第一才子书，版心题：第一才子书，卷头题：四大奇书第一种，序：顺治岁次甲申（1644）嘉平朔日金人瑞圣叹氏题，刊记：善成堂发兑	3Q-삼 17ㄴ
삼국지	罗贯中（明）著，卓钟佶译编，全州，西溪书铺，1911年刊	1册（86页），韩文木版本，26.6×18.7cm，四周单边，半郭：21.3×15.5cm，无界，13行22-23字内外，内向黑鱼尾，纸质：楮纸	表题：三国志，刊记：明治四十四年（1911）八月二十二日发行，全州西溪书铺	3Q-삼 17ㄴㄷ

书名	出版事项	版式状况	一般事项	所藏番号
评论出像水浒传	施耐庵(明)撰,金圣叹(清)评释,清刊本	18册(册1-4,6-8,10-20,缺帙),中国木版本,有图,24.6×15.8cm,四周单边,半郭:21.4×14.2cm,11行24字,花口,上下向黑鱼尾,纸质:竹纸	表题:水浒志版心题:五才子奇书	3Q-평235人
	施耐庵(明)撰,金圣叹(清)评释,清末刊	18册,中国木版本,有图,21.4×14.2cm,四周单边,半郭:24.6×15.8cm,无界,11行24字,上黑鱼尾,纸质:竹纸	表题:水浒志,版心题:五才子奇书	3Q-평235人-v.1-4,6-8,10-20
评注图像水浒传	施耐庵(明)撰,金圣叹(清)评释,上海,元昌书局,清末民初刊	12卷6册(卷1-12),中国石印本,有图,20×13.6cm,四周单边,半郭:16.9×12.2cm,无界,20行42字,注双行,头注,上黑鱼尾,纸质:竹纸	跋:上海元昌书局	3Q-수95人-v.1-6
	施耐庵(明)撰,金圣叹(清)评释,上海,元昌书局,清末民初刊	12卷6册(卷1-12),中国石印本,有图,20×13.6cm,四周单边,半郭:16.9×12.2cm,有界,20行42字,注双行,头注,上下向黑鱼尾,纸质:竹纸	上栏小字注,跋:上海元昌书局	3Q-수95人
绘图增像水浒传	施耐庵(明)撰,上海,同文书局,光绪十三年(1887)刊	46卷8册(卷1-46),中国木版本,有图,20×13.4cm,四周双边,半郭:15.6×10.6cm,有界,17行32字,注双行,花口,上下向黑鱼尾,纸质:北黄纸	里题:绘图增像五才子书,表题:水浒传,序:雍正甲寅(1734)上伏日勾曲外史,刊记:光绪丁亥(1887)上海同文书局校印	3Q-수95人
	施耐庵(明)撰,上海,同文书局,光绪十三年(1887)刊	46卷8册(卷1-46),中国木活字本,20×13.4cm,四周双边,半郭:15.6×10.6cm,有界,17行32字,注双行,上黑鱼尾,纸质:北黄纸	里题:五才子书,序:雍正甲寅(1734)勾曲外史,刊记:光绪丁亥(1887)上海同文书局	3Q-수95人-v.1-8
结水浒全传	俞万春(清)著,刊写地,刊写者,刊写年未详	13册(册12-24,缺帙),中国木版本,17.3×12.1cm,上下单边,左右双边,半郭:14.2×10cm,8行22字,上黑鱼尾,纸质:绵纸	版心题:荡寇志,表题:结水浒全传	3Q-결57○-v.12-24

书名	出版事项	版式状况	一般事项	所藏番号
结水浒全传	俞仲华（清）著，邵祖恩（清）等评，上海，天宝书局，同治十年（1871）序	8卷8册（卷1-8），中国石印本，有图，20.2×13.6cm，四周双边，半郭：17.7×11.7cm，有界，29行65字，注双行，花口，上下向黑鱼尾，纸质：竹纸	表题：绘图荡寇志演义，别题：结水浒全传，序：同治辛未（1871）仲夏弟晴湖俞蠡（庚午，1870），腊月桂林半月老人，识：咸丰元年辛亥（1851）夏五月辛丑望男龙光，刊记：天宝书局印	3Q-수 95 ○
	俞仲华（清）著，邵祖恩（清）等评，上海，天宝书局，同治十年（1871）序	8卷8册（卷1-8），中国石印本，有图，20.2×13.6cm，四周双边，半郭：17.7×11.7cm，无界，29行65字，注双行，上黑鱼尾，纸质：竹纸	别题：结水浒全传，表题：绘图荡寇志演义，序：同治辛未（1871）仲夏弟晴湖俞蠡，腊月桂林半月老人，识：咸丰元年辛亥（1851）夏五月辛丑望男龙光	3Q-수 95 ○-v. 1-8
	俞万春（清）著，刊写者，刊写年未详	13册（册12-24，缺帙），中国木版本，17.3×12.1cm，上下单边，左右双边，半郭：14.2×10cm，有界，8行22字，花口，上下向黑鱼尾，纸质：绵纸	表题：结水浒传，版心题：荡寇志	3Q-결 57 ○
绘图加批西游记	吴承恩（明）著，上海，章福记，宣统二年（1910）刊	10卷10册（卷1-10），中国石印本，有图，20.3×13.7cm，四周双边，半郭：17.2×11.9cm，无界，20行40字，注头行，上黑鱼尾，纸质：竹纸	刊记：宣统庚戌（1910）仲冬上海章福记	3Q-서 67 ○-v. 1-10
	吴承恩（明）著，上海，锦章图书局，宣统二年（1910）刊	10卷10册（卷1-10），中国石印本，有图，20.3×13.7cm，四周双边，半郭：17.2×11.9cm，有界，20行40字，花口，上下向黑鱼尾，纸质：竹纸	头注，刊记：宣统庚戌（1910）仲冬上海锦章图书局印行	3Q-서 67 ○
西游记	吴承恩（明）著，陈士斌（清）诠解	100卷21册，中国木版本，有图，24.5×15.7cm		3Q-서 670-V. 1-21

续表

书名	出版事项	版式状况	一般事项	所藏番号
后西游记	上海，申报馆，20世纪初刊	8册(册1-8)，中国新铅活字本，17.2×11.2cm，四周单边，半郭13.4×8.8cm，无界，12行27字，花口，上下向黑鱼尾，纸质：竹纸	刊记：上海申报馆仿聚珍版印	3Q-亭53
	上海，申报馆，20世纪初刊	8册，中国新铅活字本，17.2×11.2cm，四周单边，半郭13.4×8.8cm，无界，12行27字，上黑鱼尾，纸质：竹纸	刊记：上海申报馆仿聚珍版印	3Q-亭53-v.1-8
绣像今古奇观	笑花主人(明)序，天宝楼，刊写年未详	4册(缺帙)，中国木版本，有图，16.6×11.3cm，四周双边，半郭12.5×9.9cm，无界，12行27字，上黑鱼尾，纸质：竹纸	序：姑苏笑花主人漫题	3Q-宀51 人-v.1, 3-4, 6
	笑花主人(明)序，天宝楼，刊写年未详	4册(册1, 3-4, 6, 缺帙)，中国木版本，有图，16.6×11.3cm，四周双边，半郭12.5×9.9cm，无界，12行27字，花口，上下向黑鱼尾，纸质：竹纸	序：姑苏笑花主人漫题	3Q-宀51 人
足本全图今古奇观	松禅老人(清)序，上海，广雅书局，清末民初刊	8卷8册(卷1-8)，中国石印本，有图，20×13.3cm，上下单边左右双边，半郭16.1×11.6cm，无界，17行38字，上黑鱼尾，纸质：竹纸	版心题：全图足本今古奇观，标题：新增全图足本今古奇观，序：姑苏松禅老人题，刊记：上海，广雅书局藏板	3Q-宀45 人-v.1-8
绣像封神演义	钟惺(明)评释，上海，20世纪初刊	10册(册1-10)，中国新铅活字本，有图，19.3×12.8cm，四周双边，半郭15.5×10.7cm，有界，17行32字，花口，上下向黑鱼尾，纸质：竹纸	表题：封神榜演义	3Q-宀51 天
	钟惺(清)批评，上海，章福记书局，宣统二年(1910)刊	10卷10册(卷1-10)，中国石印本，有图，20.3×13.6cm，四周双边，半郭17.7×11.8cm，有界，20行45字，花口，上下向黑鱼尾，纸质：竹纸	表题：绣像封神演义全传，序：康熙乙亥(1695)午月望后十日长洲褚人获学稼氏题于四雪草堂，刊记：宣统庚戌(1910)仲冬上海章福记石印	3Q1-봉59 天

续表

书名	出版事项	版式状况	一般事项	所藏番号
绣像封神演义	钟惺（清）批评，上海，章福记书局，宣统二年（1910）刊	10卷10册（卷1-10），中国石印本，有图，20.3×13.6cm，四周双边，半郭：17.7×11.8cm，无界，20行45字，上黑鱼尾，纸质：竹纸	表题：绣像封神演义全传，序：康熙乙亥（1695）午月望后十日长洲褚人获学稼氏题于四雪草堂，刊记：宣统庚戌（1910）仲冬上海章福记石印	3Q1-봉 59 ㅈ-v.1-10
[新刻钟伯敬先生批评]封神演义	钟惺（明）批评，清光绪九年（1883）扫叶山房刊行	目录，19卷20册，中国木版本，有图，23.7×15.5cm，半郭：19.4×13.2cm，无界，11行24字，上下向黑鱼尾	表题：封神演义，标题：绣像评点封神榜全传 序：康熙乙亥（1675）……长洲褚人获学稼氏题于四雪草堂	3Q-봉 59 ㅈ
封神演义	钟惺（明）批评，上海，扫叶山房，1883年刊	19卷20册，中国木版本，有图，23.7×15.5cm		3Q-봉 59 ㅈ-v.1-20
东周列国全志	冯梦龙（明）撰，刊写者，刊写年未详	10册（册12-15，17，19-23，缺帙），中国木版本，23.8×15.6cm，四周双边，半郭：17.7×12.6cm，无界，13行26字，注双行，花口，上下向黑鱼尾，纸质：北黄纸	表题：列国志，版心题：东周列国志	3Q-열 17 ㅍ
	冯梦龙（明）撰，刊写者，刊写年未详	12册（册1-12），中国木版本，23.8×15.6cm，四周双边，半郭：17.7×12.6cm，无界，13行26字，注双行，上黑鱼尾，纸质：北黄纸		3Q-열 17 ㅍ-v.12-15，17，19-23
新刻剑啸阁批评西汉演义传	钟惺（明）批评，上海，扫叶山房，清末刊，后刷	8卷8册（卷1-8），中国木版本，有图，15.6×10.6cm，四周单边，半郭：11.3×8.9cm，无界，10行25字，上黑鱼尾，纸质：竹纸	里题：绣像东西两汉全传，版心题：西汉演义评，表题：西汉演义，序：公安袁宏道题，刊记：扫叶山房藏板	3Q-신 11 ㅈ-v.1-8
	钟惺（明）批评，上海，扫叶山房，清末刊	8卷8册（卷1-8），中国木版本，有图，15.6×10.6cm，四周单边，半郭：11.3×8.9cm，无界，10行25字，花口，上下向黑鱼尾，纸质：竹纸	表题：西汉演义，版心题：西汉演义评，里题：绣像东西两汉全传，序：公安袁宏道题，刊记：扫叶山房藏板	3Q-신 11 ㅈ

续表

书名	出版事项	版式状况	一般事项	所藏番号
新刻剑啸阁批评东汉演义传	钟惺(明)评,清朝后期刊	10卷6册(卷1-10),中国木版本,有图,15.4×10.8cm,四周单边,半郭:11.2×9.1cm,无界,10行25字,上黑鱼尾,纸质:竹纸	版心题:东汉演义评,表题:东汉演义	3Q-신 11 ㅈ-v. 1-6
绣像东汉演义	罗贯中(明)撰,上海,锦章图书局,清末民初刊	18卷6册(卷1-18),中国木版本,20×13.2cm,四周双边,半郭:14.5×9.8cm,无界,8行40字,花口,上下向黑鱼尾,纸质:北黄纸	内容:册1-2,绣像东汉演义—册3-6,绣像西汉演义,刊记:勤裕草堂托上海著易堂书局代印	3Q1-동 53 ㄴ-v. 1-v. 6
绣像东西汉演义	罗贯中(明)撰,上海,刊写者,刊写年未详	6册(缺帙),中国木活字本,20×13.2cm,四周双边,半郭:14.5×9.8cm,无界,8行40字,注单行,上黑鱼尾,纸质:北黄纸	内容:册1-2,东汉演义—册3-6,西汉演义,刊记:勤裕草堂托上海著易堂书局代印	3Q1-동 53 ㄴ-v. 1-6
岳武穆王精忠传	邹元标(明)撰,上海,大文堂,刊写年未详	6卷6册(卷1-6),中国木版本,24.4×14.4cm,四周单边,半郭:18.9×12cm,无界,12行28字,注双行,花口,上下向黑鱼尾,纸质:竹纸	序:吉水邹元标撰,刊记:上海,大文堂藏板	3Q2-정 817 ㅈ-v. 1-6/ 3Q2- 정 817 ㅈ

清代

书名	出版事项	版式状况	一般事项	所藏番号
增评加批金玉缘	曹雪芹(清)撰,上海,1906年序	13册(缺帙),中国石印本,有图,19.7×13.3cm,上下单边,左右单边,全郭:17×12cm,无界,行字数不定,注双行,纸质:竹纸	序:光绪三十二年(1906)九秋既望华阳仙裔	3Q-금 65 ㅈ-v. 1, 5-16
	曹雪芹(清)撰,上海,桐荫轩,1906年刊	13册(册1,5-16,缺帙),中国石印本,有图,19.7×13.3cm,上下单边,左右单边,半郭:17×12cm,无界,行字数不定,注双行,无鱼尾,纸质:竹纸	序:光绪三十二年(1906)九秋既望华阳仙裔,刊记:光绪丙午(1906)……上海,桐荫轩石印	3Q-금 65 ㅈ

书名	出版事项	版式状况	一般事项	所藏番号
增评加批金玉缘图说	曹雪芹(清)撰,蝶芗仙史(清)评订,清末民初刊	15册(册1-5,7-16,缺帙),中国石印本,有图,20×13cm,四周单边,半郭:17.2×12cm,无界,27行58字,注双行,花口,上下向黑鱼尾,纸质:竹纸	表题:全图增评金玉缘,版心题:增评绘图石头记,序:道光壬辰(1832)花朝日吴县王希廉雪芗氏书于双清仙馆	3Q-증 844 ᄌ
	曹雪芹(清)删定,清光绪三十二年(1906)序	120卷13册(册1-3缺),中国石印本,有图,19.7×13.3cm,四周单边,半郭:17×12cm,无界,行字数不定,注双行,纸质:绵纸	表题:全图增评金玉缘,序:光绪三十二年(1906)九秋既望华阳仙裔识	光州直辖市全南大学校图书馆
增评补像全图金玉缘	曹雪芹(清)撰,上海,江东书局,清末民初刊	15卷16册(卷1-15),中国石印本,有图,20.2×13.3cm,四周双边,半郭:17.4×11.6cm,无界,22行50字,注双行,上下向黑鱼尾,纸质:竹纸	标题:评注加批红楼梦全传,表题:增评全图足本石头记,刊记:上海江东书局印行	3Q-증 844 ᄌ
	曹雪芹(清)撰,上海,江东书局,清末民初刊	15卷16册(卷1-15),中国石印本,有图,20.2×13.3cm,四周双边,半郭:17.4×11.6cm,无界,22行50字,注双行,上黑鱼尾,纸质:竹纸	表题:增评全图足本石头记,标题:评注加批红楼梦全传;刊记:上海江东书局印行	3Q-증 844 ᄌ-v. 1-16
增评全图足本金玉缘	曹雪芹(清)撰,上海,求不负斋,光绪三十四年(1908)刊	16册(册1-16),中国石印本,19.8×13.2cm,四周双边,半郭:17.3×11.4cm,有界,18行40字,花口,上下向黑鱼尾,纸质:竹纸	版心题:图注金玉缘,序:光绪二十四年(1898)九月望日华阳仙裔,刊记:光绪戊申(1908)九月求不负斋印行	3Q-금 65 ᄌ-v. 1-16 /3Q-금 65 ᄌ
增评补图石头记	悼红轩(清)原本,王希廉(清)评,刊写者未详,20世纪初刊	120卷16册(卷1-120),中国新铅活字本,有图,16×10cm,四周双边,半郭:11.5×8.2cm,无界,14行31字,头注,花口,上下向黑鱼尾,纸质:绵纸	表题:石头记,序:小泉程伟元识,道光壬辰(1832)花朝日吴县王希廉雪芗氏书于双清仙馆	3Q-증 844 ᄐ
	悼红轩(清)原本,王希廉(清)评,刊写地,刊写者未详,20世纪初刊	120卷16册(卷1-120),中国新铅活字本,有图,16×10cm,四周双边,半郭:11.5×8.2cm,无界,14行31字,头注,上黑鱼尾,纸质:绵纸	表题:石头记,序:小泉程伟元识,道光壬辰(1832)花朝日吴县王希廉雪芗氏书于双清仙馆	3Q-증 844 ᄐ-v. 1-16

书名	出版事项	版式状况	一般事项	所藏番号
镜花缘	李汝珍(清)撰,上海,扫叶山房,光绪九年(1883)刊	30卷22册(卷1-30),中国木版本,有图,15.4×11cm,四周单边,半郭:11.4×8.9cm,有界,10行20字,注双行,花口,上下向黑鱼尾,纸质:竹纸	标题:全本绣像镜花缘,序:道光十年(1830)岁在上章摄提格,识:武林洪棣元,刊记:光绪癸未(1883)春元补刻绣像,扫叶山房藏板	3Q2-경 96
全本绣像镜花缘	扫叶山房,清光绪九年(1883)刊	30卷22册,中国木版本,有图,15.4×11cm,四周单边,半郭:11.4×8.9cm,有界,10行20字,上下向黑鱼尾,纸质:竹纸	题签:镜花缘,序:道光十年岁在上章摄提格(庚寅1830)清和月朔云山谢叶梅摹像并序,跋:武林洪棣元静荷识,刊记:光绪癸未(1883)春元补刻绣像扫叶山房藏板,收藏印:扫叶山房督造书籍	光州直辖市全南大学校图书馆
绣像绘图花月痕	眠鹤主人(清)编次,栖霞居士(清)评阅,刊写者,刊写年未详	16卷4册(卷1-16),中国石印本,有图,19.9×13.1cm,四周单边,半郭:18×11.9cm,无界,26行56字,头注,无鱼尾,纸质:竹纸	头注,序:咸丰戊午(1858)暮春之望眠鹤主人序	3Q-수 51 □
绣像绘图花月痕	眠鹤主人(清)编次,栖霞居士(清)评阅,刊写地,刊写者,刊写年未详	16卷4册(卷1-16),中国石印本,有图,19.9×13.1cm,四周单边,半郭:18×11.9cm,无界,26行56字,头注,纸质:竹纸	序:咸丰戊午(1858)暮春之望眠鹤主人序	3Q-수 51 □-v. 1-4
快心编传奇	天花才子(清)编辑,四桥居士(清)评点,刊写地,刊写者,刊写年未详	3册(缺帙),中国木版本,四周单边,半郭:18.9×13cm,有界,10行22字,花口,上下向黑鱼尾,23.4×15.1cm,纸质:竹纸		4E-쾌 59 天
儿女英雄传评话	文康(清)著,上海书局,光绪(1898)刊	8卷8册(卷1-8),中国石印本,有图,18.7×13cm,四周双边,半郭:16.2×11.5cm,无界,24行54字,上黑鱼尾,纸质:洋纸	版心题:绘图儿女英雄传,标题:侠女奇缘,序:光绪戊寅(1878)阳月古辽阉圃马从善偶述,刊记:光绪戊戌(1898)孟春之月上海书局印行	3Q-아 214 □-v. 1-8

续表

书名	出版事项	版式状况	一般事项	所藏番号
儿女英雄传评话	文康(清)著,上海书局,光绪二十四年(1898)刊	8卷8册(卷1-8),中国石印本,有图,18.7×13cm,四周双边,半郭:16.2×11.5cm,无界,24行54字,花口,上下向黑鱼尾,纸质:洋纸	标题:侠女奇缘,版心题:绘图儿女英雄传,序:光绪戊寅(1878)阳月古辽阆圃马从善偶述,刊记:光绪戊戌(1898)孟春之月上海书局印行	3Q-아214 □
足本大字绣像七剑十三侠	唐芸洲(清)编次,上海,广益书局,清末民初刊	12卷12册(卷1-12),中国石印本,有图,19.6×13.3cm,四周单边,半郭:16.6×11cm,无界,18行40字,花口,上下向黑鱼尾,纸质:竹纸	表题:足本大字七剑十三侠,刊记:上海广益书局发行	3Q-수51 ⊏
	唐芸洲(清)编次,上海,广益书局,清末民初刊	12卷12册(卷1-12),中国石印本,有图,19.6×13.3cm,四周单边,半郭:16.6×11cm,无界,18行40字,上黑鱼尾,纸质:竹纸	表题:足本大字七剑十三侠,刊记:上海广益书局发行	3Q-수51 ⊏-v. 1-12
绘图施公案演义	文光主人(清)编次,上海,广益书局,光绪二十九年(1903)序	20册(册1-20),中国石印本,有图,19.6×13.3cm,四周单边,半郭:16.9×11.5cm,无界,20行45字,花口,上下向黑鱼尾,纸质:竹纸	表题:足本全图施公案全集,序:光绪二十九年(1903)……上海文光主人识,刊记:上海广益书局印行	3Q-회225 □
	文光主人(清)编次,上海,广益书局,光绪二十九年(1903)序	20册,中国石印本,有图,19.6×13.3cm,四周单边,半郭:16.9×11.5cm,无界,20行45字,上黑鱼尾,纸质:竹纸	表题:足本全图施公案全集,序:光绪二十九年(1903)……上海文光主人识,内容:施公案初集-九集,全集	3Q-회225 □-v. 1-20
绣像洪秀全演义	禹山世次郎(清末民初)撰,江左书林,刊写年未详	8册,中国石印本,有图,20×13.2cm,四周单边,半郭:17.2×11.5cm,无界,21行43字,纸质:竹纸	序:丙午(1906?)九月章炳麟序,刊记:江左书局校正石印	3Q-수51 ○-v. 1-8
	禹山世次郎(清末民初)撰,江左书林,刊写年未详	8册(册1-8),中国石印本,有图,20×13.2cm,四周单边,半郭:17.2×11.5cm,无界,21行43字,无鱼尾,纸质:竹纸	序:丙午(1906?)九月章炳麟序,刊记:江左书局校正石印	3Q-수51 ○

续表

书名	出版事项	版式状况	一般事项	所藏番号
绣像第八才子书白圭志	崔象川（清）辑，刊写地，刊写者，刊写年未详	4卷4册（卷1-4），中国石印本，有图，13.1×8.2cm，四周双边，半郭：11.2×6.8cm，无界，14行31字，上黑鱼尾，纸质：竹纸	里题：绣像白圭志八才子书，版心题：八才子白圭志表题：绘图第八才子白圭志，序：晴川居士题	3Q-수 51 天-v.1-4
	崔象川（清）辑，刊写者未详，清末民初刊	4卷4册（卷1-4），中国石印本，有图，13.1×8.2cm，四周双边，半郭：11.2×6.8cm，无界，14行31字，花口，上下向黑鱼尾，纸质：竹纸	表题：绘图第八才子白圭志，里题：绣像白圭志八才子书，版心题：八才子白圭志，序：晴川居士题	3Q-수 51 天
绣像第一新书钟情传	刊写者未详，清末民初刊	3册（册2，4，6，缺帙），中国石印本，17.3×10.3cm，四周双边，半郭：14.4×8.8cm，无界，17行41字，上下向黑鱼尾，纸质：竹纸	表题：金瓶梅	3Q-수 51
	刊写地，刊写者，刊写年未详	3册（缺帙），中国石印本，17.3×10.3cm，四周双边，半郭：14.4×8.8cm，无界，17行41字，上黑鱼尾，纸质：竹纸	表题：金瓶梅	3Q-수 51-v.2，4，6
绣像正德全传	何梦梅（清）编，文英阁，道光二十二年（1842）刊	7卷6册（卷1-7），中国木版本，有图，16.3×11cm，四周双边，半郭：12.5×9.2cm，有界，10行20字，花口，上下向黑鱼尾，纸质：北黄纸	卷首题：大明正德游江南传，表题：正德游江南传，版心题：游江南传，序：时道光壬辰（1832）仲夏上浣黄逸峰拜题，刊记：道光壬寅（1842）新镌，双门底文英阁藏板	3Q-유 11 ㅎ

30. 朝鲜大学校

书名	出版事项	版式状况	一般事项	所藏番号
四大奇书第一种	毛声山（清）原评，扫叶山房，光绪十四年（1888）刊	2函19卷20册（目录1册），24.5×15.8cm，四周单边，半郭：14×19.8cm，无界，12行26字，注小字双行，上黑鱼尾	外题：三国志，版心题：第一才子书，序：顺治岁次甲申（1644）嘉平朔日金人瑞圣叹氏题，评：毛宗岗	895.13-ㄱ 781 人

31. 顺天大学校

书名	出版事项	版式状况	一般事项	所藏番号
四大奇书 第一种	毛宗岗（清）评，上海，江左书林，光绪二十三年（1897）刊	19卷20册，中国木版本，有图，23.2×15.4cm，四周双边，半郭：19×14.3cm，12行26字，注双字，上黑鱼尾		823.5 삼 17 ㅅ

32. 全北大学校

明代

书名	出版事项	版式状况	一般事项	所藏番号
四大奇书 第一种	毛宗岗（清）评，1644年序，后刷	10卷11册（卷1-4, 8, 15-19, 包含目录1册），朝鲜木版本，有图，27.5×18.7cm，四周单边，半郭：19.7×14cm，无界，12行26字，注双行，上下向黑鱼尾，纸质：楮纸	表题：四大奇书，版心题：第一才子书，序：顺治岁次甲申（1644）嘉平朔日金人瑞圣叹氏题	
	陈寿（晋）传，毛宗岗（清）评，杭永年（清）校定，朝鲜朝后期至末期刊	19卷21册（目录1册），朝鲜木版本，有图，26.5×18cm，四周单边，半郭：22.6×14.4cm，无界，12行26字，注双行，上下向黑鱼尾，纸质：楮纸	表题：三国志，版心题：第一才子书，序：顺治岁次甲申（1644）嘉平朔日金人瑞圣叹氏题	
	毛宗岗（清）评，刊写地，刊写者，刊写年未详	14卷14册（卷3-16，缺帙），笔写本，34.3×22.5cm，无界，11行24字，注双行，无鱼尾	表题：第一才子书	812.3-사대기 ㅅ
	毛宗岗（清）评，刊写地，刊写者，刊写年未详	8卷8册（卷1-2, 18-23，缺帙），笔写本，25.9×17.5cm，无界，11行24字，注双行，无鱼尾	表题：第一才子书	812.35-사 대기

书名	出版事项	版式状况	一般事项	所藏番号
四大奇书第一种	毛声山(清)批点,毛宗岗(清)评,刊写地,刊写者,刊写年未详	17卷17册(目录1册,卷1-6、8、10-19,共18册,全19卷20册),木版本,有图,26.6×18.2cm,四周单边,半郭:20×14.3cm,无界,12行26字,注双行,上下向黑鱼尾	表题:三国志,版心题:第一才子书,标题:贯华堂第一才子书,序:顺治岁次甲申(1644)嘉平朔日金人瑞圣叹氏题	812.3-삼국지
	毛声山(清)批点,毛宗岗(清)评,刊写地,刊写者,刊写年未详	目录1册,10卷10册(卷1-4、8、15-19),共11册(全19卷20册),木版本,有图,27.8×18.5cm,四周单边,半郭:20.4×14.5cm,无界,12行26字,注双行,上下向黑鱼尾	版心题:第一才子书,表题:四大奇书,标题:贯华堂第一才子书,卷8:笔写本,序:顺治岁次甲申(1644)嘉平朔日金人瑞圣叹氏题	812.3-사대기
第五才子书水浒传	施耐庵(明)著,金圣叹(清)评释,纬文堂,刊写年未详	75卷20册(卷1-75),中国木版本,有图,16.2×11.2cm,四周单边,半郭:13.4×9.1cm,无界,11行26字,注双行,上下向黑鱼尾	版心题:第五才子,表题:水浒传,标题:绣像第五才子书,纬文堂藏板,手书刻序:时雍正甲寅(1734)上伏日勾曲外史	812.3-수호전
	施耐庵(明)撰,清朝末期刊	66卷18册(卷6-37、42-75),中国木版本,16.2×11.1cm,四周单边,半郭:13.2×9.2cm,无界,11行26字,注双行,内向黑鱼尾,纸质:竹纸	表题:水浒传,版心题:第五才子	全北大学校
绘图增像西游记	吴承恩(明)著,陈士斌(清)诠解,上海,焕文书局,光绪癸巳(1893)刊	全100回8册(册1-8),中国石印本,有图,19.6×12.4cm,四周草木纹,半郭:15.3×10.3cm,18行41字,头注,上内向黑鱼尾	版心:绘图西游记,表纸:绘图加批西游记,序:康熙丙子(1696)西堂老人尤侗撰序,刊记:光绪癸巳(1893)上海焕文书局印	812.35-西游记
西游真诠	陈士斌(清)诠解,刊写者,刊写年未详	100卷24册(卷1-100),中国木版本,有图,24.8×15.6cm,四周单边,半郭:21×14.3cm,有界,11行24字,注双行,上下向黑鱼尾	标题:悟一子批点西游真诠,有批点	812.3-서유진

续表

书名	出版事项	版式状况	一般事项	所藏番号
西游真诠	陈士斌（清）诠解，清朝末期刻后刷	100卷24册，中国木版本，有图，24.9×15.8cm，四周单边，半郭：21.3×14.1cm，无界，11行24字，上下向黑鱼尾，纸质：绵纸	序：康熙丙子（1696）中秋西堂老人尤侗撰	全北大学校
皋鹤堂第一奇书	刊写者，刊写年未详	1卷1册（卷2，缺帙），中国石印本，有图，19.7×13.2cm，四周单边，半郭：16.4×11.7cm，无界，23行49字，注双行，无鱼尾	表题：金瓶梅	812.35-고 학 당ㄱ
绣像封神演义	钟惺（明）批评，上海，章福记书局，宣统二年（1910）刊	10卷10册（卷1-10），中国石印本，有图，20.3×13.6cm，四周双边，半郭：17.7×11.8cm，无界，20行45字，上黑鱼尾，纸质：竹纸	表题：绣像封神演义全传，刊记：宣统庚戌（1910）仲冬上海章福记石印，序：康熙乙亥（1695）午月望后十日长洲褚人获学稼题于四雪草堂	812.3-허 중 림 봉
		10卷10册，中国石印本，有图，20.4×13.3cm，四周双边，半郭：17.7×11.6cm，无界，20行45字，上下向黑鱼尾，纸质：竹纸	题签：绣像封神演义大全，版心题：绘图封神演义，序：康熙乙亥（1695）午月望后十日长洲褚人获学稼题于四雪草堂，刊记：宣统二年（1910）仲冬上海章福记石印	全北大学校
东周列国全志	蔡奡（清）评点，上海，江左书林，光绪十二年（1886）刊	23卷23册（目录册1，卷1-23，共24册），中国木版本，有图，23.4×14.9cm，四周双边，半郭：18.1×12.7cm，无界，13行26字，注双行，上下向黑鱼尾	版心题：东周列国志，表题：列国志，标题：绣像东周列国志，刊记：光绪丙戌（1886）秋月上海江左书林重校刊，手书刻序：乾隆壬申（1752）二月七都梦夫蔡元放	812.35-채 호 ㄷ
	蔡奡（清）评，江左书林，刊写年未详	23卷23册（卷首册1，卷1-23，共24册），中国木版本，有图，17.9×12cm，四周单边，半郭：12.8×10cm，有界，12行27字，注双行，上下向黑鱼尾	表题：列国全志，标题：绣像东周列国全志，序：乾隆十七年（1752）……蔡元放题于绿净山房，刊记：江左书林藏板	812.3-열국전

续表

书名	出版事项	版式状况	一般事项	所藏番号
东周列国志	蔡元放（清）评点，上海，锦章图书局，1752年序	27卷14册（卷1-27），中国石印本，20.5×13.5cm，四周双边，半郭：17.5×12.1cm，有界，18行40字，上黑鱼尾	表题：绘图东周列国志，序:乾隆十有七年(1752)春蔡元放	812.3-동주열
新刻剑啸阁批评西汉演义	钟惺（明）批评，善成堂，壬申(1872?)刊	8卷8册（卷1-8），中国木版本，有图，24.2×21.2cm，四周单边，半郭：21×14cm，无界，11行26字，注单行，上下向黑鱼尾，纸质：锦纸	版心题：西汉演义评，里题：绣像东西汉演义，题签：西汉演义，刊记：壬申(1872?)新镌 善成堂梓行，序：公安袁宏道题	812.3-동서한
쵸한젼	译著者，刊写地，刊写者不详，19世纪末刊	2卷1册（卷1-2），朝鲜木版本，26.6×18.7cm，四周单边，半郭：20.1×16.2cm，无界，13行20字，版心，上下内向黑鱼尾	卷末书名：楚汉传 朝鲜本	812.35-초 한 젼

清代

书名	出版事项	版式状况	一般事项	所藏番号
增评补像全图金玉缘	曹雪芹（清）著，上海，江东书局，刊写年未详	15卷15册（首卷1册，卷1-15，共16册），中国石印本，有图，20.2×13.3cm，四周双边，半郭：17.4×11.6cm，无界，22行50字，注双行，上下向黑鱼尾	标题：红楼梦全传，表题:增评全图足本石头记，刊记：上海江东书局印行	812.3-조설근 ㅈ
	曹雪芹（清）删定，上海，江东书局，清末民初刊	15卷16册，中国石印本，有图，20.2×13.4cm，四周双边，半郭：17.4×11.5cm，无界，22行50字，注双行，上下向黑鱼尾，纸质：竹纸	题签：增评全图足本石头记	
	曹雪芹（清）著，上海，江东书局，清末民初刊	7卷8册，中国石印本，有图，20.1×13.3cm，四周双边，半郭：17.5×11.6cm，无界，22行字数不定，注双行，上下向黑鱼尾，纸质：洋纸	题签：增评全图足本石头记，序：道光壬辰(1832)花朝日吴县王希廉雪芗氏书于双清仙馆，刊记：上海江东书局印行	

书名	出版事项	版式状况	一般事项	所藏番号
说唐前传	刊写者，刊写年未详	3卷3册（卷1-3），中国石印本，有图，19.8×13.4cm，四周双边，半郭：17×11.7cm，无界，24行50字，上下向黑鱼尾	标题：绣像说唐演义前传，表题：绣像说唐演义全传，版心题：绣像说唐前传，序：鸳湖渔叟书	812.3-설당전

33. 圆光大学校

明代

书名	出版事项	版式状况	一般事项	所藏番号
第一才子书	罗贯中（明）著，毛声山（清）批点，宏道堂藏板，刊年未详	51卷20册，中国木版本，24×15.2cm，四周单边，半郭：20.9×13.8cm，无界，12行28字，注双行，上黑鱼尾，纸质：竹纸	序：顺治岁次甲申（1644）金圣叹，表题：三国志	AN823.5-└23
	罗贯中（明）著，毛宗岗（清）评，锦章图书局，刊年未详	9册（零本，卷17-52），中国木版本，20.1×13.1cm，四周双边，半郭：17×11.3cm，有界，16行32字，注双行，上黑鱼尾，纸质：竹纸	表题：增像全图三国志演义	AN823.5-└23 └
	罗贯中（明）著，毛宗岗（清）评，锦章图书局，刊年未详	60卷15册，中国木版本，20.3×13.5cm，四周双边，半郭：17.1×11.5cm，有界，16行32字，注双行，上黑鱼尾，纸质：竹纸	表题：增像全图三国志演义	AN823.5-└23 ⊏
	毛宗岗（清）评，刊写地，刊写者，刊写年未详	20卷20册，朝鲜木版本，25.7×16.5cm，四周单边，半郭：22.5×14.2cm，无界，12行26字，注双行，上黑鱼尾，纸质：楮纸	版心题：第一才子书，表题：三国志，序：顺治岁次甲申（1644）金人瑞圣叹氏题	AN823.5-□566 사
四大奇书第一种	毛宗岗（清）评，刊写地，刊写者，刊写年未详	3册（零本，卷5-10），朝鲜木版本，29.5×18cm，四周单边，半郭：22×14.5cm，无界，12行26字，注双行，上黑鱼尾，纸质：楮纸	版心题：第一才子书	AN823.5-□566

书名	出版事项	版式状况	一般事项	所藏番号
增像全图三国演义	罗贯中(明)著,蔡奡(清)评点	1册(卷6),中国木版本,20×13.7cm,四周单边,半郭:17×11.7cm,无界,24行50字,注双行,上黑鱼尾,纸质:竹纸		AN823.5-ㄴ23 증
增像全图第一才子三国志演义	罗贯中(明)著,毛宗岗(清)评,天宝书局,刊年未详	10卷8册,中国木版本,20.4×13.2cm,四周双边,半郭:17.5×11.9cm,无界,25行52字,注双行,上下黑鱼尾,纸质:竹纸	表题:增像全图三国志演义	AN823.5-ㄴ23 ㄱ
三国志	罗贯中(明)著,毛声山(清)批点,同志堂藏板,刊年未详	23卷23册(卷1-23),中国木版本,24.7×15.7cm,四周单边,半郭:21.5×19cm,无界,11行24字,注双行,上黑鱼尾,纸质:竹纸	序:顺治岁次甲申(1644)金圣叹	AN823.5-ㄴ23 ㅅ
评论出像水浒传	施耐庵(明)撰,金圣叹(清)订正,刊写者,刊写年未详	20卷20册(卷1-20),中国木版本,24.5×16cm,四周单边,半郭:22×14.5cm,无界,11行24字,注双行,上黑鱼尾,纸质:竹纸	版心题:五才子书,表题:水浒志,序:顺治丁酉(1657)桐庵老人	AN823.5-ㅅ748 ㅍ
	施耐庵(明)撰,金圣叹(清)订正	20卷20册(卷1-20),中国木版本,24.5×16cm,四周单边,半郭:22×14.5cm,无界,11行24字,注双行,上黑鱼尾,纸质:竹纸	版心题:五才子书,表题:水浒志,序:顺治丁酉(1657)桐庵老人	AN823.5-ㅅ748 평
	施耐庵(明)撰,刊写地,刊写者,刊写年未详	19册(卷1-13,卷15-20),中国木版本,24.4×16.2cm,四周单边,半郭:21.3×14.2cm,无界,11行22字,注双行,上黑鱼尾,纸质:竹纸		AN823.5-ㅅ748 평ㄱ
第五才子书水浒传	施耐庵(明)撰,金圣叹(清)订正	75卷20册(卷1-75),中国木版本,17.7×10.6cm,左右双边,半郭:12.3×9cm,无界,10行23字,注双行,上黑鱼尾,纸质:竹纸	表题:水浒传,版心题:第五才子书,序:雍正甲寅(1734)上伏日勾曲外史书	AN823.5-ㅅ748

书名	出版事项	版式状况	一般事项	所藏番号
绘图增像第五才子书水浒传	施耐庵（明）撰，金圣叹（清）评释，刊写地，刊写者，刊写年未详	6册［第35回（册7）-第74回（册12）］，中国木版本，20.2×13.2cm，四周双边，半郭：15.6×10.7cm，有界，17行32字，注双行，上黑鱼尾，纸质：竹纸	表题：绣像全图五才子奇书	AN823.5-ㅅ748 회
绘图增像第五才子书水浒全传	施耐庵（明）撰，金人瑞（清）评释，上海，同文书局，1887年刊	12卷12册，中国新活字本，20×13.3cm，四周双边，半郭：15.1×10.8cm，有界，17行32字，注双行，上黑鱼尾，纸质：竹纸		AN823.5-ㅅ748 수
西游真诠	陈士斌（清）诠解，悟一子（清）批评，芥子园藏板，刊年未详	10卷10册，中国木版本，15.8×10.5cm，左右双边，半郭：12×9cm，无界，10行24字，上黑鱼尾，纸质：竹纸	表题：西游记，序：康熙丙子(1696)西堂老人	AN823.5-ㅊ158 ㅅ
新说西游记	张书绅（清）注，上海，校经山房，1888年刊	100卷16册，中国石印本，20×13.2cm，四周单边，半郭：14.6×10.9cm，无界，16行36字，注双行，纸质：竹纸	表题：西游记，刊记：光绪戊子(1888)上海校经山房成记发行，序：光绪十有四年(1888)王韬	AN823.5-ㅊ158
今古奇观	1891年刊	10卷14册，中国木活字本，15.2×11cm，四周单边，半郭：12×9.2cm，无界，11行25字，上黑鱼尾，纸质：竹纸	序：姑苏笑花主人，刊记：光绪十七年(1891)冬重刊	AN823.5-ㄱ575 ㄱ
东周列国志	冯梦龙（明）著，蔡奡（清）评点，锦章图书局，刊年未详	7册(零本，所藏卷14-17)，中国石印本，20.1×13.5cm，四周双边，半郭：17.5×11.6cm，有界，18行40字，注双行，上黑鱼尾，纸质：竹纸	表题：绘图东周列国志	AN823.5-ㅂ998 ㄱ
	冯梦龙（明）著，蔡奡（清）评点，上海，扫叶山房，1896年刊	4册(零本，卷1-2，11-21)，中国石印本，20×13.2cm，四周双边，半郭：16.5×11.6cm，无界，22行50字，注双行，上黑鱼尾，纸质：竹纸	表题：绘图东周列国志，刊记：光绪丙申(1896)上海扫叶山房石印	AN 823.5-ㅂ998 ㄴ

书名	出版事项	版式状况	一般事项	所藏番号
绣像东周列国志	冯梦龙（明）著，蔡奡（清）评点，刊行处，刊行年不明	24卷24册，中国木版本，23.1×15.7cm，四周双边，半郭：20×13.2cm，无界，12行26字，注双行，上黑鱼尾，纸质：竹纸	表题：列国志，序：乾隆十七年(1752)蔡元放	AN823.5-ㅂ998 ㄷ
绣像西汉演义	李贽（明）演义，上海，著易堂书局，刊写年未详	10卷4册，中国新活字本，19.8×13.1cm，四周双边，半郭15×10.6cm，有界，18行40字，注双行，上黑鱼尾，纸质：竹纸		AN823.5-ㅇ894 ㅜ
绘图西汉演义	天宝书局刊	4卷4册，中国石印本，20.3×13.5cm，四周双边，半郭：17.6×11.7cm，无界，25行56字，注双行，上黑鱼尾，纸质：竹纸	表题：东西汉演义	AN823.5-ㅊ245
新刻剑啸阁批评西汉演义传	钟伯敬（明）批评，上海经元堂，刊年未详	8卷8册，中国木版本，17.6×11.5cm，四周单边，半郭：14.5×9.5cm，无界，10行30字，上黑鱼尾，纸质：竹纸	版心题：西汉演义评，表题：西汉演义，刊记：上海经元堂梓行	AN823.5-ㅊ718
	钟伯敬（明）批评，刊写地，刊写者，刊写年未详	8卷9册，中国木版本，24.5×15.5cm，四周单边，半郭：20.8×13.7cm，无界，10行22字，上下黑鱼尾，纸质：竹纸	版心题：西汉演义评，表题：西汉演义，序：袁宏道	AN823.5-ㅊ718 ㄱ
绘图东汉演义	天宝书局刊，刊写年未详	4卷2册，中国石印本，20.3×13.5cm，四周双边，半郭：17.6×11.7cm，无界，25行56字，注双行，上黑鱼尾，纸质：竹纸	表题：东西汉演义	AN823.5-ㅊ245 ㄱ

清代

书名	出版事项	版式状况	一般事项	所藏番号
重刻绣像说唐演义全传		20卷20册，中国木版本，24.3×15.4cm，四周单边，半郭：22.3×13.5cm，无界，11行25字，上黑鱼尾，纸质：竹纸	表题：说唐，序：乾隆元岁(1736)如莲居士	AN823.4-ㅊ818

34. 全州大学校

明代

书名	出版事项	版式状况	一般事项	所藏番号
四大奇书	毛宗岗（清）评，朝鲜朝末期刊	1册，朝鲜木活字本，四周单边，半郭：20.5×14cm，无界，12行26字，上黑鱼尾	版心题：第一才子书	OM823.5 -모756人
三国志	译著者，刊写地，刊写者，刊写年未详	1册，笔写本		OM813.5-삼171
서한연의	译著者，刊写地，刊写者，刊写年未详	1册，笔写本	西汉演义	OM813.5-서912

35. 釜山市民图书馆

书名	出版事项	版式状况	一般事项	所藏番号
绘本通俗三国志	池田东篱校正，葛饰戴斗画图，大阪，冈田茂兵卫，天保七至十二年（1836—1841）刊	75册(初编-7编 各 卷之1-10，8编 卷之1-5)，日本石印本，有图，22×15.5cm，四周单边，半郭：18.4×12.8cm，上下向黑鱼尾，11行字数不定	序：天保六年（1835）……东篱亭主人，原叙：元禄己巳(1689)……湖南文山	[古]823.5-2

36. 釜山大学校

明代

书名	出版事项	版式状况	一般事项	所藏番号
四大奇书第一种	毛宗岗（清）评，上海，扫叶山房，刊写年未详	10卷10册，中国木版本，23.2×15.5cm，上下单边，左右双边，12行26字，半郭：19.8×13.9cm，无界，注双行，花口，上下向黑鱼尾，纸质：中国纸	表题：圣叹外书，标题：绣像三国志演义，序：顺治岁次甲申（1644）……金人瑞圣叹题	（直斋文库）OCC 3-12 29D

书名	出版事项	版式状况	一般事项	所藏番号
四大奇书第一种	罗贯中(明)著,毛宗岗(清)评,邹梧冈(清)参订,刘凤藻(清)校对	28卷8册,中国木版本,有图,24.6×15.7cm,四周单边,半郭19.4×13.4cm,有界,12行28字,注双行,花口,上下向黑鱼尾,纸质:中国纸	表题:三国志,标题:绣像第一才子书,版心题:第一才子,序:时顺治岁次甲申(1644)嘉平朔日……金人瑞圣叹氏题,刊记:绣像第一才子书成文信梓	(芝田文库)OEC 3-12 29
	罗贯中(明)著	10卷10册,朝鲜木版本,有图,26.8×17.6cm,四周单边,半郭21.5×14.5cm,无界,12行26字,注双行,花口,上下向黑鱼尾,纸质:楮纸	表题:三国志,版心题:第一才子书	(芝田文库)OEC 3-12 29A
第一才子书	罗贯中(明)著,同文晋记书局	60卷16册,中国新铅活字本,有图,20.3×13.5cm,四周单边,半郭:17.6×12.3cm,有界,15行30字,注双行,花口,上下向黑鱼尾,纸质:中国纸	表题:增像全图三国志演义,标题:绘图三国演义,序:顺治岁次甲申(1644)嘉平朔日……金人瑞题,刊记:同文晋记书局藏板	(梦汉文库)ODC 3-12 29C
	罗贯中(明)著,毛宗岗(清)评,上海,锦章图书局,刊写年未详	4卷1册(43页),中国石印本,有图,20.3×13.5cm,四周双边,半郭:17×11.4cm,有界,16行32字,注双行,花口,上下向黑鱼尾,纸质:中国纸		(小讷文库)OFC 3-12 13
	罗贯中(明)著,毛宗岗(清)评,锦章图书局,刊写年未详	24卷6册,中国石印本,有图,20.6×13.4cm,四周双边,半郭17.7×12cm,有界,16行32字,注双行,花口,上下向黑鱼尾,纸质:中国纸	表题:增像全图三国演义	(小讷文库)OFC 3-12 13B
		3卷1册(45页),中国石印本,20×13.3cm,四周双边,半郭17.3×11.6cm,有界,16行32字,注双行,花口,上下向黑鱼尾,纸质:中国纸	表题:增像全图三国演义	(小讷文库)OFC 3-12 13C

续表

书名	出版事项	版式状况	一般事项	所藏番号
增像全图三国志演义	罗贯中（明）著，同文晋记书局	4卷1册(50页)，中国新铅活字本，有图，20.3×13.5cm，四周单边，半郭：17.6×12.3cm，有界，15行30字，注双行，花口，上下向黑鱼尾，纸质：中国纸	刊记：同文晋记书局藏板	（芝田文库）OEC 3-12 29C
	罗贯中（明）撰，清末民初刊	1册(51页)，中国石印本，有图中国纸，20.1×13.3cm，四周单边，半郭：17.1×11.8cm，有界，16行32字，注双行，上下向黑鱼尾，纸质：竹纸	版心制：第一才子书	
	罗贯中（明）著，毛宗岗（清）评，清光绪三十二年(1906)刊	60卷16册（卷3，8-11，14-15缺），中国新铅活字本，有图，20.2×13.5cm，四周单边，半郭：17.1×12.3cm，有界，15行29字，注双行，上下向黑鱼尾，纸质：竹纸	序：顺治岁次甲申(1644)嘉平朔日金人瑞圣叹氏题，刊记：光绪三十二年(1906)刊	
新刊校正古本大字音释三国志传通俗演义	罗贯中（明）编次，刊年未详	2卷1册(131页)，朝鲜木版本，29×21.2cm，四周双边，半郭21.4×16.9cm，有界，13行24字，注双行，花口，上下内向二叶花纹鱼尾，纸质：楮纸	版心题：三国演义	（于溪文库）OIC 3-12 71
读三国志法	扫叶山房，清代刊	10册，中国木版本，有图，23×15.3cm，上下单边，左右双边，半郭：19.9×14.5cm，无界，12行16字，注双行，上下向黑鱼尾，纸质：竹纸	表题：圣叹外书，版心题：第一才子书，里题：绣像三国志演义，序：顺治甲申（1644）……金人瑞圣叹氏题，刊记：扫叶山房藏板	
评论出像水浒传	施耐庵(明)著	19卷4册(4部)，中国木版本，有图，25.8×16.3cm，四周单边，半郭：21.7×14.5cm，无界，11行24字，花口，上下向黑鱼尾，纸质：中国纸	标题：绣像第五才子序，表题：水浒传，版心题：五才子奇书，序：顺治丁酉(1657)冬月桐庵老人书	（芝田文库）OEC 3-12 30

书名	出版事项	版式状况	一般事项	所藏番号
评论出像水浒传	施耐庵(明)著	10卷10册,中国木版本,有图,24.5×16.5cm,四周单边,半郭:21×15cm,无界,11行24字,白口,上下向黑鱼尾,纸质:中国纸	表题:水浒传,版心题:五才子奇书	(芝田文库)OEC 3-12 30A
		1卷1册(46页),中国木版本,26.2×17cm,四周单边,半郭:21.5×13.7cm,无界,11行24字,花口,上下向黑鱼尾,纸质:中国纸	版心题:五才子奇书	(小讷文库)OFC 3-12 30C
第五才子书水浒传	施耐庵(明)著,金圣叹(清)评释,清末刊	26卷7册(卷8-11,38-50,55-63),中国木版本,16.7×11.1cm,四周单边,半郭:13.3×9.4cm,无界,11行26字,注双行,上下向黑鱼尾,纸质:竹纸	表题:水浒志,版心题:第五才子	
绘图增像第五才子书水浒全传	施耐庵(明)著,金圣叹(清)评释	1册(54页),中国新铅活字本,有图,19.5×12.2cm,四周双边,半郭:15.6×10.8cm,有界,17行32字,注双行,花口,上下向黑鱼尾,纸质:中国纸	版心题:绘图增像五才子书	(梦汉文库)ODC 3-12 30B
	施耐庵(明)编次,上海,广百宋斋,光绪十七年(1891)刊	9册,中国新铅活字本,有图,19.4×12.3cm,四周双边,半郭:16×11.3cm,有界,17行32字,注双行,花口,上下向黑鱼尾,纸质:中国纸	表题:绘图增像五才子书,标题:绘图增像五才子书,版心题:绘图增像五才子书,叙:雍正甲寅(1734)上伏日勾曲外史,刊记:光绪辛卯(1891)上海广百宋斋校印	(梦汉文库)ODC 3-12 34
	金圣叹(清)评释,上海,广百宋斋,清光绪十七年(1891)刊	74卷9册(51页),中国新铅活字本,19.4×12.5cm,四周双边,半郭:15.8×11.9cm,有界,17行30字,注双行,上下向黑鱼尾,纸质:竹纸	题签:绘图增像第五才子书,序:雍正甲寅(1734)上伏日勾曲外史,刊记:光绪辛卯(1891)上海广百宋斋校印	

续表

书名	出版事项	版式状况	一般事项	所藏番号
结水浒全传	俞万春(清)著	24 卷 6 册, 中国新铅活字本, 17.2×11.1cm, 四周双边, 半郭: 13.6 × 10.1cm, 无界, 12 行 27 字, 注双行, 花口, 上下向黑鱼尾, 纸质: 中国纸	表题: 荡寇志	(芝田文库) OEC 3-12 44
西游真诠	憺漪子(清)评, 忠信堂, 戊辰(1808?)刊	2 卷 2 册, 中国木版本, 有图, 24×15.2cm, 四周单边, 半郭: 20.8×12.7cm, 有界, 12 行 28 字, 花口, 上下向黑鱼尾, 纸质: 竹纸	表题: 西游记, 标题: 绣像西游真诠, 原序: 天历己未(1329)……虞集撰, 版心题: 西游, 刊记: 戊辰(1808?)秋镌忠信堂梓行	(芝田文库) OEC 3-12 52
	吴承恩(明)著, 陈士斌(清)诠解, 清戊辰(1808?)刊	1 册(59 页), 中国木版本, 有图, 24.3×15.3cm, 四周单边, 半郭: 20×11.9cm, 无界, 12 行 28 字, 上下向黑鱼尾, 纸质: 竹纸	表题: 西游记, 里题: 绣像西游真诠, 序: 天历己未(1329)……虞集撰, 刊记: 戊辰(1808?)秋镌忠信堂梓行	
绘图增像西游记	陈士斌(清)诠解, 上海, 广百宋斋, 光绪十七年(1891)刊	10 册, 中国新铅活字本, 有图, 19.7×12.3cm, 四周双边, 半郭: 15.6 × 10.7cm, 有界, 17 行 32 字, 花口, 上下向黑鱼尾, 纸质: 中国纸	标题: 绘图加批西游记, 序: 康熙丙子(1891)中秋……尤侗, 刊记: 光绪辛卯(1891)上海广百宋斋校印	(梦汉文库) ODC 3-12 38
醒世恒言	冯梦龙(明)编著, 刊写者, 刊写年未详	22 卷 7 册, 中国木版本, 22 × 13.5cm, 上下单边, 左右双边, 全郭: 17.6×10.7cm, 无界, 8 行 18 字, 白口, 无鱼尾, 纸质: 中国纸		(芝田文库) OEC 3-12 19
	冯梦龙(明)编次, 明末刊	10 卷 7 册(卷 3-12), 中国木版本, 21.9×13.5cm, 四周单边, 半郭: 17.7×10.9cm, 无界, 8 行 18 字, 纸质: 竹纸	内容: 九烈君广施柳汁	
绘图今古奇观	曲园老人(清)鉴定, 上海, 大成书局, 光绪三十二年(1906)序	6 卷 6 册, 中国石印本, 有图, 20.3×13.3cm, 四周单边, 半郭: 17.8 × 11.8cm, 无界, 21 行 45 字, 花口, 上下向黑鱼尾, 纸质: 中国纸	表题: 今古奇观, 版心题: (大字足本)绘图今古奇观, 序: 光绪丙午(1906)仲春古董月湖钓徒撰并书, 刊记: 曲园老人鉴定 上海大成书局发行	(梦汉文库) ODC 3-12 12

续表

书名	出版事项	版式状况	一般事项	所藏番号
绘图今古奇观	曲园老人(清)鉴定,上海,天宝书局,刊写年未详	4卷2册,中国石印本,20.3×13.3cm,四周单边,半郭:17.9×11.9cm,无界,21行42字,注双行,花口,无鱼尾,纸质:中国纸	刊记:上海天宝书局石印	(苍原文库)OHC 3-12 61
新刻钟伯敬先生批评封神演义	钟伯敬(明)批评,清四雪草堂,刊写年未详	11卷11册,中国木版本,有图,25.3×15.8cm,四周单边,半郭:20.5×14cm,无界,11行24字,花口,上下向黑鱼尾,纸质:中国纸	表题:西周演义,标题:封神演义,序:康熙乙亥(1695)午月望后十日……褚人获题	(芝田文库)OEC 3-12 22
东周列国全志	蔡奡(清)评点	7卷7册,中国木版本,15.7×10.8cm,上下单边,左右双边,半郭:12.8×9cm,无界,12行27字,注双行,花口,上下向黑鱼尾,纸质:中国纸	表题:列国志	(海苍文库)OAC 3-12 1D
	蔡奡(清)评点,清朝末期刊	7卷7册(卷12,14,18-21,23),中国木版本,15.8×10.8cm,四周单边,半郭:13.2×9.9cm,无界,12行26字,注双行,上下向黑鱼尾,纸质:竹纸	版心题:东周列国志,里题:重镌东周列国全志	釜山大学校
	蔡奡(清)评点	1卷1册(36页),中国石印本,有图,20.5×13.5cm,四周双边,半郭:17.3×11.8cm,无界,24行52字,注双行,花口,上下向黑鱼尾,纸质:中国纸	版心题:绘图东周列国志	(东麓文库)OBC 3-12 1B
	蔡奡(清)批评,善成堂,乾隆十七年(1752)刊	12卷13册,中国木版本,有图,24.2×16.3cm,四周单边,半郭:21.6×14cm,有界,12行26字,注双行,花口,上下向黑鱼尾,纸质:中国纸	标题:善成堂东周列国全志,表题:东周列国志,序:时乾隆十七年(1752)春月……蔡元放题	(小讷文库)OFC 3-12 1F
	蔡奡(清)评点,锦章图书局,刊写年未详	12卷6册,中国石印本,有图,20.2×13.4cm,四周双边,半郭:17.4×11.5cm,有界,18行40字,注双行,花口,上下向黑鱼尾,纸质:中国纸	表题:绘图东周列国志	(直斋文库)OCC 3-12 1E

续表

书名	出版事项	版式状况	一般事项	所藏番号
东周列国全志	蔡鼎（清）评点，刊写者，刊写年未详	11卷10册，中国木版本，有图，23.9×16.4cm，四周单边，半郭：21×14.2cm，有界，12行26字，注双行，花口，上下向黑鱼尾，纸质：洋纸	表题：东周纪，版心题：东周列国志	（芝田文库）OEC 3-12 23A
	蔡鼎（清）评点，清乾隆十七年（1752）序，后刷	5卷5册（卷1-2，5，8，11），中国木版本，有图，24.3×16cm，四周单边，半郭：22×14.7cm，有界，12行26字，注双行，上下向黑鱼尾，纸质：竹纸	版心题：东周列国志，序：乾隆十七年（1752）春月七都梦夫蔡元放氏题	
	蔡鼎（清）评点，清末民初刊	20卷20册（卷1-11，15-23），中国石印本，有图，25.4×16cm，四周双边，半郭：21.8×14.5cm，有界，12行26字，注双行，上下向黑鱼尾，纸质：竹纸	表题：列国志，版心题：东周列国志，序：乾隆十七年（1752）蔡元放氏题	
新刻剑啸阁批评西汉演义传	剑啸阁批评	2卷2册，笔写本，27×15cm，无界，卷4：10行25字，卷8：10行26字，纸质：楮纸	表题：西汉志	（芝田文库）OEC 3-12 53
绣像西汉演义	上海，广百宋斋，光绪十八年（1892）刊	8卷4册，中国新铅活字本，有图，19.7×13.2cm，四周双边，半郭：16×10.9cm，有界，17行32字，注双行，花口，上下向黑鱼尾，纸质：中国纸	表题：西汉演义，序：供天下之好读书，刊记：光绪壬辰（1892）春月上海广百宋斋校印	（梦汉文库）ODC 3-12 55
新刻剑啸阁批评西汉演义传	钟惺（明）批评，朝鲜朝后期至末期写	2卷2册（卷4，8），笔写本，17.1×15.2cm，无界，10行25字，注单行，纸质：楮纸	表题：西汉志	
绣像东汉演义	上海，广百宋斋，光绪十八年（1892）刊	10卷2册，中国新铅活字本，有图，31×28cm，四周双边，半郭：19.7×13.2cm，有界，17行32字，注双行，花口，上下向黑鱼尾，纸质：中国纸	表题：东汉演义，刊记：光绪壬辰（1892）春月上海广百宋斋校印	（梦汉文库）ODC 3-12 56
	图书集成局，光绪乙巳（1905）刊	1卷1册（59页），中国新铅活字本，有图，20×13.7cm，四周双边，半郭：16.3×11.6cm，有界，16行42字，注双行，花口，上下向黑鱼尾，纸质：中国纸	表题：东汉演义，刊记：光绪乙巳（1905）三月图书集成局印	（于溪文库）OIC 3-12 56A

续表

书名	出版事项	版式状况	一般事项	所藏番号
四雪草堂重订通俗隋唐演义	褚人获(清)重订,清康熙三十四年(1695)刊	8卷8册,中国木版本,25.7×15.9cm,四周单边,半郭:21.3×13.9cm,无界,10行23字,上下向黑鱼尾,纸质:竹纸	表题:隋唐演义,版心题:隋唐演义,序:康熙乙亥年(1695)冬十月既望长洲褚人获学稼氏题	

清代

书名	出版事项	版式状况	一般事项	所藏番号
红楼梦	曹霑(清)著,刊写者,刊写年未详	5册,中国木版本,17.9×12.1cm,四周单边,半郭:13.2×10cm,无界,11行27字,花口,上下向黑鱼尾,纸质:中国纸		(海苍文库)OAC 3-12 43
后红楼梦	刊写者,刊写年未详	6册,中国木版本,有图,17.8×11.2cm,上下单边,左右双边,9行20字,花口,半郭:13.2×9.2cm,无界,上下向黑鱼尾,纸质:中国纸	序:逍遥子漫题	(芝田文库)OEC 3-12 24
青楼梦	慕真山人(清)著,潇湘馆侍者(清)评,申江文魁堂,光绪十四年(1888)刊	12册,中国木版本,17.3×11.1cm,四周双边,半郭:13.3×10cm,无界,11行28字,注双行,花口,上下内向黑鱼尾,纸质:中国纸	序:光绪四年戊寅(1878)金湖花隐倚装序,序:光绪四年戊寅(1878)……邹弢拜叙,刊记:光绪戊子(1888)申江文魁堂藏板	(梦汉文库)ODC 3-12 39A

37．东亚大学校

明代

书名	出版事项	版式状况	一般事项	所藏番号
四大奇书第一种	毛宗岗(清)评,刊写地,刊写者,刊写年未详	1卷1册(卷15,缺帙),28.2×18.8cm,四周单边,半郭:22×15cm,无界,12行26字,注双行,上下向二叶花纹鱼尾	题签:三国志	(3):12-15

续表

书名	出版事项	版式状况	一般事项	所藏番号
四大奇书第一种	毛宗岗（清）评，邹梧冈（清）参订，刊写地，刊写者，刊写年未详	1 册，25.1×15.6cm，有图，四周单边，半郭：19.1×13.7cm，有界，12 行 28 字，上下向黑鱼尾	书名：目录题，表题：三国志目录，标题：绣像第一才子书，序：顺治岁次甲申（1644）嘉平朔日金人瑞圣叹氏题，刊记：潍县成文信梓	(3)：12：2-81
	毛宗岗（清）评，刊写地，刊写者，刊写年未详	19 卷 20 册（卷 1-19），23.7×15.8cm，有图，上下单边，左右双边，半郭：19.6×14.4cm，12 行 26 字，注双行，上下向黑鱼尾	版心题：第一才子书，包匣题ᄝ 表题：三国志，标题：绣像三国志演义，序：顺治岁次甲申（1644）嘉平朔日金人瑞圣叹氏题，重刊三国志演义序：光绪十四年（1888）孟秋醒悔道人书上海扫叶山房藏板校刊	(3)：12：2-55
	毛宗岗（清）评，扫叶山房，光绪十四年（1888）序	目录 1 册，16 卷 16 册，共 17 册（全 19 卷，卷 1-16），24.4×15.9cm，有图，上下单边，左右双边，半郭：19.6×14.3cm，无界，12 行 26 字，注双行，上下向黑鱼尾	包匣题：三国志，标题：第一才子书，序：顺治岁次甲申（1644）嘉平朔日金人瑞圣叹氏题，重刊序：光绪十四年（1888）孟秋醒悔道人书上海扫叶山房藏板校刊	(3)：12：2-79
	毛宗岗（清）评，邹梧冈（清）参订，刊写地，刊写者，刊写年未详	51 卷 15 册（卷 1-51），25.1×15.6cm，四周单边，半郭：19.5×13.9cm，有界，12 行 28 字，注双行，上下向黑鱼尾	表题：三国志	(3)：12：2-67
第一才子书	罗贯中（明）撰，毛宗岗（清）评，刊写地，刊写者，刊写年未详	36 卷 9 册（全 60 卷 16 册，卷 13-28，33-40，45-56），20.3×13.5cm，有图，四周双边，半郭：17×11.9cm，有界，16 行 32 字，注双行，上下向黑鱼尾	表题：增像全图三国演义	(3)：12：2-78
	毛宗岗（清）评，刊写地，刊写者，刊写年未详	8 卷 2 册（卷 33-36，45-48，缺帙），20.2×13.3cm，有图，四周双边，半郭：17.6×12.3cm，有界，17 行 34 字，注双行，上下向黑鱼尾	表题：足本续图三国志演义	(3)：12：2-72

书名	出版事项	版式状况	一般事项	所藏番号
第一才子书	毛宗岗(清)评,上海,锦章图书局,刊写年未详	4卷1册(卷9-12,缺帙),20.2×13.4cm,有图,四周双边,半郭:17.1×12cm,有界,16行32字,上下向黑鱼尾	表题:增像全图三国演义	(3):12-10
	上海,锦章图书局,1900年左右刊	20卷5册(卷1-20),20.5×13.5cm,四周双边,半郭:17.4×11.5cm,有界,16行32字,注双行,上下向黑鱼尾	表题:增像全图三国演义	(3):12:2-87
	罗贯中(明)著,上海,锦章图书局,1900年左右刊	4卷1册(卷25-28,缺帙),20.4×13.5cm,有图,四周双边,半郭:17.9×11.4cm,有界,16行32字,上下向黑鱼尾	版心题:增像全图三国演义	(3):12:2-85
第一奇书	张竹坡(清)批评,刊写地,刊写者,刊写年未详	80卷27册(全100卷,册1-27,册2、3有图),26.3×16.5cm,四周单边,半郭:19.9×13.4cm,无界,10行22字,注双行,无鱼尾	序:康熙岁次乙亥(1695)清明中浣秦中觉天者谢颐题于皋鹤堂	(3):12:2-12
评论出像水浒传	施耐庵(明)撰,刊写地,刊写者,刊写年未详	1卷1册(卷1,缺帙),24.5×16cm,有图,四周单边,半郭:20.8×14.8cm,无界,11行24字,注双行,上下向黑鱼尾	标题:贯华堂第五才子书,表题:水浒志,序:顺治丁酉(1657)冬月桐庵老人书于醉耕堂墨室	(3):12:2-82
	施耐庵(明)撰,金圣叹(清)评,刊写地,刊写者,刊写年未详	19卷19册(全20卷20册,卷2-20),24.4×16.1cm,四周单边,半郭:21.2×14.7cm,无界,11行24字,注双行,上下向黑鱼尾	表题:水浒志	(3):12:2-73
	施耐庵(明)编次,刊写地,刊写者,刊写年未详	20卷20册(卷1-20),24.1×15.9cm,有图,四周单边,半郭:21.1×14.7cm,无界,11行24字,注双行,上下向黑鱼尾	包匣题:水浒志,标题:绣像第五才子书,序:顺治丁酉(1657)冬月桐庵老人书于醉耕堂墨室	(3):12:2-34
第五才子书水浒全传	施耐庵(明)撰,金圣叹(清)评,刊写地,刊写者未详,光绪十四年(1888)序	8册(册1-8),14.5×10.2cm,有图,四周单边,半郭:10.5×7.9cm,无界,16行36字,注双行,无鱼尾	版心题:图绘五才子奇书,标题:图绘五才子奇书,序:光绪十有四年岁在戊子(1888)……叙:雍正甲寅(1734)二伏日勾曲外史	(3):12:2-101

书名	出版事项	版式状况	一般事项	所藏番号
绘图增像第五才子书水浒全传	施耐庵（明）撰，金圣叹（清）评释，上海，同文书局，光绪十三年(1887)刊	12 册（册 1-12），20×13.2cm，有图，四周双边，半郭：15.4×11.8cm，有界，17 行 32 字，注双行 55 字，上下向黑鱼尾	题签：绣像全图五才子奇书，标题：绘图增像五才子书，叙：雍正甲寅(1734)上伏日勾曲外史，施耐庵自叙：东都施耐庵叙，印记：光绪丁亥(1887)孟夏上海同文书局校印	(3)：12：2-32
结水浒全传	俞万春（清）著，范辛来（清），邵祖恩（清）参评，上海，申报馆，光绪九年(1883)刊	70 卷 18 册（卷 1-70），17.2×11.6cm，四周双边，半郭：13.3×9.7cm，无界，12 行 27 字，注双行 34 字，内向黑鱼尾	包匣题：荡寇志，序：咸丰元年岁次辛亥(1851)春王正月古月老人题，咸丰二年岁次壬子孟秋(1852)朔旦武林徐佩珂书，咸丰二年秋七月(1852)长洲陈奂拜序，印记：光绪癸未(1883)夏上海申报馆仿聚珍版印	(3)：12：2-42
增像全图加批西游记	陈士斌（清）诠解，刊写地，刊写者未详，宣统二年(1910)刊	10 卷 10 册（卷 1-10），20.5×13.3cm，四周双边，半郭：17.1×11.8cm，无界，20 行 40 字，上下向黑鱼尾	标题：绘图加批西游记，表题：绘图增像加批西游记	(3)：12：2-98
绣像后西游记	刊写地，刊写者未详，宣统三年(1911)刊	4 卷 4 册（卷 1-4），20.4×13.2cm，有图，四周双边，半郭：17.5×12cm，无界，24 行 50 字，上下向黑鱼尾	题签/标题：绘图西游记后传，包匣题：绘图西游记后传，后西游序：宣统辛亥(1911)孟冬下浣，刊记：辛亥(1911)仲秋上海江左书林石印	(3)：12：2-29
西游真诠	陈士斌（清）诠解，刊写地，刊写者，刊写年未详	18 册(全 20 册，册 1-14，17-20)，24.1×16.1cm，有图，四周单边半郭：20.8×14.6cm，有界，11 行 24 字，上下向黑鱼尾	标题：悟一子批点西游真诠，序：康熙丙子(1696)中秋西堂老人尤侗撰	(3)：12：2-69
	悟一子（清），陈士斌(清)等诠解，刊写地，刊写者，刊写年未详	20 册（册 1-20），23.6×16.1cm，有图，四周单边，半郭：20.7×15cm，有界，11 行 24 字，上下向黑鱼尾	包匣题：西游记，标题：悟一子批点西游真诠，序：康熙丙子(1696)中秋西堂老人尤侗撰	(3)：12：2-26

续表

书名	出版事项	版式状况	一般事项	所藏番号
新刻今古奇观	抱瓮老人(明)选辑,刊写地,刊写者,刊写年未详	2卷2册(全27卷,卷5、8),17.4×11.7cm,四周单边,半郭:13×9.7cm,有界,12行28字,上下向黑鱼尾		(3):12:2-65
绘图续今古奇观	上海书局,宣统元年(1909)刊	6卷6册(卷1-6),中国石印本,有图,14.8×9.8cm,四周双边,半郭:12.4×8.9cm,无界,19行43字,黑口,上下向黑鱼尾	标题:绘图今古奇观续集,包匣题:绘图今古奇观续,刊记:宣统元年(1909)冬月上海书局石印	(3):12:2-22
绣像封神演义	钟惺(明)评释,上海,广百宋斋,光绪十七年(1891)刊	10册(册1-10),19.5×12.2cm,有图,四周双边,半郭:15.6×11.2cm,有界,17行32字,上下向黑鱼尾	包匣题:增像全图封神演义,序:康熙乙亥(1695)午月望后十日长洲褚人获学稼题于四雪草堂,印记:光绪辛卯(1891)上海广百宋斋校印	(3):12:2-47
	钟惺(明)评释,上海,章福记书局,刊写年未详	4卷4册(卷2-5,缺帙),20.2×13.4cm,有图,四周双边,半郭:17.8×12.2cm,无界,20行45字,上下向黑鱼尾	题签:绣像封神演义全传,印记:上海章福记书局石印	(3):12:2-75
	刊写地,刊写者,刊写年未详	10册(册1-10),19.3×12.6cm,有图,四周单边,半郭:15.1×10.4cm,无界,17行40字,上下向黑鱼尾	包匣题:增像全图封神演义,序:康熙乙亥(1695)午月望后十日长洲褚人获学稼题于四雪草堂,刊记:光绪庚寅(1890)史珍书局校印	(3):12:2-84
残唐五代史演义传	罗贯中(明)编辑,汤若士(明)批评,上海,江东书局,刊写年未详	6卷4册(卷1-6),14.5×8.9cm,有图,四周双边,半郭:12.9×8cm,无界,18行38字,无鱼尾	包匣题:新增五彩图五代残唐,标题:增像残唐五代,残唐五代史传序:长洲周之标君建甫题于仰苏楼	(2):5-62
	上海,锦章图书局,1910年左右刊	4卷4册(卷1-4),15.1×9.1cm,有图,四周单边,半郭:13.2×8cm,无界,20行47字,上下向黑鱼尾	包匣题:绣像五代残唐全传,标题:绣像五代残唐全传,表题:绣像五代残唐全传,印记:发行所……上海锦章图书局石印	(3):12:2-96

书名	出版事项	版式状况	一般事项	所藏番号
绘图改正隋唐演义	齐东野人（明）著，刊写地，刊写者未详，光绪三十三年（1907）刊	12 卷 8 册（卷 1-12），20.3×13.4cm，有图，四周双边，半郭：17.3×12.2cm，23 行 50 字，上下向黑鱼尾	书名：标题，版心题：绣像隋唐演义，序：光绪丙午（1906）春重付石印，刊记：光绪丁未（1907）孟秋上海书局石印	（2）：5-60
东周列国志	蔡奡（清）评点，刊写地，刊写者，刊写年未详	2 卷 1 册（卷 18-19，缺帙），20.3×13.4cm，有图，四周双边，半郭：17.2×12cm，有界，18 行 40 字，注双行，上下向黑鱼尾	表题：绘图东周列国志	（3）：12-9
	冯梦龙（明）撰，蔡奡（清）评点，清末刊	残本 11 册		东亚大学校（石堂本）
东周列国全志	蔡奡（清）评点，上海，江左书林，光绪十二年（1886）刊	23 卷 24 册（卷 1-23），23.7×15.1cm，四周双边，半郭：18.1×13cm，无界，13 行 26 字，注双行，上下向黑鱼尾	标题：绣像东周列国志，序：乾隆壬申（1752）二月七都梦夫蔡元放题，刊记：光绪丙戌（1886）秋月上海江左书林重校刊	（3）：12：2-58
	蔡奡（清）评点，慰记书庄，光绪三十一年（1905）刊	7 卷 7 册（全 8 卷 8 册，卷 1-4，6-8），中国石印本，有图，20.5×13.4cm，四周双边，半郭：17.4×11.8cm，无界，24 行 52 字，注双行，黑口，上下向黑鱼尾	标题：东周列国志，上栏外小字头注，序：乾隆十有七年（1752）春七都梦夫蔡元放氏题，印记：光绪乙巳（1905）夏日慰记书庄石印	（3）：12：2-50
绣像东周列国志	蔡奡（清）评点，上海，商务印书馆，光绪三十年（1904）刊	13 卷 4 册（全 27 卷 8 册，卷 1-10，25-27），20.2×13.1cm，有图，四周单边，半郭：15.9×12.3cm，无界，21 行 43 字，注双行，上下向黑鱼尾	上栏外小字头注，序：乾隆壬申（1752）二月七都梦夫蔡元放题于绿净山房，藏板记：光绪三十年岁次甲辰（1904）上海商务印书馆铸版	（3）：12：2-49
增像全图东周列国志	蔡奡（清）评点，刊写地，刊写者，刊写年未详	21 卷 6 册（卷 11-27，缺帙），20×13cm，有图，四周单边，半郭：16.3×11.4cm，无界，17 行 37 字，注双行，上下向黑鱼尾		（3）：12：2-74

续表

书名	出版事项	版式状况	一般事项	所藏番号
绘图增像后列国志	刊写地，刊写者，刊写年未详	8 卷 8 册（卷 1-8），17.2×10.2cm，有图，四周双边，半郭：14.3×9.5cm，20 行 48 字，黑口，上下向黑鱼尾	表题：绘图后列国志，序：光绪丁未（1907）仲春和甫氏于湖上	(3)：12：2-53
绣像西汉演义	刊写地，刊写者，刊写年未详	2 卷 1 册（卷 5-6，缺帙），19.9×12.8cm，四周双边，半郭：15.6×10.8cm，有界，17 行 32 字，注双行，上下向黑鱼尾		(3)：12：2-97
新刻剑啸阁批评东汉演义传	钟惺（明）评，刊写地，刊写者，刊写年未详	10 卷 6 册（卷 1-10），24×15.4cm，四周单边，半郭：20.2×14.3cm，10 行 22 字，上下向黑鱼尾	表题：东汉演义	(3)：12-2
绣像北宋志传，南宋志传	研石山樵（明）订正，织里畸人（明）校阅，浙绍，敬艺堂，刊写年未详	南宋志传 10 卷 5 册，北宋志传 10 卷 5 册，共 20 卷 10 册（南宋志传卷 1-10，北宋志传卷 1-10），中国木版本，有图，24.2×15.8cm，四周单边，半郭：20.2×13.4cm，无界，11 行 20 字，上黑鱼尾	版心题：南（北）宋志传，卷头书名：新镌玉茗堂批评按鉴参补南宋志传，新镌玉茗堂批评按鉴参补北宋志传，南宋志传序：织里畸人书于玉茗堂，北宋志传序：万历戊午（1618）中秋日玉茗主人题，刊记：玉茗堂原本 浙绍敬艺堂藏板	(2)：4-26
绣像京本云合奇踪玉茗英烈全传	徐渭（明）编次，上海，广益书局，刊写年未详	4 卷 4 册（卷 1-4），15×9cm，有图，四周双边，半郭：12.6×8cm，无界，20 行 48 字，上下向黑鱼尾	标题：绣像英烈全传，印记：上海广益书局印行	(3)：12：2-24
绣像古本三世报	刊写地，刊写者，刊写年未详	2 卷 4 册（卷上，下），17.9×10.8cm，有图，四周单边，半郭：14.6×9.5cm，无界，20 行 42 字，无鱼尾		(4)：5：5-1
说唐薛家府传	姑苏如莲居士（清）编次，光绪元年（1875）刊	6 卷 6 册（卷 1-6），16.9×12cm，有图，四周单边，半郭：12.3×10.2cm，无界，12 行 27 字，上下向黑鱼尾	包匣题：征东全传，标题：绣像薛仁贵征东全传，刊记：光绪元年（1875）新镌，羊城古经阁藏板	(2)：7：2-21

清代

书名	出版事项	版式状况	一般事项	所藏番号
续红楼梦	刊写地，刊写者未详，嘉庆三年（1798）序	30 卷 6 册，有图，四周双边，半郭：17.1×11.6cm，无界，26 行 52 字，上下向黑鱼尾，20.1×13.3cm	标题：改良全图红楼梦续编，表题：改良全图红楼梦续编，附录：红楼梦全图，李伯言绘，弁言：嘉庆三年（1798）九月中浣雪坞子忧氏题于兖郡营署之百凳轩	(3)：12：2-90
增评加注全图红楼梦	曹雪芹（清）撰，刊写地，刊写者未详，1910 年左右刊	9 卷 9 册（卷 1，8-15，缺帙），19.5×13.2cm，有图，四周单边，半郭：16.3×11.3cm，无界，16 字 34 行，注双行，黑口，上下向黑鱼尾		(3)：12：2-88
增评加批金玉缘图说	曹雪芹（清）删定，蝶芗仙史（清）评订，刊写地，刊写者，刊写年未详	13 卷 13 册（全 16 卷 16 册，卷 1-3，5-8，10-14，16），19.8×13.1cm，有图，四周单边，半郭：16.8×12cm，无界，27 行 58 字，注双行，上下向黑鱼尾	序题：增评补图石头记，标题：全图增评金玉缘，上栏外小字头注，原序：小泉程伟元识	(3)：12：2-30
	曹雪芹（清）删定，蝶芗仙史（清）评订，刊写地，刊写者未详，光绪三十四年（1908）刊	7 卷 7 册（全 16 卷 16 册，卷 10-16），20.3×13.3cm，有图，四周单边，半郭：17.7×12.2cm，无界，27 行 58 字，注双行，上下向黑鱼尾	版心题：增像绘图石头记，表题：全图增评金玉缘，上栏外小字头注	(3)：12：2-80
增评补像全图金玉缘	曹雪芹（清）删定，刊写地，刊写者，刊写年未详	9 册（册 1-9，缺帙），20.6×13.1cm，有图，四周双边，半郭：17.1×11.8cm，有界，18 行 40 字，注双行，上下向黑鱼尾		(3)：12：2-31
	曹雪芹（清）删定，求不负斋，光绪三十四年（1908）刊	16 册（册 1-16），20.1×13cm，有图，四周双边，半郭：17.1×11.7cm，有界，18 行 40 字，注双行，上下向黑鱼尾	标题：增评全图足本金玉缘，重刊序：光绪三十四年（1908）九月望日华阳仙裔识，刊记：光绪戊申（1908）九月求不负斋印行	(3)：12：2-27

续表

书名	出版事项	版式状况	一般事项	所藏番号
增评绘图石头记	刊写地，刊写者，刊写年未详	4卷4册(卷13-16，缺帙)，20.1×13.5cm，有图，四周单边，半郭：17.2×11.7cm，27行58字，注双行，上下向黑鱼尾	书名：版心题，表题：增评全图石头记，上栏外小字头注	(4)：5：5-13
增评补图石头记	曹雪芹(清)著，刊写地，刊写者，刊写年未详	1册(全120卷，册1)，19.8×12.2cm，有图，四周双边，半郭：14.9×10.5cm，无界，15行40字，上下向黑鱼尾	上栏外小字头注，序：小泉程伟元识，荻花主人批评，序：道光壬辰(1832)花朝日吴县王希廉雪芗氏书于双清仙馆	(3)：12：2-70
青楼梦	厘峰慕真山人(清)著，梁溪潇湘侍者(清)评，刊写地，刊写者，刊写年未详	7册(全8册，册1-7)，17.3×11.7cm，四周双边，半郭：12.9×9.9cm，无界，11行27字，注双行，内向黑鱼尾	序：光绪四年戊寅(1878)古重阳日金湖花隐倚装序于苏台行馆，叙：光绪四年戊寅(1878)重九梁溪钓徒潇湘馆侍者翰飞弟邹彀拜叙于吴门旅次	(3)：12：2-61
增像绘图青楼梦	厘峰慕真山人(清)著，上海，锦章图书局，光绪三十一年(1905)序	6卷6册(卷1-6)，15×9.1cm，四周单边，半郭：13.1×8cm，无界，19行45字，注双行，上下向黑鱼尾	版心题：绘图青楼梦，表题：绘图青楼梦，表题：绘图青楼梦，序：光绪三十有一年岁次乙巳(1905)寒食节后三日书于澄江客次之行馆	(3)：12：2-91
绣像洪秀全演义	刊写地，刊写者，刊写年未详	8卷8册(卷1-8)，20.4×13.5cm，有图，四周单边，半郭：18×11.4cm，18行44字，上下向黑鱼尾	包匣题：大字足本洪杨演义全集，包匣题：洪杨演义集，内容：绣像洪秀全演义—民族小说续洪秀全演义—绣像三续洪秀全演义—绣像四续洪秀全演义	(3)：12：2-66
绣像七剑十三侠	桃花馆主人(清)编次，上海，锦章图书局，1910年左右刊	初集4卷2册，续集4卷2册，三集4卷2册，共12卷6册(初集卷1-4，续集卷1-4，三集卷1-4)20.4×13.5cm，四周双边，半郭：17.8×12cm，无界，26行56字，上下向黑鱼尾	版心题：七剑十三侠，印记：上海锦章图书局石印	(3)：12：2-100

书名	出版事项	版式状况	一般事项	所藏番号
绣像绘图七侠五义传	上海，大成书局，刊写年未详	6卷6册(卷1-6)，20.1×13.4cm，有图，四周单边，半郭：17.7×12.4cm，无界，20行45字，上下向黑鱼尾	表题：七侠五义全传，印记：上海大成书局印行	(3)：12-5
绣像绘图小五义传	上海，大成书局，刊写年未详	6卷6册(卷1-6)，20.1×13.4cm，有图，半郭：17.7×12.4cm，无界，20行45字，上下向黑鱼尾	表题：小五义全传，印记：上海大成书局印行	(3)：12-13
	上海，大成书局，刊写年未详	6卷6册(卷1-6)，20.1×13.4cm，有图，半郭：17.7×12.4cm，无界，20行45字，上下向黑鱼尾	表题：续小五义全传，印行：上海大成书局印行	(3)：12-14
绣像全图小五义	简青斋书局，光绪二十五年(1899)序	6卷6册(卷1-6)，20.6×13.4cm，四周单边，半郭：17.6×12.1cm，无界，25行48字，上下向黑鱼尾	版心题：小五义全传，序：光绪二十有五年岁次己亥(1899)口生居士书	(3)：12：2-93
新刊绣像评演济公传	简青斋书局，光绪三十二年(1906)刊	8卷8册(卷1-8)，中国石印本，20.3×13.8cm，有图，四周单边，半郭：18×12.2cm，无界，24行54字，上下向黑鱼尾	序：光绪三十二年(1906)……印记：光绪丙午(1906)岁夏月简青斋书局石印，卷首题二新刊绣像评讲济公传，内容：卷1-4，新刊绣像评演济公传 —卷5-8，绣像评演接续后部济公传	(3)：12：2-104
新刻于公案	上海书局，光绪三十二年(1906)刊	4卷2册(卷1-4)，14.9×9.1cm，有图，四周双边，半郭：12.3×8.2cm，无界，15行36字，上下向黑鱼尾	包匣题：绣像三公奇案鼓词，标题：绣像于公案，表题：绣像于公案，刊记：光绪丙午(1906)荷月上海书局石印	(4)：5：5-5
重刻绣像说唐演义全传	刊写地，刊写者，刊写年未详	12册(册1-12)，25×16.1cm，有图，四周单边，半郭：21.1×13.5cm，无界，11行25字，上下向黑鱼尾	版心题：说唐全传，表题：说唐演义，序：乾隆元岁(1736)蒲月望日如莲居士题于北山居中	(3)：12：2-105

书名	出版事项	版式状况	一般事项	所藏番号
快心编	天花才子(清)编辑,四桥居士(清)评点,刊写地,刊写者,刊写年未详	初集5卷4册,2集5卷4册,第3集6卷4册,共12册(初集卷1-5、第2集卷1-5、第3集卷1-6),24×15cm,上下单边,左右双边,半郭:19.3×13.9cm,无界,10行22字,上下向黑鱼尾	目录题:快心编传奇,标题:新镌快心编全传	(3):12:2-3
绘图东南西北四游记	吴元泰(明)等著,凌云龙(明)校,上海,广益书局,刊写年未详	4册(册1-4),17.6×10.4cm,有图,四周单边,半郭:15×9.3cm,无界,18行41字,上下向黑鱼尾	刊记:壬子(?)夏上海广益书局石印	(3):12:2-68
绘图万花楼传	刊写地,刊写者未详,宣统元年(1909)刊	6卷4册(卷1-6),20.3×13.1cm,有图,四周双边,半郭:17.2×11.6cm,无界,26行57字,上下向黑鱼尾	标题:绘图万花楼全传,表题:绘图万花楼全传,刊记:宣统纪元(1909)하月涵青题	(3):12:2-94
绘图前后七国志演义	吴宗玠(清)重校,上海,茂记书庄,宣统元年(1909)刊	4卷4册(卷1-4),中国石印本有图,14.8×9cm,四周单边,半郭:12.8×8.2cm,无界,19行47字,上下向黑鱼尾	前七国孙庞演义序:康熙丙午(1666)桂月梅鼎公燮氏题于汇花轩,后七国乐田演义序:遁世老人漫题,刊记:宣统元年(1909)上海茂记书庄石印	(3):12:2-52
绣像大明正德皇游江南传	上海,广益书局,宣统二年(1910)刊	4卷4册(卷1-4),15.1×9.1cm,有图,四周双边,半郭:12.5×8.1cm,有界,20行48字,上下向黑鱼尾	包匣题:绣像正德游龙戏凤,表题:绣像正德游龙戏凤,标题:游龙戏凤正德游江南,刊记:宣统庚戌(1910)夏月	(3):12:2-1
绣像绿野仙踪	刊写地,刊写者,刊写年未详	16卷16册(卷1-16),16.3×11.1cm,有图,四周单边,半郭:12.2×9.7cm,11行25字,上下向黑鱼尾	版心题:绿野仙踪,刊记:道光乙巳(1845)新镌	(3):12:2-8

续表

书名	出版事项	版式状况	一般事项	所藏番号
绣像绿野仙踪全传	刊写地，刊写者未详，道光十年（1830）刊	16 册（册 1-16），中国木版本，18.1×11.9cm，有图，四周单边半郭：13.9×10.1cm，9 行 21 字，黑口，上下向黑鱼尾	目录题：绿野仙踪，序：乾隆三十六年（1771）洞庭定超（侯定超）拜书，序：乾隆二十九年（1764）春二月山阴弟家鹤（陶家鹤）谨识，刊记：道光十年（1830）新镌	(3)：12：2-2
醒世国事悲	冷血生（清末民初）著，上海书局，民国元年（1911）刊	4 卷 4 册，中国石印本，有图，14.8×8.8cm，四周双边，半郭：12.4×8cm，无界，16 行 36 字，上下向黑鱼尾	目录题：新刻醒世奇文国事悲小说，包匣题，题签：绣像英雄泪国事悲 全集，标题：醒世小说国事悲，刊记：民国元年（1911）仲春上海书局石印	(3)：12：2-46

38. 庆星大学校 博物馆／庆星大学校 乡土文化研究所

书名	出版事项	版式状况	一般事项	所藏处
四大奇书第一种	毛宗岗（清）评，清代刊	10 卷 10 册（卷 10-19），中国木版本，23.6×15.3cm，四周单边，半郭：18.9×13.9cm，无界，12 行 26 字，注双行，上下向黑鱼尾，纸质：竹纸	表题：三国志	庆星大学校博物馆
	罗贯中（明）撰，毛宗岗（清）评，清代刊	9 卷 1 册，中国木版本，有图，23.6×15.4cm，四周单边，无界，12 行 26 字，注双行，上下向黑鱼尾，纸质：竹纸	表题：三国志，版心题：第一才子书，序：顺治岁次甲申（1644）嘉平朔日金人瑞圣叹氏题	庆星大学校乡土文化研究所
		中国木版本，26.8×17.3cm，四周单边，半郭：21.8×14.7cm，无界，12 行 26 字，上下向黑鱼尾		庆星大学校乡土文化研究所

续表

书名	出版事项	版式状况	一般事项	所藏处
西游真诠	吴承恩(明)著,陈士斌(清)诠解,清代刊	10卷10册(卷11-20),中国木版本,有图,15.5×11cm,四周单边,半郭:11.9×8.7cm,有界,10行24字,上下向黑鱼尾,纸质:竹纸	表题:西游记	庆星大学校博物馆
东周列国全志	冯梦龙(明)撰,上海,江左书林,清光绪十二年(1886)刊	23卷24册,中国木版本,有图,23.5×15.2cm,四周双边,半郭:18×14.7cm,无界,13行26字,上下向黑鱼尾,纸质:绵纸	版心题:东周列国志,刊记:光绪丙戌(1886)秋月上海江左书林重校刊	庆星大学校博物馆

39. 釜山女子大学校 伽倻文化研究所

书名	出版事项	版式状况	一般事项	所藏处
评论出像水浒传	施耐庵(明)著,金圣叹(清)评释,清刊本	20卷18册,中国木版本,有图,24.4×16.4cm,四周单、双边,半郭:20.1×14.1cm,无界,11行24字,上下向黑鱼尾,纸质:竹纸	版心题:五才子奇书	釜山女子大学校 伽倻文化研究所
	施耐庵(明)著,金圣叹(清)评释,清顺治十四年(1657)序,后刷	20卷20册(卷8,13缺),中国木版本,有图,24.6×16.6cm,四周单边,半郭:22.1×14.2cm,无界,11行24字,注双行,上下向黑鱼尾,纸质:竹纸	版心题:五才子奇书,序:顺治丁酉(1657)冬月桐庵老人书于醉耕堂墨室	釜山女子大学校 伽倻文化研究所
西游真诠	吴承恩(明)著,陈士斌(清)诠解,清康熙三十五年(1696)序,后刷	100回20册,中国木版本,有图,24.1×16.2cm,四周单边,半郭:20×14.2cm,无界,11行24字,上下向黑鱼尾,纸质:绵纸	题签:西游记,里题:悟一子批点西游真诠,序:康熙丙子(1696)中秋西堂老人尤侗撰	釜山女子大学校 伽倻文化研究所
	吴承恩(明)著,陈士斌(清)诠解,清刊本	20册,中国木版本,有图,25×15.8cm,半郭:21.2×14.5cm,有界,11行24字,上下向黑鱼尾,纸质:竹纸	表题:西游记	釜山女子大学校 伽倻文化研究所

续表

书名	出版事项	版式状况	一般事项	所藏处
东周列国全志	冯梦龙（明）撰，蔡㟀（清）评点，同文新译书局，清光绪三十一年（1905）刊	27卷8册（卷7-10缺），中国石印本，有图，19.7×13cm，四周单边，半郭：16.1×11.3cm，无界，19行字数不定，注双行，头注，上下向黑鱼尾，纸质：洋纸	里题：绘图东周列国志，序：乾隆十有七年（1752）春七都梦夫蔡元放氏题，刊记：光绪三十一年（1905）上海同文新译书局	釜山女子大学校 伽倻文化研究所
新刻剑啸阁批评西汉演义传	钟惺（明）批评，朝鲜朝末期写	1卷1册（卷5），朝鲜笔写本，27.2×16.5cm，无界，10行字数不定，纸质：楮纸	表题：西汉演义传	釜山女子大学校 伽倻文化研究所

40. 蔚山大学校

书名	出版事项	版式状况	一般事项	所藏番号
第一才子书	罗贯中（明）撰，毛宗岗（清）评，上海，图书集成局，刊写年未详	全60卷（卷1-60），中国石印本，有图，20.2×13.4cm	版心题：第一才子书，绘图三国志演义，原序：时在顺治岁次甲申（1644）……金人瑞圣叹氏题，刊记：光绪庚寅岁仲冬上海图书集成局印	812.3-罗贯中
东周列国全志	蔡㟀（清）评点，刊写者，刊写年未详	全108回（1-108回），中国木版本，有图，24.3×16.1cm，四周单边，半郭：20.7×14.5cm，无界，12行26字，注双行	表题：列国志，序：乾隆十七年（1752）……蔡元放氏题，订正东周列国志善本	812.3-채호

41. 庆尚大学校

书名	出版事项	版式状况	一般事项	所藏番号
四大奇书第一种	罗贯中（明）撰，刊行地，刊行者，刊行年不明	18册（零本，缺9，18合2册），朝鲜木版本，有图，28.7×19.2cm，四周单边，半郭：20.5×14.3cm，无界，12行26字，注双行，上黑鱼尾	表题：贯华堂第一才子书，版心题：第一才子书，表题：三国志，序：顺治岁次甲申（1644）……金人瑞圣叹	D7C 나 16 ㅅ（아천）

续表

书名	出版事项	版式状况	一般事项	所藏番号
四大奇书第一种	罗贯中(明)撰,毛宗岗(清)评,刊行地,刊行者,刊行年不明	1册(零本,卷9),朝鲜木版本,有图,26.8×17cm,四周单边,半郭:20.8×14.2cm,无界,12行26字,注双行,上黑鱼尾	表题:三国志,版心题:第一才子书	D7C 나 16 ㅅ(아천)
	金圣叹(清)纂集,毛宗岗(清)评定,刊行地,刊行者,刊行年不明	9册(卷2-4,6,9,10,12,17,19),朝鲜木版本,28.9×18.7cm,四周单边,半郭:22.4×14.4cm,无界,12行26字,注双行,上内向黑鱼尾	表题:三国志	D7C 김 53 ㅅ
	罗贯中(明)撰,刊行地,刊行者,刊行年不明	6册(零本,卷1,4,9,15-16评),朝鲜木版本,有图,29×19cm,无界,四周单边,半郭:20.5×14.3cm,无界,12行26字,注双行,上黑鱼尾	表题:贯华堂第一才子书,版心题:第一才子书,表题:三国志,序:顺治岁次甲申(1644)……金圣叹氏题	D7C 나 16 ㅅ a(아천)
	罗贯中(明)撰,刊行地,刊行者,刊行年不明	1册(零本,所藏卷18),朝鲜木版本,26.3×17.4cm,四周单边,半郭:21.3×14.5cm,无界,12行26字,注双行,上黑鱼尾	表题:三国志,版心题:第一才子书	D7C 나 16 ㅅ b(아천)
	罗贯中(明)撰,刊行地,刊行者,刊行年不明	1册(零本,缺卷8),朝鲜木版本,有图,28.8×18.5cm,无界,四周单边,半郭:22.2×14.3cm,无界,12行26字,注双行,上黑鱼尾	表题:三国志	D7C 나 16 ㅅ c(아천)
增像全图三国演义	刊行地,刊行者不明,1901年刊	9册(卷1-4,卷9-12,29-32,37-48缺),中国石印本,有图,20.3×13.8cm,四周双边,半郭:16.9×11.5cm,有界,16行32字,注双行,上内向黑鱼尾	表题:三国志	D7C 김 53 ㅈ(기리)
增图增像第五才子书水浒全传	施耐庵(明)著,金圣叹(清)评释,刊行地,刊行者,刊行年不明	1册(零本,卷3),中国石印本,20.3×13.2cm	表题:改良绘图第五才子书,版心题:绘图第五才子书	D7C 시 212 ㅎ(아천)

书名	出版事项	版式状况	一般事项	所藏番号
绘图增像西游记	吴承恩（明）著，陈士斌（清）诠解，焕文书局，刊写年未详	2 卷 2 册（缺帙），中国石印本，有图，19.6×12.9cm，四周单边，半郭：15.3×10.3cm，无界，18 行 32 字，花口，上下向黑鱼尾	上花口题：绘图西游记，下花口：焕文书局石印	（端硯文库）古（단계）D7A 오 58 ㅎ
楚汉演义	刊行地，刊行者，刊行年不明	1 册，笔写本，35.3×21cm		D7C 초 91（아천）
楚汉传	编者不详，丁未（？）刊，孟夏，完南龟石里新刊	2 卷 1 册，朝鲜木版本，27×18.3cm，四周单边，半郭：19.6×16.2cm，无界，13 行 22 字，上下内向黑口鱼尾	刊记：完南龟石里新刊	D7B 초 91（오림）

42. 庆州市立图书馆

书名	出版事项	版式状况	一般事项	所藏番号
水浒传	施耐庵（明）著，光绪十年(1884)刊	20 册，中国石印本		
	施耐庵（明）著，光绪十年(1884)刊	10 册，中国石印本		
西游记	吴承恩（明）著，光绪十年(1884)刊	20 册，中国石印本		

43. 大邱广域市立中央图书馆

书名	出版事项	版式状况	一般事项	所藏番号
西游记	吴承恩（明）著，刊写地，刊写者，刊写年未详	10 册(51-100 回，零本)，中国木版本，24.6×16cm，四周单边，半郭：20.2×14.1cm，无界，11 行 24 字，上下向黑鱼尾		[中古]823.5
增评补像全图金玉缘	刊写地，刊写者，刊写年未详	32 卷 4 册(56-64 回，89-112 回，零本)，中国石印本，19.5×13.1cm，无界，行字数不定，无鱼尾		[中古]828

44. 庆北大学校

明代

书名	出版事项	版式状况	一般事项	所藏番号
四大奇书第一种	罗贯中（明）撰，毛宗岗（清）评，刊写事项不明	19卷目录1(合20册)，朝鲜木版本，有图，26.8×18.5cm，四周单边，半郭：20.4×14.4cm，无界，12行26字，上下向二瓣花纹鱼尾	表题：三国志，版心题：第一才子书，序：顺治岁次甲申(1644)嘉平朔日金人瑞圣叹氏题	［古］812.3 나 16 人
	罗贯中（明）撰，毛宗岗（清）评，刊写事项不明	19卷目录1(合20册)，朝鲜木版本，有图，28.5×18.4cm，四周单边，半郭：20.4×14.4cm，无界，12行26字，上下向二瓣花纹鱼尾	表题：三国志，版心题：第一才子书，序：顺治岁次甲申(1644)嘉平朔日金人瑞圣叹氏题	［古］812.3 나 16 人(2)
	罗贯中（明）撰，毛宗岗（清）评，刊写事项不明	零本17册(所藏：目录，卷1-5，8-11，13-19)，朝鲜木版本，有图，31×19.6cm，四周单边，半郭：21×14.1cm，无界，12行26字，上下向二瓣花纹鱼尾	版心题：第一才子书，序：顺治岁次甲申(1644)嘉平朔日金人瑞圣叹氏题	［古］812.3 나 16 人(3)
	罗贯中（明）撰，毛宗岗（清）评，刊写事项不明	零本16册(所藏：卷3-8，10-19)，朝鲜木版本，26.7×17.5cm，四周单边，半郭：21.6×14.2cm，无界，12行26字，上下向二瓣花纹鱼尾	版心题：第一才子书	［古］812.3 나 16 人(4)
	罗贯中（明）撰，毛宗岗（清）评，刊写事项不明	零本8册(所藏：卷3-4，11-15，19)，朝鲜木版本，26.7×17.3cm，四周单边，半郭：22×14.5cm，无界，12行26字，上下向黑鱼尾	表题：三国志，版心题：第一才子书	［古］812.3 나 16 人(5)
	罗贯中著，刊写事项不明	零本1册(所藏：卷53-54)，中国石印本，26.2×15.7cm，四周单边，半郭：21×13.7cm，有界，行字数不定，上下向黑鱼尾	版心题：奇书第一种	［古］812.3 나 16 人(6)
	罗贯中（明）撰，毛宗岗（清）评，刊写事项不明	零本7册(所藏：卷2-5，7-9)，朝鲜木版本，26.6×17.3cm，四周单边，半郭：22.2×14.4cm，无界，12行26字，上下向黑鱼尾	表题：三国志，版心题：第一才子书	［古］812.3 나 16 人(7)

书名	出版事项	版式状况	一般事项	所藏番号
四大奇书 第一种	罗贯中（明）撰， 毛宗岗（清）评， 刊写事项不明	零本 7 册（所藏：卷 3-9），朝鲜木版本，26.5×17.7cm，四周单边，半郭：21×14.3cm，无界，12 行 26 字，上下向黑鱼尾	表题：三国志，版心题：第一才子书	［古］812.3 나16 入 (8)
	罗贯中（明）撰， 毛宗岗（清）评， 刊写事项不明	零本 7 册（所藏：卷 9-10, 13, 15-18），朝鲜木版本，28.5×18.6cm，四周单边，半郭：22×14.4cm，无界，12 行 26 字，上下向黑鱼尾	表题：三国志，版心题：第一才子书	［古］812.3 나16 入 (9)
	罗贯中（明）撰， 毛宗岗（清）评， 刊写事项不明	零本 5 册（所藏：卷 3, 6, 14, 18-19），朝鲜木版本，25.4×17.2cm，四周单边，半郭：22×14.1cm，无界，12 行 26 字，上下向黑鱼尾	表题：三国志，版心题：第一才子书	［古］812.3 나16 入 (10)
	罗贯中（明）撰， 毛宗岗（清）评， 刊写事项不明	零本 4 册（所藏：卷 9, 14, 16, 19），朝鲜木版本，26.9×17.7cm，四周单边，半郭：21.8×14.3cm，无界，12 行 26 字，上下向黑鱼尾	表题：三国志，版心题：第一才子书	［古］812.3 나16 入 (11)
	罗贯中（明）撰， 刊写事项不明	零本 4 册（所藏：卷 25-39），朝鲜木版本，25.8×15.7cm，四周单边，半郭：19.4×13.3cm，无界，12 行 28 字，上下向黑鱼尾	表题：三国志，版心题：第一才子书	［古］812.3 나16 入 (12)
	罗贯中（明）撰， 毛宗岗（清）评， 刊写事项不明	零本 1 册（所藏：卷目录），朝鲜木版本，26×18.1cm，四周单边，半郭：21.1×14.1cm，无界，12 行 26 字，上下向黑鱼尾	表题：三国志，版心题：第一才子书	［古］812.3 나16 入 (13)
	罗贯中（明）撰， 毛宗岗（清）评， 刊写事项不明	零本 1 册（所藏：卷 5），朝鲜木版本，26.3×18.4cm，四周单边，半郭：20.3×14.2cm，无界，12 行 26 字，上下向黑鱼尾	表题：三国志，版心题：第一才子书	［古］812.3 나16 入 (14)
	罗贯中（明）撰， 毛宗岗（清）评， 刊写事项不明	零本 1 册（所藏：卷 8），朝鲜木版本，25.9×18cm，四周单边，半郭：22×14.2cm，无界，12 行 26 字，上下向黑鱼尾	表题：三国志，版心题：第一才子书	［古］812.3 나16 入 (15)

书名	出版事项	版式状况	一般事项	所藏番号
四大奇书 第一种	罗贯中（明）撰，毛宗岗（清）评，刊写事项不明	零本1册(所藏：卷12)，朝鲜木版本，29×17.8cm，四周单边，半郭：21.8×14.1cm，无界，12行26字，上下向黑鱼尾	版心题：第一才子书	［古］812.3 나16 ㅅ(16)
	罗贯中（明）撰，毛宗岗（清）评，刊写事项不明	零本1册(所藏：卷10)，朝鲜木版本，28×18.3cm，四周单边，半郭：21.5×14.5cm，无界，12行26字，上下向黑鱼尾	表题：四大奇书，版心题：第一才子书	［古］812.3 나16 ㅅ(17)
	罗贯中（明）撰，毛宗岗（清）评，刊写事项不明	零本1册(所藏：卷15)，朝鲜木版本，26.5×17.5cm，四周单边，半郭：22.1×14.3cm，无界，12行26字，上下向二瓣花纹鱼尾	版心题：第一才子书	［古］812.3 나16 ㅅ(18)
	罗贯中（明）撰，毛宗岗（清）评，刊写事项不明	零本1册(所藏：卷10)，朝鲜木版本，27.2×18cm，四周单边，半郭：21.4×14.5cm，无界，12行26字，上下向黑鱼尾	表题：三国志，版心题：第一才子书	［古］812.3 나16 ㅅ(19)
	罗贯中（明）撰，毛宗岗（清）评，刊写事项不明	零本1册(所藏：卷13)，朝鲜木版本，25.9×17.7cm，四周单边，半郭：21×14.3cm，无界，12行26字，上下向黑鱼尾	表题：三国志，版心题：第一才子书	［古］812.3 나16 ㅅ(20)
	罗贯中（明）撰，毛宗岗（清）评，刊写事项不明	零本1册(所藏：卷目录)，朝鲜木版本，有图，28.5×18.4cm，四周单边，半郭：20.4×14.4cm，无界，12行26字，上下向二瓣花纹鱼尾	表题：三国志，版心题：第一才子书，序：顺治岁次甲申（1644）嘉平朔日金人瑞圣叹氏题	［古］812.3 나16 ㅅ(21)
	罗贯中（明）撰，毛宗岗（清）评，刊写事项不明	零本1册(所藏：卷13)，朝鲜木版本，25.8×17.5cm，四周单边，半郭：21.1×14.3cm，无界，12行26字，上下向黑鱼尾	表题：三国志，版心题：第一才子书	［古］812.3 나16 ㅅ(22)
图像三国志演义第一才子书	罗贯中（明）撰，毛宗岗（清）评，上海，文盛书局，刊年不详	60卷10册，中国石印本，有图，19.7×13cm，四周单边，半郭16.7×11.2cm，有界，22行50字，上下向黑鱼尾	序：光绪十四年（1888）孟夏勾吴飞云馆主书，刊记：广陵味潜斋藏本，上海文盛书局石印，表题：增像全图三国演义，版心题：图像三国演义	［古］812.3 나16 ㄷ

续表

书名	出版事项	版式状况	一般事项	所藏番号
第一才子书	罗贯中（明）撰，刊写事项不明	零本 12 册（所藏：卷 30-60），中国木版本，17.6×11.7cm，左右双边，半郭：13.6×9.4cm，无界，10 行 25 字，上下向黑鱼尾	表题：三国志，版心题：第一才子书	［古］812.3 나 16 ㅈ
	罗贯中（明）撰，刊写事项不明	零本 1 册（所藏：卷 4），木版本，28.4×18cm，四周单边，半郭：21.4×14.1cm，无界，12 行 26 字，上下向黑鱼尾	版心题：第一才子书	［古］812.3 나 16 ㅈ(3)
	罗贯中（明）撰，锦章图书局，刊写年不明	零本 9 册（所藏：卷 5-12，19-20，29-32，37-48，57-60），中国石印本，有图，20.2×13.4cm，四周双边，半郭：17.4×11.4cm，有界，16 行 32 字，上下向黑鱼尾	表题：增像全图三国演义，版心题：第一才子书	［古］812.3 나 16 ㅈ(4)
	罗贯中（明）撰，锦章图书局，刊写年不明	零本 1 册（所藏：卷 49-52），中国石印本，有图，20.2×13.4cm，四周双边，半郭：17.4×11.4cm，有界，16 行 32 字，上下向黑鱼尾	表题：增像全图三国演义，版心题：第一才子书	［古］812.3 나 16 ㅈ(5)
	罗贯中（明）著，刊写事项不明	零本 4 册（所藏：卷 11-18），中国新铅活字本，有图，20.1×13.3cm，四周单边，半郭：17.4×11.7cm，有界，17 行 31 字，上下向黑鱼尾	版心题：第一才子书	［古］812.3 나 16 ㅈ(6)
	罗贯中（明）著，毛宗岗（清）评，刊写事项不明	零本 15 册（所藏：卷 2-4，8-28，32-41，45-53，58-60），中国石印本，有图，20.2×13.5cm，四周双边，半郭：17.5×11.7cm，有界，17 行 34 字，上下向黑鱼尾	表题：足本绘图三国演义，版心题：绘图三国志演义	［古］812.3 나 16 ㅈ(7)
	罗贯中（明）著，刊写事项不明	零本 1 册（所藏：卷 5-7），中国石印本，有图，20.2×13.3cm，四周双边，半郭：17.3×11.8cm，有界，17 行 24 字，上下向黑鱼尾	版心题：绘图三国志演义	［古］812.3 나 16 ㅈ(8)
	罗贯中（明）著，刊写事项不明	零本 2 册（所藏：卷 11，15），木版本，25.8×17cm，四周单边，半郭：21.9×14.8cm，无界，12 行 26 字，上下向黑鱼尾	版心题：第一才子书	［古］812.3 나 16 ㅈ(9)

续表

书名	出版事项	版式状况	一般事项	所藏番号
第一奇书	刊写事项不明	零本 9 册(所藏:卷 5-6、15-16、18、20-21、23),中国木版本,17.5×11cm,四周单边,半郭:13.1×9.2cm,无界,11 行 25 字,上下向黑鱼尾	表题:金瓶梅,版心题:第一奇书	[古]812.3 제 69
增像全图三国演义	毛宗岗(清)评,刊写事项不明	零本 1 册(所藏:卷 12-13),中国石印本,20.6×13.4cm,四周单边,半郭:17.8×11.6cm,无界,21 行 47 字,上下向黑鱼尾	表题:三国志演义,版心题:增像全图三国志演义	[古]812.3 모 75 ㅈ
삼국지(三国志)	罗贯中(明)著,刊写事项不明	零本 1 册(所藏:卷 3),笔写本,31×21cm,无界,行字数不定,无鱼尾		[古]812.3 나 16 ㅅ(23)
	罗贯中(明)著,刊写事项不明	零本 1 册(所藏:卷 3),笔写本,28.4×19.7cm,无界,行字不定,无鱼尾		[古]812.3 16 ㅅ(24)
	罗贯中(明)著,刊写事项不明	零本 2 册(所藏:卷 3-4),朝鲜木版本,28.2×19.8cm,四周单边,半郭:21.2×15.3cm,无界,行字不定,上下向黑鱼尾	版心题:삼국지	[古]812.3 16 ㅅ(25)
화룡도(华容道)	刊写事项不明	1 册,朝鲜木版本,26.3×18cm,四周单边,半郭:21.6×15.5cm,无界,12 行 23 字,上下内向黑鱼尾	版心题:화룡도	[古]811.31 화 236
评论出像水浒传	施耐庵(明)撰,刊写事项不明	20 卷 20 册,中国木版本,有图,26.2×15.5cm,四周单边,11 行 24 字,半郭:21.5×14cm,无界,上下向黑鱼尾	表题:水浒传,版心题:五才子水浒序	[古]812.3 시 212 ㅍ
绘图增像第五才子书水浒全传	施耐庵(明)撰,上海,广百宋斋,光绪壬辰(1892)刊	10 卷 10 册,中国新铅活字本,有图,19.7×13.1cm,四周单边,半郭:16.5×13.5cm,有界,18 行 43 字,上下内向黑鱼尾	序:雍正甲寅(1734)上伏日勾曲外史书,表题:绘图第五才子书,版心题:绘图增像第五才子书,刊记:光绪壬辰(1892)春月上海广百宋斋校印	[古]812.3 시 212 ㅎ(2)

548

续表

书名	出版事项	版式状况	一般事项	所藏番号
第五才子书水浒传	施耐庵（明）撰，刊写事项不明	75卷20册，中国木版本，有图，17.5×10.3cm，四周单边，半郭13.2×9cm，无界，11行26字，上下向黑鱼尾	序：雍正甲寅（1734）上伏日勾曲外史书，表题：水浒传，版心题：第五才子	[古]812.3 시212 ㅈ
	施耐庵（明）撰，福文堂，刊写年不详	75卷12册，中国木版本，有图，16.8×11.2cm，四周单边，半郭13.3×9cm，无界，11行26字，上下向黑鱼尾	序：雍正甲寅（1734）上伏日勾曲外史书，刊记：福文堂藏，表题：水浒传，版心题：第五才子	[古]812.3 시212 ㅈ(2)
绘像结水浒全传	俞万春（清）著，上海，锦章图书局，刊写年不明	8卷8册，中国石印本，有图，20.3×13.6cm，四周双边，半郭17.5×12cm，无界，上下向黑鱼尾	序：仲夏弟晴湖俞蠡谨志，刊记：上海锦章图书局石印，版心题：绣像荡寇志，表题：绘图荡寇志全传	[古]812.3 유31 ㅎ
西游真诠	陈士斌（清）著，致和堂，康熙丙子（1696）序	100卷20册，中国木版本，有图，23.9×17cm，四周单边，半郭20.8×14.1cm，无界，11行24字，上下向黑鱼尾	表题：西游记，版心题：西游真诠，序：康熙丙子（1696）中秋西堂老人尤侗撰，刊记：致和堂梓行	[古]812.3 진51 ㅅ
	陈士斌（清）诠解，刊写事项不明	零本19册（所藏：第2-100回），中国木版本，16.1×11.8cm，四周单边，半郭：12×9cm，无界，10行24字，上下向黑鱼尾	版心题：西游真诠	[古]812.3 진51 ㅅ(2)
全像金瓶梅	张竹坡（清）批评，玩花书局，刊写年不明	零本17册（所藏：第4-8，21-25，30-33，39-100回），中国木版本，15.1×10.5cm，四周单边，半郭：12.5×10.5cm，无界，11行25字，上下向黑鱼尾	表题：金瓶梅，版心题：第一奇书	[古]812.3 쟝77 ㅊ
续金瓶梅	刊写事项不明	零本1册（所藏：卷7-8），中国木版本，17.1×11.7cm，四周单边，半郭：13.2×9.5cm，无界，10行24字，上下向黑鱼尾	版心题：续金瓶梅	[古]812.3 속18

549

续表

书名	出版事项	版式状况	一般事项	所藏番号
今古奇观	抱瓮老人(明)编辑,上海,点石斋,光绪乙巳(1905)刊	40卷6册,中国石印本,有图,15.1×9.9cm,四周双边,半郭13×8.2cm,无界,17行38字,上下向黑鱼尾	版心题:绘图今古奇观,序:望之善读小说者,刊记:光绪乙巳(1905)上海点石斋石印	[古]812.3 포65 ㄱ
绘图封神演义	上海,天宝书局,刊写年不明	8卷8册,中国石印本,有图,20.1×13.3cm,四周双边,半郭18.2×11.9cm,无界,28行字数不定,上下向黑鱼尾	题签:绘图封神演义,版心题:绘图封神演义,刊记:上海天宝书局印行	[古]812.3 회225 ㅂ
绣像封神演义	钟惺(明)评释,上海,章福记,宣统庚戌(1910)刊	10卷10册,中国石印本,有图,20.3×13.5cm,四周双边,半郭18×11.7cm,无界,20行45字,上下向黑鱼尾	表题:增像封神演义,版心题:绘图封神演义,序:康熙乙亥(1695)……褚人获题于四雪草堂	[古]812.3 중53 ㅅ
	钟惺(明)评释,上海,中新书局,刊写年不明	零本2册(所藏:卷31-40,81-90),中国新铅活字本,有图,20.3×13.4cm,四周单边,半郭17.2×11.7cm,有界,15行31字,上下向黑鱼尾	题签:精校全图绣像封神演义,版心题:绣像封神演义,刊记:上海中新书局印行	[古]812.3 중53 ㅅ(2)
新刻钟伯敬先生批评封神演义	钟惺(明)著,扫叶山房,光绪九年(1883)刊	19卷20册,中国木版本,有图,23.7×15.9cm,四周单边,半郭20.5×14.1cm,无界,11行24字,上下向黑鱼尾	序:光绪九年(1883)春二月扫叶山房发兑书籍,刊记:光绪九年秋吉扫叶山房发兑,表题:封神演义,版心题:封神演义	[古]812.3 중53 ㅅㄴ
东周列国志	蔡奡(清)著,上海,江左书林,光绪丙戌(1886)刊	23卷24册,中国木版本,有图,23.6×15cm,四周双边,半郭17.8×12.8cm,无界,13行26字,上下向黑鱼尾	序:乾隆壬申(1752)二月七都梦夫蔡元放题于绿净山房,刊记:光绪丙戌(1886)上海江左书林,表题:列国志,版心题:东周列国志	[古]812.31 채58 ㄷ
	蔡奡(清)评点,扫叶山房,光绪丙申(1896)刊	27卷8册,中国石印本,有图,19.6×13.1cm,四周双边,半郭16×11.1cm,无界,22行字数不定,上下向黑鱼尾	表题:东周列国志,版心题:东周列国志,序:乾隆十有七年(1752)春七都梦夫蔡元放氏题,刊记:光绪丙申(1896)扫叶山房石印	[古]812.3 채58 ㄷ

续表

书名	出版事项	版式状况	一般事项	所藏番号
东周列国全志	蔡奡（清）评点，锦章图书局，乾隆十七年（1752）序	8 卷 8 册，中国石印本，有图，20.3×13.5cm，四周双边，半郭：17.8×12cm，无界，30 行字数不定，上下向黑鱼尾	表题：东周列国志，版心题：绘图东周列国志，序：乾隆十有七年（1752）春七都梦夫蔡元放氏题，刊记：锦章图书局石印	［古]812.3 채58 ㄷ ㄱ
	蔡奡（清）评点，章福记书局，光绪乙巳（1905）刊	零本 6 册（所藏：卷 1-2，5-8），中国石印本，有图，20.3×13.5cm，四周双边，半郭：18×12.1cm，有界，26 行字数不定，上下向黑鱼尾	表题：绘图东周列国志，版心题：绘图东周列国，序：乾隆十有七年（1752）春月七都梦夫蔡元放题，刊记：光绪乙巳（1905）上海章福记书局石印	［古]812.3 채58 ㄷ ㄱ(2)
增像全图东周列国志	冯梦龙（明）著，蔡奡（清）评点，刊写事项不明	零本 1 册（所藏：卷 12-13），中国新铅活字本，20.1×13.3cm，四周单边，半郭：17.3×12cm，有界，15 行 31 字，上下向黑鱼尾	表题：列国志，版心题：东周列国志	［古]812.3 풍35 ㅈ
	冯梦龙（明）著，刊写事项不明	零本 8 册（所藏：卷 9-16），中国新铅活字本，有图，20.1×13.3cm，四周单边，半郭：17.3×12cm，有界，16 行 31 字，上下向黑鱼尾	题签：校正全图东周列国志，版心题：东周列国志	［古]812.3 풍35 ㅈ ㄱ
列国志	蔡奡（清）评点，刊写事项不明	零本 1 册（所藏：卷 4），笔写本，22.7×17.9cm，四周单边，半郭：18.3×14.5cm，有界，11 行 18 字，无鱼尾	表题：列国志	［古] 812.31 채 58 ㅇ
四雪草堂重订通俗隋唐演义	褚人获（清）重订，刊写事项不明	零本 4 册（所藏：卷 8-10，13），中国木版本，24.4×15.5cm，四周单边，半郭：21×13.6cm，无界，10 行 23 字，上下向黑鱼尾	表题：隋唐演义，版心题：隋唐演义	［古]812.3 저69 ㅅ(2)
薛仁贵传	刊写事项不明	1 册，中国石印本，19.5×14cm，无界，20 行 37 字，无鱼尾		［古] 812 설69

续表

书名	出版事项	版式状况	一般事项	所藏番号
绣像西汉演义	刊写事项不明	零本1册(所藏：卷7-8)，新铅活字本，19.8×13.2cm，四周双边，半郭：16.5×11.1cm，17行32字，有界，无鱼尾	表题：楚汉演义，版心题：绣像西汉演义	[古] 812.14 초 91(6)
新刻剑啸阁批评西汉演义传	钟惺(明)编次，刊写事项不明	零本1册(所藏：卷1)，笔写本，23×14.5cm，无界，10行字数不定，无鱼尾	表题：楚汉演义	[古]812.3 중 53 ㅅㄱ
楚汉演义	刊写事项不明	1册，笔写本，27.6×14.4cm，无界，行字数不定，无鱼尾		[古] 812.14 초 91(2)
	刊写事项不明	1册，笔写本，23.7×15.8cm，10行24字，无界，无鱼尾	表题：楚汉演义	[古] 812.14 초 91(3)
楚汉演义抄	刊写事项不明	1册，笔写本，31×22.2cm，四周单边，半郭：24.2×17.2cm，有界，12行22字，上下向二瓣花纹鱼尾	表题：楚汉演义，版心题：楚汉演义	[古] 812.14 초 91
	刊写事项不明	零本1册(所藏：卷上)，笔写本，27.7×17.3cm，10行24字，无界，无鱼尾		[古] 812.14 초 91(4)
	刊写事项不明	1册，笔写本，20.9×19.5cm，四周双边，半郭：18×17.5cm，行字数不定，有界，无鱼尾	表题：楚汉演义，版心题：楚汉演义	[古] 812.14 초 91(5)
楚汉演语三国志合部	罗贯中(明)著，刊写事项不明	1册，笔写本，22×15cm，行字数不定，无鱼尾	表题：楚汉演语	[古]812.3 나 16 ㅊ

清代

书名	出版事项	版式状况	一般事项	所藏番号
增评加批金玉缘图说	刊写事项不明	零本1册(所藏：卷97-104)，中国石印本，有图，19.9×13.6cm，四周单边，半郭：17.6×11.9cm，无界，20行40字，无鱼尾	表题：全图增评金玉缘	[古] 812.31 중 44

续表

书名	出版事项	版式状况	一般事项	所藏番号
增评补像全图金玉缘	曹雪芹（清）著，求不负斋，光绪戊申（1908）刊	120 回 16 册，中国石印本，有图，20.2×13.2cm，四周双边，半郭：17.2×11.3cm，有界，18 行 40 字，上下向黑鱼尾	序：光绪三十四年（1908）九月望日华阳仙裔识，刊记：光绪戊申（1908）九月求不负斋印行，题签：增评全图足本金玉缘，版心题：图注金玉缘	［古］812.3 조 53 ㅈ
镜花缘	扫叶山房，光绪癸未（1883）刊	22 册，中国木版本，有图，15.6×11.1cm，上下单边，左右双边，半郭：11.1×9.3cm，无界，10 行 20 字，上下向黑鱼尾	序：梅州许乔林石华撰，刊记：光绪癸未（1883）春元补刻绣像扫叶山房藏板，表题：镜花缘，版心题：镜花缘	［古］812.3 경 96
增像绘图青楼梦	刊写事项不明	6 卷 6 册，中国石印本，有图，14.4×8.9cm，四周双边，半郭：12.9×8.2cm，无界，18 行 42 字，上下向黑鱼尾	题签：绘图青楼梦，版心题：绘图青楼梦	［古］812.31 증 51
绣像说唐征西全传	刊写事项不明	6 卷 6 册，中国石印本，有图，14.9×9cm，四周双边，半郭：12.5×8cm，无界，20 行 47 字，上下向黑鱼尾	题签：绣像说唐征西全传，版心题：绣像说唐征西	［古］812.3 수 511
重刻绣像说唐演义全传	缘慎堂，刊写年不明	零本 18 册（所藏：卷 1-55 回），中国木版本，有图，24.5×15.7cm，四周单边，半郭：21.7×18.6cm，无界，11 行 25 字，上下向黑鱼尾	序：乾隆元岁（1736）蒲月望日如莲居士题于北山居中，表题：绣像说唐全传，版心题：说唐全传，说唐后传，刊记：缘慎堂藏板	［古］812.3 수 512
增订绘图精忠说岳全传	上海，共和书局，刊写年不明	8 卷 8 册，中国石印本，有图，19.9×13.3cm，四周单边，半郭：17.6×12.4cm，无界，31 行字数不定，上下向黑鱼尾	题签：绘图精忠说岳全传，版心题：绘图精忠说岳全传，刊记：上海共和书局印行	［古］812.3 증 736
女才子传	烟水散人（清）著，上海，集益书局，宣统二年（1910）刊	1 册，中国石印本，有图，19.8×13.2cm，四周单边，半郭：16.6×11.2cm，无界，14 行 30 字，上下向黑鱼尾	序：烟水散人漫题于汋上之蜃阁，表题：女才子传，版心题：女才子传，刊记：宣统二年（1910）六月出版，上海集益书局发行	［古］812.3 연 57 ○

续表

书名	出版事项	版式状况	一般事项	所藏番号
七侠五义传	俞樾(清)重编,刊写地,刊写者不明,光绪己丑(1889)序	6卷6册,中国石印本,有图,20.1×13.1cm,四周单边,半郭:17.6×11.1cm,无界,25行48字,上下向黑鱼尾	序:光绪己丑(1889)七月既望曲园居士俞樾书,版心题:七侠五义传,题签:绣像七侠五义传	[古]812.3 유 67 ㅈ
异说五虎平西珍珠旗演义狄青前传	章福记书局,宣统元年(1909)刊	6卷6册,中国石印本,有图,17.2×10.3cm,四周双边,半郭:14.9×9cm,无界,20行48字,上下向黑鱼尾	序:泉唐爱月日题,表题:五虎平西传,版心题:绣像五虎平西演义,刊记:宣统元年(1909)仲夏章福记书局印	[古]812.3 이 53
新镌后续绣像五虎平南狄青演义	章福记书局,宣统元年(1909)刊	4卷2册,中国石印本,17.2×10.3cm,四周双边,半郭:15.3×9cm,无界,行字数不定,上下向黑鱼尾	表题:五虎平南传,版心题:绣像五虎平南演义,刊记:宣统元年(1909)章福记书局印	[古]812.3 신 73
绘图平山冷燕四才子书	荻岸散人(清)编次,刊写事项不明	4卷4册,中国石印本,有图,14.8×8.9cm,四周单边,半郭:12.8×8cm,无界,20行44字,上下向黑鱼尾	题签:绣像四才子平山冷燕,版心题:平山冷燕四才子	[古]812.3 적 61 ㅎ
新刻按鉴编纂开辟衍绎通俗志传	周游(明)集,王黉(明)释,上海,扫叶山房,光绪十三年(1887)刊	6卷6册,中国木版本,有图,15.9×11.1cm,四周单边,半郭:11.2×8.8cm,有界,9行18字,上下向黑鱼尾	表题:开辟志,版心题:开辟衍绎,序:王黉子承书于柳浪轩,刊记:光绪十三年(1887)上海扫叶山房藏板	[古]812.3 주 67 ㅅ
绘图万花楼传	刊写事项不明	6卷6册,中国石印本,有图,14.4×8.7cm,四周单边,半郭:13×7.8cm,无界,18行字数不定,无鱼尾	题签:绣像万花楼传,版心题:绘图万花楼	[古]812.3 회 225
绘图英雄泪国事悲全集	冷血生(清末民初)著,上海,校经山房,刊写年不明	8卷8册,中国石印本,有图,15.3×8.8cm,四周单边,半郭:13.5×7.8cm,无界,行字数不定,无鱼尾	题签:绘图英雄泪国事悲全集,版心题:醒世国事悲,醒世英雄泪,刊记:上海校经山房印行	[古]812.3 녕 94 ㅎ

45. 启明大学校

明代

书名	出版事项	版式状况	一般事项	所藏番号
贯华堂第一才子书	毛宗岗（清）评，刊年未详	20 册（19 卷，目录），朝鲜木版本，有图，27.7×18.2cm，四周单边，半郭：20.5×14.4cm，无界，12 行 26 字，注双行，上二叶花纹鱼尾	序：顺治岁次甲申（1644）……金人瑞，卷首书名：四大奇书第一种，表纸书名：三国志	［고］812.35-无求斋사
第一奇书	香港，旧小说社，刊年未详	16 卷 8 册，中国石印本，有图，20×13cm，四周双边，半郭：16.5×11.3cm，无界，23 行 48 字，注双行，上黑鱼尾	序：康熙乙亥（1695）……谢颐	［고］812.35-제일기
绣像全图三国演义	上海，锦章图书局，刊年未详	60 卷 3 册，中国石印本，20×13.3cm，四周双边，半郭：17.4×11.5cm，有界，16 行 32 字，注双行，上黑鱼尾	序：顺治甲申（1644）……金人瑞	틀 812.35-无求斋ㅅ
增像全图三国演义	罗贯中（明）著，上海，天宝书局，刊年未详	16 卷 8 册，中国石印本，20.5×13.5cm，四周双边，半郭：18×12.3cm，无界，行字数不定，上黑鱼尾	序：顺治岁次甲申（1644）……金人瑞	［고］812.35-无求斋삼
三国演义	罗贯中（明）著，刊写地，刊写者，刊写年未详	1 册（零本），木版本，31×22cm，四周双边，半郭：21.7×17cm，有界，13 行 24 字，内向一叶花纹鱼尾		［고］812.35-罗贯中사
三国志	刊写地，刊写者，刊写年未详	1 册，笔写本，37.7×19.7cm，四周无边，无界，11 行字数不定，无鱼尾	书名：表题	812.35-삼국지ㄱ
삼국지（三国志）	译著者未详，刊年未详	3 册（零本，卷 8，10，11），韩文笔写本，24.6×21.5cm，四周无边，无界，12 行 22 字		［고］812.35-삼국지

书名	出版事项	版式状况	一般事项	所藏番号
화룡도 (华容道)	译著者未详，全州龟洞，丁未年刊	2卷1册，朝鲜木版本，25.8×18.5cm，四周单边，半郭：21.3×15.8cm，无界，11行21字，内向黑鱼尾		이 811.35
评论出像水浒传	施耐庵(明)编次，顺治十四年(1657)序	20卷20册(卷1-20)，中国木版本，26.1×16.4cm，四周双边，半郭：22.2×14cm，无界，11行24字，上黑鱼尾	序：顺治丁酉(1657)……桐庵老人	이 812.35- 수호지
绘图荡寇志演义	俞万春(清)著，上海，天宝书局，刊年未详	8卷8册，中国石印本，有图，20×15cm，四周双边，半郭：17.8×11.8cm，无界，29行65字，注双行，上黑鱼尾	序：同治辛未(1871)……俞蠡，卷首书名：绘像结水浒全传	[고] 812.35- 수호지
西游真诠	陈士斌(清)诠解，上海，扫叶山房，光绪十一年(1885)序	20卷，中国木版本，24.3×16cm，四周单边，半郭：20.3×14.1cm，无界，11行24字，上黑鱼尾	序：康熙丙子(1696)……尤侗，序：光绪乙酉(1885)……朱记荣，表题纸/书名：绣像西游记	[고] 812.35- 서유기
增像全图加批西游记	陈士斌(清)诠解，上海，章福记书局，1910年刊	10卷5册(卷1-10)，中国石印本，20.5×13.5cm，四周双边，半郭：17×11.9cm，无界，20行40字，上黑鱼尾		[고]812.3-진사빈ㅊ
绣像封神演义	钟惺(明)评释，上海，章福记，1910年石印	10卷5册，中国石印本，20×13.5cm，四周双边，半郭：18×11.8cm，无界，20行45字，上黑鱼尾	序：康熙乙亥(1695)……褚人获	[고]812.3-중성ㅅ
东周列国全志	蔡奡(清)评点，经纶堂，刊年未详	24册(23卷，目录)中国木版本，26×16cm，四周单边，半郭：20.5×14cm，无界，12行26字，上黑鱼尾	序：乾隆十七年(1752)……蔡元放	[고] 812.35- 동주열ㄱ

书名	出版事项	版式状况	一般事项	所藏番号
东周列国志	蔡嗥（清）评点，上海，锦章图书局，刊年未详	1 册(零本)，中国石印本，20.5×13.5cm，四周双边，半郭：17.4×11.5cm，有界，18 行 40 字，上黑鱼尾	序：乾 隆 十 有 七 年（1752）……蔡元放	들 812.35-동주열
增像全图东周列国志	蔡嗥（清）评点，上海，焕文书局，光绪二十八年（1902）刊	27 卷 8 册(卷 1-27)，中国新铅活字本，有图，19×12.8cm，四周单边，半郭：16.4×11.1cm，无界，14 行 42 字，注双行，内向黑鱼尾	序：乾 隆 十 有 七 年（1752）……蔡元放	[고] 812.35-동주열국
绘图东西汉演义	上海，锦章图书局，刊年未详	6 卷 6 册，中国石印本，20.2×13.3cm，四周双边，半郭：17.6×12cm，无界，29 行字数不定，上黑鱼尾		[고] 812.35-서한
쵸한뎐	卓钟佶编，全州，西溪书铺，1911 年刊	2 卷 1 册，朝鲜木版本，26.1×18.8cm，四周单边，半郭：20.3×15.9cm，无界，13 行 20 字，内向黑鱼尾	楚汉传	이 811.35
新评龙图神断公案	刊年未详	8 卷 4 册，朝鲜笔写本，21.1×14.3cm，四周单边，半郭：16.4×11.4cm，乌丝栏，9 行 20 字，无鱼尾	序：陶烺元	이 812.3-신평용

清代

书名	出版事项	版式状况	一般事项	所藏番号
增评全图足本金玉缘	曹雪芹（清）著，求不负斋，光绪三十四年（1908）序	120 卷 8 册，中国石印本，20×13cm，四周双边，半郭：17.2×11.2cm，有界，18 行 40 字，上黑鱼尾	序：光 绪 三 十 四 年（1908）……华阳仙裔	[고] 812.36-조설근ㅊ

46. 岭南大学校

明代

书名	出版事项	版式状况	一般事项	所藏番号
四大奇书第一种	毛宗岗(清)评,毛声山(清)批点	20 册(本集 19 卷 19 册,卷首 1 册),中国木版本,有图(图像 20 张),28.2×18.3cm,四周单边,半郭:20.5×14.3cm,无界,12 行 26 字,注双行,上有黑纹鱼尾	卷首:序文,读法,凡例,总目,图像 20 张,序:顺治甲申(1644)……金圣叹,标题纸贯华堂第一才子书,表纸书名:三国志	(味山文库)823.5 无求斋
	毛宗岗(清)评	全 20 册中 6 册存(卷首 1 册,卷 1,2,13-15),中国木版本,有图,28.3×18cm,四周单边,半郭:20.7×14.4cm,无界,12 行 26 字,注双行,上下向黑鱼尾	卷首序:顺治甲申(1644)……金圣叹,凡例,书目,读三国志法,图像(20 页),标题纸贯华堂第一才子书,圣叹原评,毛声山先生批点,版心题:第一才子书	823.5 无求斋
	毛宗岗(清)评	1 册(零本,卷 15),中国木版本,28.2×18.3cm,四周单边,半郭:22×14.4cm,无界,12 行 26 字,注双行,上下向黑鱼尾	版心题:第一才子书,表纸书名:四大奇书	823.5 无求斋-2
	毛宗岗(清)评,上海,扫叶山房 1888 年刊	全 20 卷 20 册中 18 册存(零本,卷 1,3-19),中国木版本,有图,23.9×16cm,四周单边,半郭:19.7×13.8cm,无界,12 行 26 字,注双行,上下向黑鱼尾	卷头有图:首像,重刊三国志演义序:光绪十四年(1888)……醒悔道人,版心题:第一才子书,刊记(重刊序末):上海扫叶山房藏板校刊,表纸书名:三国志	823.5 无求斋 ㅈ
	毛宗岗(清)评,致和堂,刊年未详	全 21 册中 1 册存(零本,卷 1),中国木版本,25.4×15.7cm,四周单边,半郭:21.7×14.3cm,无界,11 行 24 字,注双行,上下向黑鱼尾	版心题:三国志,版心下端记录:致和堂,表纸书名:三国志	823.5 无求斋 ㅈㄱ

续表

书名	出版事项	版式状况	一般事项	所藏番号
四大奇书 第一种	毛宗岗（清）评，九思堂，刊年未详	1册（零本，卷28-30），中国木版本，25.4×16cm，四周单边，半郭：20.8×13.8cm，无界，10行23字，注双行，上下向黑鱼尾	版心题：奇书第一种，版心下端记录：九思堂，表纸书名：三国志	823.5 无求斋 ㅈㄴ
	毛宗岗（清）评	全20册中1册存（零本，卷12），中国木版本，25.9×16cm，四周单边，半郭：20.6×13.5cm，无界，10行22字，注双行，上下向黑鱼尾	版心题：三国志	823.5 无求斋 ㅈㄷ
		2册（零本），木版本，26×19cm		823.5
第一才 子书	罗贯中（明）著，成文信，刊年未详	51卷16册2匣，中国木版本，有图，24.7×15.5cm，四周单边，半郭：19.5×13.5cm，有界，12行28字，注双行，上下向黑鱼尾	卷首序：顺治岁次甲申（1644）……金圣叹，凡例，读三国志法（15页），有图（20页），四大奇书第一种目录，标题纸：绣像第一才子书，金圣叹先生原本，毛声山批评三国志 潍县成文信梓	陶南文库［古도］823.5 罗贯中
	毛宗岗（清）评，中新书局，刊年未详	2册（零本，卷6，卷10），中国新式活字本，有图，20.1×13.3cm	版心下端记录：中新书局藏板，表纸书名：精校全图绣像三国演义	823.5 无求斋 ㅈㅂ
	毛宗岗（清）评，上海，鸿文书局，刊年未详	零本，6册（卷首，卷1-5，17-22，28-44），中国石印本，有图（图像72张），6.5×11.4cm	卷头：重刊三国志演义，序：光绪十四年（1888）孟夏勾吴飞云馆主书，顺治甲申（1644）……金圣叹原序，读三国志法，目录，标题纸：增像全图三国演义，刊记（标题纸里面）：广陵味潜斋藏本，上海鸿文书局石印	823.5 无求斋 ㅈㅅ

书名	出版事项	版式状况	一般事项	所藏番号
第一才子书	毛宗岗(清)评,上海,锦章图书局,刊年未详	8册(零本,卷首,卷1-20,25-32),中国石印本,有图(图像13张),25.4×15.7cm	卷头:原序:顺治甲申(1644)……金圣叹,重刊三国志演义,序:咸丰三年(1853)孟夏勾吴清溪居士书,读三国志法,凡例,目录,标题纸:绣像全图三国演义,刊记(标题纸里面):上海锦章图书局石印,表纸书名:增像全图三国演义	823.5 无求斋 ㅈㄹ
	扫叶山房藏板	19卷20册,中国版本,25cm		823.5
		16册,中国版本,26×16cm		汉 823.5
	邹梧冈(清)参订,刘凤藻(清)校对	51卷15册,中国石印本,25.1×15.7cm		汶坡文库
	毛声山(清)原本,金圣叹序	20卷20册,中国石印本,24.1×15.6cm	金圣叹序,顺治甲申(1644)版	汶坡文库
三国志演义	罗贯中(明)著	1册(零本),笔写本,31×20cm		823.5
绘图三国志演义	罗贯中(明)著	5册(零本),中国石印本,21cm		823.5
三国演义	罗贯中(明)	4册(零本),中国石印本,20cm		823.5
增像全图三国演义	毛宗岗(清)评,上海,锦章图书局,刊年未详	1册(零本,卷9-10),中国石印本,有图,20×13.4cm		823.5 无求斋 ㅈㅁ
绘图三国志演义第一才子书	毛宗岗(清)评,上海,扫叶山房,刊年未详	1册(零本,卷44-48),中国石印本,有图,19.8×13.1cm	版心下端记录:扫叶山房石印	823.5 无求斋 ㅈㅁ
新刊校正古本大字音释三国志传通俗演义	罗贯中(明)编次,刊写地,刊写者,刊写年未详	2册(零本,卷6,11),朝鲜木版本,28.8×21.3cm,四周双边,半郭:21.6×17.1cm,有界,13行24字,上下内向二瓣黑鱼尾(一部分 上下内向黑鱼尾)	版心题:三国演义	[古南]823.5 삼국지

续表

书名	出版事项	版式状况	一般事项	所藏番号
新锓全像大字通俗演义三国志传	乔山堂，刊年未详	1册（零本，卷1-2），中国木版本，有图，23.8×13.9cm，四周单边，半郭：20.4×12.5cm，无界，15行33字，上下向黑鱼尾	卷头序：三国志传，目录，君臣姓氏附录，标题纸：镌图像三国志，乔山堂，刘龙田梓，版心题：出像三国志传，每面上段有图，刊记(标题纸)：乔山堂，刘龙田梓，表纸书名：三国志	[古南]823.5 삼국지ㅈ
绣像全圣叹批评三国志	苏州，绿启堂和记藏板	2匣20册，24×16cm		汶 823.5
三国志传通俗演义	罗贯中（明）著，明刊本	1册，坊刻本，26cm		[古]823.5
后三国石珠演义	梅溪遇安氏（清）撰，刊年未详	34卷4册		古 凡 823-亭 삼국
죠자룡전（赵子龙传）	译著者，刊写地，刊写者，刊写年未详	1册，韩文笔写本，23.2×15.6cm	韩文本	[古南]813.5 조자룡
评注图像五才子书	施耐庵（明）撰，金圣叹（清）评释，上海，元昌书局，刊年未详	11册2匣（零本，全12册12卷），本馆所藏：11册（卷1-6，8-12），中国石印本，有图（图像16面），20.1×13.6cm	卷头：评注图像水浒传，卷首：序，宋史纲，宋史目，读第五才子书法，总论，评注图像水浒传姓氏，读法，贯华堂所藏古本水浒传前有自序，楔子，目录，各卷头图像（2面）插入，表纸书名：绣像绘图第五才子书	陶南文库[古도] 823.5 시내암
	施耐庵（明）撰，金圣叹（清）评释，刊写地，刊写者，刊写年未详	1册（零本，卷5），中国石印本，有图，20.1×13.6cm	卷头：图像（2面），表纸书名：绣像绘图第五才子书	[古南]823.5 시내암ㅈㄴ

书名	出版事项	版式状况	一般事项	所藏番号
绘图增像第五才子书水浒传	施耐庵（明）撰，金圣叹（清）评释，上海，同文书局，1887年刊	4册（零本，卷1-8，17-22，29-34），中国新式活字本，有图，19.8×13cm	卷头叙：雍正甲寅（1734）……勾曲外史，自叙：施耐庵，读法，圣叹外书，目录，图像，引首，标题纸：绘图增像五才子书，刊记（标题纸里面）：光绪丁亥（1887）孟夏上海同文书局校印	［古南］823.5 시내암ㅈ
绣像绘图第五才子奇书	施耐庵（明）撰，金圣叹（清）评释，上海，进步书局，刊年未详	4册（零本，卷3，5，7，8），中国石印本，有图，20.3×13.4cm	标题纸：绣像绘图五才子奇书，兵事小说，上海进步书局印行	［古南］823.5 시내암ㅈㄱ
贯华堂第五才子书	施耐庵（明）撰，金圣叹（清）评释	20卷20册，中国木版本，有图（图像40面），24×15.9cm，四周单边，半郭：20.7×13.7cm，无界，11行23字，注双行，上下向黑鱼尾	卷首：五才子水浒序：顺治丁酉（1657）冬月桐庵老人书，王望如先生评论出像水浒传总论，评论出像水浒传姓氏，序：崇祯十四年（1641），宋史纲，宋史目，楔子，目录，标题纸：贯华堂第五才子书施耐庵先生原本圣叹外书，版心题：五才子奇书，表纸书名：水浒传	陶南文库［古图］823.5 시내암ㅁ
第五才子书	施耐庵（明）著	2匣20册，中国版本，24×16cm		823.5
	施耐庵（明）著	20册，中国版本，25×18cm		汶823.5
	施耐庵（明）著，芥子园藏板	2匣20册，中国活字本，18cm		韶823.5
	施耐庵（明）著，芥子园山房	75卷20册，18cm		823.5
俊杰神稻水浒传	施耐庵（明）撰，宝文堂，刊年未详	1册（零本，卷51），日本木版本，有图，21.4×15cm，四周单边，半郭：17.9×13.1cm，无界，10行字数不定，上黑鱼尾	版心题：神稻水浒传，版心下端记录（木板）：宝文堂藏	［古南］823.5 시내암ㅇ

续表

书名	出版事项	版式状况	一般事项	所藏番号
水浒志	施耐庵（明）著，无刊记	20 册，金圣叹批评初刻本，25cm		［古］823.5
츙의슈호젼	施耐庵（明）撰	1 册（零本，卷 21），韩文笔写本，28.9×20cm	朝鲜本，忠义水浒传	陶南文库［古도］823.5 시내암ㅍ
西游记	吴承恩（明）著，刊写地，刊写者，刊写年未详	4 册（零本，第 65-69 回，75-84 回，90-94 回），中国木版本，23.5×15.7cm，四周单边，半郭：20.3×14.1cm，无界，11 行 24 字，上下向黑鱼尾	版心题：西游真诠	［古南］823.5 오승은ㅈ
绣像西游记	上海，扫叶山房	10 册，25×16cm		汶 823.5
西游真诠	吴承恩（明）著，陈士斌（清）诠解	100 回 20 册 2 匣，中国木版本，25.1×15.3cm，四周单边，半郭：19.5×13.3cm，无界，10 行 22 字，上下向黑鱼尾	表纸书名：西游记，第 11-12 册：笔写本	陶南文库［古도］823.5 오승은
	悟一子（清）批点，光绪甲辰（1904）刊	10 册，中国石印本，24.2×15.8cm		庆州汶坡文库
	悟一子（清）批评，芥子园原本，康熙丙子（1696）刊	20 册，中国石印本，15.3×10.5cm		庆州汶坡文库
金圣叹加评西游真诠		2 匣 20 册，中国木版本，16×11cm		823.5
서유기	吴承恩（明）著	45 卷 12 册，笔写本，35.2×22cm（第 6-12 册 33×20.6cm）	朝鲜本，笔写，记录（卷末）：셰제긔미유칠월일계동필셔，이책을마니보시면연화대의가시리다，表纸书名：西游记	陶南文库［古도］823.5 오승은ㅍ

续表

书名	出版事项	版式状况	一般事项	所藏番号
金瓶梅	刊写地,刊写者,刊写年未详	全24册,中国木版本,24.8×15.8cm,四周单边,半郭:20.2×14.3cm,无界,12行26字,注双行,上下向黑鱼尾	版心题:第一奇书	[古]목823.5-금병매
	刊写地,刊写者,刊写年未详	11册(零本),中国活字印本,24.1×15.4cm		[古韶]823.5-금병매
		11册(零本),中国活字印本,24×16cm		韶823.5
	笑笑生(明)著,张竹坡(清)批评	100回20册,中国木版本,有图,26.1×16.8cm,四周单边,半郭:19×14.3cm,无界,11行22字	卷首叙:康熙岁次乙亥(1695)清明中浣秦中觉天者谢颐题,凡例,杂录,目录,苦孝说,非淫书论,房屋包,大略,杂录小引,趣谈,读法,寓意说,有图,版心题:第一奇书,标题纸:金瓶梅,第一奇书,彭城张竹坡批评	陶南文库[古도]823.5금병매
今古奇观		7册(零本),中国版本,24×16cm		823
改良今古奇观	刊写地,刊写者,刊写年未详	2册(零本,卷4、6),中国石印本,有图,19.9×13.4cm		[古南]823.5개량금
绘图封神演义	上海,广益书局,刊年未详	6册(零本,卷2-7),中国石印本,有图,19.7×13.2cm		[古南]823회도봉
	上海,章福记书局,刊年未详	8册(零本,卷2-4、6-10),中国石印本,有图,20.5×13.6cm	表纸书名:绣像封神演义全传	[古南]823회도봉ㅅ
	育文书局,光绪戊申(1908)刊	8册,中国石印本,21cm		823.5
绣像评点封神榜全传	上海,扫叶山房,光绪九年(1883)刊	2匣20册,24×16cm		823.5
增像全图东周列国志	蔡奡(清)评点,上海,中新书局,刊年未详	6册(零本,卷3-13),中国新式活字本,有图,19.9×13.3cm	版心下端记录:中新书局藏板,表纸书名:精校全图绣像东周列国志	[古南]823.5열국지ㅈㄱ

书名	出版事项	版式状况	一般事项	所藏番号
绣像东周列国志	蔡槑（清）评点，上海，商务印书馆，刊年未详	1 册（零本，卷 25-27），中国新式活字本，有图，19.9×13.3cm	版心下端记录：上海商务印书馆藏板	[古南] 823.5 열국지ㅈㄴ
订正东周列国志善本	蔡元放（清）评点，上海，江左书林，1886 年刊	1 册（零本，卷首 1 册），中国木版本，有图，23.7×15.1cm，四周双边，半郭：16.5×11.9cm，无界，注双行，上下向黑鱼尾	卷首：序：乾隆壬申（1752）……蔡元放，读法，建地图考：咸丰四年（1854）春日开雕书成山房校对无讹，地图（2 面），目次，图像（12 页），标题纸：绣像东周列国志，秫陵蔡元放评，版心题：东周 列国志，刊记（标题纸里面）：光绪丙戌（1886）秋月上海江左书林重校刊	[古南] 823.5 열국지ㅈㄷ
列国志		20 册（零本），韩文笔写本，32×25cm		813.5
		30 卷中残本 7 卷（6，19，24，25，28，29，30）所藏，一面 12 行 20 字内外	每卷卷首有目录	
列国志	刊写地，刊写者，刊写年未详	5 册（零本，卷 15，16，19，20，21），中国木版本，24.8×15.8cm，四周单边，半郭：20.2×14.3cm，无界，12 行 26 字，注双行，上下向黑鱼尾	版心题：东周列国志	[古南] 823.5 열국지ㅈ
녈국지		11 卷 11 册，韩文笔写本，29×20.2cm	笔写记录（卷末）：이월십사일릴셔，表纸书名：列国志	陶南文库 [古도] 813.5 열국지
精绘全图改正隋唐演义	上海，普新瑞记书局，光绪丁未（1907）刊	2 册（零本），中国石印本，20cm		823.5

书名	出版事项	版式状况	一般事项	所藏番号
绣像西汉演义	上海，著易堂书局，刊年未详	全8卷4册中2册(零本，卷1-2，卷7-8)，中国新式活字本，19.9×13.3cm	卷头：绣像东西汉通俗演义序，目录，卷末：总评，标题纸：绣像西汉演义，刊记(标题纸里面)：勤裕草堂托上海著易堂书局代印	[古南]823.5 서한연
西汉通俗演义	刊写地，刊写者，刊写年未详	1册(零本，卷5)，中国木版本，26.7×15.7cm，四周单边，半郭：21.9×13.8cm，无界，14行30字，上下向黑鱼尾	版心题：官版西汉通俗演义，表纸书名：西汉演义	[古南]823 서한통ㅈ
西汉演义书略	刊写地，刊写者，刊写年未详	1册，笔写本(匡郭木版)，26.7×17.2cm，四周双边，半郭：19×13.9cm，有界，10行，上下内向四瓣黑鱼尾	表纸书名：东西汉小选	[古南]823 서한연ㅍ
绣像东汉演义	上海，著易堂书局，刊年未详	10卷2册，中国新式活字本，有图，19.8×12.9cm	卷头：目录，图像(8页)，卷末：东汉十二帝之名总具于后，总评，标题纸：绣像东汉演义，刊记(标题纸里面)：勤裕草堂托上海著易堂书局代印	[古南]823.5 동한연
东汉演义		8卷6册，中国活字印本，26×17cm		823
绣像东西汉全传	善成堂，壬申刊	8卷8册，中国活字印本，26×17cm		823
楚汉演义	刊写地，刊写者，刊写年未详	1册，笔写本，27.5×20cm	笔写记录(标题纸)：庚子八月日誊出	[古南]823.4 초한연
	1910年刊	1册，笔写本，30.4×20.5cm	笔写记录(卷末)：大正九年(1910)阴八月终	[古南]823.4-초한연ㅍ
楚汉演义抄		1册，笔写本，24×22cm		味山文库[古宅]821.4 초한연

续表

书名	出版事项	版式状况	一般事项	所藏番号
楚汉记	刊写地，刊写者，刊写年未详	1册，笔写本，20.5×19.6cm		[古南]823.4 초한기
绣像京本云合奇踪玉茗堂英烈全传	徐渭(明)编次	5册1匣，中国木版本，有图(6页)，23.2×15.7cm，四周单边，半郭：19.3×12.7cm，无界，12行26字，注双行，上下向黑鱼尾	卷头：序：东山主人，新刻玉茗堂英烈全传目录，版心题：英烈全传	陶南文库[古도]823.5 서위

清代

书名	出版事项	版式状况	一般事项	所藏番号
增评加批金玉缘图说	上海，桐荫轩，1906年刊	120回12卷16册，中国石印本，有图，20.3×13.7cm	卷头全图金玉缘序：光绪三十二年(1906)，绣像，第2册，增评加批金玉缘图说卷首，目录，论评，明斋主人总评，总评，大某山人总评，论赞，读法，题词，问答，大观园影事十二咏，大观园图说，音释等25张，标题纸里面：光绪丙午(1906)上海桐荫轩石印，表纸书名：足本全图金玉缘	陶南文库[古도]823.6 금옥연
忠烈侠义传	上海，扫叶山房，刊写年未详	1册(零本)，中国木版本(袖珍本)，四周双边，半郭：13.5×9.8cm，无界，10行22字，注双行，上下向黑鱼尾，17.0×12.0cm	版心下端记录(木板)：扫叶山房	古南 024.91-수진충렬
锦香亭记	刊写地，刊写者，刊写年未详	6册，韩文笔写本，26.4×19.8cm		古韶 813.6-금향정
绘图增像镜花缘	章福记，己酉(1907)刊	1匣6册，中国石印本，20cm		823.6
增订精忠演义说岳全传		4册(零本)，中国活字印本，29cm		823

47. 大邱 Catholic 大学校

明代

书名	出版事项	版式状况	一般事项	所藏番号
四大奇书	罗贯中（明）编次，刊写者未详，20 世纪初刊	1 册(卷之 3，10)，25.5×18.2cm	第一种	동 823.5-나 16 人
贯花堂第一才子书		20 卷 20 册，朝鲜木版本，纸质：楮纸		
第一才子书	清代扫叶山房刊	20 卷 20 册，中国木版本，纸质：竹纸		
三国志演义	罗贯中（明）著，刊写者未详，1644 年序	1 册，卷 1-24	序：顺治岁次甲申(1644)嘉平朔日金人瑞圣叹氏题	동 823.5-라 16 人 김
三国志	刊写者未详，20 世纪初刊	1 册，25.2×18cm		동 823.4-삼 17
三国志	刊写者未详，1644 年序	19 卷 10 册(卷 1-19，册 1-10)，24×15.4cm		동 823.5-김 53 人
三国志(第一才子书)	刊写者未详	20 卷 20 册(目录，卷 1-19)，朝鲜木版本，27×18cm	序：顺治岁次甲申(1644)金圣叹	동 823.5-김 53 人
增像全图三国志演义	罗贯中（明）编次，同文书局，20 世纪初刊	1 册，20.2×13.5cm		동 823.5-타 16 ス
水浒传		1 册，活字本		大邱 Catholic 大学
第五十才子书水浒传		卷 5，9(落峡)，中国石印本		大邱 Catholic 大学
봉신방전전(西周演义)		1 册，纸质：楮纸		大邱 Catholic 大学
绘图西汉演义	上海，大成书局，1900—1908 年刊	1 册(卷 1-4)，21×14cm		동 823.5-회 225 대

书名	出版事项	版式状况	一般事项	所藏番号
绘图东汉演义	上海，大成书局，1900—1908 年刊	1 册（卷 1-4），21×14cm		동 823.5-회 225 대
绘图精忠说岳全传	钱彩（清）编次，锦章图书局，20 世纪初刊	8 卷（卷 1-8），20.2×13.4cm		동 822.5-전 812 ㅎ

清代

书名	出版事项	版式状况	一般事项	所藏番号
绘图评演济公全传	郭小亭（清）著，20 世纪初刊	8 卷（卷 1-8），20.1×13.5cm		동 822-곽 55 ㅎ
绣像说唐演义全传	鸳湖渔叟（清）编次，锦章图书局，20 世纪初刊	1 册，20.0×14.0cm		동 823.5-수 51 천
说唐演义		1 册，中国石印本		

48. 安东大学校

书名	出版事项	版式状况	一般事项	所藏番号
四大奇书第一种	毛宗岗（清）评，清版覆刻本，刊写事项不明	全 19 卷，卷首，合 20 册（卷 1-2，5，8-11，13-14，16），中国木版本，有图，25×17.4cm，四周单边，半郭：21.3×14.3cm，无界，12 行 26 字，注双行，上下向黑鱼尾	版心题：第一才子书，标题：贯华堂第一才子书，表题：三国志，序：金圣叹	[古]823.5-김 51 ㅅ
	毛宗岗（清）评，清版覆刻本，刊写地，刊写者，刊写年未详	20 册（卷首，19 卷）有图，28.2×18.8cm，四周单边，半郭：20.5×14.2cm，无界，12 行 26 字，注双行，上下向黑鱼尾	版心题：第一才子书，标题：贯华堂第一才子书，表纸书名：三国志，序：……顺治岁次甲申（1644）……金人瑞圣叹	823.5-김 51 ㅅㅁ

续表

书名	出版事项	版式状况	一般事项	所藏番号
东周列国全志	冯梦龙(明)撰,蔡鼍(清)评点,刊写地,刊写者,刊写年未详	全26卷中12册存:(卷12-23),中国石印本,26×16cm,四周单边,半郭:20.5×14cm,有界,12行26字,上下向黑鱼尾		[古西]823-빙35 ⊏

49. 海军士官学校

明代

书名	出版事项	版式状况	一般事项	所藏番号
四大奇书第一种	哲宗至高宗间(1850—1906)刊	零本7册(全19卷目录1卷合20册中所藏本中卷之3、6、7、10、12、14、16,共7册),木版本,30.8×20.7cm,四周单边,半郭:22×14.4cm,无界,12行26字,白口,上黑鱼尾	表纸题:三国志,版心题:第一才子书,印:集玉斋	[한]217
	毛声山(清)批点,哲宗至高宗间(1850—1906)刊,后刷	零本16册(所藏本中卷之目录,1、2、7、8、9、10、11、12、13、14、15、16、17、18、19,16册以外缺),木版本,有图,29×18.8cm,四周单边,半郭:21.7×14.4cm,无界,12行26字,白口,上黑鱼尾	表纸题:三国志,版心题:第一才子书,序:……顺治岁次甲申(1644)……金圣叹序	[한]218
	毛宗岗(清)批点,朝鲜朝末期刊	16卷16册(目录、卷1-2,7-19),朝鲜木版本,有图,29×18.8cm,四周单边,半郭:21.7×14.4cm,无界,12行26字,注双行,上下向黑鱼尾,纸质:楮纸	表题:三国志,版心题:第一才子书,表题:贯华堂第一才子书,序:顺治岁次甲申(1644)……金圣叹	
		7卷7册(卷3、6-7、10、12、14、16),朝鲜木版本,30.8×20.7cm,四周单边,半郭:22×14.4cm,无界,12行26字,注双行,上下向黑鱼尾,纸质:楮纸	表题:三国志,版心题:第一才子书,收藏印:集玉斋	

书名	出版事项	版式状况	一般事项	所藏番号
今古奇观	泰山堂，光绪十年(1884)刊	零本 5 册(全 40 卷 40 册中所藏本中卷之 1，2，5，7，8，5 册以外缺)，中国木版本，21.4×13.3cm，四周单边，半郭：18×13.4cm，无界，15 行 32 字，白口，上黑鱼尾	标题纸：光绪十年(1884)新刊，序：朱印	[중]28
东周列国全志	冯梦龙（明）撰，蔡奡（清）评点，1600 年左右刊	零本 23 册(全 23 卷目录 1 合 24 册中所藏本中目录卷之 1-14，16-23 以外缺)，中国木版本，有图，26.6×16.1cm，四周单边，半郭：21.4×14.3cm，有界，12 行 26 字，白口，上黑鱼尾	版心书名：东周列国志	[중]41
增像全图东周列国志	冯梦龙（明）撰，蔡奡（清）评点，上海，中新书局，20 世纪初刊	零本 9 册(所藏本中卷之 14-27 册以外缺)，中国铅印本，有图，20×13.5cm，四周单边，半郭：17.3×11.6cm，有界，15 行 31 字，白口，上黑鱼尾	版心书名：东周列国志	[중]189
新刻剑啸阁批评西汉演义传	钟伯敬（明）批评，渔古山房，1800 年左右刊	零本 6 册(全 8 卷 8 册中所藏本中卷之 1，3，5-8 共 6 册以外缺)，中国木版本，有图，23×15.5cm，四周单边，半郭：19×13.3cm，无界，10 行 22 字，白口，上黑鱼尾	标纸书名：绣像东西汉演义，版心书名：西汉演义评	[중]102
新刻剑啸阁批评东汉演义传	刊写事项未详	10 卷 6 册，中国木版本，23×15.6cm，四周单边，半郭：19.3×13.2cm，无界，10 行 22 字，白口，上黑鱼尾	版心书名：东汉演义评	[중]103

清代

书名	出版事项	版式状况	一般事项	所藏番号
增补齐省堂儒林外史	铸记书局，刊年未详	零本 3 册(所藏本中卷之 2，5，6 册以外缺)，中国石印本，20.2×13.4cm，四周单边，半郭：18×11.7cm，无界，24 行 50 字，白口，上黑鱼尾	表纸书名：儒林外史，版心书名：增补儒林外史	[중]186

续表

书名	出版事项	版式状况	一般事项	所藏番号
增评加批金玉缘图说	曹雪芹(清)著,蝶芗仙史(清)评订,刊写事项未详	零本 8 册(所藏本中卷之 9-16 共 8 册以外缺),复本所藏本中卷之 13-15 共 2 册以外缺),中国石印本,有图,20×13.2cm,四周单边,半郭:17.2×12.1cm,无界,27 行 58 字,白口,上黑鱼尾	版心书名:增评绘图石头记	[중]192
新刊续彭公案	上海,扫叶山房,光绪二十六年(1900)刊	4 卷 2 册,中国石印本,有图,20.3×13.5cm,四周双边,半郭 17.2×11.7cm,有界,22 行 48 字,白口,上黑鱼尾	版心书名:绘图续彭公案,标题纸刊记:光绪庚子(1900)仲夏扫叶山房石印	[중]106

50. 钟路图书馆

书名	出版事项	版式状况	一般事项	所藏番号
三国志演义	毛宗岗(清)评	20 册(19 卷,目录 1 卷),朝鲜木版本,28×18.3cm,四周单边,半郭:21×15cm,无界,12 行 26 字,注双行,上黑鱼尾	表题:三国志,版心:第一才子书,序:顺治岁次甲申(1644)嘉平朔日金人瑞圣叹氏题	823.5

51. 长老会神学大学校

书名	出版事项	版式状况	一般事项	所藏番号
引家当道(인가귀도)	그리휘트죤 著,16 回,1894 年刊,贞洞教会刊行	79 页,10 行 18 字,题名:인가귀도	韩文本	248.46 ㄱ 181 ○

52. 西原大学校博物馆

书名	出版事项	版式状况	一般事项	所藏番号
四大奇书第一种	毛宗岗（清）评，刊写地，刊写者，刊写年未详	2卷2册，朝鲜木版本，28.5×18.2cm，四周双边，半郭：22.5×15cm，无界，12行26字，注双行，白口，上下向黑鱼尾，线装，纸质：楮纸	版心题：才子书	

第二章 书院/乡校/寺刹/研究院(所)/博物馆/企业体图书馆

1. 屏山书院

书名	出版事项	版式状况	一般事项	所藏处
水浒志		20卷20册(内1册缺),中国木版本,四周双边,半郭:14.4×21.4cm,有界,11行24字,白口,上下向黑鱼尾		庆北安东屏山书院

2. 高敞郡 玄谷书院

书名	出版事项	版式状况	一般事项	所藏处
四大奇书第一种	毛宗岗(清)评,清刊本	19卷20册,朝鲜木版本,有图,28.6×18.8cm,四周单边,半郭:21.6×14.6cm,无界,12行26字,注双行,上下向黑鱼尾,纸质:楮纸	表题:三国志,版心题:第一才子书,序:顺治岁次甲申(1644)嘉平朔日金人瑞圣叹氏题,收藏印:玄谷精舍万卷楼图书之印	全罗北道 高敞郡 玄谷书院
西游真诠	陈士斌(清)诠解,清康熙三十五年(1696)序	100卷36册,中国木版本,有图,25.5×15.6cm,上下单边,左右双边,半郭:19.8×13.4cm,无界,10行22字,上下向黑鱼尾,纸质:竹纸	表题:西游记,版心题:西游真诠,序:康熙丙子(1696)中秋西堂老人尤侗撰,收藏印:玄谷精舍 万卷楼图书之印	全罗北道 高敞郡 玄谷书院
新刻钟伯敬先生批评封神演义	钟惺(明)批评,扫叶山房,清光绪九年(1883)刊	19卷20册,中国木版本,有图,23.8×16cm,四周单边,半郭:19.9×13.9cm,无界,11行24字,上下向黑鱼尾,纸质:竹纸	表题:封神演义,版心题:封神演义,序:康熙乙亥(1695)午月望后十日长洲褚人获学稼题于四雪草堂,刊记:光绪九年(1883)秋吉扫叶山房发行	全罗北道 高敞郡 玄谷书院

书名	出版事项	版式状况	一般事项	所藏处
东周列国全志	蔡奡（清）评点，清乾隆十七年（1752）序，后刷	22卷20册，中国木版本，有图，24.2×16.1cm，四周单边，半郭：21×14.1cm，有界，12行26字注双行，上下向黑鱼尾，纸质：竹纸	表题：列国志，版心题：东国列国志，里题：东周列国全志，序：乾隆十七年（1752）春月七都梦夫蔡元放氏题，收藏印：玄谷精舍万卷楼图书之印	全罗北道 高敞郡 玄谷书院

3. 洪川郡 洪川乡校

书名	出版事项	版式状况	一般事项	所藏处
四大奇书第一种	罗贯中（明）撰，毛宗岗（清）评，清代刊	1卷1册（卷10），中国木版本，24.9×16.6cm，四周单边，半郭：22×14.1cm，无界，12行字数不定，注双行，上下向黑鱼尾，纸质：绵纸		洪川郡 洪川乡校
第五才子书水浒传	施耐庵（明）撰，金圣叹（清）评释，清代刊	7卷2册（卷13-15，72-75），中国石印本，16.7×11.5cm，四周单边，半郭：13.4×9.9cm，无界，11行26字，注双行，上下向黑鱼尾，纸质：竹纸	表题：水浒志(传)	洪川郡 洪川乡校
评注绘图五才子书	施耐庵（明）撰，金圣叹（清）评释，清代刊	1卷1册（卷12），中国石印本，有图，20×13.4cm，四周双边，半郭：17.5×11.5cm，20行45字，注双行，上下向黑鱼尾，纸质：洋纸	题签：绘图增像五才子书	洪川郡 洪川乡校
绣像东汉演义	钟惺（明）评，上海书局，清光绪二十五年（1899）刊	5卷1册，中国石印本，有图，17.3×10.3cm，四周双边，半郭：13.3×9.3cm，有界，18行40字，上下向黑鱼尾，纸质：绵纸	刊记：光绪己亥（1899）季春上海书局石印	洪川郡 洪川乡校

4. 直指寺

书名	出版事项	版式状况	一般事项	所藏处
三国志	朝鲜后期刊	1 册，韩文木版本，四周单边，半郭：21×15.5cm，有界，13 行 22 字，上下内向黑鱼尾，纸质：楮纸	版心题：三国志三，三国志四	直指寺直旨圣宝博物馆 754
西游记	明末清初刊	15 册(所藏：1-5，6-13，14-20，21-27，28-33，34-39，40-46，47-53，54-60，61-66，67-72，73-80，81-85，86-92，93-100)，中国木版本，四周单边，半郭：21×14.5cm，无界，10 行 22 字，无鱼尾，纸质：竹纸	版心题：西游记	直指寺直旨圣宝博物馆，인법당 907

5. 石南寺

书名	出版事项	版式状况	一般事项	所藏处
楚汉演义	朝鲜末至近代刊	1 册，笔写本，19.3×20.4cm，纸质：楮纸		蔚山硕南寺，住持室 133

6. 银河寺

书名	出版事项	版式状况	一般事项	所藏处/所藏番号
贯华堂第一才子书	朝鲜后期刊	1 册，朝鲜木版本，21.3×14.2cm，四周单边，12 行 26 字，注双行，上下向黑鱼尾，纸质：楮纸	版心题：第一才子书卷之六	金海银河寺，守藏库 531
삼국지연의	朝鲜末至近代刊	1 册，笔写本，26.6×16cm，纸质：楮纸	三国志演义	金海银河寺守藏库 613
华龙道	1909 年刊(推定)	1 册，笔写本，25.5×21.8cm，墨书，纸质：楮纸	刊记：大韩隆熙三年乙酉 阴二月初四日卒篇下三正晕	金海银河寺守藏库 451

书名	出版事项	版式状况	一般事项	所藏处/所藏番号
楚汉演义抄	朝鲜末至近代刊	1 册，笔写本，23×19cm，纸质：楮纸	表题：楚汉演义	金海银河寺守藏库 450
초한지	近代刊	1 册，笔写本，28×18.7cm，纸质：楮纸	楚汉志	金海银河寺守藏库 612

7. 香山寺

书名	出版事项	版式状况	一般事项	所藏处/所藏番号
四大奇书第一种	朝鲜时代刊	1 册（卷之十），活字本，全郭：28.5×18.5cm，纸质：楮纸		全北香山寺大雄殿 1698

8. 韩国民族美术研究所(涧松文库)

明代

书名	出版事项	版式状况	一般事项	所藏番号
四大奇书第一种	扫叶山房藏板，清刊本	19 卷 2 匣 20 册，中国木版本，15.8×23.5cm，四周单边，半郭：14×20cm，无界，12 行 26 字，白口黑鱼尾上	表纸书名：三国志，版心书名：第一才子书，序：金人瑞(1644)，毛宗岗（清）评，印：梅东，全钟源章	
	光绪十四年(1888)，上海扫叶山房校刊	19 卷 2 匣 20 册，中国木版本，15.8×24cm，上下单边，左右双边，半郭：14×20cm，无界，12 行 26 字，白口黑鱼尾上	表纸书名：三国志，版心书名：第一才子书，序：金人瑞(1644)，醒悔道人(1888)，毛宗岗（清）评	
	刊写事项未详	19 卷 20 册(卷4，卷9-10，卷12-13，卷17，卷19，7 册缺)，中国木版本，20.5×30.5cm，四周单边，半郭：14.5×22cm，无界，12 行 26 字，白口黑鱼尾上	表纸书名：三国志，版心书名：第一才子书，序：金人瑞(1644)，毛宗岗（清）评，印：赐号善宝斋，闵丙承印	

续表

书名	出版事项	版式状况	一般事项	所藏番号
四大奇书第一种	刊写事项未详	19卷20册(卷14，卷16，卷18，3册缺)，中国木版本，20.3×30.6cm，四周单边，半郭：14.8×20.7cm，无界，12行26字，白口黑鱼尾上	表纸书名：三国志，版心书名：第一才子书，序：金人瑞(1644)，毛宗岗(清)评，印：赵致夏印(圆印)，赵致夏信(方印)	
	刊写事项未详	19卷20册，中国木版本，19×29cm，四周单边，半郭：14.3×21cm，无界，12行26字，细注双行，白口黑鱼尾上	表纸书名：三国志，版心书名：第一才子书，序：金人瑞(1644)，毛宗岗评	
绘图增像第五才子书水浒全传	施耐庵(明)撰，金人瑞(清)评释，上海，锦章图书局石印	8卷1匣8册，中国石印本，13.6×20cm，四周双边，半郭：12.3×16.7cm，无界，24行52字，细注双行，白口黑鱼尾上	表纸书名：改良绘图第五才子书，版心书名：绘图第五才子奇书	
	施耐庵(明)撰，金人瑞(清)评释，上海，锦章图书局石印	8卷1匣8册，中国石印本，13.5×19.9cm，四周双边，半郭：12.3×16.7cm，无界，24行52字，白口黑鱼尾上	表纸书名：改良绘图第五才子书，版心书名：绘图第五才子奇书	
评论出像水浒传	施耐庵(明)原本，清刊本	现存10卷1匣10册(零本)，中国木版本，15.9×23.9cm，四周单边，半郭：14×21.1cm，无界，11行24字，细注双行，白口黑鱼尾上	表纸书名：水浒志，版心书名：五才子奇书，序：桐庵老人(1657)	
绘像结水浒全传	俞万春(清)著，光绪戊申(1908)仲夏上海书局石印	8卷1匣8册，中国石印本，13.6×20.3cm，四周双边，半郭：12.4×17.4cm，无界，24行50字，白口黑鱼尾上	表纸书名：绘图荡寇志全传，刊记：光绪戊申(1908)仲夏上海书局石印，序：俞龘(续序1871)，跋：湖边老渔	
西游真诠	刊写事项未详	不分卷2匣20册，中国木版本，16.5×24.8cm，四周单边，半郭：14.1×21cm，无界，11行24字，白口黑鱼尾上	序：尤侗(1696)，陈士斌(清)诠解，印：善斋，闵丙承印	

续表

书名	出版事项	版式状况	一般事项	所藏番号
续金瓶梅	紫阳道人(清)编次,清刊本	12卷2匣12册,中国木版本,11.7×17cm,四周单边,半郭:9.7×11.7cm,无界,10行24字,白口黑鱼尾上	表纸书名:金瓶梅,序:烟霞洞天隐	
今古奇观	抱瓮老人(明)辑,笑花主人(明)叙阅,墨憨斋(明)手定,清刊本	40卷2匣12册,中国木版本,16×25cm,四周单边,半郭:13.4×20.2cm,无界,11行24字,白口黑鱼尾上		
新刻钟伯敬先生批评封神演义	钟惺(明)编次,光绪九年(1883),上海校经山房发兑	19卷2匣20册,中国木版本,15.7×24cm,四周单边,半郭:14.1×19.8cm,无界,11行24字,白口黑鱼尾上	版心书名:封神演义,序:褚人获(1695),钟惺批评,印:善斋,闵丙承印	
东周列国志		残本21卷22册		涧松本
增像全图东周列国志	上海时中书局发行,中国铅活字本	27卷2匣16册,中国活字本,13.2×19.8cm,四周单边,半郭:11.8×17cm,有界,15行30字,白口黑鱼尾上	表纸书名:校正全图东周列国志,版心书名:东周列国志,序:蔡奡(1752)评点	
	隆熙三年己酉(1909,宣统元年)仲秋上海锦章图书局石印	8卷1匣8册,中国石印本,13.4×19.8cm,四周双边,半郭:12.1×16.9cm,无界,25行51字,白口黑鱼尾上	表纸书名,版心书名:绘图东周列国志,刊记:宣统元年(1909)仲秋上海锦章图书局石印,子部(小说家类),序:蔡奡(1752),蔡奡评点	
东周列国全志	蔡奡(清)评点,光绪六年(1880)仲春重镌,扫叶山房藏板	现存21卷2匣22册(零本),中国木版本,16×24.5cm,四周单边,半郭:14.4×21.2cm,无界,12行26字,白口黑鱼尾上	版心书名:东周列国志,序:蔡奡自序(1752),刊记:光绪六年仲春重镌 扫叶山房藏板	
绘图改定隋唐演义	隆熙元年丁未(1907,光绪三十三年),上海书局石印	20卷1匣8册,中国石印本,13.6×20.5cm,四周双边,半郭:12.1×17.8cm,无界,23行50字,白口黑鱼尾上	序:褚人获(1695),印:藕斋,闵晟基印,刊记:光绪丁未(1907)孟秋上海书局石印	

书名	出版事项	版式状况	一般事项	所藏番号
绘图改定隋唐演义	简青斋书局石印	8 卷 1 匣 8 册，中国石印本，13.6×20.4cm，四周单边，半郭：12.3×17.8cm，无界，26 行 56 字，白口黑鱼尾上	序：褚人获(1695)	
新刻批评东汉演义	清远道人(清)重编，清刊本	8 卷 1 匣 6 册，中国木版本，16.2×24.2cm，四周单边，半郭：14.5×22.2cm，有界，11 行 26 字，白口黑鱼尾上	版心书名：东汉演义评，序：清远道人自序，印：善斋，闵丙承印	
东西汉演义	钟惺(明)批评，壬申(1872?)新镌，善成堂梓行，中国清代版本	16 卷 1 匣 12 册，中国木版本，16.5×24cm，四周单边，半郭：14.2×21.8cm，无界，11 行 26 字，白口黑鱼尾上	序：袁宏道，清远道人(东汉演义序)，刊记：壬申(1872?)新镌善成堂梓行	
绣像东西汉演义		18 卷 1 匣 6 册，中国铅活字本，13×19.9cm，四周双边，半郭：10.6×15cm，有界，18 行 40 字，白口黑鱼尾上	备考：绣像东汉演义 10 卷 2 册，绣像西汉演义 8 卷 4 册，刊记：勤裕草堂托上海著易堂书局代印	

清代

书名	出版事项	版式状况	一般事项	所藏番号
绘图增批金玉缘	上海理文轩存古书局石印	120 卷 1 匣 8 册，中国石印本，13.4×20cm，四周单边，半郭：11.4×12cm，无界，20 行 40 字，无鱼尾	序：王希廉(1832)，印：善斋，闵丙承印	
图像镜花缘		6 卷 1 匣 6 册，中国石印本，13.6×20.2cm，四周单边，半郭：11.7×17.8cm，无界，25 行 58 字，白口黑鱼尾上	表纸书名：增像全图镜花缘，版心书名：绘图镜花缘，子部(小说家类)，序：许乔林，谢叶梅(1830)，王韬(1888)	
花月痕全书	清刊本	16 卷 16 册(卷 1-8，8 册缺)，中国木版本，12.2×18.7cm，上下单边，左右双边，半郭：10×13.3cm，无界，9 行 21 字，白口黑鱼尾上	表纸书名：花月痕，印：藕斋，闵晟基印，金?乘印	

续表

书名	出版事项	版式状况	一般事项	所藏番号
绘图正续儿女英雄全传	上海茂记书庄印行	16 卷 1 匣 10 册，中国石印本，13.6×20.5cm，四周双边，半郭 11.8×17.8cm，无界，25 行 56 字，白口黑鱼尾上	版心书名：绘图儿女英雄传，序：观鉴我斋（1734），印：善斋，闵丙承印	
绣像七剑十三侠全集	桃花馆主（清）编次，上海锦章图书局印行	12 卷 1 匣 6 册，中国石印本，20×13.4cm，四周双边，半郭：18.1×12.2cm，无界，26 行 56 字，白口黑鱼尾上		
后三国石珠演义	梅溪遇安氏（清）著，武林大成斋发兑，清刊本	不分卷 1 匣 4 册，中国木版本，14.4×23cm，上下单边，左右双边，半郭：14.4×22.9cm，无界，10 行 22 字，白口黑鱼尾上	表纸书名：三国后传，版心书名：后三国演义	

9. 诚庵古书博物馆

明代

书名	出版事项	版式状况	一般事项	所藏番号
四大奇书第一种	毛声山（清）批点，清版覆刻本，朝鲜朝后期刊	1 册（首卷），朝鲜覆刻本，有图，28×18.2cm，四周单边，半郭 21.3×14cm，有界，12 行 26 字，上黑鱼尾，纸质：楮纸	里题：贯华堂第一才子书，版心题：第十才子书，序：顺治岁次甲申（1644）嘉平朔日金人瑞圣叹氏题，印记：金云堂藏	（诚庵文库）赵炳舜 4-1416
화룡도	译著者未详，朝鲜末期刊	2 卷 1 册（卷 1-2），朝鲜木版本，25.7×18.7cm，四周单边，半郭 20.3×15.7cm，有界，12 行字数不定，内向黑鱼尾，纸质：楮纸	表题：华容道	（诚庵文库）赵炳舜 4-1400
	译著者未详，大韩光武八年（1904）写	1 册（29 页），朝鲜笔写本，22×20.5cm，13 行字数不定，纸质：楮纸	写记：光武八年甲辰（1904）三月初八日	（诚庵文库）赵炳舜 4-1402

续表

书名	出版事项	版式状况	一般事项	所藏番号
화룡도（华容道）	译著者未详，西溪，隆熙二年（1908）刊，表纸下墨书识记：明治四十三年(1910)	上下2卷1册，朝鲜木版本，27×18.3cm，四周单边，半郭：21.2×15.5cm，11行字数不定，内向黑鱼尾，纸质：楮纸	刊记：戊申（1908）春完西溪新刊	（诚庵文库）赵炳舜4-1399
评论出像水浒传	金圣叹（清）评释，清顺治二年（1645）刊	19卷19册（卷18，1册缺），中国木版本，有图，24.3×16.1cm，四周单边，半郭：21.6×1.4cm，有界，11行24字，注双行，上黑鱼尾，纸质：绵纸	表题：水浒传，里题：绣像第五才子书，版心题：五才子奇书，序：顺治丁酉（1645）冬月桐庵老人书于醉耕堂墨室	（诚庵文库）赵炳舜4-1438
皋鹤堂批评第一奇书金瓶梅	张竹坡（清）批评，清康熙三十四年（1695）序，玩花书屋藏板	1册（目录1-100回），中国木版本，有图（40张），17.5×11cm，四周单边，半郭：12.8×6.2cm，11行25字，注双行，上黑鱼尾，纸质：绵纸	表题：金瓶梅，版心题：第一奇书，序：时康熙岁次乙亥（1695）清明中浣秦中觉天者谢颐题于皋鹤堂，杂录小引	（诚庵文库）4- 1435
초한젼	译著者未详，朝鲜朝末期刊	上下2卷1册，韩文木版本，25×18.2cm，四周单边，半郭：20×15.8cm，13行字数不定，内向黑鱼尾，纸质：楮纸	表题：楚汉传，版心题：초，内容：卷上：초한젼，卷下：셔한연의	（诚庵文库）赵炳舜4-1387

清代

书名	出版事项	版式状况	一般事项	所藏番号
新刻增异说唐秘本后传	如莲居士（清）编次，清乾隆元年（1736）刊	11卷6册，中国木版本，有图，16.9×11.1cm，四周单边，半郭：11.7×9cm，12行21字，上黑鱼尾，纸质：绵纸	表题：后唐传，里题：绣像后唐全集，版心题：说唐后传，刊记：乾隆元岁（1736）蒲月望日如莲居士题于北山居中	（诚庵文库）赵炳舜4-1436

10. 云隐亭

书名	出版事项	版式状况	一般事项	所藏处
三国志	罗贯中（明）著，仁祖二十二年（1644）刊	13册，朝鲜木版本		晋门精舍云隐亭

11. 国立清州博物馆

书名	出版事项	版式状况	一般事项	所藏番号
新刊校正古本大字音释三国志传通俗演义	罗贯中（明）著，周日校（明）校本，济州，刊写者未详，丁卯年重刊	全12卷12册（10卷10册，零本），朝鲜木版本，30×21.7cm，四周双边，半郭：21.4×17cm，有界，13行24字，上下内向一叶花纹鱼尾	版心题：三国演义，卷末题：三国志传通俗演义，栏上笔写，刊记：岁在丁卯耽罗开刊，卷3第1张-5张，笔写本，所藏本：卷2，3，4，6，7，8，9，10，11，12	
화룡도（华容道）	译著者，刊写地，刊写者，刊写年未详	2卷1册，韩文木版本，27×18.5cm，四周单边，半郭：20.6×15.5cm，12行22字，上下内向黑鱼尾(一部有纹鱼尾混入)	韩文本	

12. 温阳市温阳民俗博物馆

书名	出版事项	版式状况	一般事项	所藏处
四大奇书第一种	毛宗岗（清）批点，清代刊	1册，朝鲜木版本，有图，29.4×18.8cm，四周单边，半郭：21.5×14.1cm，有界，行字数不定，纸质：楮纸	里题：贯华堂第一才子书，序：顺治岁次甲申（1644）嘉平朔日金人瑞圣叹氏题	忠南 温阳市温阳民俗博物馆
삼국지	罗贯中（明）撰，朝鲜朝后期刊	2卷1册（卷3-4），朝鲜木版本，26.8×18.3cm，四周单边，半郭：20.5×15.2cm，无界，13行22字，内向黑鱼尾，纸质：楮纸	三国志	忠南 温阳市温阳民俗博物馆
쵸한젼	朝鲜朝后期刊	2卷1册，朝鲜木版本，27.2×17.9cm，四周单边，半郭：20.3×16cm，无界，13行20字，内向黑鱼尾，纸质：楮纸	楚汉传	忠南 温阳市温阳民俗博物馆

13. 韩国银行

书名	出版事项	版式状况	一般事项	所藏番号
第一才子书	毛宗岗(清)评,刊写地,刊写者,刊写年未详	9册(零本),中国木版本,24.2×15.6cm,四周单边,半郭:21.8×14.3cm,12行26字,上黑鱼尾,纸质:竹纸	版心题:第一才子书,卷头书名:四大奇书第一种,表题:三国志	
	毛宗岗(清)评,上海,锦章图书局,民国初年刊	10册(零本),中国石印本,20.1×13.5cm,四周双边,半郭:17.2×11.5cm,16行32字,上黑鱼尾,纸质:竹纸	版心题:第一才子书,题签:增像全图三国演义	

14. 雅丹文库

明代

书名	出版事项	版式状况	一般事项	所藏番号
四大奇书第一种	毛宗岗(清)批点	19卷20册(卷首1册,本集19卷19册),中国木版本,半郭:20.5×14.5cm,12行26字,上二叶鱼尾	表题:三国志	823.5-김54ㅅ
	罗贯中(明)撰,毛宗岗(清)评	5卷5册(卷5、7、9、10、16),中国木版本,半郭:20.9×14.2cm,12行26字,上黑鱼尾		823.5-나15ㅅ
	毛宗岗(清)评,上海扫叶山房藏板	7卷7册(19卷19册中卷1-7),中国木版本,半郭:20×13.8cm,12行26字,上黑鱼尾	重刊序:昔陈承祚有良史才所撰魏蜀吴三国志凡六十五篇己入正史……演义之作滥觞于元人以供村老谈说故事然悉本陈志裴注绝不架空……不与一切小说等量而齐观矣光绪十四年(1888)孟秋醒悔道人书,刊记:上海扫叶山房藏板	823.5-모75ㅅ

续表

书名	出版事项	版式状况	一般事项	所藏番号
四大奇书第一种	毛宗岗(清)评	6卷7册(目录1册,卷1-5,13),中国木版本,半郭:22.1×14.5cm,12行26字,上黑鱼尾	表题:三国志演义	823.5-모75人
	毛宗岗(清)评,清末刊	8卷8册(卷3-7,9-10,19),中国木版本,半郭:21×14.5cm,12行26字,上黑鱼尾	表题:三国志	823.5-모75人
第一才子书	毛宗岗(清)评,同文晋记书局藏板	24卷6册(卷1-12,17-20,25-28,37-40),中国新活字本,半郭:17.2×11.6cm,15行30字,上黑鱼尾	刊记:同文晋记书局藏板,本名:三国志演义	823.5-모75ㅈ
三国志演义	罗贯中(明)撰	1册(第8-10回),中国木版本,半郭:19.9×13.5cm,10行22字,上白鱼尾	印记:汾厓,申晸(1628—1687)	823.5-나15人
	罗贯中(明)撰,毛宗岗(清)评,上海锦章图书局刊	4卷1册(卷21-24),中国石印本,有图,半郭:17×11.5cm,16行32字,上黑鱼尾	卷首题:第一才子书,表题:增像全图三国演义,刊记:锦章图书局印	823.5-나15人
三国志演义		1册,朝鲜笔写本,23×24cm		813.5-삼16
增像全图三国演义	毛宗岗(清)评,天宝书局,1910年刊	4册[卷1-2,3-4(复),13-14],中国石印本,半郭:17.3×11.7cm,26行51字,上黑鱼尾		823.5-모75ㅈ
삼국지(三国志)		2卷1册(卷3-4),朝鲜木版本,半郭:20.8×15.4cm,13行22字,内向黑鱼尾		813.5-삼16
		1卷1册(卷3),朝鲜木版本,半郭:19×16.2cm,15行字数不定,内向黑鱼尾	卷尾:님신완산신판이라	813.5-삼16
		2卷1册(卷3-4),朝鲜木版本,半郭:20.5×15.8cm,13行22字,内向黑鱼尾		813.5-삼16

书名	出版事项	版式状况	一般事项	所藏番号
三国志华容道	陈寿(晋)传,朝鲜朝后期写	2 卷 1 册,朝鲜笔写本,30×20.6cm,12 行字数不定	内容:朝鲜笔写本	813.5-삼 16
화룡도(华容道)		2 卷 1 册,朝鲜木版本,半郭:21×15.5cm,13 行字数不定,内向黑鱼尾		813.5-화 295
		2 卷 1 册,朝鲜木版本,半郭:21.5×15.2cm,11 行 20 字,内向黑鱼尾		813.5-화 295
	丁未孟秋龟洞新刊	1 册(同书 2 部),朝鲜木版本,半郭:21.8×15.6cm,12 行字数不定,内向黑鱼尾	刊记:丁未孟秋龟洞新刊,印记:白淳在藏书	813.5-화 295
	○○春完西溪新刊	2 卷 1 册,朝鲜木版本,半郭:21.4×15.8cm,12 行字数不定,内向黑鱼尾	刊记:○○春完西溪新刊	813.5-화 295
		2 卷 1 册,朝鲜木版本,半郭:21.9×15.9cm,10 行 20 字,内向混叶鱼尾		813.5-화 295
		2 卷 1 册,朝鲜木版本,半郭:20.7×15.8cm,12 行 22 字,内向黑鱼尾		813.5-화 295
화룡도젼(华容道)		2 卷 1 册,朝鲜笔写本,半郭:33.5×21.2cm,12 行字数不定		813.5-화 295
评注图像水浒传	施耐庵(明)著,上海中新书局刊	35 卷 12 册(1 函),中国新活字本,半郭:17.4×11.7cm,15 行 31 字,上黑鱼尾		823.5-시 193 ㅍ
	施耐庵(明)著,金圣叹(清)评释	5 卷 1 册(卷 9-13),中国石印本,有图,半郭:17.3×11.5cm,15 行 40 字,上黑鱼尾	内容:第 3-8 回	823.5-시 193 ㅍ
第五才子书水浒传	施耐庵(明)著,金圣叹(清)评释,纬文堂,1734 年刊	39 卷 10 册,中国木版本,有图,半郭:13.3×9cm,11 行 24 字,上黑鱼尾	序:时雍正甲寅(1734)上伏日勾曲外史书	823.5-시 193 ㅈ

续表

书名	出版事项	版式状况	一般事项	所藏番号
绘图增像第五才子书水浒传	施耐庵（明）著，金圣叹（清）评释	1 册（第 30-37 回），中国新活字本，半郭：15.6×10.7cm，17 行 32 字，上黑鱼尾		823.5-시 193 ㅎ
绘图增像第五才子书水浒全传	施耐庵（明）著，金圣叹（清）评释，上海广百宋斋刊	70 回 10 册，中国石印本，有图，半郭：15.5×10.7cm，17 行 32 字，上黑鱼尾		823.5-시 193 ㅎ
속수호지（续水浒志）	朴健会编	3 卷 1 册（卷 1-3），新活字本，20.7×13.7cm，17 行 35 字		813.5-박 14 人
西游真诠	吴承恩（明）著	9 卷 9 册（卷 10，12-14，16-20），中国木版本，半郭：11.8×8.7cm，10 行 24 字，上黑鱼尾		823.5-오 57 人
绣像今古奇观	抱瓮老人（明）选辑，笑花主人（明）阅，同文堂刊	36 卷 11 册（卷 8-11 缺），中国木版本，有图，半郭：20.7×14.1cm，12 行 27 字，上黑鱼尾	内容：小说	823.5-포 65 人
绣像封神演义	钟惺（明）评释，上海，广百宋斋，1891 年刊	100 回 10 册（1 函），中国新活字本，半郭：15.7×10.9cm，17 行 32 字，上黑鱼尾		823.5-중 54 人
新刻钟伯敬先生批评封神演义	钟惺（明）批评，善成堂刊	19 卷 20 册（全 19 卷 19 册，目录 1 册），中国木版本，半郭：19.8×13.5cm，11 行 24 字，上黑鱼尾	版心题：封神演义	823.5-중 54 人
	钟惺（明）批评，上海，扫叶山房，1883 年刊	19 卷 20 册，中国木版本，半郭：19.7×14.2cm，11 行 24 字，上黑鱼尾	表题：绣像评点封神榜全传，刊记：光绪九年（1883）秋吉扫叶山房发兑书籍	823.5-중 54 人
增像全图东周列国志	蔡元放（清）评点	1 卷 1 册（卷 4），中国石印本，有图，半郭：16.7×12cm，25 行 51 字，上黑鱼尾	表题：绘图东周列国志，内容：第 41-54 回	823-채 95 ㅈ
	蔡元放（清）评点，上海国光书局刊	2 卷 2 册（卷 4，12），中国新活字本，半郭：17.3×11.6cm，17 行 31 字，上黑鱼尾		823-채 95 ㅈ

续表

书名	出版事项	版式状况	一般事项	所藏番号
东周列国全志	蔡奡（清）评点，扫叶山房藏板，1880年刊	20卷21册（卷9，10，13缺），中国木版本，半郭：20.4×14.1cm，12行26字，上黑鱼尾		823-재95 ⊏
绘图东汉演义	江东，茂记书局	1卷1册（卷3），中国石印本，半郭：17.8×11.2cm，20行45字，上黑鱼尾		823.2-희25
동한연의젼		2卷2册，笔写本，31.3×22.1cm，14行字数不定	表题：东汉演义，册末：졍묘팔월에쓰다	813.5-동92
楚汉演义抄		1册，笔写本，半郭：27×18.6cm		823.2-쵸92
楚汉演义抄		1册，笔写本，24.1×23.6cm，16行字数不定，上黑鱼尾	写记：明治八年（1875）十二月十九日	823.5-쵸92
楚汉传		1册，笔写本，半郭：29.5×20cm，10行字数不定		813.5-쵸92
쵸한젼（楚汉传）	丁未孟夏完南龟石里新刊	2卷1册（쵸한젼上卷，셔한연의下卷合刊），朝鲜木版本，半郭：20.5×16.1cm，13行22字，内向黑鱼尾	刊记：丁未孟夏完南龟石里新刊	813.5-쵸92
쵸한젼（楚汉传）	丁未孟夏完南龟石里新刊	2卷1册，朝鲜木版本，半郭：20.2×16cm，13行21字，内向黑鱼尾	刊记：丁未孟夏完南龟石里新刊	823.5-쵸92
쵸한젼（楚汉传）		1册（落张），朝鲜木版本，半郭：20.2×15.7cm，内向黑鱼尾		813.5-쵸92
쵸한젼（楚汉传）	1908年刊	2卷1册，朝鲜木版本，半郭20.6×15.9cm，13行字数不定，内向黑鱼尾	刊记：隆熙二年戊申（1908）秋七月西汉记完西溪新刊	813.5-쵸92
쵸한젼（楚汉传）	丁未孟夏完南龟石里新刊	2卷1册，朝鲜木版本，半郭20.6×15.9cm，13行字数不定，内向黑鱼尾	刊记：丁未孟夏完南龟石里新刊，印记：白淳在藏书	813.5-쵸92
쵸한젼（楚汉传）		2卷1册（同书3部），朝鲜木版本，半郭：20.6×15.8cm，13行22字，内向黑鱼尾		813.5-쵸92

清代

书名	出版事项	版式状况	一般事项	所藏番号
增评加注全图红楼梦	曹霑(清)撰,上海扫叶山房刊	15卷16册(2函),中国石印本,有图,半郭:16.4×11.2cm,16行35字,上黑鱼尾		823.6-조74ㅈ
增评加批金玉缘图说	曹雪芹(清)著,蝶芗仙史(清)评定	64卷8册(卷1-56缺),中国石印本,有图,半郭:17.4×12cm,21行40字	印记:崔永熙印	823.6-조54ㅈ
增评补像全图金玉缘	曹雪芹(清)删定	63卷8册(57-120回),中国石印本,有图,半郭:17.2×11.3cm,18行40字,上黑鱼尾		823.6-조74ㅈ
图像镜花缘	上海,普新瑞记书局,1907年刊	6卷6册,中国石印本,半郭:18.2×11.9cm,23行50字,上黑鱼尾	表题:绘图增像镜花缘,序:班志称小说家流出于稗官……辄述此语以质之天下真才子喜读是书者海州许乔林石华撰,刊记:光绪丁未(1907)夏月上海普新瑞记书局石印	823.6-도52
绘图平山冷燕四才子书	荻岸散人(清)编次,上海锦章图书局刊	4卷4册,中国石印本,有图,半郭:13.6×7.9cm,22行51字,上黑鱼尾		823-적62ㅎ
新刊绣像评演济公传	上海,广益书局	28卷14册(1函),中国石印本,半郭:16.8×11.5cm,20行45字,上黑鱼尾		823-신12
绘图第八才子书白圭志	崔象川(清)辑	4卷4册,中国石印本,半郭:12.3×7.7cm,16行38字,上黑鱼尾		823-최52ㅎ
绘图侠义风月传	名教中人(清)编次,游方外客(清)批评,上海锦章图书局刊	4卷4册,中国石印本,有图,半郭:13.6×8cm,22行53字,上黑鱼尾		823-명15ㅎ
第九才子书捉鬼传	上海锦章图书局刊	4卷4册,中国石印本,半郭:11.6×7.6cm,16行37字,上黑鱼尾		823-제16

续表

书名	出版事项	版式状况	一般事项	所藏番号
绣像第十才子驻春园	上海铸记书局刊	4卷4册，中国石印本，有图，半郭：12.7×7.9cm，17行37字，上黑鱼尾		823-수52
圣朝鼎盛万年清	上海大一统书局刊	10卷4册(初集卷1，2，二集卷1，2，三集卷1，四集卷1，五集卷1，六集卷1，七集卷1，八集卷1)，中国石印本，半郭：18.5×11.1cm，19行40字	表题：大字足本乾隆游江南全集	823.6-성75

15. 慕德祠

书名	出版事项	版式状况	一般事项	所藏处
四大奇书第一种	毛宗岗(清)评释，同德堂，清顺治元年(1644)序	19卷20册(本集19卷19册，目录1册)，中国木版本，有图，24.5×16.2cm，四周单边，半郭：21.3×14.2cm，无界，12行26字，上下向黑鱼尾，纸质：北黄纸	表题：三国志，版心题：三国志，序：顺治岁次甲申(1644)嘉平朔日金人瑞圣叹氏题	忠清南道 青阳郡 慕德祠

16. 大田市 文忠祠

书名	出版事项	版式状况	一般事项	所藏处
西游记		1册，笔写本，29.2×19.1cm，无界，12行字数不定，纸质：楮纸	表题：西游日记，内容：自怀乡至松禾记	忠清南道 大田市 文忠祠

17. 江陵市 船桥庄

明代

书名	出版事项	版式状况	一般事项	所藏处
四大奇书第一种	罗贯中(明)撰，毛宗岗(清)评，朝鲜朝后期刊	2卷2册(卷9，18)，朝鲜木版本，28.4×18cm，四周单边，半郭：21.9×15cm，无界，12行26字，注双行，上下向黑鱼尾，纸质：楮纸	表题：奇书，版心题：第一才子书	江陵市 船桥庄

书名	出版事项	版式状况	一般事项	所藏处
四大奇书第一种	罗贯中（明）撰，毛宗岗（清）评，朝鲜朝后期刊	19卷20册，朝鲜木版本，26.2×16cm，四周单边，半郭：25×15.2cm，有界，12行26字，注双行，上下向二叶花纹鱼尾，纸质：楮纸	表题：三国志	江陵市船桥庄
	罗贯中（明）撰，毛宗岗（清）评，朝鲜朝后期刊	2卷2册（卷15，16），朝鲜木版本，26.5×17.6cm，四周单边，半郭：21.5×14.4cm，无界，12行26字，注双行，上下向黑鱼尾，纸质：楮纸	表题：三国志，版心题：第一才子书	江陵市船桥庄
评论出像水浒传	施耐庵（明）著，金圣叹（清）评释，王望如（清）评论，贯华堂，清代刊	20卷20册，中国木版本，有图，24.8×16.4cm，四周单边，半郭：20×14.5cm，无界，11行24字，上下向黑鱼尾，纸质：竹纸	表题：水浒志，序：顺治丁酉（1717）冬月桐庵老人书于醉耕堂墨室，收藏印：桐庵施耐	江陵市船桥庄
第五才子书水浒传	施耐庵（明）著，金圣叹（清）评释，清代刊	75卷20册（卷1-75），中国木版本，有图，15.8×10.8cm，四周单边，半郭：13.4×9.5cm，无界，11行26字，注双行，上下向黑鱼尾，纸质：竹纸	表题：水浒志，版心题：第五才子，里题：绣像第五才子传，序：时雍正甲寅（1734）上伏日勾曲外史书，刊记：双门底纬文堂藏板	江陵市船桥庄
结水浒全传	俞万春（清）著，清代刊	31卷8册（卷40-70），中国新铅活字本，17.8×11.9cm，四周双边，半郭：13.8×9.9cm，有界，12行27字，注双行，内向黑鱼尾，纸质：竹纸	表题：续水浒志，版心题：荡寇志	江陵市船桥庄
서유긔（西游记）	吴承恩（明）著，陈士斌（清）诠解，朝鲜朝后期写	5卷5册（卷1，2，12，14，24），笔写本，36×18.2cm，无界，12行字数不定，纸质：楮纸	写记：경오(?)남월우민교	江陵市船桥庄
今古奇观	清代刊	37卷12册（卷1-37），中国木版本，15.3×11cm，四周单边，半郭：12.2×9.7cm，无界，11行25字，上下向黑鱼尾，纸质：竹纸		江陵市船桥庄

书名	出版事项	版式状况	一般事项	所藏处
今古奇观	上海书局，清光绪二十一年(1895)刊	40卷6册(卷1-40)，中国石印本，15.2×10.1cm，四周双边，半郭：13×8cm，无界，17行38字，上下向黑鱼尾，纸质：绵纸	题签：绘图今古奇观，里题：绘图今古奇观，序：姑苏笑花主人漫题，刊记：光绪乙未(1895)仲春上海书局石印	江陵市船桥庄
新刻钟伯敬先生批评封神演义	钟惺(明)批评，清代刊	17卷17册(卷1-8，11-19)，中国木版本，24.7×15.8cm，四周单边，半郭：21×14.7cm，无界，11行24字，上下向黑鱼尾，纸质：竹纸	表题：西周演义，版心题：封神演义	江陵市船桥庄
东周列国志	冯梦龙(明)撰，蔡奡(清)评点，清末上海书局刊	残本16卷5册(卷1，2-5，6-9，21-23，24-27)，中国石印本，有图，19.7×12.7cm，四周双边，半郭：15×10.6cm，17行40字，纸质：绵纸	序：乾隆十有七年(1752年)蔡元放	江陵市船桥庄
四雪草堂重订通俗隋唐演义	罗贯中(明)撰，清道光三十年(1850)刊	20卷20册，中国木版本，15.8×11.2cm，四周单边，半郭：13.2×9.3cm，无界，11行23字，上下向黑鱼尾，纸质：竹纸	版心题：隋唐演义，里题：绣像隋唐演义，序：康熙乙亥(1695)冬十月既望长洲褚人获学稼氏题于四雪草堂，刊记：道光庚戌(1850)新镌	江陵市船桥庄
平妖传	罗贯中(明)著，冯梦龙(明)增订，清代刊	40卷12册(卷1-40)，中国木版本，有图，22.2×13.9cm，四周单边，半郭：19.6×13cm，有界，10行21字，上下向黑鱼尾，纸质：竹纸	刊记：本衙藏板	江陵市船桥庄
绣像京本云合奇踪玉茗英烈全传	徐渭(明)编次，清代刊	2卷2册(卷2，3)，中国石印本，13.4×8.3cm，四周双边，半郭：11.6×7.3cm，无界，18行40字，上下向黑鱼尾，纸质：绵纸	表题：绘图英烈全传	江陵市船桥庄
	徐渭(清)编次，上海书局，清光绪二十二年(1896)刊	4卷4册(卷1-4)，中国石印本，14.7×8.9cm，四周双边，半郭：12×8cm，无界，18行40字，上下向黑鱼尾，纸质：绵纸	题签：绘图英烈全传，序：光绪丙申(1896)暮春月，刊记：光绪丙申(1896)上海书局石印	江陵市船桥庄

清代

书名	出版事项	版式状况	一般事项	所藏处
红楼梦	曹雪芹（清）撰，王希廉（清）评，清代刊	15 卷 3 册（卷 66-70，76-85），中国新铅活字本，17.2×12cm，上下单边，左右双边，半郭：13.3×10.6cm，有界，11 行 22 字，上下向黑鱼尾，纸质：绵纸		江陵市船桥庄
增订补图石头记	曹霑（清）著，清代刊	64 卷 8 册（卷 57-120），中国新铅活字本，有图，19.1×11.5cm，四周双边，半郭：15.2×10.5cm，无界，15 行 40 字，头注，纸质：绵纸	题签：绣像全图增批石头记	江陵市船桥庄
	曹霑（清）著，清光绪十八年（1892）刊	120 卷 16 册（卷首 1 册，120 卷 15 册），中国新铅活字本，有图，19×11.5cm，上下双边，左右单边，半郭：15.3×10cm，无界，15 行 40 字，上下向黑鱼尾，纸质：绵纸	题签：绣像全图增批石头记，刊记：光绪十八年岁在壬辰（1892）秋八月重校覆印	江陵市船桥庄
绣像七侠五义传	石王昆（清）述，曲园居士（清）重编，上海，扫叶山房，清光绪二十五年（1899）刊	12 卷 6 册（卷 1-12），中国石印本，有图，20×13.3cm，四周双边，半郭：17.3×12cm，无界，22 行 49 字，上下向黑鱼尾，纸质：绵纸	版心题：绣像七侠五义，里题：绣像七侠五义，序：光绪己丑（1889）秋七月曲园居士书，刊记：己亥（1899）仲夏上海扫叶山房石印	江陵市船桥庄
增订精忠演义说本全传	钱彩（清）纂，金丰（清）增订，清嘉庆三年（1798）刊	10 卷 10 册（卷 1-10），中国木版本，24.5×17cm，四周单边，半郭：17.8×14cm，无界，11 行 20 字，上下向黑鱼尾，纸质：竹纸	序：甲子（1744?）孟春上浣永福金丰识于余庆堂，刊记：嘉庆戊午（1798）新镌本衙藏板	江陵市船桥庄
	钱彩（清）纂，金丰（清）增订，上海，扫叶山房，清末民初刊	20 卷 20 册（卷 1-20），中国木版本，15.8×11.3cm，四周单边，半郭：11.5×9.3cm，无界，12 行 21 字，上下向黑鱼尾，纸质：竹纸	表题：精忠演义，版心题：说本全传，序：甲子（1744?）孟春上浣永福金丰识于余庆堂	江陵市船桥庄

续表

书名	出版事项	版式状况	一般事项	所藏处
绣像全图小五义	上海,扫叶山房,清光绪二十五年(1899)刊	12卷6册(第1-12),中国石印本,20×13.3cm,四周单边,半郭:17.3×12cm,无界,22行49字,上下向黑鱼尾,纸质:绵纸	题签:绣像小五义,版心题:绣像小五义,里题:绣像小五义,序:光绪二十五年(1899)仲夏美县朱蔚彬书,刊记:己亥(1899)仲夏上海扫叶山房石印	江陵市船桥庄
说唐前后传	清光绪十五年(1889)刊	18卷6册,中国新铅活字本,16.8×10cm,四周单边,半郭:13.9×8.8cm,无界,14行34字,上下向黑鱼尾,纸质:绵纸	题签:绣像精印说唐前传,绣像精印说唐后传,版心题:说唐前传,说唐后传,里题:绣像说唐前后传,序:乾隆元年(1736)蒲月望日如莲居士题,刊记:光绪己丑(1889)菊秋珍艺书局校印	江陵市船桥庄

18. 大田市　燕亭国乐院

书名	出版事项	版式状况	一般事项	所藏处
樵史通俗演义	樵子(清)编辑,清代刊	8卷5册,中国木版本,22.5×13cm,四周双边,半郭:20×11.5cm,无界,10行22字,注单行,纸质:竹纸	表题:樵史	忠南　大田市燕亭国乐院
四大奇书第一种	罗贯中(明)撰,毛宗岗(清)评	8卷8册(卷1-2,4,6,16-19),朝鲜木版本,27×18cm,四周单边,半郭:20.4×14.5cm,无界,12行26字,注双行,上下向二叶花纹鱼尾,纸质:楮纸	表题:三国志,版心题:第一才子书	忠南　大田市燕亭国乐院

19. 东莱女子高等学校

书名	出版事项	版式状况	一般事项	所藏处
四大奇书第一种	毛宗岗（清）评，朝鲜朝末期刊	1 册，朝鲜木版本，有图，28.9×19.9cm，四周单边，半郭：20.9×14.3cm，无界，12 行 20 字，注双行，上下向黑鱼尾，纸质：楮纸	表题：三国志，版心题：第一才子书，序：顺治岁次甲申（1644）嘉平朔日金人瑞圣叹氏题	釜山直辖市东莱女子高等学校

20. 东学教堂

书名	出版事项	版式状况	一般事项	所藏处/所藏番号
三国演义	17 世纪刊	零本 2 册，朝鲜木版本，30.2×21.7cm，四周单边，半郭：20.2×17.6cm，有界，13 行 24 字，注双行，上下白口，上下内向二瓣花纹黑鱼尾，线装，纸质：楮纸	版心题：三国演义，卷1，2	东学教堂（상주）29-0084-0085

21. 忠孝堂(安东)

书名	出版事项	版式状况	一般事项	所藏处
三国演义		零本 1 册，朝鲜木版本，30.9×21.9cm，四周单边，半郭：21.3×17cm，有界，13 行 24 字，上下内向鱼尾不定，线装，纸质：楮纸	卷4	忠孝堂（安东）20-1557
三国志		16 册，朝鲜木版本，25.2×15.5cm，四周单边，半郭：21.9×14.2cm，有界，12 行 26 字，上下向鱼尾，线装，纸质：楮纸	卷3-13，卷15-19	忠孝堂（安东）20-1535-1550

22. 清州古印刷博物馆

书名	出版事项	版式状况	一般事项	所藏番号
四大奇书第一种	刊写事项未详	1 册，朝鲜木版本，26×17.5cm，四周单边，半郭：21.6×14.8cm，无界，12 行 26 字，注双行，白口，上下向黑鱼尾，线装，纸质：楮纸		

第三章 个人收藏家

1. 鲜文大学校 朴在渊

书名	出版事项	版式状况	一般事项	所藏处
三国志演义	鸿文书局，中新书局	8 卷 8 册，铅印本		
三国志		下函，8 册（卷 8-卷 15 存），木版本	又名第一才子书	
		3 册（卷 13，14，15 存），木版本	又名四大奇书第一种	
		上函，13 册，木版本		
	毛声山（清）评，三多斋藏板	20 卷 20 册乾坤函，木版本	第一才子书	
三国志		8 册（朝鲜人笔写本），笔写本		朴在渊
	朝鲜翻刻本	3 册（卷 11，14，16 存），朝鲜木版本	四大奇书第一种	
	朝鲜翻刻复刷本	卷首（19 卷 20 册），朝鲜木版本		
	江左书林	29 卷 12 册，木版本	又名第一才子书	
四大奇书第一种	毛宗岗（清）评，光绪二十三年（1897）江左书林刊	12 册		
삼국지（三国志）		14 册（完帙），笔写本	朝鲜朝末期翻译传写，翻译毛宗岗本	
삼국지（三国志）		19 卷 19 册（完帙），笔写本	朝鲜朝末期翻译传写，翻译毛宗岗本，大字本	
鼎峙志	朝鲜翻刻本	19 卷 19 册，朝鲜木版本	又名贯华堂第一才子书	

596

续表

书名	出版事项	版式状况	一般事项	所藏处
三国谚志 삼국디		2 册(卷 7, 8, 落帙), 笔写本	初译: 英正朝(推定), 后译: 1859 年	
水浒传	芥子园山房藏板	上函(下函缺), 27 卷 10 册, 袖珍本		
	芥子园山房梓	上函(下函缺), 37 卷 10 册, 袖珍本		
		下函, 9 册(卷 42-75 存), 袖珍本	又名第五才子书	
		下函, 10 卷 10 册(卷 11-20 存), 木版本		
	顺治丁酉(1657), 醉耕堂刊	20 卷 20 册, 木版本		
튱의슈호 지(忠义 水浒传)		全 23 册中 3 册(卷 2, 3, 10 现存), 笔写本	19 世纪末笔写(推定)	
西游记		8 册(卷 11-20 存), 木版本		朴在渊
		7 册(卷 2, 7, 9, 10, 11, 12, 13 存), 木版本		
西游真诠	吴承恩(明)撰, 陈士斌(清)诠 解, 清后期刊	残本(20 卷中 8 册存), 中国木版本		
		残本 7 册, 中国木版本		
金瓶梅	笑笑生(明)撰, 清末刊	残本 3 册, 中国木版本		
醒世恒言		6 册(卷 2-6 存), 木版本		
今古奇观		6 卷 6 册 40 回, 石印本	改良绘图今古奇观	
		3 册(卷 4, 5, 6 存), 木版本, 袖珍本		
		40 卷 15 册(卷首缺), 木版本		
		1 册(卷 2 存, 落帙), 上函 5 册, 卷 1-20, 木版本		
		下函, 5 册(卷 6, 7, 8, 9, 10 存), 袖珍本		

续表

书名	出版事项	版式状况	一般事项	所藏处
今古奇闻		1 册，笔写本	朝鲜人笔字	
封神演义	光绪丙午（1906）上海文兴书局刊	8 卷 8 册，中国石印本		
	钟伯敬先生（明）评，善成堂藏板	20 卷 20 册，中国木版本		
新刻钟伯敬先生批评封神演义	钟惺（明）批评，光绪九年（1883）扫叶山房刊行	残本（卷首，卷 11-19）	1883 年刊	
봉신젼（封神传）		2 册，笔写本	用于制作坊刻本的原稿（1908 年，推定）	
봉신지		6 卷 6 册，笔写本，纸质：楮纸	封神演义翻译本	
东周列国志	蔡元放（清）评，江左书林刊	上下二函，23 卷 24 册 108 回，袖珍本		朴在渊
	冯梦龙（明）撰，蔡奡（清）评点，清末刊	23 册（1，2 册缺）		
	上海锦章图书局刊	27 卷 14 册 108 回，中国石印本		
	蔡奡（清）评点，扫叶山房，光绪二十二年（1896）刊	残本 11 卷，半郭：21.8×14.3cm	卷首题：绣像东周列国志	
	光绪乙巳（1905）年，广益书局刊	27 卷 8 册，中国石印本		
春秋列国志		前函（后函缺），12 卷 12 册，木版本		
列国志		3 册（卷 6，16，23 存），木版本		
		20 册（首卷，卷 1 缺），木版本		
绣像隋唐演义全传	罗贯中（明）撰，清末大成书局刊行	8 卷 8 册，中国石印本		

续表

书名	出版事项	版式状况	一般事项	所藏处
隋炀帝艳史		5 卷 1 册(卷 1 缺)，中国石印本		
西汉演义	上海著易堂书局刊	8 卷 4 册 100 回，中国铅印本		
	上海鸿文书局刊	4 卷 4 册 100 回，中国石印本		
		1 册(卷 3)，木版本		
		8 卷 8 册 101 回，袖珍本		
新刻剑啸阁批评西汉演义传	钟惺（明）批评，清末扫叶山房刊	8 卷 8 册，中国木版本，有图，11. 9×11. 5cm，四周单边，无界，10 行 25 字，上黑鱼尾，纸质：线纸	序：公安袁宏道题，版心题：西汉演义评，里题：绣像东西两汉全传	
셔한연의(西汉演义)		8 卷 8 册，笔写本，1880 年(推定)，91 回，翻译，纸质：楮纸	刊记：庚申年(1880 年)	朴在渊
东汉演义	光绪壬辰(1892)，上海广百宋斋刊	1 册(卷 1-5)，中国铅印本		
		7 册(卷 2-8)，中国木版本		
	上海著易堂书局刊	10 卷 2 册 126 回，中国铅印本		
	上海鸿文书局刊	4 卷 2 册 64 回，中国石印本		
동한연의(东汉演义)		1 册(零本)，笔写本，纸质：楮纸	刊记：丁丑年(1877 年)	
楚汉演义	壬申年（1872），善成堂刊	1 册(卷 1，2 存)，中国木版本		
		1 册，笔写本	朝鲜人笔字	
	庚子(1900)刊	1 册	朝鲜人笔字	
쵸한젼(楚汉传)		1 册，笔写本	用于制作坊刻本的原稿	
쵸한젼		上下 2 卷，1 册	楚汉传	
五代残唐演义	上海锦章图书局刊	4 卷 4 册 60 回，中国石印本		

续表

书名	出版事项	版式状况	一般事项	所藏处
英烈全传	上海江左书林刊	4卷4册80回，中国石印本，大字足本		朴在渊
北宋杨家将		1册(卷1存)，中国石印本		

清代

书名	出版事项	版式状况	一般事项	所藏地
绿牡丹	光绪庚子(1900)，上海书局刊	6卷6册64回，中国石印本	一名龙潭鲍骆奇书	朴在渊
万花楼	上海广益书局刊	6卷6册68回，中国石印本		
施公案	道光甲申(1824)刊，本衙藏板	8卷4册97回，中国木版本		
刘公案	上海广益书局，1911年刊	4卷4册88回，中国石印本		
南宋飞龙传		1册(卷2存)，中国石印本		
明清三国志	上海锦章图书局刊	4卷2册，中国石印本	又名吴三桂演义	
新汉演义	1911年刊	4卷4册32回，中国石印本	原名共和镜	
	上海书局，1911年刊	4卷4册40回，中国石印本		
忠烈续小五义	简青斋书局刊	6卷6册124回，中国石印本		
小五义		6卷5册120回(卷1缺)，中国石印本		
平山冷燕		4卷4册20回，中国石印本		
평산냉연(平山冷燕)		1册(零本)，笔写本，纸质：楮纸	刊记：乙亥年(1815年，推定)	

600

续表

书名	出版事项	版式状况	一般事项	所藏处
织锦回文		1 册，笔写本	闺中破寂军	
粉妆楼	19 世纪末刊	5 册（完帙），笔写本（唯一本）	翻译：19 世纪末叶（推定）	
	光绪癸未（1883），扫叶山房梓行	12 卷 10 册 80 回，中国木版本（袖珍本）		
闹花丛		1 册（第 9，10 回），中国木版本		
西湖拾遗	1864 年序	16 卷 4 册，中国木版本		朴在渊
英雄泪	鸡林冷血生（清末民初），1909 年刊	4 卷 4 册，中国石印本		
国事悲	1909 年刊	4 卷 4 册，中国石印本		
백규지（白圭志）		1 册 106 页，每面 11-15 行	4 卷 16 回，翻译了第一回到十回中段	
금향뎡긔		1 册，朝鲜笔写本	19 世纪末（推定），锦香亭记	

2. 庆山郡 崔在石

书名	出版事项	版式状况	一般事项	所藏处
新刊皇明通纪辑略武功名世英烈传	明代刊	2 卷 1 册，中国木版本，25.8×15.6cm，四周单边，半郭：19.2×12.7cm，有界，12 行 24 字，注双行，上下内向黑鱼尾，材质：金粉唐纸	表题：英烈传	庆尚北道庆山郡崔在石

3. 奉化郡 权廷羽

书名	出版事项	版式状况	一般事项	所藏处/所藏番号
四大奇书第一种	毛宗岗（清）评，清代刊	5卷5册（卷2，3，12，13，16），朝鲜木版本，28.2×18.6cm，四周单边，半郭：21.6×14.2cm，无界，12行26字，上下向二叶花纹鱼尾，纸质：楮纸	表题：三国志，序：顺治岁次甲申（1644）嘉平朔日金人瑞圣叹氏题	庆北 奉化郡 权廷羽
四大奇书	罗贯中（明）撰，毛宗岗（清）评，18世纪刊	5册（零本，全20册中，藏卷2，3，12，13，16），朝鲜木版本，28.1×18.5cm，四周单边，半郭：21.3×14.4cm，无界，12行26字，上下白口，上下向黑鱼尾，纸质：楮纸	表题：三国志，版心题：第一才子书	충재종택（봉화）09-0339

4. 英阳郡 赵观镐

书名	出版事项	版式状况	一般事项	所藏处
四大奇书第一种	毛宗岗（清）评，顺治元年（1644）序	19卷20册，朝鲜木版本，有图，29.2×18.7cm，四周单边，半郭：21.3×14.1cm，无界，12行26字，上下向二叶花纹鱼尾，纸质：楮纸	表题：三国志，版心题：第一才子书，序：顺治甲申（1644）金人瑞题	庆北 英阳郡 赵观镐

5. 大田市 尹炳泰

书名	出版事项	版式状况	一般事项	所藏处
贯华堂第一才子书	毛声山（清）批点	1卷1册（卷首），朝鲜木版本，有图，25.6×18.4cm，四周单边，半郭：20.8×14.2cm，无界，12行26字，上下向黑鱼尾，纸质：楮纸	表题：三国志，版心题：第一才子书，序：顺治岁次甲申（1644）嘉平朔日金人瑞圣叹氏题	忠清南道 大田市 尹炳泰

6. 大田市 赵钟业

书名	出版事项	版式状况	一般事项	所藏处
四大奇书第一种	罗贯中（明）撰，毛宗岗（清）评，上海，扫叶山房，光绪十四年（1888）刊	20卷20册，中国木版本，有图，23.6×16.7cm，上下单边，左右双边，半郭：19.6×14cm，无界，12行26字，注双行，上下向黑鱼尾，纸质：竹纸	表题：三国志，版心题：第一才子书，里题：绣像三国志演义，重刊序：光绪十四年（1888）孟秋醒悔道人书，顺治岁次甲申（1644）嘉平朔日金人瑞圣叹氏题	大田市 赵钟业
东周列国志	蔡嗛（清）评点，扫叶山房，光绪二十二年（1896）刊	27卷8册，中国石印本，有图，19.5×13cm，四周双边，半郭：15.5×11.2cm，无界，行字数不定，上下向黑鱼尾，纸质：绵纸	序：乾隆十有七年（1752）春七都梦夫蔡元放氏题，刊记：光绪丙申（1896）中秋扫叶山房石印	大田市 赵钟业
초한전	朝鲜朝后期写	1册，笔写本，22.1×20cm，无界，13行字数不定，纸质：楮纸	楚汉传	大田市 赵钟业

7. 唐津郡 宋基华

书名	出版事项	版式状况	一般事项	所藏处
화룡도（华容道）	朝鲜朝后期刊	2卷1册，朝鲜木版本，25.9×18.1cm，四周单边，半郭：21.5×15.6cm，11行字数不定，纸质：楮纸	备考：下卷末缺页	忠南 唐津郡 宋基华

8. 扶余郡 黄寅直

书名	出版事项	版式状况	一般事项	所藏处
西游记	吴承恩（明）著，陈士斌（清）诠解	68卷12册（第6-73），中国木版本，24.2×15.3cm，四周单边，半郭：20.9×13.5cm，无界，10行22字，纸质：竹纸		忠南 扶余郡 黄寅直

9. 燕岐郡 洪钟檍

书名	出版事项	版式状况	一般事项	所藏处
绣像西汉演义	钟惺(明)批评,上海,广百宋斋,清光绪十八年(1892)刊	10卷6册,中国新铅活字本,有图,20×13.3cm,四周双边,半郭:15.7×11.2cm,有界,17行32字,注双行,上下向黑鱼尾,纸质:绵纸	刊记:光绪壬辰(1892)春月上海广百宋斋校印	忠南 燕岐郡 洪钟檍

10. 江陵市 崔钟瑚

书名	出版事项	版式状况	一般事项	所藏处
第一才子书	毛宗岗(清)评,上海,锦章图书局,清代刊	60卷16册(卷1-60,目录),中国石印本,有图,20×13.3cm,四周双边,半郭:17.4×12cm,有界,16行32字,注双行,上下向二叶花纹鱼尾,纸质:洋纸	题签:增像全图三国演义,序:咸丰三年(1853)孟夏勾吴清溪居士书	江陵市 崔钟瑚
绘图增像第五才子书水浒全传	施耐庵(明)著,金圣叹(清)评释,清光绪二十二年(1896)刊	10卷10册(卷1-10),中国石印本,有图,19.5×12.8cm,四周单边,半郭:16.3×11.5cm,有界,18行43字,内向黑鱼尾,纸质:绵纸	题签:绘图第五才子奇书,刊记:光绪丙申(1896)秋上海图书集成局石印	江陵市 崔钟瑚

11. 春成郡 洪在昭

书名	出版事项	版式状况	一般事项	所藏处
增像全图三国演义	毛宗岗(清)评,上海,锦章图书局,清代刊	27卷4册(卷19-31,38-44,54-60),中国石印本,有图,20.8×14.6cm,四周双边,半郭:17.1×12cm,有界,16行32字,注行,上下向黑鱼尾,纸质:竹纸	版心题:第一才子书	春成郡 洪在昭

12. 全州市 金大经

书名	出版事项	版式状况	一般事项	所藏处
第一才子书	毛宗岗（清）评，上海，时中书局，清光绪三十三年（1907）刊	16 册，中国新铅活字本，有图，20×13.6cm，四周单边，半郭：16.9×11.6cm，有界，15 行 30 字，注双行，上下向黑鱼尾，纸质：竹纸	表题：三国志，版心题：第一才子书，序：顺治岁次甲申（1644）嘉平朔日金人瑞圣叹氏题，咸丰三年（1853）孟夏勾吴清溪居士书，刊记：光绪丁未（1907）上海时中书局铸版	全北 全州市 金大经
绘图增像第五才子书水浒全书	施耐庵（明）撰，金圣叹（清）编，清末上海锦章图书局刊	1 册，中国石印本，有图，20.3×13.3cm，半郭：17.5×12.1cm，无界，27 行 43 字，上黑鱼尾	表题：改良绘图第五才子书，版心题：绘图第五才子奇书	全北 全州市 金大经
绣像东西汉通俗演义	钟惺（明）评，上海刊	18 卷 6 册（绣像西汉演义 8 卷，绣像东汉演义 10 卷），中国新铅活字本，有图，19.7×13cm，四周双边，半郭：15.1×10.2cm，有界，18 行 40 字，注双行，上下向黑鱼尾，纸质：竹纸	刊记：勤裕草堂托上海著易堂书局代印	全北 全州市 金大经

13. 高敞郡 裴圣洙

书名	出版事项	版式状况	一般事项	所藏处
东周列国全志	蔡元放（清）批评，上海，扫叶山房，清光绪六年（1880）刊	23 卷 23 册，中国木版本，有图，24×15.8cm，四周双边，半郭：20.3×14cm，有界，12 行 26 字，注双行，上下向黑鱼尾，纸质：绵纸	表题：列国志，版心题：东周列国全志，里题：绣像东周列国志，序：时乾隆十七年（1752）春月七都梦夫蔡元放氏题，刊记：光绪六年（1880）仲春重镌	全北 高敞郡 裴圣洙

14. 高敞郡 黄秉宽

书名	出版事项	版式状况	一般事项	所藏处
绣像东周列国志	蔡奡(清)评点,上海,商务印书馆,清光绪三十年(1904)刊	8册,中国新铅活字本,有图,20.2×13.2cm,四周单边,半郭:17×11.5cm,无界,17行35字,注双行,上下向黑鱼尾,纸质:竹纸	刊记:光绪三十年岁次甲辰(1904)上海商务印书馆铸版	全北 高敞郡 黄秉宽
绣像东汉演义	钟惺(明)评,上海,文新书局,清末民初刊	4卷2册(卷1-4),中国石印本,有图,20.5×13cm,四周单边,半郭:17.2×11.6cm,无界,25行53字,头注,上下向黑鱼尾,纸质:竹纸	表题:东汉演义,版心题:绣像东汉演义,表纸墨书识记:丙辰(1916?)仲春初三日	全北 高敞郡 黄秉宽
增像全图三国演义	清末民初刊	2册,中国石印本,彩色,20.6×13.8cm,四周双边,半郭:17.2×12cm,无界,25行34字,注双行,上下向黑鱼尾,纸质:竹纸	表题:三国志	全北 高敞郡 黄秉宽

15. 安东市 柳宁夏

书名	出版事项	版式状况	一般事项	所藏处
四大奇书第一种	罗贯中(明)撰,清代刊	14卷14册(卷3-5,7-12,15-19),中国木版本,25.8×15.5cm,四周单边,半郭:21.7×14cm,有界,12行20字,纸质:竹纸	表题:三国志	安东市 礼川面 柳宁夏

16. 长城郡 边时渊

书名	出版事项	版式状况	一般事项	所藏处
新刻钟伯敬先生批评封神演义	钟惺(明)批评,扫叶山房,清光绪九年(1883)刊	9卷10册(卷1-9),中国木版本,有图,24×16cm,四周单边,半郭:20×13.9cm,无界,11行24字,上下向黑鱼尾,纸质:竹纸	表题:封神演义,序:光绪乙亥(1695)午月望后十日长洲褚人获学稼……光绪九年(1883)春二月扫叶山房发兑书籍,刊记:扫叶山房刊,收藏印:边时渊印	全南 长城郡 边时渊

17. 长城郡 奉祥九

书名	出版事项	版式状况	一般事项	所藏处
绘图封神演义	钟惺（明）批评，清末民初刊	12 卷 12 册，中国石印本，有图，20.2×13.7cm，四周单边，半郭：17.3×11.8cm，无界，19 行字数不定，上下向黑鱼尾，纸质：竹纸	表题：增像全图封神演义，序：康熙乙亥（1695）午月望后十日长洲褚人获学稼题于四雪草堂	全南 长城郡 奉祥九

18. 金戊祚

书名	出版事项	版式状况	一般事项	所藏处
三国志	罗贯中（明）撰，朝鲜朝后期写	1 册（64 页），朝鲜笔写本，29.8×16.1cm，无界，25 行字数不定，纸质：楮纸		釜山广域市金戊祚
三国志	罗贯中（明）撰，朝鲜朝末期写	1 册（58 页），朝鲜笔写本，31.7×20cm，无界，10 行字数不定，纸质：楮纸		釜山广域市金戊祚

19. 晋州市 金相朝

书名	出版事项	版式状况	一般事项	所藏处
四大奇书第一种	毛宗岗（清）评，朝鲜朝末期刊	2 册，朝鲜木版本，26.6×16.8cm，四周单边，半郭：21.2×14.4cm，无界，12 行 26 字，注双行，上下向黑鱼尾，纸质：楮纸	版心题：第一才子书	庆南 晋州市 金相朝

20. 晋州市 崔载浩

书名	出版事项	版式状况	一般事项	所藏处
四大奇书第一种	罗贯中（明）著	5 卷 5 册，朝鲜木版本，28.5×19.3cm，四周单边，半郭：20.5×14.4cm，无界，12 行 26 字，注双行，上下向二叶花纹鱼尾，纸质：楮纸	表题：三国志，版心题：第一才子书，序：顺治甲申（1644）嘉平朔日金人瑞圣叹氏题	庆南 晋州市 崔载浩

21. 固城郡 裴学烈

书名	出版事项	版式状况	一般事项	所藏处
楚汉演义抄	朝鲜朝后期至末期写	1 册（40 页），笔写本，30.5 ×17.5cm，无界，9 行字数不定，纸质：楮纸		庆南 固城郡 裴学烈

22. 固城郡 诸凤模

书名	出版事项	版式状况	一般事项	所藏处
三国志精选	朝鲜朝末期写	1 册(121 页)，朝鲜笔写本，20.7×16.5cm，无界，9 行字数不定，注双行，纸质：楮纸		庆南 固城郡 诸凤模

23. 南海郡 金宇烘

书名	出版事项	版式状况	一般事项	所藏处
增像全图三国演义	罗贯中（明）撰，毛宗岗（清）评，咸丰三年（1853）序，上海锦章图书局石印	20 卷 20 册，中国石印本，有图，20.3×13.5cm，四周单边，半郭17×11.4cm，有界，16 行 32 字，注双行，上下向黑鱼尾，纸质：洋纸	序：顺治岁次甲申（1644）嘉平朔日金人瑞圣叹氏题，咸丰三年（1853）孟夏勾吴清溪居士书，刊记：上海锦章图书局石印	庆南 南海郡 金宇烘

24. 密阳郡 李佑成

书名	出版事项	版式状况	一般事项	所藏处
四大奇书第一种	罗贯中（明）撰，毛宗岗（清）评，朝鲜朝末期刊	卷首（卷1-10，14-19，合 16 册），朝鲜木版本，27.5×18cm，四周单边，半郭：21.3×14cm，无界，12 行 26 字，注双行，上下向黑鱼尾，纸质：楮纸	表题：三国志，版心题：第一才子书	庆南 密阳郡 李佑成
水浒传	施耐庵（明）撰，金圣叹（清）评，清刊本	20 册，中国木版本		李佑成

书名	出版事项	版式状况	一般事项	所藏处
镜花缘	李汝珍（清）著，刊行年未详	8册，中国木版本		李佑成

25. 闵宽东(庆熙大学校)

书名	出版事项	版式状况	一般事项	所藏处
宗教小说绣像绘图加批西游记	上海，锦章图书局印行，刊行年未详	中国石印本，残本（6册），有图		闵宽东
精校全图足本铅印三国志演义	上海，中新书局发行，刊行年未详	残本（4册），中国铅印本，有图，15行31字		闵宽东

26. 庆州市 李宗焕

书名	出版事项	版式状况	一般事项	所藏处
绘图增像加批西游记	吴承恩(明)著	5册，中国木版本		庆州地方 古书调查目录李宗焕

27. 庆州市 蒋大铉

书名	出版事项	版式状况	一般事项	所藏处
增像全图三国演义		3册，中国石印本(锦装)		庆州地方 古书调查目录蒋大铉

28. 庆州市 崔柄熺

书名	出版事项	版式状况	一般事项	所藏处
西汉演义	钟惺（明）著，1644年刊	10册，中国木版本		庆州地方 古书调查目录崔柄熺

29. 山气文库

书名	出版事项	版式状况	一般事项	所藏处/所藏番号
四大奇书第一种	毛宗岗(清)评,宪宗至哲宗年间(1835—1863)刊	1卷1册(卷2以下缺),朝鲜木版本,26.7×18.5cm,四周单边,半郭:20.2×14.5cm,12行26字,注双行,上黑鱼尾,纸质:楮纸	表题:三国志,版心题:第一才子书,备考:圣叹外书,茂苑毛宗岗序始氏评	(山气文库)李谦鲁4-680
	毛宗岗(清)评,朝鲜朝后期刊	18卷18册(卷9缺),朝鲜木版本,27.4×18.6cm,四周单边,半郭:21.1×14.2cm,12行26字,注双行,上黑鱼尾,纸质:楮纸	表题:三国志,版心题:第一才子书,卷首:圣叹外书,茂苑毛宗岗序始氏评	(山气文库)李谦鲁4-681
	毛宗岗(清)评,朝鲜朝后期刊	18卷18册(卷10,20,2册缺),朝鲜木版本,四周单边,12行26字,注双行,上黑混1-2叶花纹鱼尾,纸质:楮纸	表题:三国志,版心题:第一才子书,卷首:圣叹外书,茂苑毛宗岗序始氏评,印记:林士钦信	(山气文库)李谦鲁4-682
삼국지(三国志)	译著者未详,朝鲜朝末叶(1852)刊	2卷1册(卷3-4),朝鲜木版本,26×18.5cm,四周单边,半郭:21×16cm,13行字数不定,内向黑鱼尾,纸质:楮纸	版心题:삼국지,表纸墨书识记:壬子(1852)十一月日	(山气文库)李谦鲁4-685
三国志	1900年左右刊	卷3(1册),朝鲜木版本(坊刻本),26.5×18.8cm,四周单边,半郭:19.4×15.7cm,15行字数不定,上二叶花纹鱼尾,纸质:楮纸		(山气文库)李谦鲁4-686
新刊校正古本大字音释三国志传通俗演义	陈寿(晋)传,罗贯中(明)编次,壬乱以后刊	卷12(1册),朝鲜木版本,29.9×21.8cm,四周双边,半郭:21.1×17cm,有界,13行24字,注双行,内向1叶花纹鱼尾,纸质:楮纸	版心题:三国演义,刊记:岁在丁卯(?)耽罗开刊	(山气文库)李谦鲁4-702
화룡도(华容道)	译著者未详,1907年刊	2卷1册,朝鲜木版本,26×18.7cm,四周单边,半郭:21.2×15.6cm,行字数不定,内向1—2叶花纹鱼尾,纸质:楮纸	表题:三国志演义,版心题:화룡도,刊记:丁未(1907)孟秋龟洞新刊	(山气文库)李谦鲁4-736

书名	出版事项	版式状况	一般事项	所藏处/所藏番号
화룡도 (华容道)	译著者未详，朝鲜朝末期（1900年左右）刊	2 卷 1 册，朝鲜木版本，26.4×18.6cm，四周单边，半郭：26×16.2cm，12 行 22 字，内向黑鱼尾，纸质：楮纸	内容：中国小说，备考：后部若干页落	（山气文库）李谦鲁 4-737
	译著者未详，卓钟佶，1911年刊	2 卷 1 册，木版本，27×19cm，四周单边，半郭：21.4×15.5cm，11 行字数不定，内向黑鱼尾，纸质：楮纸	版心题：화룡도，刊记：春完西溪新刊，明治四十四年（1911）八月二十二日发行	（山气文库）李谦鲁 4-738
	译著者未详，朝鲜朝末期（1900年左右）刊	2 卷 1 册，朝鲜木版本，26.7×19.2cm，四周单边，半郭：21.5×16.4cm，11 行 20 字，内向黑 1 叶花纹鱼尾，纸质：楮纸	内容：中国小说，备考：初页，尾 2 页落，合缀：华容道卷上下合本，韩文小说异版	（山气文库）李谦鲁 4-739
당태죵젼	译著者未详，朝鲜末期刊	1 册（18 页），木版本，26×17.8cm，半郭：20×15cm，15 行字数不定，内向黑鱼尾，纸质：楮纸	题签：唐太宗传，版心题：당	（山气文库）李谦鲁 4-678
남송연의	译著者未详，宪宗二年（1836）左右写	7 卷 7 册，笔写本，33.1×22.9cm，11 行字数不定，注双行，纸质：楮纸	题签：南宋演义，印记：首阳信朝，笔写记：岁在丙申（1836）季秋书传于后昆，备考：纯韩文宫体写本	（山气文库）李谦鲁 4-676
셔한연의	译著者未详，宫体，1800 年左右写	卷 10（1 册，55 页），笔写本，27.4×19.5cm，11 行字数不定，注双行，纸质：楮纸	表题：西汉演义，印记：正音文库	（山气文库）李谦鲁 4-697
楚汉传	译著者未详，全州，隆熙三年（1909）刊	2 卷 1 册，朝鲜木版本，25.5×18.6cm，四周单边，半郭：19.3×16cm，13 行 22 字，内向黑鱼尾，纸质：楮纸	书名：表题，版心题：初春，刊记：己酉（1909）季春完山开刊，备考：初页落页	（山气文库）李谦鲁 4-730
초한젼 （楚汉传）	著者未详，隆熙元年（1907）刊	2 卷 1 册，朝鲜木版本，26×18cm，四周单边，半郭：20×16.9cm，有界，13 行字数不定，内向黑鱼尾，纸质：楮纸	版心题：쵸，内容：中国小说，刊记：丁未（1907）孟夏完南龟石里新刊，印记：徐公执信	（山气文库）李谦鲁 4-729

30. 尚熊文库

书名	出版事项	版式状况	一般事项	所藏处/ 所藏番号
四大奇书	毛宗岗（清）评，纯祖至哲宗年间（1801—1863）刊	18 卷 18 册（首卷 1，卷 1-8，10-15，17-19），朝鲜木版本，28×18.5cm，四周单边，半郭：20.4×14.4cm，12 行 26 字，注双行，上二叶花纹鱼尾，纸质：楮纸	表题：三国志，卷 5，11-12	（尚熊文库）4-155
삼국지	译著者未详，1908 年刊	不分卷 1 册（85 页），朝鲜木版本，27.1×18.9cm，四周单边，半郭：21.7×16.7cm，13 行 22 字，内向黑鱼尾，纸质：楮纸	表题：三国志，版心题：삼국지，刊记：戊申（1908）冬完山梁册房新刊	（尚熊文库）4-156
화룡도	译著者未详，朝鲜朝后期刊	上下，2 卷 1 册（83 页），朝鲜木版本，27×18.6cm，四周单边，半郭：21.7×16.3cm，上黑鱼尾，纸质：楮纸	表题：华容道，版心题：화룡도	（尚熊文库）4-188
셔유긔（西游记）	译著者未详，高宗二十六年（1889）写	2 卷 2 册，笔写本，30.5×28.5cm，左右单边，半郭：18 行 24-25 字，纸质：楮纸	卷末：긔축（1889）팔월념칠일	（尚熊文库）4-159
쵸한젼（楚汉传）	南宫楔译著，1900 年左右刊	2 卷 1 册，朝鲜木版本，27.3×18cm，四周单边，半郭：20.6×16.6cm，13 行 20 字，内向黑鱼尾，纸质：楮纸		（尚熊文库）4-182
쵸한녹（楚汉录）	译著者未详，大韩光武三年（1899）写	卷下，1 册（51 页），笔写本，19.6×18.5cm，纸质：楮纸	写记：己亥（1899）十二月初吉孔澈秀书	（尚熊文库）4-181

31. 玩树文库

明代

书名	出版事项	版式状况	一般事项	所藏处/ 所藏番号
增像全图三国演义	毛宗岗（清）评，上海，锦章图书局，清末民初刊	32 卷 8 册，中国石印本，有图，20.2×13.5cm，四周双边，半郭：17.5×12.2cm，16 行 32 字，白口，上黑鱼尾，纸质：竹纸	书名：表题，版心题：第一才子书，内容：中国小说，备考：卷 9-12，17-20，33-56，合 32 卷 8 册，卷 45-48，4 卷 1 册	（玩树文库）李炳麒 4-199

书名	出版事项	版式状况	一般事项	所藏处/ 所藏番号
结水浒全书	俞万春（清）著，清咸丰二年（1852）刊	50卷13册（卷1-27，32-55），中国新铅活字本，17.1×11.5cm，四周双边，半郭：13.3×9cm，12行27字，注双行，内向黑鱼尾，纸质：唐纸	表题：荡寇志，版心题：荡寇志，序：水浒一书……其书无人不读而误解者甚伙……恐或尤而效之其害有不胜言……余友仲华深嫉邪说之足以惑人忠义盗贼之不容不辨故继耐庵之传结成七十卷……名之曰荡寇志……咸丰二年（1852）……徐佩珂	（玩树文库）李炳麒4-195
绘图今古奇观	上海，石印书局，清宣统二年（1910）刊	4卷4册（卷上，1-2，卷下，3-4），中国石印本，有图，20×13.4cm，四周单边，半郭：17.6×11.7cm，23行46字，纸质：洋纸	表题：今古奇观，版心题：改良绘图今古奇观，序：宣统二年（1910）岁次庚戌冬月上浣茂苑朱斗南题，印记：3钟	（玩树文库）李炳麒4-200

清代

书名	出版事项	版式状况	一般事项	所藏处/ 所藏番号
异说五虎平西珍珠旗演义	清光绪三十年（1904）刊	8卷8册，中国石印本，15×9.1cm，四周单边，半郭：12.9×7.8cm，20行44字，上1叶花纹鱼尾，纸质：唐纸	题签：绣像五虎平西南全传，序：春秋之笔莫非褒善贬恶而……小说事不外悲欢离合而娱一时观鉴之心然必以忠臣报国为主劝善惩恶为先……于世不无小补焉是为序，刊记：光绪甲辰（1904）仲秋上海书局石印，内容：前集6卷，112回，后集2卷42回	（玩树文库）李炳麒4-198
新刻天花藏批评平山冷燕	荻岸散人（清）编次，清刊本	4卷4册（卷1-4），中国木版本，有图，17.5×11.9cm，四周单边，半郭：12×6cm，11行21字，上黑鱼尾，纸质：竹纸	表题：平山冷燕，版心题：第四才子	（玩树文库）李炳麒4-197

32. 仁寿文库

书名	出版事项	版式状况	一般事项	所藏处/ 所藏番号
四大奇书 (圣叹外书)	毛宗岗(清)评, 朝鲜朝后期刊	1卷1册(卷16),朝鲜木版本, 29.5×19cm,四周单边,半郭: 21.5×14.4cm,12行26字,注双 行,上黑鱼尾,纸质:楮纸	版心题:第一才子书	(仁寿文库) 文朴4-433

33. 陶南文库

书名	出版事项	版式状况	一般事项	所藏处
列国志		1册		赵润济

34. 永川李氏 龙严宗宅 古典籍

书名	出版事项	版式状况	一般事项	所藏处
今古奇观		1册,23.5×15cm,中国版本		韩国国学振 兴院所藏, 영천이씨농암 종택

35. 礼山柳氏 河回村和敬堂(北村)

书名	出版事项	版式状况	一般事项	所藏处
三国志		12册(1匣),23.3×15.7cm,中 国版本		礼山柳氏河 回村和敬堂 (北村)韩国 国学振兴院 所藏
三国志		8册,23.3×15.9cm,中国版本		礼山柳氏河 回村和敬堂 (北村)韩国 国学振兴院 所藏

续表

书名	出版事项	版式状况	一般事项	所藏处
绘像全图五才子奇书		8 册（1 匣），20.2×13.4cm，中国版本		礼山柳氏河回村和敬堂（北村）韩国国学振兴院所藏
绘图加批西游记		8 册（1 匣），20.3×13.3cm，中国版本		礼山柳氏河回村和敬堂（北村）韩国国学振兴院所藏
绘图东周列国		8 册（1 匣），20×13.3cm，中国版本		礼山柳氏河回村和敬堂（北村）韩国国学振兴院所藏

36. 五美洞礼山金氏虚白堂门中

书名	出版事项	版式状况	一般事项	所藏处
今古奇观		3 卷 1 册（零本），中国版本，23.5×14.8cm		五美洞礼山金氏虚白堂门中韩国国学振兴院所藏
镜花缘		10 册，中国版本，15.5×11cm		五美洞礼山金氏虚白堂门中韩国国学振兴院所藏

37. 礼山柳氏忠孝堂

书名	出版事项	版式状况	一般事项	所藏处
四大奇书第一种	罗贯中(明)编次	16卷16册(共20册中1, 2, 3, 15册缺), 木版本, 25.5×15.7cm, 四周单边, 半郭: 21.8×14.5cm, 12行26字, 注双行, 白口, 上下向黑鱼尾	楷书, 表题: 三国志	礼山柳氏忠孝堂古典籍, 韩国国学振兴院所藏
三国演义	罗贯中(明)著	1卷1册(零本), 活字本, 30×20cm, 四周双边, 半郭: 21.5×18cm, 有界, 13行24字, 注双行, 白口, 上下内向一叶花纹鱼尾	楷书	礼山柳氏忠孝堂古典籍, 韩国国学振兴院所藏
评论出像水浒传	施耐庵(明)著	19卷19册(共20册中第9册缺), 中国版本, 有图, 26×16.1cm, 四周单边, 半郭: 21.4×14.2cm, 有界, 11行24字, 注双行, 白口, 上下向黑鱼尾	楷书, 版心题: 五才子奇书	礼山柳氏忠孝堂古典籍, 韩国国学振兴院所藏

38. 安东权氏花山宗家

书名	出版事项	版式状况	一般事项	所藏处
列国志		1册, 活字本		安东权氏花山宗家, 韩国国学振兴院受托

39. 固城李氏八悔堂宗宅

书名	出版事项	版式状况	一般事项	所藏处
三国志		15册, 木版本		固城李氏八悔堂宗宅, 韩国国学振兴院受托

40. 达成徐氏洛东精舍

书名	出版事项	版式状况	一般事项	所藏处
三国志		1 册，中国版本，28.7×19cm		达成徐氏洛东精舍韩国国学振兴院受托

41. 英阳南氏宁海兰皋宗宅

书名	出版事项	版式状况	一般事项	所藏处
三国志		5 册，中国版本，27×17.7cm		英阳南氏宁海兰皋宗宅韩国国学振兴院受托
新刊校正古本大字音释三国志传通俗演义		4 册，朝鲜木版本，32.8×22.2cm		英阳南氏宁海兰皋宗宅韩国国学振兴院受托

42. 载宁李氏存斋波眠云斋门中

书名	出版事项	版式状况	一般事项	所藏处
西汉演义		1 册，中国版本，26.5×15.5cm，毁损		载宁李氏存斋波眠云斋门中韩国国学振兴院受托

43. 永川李氏迁川宗中春公派

书名	出版事项	版式状况	一般事项	所藏处
三国志		20 册，木版本，28.7×19cm		永川李氏迁川宗中春公派韩国国学振兴院受托

44. 鹅洲申氏忍斋派典庵后孙家

书名	出版事项	版式状况	一般事项	所藏处
绘图东汉演义		4 卷 2 册，中国版本，20.5×13cm，四周双边，半郭：17.8×12cm，30 行 67 字，白口，上下向黑鱼尾	楷书	鹅洲申氏忍斋派典庵后孙家韩国国学振兴院受托
忠烈侠义传		18 卷 3 册（零本），中国版本，17.7×12.2cm，四周双边，半郭：14.5×10.9cm，10 行 22 字，白口，上下向黑鱼尾	楷书	鹅洲申氏忍斋派典庵后孙家韩国国学振兴院受托
改良今古奇观	上海锦章图书局	2 卷 2 册（零本），中国版本，有图，13.2×8.8cm，19 行 42 字	楷书	鹅洲申氏忍斋派典庵后孙家韩国国学振兴院受托
绘图封神演义	上海天宝书局发行	9 卷 9 册（共 12 册中第 2，3，4，缺），中国版本，有图，20×13.2cm，四周单边，半郭：17×12.2cm，21 行 45 字，白口，上下向黑鱼尾	楷书，序：长洲褚人获学稼氏(1695)	鹅洲申氏忍斋派典庵后孙家韩国国学振兴院受托
绘图西汉演义		4 卷 4 册，中国版本，20.5×13cm，四周双边，半郭：17.8×12cm，30 行 67 字，白口，上下向黑鱼尾	楷书	鹅洲申氏忍斋派典庵后孙家韩国国学振兴院受托
绘图东汉演义		4 卷 2 册，中国版本，20.5×13cm，四周双边，半郭：17.8×12cm，30 行 67 字，白口，上下向黑鱼尾	楷书	鹅洲申氏忍斋派典庵后孙家韩国国学振兴院受托

45. 龙宫蔚珍张氏演派文库

书名	出版事项	版式状况	一般事项	所藏处
三国志	戊申(?)刊	1册(42页),朝鲜笔写本,32×21cm,10行字数不同	谚文,行书,刊记:戊申正月初十日	龙宫蔚珍张氏演派文库韩国国学振兴院受托

46. 开城高氏月峰宗宅

书名	出版事项	版式状况	一般事项	所藏处
三国志通俗演义		1卷1册(55页),笔写本,30.7×19.7cm,左右双边,半郭:23.6×16.3cm,有界,11行20字,黑口,上下内向二叶花纹鱼尾	楷书,背面记录:南程记等,晋平阳侯陈寿史传,后学罗本贯中编次	开城高氏月峰宗宅韩国国学振兴院受托

47. 英阳南氏宁海时庵古宅

书名	出版事项	版式状况	一般事项	所藏处
四大奇书第一种	罗贯中(明)编次	4卷3册(零本),朝鲜木版本,26.8×17.3cm,四周单边,半郭:21.8×14.5cm,12行26字,注双行,白口,上下向黑鱼尾	楷书,表题:三国志	英阳南氏宁海时庵古宅韩国国学振兴院受托
新刊校正古本大字音释三国志传通俗演义	罗贯中(明)编次	2卷2册(零本),朝鲜木版本,32.5×21.8cm,四周双边,半郭:21.4×17.4cm,有界,13行24字,注双行,白口,上下向混入鱼尾	楷书	英阳南氏宁海时庵古宅韩国国学振兴院受托

48. 青松沈氏七悔堂古宅

书名	出版事项	版式状况	一般事项	所藏处
增像全图三国演义		14卷7册(共8册中第1卷缺),中国版本,有图,19.8×13.3cm,四周双边,半郭:16.4×11.8cm,25行54字,注双行,白口,上下向黑鱼尾	楷书	青松沈氏七悔堂古宅韩国国学振兴院受托

书名	出版事项	版式状况	一般事项	所藏处
增像全图加批西游记	宣统二年（1911）上海天宝书局石印	8卷8册，中国石印本，有图，20.3×13.5cm，四周双边，半郭：17.4×11.8cm，24行50字，白口，上下向黑鱼尾	楷书	青松沈氏七梅堂古宅韩国国学振兴院受托
新增全图足本今古奇观	上海，广雅书局刊	8册，中国版本，20.1×13.3cm，四周双边，半郭：16×11.5cm，17行38字，白口，上下向黑鱼尾	楷书，藏板记：上海广雅书局藏板	青松沈氏七梅堂古宅韩国国学振兴院受托

49. 晋州姜氏海隐公派博士宅

书名	出版事项	版式状况	一般事项	所藏处
四大奇书第一种	罗贯中（明）编次	6卷6册（零本），朝鲜木版本，27.3×18.2cm，四周单边，半郭：20.8×14.2cm，12行26字，注双行，白口，上下向黑鱼尾	楷书，表题：三国志	晋州姜氏海隐公派博士宅韩国国学振兴院受托

50. 密阳朴氏敬轩古宅

书名	出版事项	版式状况	一般事项	所藏处
东周列国志	蔡奡（清）评点	1卷1册（零本），中国版本，24.5×16.2cm，四周单边，半郭：21.4×14.2cm，有界，12行26字，注双行，白口，上下向黑鱼尾	楷书	密阳朴氏敬轩古宅韩国国学振兴院受托

51. 义城金氏文忠公派一派门中

书名	出版事项	版式状况	一般事项	所藏处
新刊校正古本大字音释三国志传通俗演义	罗贯中（明）编次	1卷1册（零本），朝鲜木版本，31.3×20.5cm，四周双边，半郭：21.2×16.7cm，有界，13行24字，注双行，白口，上下向混入鱼尾	楷书	义城金氏文忠公派一派门中韩国国学振兴院受托

52. 潘南朴氏判官公派青下斋

书名	出版事项	版式状况	一般事项	所藏处
绣像东汉演义	1905 年刊	10 卷 2 册，中国版本，20×13.5cm，四周双边，半郭：14.7×10cm，有界，18 行 40 字，白口，上下向黑鱼尾	楷书	潘南朴氏判官公派青下斋韩国国学振兴院受托
绣像西汉演义		8 卷 4 册，中国版本，20×13.5cm，四周双边，半郭：14.7×10cm，有界，18 行 40 字，白口，上下向黑鱼尾	楷书	潘南朴氏判官公派青下斋韩国国学振兴院受托

53. 义城金氏龟尾派门中

书名	出版事项	版式状况	一般事项	所藏处
四大奇书第一种	罗贯中（明）撰，毛宗岗（清）评	19 卷 20 册，木版本，有图，26.8×18cm，四周单边，半郭：21×14.3cm，12 行 26 字，注双行，白口，上下向黑鱼尾	楷书，表题：三国志序：金圣叹(1644)	义城金氏龟尾派门中韩国国学振兴院受托

54. 原州边氏巨村门中

书名	出版事项	版式状况	一般事项	所藏处
四大奇书第一种	罗贯中（明）编次	1 卷 1 册(零本)，木版本，28.3×19.3cm，四周单边，半郭：21×14.3cm，12 行 26 字，注双行，白口，上下向黑鱼尾	楷书	原州边氏巨村门中韩国国学振兴院受托
四大奇书第一种	罗贯中（明）编次	2 卷 2 册(零本)，木版本，26.5×17.5cm，四周单边，半郭：21.2×14.2cm，有界，12 行 26 字，注双行，白口，上下向黑鱼尾	楷书，表题：才子书	原州边氏巨村门中韩国国学振兴院受托
增像全图三国志演义		4 卷 2 册(零本)，中国版本，有图，20.2×13.5cm，四周单边，半郭：17.1×11.9cm，有界，15 行 30 字，注双行，白口，上下向黑鱼尾	楷书	原州边氏巨村门中韩国国学振兴院受托

续表

书名	出版事项	版式状况	一般事项	所藏处
三国志		不分卷 1 册，木版本，25 × 17.5cm，四周单边，半郭：20.8× 15.1cm，13 行 22 字，白口，上下内向黑鱼尾	楷书	原州边氏巨村门中韩国国学振兴院受托
绘图东周列国志	1905 年刊	27 卷 8 册，中国版本，有图，20.2×13.2cm，四周单边，半郭：16.3×11.2cm，有界，17 行 38 字，注双行，白口，上下向黑鱼尾	楷书，刊记：光绪乙巳(1905)春月广益书局石印	原州边氏巨村门中韩国国学振兴院受托

55. 礼川任氏清岩祠

书名	出版事项	版式状况	一般事项	所藏处
三国志抄		1 册，笔写本，33×21cm，无界，12 行字数不同，注双行	行书	礼川任氏清岩祠韩国国学振兴院受托

56. 安东权氏正庵文库

书名	出版事项	版式状况	一般事项	所藏处
三国志抄		1 册，笔写本，15×21.5cm，乌丝栏，16 行字数不同	行书	安东权氏正庵文库韩国国学振兴院受托

57. 安东金氏副使公派

书名	出版事项	版式状况	一般事项	所藏处
四大奇书第一种	罗贯中(明)编次	4 卷 4 册(零本)，木版本，28.5× 18.2cm，四周单边，半郭：22× 14.4cm，无界，12 行 26 字，注双行，白口，上下向黑鱼尾	楷书，表题：三国志	安东金氏副使公派韩国国学振兴院受托

58. 固城李氏法兴门中

书名	出版事项	版式状况	一般事项	所藏处
绣像精忠演义说岳全传	仁和钱彩锦文氏（清）编次	7 卷 7 册（零本），中国版本，20.5×13.5cm，四周双边，半郭：17.7×12cm，无界，28 行 60 字，注单行，白口，上下向黑鱼尾	楷书，表题：绘图精忠说岳全传，刊记：上海锦章图书局刊	固城李氏法兴门中韩国国学振兴院受托

59. 闻庆高原东

书名	出版事项	版式状况	一般事项	所藏处/所藏番号
三国志通俗衍义	陈寿（晋）传，罗贯中（明）编次，19 世纪写	1 册（零本，所藏卷 6），笔写本，30.6×19.8cm，上下单边，半郭：23.1×15.8cm，11 行 20 字，上下白口，上下内向四瓣花文鱼尾，纸质：楮纸	表题：三国志演义，藏书记：泰洞家藏	高原东（闻庆）21-0353
绣像神州光复志演义	王雪庵（清）编，逸庐（清）校，19 世纪写	1 册，笔写本，20.1×13.5cm，四周双边，半郭：16.4×11cm，无界，16 行 34 字，纸质：和纸		高原东（闻庆）21-0406

60. 闻庆 永慕斋

书名	出版事项	版式状况	一般事项	所藏处/所藏番号
三国志	19 世纪写	不分卷 1 册，笔写本，23×15.7cm，无界，行字数不定，无鱼尾，纸质：楮纸		永慕斋（闻庆）20-0360

61. 尚州 李采河

书名	出版事项	版式状况	一般事项	所藏处/所藏番号
新刻剑啸阁批评西汉演义传	19 世纪写	1 册（零本，卷 3 所藏），笔写本，32×19.7cm，无界，12 行 27 字，无鱼尾，纸质：楮纸	印记：畏岩家藏	李采河（尚州）36-0587

62. 李亮载

书名	出版事项	版式状况	一般事项	所藏处
三国志通俗演义	16世纪60年代初、中期刊	1册（卷8存），朝鲜活字本，30.5×19.5cm，四周双边，半郭：23.2×16.5cm，有界，11行20字，大黑口，上下内向二叶花纹鱼尾，纸质：楮纸	版心题：三国志	李亮载

63. 金东旭(赠予檀国大学校)

书名	出版事项	版式状况	一般事项	所藏处/所藏番号
당태중전		1册，朝鲜笔写本，28.7×20.3cm	唐太宗传	（金东旭）R35P-000005-1
三国志	安城版	3卷1册(21页)，木版本，四周单边，半郭无界，15行24字-28字，上花纹鱼尾	刊记："안셩동문이신판"，东洋文库)所藏	金东旭
三国志	戊申(？)刊	15册(2-19卷)，朝鲜笔写本	35mmR[Posi]，865f	（金东旭）R35P-000012-13-5
		13册(4-19卷)，朝鲜笔写本	35mmR[Posi]，174f	（金东旭）R35P-000013
		6册(6-12卷)，朝鲜笔写本	35mmR[Posi]，308f	（金东旭）R35P-000011-3
		5册(9-13卷)，朝鲜笔写本	35mmR[Posi]，248f	（金东旭）R35P-000011-2
		2册(6-7卷)，朝鲜笔写本	35mmR[Posi]，75f	（金东旭）R35P-000011-1
		1册(5卷)，朝鲜笔写本	35mmR[Posi]，38f	（金东旭）R35P-000010-9
		1册(1卷)，朝鲜笔写本	35mmR[Posi]，22f	（金东旭）R35P-000010-7

续表

书名	出版事项	版式状况	一般事项	所藏处/ 所藏番号
삼국지 (三国志)		5 册(1-5 卷)，朝鲜笔写本	35mmR[Posi]，375f	(金 东 旭) R35P-000012-1
		1 册(12 卷)，朝鲜笔写本	35mmR[Posi]，53f	(金 东 旭) R35P-000012-2
삼국지 (三国志)	辛亥(？)刊	3 册(天，地，人)，朝鲜笔写本	35mmR[Posi]，129f	(金 东 旭) R35P-000010-5
	壬辰(？)刊	1 册(3 卷)，朝鲜笔写本	35mmR[Posi]，33f	(金 东 旭) R35P-000012-3
		1 册(4 卷)，朝鲜笔写本	35mmR[Posi]，41f	(金 东 旭) R35P-000010-8
		1 册(缺本)，朝鲜笔写本	35mmR[Posi]，53f	(金 东 旭) R35P-000012-4
	罗贯中(明)著	1 册，朝鲜笔写本	35mmR[Posi]，36f	(金 东 旭) R35P-000010-4
西汉演义	己未(？)刊	1 册，朝鲜笔写本	附：虞美人歌	(金 东 旭) R35P-000037-11
水浒志	丙午(？)刊	1 册，朝鲜笔写本	35mmR[Posi]，75f	(金 东 旭) R35P-000046-6
수호지 (水浒志)	安城版	全 3 册(卷 1：20 页，卷 2：20 页，卷 3：21 页本)		金东旭
四游 真诠	吴承恩(明)撰，陈士斌(清)诠解，清后期刊	残本 94 卷 19 册，中国木版本，24.5×15.7cm		金东旭
东周 列国志	冯梦龙(明)撰，蔡奡(清)评点，清末刊	残本 2 卷 2 册，中国木版本，19.9×13.2cm		金东旭
楚汉演义		1 册(7 卷)，朝鲜笔写本	35mmR[Posi]，100f	(金 东 旭) R35P-000037-10
		1 册，朝鲜笔写本	35mmR[Posi]，92f	(金 东 旭) R35P-000037-9

续表

书名	出版事项	版式状况	一般事项	所藏处/所藏番号
楚汉演义	戊子(？)刊	1册(2卷)，朝鲜笔写本	35mmR［Posi］，75f	（金东旭）R35P-000037-7
	辛卯(？)刊	1册(3卷)，朝鲜笔写本	35mmR［Posi］，68f	（金东旭）R35P-000037-8
	庚辰(？)刊	1册，汉文笔写本	35mmR［Posi］，65f	（金东旭）R35P-000037-4
	丙午(？)刊	1册，汉文笔写本	35mmR［Posi］，53f	（金东旭）R35P-000037-3
楚汉传		1册(上卷)，朝鲜笔写本	35mmR［Posi］，61f	（金东旭）R35P-000037-5
	庚申(？)刊	1册，朝鲜笔写本	35mmR［Posi］，25f	（金东旭）R35P-000037-6
平妖传	罗贯中（明）撰，冯梦龙（明）增订，笔写年，笔写者未详	1册(5卷)，朝鲜笔写本	35mmR［Posi］，63f	（金东旭）R35P-000041-9
평요뎐（平妖传）		1册(3卷)，朝鲜笔写本	35mmR［Posi］，44f	（金东旭）R35P-000041-8
华容道	乙卯(？)刊	1册，朝鲜笔写本	35mmR［Posi］，97f	（金东旭）R35P-000045-2
	大韩隆熙二年(1908)刊	1册(上，下)，朝鲜笔写本	35mmR［Posi］，71f	（金东旭）R35P-000045-1
화룡도（华容道）	大韩隆熙二年(1908)刊	1册，朝鲜笔写本	35mmR［Posi］，47f	（金东旭）R35P-000044-9
华容道传	庚子(？)刊	1册，朝鲜笔写本	35mmR［Posi］，34f	（金东旭）R35P-000044-11

64. 赵东一

书名	出版事项	版式状况	一般事项	所藏番号
초한젼	己酉(?)刊	1 册，朝鲜笔写本，24.3×17cm	楚汉传	（赵 东 一）R16N-000503-13
화룡도		1 册，朝鲜笔写本，29.1×21.8cm	华容道	（赵 东 一）R16N-000504-5

65. 朴淳镐

书名	出版事项	版式状况	一般事项	所藏处
슈허지 . 슈호지		笔写本，8 册(落帙)	韩文本，水浒志	박순호

66. 黄宣周

书名	出版事项	版式状况	一般事项	所藏处
金瓶梅		卷首缺，中国木版本		西原大 황선주

67. 海南 绿雨堂

书名	出版事项	版式状况	一般事项	所藏处
슈양외사		1 册(残本)，宫体笔写本	1809 年笔写(推定)，隋杨外史	해남녹우당

68. 梁承敏

书名	出版事项	版式状况	一般事项	所藏处
회문뎐（合锦回文传）	译著者，刊写者未详	4 卷 4 册（卷 1，卷 3，2 册现存），14 行 14-21 字，卷之 1：31.1 × 28.7cm，卷之 3：31.1 × 30cm		선문대 양승민

69. 文友书林

书名	出版事项	版式状况	一般事项	所藏处
화도연 （画图缘）		卷2，1册		文友书林

70. 宋俊浩

书名	出版事项	版式状况	一般事项	所藏处
文明小史	李宝嘉（清）撰，光绪三十二年（1906）商务印书馆刊	1卷1册，中国铅活字本，无界，12行32字，纸质：洋纸		宋俊浩（全州市）

71. 金光淳

书名	出版事项	版式状况	一般事项	所藏处
南溪联谭		上下2册，卷1，卷2现存，朝鲜笔写本		김광순

72. 金基大

书名	出版事项	版式状况	一般事项	所藏处/ 所藏番号
四大奇书第一种	毛声山（清）批点，19世纪末刊	零本4册，朝鲜木版本，27.5×18.4cm，四周单边，半匡：21×14.3cm，有界，12行26字，上下向黑鱼尾，线装，纸质：楮纸	表题：贯华堂第一才子书，序：顺治岁次甲申（1644）嘉平朔日金人瑞圣叹氏题，木记：贯华堂第一才子书，卷7，16，17	金基大（성주） 14-4277-4280
		零本1册，朝鲜木版本，29.2×18.6cm，四周单边，半郭：21.1×14.3cm，无界，12行26字，上下白口，上下向黑鱼尾，线装，纸质：楮纸	表题：三国志，版心题：第十才子书第1种　三国志　卷之2	金基大（성주） 14-4393

续表

书名	出版事项	版式状况	一般事项	所藏处/所藏番号
四大奇书第一种	罗贯中（明）撰，毛宗岗（清）评，19世纪末刊	零本7册，朝鲜木版本，有界，27.3×18.3cm，四周单边，半郭：21.8×14.2cm，12行26字，上下白口，上下向黑鱼尾，线装，纸质：楮纸	表题：四大奇书，卷6，8，10-15	金基大（성주）14-3331-3337

73. 南应时

书名	出版事项	版式状况	一般事项	所藏处/所藏番号
三国志通俗演义		零本3册，朝鲜木版本，32.5×21.2cm，四周单边，半郭：21.6×17.3cm，有界，10行17字，线装，纸质：楮纸	卷1，6，11	南应时（영덕）22-0836-0838
四大奇书第一种	罗贯中(明)撰	零本5册，中国木版本，26.6×17.5cm，四周单边，半郭：21.1×14.2cm，无界，12行26字，上下向黑鱼尾	表题：三国志，卷7-10，18(19卷20册中)	南应时（영덕）22-0752-0756

74. 报恩郡 金东器

书名	出版事项	版式状况	一般事项	所藏处
东汉演义评		2卷1册，中国活字本，15×21.3cm	表题：新刻剑啸阁批评东汉演义评	忠北 报恩郡 김동기
水浒志	施耐庵（明）撰，朝鲜朝后期刊	30卷12册，朝鲜活字本，16.3×24.5cm	卷首：五才子水浒序；顺治丁酉（1657）冬月桐庵老人书于醉耕堂墨室	忠北 报恩郡 김동기
西游真诠	扫叶山房，光绪十一年(1885)序	18卷18册，中国活字本，有图(20张)，16×24.3cm	序：康熙丙子（1696）……西堂老人尤侗撰序，光绪乙酉（1885）孙溪逸士吴县朱记荣槐庐甫书于扫叶山房席氏三鱼书屋客馆	忠北 报恩郡 김동기

书名	出版事项	版式状况	一般事项	所藏处
西汉演义	钟惺（明）撰，刊写者未详，朝鲜朝后期至末期刊（推定）	8 卷 8 册，朝鲜木版本，15.5×23.6cm	卷 22：笔写本	忠北 报恩郡 김동기
三国志		20 卷 20 册，木版本，有图，18.9×28cm		忠北 报恩郡 김동기

75. 报恩郡 崔毅雄

书名	出版事项	版式状况	一般事项	所藏处
西游记	壬子年（?）刊	1 卷 1 册，笔写本，20.2×22.3cm		忠北 报恩郡 최의웅

76. 阴城郡 辛泳徽

书名	出版事项	版式状况	一般事项	所藏处
화룡도（华容道）		1 卷 1 册，笔写本，18×30cm		忠北 阴城郡 신영휘

77. 槐山郡 金文起

书名	出版事项	版式状况	一般事项	所藏处
四大奇书		19 卷 19 册，木版本，18.5×28.5cm		忠北 槐山郡 김문기
东周列国全志	嘉庆六年（1801）刊	23 卷 23 册，中国木版本，16×25.5cm	表题：列国志	忠北 槐山郡 김문기

78. 丹阳郡 李奉雨

书名	出版事项	版式状况	一般事项	所藏处
三国志	甲子年（?）刊	8 卷 8 册，笔写本，22×16.5cm		忠北 丹阳郡 이봉우

79. 清原郡 宋天根

书名	出版事项	版式状况	一般事项	所藏处
楚汉演义	刊写事项未详	1 册, 笔写本, 26.5×17cm, 无界, 10 行 37 字, 线装, 纸质: 楮纸	表题: 楚汉演ㄹ	忠北 清原郡 舍쳔己

80. 全州柳氏 定斋宗宅

书名	出版事项	版式状况	一般事项	所藏处
东周列国志		3 册, 中国铅活字本, 20×13.5cm		全州柳氏 定斋宗宅 韩国国学振兴院受托

81. 金在厦

书名	出版事项	版式状况	一般事项	所藏处
今古奇观	抱瓮老人（明）选辑, 清刊本	2 册		金在厦

82. 金佑成

书名	出版事项	版式状况	一般事项	所藏处
今古奇观	抱瓮老人（明）选辑, 清刊本	6 册		金佑成

83. 李海晴

书名	出版事项	版式状况	一般事项	所藏处
大明英烈传	刊写事项未详	1 册, 朝鲜笔写本		李海晴

84. 赵东弼

书名	出版事项	版式状况	一般事项	所藏处
绿牡丹	笔写者，笔写年未详	6 册		赵东弼

85. 金约瑟

书名	出版事项	版式状况	一般事项	所藏处
列国志	刊写事项未详	1 卷		金约瑟

86. 朴顺浩

书名	出版事项	版式状况	一般事项	所藏处
大明英烈传	刊写事项未详	1 册，朝鲜笔写本 1 册(卷 5，6)		朴顺浩

87. 李熙昇

书名	出版事项	版式状况	一般事项	所藏处
水浒志	刊写事项未详	1 册		李熙昇